ALL IN ONE

군무원
정보보호론

SD에듀
(주)시대고시기획

Always **with you**

사람의 인연은 길에서 우연하게 만나거나 함께 살아가는 것만을 의미하지는 않습니다.
책을 펴내는 출판사와 그 책을 읽는 독자의 만남도 소중한 인연입니다.
SD에듀는 항상 독자의 마음을 헤아리기 위해 노력하고 있습니다.
늘 독자와 함께하겠습니다.

혼자 공부하기 힘드시다면 방법이 있습니다.
SD에듀의 동영상강의를 이용하시면 됩니다.

www.sdedu.co.kr ➔ 회원가입(로그인) ➔ 강의 살펴보기

머리말

최근 몇 년 사이 각종 학술지, 유튜브, 언론매체 등을 통해 '4차 산업'이란 용어가 자주 언급되면서 이 분야에 문외한들에게도 친숙한 단어가 되고 있다. 4차 산업이란 용어는 2016년 1월 20일 스위스 다보스에서 열린 세계경제포럼에서 최초로 언급된 이래 아직까지 정확한 정의는 내려지지 않았다. 하지만 인간과 인간, 인간과 사물, 사물과 사물이 네트워크로 연결되는 '초연결사회(Hyper-connected Society)'의 인프라가 갖춰져야 한다는 점에 있어서는 대다수가 공감하고 있다.

이러한 인프라 구축은 시 · 공간적 제약을 극복한다는 점에서 새로운 성장의 기회와 가치의 창출이 가능하지만, 역으로 사이버 보안 취약점이라는 문제가 함께 뒤따라온다. 4차 산업의 특성상 지금까지는 외부와 연결되지 않았던 것들이 '초연결'되면서 사이버 보안 취약점은 필수적으로 발생할 수밖에 없는 현상이다.

이에 정부는 사이버 보안의 중요성을 인식하고 대비하기 위해 인력 양성과 더불어 사이버 부서를 신설해 운영 중이다. 우리 군(軍)도 군무원 채용을 확대하면서 2021년도부터 군무원 사이버 직렬을 신설하고 사이버 직렬 채용을 위한 시험과목에 '정보보안'을 포함시키고 있다. 또한 국가/지방직 7 · 9급 공무원 공채, 경찰/지방 교육청/서울시 등의 신입 · 경력 직원 채용 및 자격증 취득 시험에 정보보안 과목이 포함되어 있다. 따라서 이를 준비하는 수험생들에게도 제대로 된 지침서가 필요하다고 인식하여 작은 밀알이라도 제공하고자 하는 심정으로 본 책자를 출간하게 되었다.

2023 ALL-IN-ONE 군무원 정보보호론은 총 7개 PART(1. 정보보호 개요, 2. 암호에 대한 이해, 3. 접근통제, 4. 시스템 보안, 5. 네트워크 보안, 6. 애플리케이션 보안, 7. 정보보호 관리 및 법규)로 구성되어 있다. 이 책을 집필하면서 느꼈던 점은 정보보안 분야가 너무도 다양하여 이 과목을 처음 접근하는 독자들에게는 소화하기 어려운 부분이 많을지도 모르겠다는 것이었다. 이에 다음과 같은 기준을 가지고 본 책자를 만들었다.

첫째, 정보보안의 큰 그림을 그리고, 그 그림 안에서 작은 그림이 그려질 수 있도록 하여 궁극적으로는 전제적인 윤곽을 잡을 수 있도록 노력하였다.

둘째, 단편적인 지식 전달 및 나열식의 집필 방식을 배제하였다. 각 PART의 CHAPTER 앞부분에 기본 개념 또는 그 CHAPTER를 이해하기 위한 사전지식 및 배경을 기술하여 전체적인 흐름을 파악할 수 있도록 하였다.

셋째, 가급적 많은 분량의 실제 이미지를 삽입하여 이론의 이해도를 높일 수 있도록 하였다.

넷째, 정보보안기사, 국가공무원 시험 등 기존 기출문제를 종합하여 각 CHAPTER마다 삽입하였고, 각종 시험에 대비토록 하였다.

다소 아쉬웠던 부분은 수험서가 가지고 있는 성격과 지면상 한계로 인해 기술적인 부분을 상세히 서술하지 못한 면이 있다는 점이었다. 하지만 독자들의 입장에서는 내용을 이해하는 데에는 무리가 없을 것이라고 보며, 이 분야에 좀 더 흥미를 가진 독자라면 스스로 따라해 보면서 이해도를 높일 수 있으리라 기대해 본다.

또한 필자의 약 30여 년 국가 공무원 재직(대부분 정보보안 업무 수행) 및 국가 보안기술연구소 근무를 통해 습득한 노하우와 7년 이상 대학 강단에서 학생들을 가르치면서 몸소 체험하고, 학생들이 가장 궁금해 하였던 사항 및 요구사항을 요소요소에 반영하여 독자들의 이해를 돕고자 하였다.

수험생 여러분이 국가 정보보호에 대한 열정 및 소명 의식을 가지고 이 책자를 통해 지식을 습득하여 개인의 발전에 도움이 되기를 바라며, 이를 통해 국가 정보보호가 달성될 수 있기를 기원한다.

김일준 올림

INFORMATION

군무원 채용 필수체크

◆ 응시자격

응시연령	• **7급 이상**: 20세 이상　　• **8급 이하**: 18세 이상
학력 및 경력	제한 없음

◆ 군무원 채용과정

원서접수	→	필기시험	→	필기시험 합격자 발표	→	면접시험	→	최종합격자 발표
5월 초		7월 중순		8월 중순		9월 말		10월 초

1 필기시험

- 객관식 선택형 문제로 과목당 25문항, 25분으로 진행
- 합격자 선발 : 선발예정인원의 1.5배수(150%) 범위 내(단, 선발예정인원이 3명 이하인 경우, 선발예정인원에 2명을 합한 인원의 범위)
  ⋯› 합격기준에 해당하는 동점자는 합격처리

2 면접시험

- 필기시험 합격자에 한해 응시기회 부여
- 평가요소
  - 군무원으로서의 정신자세
  - 의사표현의 정확성 · 논리성
  - 예의 · 품행 · 준법성 · 도덕성 및 성실성
  - 전문지식과 그 응용능력
  - 창의력 · 의지력 · 발전가능성
  ⋯› 7급 응시자는 개인발표 후 개별 면접 진행

3 최종합격자 결정

필기시험 합격자 중, 면접시험 성적과 필기시험 성적을 각각 50% 반영하여 최종합격자 결정
⋯› 신원조사와 공무원 채용 신체검사 모두 '적격' 받은 자에 한함

※ 위 채용일정은 2022년 군무원 국방부 주관 채용공고를 기준으로 작성하였으므로 세부 사항은 반드시 확정된 채용공고를 확인하시기 바랍니다.

영어능력검정시험 기준점수

구분	5급	7급	9급
토익(TOEIC)	700점	570점	470점
토플(TOEFL)	PBT 530점 CBT 197점 IBT 71점	PBT 480점 CBT 157점 IBT 54점	PBT 440점 CBT 123점 IBT 41점
텝스(TEPS) 2018.5.12. 이전 실시된 시험	625점	500점	400점
新텝스(新TEPS) 2018.5.12. 이후 실시된 시험	340점	268점	211점
지텔프(G-TELP)	Level 2 65점	Level 2 47점	Level 2 32점
플렉스(FLEX)	625점	500점	400점

⋯› 당해 공개경쟁채용 필기시험 시행 예정일부터 역산하여 3년이 되는 해의 1월 1일 이후에 실시된 시험으로서 필기시험 전일까지 점수(등급)가 발표된 시험에 한해 기준점수 인정
⋯› 응시원서 접수 시 본인이 취득한 영어능력검정시험명, 시험일자 및 점수 등을 정확히 기재
⋯› 응시원서 접수 시 입력 사항에 변동이 있거나 원서 접수 후 발표된 성적 등록 시 추가등록 필수

한국사능력검정시험 기준점수

구분	5급	7급	9급
한국사능력검정시험	2급	3급	4급

⋯› 2020년 5월 이후 한국사능력검정시험 급수체계 개편에 따른 시험종류의 변동(초 · 중 · 고급 3종 → 기본 · 심화 2종)과 상관없이 기준(인증)등 급을 그대로 적용
⋯› 당해 공개경쟁채용 필기시험 시행 예정일부터 역산하여 4년이 되는 해의 1월 1일 이후에 실시된 시험으로서 필기시험 전일까지 점수(등급)가 발표된 시험에 한해 기준점수(등급) 인정
⋯› 응시원서 접수 시 본인이 취득한 한국사능력검정시험의 등급인증번호와 급수(성적)를 정확히 기재
⋯› 응시원서 접수 시 입력 사항에 변동이 있거나 원서 접수 후 발표된 성적 등록 시 추가등록 필수

※ 위 기준점수는 군무원인사법시행령을 기준으로 작성하였으므로 세부 사항은 반드시 확정된 채용공고를 확인하시기 바랍니다.

STRUCTURES

이 책의 구성과 특징

ALL-IN-ONE 한 권으로 군무원 필기시험 합격하기!

최신 출제경향에 맞춘 핵심이론과 보충·심화학습 자료

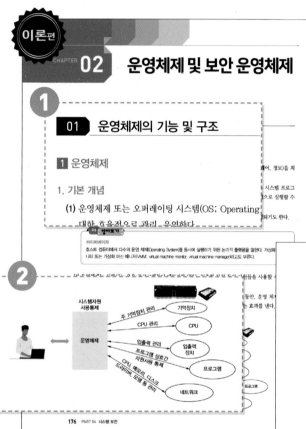

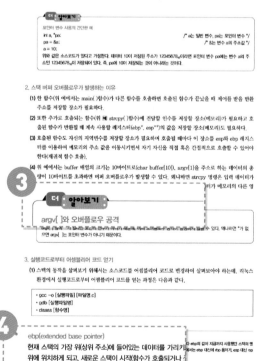

❶ 꼼꼼하고 알찬 이론 정리

방대한 정보보호론 이론을 최신 출제
경향에 맞춰 정리했습니다.

❷ 도식화

다양한 이미지를 수록하여 최대한
실제에 가깝게 만들었습니다.

❸ 더 알아보기

본문의 이론에서 더 나아가 꼭 챙겨야
하는 심화 내용을 담았습니다.

❹ 각주

학습 내용과 연계된 보충·심화 이론
까지 상세히 정리했습니다.

ALL-IN-ONE 한 권으로 기출문제까지 섭렵하기!

핵심이론과 직결된 적중문제

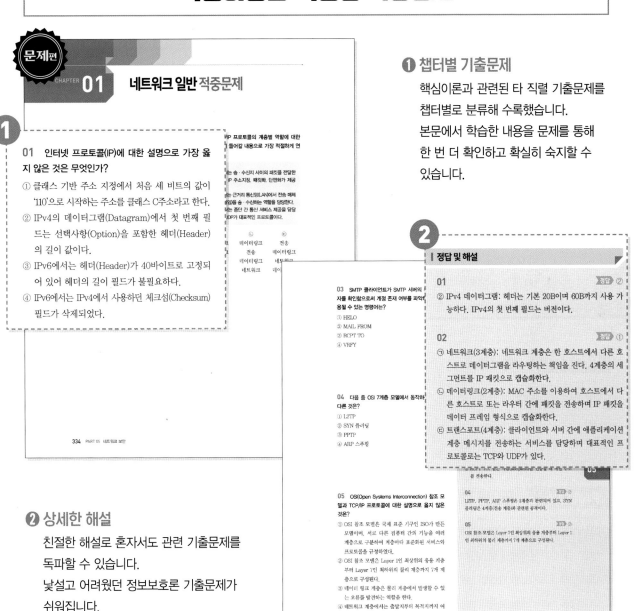

문제편

CHAPTER 01 **네트워크 일반** 적중문제

1

01 인터넷 프로토콜(IP)에 대한 설명으로 가장 옳지 않은 것은 무엇인가?

① 클래스 기반 주소 지정에서 처음 세 비트의 값이 '110'으로 시작하는 주소를 클래스 C주소라고 한다.
② IPv4의 데이터그램(Datagram)에서 첫 번째 필드는 선택사항(Option)을 포함한 헤더(Header)의 길이 값이다.
③ IPv6에서는 헤더(Header)가 40바이트로 고정되어 있어 헤더의 길이 필드가 불필요하다.
④ IPv6에서는 IPv4에서 사용하던 체크섬(Checksum) 필드가 삭제되었다.

334 PART 05 네트워크 보안

❶ 챕터별 기출문제

핵심이론과 관련된 타 직렬 기출문제를 챕터별로 분류해 수록했습니다.
본문에서 학습한 내용을 문제를 통해 한 번 더 확인하고 확실히 숙지할 수 있습니다.

2

| 정답 및 해설

01 정답 ②

② IPv4 데이터그램: 헤더는 기본 20B이며 60B까지 사용 가능하다. IPv4의 첫 번째 필드는 버전이다.

02 정답 ①

㉠ 네트워크(3계층): 네트워크 계층은 한 호스트에서 다른 호스트로 데이터그램을 라우팅하는 책임을 진다. 4계층의 세그먼트를 IP 패킷으로 캡슐화한다.
㉡ 데이터링크(2계층): MAC 주소를 이용하여 호스트에서 다른 호스트로 또는 라우터 간에 패킷을 전송하며 IP 패킷을 데이터 프레임 형식으로 캡슐화한다.
㉢ 트랜스포트(4계층): 클라이언트와 서버 간에 애플리케이션 계층 메시지를 전송하는 서비스를 담당하며 대표적인 프로토콜로는 TCP와 UDP가 있다.

03 SMTP 클라이언트가 SMTP 서버의 자를 확인함으로써 계정 존재 여부를 파악용될 수 있는 명령어는?

① HELO
② MAIL FROM
③ RCPT TO
④ VRFY

04 다음 중 OSI 7계층 모델에 동작하 다른 것은?

① L2TP
② SYN 플러딩
③ PPTP
④ ARP 스푸핑

04 정답 ②

L2TP, PPTP, ARP 스푸핑은 2계층과 관련되어 있고, SYN 플러딩은 4계층(전송 계층)과 관련된 공격이다.

05 OSI(Open Systems Interconnection) 참조 모델과 TCP/IP 프로토콜에 대한 설명으로 옳지 않은 것은?

① OSI 참조 모델은 국제 표준 기구인 ISO가 만든 모델이며, 서로 다른 컴퓨터 간의 기능을 여러 계층으로 구분하여 계층마다 표준화된 서비스와 프로토콜을 규정하였다.
② OSI 참조 모델은 Layer 1인 최상위의 응용 계층부터 Layer 7인 최하위의 물리 계층까지 7개 계층으로 구성된다.
③ 데이터 링크 계층은 물리 계층에서 발생할 수 있는 오류를 발견하는 역할을 한다.
④ 네트워크 계층에서는 출발지부터 목적지까지 여러 링크를 경유하여 패킷을 포워드할 수 있으며, 이때 IP 주소와 같은 논리 주소가 이용된다.

05 정답 ②

OSI 참조 모델은 Layer 7인 최상위의 응용 계층부터 Layer 1인 최하위의 물리 계층까지 7개 계층으로 구성된다.

❷ 상세한 해설

친절한 해설로 혼자서도 관련 기출문제를 독파할 수 있습니다.
낯설고 어려웠던 정보보호론 기출문제가 쉬워집니다.

이 책의 차례

합격의 공식
온라인 강의

잠깐!

혼자 공부하기 힘드시다면 방법이 있습니다.
SD에듀의 동영상강의를 이용하시면 됩니다.
www.sdedu.co.kr → 회원가입(로그인) → 강의 살펴보기

PART

01

정보보호 개요

정보화 사회와 정보보호

01 정보화 사회의 특징과 역기능

1 정보화 사회란?

1. 지금 우리는 4차 산업이라고 하는 커다란 세계사적 변화에 진입하였으며, 이러한 4차 산업은 컴퓨터와 통신이 융합된 정보화 사회 또는 지식 기반사회를 바탕으로 하고 있다.

2. 과거 산업화 시대의 가장 중요한 하부구조(Infrastructure)는 도로, 항만, 공항, 발전소 등과 같은 사회 간접 자본이었으나, 정보화 사회에서는 미디어, 컴퓨터, 통신과 함께 이를 하나로 묶어주는 네트워크 등의 새로운 사회 하부구조(Soft Social Infrastructure)가 중요하다.

2 정보화 사회의 특징 및 정보화 역기능

1. 정보화 사회의 특징

(1) 정보의 사회적 중요성 증대: 개인 생활을 비롯한 정치, 경제, 문화 등의 사회생활에서 정보 의존도가 커진다.

(2) 지식 노동성 증대: 경제 활동의 중심이 상품의 생산에서 정보나 서비스, 지식의 생산으로 옮겨지면서 지식 노동이 중요해지고, 정보와 지식의 질이 가치를 결정하는 시대로 변화한다.

(3) 정보의 급격한 증가: 정보 처리 기술 및 정보 통신 기술이 급속하게 발전해 일상생활에 유통되는 정보의 양이 폭발적으로 증가하고 있다.

(4) 원활한 정보 교환: E-Mail 및 인터넷을 통해 신속·안전하게 정보교환이 이루어짐으로써 재택근무가 증가하고 있으며 직접 은행이나 증권회사를 방문할 필요 없이 자금 이체나 주식 매매를 할 수 있다

(5) 미래 전쟁 양상으로 떠오르는 정보전(사이버전): 육·해·공군을 주축으로 하는 기존의 전쟁 개념에서 자동화된 지휘 통제시스템과 해커·바이러스를 이용하는 복합된 모습으로 변모하고 있다.

2. 정보화의 역기능

(1) 정보화 역기능의 의미

① 사회가 고도의 정보화 사회로 진화할수록 이와 병행하여 여러 가지 문제점들이 발생할 수 있는데 이러한 정보화의 발전으로 발생하는 부작용들을 정보화의 역기능이라 한다.

② 정보화 역기능은 컴퓨터를 통한 각종 비도덕적 행위에서부터 학생들의 시력 저하, 인터넷 중독 등의 문제를 광범위하게 포괄한다.

(2) 역기능 유형

① 불법침입(개인정보와 프라이버시 침해, 해킹)

　　㉠ 인터넷 사용이 증가하면서 개인정보와 프라이버시 분쟁이 증가하고 있다. 개인정보와 관련하여 가장 많이 발생하는 것은 타인의 정보 훼손 및 도용하는 사례이다.

　　㉡ 사회가 정보화 사회로 진행됨에 따라 해킹관련 도구들도 발달되어 일반인들도 누구나 해킹을 시도할 수 있게 되었다.

② S/W 불법 복제 및 불건전 정보 유통

　　㉠ S/W산업은 적은 자본과 투자에 의해서도 시작할 수 있으며 제품의 부가가치가 매우 높은 산업이다. 하지만 그만큼 불법 복제율 또한 높으며 이에 따른 피해도 증가하고 있다.

　　㉡ 정보기술의 발전으로 다양한 매체를 통해 다양한 데이터가 신속하게 유통될 수 있기 때문에 음란·폭력성 등 불건전 정보의 유통에 대한 대응책 마련이 필요하다.

③ 데이터 불법 변조, 파괴(사이버테러)

　　㉠ 사이버테러란 상대방 컴퓨터나 정보기술을 해킹하거나 악성프로그램을 의도적으로 깔아놓는 등 컴퓨터 시스템과 정보통신망을 무력화하는 새로운 형태의 테러리즘이다. 주로 인터넷상에서만 행해진다.

　　㉡ 이러한 사이버테러가 국가 기반시설에 발생하면 국가 차원의 중대한 위기를 초래할 수 있다. 따라서 체계적이고 종합적인 대응책 마련이 필요하다.

02　정보보호(Information Security)

1 정보보호 일반

1. 정의

정보의 수집, 가공, 저장, 검색, 송신, 수신 도중에 정보의 훼손, 변조, 유출 등을 방지하기 위한 관리적, 기술적 수단, 또는 그러한 수단으로 이루어지는 행위*를 의미한다. 또한 정보보호를 정보를 제공하는 공급자 측면과 사용자 측면에서 다음과 같이 이해할 수 있다.

(1) 공급자 측면: 내·외부의 위협요인들로 부터 네트워크, 시스템 등의 하드웨어, 데이터베이스, 통신 및 전산시설 등과 같은 정보자산을 안전하게 보호·운영하기 위한 일련의 행위를 의미한다.

(2) 사용자 측면: 개인정보 유출·남용을 방지하기 위한 일련의 행위를 말한다.

2. 정보의 가용성과 안정성(보안성)

(1) 의의: 정보의 가용성과 안정성이란 사용 가능한 정보를 쉽게 얻을 수 있으면서, 정보에 위협이 되는 요소를 최소화하는 균형점을 찾는 것을 의미한다.

(2) 정보보호의 관점에서 보면, 「정보보호」란 "정보의 활용과 정보의 통제 사이에서 균형감각을 갖는 행위"라고 할 수 있다.

---

*　정보보호
　한국정보통신기술협회(Telecommunications Technology Association, TTA) 정의 인용

2 정보보호 목표

1. 정보보호의 핵심 목표(정보보호 3대요소)

(1) 정보보호의 핵심목표는 데이터 및 시스템, 즉 정보자산을 내·외부의 위협으로 부터 기밀성 (Confidentiality)·무결성(Integrity)·가용성(Availability)을 확보하는 것으로, 이들 3요소의 앞 글자를 따서 'CIA'라고도 부른다. 또한 이들은 정보보호 3요소라고도 부른다.

〈 정보보호의 핵심목표 세 가지(CIA Triad) 〉

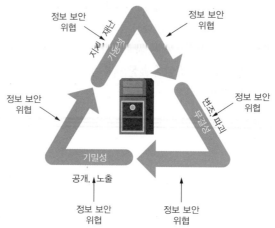

① 기밀성(Confidentiality)
  ㉠ 인가받지 않은 사람 또는 객체가 정보의 내용을 알 수 없도록 하는 것으로 비밀 보장이라고 할 수도 있다. 원치 않는 정보의 공개를 막는다는 의미에서 프라이버시 보호와 밀접한 관계가 있다.
  ㉡ 위협요소: 도청, 트래픽 분석, 스누핑(Snooping) 등이 있다.
  ㉢ 보장하기 위한 보안기술: 암호화가 대표적이며 이외에도 스테가노그래피와 디지털 워터마크 기술도 이용된다.

② 무결성(Integrity)
  ㉠ 허락되지 않은 사용자 또는 객체가 정보를 함부로 수정할 수 없도록 하는 것이다. 즉, 수신자가 정보를 수신했을 때 또는 보관 중인 정보를 열람했을 때 그 정보가 중간에 수정 또는 삭제되지 않았음을 확인할 수 있도록 하는 것이다.
  ㉡ 위협요소: 사고 또는 의도적인 변경 및 삭제, 컴퓨터바이러스 등에 의한 손실, 가장(Masquerading), 재연(재전송, Replaying), 부인(Repudiation) 등이 있다.
  ㉢ 보장하기 위한 보안기술: 접근제어, 메시지 인증(해시함수, 디지털 서명) 등이 있으며 정보가 이미 변경되었거나 변경 위험이 있을 때에는 변경을 탐지하여 복구할 수 있는 침입탐지 및 백업 등의 기술이 필요하다.

③ 가용성(Availability)

  ㉠ 정보는 이용할 수 없다면 쓸모가 없는 것이다. 즉 가용성이란 허락된 사용자 또는 객체가 필요로 하는 시점에 정보에 접근이 가능해야 한다는 것이다.

  ㉡ 위협요소: DoS(서비스 거부), DDoS(Distributed DoS, 분산서비스 거부) 등의 공격이 있다. 이외에도 자연 재해 등에 의해서도 가용성이 침해받을 수 있다.

  ㉢ 보장하기 위한 보안기술: 데이터의 백업, 클러스터링 등과 물리적 위협요소로부터 시스템을 보호할 수 있는 방안을 사전에 마련해야 한다.

2. 정보보호의 기타 목표

(1) 책임추적성(책임성, Accountability)

① 시스템 내의 각 객체의 행위를 유일하게 추적할 수 있어야 하며 정보보호 규칙을 위반한 개인은 자신의 행위에 대해서 책임을 져야한다.

② 책임추적성에는 부인봉쇄(방지), 억제*, 침입탐지 예방, 사후 복구와 기록 허용성** 등 법적인 조치 등이 포함된다.

(2) 인증(Authentication): 컴퓨터(시스템)에 접속하는 사용자가 허가받은 사용자인지를 확인하는 사용자 인증과 전송된 메시지의 변조 여부를 확인하는 메시지 인증의 2종류가 있다.

① 사용자 인증의 예로 시스템 로그인 시 입력하는 ID와 패스워드를 사용자 DB와 대조하여 일치하면 시스템 접속 권한을 부여한다.

② 메시지 인증의 예로 송신측은 송·수신자간에 이미 알고 있는 키를 이용, 메시지 인증코드(MAC; Message Authentication Code)를 만들고 이를 메시지와 함께 수신 측에 보낸다. 수신측은 수신 받은 메시지로부터 MAC 값을 산출하고 송신측이 보낸 MAC 정보와 비교하여 일치하면 메시지 인증이 완료된다.

(3) 접근제어(Access Control)

① 접근제어는 적절한 권한을 가진 인가자만 특정 시스템이나 정보에 접근할 수 있도록 통제하는 것으로 시스템의 보안수준을 갖추기 위한 기본적 수단이다.

② 시스템 및 네트워크에 대한 접근제어의 가장 기본적인 수단은 IP주소와 서비스 포트이다.

---

* 억제
  잘못된 행동에 대한 억제력을 가져야 한다.
** 기록 허용성
  법정에 증거를 제출할 때 해당 증거가 법정에서 인정받을 수 있도록 통제된 추적시스템으로부터 생성되어야 한다.

CHAPTER 01 정보화 사회와 정보보호 **7**

1 개념

보안공격이란 기관이 소유한 정보의 안전성을 침해하는 제반 행위로서 보안서비스를 교묘히 피하거나 시스템 보안정책을 위반하는 정교한 시도를 통해 시스템 침범을 시도한다.

2 보안공격의 분류

보안공격은 보안 목표와 관련하여 3개의 유형으로 나눌 수 있으며, 시스템에 미치는 영향에 따라 다시 그 공격을 2개의 유형으로 나눌 수 있다.

1. 보안목표에 따른 구분

(1) 기밀성을 위협하는 공격

① 스누핑: 스누핑은 데이터에 대한 비인가자 접근 또는 탈취를 의미한다. 예를 들어 소프트웨어 프로그램(스누퍼)을 이용하여 원격으로 다른 컴퓨터의 정보를 엿보는 방법으로 메신저 내용, 로그인 정보, 전자우편 등의 정보를 몰래 획득하여 자신의 이익을 위해 탈취한 내용을 사용할 수 있다.

② 트래픽 분석: 데이터를 암호화하여 공격자가 그 데이터를 이해할 수 없게 해도 공격자는 온라인 트래픽 분석을 통해 다른 형태의 정보를 얻을 수 있다. 예를 들어 공격자는 송·수신자의 이메일 주소를 알아내어, 전송의 성향을 추측하는데 도움이 되는 응답의 쌍을 수집하여 공격에 활용할 수 있다.

(2) 무결성을 위협하는 공격

① 변경(메시지 수정, Modification): 적법한 메시지의 일부를 불법으로 수정하거나 메시지 전송을 지연시키거나 순서를 뒤바꾸어 인가되지 않는 효과를 노리는 행위를 말한다.

② 가장(Masquerading): 신분 위장은 한 개체가 다른 개체의 행위를 하는 것이다. 이 공격은 다른 형태의 적극적 공격과 병행해서 수행된다.

③ 재연(재전송, Replaying): 재전송은 적극적 공격의 하나로, 획득한 정보(데이터)를 보관하고 있다가 어느 정도 시간이 경과한 후에 재전송함으로써 인가되지 않은 사항에 접근하는 효과를 노리는 행위를 말한다.

④ 부인(Repudiation)

㉠ 메시지의 송신자는 차후에 자신이 메시지를 보냈다는 것을 발뺌할 수 있으며 메시지의 수신자는 차후에 메시지를 받았다는 것을 부인할 수 있다.

㉡ 부인봉쇄(방지, Non-repudiation)란 송신자나 수신자 양측이 메시지를 보냈거나 수신한 사실 자체를 부인하지 못하도록 하는 것이다. 쉽게 말해서 '발뺌에 대한 방지'라고 말할 수 있다.

(3) 가용성을 위협하는 공격

① 서비스 거부(DoS; Denial Of Service)

㉠ 의의: 이 공격은 다른 해킹에 비해 비교적 간단하고 일반적인 기법으로, 공격자는 시스템의 서비스를 느리게 하거나 완전히 차단시킬 수 있다.

㉡ 종류: 서비스 거부 공격은 크게 취약점 공격형과 자원 고갈형으로 나눌 수 있으며, 취약점 공격형에는 Boink, Bonk, Teardrop 공격이 있고, 자원고갈형으로는 Ping of Death 공격, SYN Flooding 공격 등이 있다.

2. 시스템 영향에 따른 구분

보안공격을 X.800과 RFC 2828에 따라 분류하면 소극적 공격(Passive Attack)과 적극적 공격(Active Attack)으로 나눌 수 있다.

(1) 소극적 공격(수동적 공격, Passive Attack)

① 공격자의 목표는 단지 정보를 획득하는 것으로 공격자가 데이터를 변경하거나 시스템에 해를 끼치지 않는다는 것을 의미한다.

② 기밀성을 위협하는 스누핑, 트래픽 분석과 같은 공격은 수동적 공격이다. 정보의 노출은 송신자나 수신자에게 해를 끼칠 수 있지만 시스템은 영향을 받지 않는다.

③ 전형적으로 메시지 트래픽을 정상적인 방법으로 보내고 받을 때 송신자나 수신자는 제3자가 메시지 패턴을 관찰하는지 알 수 없다. 하지만 이런 공격이 성공하지 못하도록 미연에 방지할 수는 있다. 따라서 소극적 공격에 대해서는 탐지보다 예방에 더 신경을 써야 한다.

(2) 적극적 공격(능동적 공격, Active Attack)

① 적극적 공격에서 공격자는 데이터를 변경하거나 시스템에 해를 입힐 수 있다. 무결성과 가용성을 위협하는 공격이 적극적 공격이다.

② 공격자가 다양한 방법을 사용하기 때문에 일반적으로 방어하기보다 탐지하는 것이 더 쉽다.

③ 치명적인 공격은 능동적 공격에 의해 이루어지는 것이 일반적이다. 대부분의 능동적 공격은 상당기간 동안의 수동적 공격 수행을 통해 수집된 정보를 바탕으로 수행된다.

〈 수동 공격과 능동 공격의 분류 〉

공격 기법	수동/능동	보안목표
스누핑, 트래픽분석	수동	기밀성
변경, 가장, 재연(재전송), 부인	능동	무결성
서비스 거부	능동	가용성

CHAPTER 02

정보보호 관리

01 정보보호 관리체계와 정보보호 대책

1 정보보호 관리체계(ISMS; Information Security Management System)

1. 개요

(1) ISMS란 정보보호에 관한 경영 시스템이며 조직의 의사결정 시스템, 내부 통제시스템으로 위험관리와 동일한 개념이라 할 수 있다.

(2) ISMS는 기업 내에 있는 다양한 유무형의 '정보자산'이 유출·조작되거나 도난당하는 위험을 방지하는 설비와 대책을 개선·관리하기 위한 규칙을 정하고, 정보의 가치를 중심으로 위험관리를 지속적으로 수행한다.

2. ISMS 인증제도

(1) 각종 내·외부 위협으로부터 기업정보를 보호하기 위해 기업의 정보보호 관리체계의 적합성에 대해 인증을 부여하는 제도이다.

(2) 우리나라는 2001.7월 「정보통신망 이용촉진 및 정보보호 등에 관한 법률」 제47조에 의거 시행 중에 있다.

2 정보보호 대책

정보보호 관리는 기술적 보호대책, 물리적 보호대책, 관리적 보호대책으로 계층적으로 구분하여 표현할 수 있다. 우리나라의 ISMS 뿐만 아니라 정보보호와 관련된 여러 국제 인증기준들도 이러한 3가지 구분을 토대로 보안성을 검토한다.

1. 기술적 보호대책

(1) **의의**: 정보시스템, 통신망, 정보(데이터)를 보호하기 위한 가장 기본적인 대책이다.

(2) 기술적 보호대책에는 접근통제, 암호기술, 백업시스템 등이 포함된다.

2. 물리적 보호대책

(1) **의의**: 화재, 지진, 수해, 태풍 등과 같은 자연재해 및 불순세력이나 적의 파괴로부터 정보처리시설(시스템)을 보호하기 위한 대책이다.

(2) 물리적 보호대책에는 출입통제, 시건 장치 등이 포함된다.

3. 관리적 보호대책

(1) 의의: 법·제도·규정·교육 등을 획립하고 보안계획을 수립하며 위험분석 및 보안감사를 실시하여 정보시스템의 안전성과 신뢰성을 확보하기 위한 대책이다.

(2) 조직 내부의 정보보호 체계를 정립하고, 인원을 관리하고, 정보시스템의 이용 및 관리에 대한 절차를 수립하고, 비상사태 발생을 대비하여 계획을 수립하는 등의 대책이 포함된다. 특히 내부자의 부당행위를 방지하기 위한 교육은 무엇보다 중요하게 취급되어야 한다.

3 기본 보안용어 정의

1. 자산(Asset)

조직이 보호해야 할 대상으로서 데이터 또는 자산 소유가가 가치를 부여한 실체이다.

2. 취약점(Vulnerability)

컴퓨터나 네트워크에 침입하여 환경 내 자원(리소스)에 대한 허가되지 않은 접근을 시도하려는 공격자에게 열린 문을 제공할 수 있는 하드웨어, 소프트웨어, 절차 혹은 인력상의 약점을 말한다. 즉, 위협의 이용대상으로 관리적, 물리적, 기술적 약점이다.

3. 위협(Threat)

(1) 의의: 손실이나 손상의 원인이 될 가능성을 제공하는 환경의 집합 또는 보안에 해를 끼치는 행동이나 사건을 말한다.

(2) 보안위협을 자연과 인간의 위협으로 구분할 수 있으며 인간의 위협은 비의도적 위협과 의도적 위협으로 나눌 수 있다.

(3) 임의의 위협의 4가지 종류

① **가로채기(Interception):** 비인가된 당사자가 자산으로의 접근을 획득하는 위험요소로 불법 복사 및 도청 등의 수단이 있다(기밀성에 영향).

② **가로막음(Interruption):** 시스템 자산은 손실되거나, 손에 넣을 수 없거나, 사용 불가능하게 하는 위험요소로 Dos 및 파일 삭제 등의 방법으로 가능하다(가용성에 영향).

③ **변조(Modification):** 비 인가된 당사자가 접근하여 원본 내용을 변경하는 위험요소로 DB값 변경, 특정 프로그램 변경 등이 있다(무결성에 영향).

④ **위조(Fabrication):** 비 인가된 당사자가 컴퓨팅 시스템상에 불법 객체의 가짜 정보를 생성하는 위험요소로 네트워크 통신을 통해 가짜 거래 정보를 만드는 것도 위조의 한 예이다(무결성에 영향).

4. 위협 주체(위협원, Threat Agents)

정보자산에 해를 끼치는 행동을 할 수 있는 실체로 해커, 일반 사용자, 컴퓨터 프로세스, 재난 등이 있다.

5. 위험(Risk)

(1) **의의**: 위협 주체가 취약점을 활용할 수 있는 가능성과 그로 인해 비즈니스에 미치는 영향을 의미한다.

(2) 또한 위험은 위협원이 취약점을 이용하여 위협이라는 행동을 통해 자산에 악영향을 미치는 결과를 가져올 가능성을 의미한다. 이 경우 위험은 '자산×위협×취약점'으로 표현한다.

6. 노출(Exposure)

위협 주체로 인해서 손실이 발생할 수 있는 경우를 말한다.

7. 대책/안전장치(Countermeasure/Safeguard)

각종 위협이나 변경을 방어하거나 감소시키며 자산을 보호하는 기술, 정책 또는 절차로 예방적 수단이다.

8. 다계층 보안/심층 방어(Defense In Depth)

(1) 보안대책이나 대응수단을 여러 계층으로 구성하는 것이다. 이렇듯 다계층 보안이므로 한 가지 통제가 실패하더라도 전체 시스템을 위험에 빠뜨리지 않는다.

(2) 시스템이 취할 수 있는 가장 최선의 보안접근 방법으로 보호 · 탐지 · 대응으로 이루어진 보안 접근법이다.

9. 직무상의 신의, 성실, 노력(Due, Due Care, Due Diligence)

(1) **Due**: 특정 목적을 위하여 필요하거나 요구되는 적절하고 충분한 의무를 말한다.

(2) **Due Care**: 특정 목적을 위하여 필요하거나 요구되는 충분한 주의를 말한다.

(3) **Due Diligence**: 특정 목적을 위하여 필요하거나 요구되는 충분한 노력을 말한다.

10. 사회공학(Social Engineering)

인간 상호 작용의 깊은 신뢰를 바탕으로 사람들을 속여 보안 절차를 깨트리기 위한 비기술적 침입 수단이다.

11. 시점별 통제(Control)

취약점을 감소시키거나 억제하기 위해 사용되는 메커니즘이다.

(1) **예방통제(Preventive Control)**: 사전에 위협과 취약점에 대처하는 통제를 말한다.

(2) **탐지통제(Detective Control)**: 위협을 탐지하는 통제로 빠른 탐지일수록 대처가 용이하다.

(3) **교정통제(Corrective Control)**: 이미 탐지된 위협이나 취약점에 대처 또는 위협이나 취약점을 감소시키는 통제를 말한다.

01 정보보호의 3대 목표 중 가용성(Availability)을 위협하는 행위로 옳은 것은 무엇인가?

① 데이터 변조(Modification)
② 서비스 거부(Denial Of Service)
③ 신분 위장(Masquerading)
④ 트래픽 분석(Traffic Analysis)

02 다음에서 설명하는 정보보호의 목표로 가장 적절한 것은?

> **보기**
> 정당한 방법으로 권한을 받은 사용자가 자원을 필요로 할 때, 아무런 방해 없이 자원에 접근하고 사용할 수 있음을 보장한다.

① 기밀성(Confidentiality)
② 무결성(Integrity)
③ 가용성(Availability)
④ 신뢰성(Reliability)

03 정보보호의 3대 요소 중 가용성에 대한 설명으로 옳은 것은?

① 권한이 없는 사람은 정보자산에 대한 수정이 허락되지 않음을 의미한다.
② 권한이 없는 사람은 정보자산에 대한 접근이 허락되지 않음을 의미한다.
③ 정보를 암호화하여 저장하면 가용성이 보장된다.
④ DoS(Denial Of Service) 공격은 가용성을 위협한다.

정답 및 해설

01 　　　　　　　　　　　　　　　　　정답 ②

데이터 변조(Modification), 신분 위장(Masquerading)은 무결성에 대한 위협 행위이고, 트래픽 분석은 기밀성에 대한 위협 행위이다.

02 　　　　　　　　　　　　　　　　　정답 ③

가용성이란 정보시스템 또는 정보자산에 대해 적절한 시간에 접근 가능한 것을 의미하며, 합법적 사용자가 서비스 사용을 거절당하지 않도록 하는 것이다.

03 　　　　　　　　　　　　　　　　　정답 ④

① 무결성에 대한 설명이다.
② · ③ 기밀성에 대한 설명이다.

PART

02

암호에 대한 이해

CHAPTER 01

암호의 역사

암호의 어원은 그리스어로 '비밀'이란 뜻을 '크립토스(Kryptos)'로 알려져 있다. 이는 평문을 해독 불가능한 형태로 변형하거나 암호화된 통신문을 원래의 해독 가능한 상태로 변화하기 위한 모든 수학적인 원리, 수단, 방법 등을 취급하는 기술이나 과학을 말한다. 즉, 암호란 중요한 정보를 다른 사람들이 보지 못하도록 하는 방법을 의미한다.

> **더 알아보기**
>
> 암호 용어
> ① 암호화: 평문을 암호문으로 바꾸는 것
> ② 암호 알고리즘: 암호화에 사용되는 논리
> ③ 복호화: 암호문으로부터 평문을 복원하는 것
> ④ 암호화 키: 암호화에 사용되는 키(↔ 복호화 키: 반대의 경우)

01 암호 역사의 시대적 구분

암호의 역사는 암호를 만드는 사람들과 이를 해독하려는 사람들이 수백 년에 걸쳐 벌여온 전쟁의 역사이다. 암호 기술의 발전 역사를 구분할 때 흔히 두 번의 큰 전환점을 기준으로 고대(중세) 암호, 근대 암호, 현대 암호 등의 세(네) 단계로 나뉜다.

1. 첫 번째 전환점

1920년대, 제1, 2차 세계대전에서 무선 통신 기술의 발전을 기반으로 여러 가지 기계적, 전자적 암호 장치를 개발하고 사용한 것이었고, 두 번째 전환점은 1970년대 들어 컴퓨터 사용이 활발해지면서 컴퓨터를 이용한 암호 기술이 발전한 것이다.

2. 두 번째 전환점

이러한 전환점을 기준으로 고대로 부터 제1, 2차 세계대전 이전까지 사용한 초보적인 암호 기술들을 고대(중세) 암호라고 하며 제1, 2차 세계대전을 거치면서 복잡한 기계 장치와 전자 장치들을 이용한 암호 기술을 근대 암호, 1940년대 말 샤논(Shannon)의 '통신의 수학적 이론'과 '비밀 시스템의 통신이론' 논문이 발표된 시점을 현대 암호학의 시작으로 간주한다.

3. 실질적인 현대암호학의 시작

1970년대 초 전자산업의 획기적인 발달로 인하여 샤논(Shannon)의 이론과 이로부터 발전된 전반적인 각종 이론 등에 부합하는 복잡도가 높은 암호 알고리즘의 실현이 가능하게 되었다. 이러한 이유 때문에 1970년대 초를 실질적인 현대 암호학의 시점으로 간주하기도 한다.

02 시대별 사용 암호

1 고대 암호

1. 개요

고대 암호의 암호화 방식은 전치법(Transposition)과 대치법(Substitution)으로 나뉜다.

(1) **전치법**: 단순히 메시지에 있는 문자의 위치를 바꾸는 기법이다. 예를 들면 Apple이란 단어를 두 글자씩 앞뒤로 섞어 암호화하면 Palpe가 되고 복호화할 때는 Palpe를 두 글자씩 앞뒤로 섞는다.
　　　예 스키테일(Scytale) 암호

(2) **대치법**: 해당 글자를 다른 글자로 대치(치환)하는 암호화 방법으로, 고대의 시저(Caesar) 암호가 이에 해당된다. 중세의 원판암호, 제2차 세계대전 당시 사용한 기계식 암호도 크게 보면 대치 암호로 볼 수 있다.

(3) 또한 현대 암호로 분류되는 1977년 미 상무성에 의해 미 연방표준으로 선정된 DES와 2001년 국제표준으로 선정된 AES도 세부내용은 다르지만 기본 원리는 전치법 및 대치법을 동시에 채택하고 있다.

2. 스키테일(Scytale) 암호

스키테일 암호는 기원전 400년경 고대 그리스 스파르타에서 군사용으로 사용하던 암호화 방식으로 대표적인 전치 암호이다. 당시 그리스 도시국가에서는 제독이나 장군을 다른 지역에 파견할 때 길이와 굵기가 같은 2개의 나무 봉을 만들어 하나는 본부에 두었고 나머지 하나는 파견인에게 주었다. 여기서 봉의 크기와 지름은 송신자와 수신자 사이에 공유된 비밀키(암호화 키, 복호화 키)가 된다. 이 나무 봉을 스키테일(Scytale)이라 불렀기 때문에 '스키테일 암호'라 부른다.

(1) **암호화**: 이 나무 봉에 종이테이프를 서로 겹치지 않도록 감아올린 뒤 그 위에 가로로 글씨를 쓴다. 테이프를 풀어 세로로 길게 늘어선 글을 읽으면 무슨 뜻인지 전혀 알 수 없다.

(2) **복호화**: 하지만 풀어진 테이프의 해독을 위해 같은 굵기와 크기의 나무 봉에 감아 가로로 글을 읽으면 비로소 내용이 드러난다.

〈 스키테일 암호 〉

3. 시저 암호(Caesar'S Cipher)

시저 암호는 로마의 정치가이자 군인이었던 율리우스 시저(Julius Caesar, BC 100~44)의 이름을 딴 것이다. 당시 시저가 사용한 암호 기법은 아주 간단하여 알파벳 26글자를 3자 또는 4자씩 오른쪽으로 이동시켜 암호화하는 방식으로 대표적인 '단일 대치(치환) 암호'방식이다. 예를 들어 알파벳을 4자씩 오른쪽으로 이동시키면 그림과 같다.

〈 알파벳을 오른쪽으로 4자씩 이동시킨 결과 〉

2 중세 암호

1. 특징

(1) 시저 암호를 도구화하여 사용자 편의성을 높였으며 시저암호의 단점이었던 안전성을 강화시키기 위해 하나의 알파벳을 여러 개의 알파벳으로 대치(치환)하는 다중 대치 암호가 주류를 이루고 있다. 하지만 안전성이 강화되었다고는 하나 현대 암호분석 기법을 이용하면 미약하다.

(2) 다중 대치 암호의 사용 예: 원판암호(Cipher Disk), 비즈네르 암호(Vigenere Cipher), 플레이페어 암호(Playfair Cipher, 쌍자 대치 암호), 휠 암호(Wheel Cipher) 등이 있다.

2. 다중 문자 암호(원판 암호, Cipher Disk)

(1) 1465년에 레오네 알베르티(Leone Alberti)는 아랍의 유명한 수학자인 '알킨디(Al-Kindi)'의 빈도 분석 기술에 의해 암호문이 분석되는 문제점을 해결하기 위해 2개의 원판에 의해 암호문이 생성되는 다중 문자 암호를 개발하였다.

　① 알베르티가 발명한 원판 암호는 복식 알파벳 환자법에 의한 암호로서 원판 동심원에 크고 작은 2개의 원판을 놓고 큰 쪽(원문 문자)을 고정한 다음, 작은 쪽(암호문)을 움직여서 암호화하는 방식이다.

　② 예를 들어 평문 'I AM TIRED(나는 지쳤다)'는 'M EO XMTIH'로 암호화된다. 여기서 키워드는 'Z'이다(그림 참조).

〈 알베르티의 원판 암호(좌) 및 남북전쟁 당시 사용된 원판 암호(우) 〉

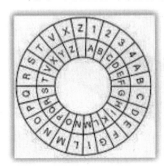 

(2) 다중 문자 암호는 기존 시저 암호의 안전성을 크게 강화시켰다. 이후 알베르티의 원판 암호는 근대에 들어서면서 더욱 다양화되고 개량되었지만 그 원리는 동일하다. 미국 남북전쟁(1861~1865) 당시 북군에 의해 복식 알파벳 원판 암호가 사용되어 북군의 승리에 기여하였다.

※ 당시 남군이 사용한 뷰포트 암호(Beaufort Cipher)는 북군에 의해 완전 해독되었다.

3. 다중 대치 암호(비즈네르 암호, Vigenere Cipher)

(1) **다중 대치 암호(Polygram Substitution Cipher)의 특징**: 단일 대치 암호방식에 키의 개념을 도입하여 암호화한다. 따라서 한 글자가 암호화 키의 매핑에 따라 여러 가지 다른 문자로 대체되어 암호화된다. 즉, A라는 문자가 하나의 암호문 내에서 C, R, Z가 될 수 있다. 그 결과, 평문 각 문자의 빈도 분포가 암호문에 그대로 나타나는 단순 대치 암호의 단점을 보완하였다. 하지만 평문 중문자 등의 통계적 특징은 암호문에 여전히 나타나고 있으며 키 문자 노출 시 해독은 쉬워진다.

(2) **비즈네르 암호(Vigenere Cipher)**

① 의의: 16세기 프랑스 외교관이었던 비즈네르에 의해 만들어졌다. 암호화는 26×26의 알파벳 대칭표를 이용하여 암호화하고자 하는 평문을 암호화 키의 맵핑을 이용하여 암·복호화를 수행한다.

평문 키워드	a	b	c	d	e	f	g	h	i	j	k	l	m	n	o	p	q	r	s	t	u	v	w	x	y	z
A	A	B	C	D	E	F	G	H	I	J	K	L	M	N	O	P	Q	R	S	T	U	V	W	X	Y	Z
B	B	C	D	E	F	G	H	I	J	K	L	M	N	O	P	Q	R	S	T	U	V	W	X	Y	Z	A
C	C	D	E	F	G	H	I	J	K	L	M	N	O	P	Q	R	S	T	U	V	W	X	Y	Z	A	B
D	D	E	F	G	H	I	J	K	L	M	N	O	P	Q	R	S	T	U	V	W	X	Y	Z	A	B	C
E	E	F	G	H	I	J	K	L	M	N	O	P	Q	R	S	T	U	V	W	X	Y	Z	A	B	C	D
F	F	G	H	I	J	K	L	M	N	O	P	Q	R	S	T	U	V	W	X	Y	Z	A	B	C	D	E
G	G	H	I	J	K	L	M	N	O	P	Q	R	S	T	U	V	W	X	Y	Z	A	B	C	D	E	F
H	H	I	J	K	L	M	N	O	P	Q	R	S	T	U	V	W	X	Y	Z	A	B	C	D	E	F	G
I	I	J	K	L	M	N	O	P	Q	R	S	T	U	V	W	X	Y	Z	A	B	C	D	E	F	G	H
J	J	K	L	M	N	O	P	Q	R	S	T	U	V	W	X	Y	Z	A	B	C	D	E	F	G	H	I
K	K	L	M	N	O	P	Q	R	S	T	U	V	W	X	Y	Z	A	B	C	D	E	F	G	H	I	J
L	L	M	N	O	P	Q	R	S	T	U	V	W	X	Y	Z	A	B	C	D	E	F	G	H	I	J	K
M	M	N	O	P	Q	R	S	T	U	V	W	X	Y	Z	A	B	C	D	E	F	G	H	I	J	K	L
N	N	O	P	Q	R	S	T	U	V	W	X	Y	Z	A	B	C	D	E	F	G	H	I	J	K	L	M
O	O	P	Q	R	S	T	U	V	W	X	Y	Z	A	B	C	D	E	F	G	H	I	J	K	L	M	N
P	P	Q	R	S	T	U	V	W	X	Y	Z	A	B	C	D	E	F	G	H	I	J	K	L	M	N	O
Q	Q	R	S	T	U	V	W	X	Y	Z	A	B	C	D	E	F	G	H	I	J	K	L	M	N	O	P
R	R	S	T	U	V	W	X	Y	Z	A	B	C	D	E	F	G	H	I	J	K	L	M	N	O	P	Q
S	S	T	U	V	W	X	Y	Z	A	B	C	D	E	F	G	H	I	J	K	L	M	N	O	P	Q	R
T	T	U	V	W	X	Y	Z	A	B	C	D	E	F	G	H	I	J	K	L	M	N	O	P	Q	R	S
U	U	V	W	X	Y	Z	A	B	C	D	E	F	G	H	I	J	K	L	M	N	O	P	Q	R	S	T
V	V	W	X	Y	Z	A	B	C	D	E	F	G	H	I	J	K	L	M	N	O	P	Q	R	S	T	U
W	W	X	Y	Z	A	B	C	D	E	F	G	H	I	J	K	L	M	N	O	P	Q	R	S	T	U	V
X	X	Y	Z	A	B	C	D	E	F	G	H	I	J	K	L	M	N	O	P	Q	R	S	T	U	V	W
Y	Y	Z	A	B	C	D	E	F	G	H	I	J	K	L	M	N	O	P	Q	R	S	T	U	V	W	X
Z	Z	A	B	C	D	E	F	G	H	I	J	K	L	M	N	O	P	Q	R	S	T	U	V	W	X	Y

② 비즈네르 암호 치환테이블(그림) 및 키 값(Security)을 이용하여 평문 'Thiscryptosystemisnotsecure'에 대해 생성된 암호문은 다음과 같다.

평문	t h i s c r y p t o s y s t e m i s n o t s e c u r e
키워드	SECURITYSECURITYSECURITYSEC
암호문	LLKMTZRNLSUSJBXKAWPIKAXAMVG

③ 비즈네르 암호화 방식은 17~8세기에 널리 보급되어 사용되었으나 이 역시 완전하지는 않았다. 19세기 찰스 베비지가 빈도 분석법을 이용해 규칙성을 찾는 방법으로 해독 방법을 만들었다.

4. 플레이페어 암호(Playfair Cipher, 쌍자 대치암호)

(1) 개괄

① 플레이페어 암호는 비즈네르 암호 이후에 좀 더 발전된 형태의 다중 대치(치환) 암호로서 1854년 영국의 물리학자 찰스 휘트스톤(Charles Wheatstone)에 의해 개발되었으나 어렵다는 이유로 개발 당시에는 사용되지 않았다. 이후, 영국의 수학자 라이언 플레이페어(Lyon Playfair)를 통해 널리 알려지게 되었는데 그의 이름을 따서 '플레이페어(Playfair) 암호'로 불려지게 되었다.

② 이 암호는 제1차 세계대전 당시 영국 육군에서 사용됐고, 제2차 세계대전에는 미 육군 등 연합군에 의해 사용되었다.

(2) 암호화: 플레이페어 암호기법은 알파벳의 개수가 26개라는 점을 이용하여 먼저 키 데이터로 부터 5×5 행렬로 구성된 알파벳 암호화 테이블(I와 J는 같은 칸에 배치)을 만들고 이후 전체 평문을 두 문자씩 나누어 암호화한다.

① 알파벳 암호화 테이블 작성: 먼저 키 데이터가 "GENGHISKHAN WAS A GREAT KING AND WARRIOR."이라면 알파벳 테이블은 키 데이터로부터 중복문자를 제외한 'GENHISKAWRTDO'를 추출하고 나머지 빈칸은 알파벳 순서로 빈칸을 채운다.

〈 플레이페어 알파벳 암호화 테이블(예시) 〉

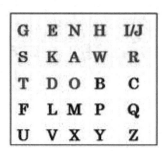

② 암호화를 위한 평문 재배열

㉠ 원문: KILL TWO BIRDS WITH ONE STONE.(일석이조, 일거양득)

㉡ 중복문자에는 X를 삽입: KI LXL TWO BIRDS WITH ONE STONE

㉢ 두 문자로 분리, 문자가 홀수 개이면 마지막에 X를 삽입: KI LX LT WO BI RD SW IT HO NE ST ON EX

③ 암호화 [가정] 두문자로 분리된 평문을 (m_1, m_2)이라 하고, 이에 대응하는 암호문을 (c_1, c_2)라고 한다.

㉠ m_1과 m_2가 같은 행에 있으면, c_1과 c_2는 m_1과 m_2의 오른쪽 문자로 대치하며, 이때 첫 번째 열은 마지막 열의 오른쪽 문자로 대치한다.

㉡ m_1과 m_2가 같은 열에 있으면, c_1과 c_2는 m_1과 m_2의 밑의 문자로 대치하며, 첫 번째 행은 마지막 행 밑의 문자로 간주한다.

㉢ m_1과 m_2열과 행이 모두 다를 경우, c_1과 c_2는 m_1과 m_2를 포함하는 사각형의 모퉁이 문자로 하되 c_1을 m_1과 같은 행에, c_2는 m_2와 같은 행의 문자로 대치한다.

더 알아보기

RENAISSANCE 문자를 암호화

H	A	R	P	S
U	C	O	D	B
E	F	G	K	L
M	N	Q	T	U
V	W	X	Y	Z

- 두 문자로 분리된 평문(문자 X 추가): RE NA IS SA NC EX
- 암호문: HG WC BH HR WF GV

5. 휠 암호(Wheel Cipher)

(1) 1795년 토머스 제퍼슨은 「휠 암호」로 알려진 제퍼슨 디스크(Jefferson Disk)라는 암호 시스템을 만들었는데 26개의 바퀴(Wheel)를 사용해서 서로 다른 문자의 알파벳을 다른 것으로 치환시키는 것이다.

(2) 약 100여년 후 휠 암호는 비즈네르 실린더로 다시 발명하게 되었는데, 20~30개의 디스크로 구성되어 있다. 각 디스크들은 제거하거나 끼워 넣을 수 있는데, 디스크의 순서가 비즈네르 실린더의 암호를 풀 수 있는 열쇠가 된다.

(3) 비즈네르 실린더는 1890년경 프랑스 정부가 사용한 바 있으며, 1923년~제2차 세계대전 기간 동안 미 육군이 'M-94'라는 이름으로 사용하였다. 이후 6 · 25 전쟁 등 1960년대까지 'M-138-A'라는 이름으로 기능 보강되어 사용되었다.

〈 휠 암호(Wheel Cipher, 좌)와 M-94(우) 〉

3 제 1, 2차 세계대전 암호

20세기에 들어와서는 통신기술의 발전과 기계식 계산기에 대한 연구를 바탕으로 두 차례의 세계대전을 통해 암호설계와 해독에 대한 필요성이 높아지면서 암호에 대한 연구가 더욱 활발하게 진행되었다.

1. 제1차 세계대전 당시 사용 암호

(1) 음표(악보) 암호: 대치암호의 새로운 구현방식인 음표 암호가 있다. 이 음표 암호는 제1차 세계대전 당시 첩자 혐의로 처형된 네덜란드 출신의 마타하리가 사용하였다 하여 '마타하리 음표 암호'로도 널리 알려져 있다.

〈 마타하리 음표 암호 〉

(2) 난수 암호

① 제1차 세계대전 당시 난수가 수록된 코드북을 이용하여 전문을 암호화하는 새로운 방식이 출현하였는데 당시 독일은 부대위치 등 전장 정보를 코드북을 이용, 수동으로 암호화하여 무선 전신으로 소통하고 있었다.

② 1914년 러시아 군은 독일 순양함으로 부터 독일 해군이 사용하는 코드북을 입수하여 영국에 전달하였고, 영국은 이를 이용하여 '친메르만(독일 외상)'이 주미 독일 대사인 '폰 베른슈도르프'에게 보내는 전문을 해독하였다.

③ 해독 결과는 "독일이 멕시코와 동맹을 맺고 미국을 공격하겠으며 공격 성공시 미 텍사스, 뉴멕시코, 애리조나주를 멕시코에 양도하겠다."는 내용으로 미국(윌슨 대통령)이 제1차 세계대전 참전을 결심하게 되는데 결정적 계기가 되었다.

〈 제1차 세계대전 당시 친메르만의 암호전문(좌) 및 해독결과(우) 〉

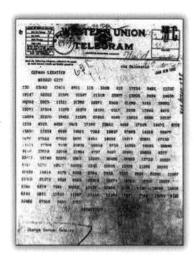

우리는 2.1일을 기해 무제한 잠수함전을 개시할 예정임. 그런데 이 와중에도 미국을 중립적 위치에 묶어 놓기 위한 노력을 게을리해서는 안됨. 그것이 성공하지 못할 경우, 우리는 멕시코에 대해 다음과 같은 조건으로 동맹을 맺을 것을 제안함

① 전쟁 혹은 평화의 행동에 전적으로 같이한다.
② 좋은 조건으로 경제원조를 실시한다.
③ 멕시코가 미국의 텍사스, 뉴멕시코, 애리조나 등 각주의 실지를 회복하는데 협력한다.

귀하는 미국과의 전쟁이 불가피한 정세에 다다랐을 때에는 즉시 (멕시코?) 대통령에게 제안을 극비에 전달하기 바람.

우리 잠수함의 무자비한 공격에 의해 영국은 수개월 안에 굴복할 수 밖에 없어 보인다는 사실을 대통령에게 강조하기 바람
　　　　　　　　　　　　　　　　　　－ 친메르만－

> **더 알아보기**
>
> 코드북(난수)
>
> 난수가 적혀있는 책자로 코드북에 의한 암호화 과정은 다음과 같다.
> ① 먼저 평문 단어를 환자 변환표에 의해 숫자화한다. (예) "대한민국" → 123으로 변환)
> ② 숫자화된 평문에 코드북에 기록되어 있는 난수를 덧붙여서 암호문을 만든다.
> (예) 코드북의 난수가 567이고 숫자화 된 평문이 345라면 암호문은 (567+345) mod 10=802가 된다. 여기서 덧셈은 각 자릿수별로 독립적으로 수행되며 덧셈의 합이 10보다 크면 mod 10하여 하위 자릿수만 취한다.

(3) 로터식 암호장비 개발 필요성 대두: 제1차 세계대전이 끝나는 시점에서 빈도 통계분석을 피하면서도 송신자와 수신자가 실시간으로 암호문을 복호할 수 있는 기계식 암호장비의 핵심인 로터식(rotor, 회전자) 암호시스템의 개발 필요성이 대두되었다.

> **더 알아보기**
>
> 빈도 통계분석
>
> 글자 중에 많이 사용되는 글자의 빈도를 조사하여 암호분석에 적용하는 것으로, 영어의 일반적인 문장의 경우 알파벳의 출현 빈도가 E, T, A, O, I, N, … 순으로 나타난다. 암호화된 문장 중에서 가장 많이 나타나는 문자를 이에 대입하여 암호 해독에 이용한다.

2. 제2차 세계대전 당시 사용 암호

(1) 로터식 암호시스템

① 의의: 중세의 "다중 대치 암호"를 기계로 구현한 암호시스템으로 동일한 문자를 매번 암호화할 때마다 매번 상이한 문자가 나오도록 코드북을 이용하여 로터의 회전량(암호키에 해당)을 조정한다.

② 1920~50년 기간 동안, 다양한 로터식 암호시스템들이 개발되었으며, 제2차 세계대전 당시에는 로터식 회전 암호시스템을 채택한 전기 기계식 암호장비가 주류를 이루고 있다.

(2) 에니그마(Enigma) 암호장비와 콜로서스(Colossus) 컴퓨터

① 에니그마는 제2차 세계대전 당시 독일군이 사용한 기계식 암호장비로 알파벳이 새겨진 3개의 로터와 문자판으로 구성되어 있다. 암호화 방법은 문자판 위에 알파벳을 타이핑하면 각 로터의 회전 위치가 바뀌어 각 문자에 대응하는 문자가 랜덤하게 출력되어 암호문이 생성된다.

② 에니그마는 '알란 튜링'이 개발한 '콜로서스 컴퓨터(세계 최초의 컴퓨터, 2400여개 진공관으로 구성)'에 의해 해독되었으며 연합군 승리에 결정적 계기가 되었다.

〈 Enigma 암호장비(좌)와 콜로서스 컴퓨터(우) 〉

(0) Purple 머신: 제2차 세계대전 당시 일본도 에니그마 암호장비를 변형한 '구문인자기(歐文印字機)'라는 암호장비를 사용하였는데 주로 외교 통신 및 해군에서 사용하였다. 미국은 이를 'Purple 머신'이라는 암호명으로 불렀으며 미군 암호 해독부서인 SIS(Signal Intelligence Service)의 윌리엄 프리드만에 의해 해독되었다.

(4) CCM(Combined Cipher Machine): 영미간 연합군에서도 로터 기반의 기계식 암호장비인 CCM을 사용하였다.

〈 Purple 머신(좌)과 CCM(우) 〉

01 단순 치환 암호법으로 생성된 암호문을 해독하기 위해 사용하는 방법은?

① 순서 분석법

② 알파벳 분석법

③ 빈도통계 분석법

④ 치환 분석법

02 난수 암호가 최초 사용된 시기는 언제인가?

① 고대   ② 중세

③ 제1차 세계대전   ④ 제2차 세계대전

03 다음 중 제2차 세계대전 당시 연합군이 사용한 기계식 암호장비는 어느 것인가?

① 에니그마   ② Purple 장비

③ 콜로서스   ④ CCM

04 다음에서 설명하는 것은?

평문을 암호화하거나 암호화된 문장을 복호화하는 전기 · 기계 장치로 자판에 문장을 입력하면 회전자가 돌아가면서 암호화된 문장 · 복호화된 평문을 만들어낸다.

① 스키테일(Scytale)

② 아핀(Affine)

③ 에니그마(Enigma)

④ 비제니어(Vigenere)

▌정답 및 해설

01   정답 ③

단순 치환 암호법은 평문의 특성이 암호문에 나타나기 때문에 빈도통계분석법으로 해독할 수 있다. 평문의 출현 빈도가 E, T, A, O, I, N, … 순이므로 암호문 중 가장 많이 나오는 문자가 이에 해당된다.

02   정답 ③

역사적으로 난수 암호가 최초 사용된 시기는 1914년으로 제1차 세계대전시기이다. 당시 제1차 세계대전 참전을 망설이던 미 윌슨대통령은 독일군의 난수 암호 해독 결과를 보고받고 참전을 결심하게 된다.

03   정답 ④

① 독일군 사용 암호장비

② 일본군 사용 암호장비

③ 에니그마 암호장비를 해독하는데 사용된 컴퓨터

04   정답 ③

③ 에니그마(Enigma)는 제2차 세계대전 당시 독일군이 사용한 기계식 암호장비로서 암호화 방법은 문자판 위에 알파벳을 타이핑하면 각 로터의 회전 위치가 바뀌어 각 문자에 대응하는 문자가 랜덤하게 출력되어 암호문이 생성된다. 알란 튜링이 개발한 '콜로서스 컴퓨터'에 의해 해독되었다.

② 아핀 암호는 덧셈 암호와 곱셈 암호를 결합한 암호(곱셈→덧셈)로 두 개의 키를 사용한다. 첫 번째 키는 곱셈 암호에 사용되고 두 번째 키는 덧셈 암호에 사용된다. 현대 AES 암호의 치환테이블인 SubBytes( )도 아핀함수 기법 (Ax^{-1} $+ b \bmod m(x)$, $m(x) = x^8 + x^4 + x^3 + 1$)을 사용하고 있다.

x: 입력 평문(8bit)

x^{-1}: 입력 평문에 대한 역원, $x \cdot x^{-1} \equiv 1 \bmod m(x)$

CHAPTER 02

현대 암호학

01 기본 개념

1 암호학(Cryptology)의 기본개념

1. 정의

암호학이란 정보를 보호하기 위한 언어학적, 수학적 방법론을 다루는 학문으로 암호논리의 안전성은 수학에 기반하고 있으며 이를 바탕으로 컴퓨터, 통신 등 여러 학문 분야에서 공동으로 연구, 개발되고 있다.

2. 암호의 용도

(1) 제 1, 2차 세계대전까지는 메시지 보안에 초점이 맞추어져 있어 군사 · 외교적 목적으로 사용되었지만, 현재는 메시지 보안 이외에도 인증, 서명 등이 암호의 범주에 포함되어 우리의 일상에서 떼 놓을 수 없는 중요한 분야가 되었다.

(2) 현대 암호학은 암호 시스템, 암호 분석, 인증 및 전자서명 등 다양한 분야에서 활용되고 있다.

2 관련 용어와 보안 상식

1. 송신자, 수신자, 도청자

(1) Alice가 Bob에게 정보를 보낼 때 보내는 사람인 Alice를 송신자(Sender)라고 하고, 받는 사람인 Bob을 수신자(Receiver)라고 한다.

(2) 적극적인 공격자 Trudy는 전송 중인 메시지를 획득하여 자신이 원하는 내용으로 수정해서 수신자에게 보낼 수 있다(재전송 공격, Replay Attack).

(3) 도청자 Eve는 사람 또는 도청용 기계일 수도 있고 메일 소프트웨어나 메일 서버에 설치된 프로그램일 수도 있다.

> **더 알아보기**
>
> 본 교재에서 사용하는 설정 인물들의 캐릭터
> ① Alice와 Bob: 일반적으로 Alice는 메시지를 전송하고 Bob이 수신하는 모델에 사용된다.
> ② Eve: 도청자(Eavesdropper)로서 Alice와 Bob간의 통신 내용을 엿듣기는 하지만 통신중인 메시지를 수정하지는 못하는 소극적인 공격자를 의미한다.
> ③ Trudy: 악의를 가진(Malicious) 공격자를 의미한다. Alice와 Bob간의 통신내용을 수집하고, 이를 자신이 보유(작성)한 메시지로 대체하여 메시지를 재전송할 수 있는 능력을 가지고 있다고 가정한다.

2. 암호와 보안 상식

(1) 비밀 암호 알고리즘을 사용하지 말 것: 암호 알고리즘 자체를 비밀로 해서 기밀성을 유지하려는 것은 암호 알고리즘 구조가 폭로되어 버리면 그것으로 끝이다.

(2) 약한 암호는 암호화하지 않은 것 보다 위험하다: 약한 암호를 사용하게 되면 사용자가 「암호」라고 하는 말에 「잘못된 안심」을 하기 때문에 기밀성이 높은 정보를 소홀히 취급할 위험이 있다.

(3) 어떤 암호도 언젠가는 해독된다: 완전하게 안전한 암호는 없다. 단지 해독하는데 시간이 많이 걸릴 뿐이다.

(4) 암호는 보안의 작은 부분이다: 암호는 정보보안의 핵심이기는 하지만, 시스템 해킹은 암호 이외의 다양한 방법(피싱, 트로이목마, 키로거, 사회공학적 방법 등)으로 가능하다.

3 암호화 및 복호화의 기호 표기

1. 암호시스템의 구성 요소

(1) 의의: 암·복호화를 하는 일련의 과정에 필요한 요소를 모두 합쳐서 암호시스템이라고 한다. 암호시스템의 구성요소로는 평문(Plaintext), 암호문(Ciphertext), 암호화/복호화 알고리즘(Encryption/Decryption Algorithm), 키(Key)로 구성된다.

(2) 평문을 암호문으로 만드는 절차 즉, 암호화 과정을 "암호화 알고리즘"이라고 하고, 복호화 과정을 "복호화 알고리즘"이라고 하며, 이 둘을 합쳐 "암호 알고리즘"이라고 한다.

2. 암호화와 복호화의 기호적 표현

(1) 평문을 P, 암호문을 C, 암호화 과정 E, 복호화 과정을 D, 키를 K로 표현한다. [그림]과 같은 암·복호화 과정을 수식으로 나타내면 다음과 같다.

① 암호화: $C = E_K(P)$, 평문 P를 키 K로 암호화(E)하여 암호문 C를 얻는다.

② 복호화: $P = D_K(C)$, 암호문 C를 키 K로 복호화(D)하여 평문 P를 얻는다.

〈 암호화와 복호화 과정 〉

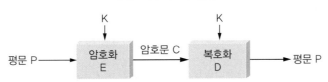

(2) 키의 위치를 위와 같이 암호화와 복호화 알고리즘의 첨자로 나타내기도 하고, $C = E(P, K)$, $P = D(C, K)$와 같이 표현하기도 한다.

(3) 때로는 복호화의 개념으로 '해독'이라는 용어를 사용하는 경우가 종종 있다. 해독은 키 값(K)을 모르는 상태에서 C로 부터 P값을 추출하는 케이스이므로 키 값을 아는 상태에서 평문을 복원하는 복호화와는 개념이 다르다. 정확한 용어 선택이 중요하다.

4 암호기법의 분류

기밀성 유지에 사용되는 암호기법은 암호문과 평문간의 구성 문자에 따라 대치(치환) 암호와 전치 암호, 암호화 방법에 따라 블록암호와 스트림 암호, 암호화 위치에 따라 링크 암호와 종단간 암호로 분류할 수 있다.

1. 대치(치환) 암호와 전치 암호

(1) 평문간 구성문자에 따른 분류

① 의의: 평문의 비트, 문자 또는 문자의 블록을 다른 비트, 문자 또는 블록으로 대치하는 암호화 방식이다. 이때 평문과 암호문은 일대일 대응이 아니어도 상관없다. 따라서 평문에서 사용하는 문자(비트열)의 집합과 암호문에서 사용하는 집합이 다를 수 있다.

② 대표적인 단일 대치 암호로는 고대의 시저암호가 있다. 단일 대치 암호를 발전시킨 암호로 다중 문자 암호와 다중 대치 암호가 있다.

③ 다중 문자 암호로는 원판 암호, 다중 대치 암호로는 비즈네르 암호, 휠 암호, 에니그마 등 제2차 세계대전시 사용했던 기계식 암호장비가 이에 해당되며 현대 암호인 DES, AES도 대치(치환) 암호에 속한다.

(2) 전치 암호(Transposition Cipher)

① 대치 암호가 평문 문자를 다른 문자로 어떠한 규칙에 따라 대응시켜 암호화하는 방식이라면, 전치 암호는 평문 문자의 자리를 바꾸는 암호화 방식이다.

② 전치 암호란 문자(비트) 집합 내부에서 '자리를 바꾸는 규칙'이다. 사용하는 문자(비트)와 암호문에 사용된 문자(비트)가 일대일 대응 규칙을 갖는다는 점이 특징이다.

③ 고대 스키테일 암호가 전치 암호의 효시이며 DES의 초기전치(IP; Initial Permutation) 및 최종전치(FP; Final Permutation), $FP = IP^{-1}$도 이에 해당된다.

2. 블록암호와 스트림 암호

(1) 블록암호(Block Cipher)

① 의의: 어느 특정 비트 수의 「집합」을 한 번에 처리하는 암호 알고리즘을 총칭한다. 예를 들면 DES는 64비트 단위로, AES는 128비트 단위로 암호화하여 각각 64비트, 128비트의 암호문을 생성한다.

② 실제 구현시는 블록암호를 여러 운영모드(ECB, OFB, CFB, CBC, CTR) 중 하나를 선택하여 암·복호화한다.

③ 비트 조작 측면에서 소프트웨어적으로 구현하기 쉽고 후술하는 스트림 암호보다 실제 더 많이 사용한다. 예 블록암호의 예: DES, IDEA, SEED, ARIA, RC5, AES 등

④ 평문이 1비트만 변화하더라도 결과는 암호문 블록 전체에 영향을 미치는 확산 효과가 있으며 라운드를 반복 수행하여 암호화 강도를 높일 수 있다.

⑤ 대부분 블록암호의 각 라운드 구조는 비선형 함수의 내부 처리 형태에 따라 Feistel 또는 SPN 구조로 분류된다.

〈 블록암호의 전체 구조 및 각 라운드 구조(Feistel, SPN) 〉

전체구조

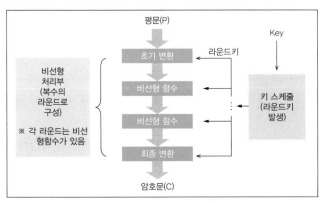

각 라운드구조

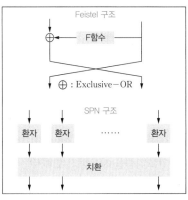

(2) 스트림 암호(Stream Cipher)

① 스트림 암호는 이진 수열로 변환된 평문을 비트 혹은 바이트 단위로 암호화하며, 난수를 연속적으로 생성하여 평문 데이터 열과 결합하는 구조를 가진다.

② 일반적으로 유사 난수를 1비트 단위로 생성하고, 생성된 값과 암호화하려는 각 값을 Exclusive-OR(XOR, $\oplus$)하여 1비트의 암호화된 자료를 얻는다.

③ 하드웨어 구현이 간편하며 속도가 빠르기 때문에 무선통신 환경에 주로 사용된다. 예를 들면 무선 Wi-Fi 망에서 RC4가 사용되며 선형 귀환 시프트 레지스터(LFSR; Linear Feedback Shift Register) 기반의 MUX(Multiplexer), SG(Summation Generator), Geffe 및 BRM(Binary Rated Multiplier) 등이 있다.

〈 스트림 암호의 암 · 복호화 과정도 〉

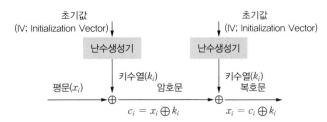

3. 암호화 위치에 따른 구분

(1) 링크 암호화(Link Encrypt)

① 인터넷 통신의 2계층인 데이터 링크계층(Link Layer)에서 두 지점 간의 전송데이터를 암호화하는 보안 프로세스로 데이터를 암호화하여 다음 링크 지점으로 보내지면 도착한 홉에서 복호화하고, 또 다음 링크 지점으로 계속 전송할 경우 다시 암호화하여 전송한다.

② 각 링크마다 각기 다른 암호키나 알고리즘을 사용하여 암호화하며, 최종적으로 데이터가 목적지에 도착할 때까지 이런 과정을 반복한다.

(2) 종단간 암호화(End-To-End Encrypt)

① 처음 입력하는 단계부터 최종적으로 수신하는 모든 단계에서, 메시지를 평문으로 저장하지 않고 모두 암호화하는 방식을 일컫는다.

② 보통 컴퓨터 근원지에서 사용자에 의해 애플리케이션 계층에서 암호화가 수행되며 종점(End Point)과 종점간 전송되는 데이터가 암호화된다.

5 주요 암호기술

1. 대칭키 암호와 비 대칭키 암호

(1) 암호화를 할 때나 복호화를 할 때는 반드시 키가 필요하다. 대칭키 암호는 암호화 및 복호화에 사용하는 키가 동일하다.

(2) 이의 반대 개념으로 비 대칭키 암호가 있는데 암·복호화 시에 사용하는 키가 다르다. 비 대칭키 암호 알고리즘을 사용하기 위해서는 송신자 및 수신자 모두 자신만의 한 쌍의 키를 가지고 있어야 한다.

(3) 이 한 쌍의 키를 이루는 두 개의 키는 공개키(Public Key)와 개인키(Private Key)라고 하는데, 이중 공개키를 공개하므로 비 대칭키 암호를 공개키 암호(Public Key Cryptography)라고 부르기도 한다. 비 대칭키 암호 대신에 공개키 암호라는 용어를 더 많이 사용한다.

2. 하이브리드 암호시스템

(1) **의의**: 대칭키 암호와 공개키 암호를 조합한 암호 시스템을 하이브리드 암호시스템(Hybrid Cryptosystem)이라고 한다.

(2) 이것은 대칭키 암호와 공개키 암호의 장점을 조합한 시스템으로 송·수신자간 인증 시 및 데이터 무결성 검증에는 공개키 암호를 사용하고 데이터 암호화에는 대칭키 암호를 사용한다.

(3) 왜냐하면 공개키 암호는 암·복호화 속도가 느리므로 최초 신원 인증 및 메시지 무결성 확인에만 사용하고, 실제 평문 암·복호화는 대칭키 암호를 사용한다.

3. 일방향 해시함수(One-Way Hash Function)

(1) **의의**: 정보나 소프트웨어를 공개적으로 제공할 때에 변경되지 않았다는 것을 확신할 수 있도록 프로그램 제공자는 프로그램을 공개함과 동시에 그 프로그램의 해시값을 공개하는 경우가 있다. 해시값*이란 일방향 해시 함수를 사용하여 계산한 값이다.

(2) **특징**: 해시함수는 어떠한 크기의 자료도 입력으로 사용할 수 있지만 출력 값은 항상 일정한 크기를 갖는 특징이 있다. 또한 입력 값이 동일하면 출력 값도 항상 동일한 특징이 있으며, 암호화와는 다르게 키를 사용하지 않는다.

4. 메시지 인증코드(Mac; Message Authentication Code)

(1) **의의**: 해시 알고리즘으로 메시지 수정 또는 변경을 검출할 수는 있지만 거짓 행세를 검출하는 것은 불가능하기 때문에 무결성 외에 인증이라는 절차가 필요하게 되었다. 이때 메시지 인증코드는 데이터가 변조(수정, 삭제, 삽입 등)되었는지를 검증할 수 있도록 데이터에 덧붙이는 코드이다.

---

* 해시값
　암호학적 검사합(Cryptographic Checksum), 지문(Fingerprint), 메시지 다이제스트(Message Digest)라고도 부른다.

(2) 원래의 데이터로만 생성할 수 있는 값을 데이터에 덧붙여서 확인하도록 하는 것이 필요하고, 변조된 데이터에 대해서 MAC을 생성하여 오리지널 데이터와 MAC값을 동시에 바꿔치기할 가능성이 있으므로, MAC의 생성과 검증은 반드시 비밀키를 사용하여 수행해야만 한다.

(3) 메시지 인증코드는 무결성과 인증을 제공하는 암호 기술이다.

5. 전자서명(디지털 서명, Digital Signature)

(1) 정보가 해시된 다음, 메시지 발신자의 서명이 필요하다. 전자서명 알고리즘의 종류는 다양하며, 저마다 고유한 메커니즘을 갖고 있다.

(2) 기본적으로 해시된 메시지를 개인키로 서명하고 메시지 수신자는 서명자가 제공하는 공개키를 사용하여 서명을 확인할 수 있다.

(3) 전자서명은 각 메시지 내용과 직접적으로 관련된다는 점을 유의할 필요가 있다. 따라서 손으로 쓴 서명과 다르게, 디지털로 서명된 메시지는 각각 다른 디지털 서명을 갖게 된다.

6. 의사 난수생성기(PRNG; Pseudo Random Number Generator)

(1) 난수(Random Number): 임의의 수, 예측이 불가능한 수이다. 따라서 의사 난수생성기는 난수열을 생성하는 알고리즘이다.

(2) 키 생성(Key Generation): 예를 들면 Web에서 SSL/TLS 통신을 할 때 단 한 번의 통신에만 사용할 키(세션키)를 생성하는데 의사 난수생성기를 이용하여 키를 만든다.

(3) 만약 난수생성 알고리즘이 취약하면 도청자가 암호에 사용하는 키를 추측할 수 있으므로 통신의 기밀성이 손상될 위험이 있다.

6 지적 재산권 보호

1. 스테가노그래피(Steganography)

(1) 의의: 데이터 은폐 기술 중 하나이며, 데이터를 다른 데이터에 삽입하는 기술 혹은 그 연구를 뜻한다.

(2) 암호가 메시지의 내용을 읽을 수 없게 하는 수단인 반면, 스테가노그래피는 정상적으로 보이는 객체 안에 메시지를 숨긴다. 무해해 보이는 객체에 버젓이 비밀 메시지를 은닉해 전달하는 것이다.

(3) 일단 메시지를 숨겨 넣는 방법을 알게 되면 메시지의 내용은 금방 노출되어 버린다. 그래서 스테가노그래피는 암호를 대신할 정도의 안전성을 가지지 못한다.

2. 디지털 워터마킹(Digital Watermarking)

(1) 의의: 사진이나 동영상 같은 각종 디지털 데이터에 저작권 정보와 같은 비밀 정보를 삽입하여 관리하는 기술을 말한다. 그림이나 문자를 디지털 데이터에 삽입하며 원본 출처 및 정보를 추적할 수 있다. 즉, 소유권에 대한 인증 뿐 아니라 개인 식별이 가능하다.

(2) 최근에는 디지털 워터마킹(Digital Watermarking) 기술에 스테가노그래피가 사용되고 있으나 디지털 스테가노그래피 기술만으로는 정보를 비밀로 하는 것이 불가능하므로 다른 기술과 조합할 필요가 있다.

(3) 일례로, 암호와 스테가노그래피를 조합하는 것은 잘 알려져 있다. 우선 집어넣고 싶은 문장을 암호화해서 암호문을 작성한다. 그 위에 스테가노그래피를 사용해서 암호문을 화상 파일 속에 숨긴다. 이와 같이 하면 암호문을 알아채더라도 심어 넣은 문장의 내용은 읽을 수 없게 되는 것이다.

3. 핑거 프린팅(Finger Printing)

(1) 정보를 디지털 콘텐츠에 삽입하는 측면에서는 워터마킹과 동일하다.

(2) 워터마킹과는 달리 판매되는 콘텐츠가 구매한 사용자마다 조금씩 다른 정보를 가지므로, 콘텐츠가 불법적으로 재 배포되면 핑커 프린팅된 정보를 추출하여 구매자를 식별하고 법적인 조치를 취할 수 있다.

4. 디지털 저작권 관리(DRM, Digital Rights Management)

(1) 의의: 디지털 콘텐츠의 사용을 제어하고, 불법복제 및 유통을 방지하는 기술 및 서비스를 의미하며 디지털 콘텐츠의 사용에 따라 발생하는 저작권 관련 당사자들의 이익을 지속적으로 보호 및 관리를 해준다.

(2) DRM 전체 구성(체계): 저작권 보호 대상인 콘텐츠, 이것을 사용하려고 하는 '사용자' 그리고 사용 허가를 위한 '라이선스'로 구성된다.

(3) DRM 시스템

① **구성 요소:** 콘텐츠 서버, DRM 서버(라이선스 발급 및 관리), DRM 클라이언트로 구성된다.

② **DRM의 핵심 기술 구성요소**

㉠ **메타데이터(Metadata):** 콘텐츠 생명 주기 범위 내에서 관리되어야 할 각종 데이터의 구조 및 정보를 일컫는 것으로, 권한 소유자에 대한 정보, 미디어 정보, 배포 정보 등을 포함한다.

㉡ **패키저(Packager):** 보호대상인 콘텐츠를 메타데이터와 함께 시큐어 콘테이너(Secure Container) 포맷으로 패키징하는 모듈이다.

㉢ **시큐어 콘테이너(Secure Container):** DRM의 보호 범위 내에서 유통되는 콘텐츠의 배포 단위로 식별자, 암호화된 콘텐츠, 메타데이터, 시그니처 등의 정보로 구성되며 배포 도중에 발생할 수 있는 위 · 변조의 위험을 차단하는 역할을 수행한다.

㉣ **식별자(Identifier):** 콘텐츠를 보호하고 식별하기 위한 식별자이다.

㉤ **클리어링 하우스:** 키 관리 및 라이선스 발급관리를 수행한다.

㉥ **DRM 제어기(Controller):** 콘텐츠를 이용하는 사용자의 PC 또는 디바이스 플랫폼에서 콘텐츠가 라이선스에 명시된 범위 내에서 지속적으로 보호될 수 있도록 프로세스를 제어한다.

1 암호 해독

1. 개요

(1) **의의**: 암호방식의 정규 참여자가 아닌 제3자가 암호문으로부터 평문을 복원하려고 하는 시도를 암호해독(Cryptanalysis) 또는 공격이라고 하며 암호 해독에 참여하는 사람을 암호 해독자, 제3자 또는 침해자라고 한다.

(2) 만일 암호 해독자가 암호 알고리즘을 알고 있는 상태에서 암호문을 입수하였다면 평문을 복원하기 위해서는 암호키 정보만 알면된다($P = D_K(C)$). 즉 현대 암호에서 암호 해독이라 함은 현재 사용되고 있는 암호 방식을 알고 있다는 전제하에 암호키를 탐색하는 작업이라고 말할 수 있다. 이것을 '케르히호프의 원리'라고 한다.

> **더 알아보기**
>
> 케르히호프(Kerckhoff)의 원리
> ① 암호학에서 케르히호프의 원리는 19세기 '아우후스트 케르히호프'가 제안한 원리로, 키를 제외한 시스템의 다른 모든 내용이 알려지더라도 암호체계는 안전해야 한다는 것이다.
> ② 간단히 말해, 암호체계의 안전성은 키의 비밀성에만 의존해야한다. 다르게 말하면, 정보를 비밀스럽게 코딩하고 전송하는 방법은 설령 그것이 어떻게 동작하는지 모든 사람에게 알려지더라도 안전해야 한다는 것이다.

2. 암호 해독의 분류

암호해독은 해독작업에 필요한 데이터에 의해 암호문 단독 공격, 기지 평문 공격 및 선택 암호문 공격으로 분류할 수 있으며 암호키를 추출하는 기술적 수단에 의해 Brute Force Method와 Short Cut Method로 대별할 수 있다. 최근에는 암호 장치가 동작하는 물리적 과정을 모니터링하여 암호키를 알아내고자 하는 부채널 공격(Side Channel Attack) 분야에 많은 연구가 진행되고 있다.

(1) **해독에 필요한 데이터에 의한 분류**

① 암호문 단독 공격(COA; Ciphertext Only Attack)

ⓐ 평문에 대한 정보가 전혀 없는 상태에서 암호문만 가지고 암호키 값을 찾아내는 공격방법으로 도청자인 Eve는 암호 알고리즘을 알고 있고 암호문을 가로챌 수 있다고 가정한다. 평문의 통계적 성질, 문장의 특성 등을 추정하여 해독을 시도한다.

ⓑ 고전적인 대치/전치 암호라면 해독 가능하겠지만, 현대 암호에선 현실적으로 불가능하다.

② 기지(旣知) 평문 공격(KPA; Known Plaintext Attack)

ⓐ 다량의 평문과 이에 대응되는 암호문 쌍을 입수하였다는 가정하에 암호키를 찾아가는 방법이다. 도청자인 Eve는 해독하려는 암호문 외에 추가로 여러 개의 평문·암호문 쌍을 얻는다. 평문·암호문 쌍은 공격자에게 미리 주어진다.

ⓑ 예를 들면, Alice가 Bob에게 비밀 메시지를 보냈지만 나중에 그 메시지를 공개한다면 Eve는 공개된 평문·암호문 쌍을 사용하여 Alice가 Bob에게 보내려는 다음 비밀 메시지를 알아내는데 사용한다.

③ 선택 평문 공격(CPA; Chosen Plaintext Attack)

　　㉠ 기지 평문 공격과 유사하나 차이점은 공격자가 해독에 필요한 평문을 임의로 선택하고 이에 대응되는 암호문 쌍을 얻은 후, 이를 기초로 암호키를 탐색해나가는 공격기법이다.

　　㉡ 예를 들면, Eve가 Alice의 컴퓨터에 접속할 수 있다면 이 공격을 적용할 수 있다. Eve는 어떤 평문을 선택하고 이에 대응되는 암호문을 읽는다.

④ 선택 암호문 공격(CCA; Chosen Ciphertext Attack)

　　㉠ 암호문과 이에 대응하는 평문을 얻을 수 있을 때 사용하는 공격기법으로 주로 공개키 알고리즘을 분석할 때 주로 사용된다.

　　㉡ 선택 암호문 공격은 Eve가 어떤 암호문을 선택하고 그에 대응되는 평문을 얻는다는 점을 제외하면 선택 평문 공격과 유사하다. 이 공격은 Eve가 Bob의 컴퓨터에 접속할 수 있다면 가능하다.

(2) 기술적 수단에 의한 분류

① 모든 경우의 수를 대입하는 방법(Brute Force Method): 한 쌍의 평문 · 암호문이 주어졌을 때 모든 후보 암호화 키를 대입하면서 실제 암호키를 찾는 방법으로 전수탐색법, 테이블 참조(Table Look-Up) 방식 및 이 둘을 절충한 Time-Memory Trade-Off Cryptanalysis(이하 TMTO 해독법)가 있다. 여기서 Table Look-Up 방식 및 TMTO는 암호해독을 시작하기 전에 미리 테이블을 만들어 놓아야 하므로 예측 가능한 평문이어야 한다.

　　㉠ 전수탐색법(Exhaustive Search): 모든 후보 암호화 키(키 사이즈가 N비트라면 총 키의 갯수는 2^N개)를 처음부터 일일이 대입해 나가면서 실제 암호키를 찾는 방법으로 키 탐색시간이 장시간 소요되는 단점이 있다.

　　㉡ 테이블 참조(Table Look-Up) 방식: 예측 가능한 평문에 대해 모든 암호키와 이에 대응하는 암호문을 미리 생성하여 암호문과 키를 동시에 테이블에 저장하여 놓는다. 나중에 해당 평문에 대한 암호문이 입수되면 그 암호문에 연결되어 있는 키 정보로부터 암호화 키를 알아낸다. 따라서 키 탐색시간은 무시할 수 있지만 막대한 양의 기억용량이 필요한 단점이 있다.

　　㉢ TMTO 해독법: 사전에 테이블을 생성해 놓아야 한다는 점에서는 '테이블 참조 방식'과 동일하나 키 데이터를 체인 형태로 생성하여 그 중 일부만을 저장한다. 해독할 때는 한번에 다량(예 수만 개)의 키를 한번에 탐색한다. 따라서 전수탐색법보다는 키 탐색시간이, 테이블 참조 방식보다는 소요 기억용량을 상당히 감소시킬 수 있어 현실적인 해독방법이라고 말할 수 있다.

② 암호논리의 구조적 취약점을 이용한 해독 방법(Short Cut Method)

　　㉠ Short Cut은 '지름길'이라는 의미이다. Brute Force Method의 단점인 막대한 양의 탐색시간과 소요 기억용량을 줄이기 위해 암호알고리즘의 구조적 취약점을 이용하여 암호키의 탐색 범위를 축소해 나가는 기법이다.

　　㉡ 대표적인 해독법으로 「차분해독법(DC; Differential Cryptanalysis)」과 「선형해독법(LC; Linear Cryptanalysis)」이 있다. 이 해독법은 입수한 평문 · 암호문 쌍을 이용하여 암호키를 찾는 방식이다. DC와 LC 기법으로 일부 암호키를 찾아내고 미확인된 나머지 키 비트들은 '전수탐색법'을 이용하여 찾아낸다.

　　㉢ 예를 들면, DES를 DC로 해독하려면 2^{48}개의 선택 평문 · 암호문 쌍이, LC로 해독하려면 2^{43}개의 기지 평문 · 암호문 쌍이 필요한 단점이 있다.

(3) 부채널 공격(Side Channel Attack)

① TMTO 해독법을 제외한 위에서 열거한 두 부류의 암호해독 기법은 다소 현실적이지 못하다. 따라서 암호 알고리즘의 구현 과정에서 발생되는 여러 정보(소요되는 시간, 소비전력, 방출하는 전자기파 등)를 이용하여 암호키를 찾아내는 방법이 부채널 공격이다.

② 즉, 알고리즘을 수행하는 동안 CPU나 메모리의 데이터가 이동하는 파형 변화 등의 형태를 분석하여 암호키를 찾아내는 방법으로 키 데이터가 메모리에 로딩되는 순간 등의 데이터를 캡처하여 분석한다.

③ **부채널 공격의 예:** 타이밍 공격(Timing Attack), 전력분석 공격(Power Analysis Attack), 캐시공격(Cache Attack), 전자기파 공격(Electromagnetic Attack) 등이 있다.

2 암호 알고리즘의 안전성 평가

1. 정보보호제품 안전성 평가

(1) 정보보호제품의 안전성 평가는 모든 정보보호시스템 보안성 평가에 적용될 수 있는 국제공통평가기준(CC; Common Criteria)이 있으며 우리나라도 2002년부터 이를 도입·시행 중이다.

(2) CC 평가 기준에는 암호 알고리즘에 대한 평가 기준이 없어 암호 알고리즘이 탑재된 암호 모듈의 안전성 평가를 위해 미 국립표준기술연구소(NIST)는 CMVP(Cryptographic Module Validation Program) 제도를 시행중에 있다.

(3) 또한, 미 NIST는 암호 알고리즘의 구현 정확성 시험을 위해 CMVP와는 별도로 CAVP(Cryptographic Algorithm Validation Program)라는 평가 제도도 운영 중에 있다.

2. 암호모듈 안전성 평가(CMVP)

(1) **의의:** 1995.7월 미국 NIST와 캐나다 주정부의 통신정보부(CSE; Communications Security Establishment)가 공동으로 개발한 암호모듈의 안전성 검증을 위한 프로그램이다.

(2) CMVP에서 요구하는 암호모듈의 안전성 평가는 「암호기술의 구현 적합성 평가」, 「암호키 운영 및 관리」, 「물리적 보안」으로 나눌 수 있으며, 각 항목에 대한 안전성 등급을 설정하여 기준을 마련하고 이에 대한 평가를 수행한다.

(3) 우리나라도 전자정부법에 의거 KCMVP라는 암호모듈 검증제도를 2005년부터 시행하고 있다. KCMVP는 개발업체(Vendor)가 검증 신청서 및 제출물을 작성하여 시험기관인 한국 인터넷 진흥원(KISA)과 국가보안기술연구소(NSRI)에 시험 신청을 하는 것으로부터 시작된다. 평가 완료 시까지 약 1년 이상이 소요된다.

(4) 검증받은 암호제품을 이용하면 국가·공공기관의 중요 자료를 인터넷 등의 공중 통신망을 통해 소통할 수 있다. 하지만 대외비급 이상의 기밀자료에 대해서는 비공개 암호 알고리즘을 사용하는 정책이 유지되고 있다.

01 ㉠과 ㉡에 들어갈 용어로 옳은 것은?

(㉠)은(는) 디지털 콘텐츠를 구매할 때 구매자의 정보를 삽입하여 불법 배포 발견 시 최초의 배포자를 추적할 수 있게 하는 기술이다. (㉡)은(는) 원본의 내용을 왜곡하지 않는 범위 내에서 사용자가 인식하지 못하도록 저작권 정보를 디지털 콘텐츠에 삽입하는 기술이다.

	㉠	㉡
①	크래커(Cracker)	커버로스(Kerberos)
②	크래커(Cracker)	워터마킹 (Watermarking)
③	핑거프린팅 (Fingerprinting)	커버로스(Kerberos)
④	핑거프린팅 (Fingerprinting)	워터마킹 (Watermarking)

02 정보보호 서비스에 대한 설명으로 옳지 않은 것은?

① Authentication: 정보교환에 의해 실체의 식별을 확실하게 하거나 임의 정보에 접근할 수 있는 객체의 자격이나 객체의 내용을 검증하는 데 사용한다.

② Confidentiality: 온오프라인 환경에서 인가되지 않은 상대방에게 저장 및 전송되는 중요정보의 노출을 방지한다.

③ Integrity: 네트워크를 통하여 송수신되는 정보의 내용이 불법적으로 생성 또는 변경되거나 삭제되지 않도록 보호한다.

④ Availability: 행위나 이벤트의 발생을 증명하여 나중에 행위나 이벤트를 부인할 수 없도록 한다.

03 다음 중 스테가노그래피에 대한 설명으로 옳지 않은 것은?

① 스테가노그래피는 민감한 정보의 존재 자체를 숨기는 기술이다.

② 원문 데이터에 비해 더 많은 정보의 은닉이 가능하므로 암호화보다 공간효율성이 높다.

③ 텍스트 · 이미지 파일 등과 같은 디지털화된 데이터에 비밀 이진(Binary) 정보가 은닉될 수 있다.

④ 고해상도 이미지 내 각 픽셀의 최하위 비트들을 변형하여 원본의 큰 손상 없이 정보를 은닉하는 방법이 있다.

04 다음 〈보기〉에서 설명하는 DRM 구성요소는 무엇인가?

보기
DRM의 보호 범위에서 유통되는 콘텐츠의 배포 단위로서 암호화된 콘텐츠 메타 데이터, 전자서명 등의 정보로 구성되어 있다. 또한, MPEG-21 DID 규격을 따른다.

① 식별자
② 클리어링 하우스
③ 애플리케이션
④ 시큐어 컨테이너

05 정보보안의 기본 개념에 대한 설명으로 옳지 않은 것은?

① Kerckhoff의 원리에 따라 암호 알고리즘은 비공개로 할 필요가 없다.

② 보안의 세 가지 주요 목표에는 기밀성, 무결성, 가용성이 있다.

③ 대칭키 암호 알고리즘은 송수신자 간의 비밀키를 공유하지 않아도 된다.

④ 가용성은 인가된 사용자에게 서비스가 잘 제공되도록 보장하는 것이다.

06 다음은 디지털 콘텐츠 저작권 보호에 활용되는 기술에 대한 설명이다. 〈보기〉의 빈칸 ㉠에 공통으로 들어갈 용어로 옳은 것은?

> **보기**
>
> 디지털 (㉠)은 디지털 콘텐츠를 구매할 때 구매자의 정보를 삽입하여 불법 배포 발견 시 최초의 유포자를 추적할 수 있게 하는 기술이다. 이 기술을 사용하면 판매되는 콘텐츠마다 구매자의 정보가 들어 있으므로, 불법적으로 재배포된 콘텐츠 내에서 (㉠)된 정보를 추출하여 구매자를 식별할 수 있다.

① 스미싱(smishing)

② 노마디즘(nomadism)

③ 패러다임(paradigm)

④ 핑거프린팅(fingerprinting)

| 정답 및 해설

01 정답 ④

• 핑거프린팅(Fingerprinting): 콘텐츠에 구매자의 정보를 삽입하여 불법 배포 근원지를 추적하는 기술이다.

• 디지털 워터마킹(Digital Watermarking): 저작권자의 정보를 삽입하여 원본과 출처에 대한 정보를 추적할 수 있는 기술이다.

02 정답 ④

Availability는 가용성이다. 행위나 이벤트의 발생을 증명하여 나중에 행위나 이벤트를 부인할 수 없도록 하는 것은 정보보호 서비스 중 부인방지(Non-Repudiation)에 대한 설명이다.

03 정답 ②

② 이미지 파일의 경우 원본 이미지와 대체 이미지의 차이를 육안으로 구별하기 어려운 특징을 가지므로 원문 데이터에 비해 더 많은 정보를 은닉한다는 표현은 적절치 않다.

04 정답 ④

④ 시큐어 콘테이너: DRM의 보호 범위내에서 유통되는 콘텐츠의 배포 단위로 식별자, 암호화된 콘텐츠, 메타데이터, 시그니처 등의 정보로 구성되며 배포 도중에 발생할 수 있는 위·변조의 위협을 차단하는 역할을 수행한다.

② 클리어링 하우스(Clearing House): 키(Key)와 라이선스(License) 발급을 관리한다.

• DID: MPEG-21 프레임워크에서 콘텐츠 배포와 거래의 기본단위가 되는 디지털 아이템을 표현하는 방법을 정의한 것이다. 현재 MPEG는 멀티미디어 저작권 보호와 전자 상거래를 위해 MPEG-21 표준화를 제정하였고 따라서 DRM 역시 이 표준화를 따른다.

05 정답 ③

③ 대칭키 암호 알고리즘은 송수신자가 같은 키를 사용하는 방식으로, 비밀키를 공유해야 한다.

06 정답 ④

④ 〈보기〉의 내용은 '핑거프린팅'에 대한 설명이다.

① 스미싱은 문자 메시지(SMS)와 피싱(Phishing)의 합성어로, 신뢰할 수 있는 사람 또는 기업이 보낸 것처럼 가장하여 개인비밀정보를 요구하거나 휴대폰 소액 결제를 유도한다.

② 노마디즘(Nomadism)은 인터넷 접속을 전제로 한 디지털 기기(노트북, 스마트폰 등)를 이용하여 공간에 제약을 받지 않고 재택·이동 근무를 하면서 자유롭게 생활하는 사람들을 말한다.

07 정보보안 관련 용어에 대한 설명으로 옳지 않은 것은?

① 부인방지(Non-repudiation): 사용자가 행한 행위 또는 작업을 부인하지 못하는 것이다.

② 최소권한(Least Privilege): 계정이 수행해야 하는 작업에 필요한 최소한의 권한만 부여한다.

③ 키 위탁(Key Escrow): 암호화 키가 분실된 경우를 대비하여 키를 보관하는 형태를 의미한다.

④ 차분 공격(Differential Attack): 대용량 해쉬 테이블을 이용하여 추부히 잡은 크기로 죽여 크랙킹하는 방법이다.

08 KCMVP에 대한 설명으로 옳은 것은?

① 보안 기능을 만족하는 신뢰도 인증 기준으로 EAL1부터 EAL7까지의 등급이 있다.

② 암호 알고리즘이 구현된 프로그램 모듈의 안전성과 구현 적합성을 검증하는 제도이다.

③ 개인정보 보호활동을 체계적·지속적으로 수행하기 위한 관리체계의 구축과 이행 여부를 평가한다.

④ 조직의 정보자산을 효과적으로 보호하고 있는지 평가하여 일정 수준 이상의 기업에 인증을 부여한다.

07 〉정답〉④

④ 차분 공격(Differential Attack): 선택 암호문 공격의 일종으로 블록암호에서 입력 평문쌍의 차이와 해당 암호문 쌍에 대한 차이 값들의 확률 분포가 균일하지 않다는 사실을 이용하여 암호키를 탐색한다. 막대한 양의 평문·암호문 쌍이 필요한 단점이 있다.

08 〉정답〉②

① KCMVP의 보안등급은 보안수준 1부터 4까지 4가지 등급이 있다.

② KCMVP는 전자정부법 시행령 제69조에 의거, 국가·공공기관 정보통신망에서 소통되는 자료 중에서 비밀로 분류되지 않은 중요 정보의 보호를 위해 사용되는 암호모듈의 안전성과 구현 적합성을 검증하는 제도이다.

CHAPTER 03 대칭키 암호

01 개관

1 개요

1. 기본 개념

(1) **의의**: 우리가 일반적으로 사용하는 암호라는 의미로 '관용 암호'라고도 하며 키를 비밀리에 관리해야 한다는 의미로 '비밀키 암호(Secret-Key Cryptosystem)'라고도 한다.

(2) 암호화와 복호화 과정 모두 동일한 한 개의 키(K)를 사용하고 암호화와 복호화 알고리즘은 서로 역관계이다. 즉, 암호화가 「라운드1 → … → 라운드N」 순으로 진행되었다면 복호화는 역으로 「라운드N → … → 라운드1」 순으로 진행된다.

$$암호화: C = E_K(P), 복호화: P = D_K(C)$$
$$D_K E_K(P) = E_K D_K(P) = P$$

(3) 암호화 과정의 라운드 키와 복호화 과정의 라운드 키도 서로 역관계이다. 즉, i번째 라운드의 복호화 키는 (최종 라운드$-i+1$) 번째 암호화 키와 같다. 예를 들면 DES의 경우 $DRK_1 = RK_{16-1+1} = RK_{16}$이 된다.

$$DRK_i = RK_{N-i+1}$$

2. 특징

(1) 대칭키 암호는 고대 암호로부터 연결된 오랜 역사를 가지고 있으며 암호화 연산 속도가 빨라서 효율적인 암호 시스템을 구축할 수 있다.

(2) 송·수신자 간에 동일한 키를 공유해야 하므로 많은 사람들과의 정보 교환을 할 경우, 많은 키를 생성·유지·관리해야 하는 어려움이 있다.

> 예 m명의 사용자가 서로 통신을 해야 한다면 총 $m \cdot (m-1)/2$개의 키가 필요하다. 각 사용자는 나머지 사람들과 통신하기 위하여 $(m-1)$개의 키가 필요하고 송·수신자는 동일한 키를 가지고 통신해야 하기 때문이다.

(3) 대칭키 암호 방식은 데이터를 변환하는 방식에 따라 블록암호와 스트림 암호로 나뉘어지며 주로 기밀용으로 사용된다.

(4) 암호화 키의 크기가 공개키 암호시스템보다 작다.

2 고전 대칭키 암호

1. 현대 암호 이전의 고대부터 제1, 2차 세계대전까지 사용한 암호는 대부분 메시지 보호(기밀성)를 위한 대칭키 암호가 대부분이다.

2. 암호의 역사에서 살펴보았듯이 고전 암호 중에 대칭키 암호와 유사한 암호로는 단일 문자(대치) 암호, 다중 문자 암호 그리고 키 개념을 도입한 다중 대치 암호로 나눌 수 있다. 그리고 다중 대치 암호를 다중 문자 암호에 포함시키면 단일 문자 및 다중 문자 암호로 대별된다.

   (1) 단일 문자 암호(Monoalphabetic Ciphers): 단일 문자 암호에서는 평문속의 하나의 문자 혹은 기호가 위치와 상관없이 암호문에서 항상 같은 문자 혹은 기호로 대체된다. 고대 암호의 '시저 암호'는 단일 문자 암호로서 '시프트 암호' 또는 '덧셈 암호'로도 불린다.

   ① 덧셈 암호(Additive Cipher)

   ㉠ 평문은 알파벳 소문자, 암호문은 알파벳 대문자로 놓고, 수학적 표기를 위해 평문과 암호문 각각의 문자에 수치를 대응시킨다(A, a←1, B, b←2, …, Z, z←26).

   ㉡ 덧셈 암호의 암호화(C)와 복호화(P')는 다음과 같이 표기된다.

   $$C = (P+K) \bmod 26,$$
   $$P' = (C-K) \bmod 26 = (P+K-K) \bmod 26 = P$$

   ② 곱셈 암호(Multiplicative Cipher)

   ㉠ 곱셈 암호의 암호화는 평문에 키를 곱하고, 복호화는 암호문을 키로 나눈다.

   ㉡ 곱셈 암호의 암호화(C)와 복호화(P')는 다음과 같이 표기된다.

   $$C = P \times K \bmod 26,$$
   $$P' = C/K \bmod 26 = (P \times K/K) \bmod 26 = P \quad (\text{단, } GCD(K, 26) \equiv 1)$$

   ③ 아핀 암호(Affine Cipher)

   ㉠ 아핀 암호는 덧셈 암호와 곱셈 암호를 결합한 암호이다(곱셈→덧셈).

   ㉡ 두 개의 키를 사용하며, 첫 번째 키(K_1)는 곱셈 암호에 사용되고 두 번째 키(K_2)는 덧셈 암호에 사용된다.

   ㉢ 아핀 암호의 암호화(C)와 복호화(P')는 다음과 같이 표기되며 복호화 과정은 암호화 과정의 역순으로 (뺄셈→나눗셈) 순으로 진행된다.

   $$C = P \times K_1 + K_2 \bmod 26,$$
   $$P' = (C-K_2)/K_1 \bmod 26 = (P \times K_1 + K_2 - K_2)/K_1 \bmod 26 = P$$

   예 $P=4$, $K_1=7$, $K_2=9$일 때 암호화 및 복호과 과정은 다음과 같다.
   - 암호화: $T = P \times K_1 \bmod 26 = 4 \times 7 \bmod 26 = 2$
     $C = (T+K_2) \bmod 26 = (2+9) \bmod 26 = 11(암호문)$
   - 복호화: $T' = (C-K_2) \bmod 26 = (11-9) \bmod 26 = 2$
     $P' = (T'/K_1) \bmod 26 = (2/7) \bmod 26$
     $= (2+26)/7 \bmod 26 = 4(복호문)$

(2) **다중 문자 암호**: 비즈네르 암호, 로터식 암호시스템, 플레이페어 암호, 휠 암호, 에니그마(Enigma) 등 기계식 암호장비가 이에 해당된다.

02 현대 대칭키 암호

1 블록암호

1. 기본 개념

(1) **키 크기**: 현대 대칭키 블록암호는 n비트 평문을 k비트의 키를 변수로 하여 n비트 암호문을 출력하는 함수이다. 이때 n을 입·출력 크기라 하며 k를 키 크기라 한다.

(2) **라운드 키**: 블록암호는 주로 단순한 함수를 반복적으로 적용함으로써 암호학적으로 강한 함수를 만드는 과정으로 개발된다. 이때 반복되는 함수를 라운드 함수라 하고, 라운드 함수에 적용하는 키를 라운드 키라고 한다.

(3) **키 스케줄**: 일반적인 경우, 키를 입력하여 라운드 키를 발생시켜 사용하는데 이러한 과정을 키 스케줄이라 한다.

2. 특징

(1) 문자 기반의 고전 대칭키 암호에 비해 현대 대칭키 암호는 비트 기반의 암호이다. 따라서 숫자, 그래픽, 오디오, 비디오 데이터 등의 암호화가 가능하다.

(2) 블록암호는 기본적으로 데이터 암호화에 사용되고, 또한 의사 난수생성기, MAC, 해시함수 등의 용도로도 사용 가능하다.

(3) 따라서 메시지 인증, 실체 인증용으로도 사용할 수 있고, 전자서명(디지털 서명) 등의 응용분야에도 사용 가능하다.

(4) 스트림 암호에 비해 기밀성이 더 요구되는 분야에 사용된다. 즉, 전치와 대치(치환)를 반복함으로써 평문과 암호문으로부터 키에 대한 정보를 이끌어 내기가 어렵다.

(5) 블록암호의 운영모드는 다양하여 이중 특정 모드(예 OFB, CFB)를 선택하면 블록암호를 스트림 암호처럼 사용할 수 있다.

3. 구성 요소

(1) **개요**

① 1949년 샤논(Shannon)은 그의 저서 '비밀 시스템의 통신이론(Communication Theory Of Secrecy Systems)'에서 '확산(Confusion)과 혼돈(Diffusion)'이라는 이론을 제시하였다.

② 위 이론을 가장 충실하게 최초로 구현한 것이 1977년 미 연방 표준암호로 선정된 DES로서, DES 이후의 대부분의 블록암호는 DES와 유사한 구조를 따르고 있어서 DES 구조를 통해 블록암호의 구성요소를 알 수 있다.

③ 즉, 현대의 블록암호의 구성 요소로 전치요소(Transposition)인 P-box가 있으며 대치(치환)요소(Substitution)로 S-box가 있다. 이밖에 이동요소(Shift), 교환요소(Swap), 분할요소(Split) 및 XOR(Exclusive-OR) 등이 있다.

(2) P-박스(Permutation-박스): P-박스는 문자 단위로 암호화를 수행하였던 고전 암호를 비트 단위로 병렬적으로 처리한다. 종류로는 단순(straight)·확장(expansion)·축소(compression) P-박스라는 3종이 있다.

〈 3가지 종류의 P-박스 〉

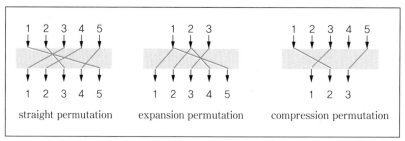

전치(Transposition)

① 단순 P-박스: n비트를 입력받아 n비트를 출력하는 P-박스로 1:1대응이기 때문에 역함수가 존재한다. DES의 초기전치(IP; Initial Permutation), 최종전치(FP; Final Permutation, $FP=IP^{-1}$) 및 S-box 출력 32bit의 순서를 바꾸어 주는 전치(Permutation) 테이블인 P가 이에 해당된다.

② 확장 P-박스: n비트를 입력받아 m비트를 출력하는 P-박스로 $n<m$을 만족한다. 입력 비트는 여러 개의 출력 비트와 연결, 비트를 치환하고 양을 늘릴 때 사용한다. DES의 각 라운드의 우측 입력 32bit가 f함수 연산을 위해 48비트로 확장하는 부분이 이에 해당된다.

③ 축소 P-박스: n비트를 입력받아 m비트를 출력한다($n>m$). 입력 비트 중 일부는 소실된다. DES의 키 스케줄 입력이 64비트인데 패리티 8비트를 제외한 56비트 크기의 실제 암호화 키를 얻는 PC-1(Permutation Choice-1)이 이에 해당된다.

(3) S-박스(Substitution-박스)

① S-박스는 대치(치환) 암호의 축소 모형으로 생각할 수 있다. 즉, 암호강도를 결정하는 핵심요소로 n비트를 입력받아 m비트를 출력하는 데이터의 비선형 치환을 수행한다. 여기서 n과 m의 크기가 서로 같을 필요는 없다.

② 역함수의 존재성: S-box는 입력값과 출력값 사이의 관계가 테이블(예 DES) 혹은 수학적 관계로 정의(예 AES)되는 대치(치환) 암호이다. S-box의 역함수는 존재할 수도 있고, 존재하지 않을 수도 있는데, 존재하는 경우는 S-box의 입력 비트 수와 출력 비트 수가 같은 경우이다.

③ S-box는 DES나 AES처럼 고정 테이블 형태로 사용되지만 Blowfish 및 Twofish(AES 2차 후보 암호 중 하나)와 같은 일부 암호에서는 테이블이 키에서 동적으로 생성된다.

(4) 합성 암호

① 의의: 1949년 샤논(Shannon)이 제시한 '확산과 혼돈'이라는 2가지 성질을 만족하는 암호로서 전치와 대치(치환) 그리고 그 밖의 구성요소를 결합한 복합적인 블록암호이다.

② 현대 블록암호의 각 라운드는 S-박스(대치, 치환)와 P-박스(전치) 그리고 기타 구성 요소(확장 전치 등)들로 구성되어 있다. 즉, 블록암호의 각 라운드 함수는 합성 함수로 볼 수 있다. 즉, 현대 블록암호는 라운드 횟수만큼 합성 암호를 반복 수행한다고 볼 수 있다.

③ 현대 블록암호인 DES와 AES는 각 라운드가 합성 함수의 조건을 만족시키면서 라운드 수도 16회(DES) 및 10/12/14회(AES)이다. 즉, 동일한 비선형 함수를 여러 번 반복 수행하면서 안전성을 강화시키고 있다.

4. 블록암호의 구조

블록암호는 여러 구조가 있지만 대부분 Feistel 구조 또는 SPN 구조로 이루어져 있다.

(1) Feistel 구조

① 입력을 좌우 블록으로 분할, 분할된 한 블록(보통 우측)이 라운드내 비선형 함수로 입력되며 그 출력값을 다음 라운드의 반대편 블록에 적용하는 과정(스왑, Swap)을 라운드 수만큼 반복 시행한다.

② 암·복호화 과정에서 역함수가 필요 없는 장점이 있지만 매 라운드마다 입력 블록이 좌·우로 바뀌기 때문에 병렬화가 어렵다는 단점도 있다.

③ Feistel 구조는 3라운드 이상의 짝수 라운드로 구성되며, 원하는 만큼 라운드 수를 늘릴 수 있다.

④ 복호화 과정은 암호화시 사용하였던 논리와 동일하나, 적용하는 라운드 키의 순서가 바뀐다는 점이다. 즉, i번째 복호화시 라운드 키를 DRK_i로 놓으면 다음과 같은 수학적 등식이 도출된다.

$$DRK_i = RK_{N-i+1}$$

〈 Feistel 구조의 암·복호화 과정도 〉

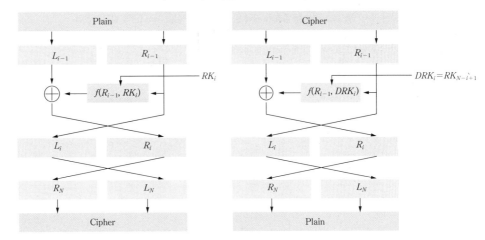

(2) Feistel 구조의 특징

① Feistel 암호화 방식은 최초 입력 n비트를 두 개의 블록(L_0, R_0)으로 나누어 1라운드의 f연산을 수행하는 것으로부터 시작한다.

② i 라운드의 입력 데이터가 L_{i-1}, R_{i-1}이며, 라운드 키가 RK_i일 때 i 라운드의 출력 데이터 L_i, R_i는 다음과 같다. 비선형 함수 f는 전 라운드에서 동일하며 마지막 라운드에서는 좌우 블록을 한 번 더 교환해야 한다.

$$L_i = R_{i-1}$$
$$R_i = L_{i-1} \oplus f(R_{i-1}, RK_i)$$

③ Feistel 구조를 사용하는 블록암호로는 DES가 있으며, 이외에도 MISTY, FEAL, KASUMI, SEED(한국)와 AES 후보였던 MARS, RC6, Twofish 등이 있다.

(3) SPN(Substitution-Permutation Network) 구조

① SPN 구조는 암·복호화 과정에서 역함수가 필요하도록 설계되어야 한다는 단점이 있지만 중간에 비트 이동 없이 한 번에 암·복호화가 가능하기 때문에 Feistel 구조에 비해 효율적으로 설계할 수 있다.

② "여러 개의 함수를 중첩하면 개별 함수로 이루어진 암호보다 안전하다."는 샤논(Shannon)의 이론에 근거하여 전치와 대치(치환)를 중첩하는 형태로 암호화한다.

③ 입력을 여러 개의 소그룹으로 나누고 각 소 블록을 S-box로 입력하여 치환(대치)시키고 S-box의 출력을 전치(Permutation)하는 과정을 반복하는 과정이다.

④ SPN 구조의 대표적인 암호로는 AES와 ARIA(한국)가 있다.

(4) 기타

① Feistel 및 SPN이 아닌 기타 구조로 LEA(한국, 경량암호), 미 NSA가 Key Escrow라는 암호키 위탁 제도 실시를 목적으로 개발한 SKIPJACK, DES를 대체하기 위해 스위스 연방기술기관이 개발한 IDEA(Feistel과 SPN의 중간형태)와 LION 등이 있다.

더 알아보기

Key Escrow

① 제3자(기관 또는 정부)가 가입자들의 암호화 및 전자서명 등에 사용되는 키들을 백업 또는 보관하는 암호키 관리 시스템이다.

② 미국의 클린턴 행정부는 연방 정부 산하의 국가 안전 보장국(NSA)이 개발한 SKIPJACK이라는 암호화 알고리즘을 구현한 클리퍼 칩(Clipper Chip)을 공공 목적에 사용하는 것을 의무화하고, 법원의 허가를 받은 정부 기관에 암호키를 제공하여 암호화된 메시지를 복호 가능한 암호키 위탁 방식의 도입 구상을 1993년에 발표하였다.

③ 그러나 이 구상은 프라이버시 보호 단체 등의 민간단체와 산업계의 강력한 반발에 부딪쳐 관철되지 못하였으며, 그 대신 암호키 복구 방식으로 내용이 변경되어 법제화되었다.

– TTA

---

② AES: Feistel 및 SPN 등을 포함하여 전체 블록암호 중 전 세계에서 가장 많이 사용하고 있는 암호로 미 국립 기술 표준연구소가 2001.11.26. 미국 연방 정보 처리 표준 암호(FIPS-197)로 공표하였다.

〈 SPN 구조(좌)와 Feistel 구조(우) 〉

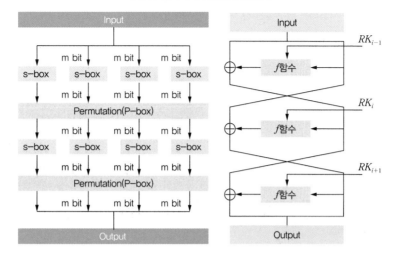

2 스트림 암호

1. 개관

(1) 기본 개념

① 의의; 스트림 암호 알고리즘은 1970년대 초반 유럽에서 연구 발전된 선형 귀환 시프트 레지스터 (LFSR; Linear Feedback Shift Register)를 이용한 이진 수열 발생기를 근간으로 하고 있다.

② 좀더 구체적으로 기술한다면 스트림 암호는 선형 귀환 시프트 레지스터를 비선형 방법으로 결합한 비선형 이진 수열 발생기를 이용하고 있다. 즉, 이진 수열로 부호화된 평문 데이터($P = p_n \cdots p_2 p_1$)와 이진 수열 발생기에서 생성된 (의사)난수열($K = k_n \cdots k_2 k_1$)을 XOR하여 암호문($C = c_n \cdots c_2 c_1$)을 생성한다.

- 암호화: $c_i = E(p_i, k_i) = p_i \oplus k_i$
- 복호화: $p_i = D(c_i, k_i) = c_i \oplus k_i \ (i = 1, 2, \cdots, n)$

③ 스트림 암호의 주된 관심사는 키 스트림을 어떻게 생성하는 지가 관건이다. 키 스트림 발생 방법에 따라 스트림 암호는 동기식과 비동기식으로 구분할 수 있다. 또한 비동기식은 자기 동기식이라 한다.

(2) 특징

① 스트림 암호는 비트 단위로 암호화하므로 에러 전파 현상이 없고 일반적으로 블록암호에 비하여 속도가 빠르고 구현이 쉽다.

② 또한 블록암호 알고리즘과는 달리 비교적 수학적 분석이 가능하여 여러 가지 중요한 수치(주기, 선형 복잡도 등)에 대하여 이론적인 값을 정확히 계산할 수 있다.

> **더 알아보기**
>
> 선형 복잡도(LC; Linear Complexity)
> - m차(단) LFSR의 최대 주기는 $2^m - 1$이고 선형 복잡도는 LFSR의 차수인 m이다. 다시 말하면 m차(단) LFSR의 출력 데이터 중 $2m$개의 데이터만 있으면 역행렬 계산법에 의해 LFSR의 내용을 모르더라도 전체 수열을 생성할 수 있다.
> - 따라서 스트림 암호에서는 선형 복잡도가 암호의 안전성을 평가하는데 중요한 요소가 되며, 주기가 길더라도 하나의 LFSR을 사용하는 것은 바람직하지 못하다.

(3) 스트림 암호 설계시 고려사항

① 평문 암호화에 사용되는 난수열은 긴 주기를 가져야 한다

　㉠ 의사 난수생성기(PRNG)에서 발생되는 난수는 유한 주기로서 계속 사용하다 보면 언젠가는 중복 사용하게 된다. 즉, '난수 주기가 길다'는 것은 암호문 해독이 그만큼 어렵다는 것을 의미한다.

　㉡ 난수 주기가 짧으면 난수열 중복 사용으로 난수열 예측이 가능히어 암호해독의 단서가 된다.

② 키 스트림은 실 난수 스트림과 최대한 비슷해야 한다

　㉠ PRNG에서 생성되는 난수는 진(실제) 난수가 아니며, 임의로 생성된 의사 난수로서 각종 난수성 검증을 통하여 진(실제) 난수와 같은 성질을 가져야 한다

　㉡ 의사 난수가 진 난수와 같은 성질을 보유하고 있는지 판단하려면 '0'과 '1'의 분포도를 확인하는 빈도(Frequency) 테스트, 전체 이진 수열 중에서 총 런(Run)의 개수를 파악하는 Run 테스트가 있다. 이외에도 Poker 테스트 및 상관관계(Correlation) 테스트를 통과해야 진 난수성을 인정받을 수 있다.

③ 전수 탐색법에 대응하기 위해 키 사이즈는 최대한 길어야 한다

　㉠ 여기서 말하는 키란 의사 난수발생을 수행하는 PRNG 동작에 필요한 데이터로서 이 값을 초기값으로 하여 발생하는 난수열이 결정된다.

　㉡ PRNG에서 발생된 의사 난수의 난수성이 아무리 좋아도 키 값을 알게 되면 난수 예측이 가능하다. 따라서 블록암호에도 적용할 수 있기 때문에 키 길이가 적어도 128비트 이상인 것이 바람직하다.

2. 동기식 스트림 암호

(1) 동기식(Synchronous) 스트림 암호

① 키 난수열을 암호화할 입력 값과 독립적으로 생성하는 경우를 동기식 스트림 암호로 부른다. 따라서 송신자와 수신자간에 동일한 난수열이 필요하므로 전송시에 동기화가 필요하다.

② 만일 암호화 문자열을 전송 도중, 특정 비트에 오류가 발생하더라도 복호화시 다른 비트에 영향을 미치지 않는다.

③ 동기식에는 One-Time Pad와 LFSR에 기반한 비 선형 결합논리가 많이 사용된다.

(2) One-Time Pad(OTP)

① 동기식 스트림 암호 중에서 가장 간단하고 안전한 암호화 방식으로, 평문의 길이와 동일한 난수열을 사용하는 암호방식으로 1917년 길버트 버남(Gilbert Vernam)의 연구결과를 바탕으로 탄생했다.

　㉠ OTP 방식은 암호화를 수행할 때마다 랜덤하게 선택된 난수열을 사용하므로 난수열이 사용되고 나면 OTP는 더 이상 유효하지 않다.

　㉡ 따라서 공격자가 패스워드를 획득하더라도 OTP는 재사용할 수 없으며, 해독 불가능하다는 것이 1949년 샤논(Shanon)에 의해 수학적으로 증명되었다.

② 현실적으로는 실 난수를 사용하는 OTP 방식보다 LFSR을 비선형으로 결합하여 의사 난수를 사용하는 방식이 주로 사용된다.

(3) 선형 귀환 시프트 레지스터(LFSR)

① n차 LFSR은 n개의 단(Stage)과 선형 귀환 함수(Linear Feedback Function) $f(x)$로 구성된다. n개 단을 각각 x^n, x^{n-1}, $\cdots$, x^1로 나타내고 n개 단의 내용 x_n, x_{n-1}, $\cdots$, x_1을 하나의 상태정보로 표현하면 $x_n x_{n-1} \cdots x_1$과 같이 표시된다.

ⓙ 다음 식은 n차(단)의 선형 귀환 시프트 레지스터의 다항식 표현으로 c_i는 0 또는 1의 값을 가지며 x^i단의 연결 상태를 나타내는데, 이를 귀환 상수(Feedback Constant)라고 정의한다.

$$f(x) = x^n + c_{n-1}x^{n-1} \cdots + c_1 x + c_0, \ c_i \in \{0, 1\}$$

ⓛ n차(단)의 다항식 $f(x)$가 더 이상 인수분해가 되지 않는 '기약 다항식'일 때 $f(x)$는 최대 주기 2^{n-1} 을 갖는다.

② LFSR은 하드웨어로 쉽게 구현된다. OTP 방식의 대안으로 하나의 LFSR이 아닌 여러 개의 LFSR을 비선형적으로 결합한 논리를 주로 사용한다.

ⓙ LFSR을 비 선형으로 결합한 스트림 암호방식의 예로 MUX Generator, BRM Generator, SG(Summation Generator), P-Logic 및 Shrinking Generator 등이 있다.

ⓛ 이들 논리 대부분은 대부분 최대 주기를 만족시키고 있으나, 선형복잡도(LC; Linear Complexity) 측면에서는 많은 차이가 있다. 이중 BRM이 최대 주기를 보장하면서 선형복잡도(LC)도 가장 우수하다.

더 알아보기

BRM(Binary Rated Multiplier) 생성기
① 구성도

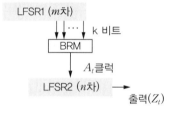

② 동작 개요
[1단계] LFSR1과 LFSR2는 1회 동작한다.
[2단계] LFSR1의 K개의 단의 내용을 A_t로 표시한다.
[3단계] LFSR2를 A_t회 더 동작시켜 Z_t를 출력한다.

③ 안전성 비교

구분	주기	선형복잡도
BRM	$(2^m-1) \cdot (2^n-1)$	$(2^m-1) \cdot n$
MUX	$(2^m-1) \cdot (2^n-1)$	$(2^m-1) \cdot n$, 상관관계공격에 취약
SG	$(2^m-1) \cdot (2^n-1)$	미 증명
Shrinking Generator	$(2^m-1) \cdot 2^m-1$	$n(2^{m-2}-1) < LC < n(2^m-1)$

(4) 귀환 시프트 레지스터(FSR; Feedback Shift Register)

① Onc-Time Pad의 절충안으로 귀환 시스트 레지스터(FSR)를 사용할 수 있다. FSR은 소프트웨어와 하드웨어 환경에서 모두 구현될 수 있지만, 하드웨어 구현이 더욱 용이하다.

② FSR은 시프트 레지스터(Shift Register)와 귀환(Feedback) 함수로 구성된다.

(5) 비 선형 시프트 레지스터(NLFSR; Nonllinear Feedback Shift Register)

① 주로 LFSR은 선형성 때문에 공격에 취약하다. 따라서 NLFSR을 이용하여 LFSR보다 안전한 스트림 암호를 설계할 수 있다.

② LFSR이 비트 연산시 XOR을 사용하는 것에 반해, NLFSR은 비트 연산시 AND 또는 여러 개의 XOR을 다중 결합 사용한다. 그러나 안전성에 대한 수학적 해석이 난해(최대주기 보장 불명 등)하므로 대부분은 LFSR을 비선형 결합하는 스트림 암호를 사용한다.

3. 비 동기식 스트림 암호

(1) 비 동기식(자기동기식, 종속적)일 경우, 난수열 발생이 스트림 암호의 내부상태에 의존하지 않기 때문에 동기화가 필요 없다.

(2) 대신 이전에 생성된 평문이나 암호문에 종속적이다. 따라서 전송 도중 1비트 에러가 발생하면 일부분의 복호화에 실패하지만 후속 암호문에 계속 사용되는 건 아니기 때문에 오류파급이 제한적이다.

〈 비동기식 스트림 암호의 암·복호화 과정도 〉

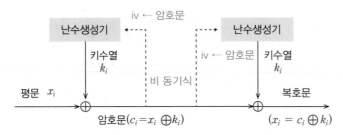

3 DES(Data Encryption Standard)

1. 개요

(1) DES에서 AES로의 진행

① 1977년 미 연방 표준암호로 채택(FIPS 46)된 DES는 그간 미국 뿐만 아니라 전 세계의 정부나 은행 등에서 널리 이용되는 등 2000년대 초반까지 가장 널리 사용되어 온 대칭키 블록암호였다.

② 1990년대 후반 컴퓨터 성능이 발전됨에 따라 DES의 안전성에 의문이 제기되었고, 1997년 미 RSA 社는 DES 암호 해독을 위한 전 세계적인 프로젝트(DES Challenge)를 공개적으로 추진하였다.

ⓙ 그 결과, 1999년 해독 전용장비에 의해 22시간 15분만에 DES 암호키가 탐색되는 등 DES가 더 이상 안전한 암호가 아니라는 것이 입증되었다.

ⓒ DES 안전성에 대한 각종 의견이 난무한 가운데 미 국립 기술표준연구소(NIST)는 DES를 대체할 차기 표준암호 공모를 1997년부터 추진하였으며, 2001.11월 AES를 최종 선정하였다.

③ 최신 블록암호 표준인 AES는 오랫동안 사용된 DES를 대체하기 위해 제정된 알고리즘이다.

④ 한편, DES에서 AES로 가는 중간 단계로 기존 DES와 암호 통신도 가능하고 DES의 안전성 보강을 위해 DES를 세 번 반복하는 Triple DES(TDES)의 사용을 권고하는 새로운 표준(FIPS 46-3)이 발표되었다. TDES는 암호키 사용 방법에 따라 2-Key TDES와 3-Key TDES로 구분된다.

(2) DES 개관

① DES는 64비트 평문을 64비트 암호문으로 암호화하는 블록암호로서 전체 16라운드로 구성되며 각 라운드는 'Feistel 구조의 대칭키 블록암호'이다.

② 암·복호화용 키 크기는 56비트이고, 56비트를 입력받아, 전체 16라운드의 각 라운드에 사용할 라운드 키를 16개 생성한다.

③ DES의 복호화 알고리즘과 암호화 알고리즘은 동일하다. 다만 복호화시 각 라운드에 입력되는 라운드키는 암호화시 라운드키의 순서를 뒤집어서 사용한다. 즉, 복호화시 첫 번째 라운드키(DRK_1)는 암호화시 사용하였던 16번째 라운드 키(RK_{16})를 사용하며, 두 번째 라운드 키(DRK_2)는 RK_{15}이다. 마지막 라운드인 16라운드(DRK_{16})에서는 RK_1을 사용한다.

2. DES 구조

(1) DES 구성요소

① 전체 암호화 과정은 2개의 전치(P-box)와 16개의 Feistel 구조의 라운드 함수로 구성된다. 2개의 P-박스 중 하나는 초기전치(IP; Initial Permutation)이고 다른 하나는 최종전치(FP; Final Permutation)이다.

② 각 라운드는 라운드 키 생성기로 부터 입력받은 라운드 키(RK_i, 48비트)와 상위 라운드로부터 들어온 데이터(R_{i-1}, 32bit)를 $f(R_{i-1}, RK_i)$ 연산을 거친 후, 다음 라운드에 넘긴다.

③ $f(\cdot)$함수 내부는 2개의 전치 요소(E, P)와 1개의 대치(치환) 요소(S-box)로 구성되어 있다.

(2) DES 전체 구성도 및 암호화 과정

〈 DES 전체 암호 구성도 〉

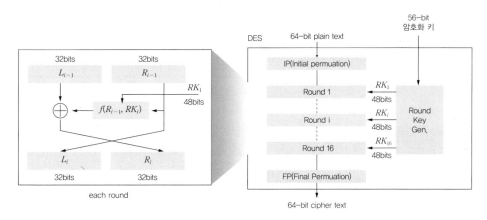

each round

① 평문(64비트)이 첫 라운드로 들어가기 전에 먼저 단순 전치인 초기 전치(IP; Initial Permutation)가 수행된다. 즉, 64비트의 평문열의 비트 위치가 변경된다.

② IP를 거친 64비트 평문은 좌우 각각 32비트(L_0, R_0)로 분리되어 첫 번째 라운드로 들어간다.

③ 우측 32비트(R_0)는 48비트의 라운드 키(RK_1)와 함께 $f(\cdot)$ 함수로 입력된다. $f(\cdot)$ 함수는 내부에서 1) E(확장 P-박스), 2) S-box(대치), 3) P(단순 P-박스) 과정을 연속 수행하여 32비트를 출력한다. 이 과정에서 라운드 키의 용도는 확장된 48비트의 R_0 데이터와 XOR($\oplus$) 연산하여 48비트를 생성한다. 이 48비트는 6비트씩 분리되어 8개의 S-box 입력 값으로 들어간다.

④ $f(\cdot)$에서 나온 32비트는 ②번의 왼쪽 32비트(L_0)와 XOR연산을 수행하여 2라운드의 $f(\cdot)$ 함수 입력 값으로 들어간다.

⑤ 첫 라운드의 오른쪽 32비트(R_0)는 2라운드의 왼쪽 32비트(L_1)로 들어가고, XOR연산을 거친 32비트는 다음 라운드의 오른쪽 32비트(R_1)로 입력된다.

⑥ 두 번째 라운드부터 16번째 라운드까지 첫 번째 라운드와 동일한 방식으로 $f(\cdot)$ 함수를 반복 수행한다.

⑦ 16라운드를 거친 뒤 최종적으로 최종 전치(FP; Final Permutation)를 수행하여 64비트 크기의 암호문을 생성한다. 이때 주의할 점은 FP의 입력 데이터는 좌우가 바뀐 (R_{16}, L_{16})이다.

(3) f 함수

① f 함수는 DES의 안전성을 결정하는 핵심 요소로 E(확장 P-박스), 8개의 S-box(대치, 치환), 전치 요소인 P(단순 P-박스)로 구성된다.

② f 함수는 32비트 입력을 확장 테이블(표1 좌)에 의해 48비트로 확장하고 48비트 크기의 라운드키 (RK)와 XOR연산을 한 후, 8개의 S-box[s_1~s_8, (표2) 는 s_5]로 입력되어 32비트를 출력한다.

[표1] 〈확장 테이블 E(좌) 전치 테이블 P(우)〉

32	1	2	3	4	5
4	5	6	7	8	9
12	13	14	15	16	17
16	17	18	19	20	21
20	21	22	23	24	25
24	25	26	27	28	29
28	29	30	31	32	1

16	7	20	21
29	12	28	17
1	15	23	26
5	18	31	10
2	8	24	14
32	27	3	9
19	13	30	6
22	11	4	25

[표2] 〈6×4 S-box(S_5)〉

							S_5								
2	12	4	1	7	10	11	6	8	5	3	15	13	0	14	9
14	11	2	12	4	7	13	1	5	0	15	10	3	9	8	6
4	2	1	11	10	13	7	8	15	9	12	5	6	3	0	14
11	8	12	7	1	14	2	13	6	15	0	9	10	4	5	3

③ S-box 입출력: 하나의 S-box는 입력이 6비트이고 출력은 4비트인 6×4 행렬로 구성되어 있다. 입력 6비트 중 MSB와 LSB*를 연접한 2비트가 행 번호가 되고 나머지 4비트가 열 번호가 된다. 행과 열의 교차 지점에 있는 숫자가 출력(4비트)된다.

④ 총 32비트의 S-box 출력은 전치 테이블인 P(단순 P-box)를 통과하면 이것이 f 함수 출력이다. f 함수의 입출력 관계를 수식으로 표현하면 다음과 같다.

$$f(R_{i-1}, RK_i) = P(S(E(R_{i-1}) \oplus RK_i))$$

(4) 키 생성(키 스케줄)

① 암호화 키는 보통 64비트로 주어지며 이중 8비트는 패리티 검사용으로 이를 제거하면 실제 키 크기는 56비트이다. 암호키로부터 48비트 크기의 16개 라운드 키를 생성한다.

② 키 스케줄을 거쳐 각 라운드 사용 키를 생성하는 과정이 다소 복잡해 보일 수는 있으나 일단 암호키가 선정되고 나면 암호키로부터 라운드 키는 키 스케줄 과정을 거치지 않고서도 자동 결정된다.

③ 이러한 선형성 때문에 차분해독법 및 선형해독법에 의해 라운드 키를 알아내고 이로부터 역으로 암호키를 알아낼 수 있다.

---

* MSB(Most Significant Bit)와 LSB(Least Significant Bit)
  MSB는 2진 데이터의 최상위 비트, LSB는 가장 낮은 위치의 비트를 의미한다. 예를 들어, 2진 데이터가 011011일때 MSB는 0이고 LSB는 1이 된다.

4 다중 DES

1. 이중 DES(Double DES)

이중 DES는 외형상으로는 2배의 키 길이지만 메모리 용량이 충분하면 57비트의 효과밖에 얻지 못한다.

(1) 먼저 기지 평문을 모든 키 K_1으로 암호화하여 얻은 암호문과 기지 평문을 모든 키 K_2로 복호한 평문을 비교하면 두 개의 암호키를 찾을 수 있으므로 실제로는 키 사이즈가 1비트 늘어난 효과밖에 얻지 못한다.

(2) 반면, 삼중 DES는 키의 길이가 2배 확장한 효과를 얻을 수 있다.

2. 삼중 DES(Triple DES, TDES)

(1) 개요

① DES의 키 길이(56비트)는 DES 개발 당시에는 충분히 안전한 길이였으나, 컴퓨터의 능력이 향상되면서 우려되는 수준까지 오게 되었다. 이에 NISQT는 AES 알고리즘을 공모하면서 그 사이에 DES를 안전하게 사용하기 위한 방법을 고안하였는데, 이 중 하나가 Triple DES(TDES)이다.

② TDES는 이름 그대로 DES를 세 번 적용해서 키 길이를 세 배로 늘리는 기법으로 DES 알고리즘을 이용하여 암호화 → 복호화 → 암호화를 거치는데, 키는 세 개를 전부 다른 것으로 쓸 수도 있고(3-Key, 168비트), 처음과 마지막 암호화는 같은 것을 쓰고 중간의 복호화만 다른 키를 써서 두 개만 쓸 수도 있다(2-Key, 112Bit).

③ TDES는 DES를 세 번 돌리는 방법으로 EEE(암-암-암), EDE(암-복-암)의 2가지 방식이 있다. 이 중 EDE 방식이 주로 사용되는데, 이는 키를 어떻게 사용하느냐에 따라 기존 사용 중인 DES와도 호환할 수 있기 때문이다.

(2) 두 개의 키를 갖는 Triple DES(2-Key TDES)

① DES-EDE2로도 표기되며, 두 개의 키 K_1, K_2가 사용된다. 첫 번째와 세 번째 단계에서는 K_1을 사용하고 두 번째 단계는 K_2를 사용한다. 최종 암호문은 다음과 같은 수식으로 표현할 수 있다.

$$C = E_{K_1}(D_{K_2}(E_{K_1}(P)))$$

〈 2-Key 3-DES 암호화 과정도 〉

② 만약 TDES의 K_1, K_2가 같다면 TDES는 일반 DES와 동일하게 된다. 즉 아래와 같은 수식으로 표현된다.

$$C = E_K(D_K(E_K(P))) = E_K(P)$$

(3) 3개의 키를 갖는 Triple DES(3-Key TDES)

① K_1, K_2, K_3 모두 다른 키 값을 사용하며 DES-EDE3로도 불린다.

② DES-EDE2에 대한 기지평문 공격의 가능성 때문에 높은 보안성이 요구되는 응용프로그램에서는 DES-EDE3를 사용한다. PGP와 같은 응용프로그램에서 사용되고 있다.

1. 일반 사항

(1) 개요

① AES는 2001년 미 국립 표준기술연구소(NIST)에 의해 세정된 암호화 방식으로 2명의 벨기에 암호학자인 존 대먼(Joan Daemen)과 빈센트 라이먼(Vincent Rijmen)에 의해 개발된 라인달(Rijndael) 암호에 기반하며 DES를 대체할 AES 공모전에서 선정되었다.

② NIST는 5년의 표준화 과정을 거쳤으며 이 과정에서 15개 알고리즘이 경쟁, 두 차례 심사에서 5개 (MAR5, RC6, Rijndael, Serpent, Twofish)로 줄였다. 이중 Rijndael이 가장 적합한 알고리즘으로 선정되었으며 AES 표준은 여러 Rijndael 알고리즘 중 블록 크기가 128비트인 대칭키 알고리즘을 말한다.

③ 미 국가안보국(NSA)은 1급비밀(Top Secret)로 분류된 기밀자료에 대해서도 AES를 사용할 수 있도록 하였는데 이는 기밀자료 보호에 공개 알고리즘을 사용토록 하는 최초의 사례이다.

④ 또한 AES는 2001년 미국이 AES를 연방정부 사용 표준암호(FIPS-197)로 채택된 이후 전 세계적으로 널리 사용되고 있다.

(2) 선정기준: 미 NIST가 제시한 선정기준은 안전성(Security), 비용(Cost), 구현 효율성(Implementation)의 3가지였고, 최종적으로 라인달(Rijndael) 암호가 가장 잘 부합하는 것으로 결정되었다.

2. AES 구조 및 암호화

(1) 구조

〈 AES 암호화 구조도 〉

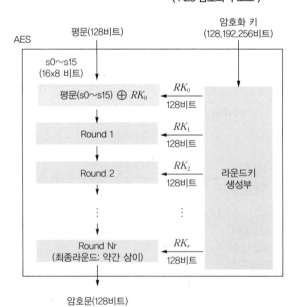

① AES는 Feistel 구조를 갖는 DES와는 달리 블록 크기가 128비트인 SPN 구조의 대칭키 블록암호 알고리즘이다. 최종 라운드 수(Nr)와 키 크기는 밀접한 관계가 있는데 키 크기가 각각 128/192/256비트라면 Nr값(라운드 수)은 10/12/14가 된다.

② 키 크기에 따라 AES의 3가지 버전이 존재하며 이들은 AES-128, AES-192, AES-256으로 불린다. 그러나 3가지 버전 모두 입력 평문 및 출력 암호문의 크기가 128비트로 동일하다.

(2) 암호화

① AES 암호화 과정의 각 라운드는 비 선형성을 갖는 S-box를 적용하여 바이트 단위로 치환을 수행하는 Subbytes( ) 연산, 행 단위로 순환 시프트(Cyclic Shift)를 수행하는 ShiftRow( ) 연산, 높은 확산(Diffusion)을 제공하기 위한 MixColumn( ) 연산과 마지막으로 라운드 키와 State($S_0 \sim S_{15}$)를 XOR하는 Addroundkey( )의 4개 연산으로 구성된다.

② 암호화의 마지막 라운드(Nr)에서는 MixColumn( ) 연산을 수행하지 않는다는 특징이 있다.

  ㉠ SubBytes(SB): 128비트 평문(State, $S_0 \sim S_{15}$)이 입력되면 캐릭터(8비트, x) 단위로 연산 처리한다. 먼저 16개의 x에 대해 역원(x^{-1})을 구하고 이를 다시 아핀 변환($y = Ax^{-1} + b$)하여 입력 x에 대한 출력 값을 얻는다. 이러한 연산을 평문이 들어올 때마다 매번 수행하는 것은 비효율적이므로 입력 가능한 모든 경우의 수($2^8 = 256$)에 대해 역원 및 아핀 변환을 미리 계산해 놓고 실제는 테이블 변환으로 처리한다. 즉, 바이트를 치환한다(Substitute Byte)는 의미로 SubBytes라고 한다.

  ㉡ ShiftRows(SR): SB 출력을 행 단위로 순환 시프트(Cyclic Shift)하며 행마다 시프트하는 횟수(0,1,2,3)가 다르다.

  ㉢ MixColumns(MC): ShiftRow 출력을 각 열 내에서 8비트 단위로 섞어주는데 높은 확산(Diffusion) 효과를 제공한다.

  ㉣ AddRoundkey: MixColumn 연산 결과와 라운드 키를 XOR하여 128비트를 출력한다. 이 값이 라운드 출력 값이다.

> **더 알아보기**
>
> AES의 연산은?
> ① AES 연산의 기본단위는 8비트이며 모든 연산은 GF(2^8)에서 행해진다. 연산 결과가 8비트를 초과하면 기약 다항식 $m(x) = x^8 + x^4 + x^3 + x + 1$에 의해 캐리 비트를 처리한다. $m(x)$를 2진수로 표현하면 100011011_2이 되는데 $100000000_2 = 00011011_2$라는 의미로서 연산 결과가 8비드를 초과하면 기약 다항식에 의해 8Bit 단위로 맞춘다.
> **예** 8비트의 곱셈 연산 결과, Carry가 발생하여 9Bit($101100101_2 = 165_{16}$)가 되었다면 $00011011_2 \oplus 01100101_2 = 01111110_2$로 변환된다.
> ② AES 알고리즘에서 덧셈(+)연산은 XOR로 대체되며 뺄셈(−)도 동일하게 XOR로 연산된다.
> ③ AES 알고리즘에서는 128비트를 4×4 행렬로 표현하며 128비트 크기의 각 라운드 데이터는 행과 열 단위로 연산 처리된다.

1. 국제 암호 알고리즘

(1) IDEA(International Data Encryption Algorithm)

① DES를 대체하기 위해 스위스 연방기술 기관에서 개발한 블록암호 알고리즘으로 Feistel 구조를 변형하였다(Feistel과 SPN의 중간 형태인 Lai-Massey Scheme). 최초 이름은 IPES(EuroCrypt '91에서 발표)였으나, 1992년 IDEA로 개명하였다.

㉠ IDEA는 128비트 키, 8라운드, 64비트 블록암호로서 DES와 달리 S-box를 사용하지 않으며 XOR, mod 2^{16} 덧셈(⊞), mod(2^{16}+1) 곱셈(⊙)과 같은 대수적 구조가 서로 다른 연산을 사용하여 암호학적 강도를 높였다.

㉡ IDEA는 안전성 · 성능면에서 인정(DES보다 2배 속도)을 받아 전자 우편 보안도구로 널리 이용되고 있는 PGP의 데이터 암호 알고리즘으로 채택되었으며 유럽 표준으로도 등록되어 있다.

② SAFER

㉠ Massey가 1993년 Cambridge Security Workshop에서 발표한 블록암호 알고리즘으로, 입출력은 64비트로 DES와 동일하며 키 크기는 64비트, 라운드 수는 6이다.

㉡ SAFER는 비록 기업체(미국 Cylink사) 의뢰에 의해 개발되었지만 지적 재산권에 의한 사용 제한이 없어 모든 사용자가 무료로 사용할 수 있다.

③ RC5(Ron's Code 5)

㉠ RC5는 1994년 RSA Security사의 Ronald Rivest가 개발한 블록암호 알고리즘으로 비교적 간단한 연산으로 빠른 암호화 기능을 제공하며 하드웨어 구현에 적합하다.

㉡ 입출력, 키, 블록 크기 및 라운드 수가 가변인 RC5는 32/64/128비트 크기의 블록 단위로 암호화를 수행하며, 속도는 DES의 약 10배이다. 키 크기는 0~2040비트이며 라운드 수는 0~255까지 가변적으로 사용 가능하다.

2. 국내 암호 알고리즘

(1) SEED

① SEED는 1999.2월 한국정보보호진흥원(한국인터넷진흥원의 전신)과 국내 암호전문가들이 개발한 Feistel 구조의 블록암호 알고리즘으로, 미국에서 수출되는 웹 브라우저 보안 수준이 40비트로 제한됨에 따라 128비트 보안을 위해 별도로 개발되었다.

② 1999.9월 한국 정보통신단체표준(TTA)으로 제정되었고, 2005년에는 국제 표준화기구인 ISO/IEC 및 IETF의 국제 블록암호 알고리즘 표준으로 제정되었다.

③ SEED는 입출력 크기가 128비트, 키 크기는 128비트이며 총 16라운드로 구성되며 Addition, XOR, Bit-Rotation 등의 연산식을 사용하여 암호화한다. 2009년에는 256비트 키를 사용하는 SEED-256이 추가되어 보다 강력한 암호화 기능을 제공하고 있다.

(2) ARIA

① ARIA는 전자정부 구현 등으로 다양한 환경에 적합한 암호가 필요함에 따라 국보연(NSRI), 학계, 국정원 등의 암호 전문가들이 합동 개발한 ISPN(Involutional SPN) 구조의 블록암호 알고리즘이다.

② 개발에 참여한 기관들(Academy, Research Institute, Agency)의 첫 글자들을 따 ARIA란 명칭을 부여하였다. 또한, SEED와 함께 전자정부의 대국민 행정서비스용으로 보급되고 있다.

③ ARIA는 128/192/256비트의 키, 라운드 수가 12/14/16, 입출력 크기가 128비트로서 경량 환경 및 하드웨어의 효율성 향상을 위해 XOR과 같은 단순한 바이트 단위 연산으로 구성되어 있다.

④ ARIA의 입출력 크기와 사용 가능한 키 크기는 미국 표준 블록암호인 AES와 동일하며, 키 크기에 따라 ARIA-128, ARIA-192, ARIA-256으로 구분한다.

(3) HIGHT

① HIGHT는 RFID, USN 등과 같이 저전력 및 경량화가 필요한 컴퓨팅 환경, 혹은 스마트폰, 스마트카드 및 RFID 등과 같은 모바일 환경에서 기밀성을 제공하기 위해 개발된 블록암호화 알고리즘이다.

② 8비트 단위의 산술연산, XOR, 비트 순환 이동만으로 구성되며 일반적인 블록암호와는 다르게 S-box를 제거하였다.

③ 2006.12월에는 정보통신단체(TTA) 표준, 2010.12월에는 ISO/IEC 국제 블록암호 알고리즘 표준으로 제정되었다.

(4) LEA

① Lightweight Encryption Algorithm의 준말인 LEA는 국가보안기술연구소에서 개발한 ARX 형태의 128비트 블록암호 알고리즘으로 암호화 속도는 AES보다 1.5~2배 정도 빠르며 기존 경량 암호인 HIGHT보다 더 높은 수준의 안전성을 가지고 있다.

② 알고리즘은 평문 128비트에 대해 키 128/192/256비트로 암호화하며, 이때의 라운드 수는 24/28/32 라운드이다.

7 현대 대칭키 암호를 이용한 암호화 기법

1. 블록암호 사용방식(운영모드)

(1) 일반적으로 암호화하고자 하는 평문은 128비트 이상이며 매우 다양한 크기로 구성된다. 블록암호는 특정한 길이의 블록 단위로 동작하기 때문에, 가변 길이 데이터를 암호화하기 위해서는 먼저 이들을 단위 블록들로 나누어야 하며 그 블록들을 어떻게 암호화할지 정해야 한다.

(2) 즉, 블록암호를 이용하여 평문을 암호화할 때에는 단순히 암호 알고리즘만 있으면 해결되는 것이 아니고 사용 방식도 규정하여야 한다.

(3) 블록암호를 다양한 응용에 사용하기 위해 미 NIST는 다음과 같은 5가지 운영 모드를 정의하였다. 이 5가지 모드는 블록암호가 사용되는 모든 응용 분야에 적용할 수 있도록 만들어졌다.

① **ECB 모드**: Electronic Code Book Mode(전자부호표 모드)

② **CBC 모드**: Cipher Block Chaining Mode(암호 블록 연쇄 모드)

③ **OFB 모드**: Output FeedBack Mode(암호 피드백 모드)

④ **CFB 모드**: Cipher FeedBack Mode(출력 피드백 모드)

⑤ **CTR 모드**: Counter Mode(카운터 모드)

2. Electronic Code Book Mode(ECB 모드)

(1) 개요

① ECB 모드는 주어진 평문을 블록의 크기로 나누어서 차례로 암호화하는 방식으로, 평문 블록과 암호문 블록이 일대일 대응관계를 가지는 가장 단순한 운영모드이다.

② 만약 평문의 크기가 블록 크기의 배수가 아니라면 마지막 블록에는 다른 블록들과 동일한 크기로 만들기 위하여 빈 공간을 채워 하나의 완전한 블록으로 만드는 작업(패딩, Padding)이 필요하다.

〈 ECB 모드 〉

A) ECB 모드에 의한 암호화

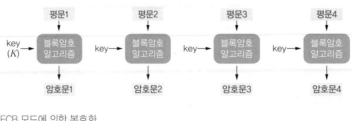

B) ECB 모드에 의한 복호화

$$\text{(암호화) } C_i = E_K(P_i)$$
$$\text{(복호화) } P_i = D_K(C_i), \quad i = 1, 2, 3, \cdots, N$$

(2) 특징

① **장점**: 블록간 독립성 유지로 다수 블록의 암·복호화 시 병렬처리와 다수 블록 중에 일부 블록만 독립적으로 암호화가 가능하다. 또한 블록 내에서 발생한 에러는 다른 블록에 영향을 주지 않는다.

② **단점**: 평문 블록과 암호문 블록이 일대일 관계이므로 평문 블록 패턴과 암호문 블록 패턴이 동일하게 유지되는 문제점이 있다. 이는 암호 해독의 실마리가 된다(아래 그림 참고).

③ **응용**: 부분 암호화가 가능하므로 DB의 레코드별 암·복호화가 가능하며, DB 등 대용량의 데이터를 암호화할 때 병렬 처리가 가능하다는 장점이 있다.

〈 ECB 모드로 암호화한 결과(가운데), 오른쪽: 기타 모드 〉

3. Cipher Block Chaining Mode(CBC 모드)

(1) 개요

① CBC 모드는 이전 암호문 블록과 현재 평문 블록을 XOR한 블록을 암호 알고리즘의 입력으로 사용하여 암호문 블록을 생성한다. 따라서 다음 평문 블록을 암호화하기 위하여 이전 암호문 블록을 저장해야 한다.

② 첫 블록의 경우에는 초기화 벡터가 사용된다. 주어진 평문에 대하여 IV의 생성에 앞서 IV값은 반드시 송·수신자 양자 모두 알고 있어야 하며, 제3자로부터의 예측이 불가능하여야 한다.

③ 초기화 벡터(IV; Initialization Vector)가 같으면 출력 결과가 같기 때문에, 암호화마다 다른 벡터값을 사용해야 한다.

(2) 특징

① 초기치 또는 평문 $P_1, P_2, \cdots, P_t$에서 첫 번째 블록이 바뀌면 암호문 블록 모두가 바뀐다. 따라서 평문을 제대로 복호화 하려면 암호문이 순서대로 배열되어 있어야 한다.

② 만일 암호문 C_i에서 에러가 발생하면 평문 P_i와 P_{i+1}에서 에러가 발생한다. 즉, 암호문 블록이 1개 파손된 경우, 평문 블록에 미치는 영향은 평문 블록 2개에 머물지만, 평문 블록의 한 비트 오류는 이후 출력되는 모든 암호문에 영향을 미친다.

(3) 암호화와 복호화

① CBC 방식은 현재 널리 사용되는 운용 방식 중 하나이다. CBC는 암호화 입력 값이 이전 결과에 의존하기 때문에 병렬화가 불가능하지만, 복호화의 경우 각 블록을 복호화한 다음 이전 암호화 블록과 XOR하여 복구할 수 있기 때문에 병렬화가 가능하다.

② CBC 모드에서는 1단계 전에 수행되어 결과로 출력된 암호문 블록에 평문 블록을 XOR하여 암호화를 수행하기 때문에 생성되는 각각의 암호문 블록은 현재 블록뿐만 아니라 그 이전의 평문 블록들의 영향도 받게 된다.

〈 CBC 모드(암호 블록 연쇄 모드) 〉

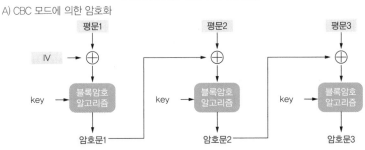

A) CBC 모드에 의한 암호화

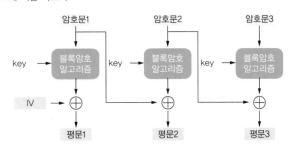

B) CBC 모드에 의한 복호화

$$C_1 = E_K(P_1 \oplus IV)$$
$$(암호화)\ C_i = E_K(P_i \oplus C_{i-1})$$
$$P_1 = D_K(C_1 \oplus IV)$$
$$(복호화)\ P_i = D_K(C_i) \oplus C_{i-1},\ i = 2, 3, \cdots, N$$

(4) CBC 모드의 활용

① 인터넷에서 보안을 제공하는 프로토콜 중 하나인 IPsec에서는 통신의 기밀성을 지키기 위해 CBC 모드를 활용하고 있다. 예를 들어 TDES를 CBC 모드로 사용한 TDES-CBC나 AES를 CBC 모드로 사용한 AES-CBC 등이 여기에 속한다.

② CBC 모드는 인증을 수행하는 대칭키 암호 시스템의 하나인 Kerberos ver.5에서도 사용되고 있다.

4. Cipher FeedBack Mode(CFB 모드)

(1) 개요

① CFB 모드를 이용하면 어떤 블록암호도 스트림 암호처럼 사용할 수 있다. 따라서 스트림 암호의 경우처럼 메시지의 길이가 블록의 정수배가 되도록 패딩을 할 필요가 없다.

② 따라서 문자를 암호화하여 전송하는 경우 문자 중심 스트림 암호를 사용하면 암호문의 저장없이도 실시간 암호통신이 가능하다.

(2) 암호화와 복호화

① 복호화 과정은 평문 블록과 암호문 블록만 바뀌었을 뿐 동일하다. 또한 CBC 암호화의 역순과 거의 같다.

② 복호화 시 복호화 함수가 아닌 암호화 함수를 사용한다. 즉 암호화나 복호화에 사용하는 라운드 키가 같다.

〈 CFB 모드 〉

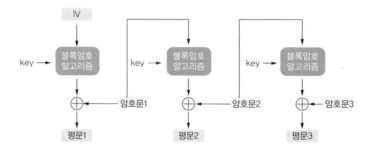

A) CFB 모드에 의한 암호화

B) CFB 모드에 의한 복호화

$$C_1 = E_K(IV) \oplus P_1$$
$$(\text{암호화}) \ C_i = E_K(C_{i-1}) \oplus P_i$$
$$(\text{복호화}) \ P_i = D_K(C_{i-1}) \oplus C_i, \ i = 2, 3, \cdots, N \ (\text{단}, \ C_0 = IV)$$

(3) 특징: 병렬 처리가 가능하나 암호화시에는 병렬 처리를 할 수 없으며 재전송 공격(Replay Attack)에 취약하다.

> **더 알아보기**
>
> 재전송 공격(Replay Attack)
> ① 재전송 공격이란 악성 해커가 네트워크를 통해 유효한 데이터 전송을 가로 챈 후 이를 저장하였다가 나중에 활용하는 공격이다.
> ② 예를 들어 Alice가 Bob에게 송금 의뢰 메시지와 메시지 인증코드를 Trudy가 가로챈다. 나중에 Trudy는 그 메시지와 인증코드를 그대로 재전송함으로써 Alice가 아님에도 불구하고 송금 요청을 할 수 있다.
> ③ 재전송 공격에 대한 대책으로는 전송데이터 프레임에 순서번호(예 SSL 통신)를 붙이거나 타임스탬프 또는 난수(Nonce)를 사용하는 시도/응답(Challenge/Response) 프로토콜 등으로 방어할 수 있다.

(4) 스트림 모드로서의 CFB 모드

① CFB 모드를 이용하면 어떤 블록암호도 스트림 암호로 만들 수 있으며 스트림 암호의 특징인 패딩이 필요 없다.

② CFB 모드는 블록암호를 이용한 운영 모드이지만 그 결과는 키 스트림이 암호문에 의존하는 비동기식(자기 동기식) 스트림 암호와 같다.

(5) 오류 파급

① CFB 모드에서 전송 도중 암호문 블록 C_j에 한 비트 오류가 발생한다면 이에 대응하는 평문 블록 P_j에 한 비트 오류가 발생한다.

② 하지만 C_j가 키 스트림 발생에 영향을 주는 블록암호의 입력값으로 사용된다면 평문 블록 대부분의 비트에 오류가 발생한다.

5. Output FeedBack Mode(OFB 모드)

(1) 개요

① CFB 모드와 유사하게 블록암호로부터 키 스트림(난수열)을 발생하는 방식으로 암호 알고리즘의 출력을 키 스트림(난수열)으로 하여 평문과 XOR하는 동기식 스트림 암호 방식이다.

② 또한 평문 블록이 동일하면 암호문이 같아지는 ECB 모드의 단점과 오류 전파가 발생하는 CBC/CFB 모드를 개선한 동작 모드이다.

③ OFB 모드에서도 CBC 모드나 CFB 모드와 마찬가지로 초기화 벡터(IV)를 사용하며, 초기화 벡터는 암호화할 때마다 다른 랜덤 비트열을 이용하는 것이 보통이다.

A) OFB 모드에 의한 암호화

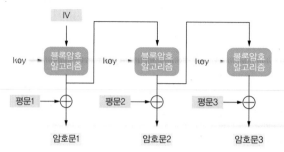

B) OFB 모드에 의한 복호화

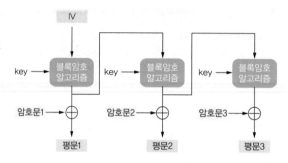

$$
\text{(암호화) } C_i = Z_i \oplus P_i (\text{단}, Z_i = E_K(Z_{i-1}), Z_0 = IV
$$
$$
\text{(복호화) } P_i = C_i \oplus Z_i, i = 1, 2, \cdots, N
$$

(2) 특징

① 초기화 벡터 IV값이 바뀌면 암호문은 모두 바뀐다.

② 암호 알고리즘의 출력은 평문과 무관하다.

③ 전송 도중에 에러가 발생하더라도 오류가 전파되지 않는다.

④ 암호문 C_j에 비트 손실이 발생하면 그 다음에 오는 평문은 모두 에러가 발생하므로 동기를 새로 맞추어야 한다.

6. Counter Mode(CTR 모드)

(1) 개요

① CTR 모드는 블록암호를 스트림 암호로 바꾸는 구조를 가진다.

② 또한 '비동기 전송모드(ATM; Asynchronous Transfer Mode)'의 네트워크 보안과 IPSEC에 응용되면서 근자에 관심이 늘어나고 있으며, 의사 난수생성기(PRNG; Pseudorandom Number Generator) 등에 주로 활용되고 있다.

③ CTR 모드는 ECB 모드처럼 서로 독립적인 n비트 암호문 블록을 생성하지만 암호화 시 피드백이 존재하지 않는다.

〈 CTR 모드 〉

A) CTR 모드에 의한 암호화

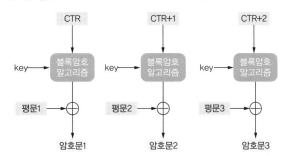

B) CTR 모드에 의한 복호화

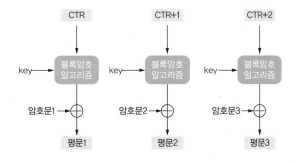

(암호화) $C_i = E_K(T_i) \oplus P_i$
(복호화) $P_i = E_K(T_i) \oplus C_i$, $i = 1, 2, \cdots, N-1$

(2) CTR 모드의 특징

① **장점**: 체인을 사용하는 모드와는 다르게 암호화 및 복호화 시 모두 병렬처리가 가능하다. 체인을 사용히는 모드에서는 다음 블록에 적용하려면 이전 블록의 계산을 완전히 끝내야만 가능하다.

② CTR 모드의 암·복호화는 완전히 같은 구조이므로 프로그램으로 구현하는 것이 매우 간단하며 블록을 임의의 순서로 암·복호화가 가능하다.

③ 사전처리 및 랜덤 접근이 가능하다.

　ㄱ 메모리가 충분하고 시큐리티가 잘 유지될 수 있다면 사전에 카운터를 미리 만들어 놓을 수 있다.

　ㄴ 평문이나 암호문의 i번째 블록에 랜덤하게 접근하여 처리할 수 있다. 응용 프로그램에서 오직 하나의 블록만을 선택하여 복호화하려고 할 때 CTR 모드로 암호화하여 놓으면 가능하다.

7. 블록암호 운영모드

〈 블록암호 운영모드 비교표 〉

모드	장점	단점
ECB	㉠ 간단, 고속 ㉡ 암·복호화 모드 병렬처리 가능	㉠ 평문속이 반복이 암호문에도 나타남 ㉡ 암호문 블록의 삭제나 교체가 가능 ㉢ 재전송 공격이 가능
CBC	㉠ 복호화할 때만 병렬처리 가능 ㉡ 임의로 암호분 복호화 가능	㉠ 전송 도중 에러 발생 시, 에러 전파가 나타남 ㉡ 암호화 시 병렬처리가 불가능
CFB	㉠ 패딩이 필요 없음 ㉡ 복호화시만 병렬처리 가능	㉠ 암호화 시 병렬처리가 불가능 ㉡ 재전송 공격이 가능
OFB	㉠ 패딩이 필요 없음 ㉡ 암·복호화의 사전 준비가 가능 ㉢ 암·복호화가 같은 구조	㉠ 병렬처리가 불가능 ㉡ 적극적 공격자가 암호문 블록의 비트를 반전할 시, 이에 대응하는 평문도 비트 반전이 일어남
CTR	㉠ 패딩이 필요 없음 ㉡ 암·복호화의 사전 준비가 가능 ㉢ 암·복호화 모드 병렬처리 가능	㉠ OFB처럼 암호문 블록의 비트를 반전할 시, 이에 대응하는 대응하는 평문도 비트 반전이 일어남

8. 스트림 암호의 사용

(1) 개요

① 일반적으로 암호화하고자 하는 평문이 128비트 이상일 경우, 지금까지 기술한 블록암호의 5가지 운영 모드를 사용할 수 있다. 반면 문자나 비트와 같은 작은 단위의 데이터를 암호화하기 위해서는 스트림 암호가 필요하다.

② 스트림 암호의 주요 장점은 속도 면에서 블록암호보다 월등히 빠르며 암호화 시 블록암호가 사용하는 코드보다 작은 양의 코드를 사용한다.

(2) 스트림 암호 구조: 일반적으로 스트림 암호를 설계할 때는 한 번에 한 비트씩 XOR처리하거나, 한 바이트씩 처리한다. 일반적으로 스트림 암호라고 하면 보통 1비트씩 평문과 키 수열을 XOR하여 처리하는 것이 대부분이다.

예 의사 난수생성기에서 만들어진 2진 데이터가 10101010이고 평문 데이터가 01001100이라면

- 암호문: $C = P \oplus K = 01001100(평문) \oplus 10101010(키 스트림) = 11100110$
- 복호문: $P = C \oplus K = 11100110(암호문) \oplus 10101010(키 스트림) = 01001100$

(3) RC4

① Ron Rivest가 1987년 Rsa Security에 있으면서 설계한 스트림 암호로, 전송계층의 웹 브라우저와 서버 사이의 전송보안 표준으로 규정된 SSL/TLS, 또는 WEP 등의 여러 프로토콜에 사용되어 왔다.

② 많은 스트림 암호가 LFSR을 기반으로 하는 것과 달리, RC4는 해당 구조를 갖지 않으며, 옥텟 단위를 기반으로 한다. 따라서 비트 단위의 암호보다 소프트웨어적인 실행 속도가 빠르다.

(4) A5/1, A5/2, A5/3 알고리즘

① GSM(Global System for Mobile Communications)은 유럽 및 중국, 러시아, 인도 등 전 세계에서 널리 사용되는 개인 휴대 통신시스템으로, TDMA 기반의 통신기술이다. A5/1, A5/2, A5/3는 GSM 이동 단말기 체계에서 사용중인 스트림 암호로서 A5/1은 3개의 시프트 레지스터로 동작한다.

② A5/3는 A5/1, A5/2가 안전성이 취약한 것으로 드러나면서 이들을 대신하기 위해 개발되었다.

CHAPTER 03 대칭키 암호 적중문제

01 AES(Advanced Encryption Standard)에 대한 설명으로 옳은 것은?

① DES(Data Encryption Standard)를 대신하여 새로운 표준이 된 대칭 암호 알고리즘이다.

② Feistel 구조로 구성된다.

③ 주로 고성능의 플랫폼에서 동작하도록 복잡한 구조로 고안되었다.

④ 2001년에 국제표준화기구인 IEEE가 공표하였다.

02 NIST의 AES(Advanced Encryption Standard) 표준에 따른 암호화 시 암호키(Cipher Key) 길이가 256비트일 때 필요한 라운드 수는?

① 8 　　② 10 　　③ 12 　　④ 14

03 키 k에 대한 블록암호 알고리즘 E_k, 평문블록 M, Z_0는 초기벡터, $Z_i = E_k(Z_{i-1})$가 주어진 경우, 이때 $i = 1, 2, \cdots, n$에 대해 암호블록 C_i를 $C_i = Z_i \oplus M_i$로 계산하는 운영모드는? (단, $\oplus$는 배타적 논리합이다)

① CBC 　　② ECB 　　③ OFB 　　④ CTR

04 다음 중 블록암호 운용 모드에 대한 설명으로 옳지 않은 것은?

① CFB는 블록암호화를 병렬로 처리할 수 없다.

② ECB는 IV(Initialization Vector)를 사용하지 않는다.

③ CBC는 암호문 블록에 오류가 발생한 경우 복호화 시 해당 블록만 영향을 받는다.

④ CTR은 평문 블록마다 서로 다른 카운터 값을 사용하여 암호문 블록을 생성한다.

05 다음 설명 중 가장 옳은 것은 무엇인가?

① RC5 암호 알고리즘은 64비트의 고정된 키 길이를 사용한다.

② 3중 DES(Triple DES) 암호 알고리즘은 DES 암호 알고리즘을 개선한 것으로 DES에 비해 처리 속도가 3배 정도 빠르다.

③ IDEA 암호 알고리즘은 16라운드의 암호 방식을 적용하며, 암호화와 복호화에 사용되는 알고리즘이 달라 암호화 강도가 높다.

④ ARIA 암호 알고리즘에 사용되는 키와 블록의 길이는 AES와 동일하다.

06 다음 중 블록암호 운영모드 중 OFB(Output Feedback) 모드에 대한 설명으로 가장 옳지 않은 것은 무엇인가?

① 암호기의 출력과 평문 블록을 XOR 연산하여 암호문 블록을 생성한다.

② 암호문 블록 전송 도중 오류가 발생하더라도 다음 블록의 비트에 영향을 미치지 않는다.

③ CBC(Cipher Block Chaining) 모드나 CFB (Cipher Feedback) 모드와 마찬가지로 초기화 벡터(IV)를 사용한다.

④ 암호화와 복호화의 구조가 다르고 병렬 처리가 가능하다.

07 다음 중 SPN 구조와 Feistel 구조에 대한 설명 중 가장 옳은 것은 무엇인가?

① SPN 구조는 암호화와 복호화 과정이 동일하여 처리 속도가 빠르다.

② SPN 구조의 종류에는 AES, SEED, Blowfish 등이 있다.

③ Feistel 구조의 암호 강도를 결정짓는 요소는 평문 블록의 길이, 키의 길이, 라운드의 수이다.

④ Feistel 구조는 역변환 함수에 제약이 있으며, S-box와 P-box를 사용한다.

---

01 〉정답〈 ①

② AES는 SPN 구조로 구성되어 있다.

③ AES는 스마트카드와 같은 다양한 응용제품에 동작하도록 효율적으로 고안되었다.

④ AES는 여러 Rijndael 알고리즘 중 블록 크기가 128비트인 알고리즘을 말한다. 미 NIST는 2001.11.16 Rijndael 알고리즘의 여러 가능성 중, 암호화 블럭의 크기가 128비트이며 암호화 키의 길이가 128, 192, 256비트인 세 가지 종류를 미국 연방 정보 처리 표준(FIPS-197), AES라는 이름의 표준으로 발표하였다.

02 〉정답〈 ④

④ AES 알고리즘은 라운드 수에 따라서 키 길이가 다르다(10 라운드 - 128비트, 12라운드 - 192비트, 14라운드 - 256 비트).

03 〉정답〈 ③

③ CTR 모드는 카운터를 암호화한 후 평문 블록과 암호화한다. OFB 모드는 초기화벡터를 암호화한 후 평문 블록과 암호화한다.

04 〉정답〈 ③

③ CBC는 복호화할 때 암호문 블록이 1개 파손되면 평문 블록에 미치는 영향은 2개 블록에 머문다. 반면 평문 블록의 한 비트 오류는 출력되는 모든 암호문에 영향을 미친다.

① CFB 모드는 복호화시는 병렬처리가 가능하나 암호화시는 병렬처리가 불가능하다.

05 〉정답〈 ④

① RC5는 입출력, 키, 라운드 수가 가변인 블록 알고리즘이다.

② DES가 3DES에 비해 2.5배 정도 빠르다.

③ IDEA는 블록암호 알고리즘으로써 평문 블록 사이즈는 64 비트, 암호키 사이즈는 128비트, 8라운드의 암호 방식을 적용한다. 또한 암호화와 복호화에 동일한 알고리즘을 사용한다.

06 〉정답〈 ④

④ OFB 모드는 암호화와 복호 구조가 동일하다. OFB 모드는 병렬 처리가 불가능하다는 단점을 가지고 있다.

① · ② · ③ OFB 모드의 특징이다.

07 〉정답〈 ③

① SPN 구조는 암호화와 복호 과정이 다르다.

② SEED, Blowfish는 Feistel 구조이다.

④ SPN 구조의 특징이다.

08 다음의 블록암호 운용 모드 중 암호 과정에서는 암호화 함수 E를, 복호 과정에서는 E와 다른 복호화 함수 D를 필요로 하는 것만을 모두 고르면?

> **보기**
> ㄱ. ECB   ㄴ. CDC
> ㄷ. CFB   ㄹ. OFB

① ㄱ
② ㄱ, ㄴ
③ ㄷ, ㄹ
④ ㄱ, ㄴ, ㄹ

10 다음 중 스트림 암호(Stream Cipher)에 대한 설명으로 가장 옳지 않은 것은?

① Key Stream Generator 출력값을 입력값(평문)과 AND 연산하여, 암호문을 얻는다.
② 질내 안진도를 깃는 암호로 OTP(One Time Pad)가 존재한다.
③ LFSR(Linear Feedback Shift Register)로 스트림 암호를 구현할 수 있다.
④ Trivium은 현대적 스트림 암호로 알려져 있다.

09 다음 중 〈보기〉에서 블록암호 모드 중 초기 벡터(Initialization Vector)가 필요하지 않은 모드를 모두 고른 것은?

> **보기**
> ㄱ. CTR모드   ㄴ. CBC.모드
> ㄷ. ECB 모드

① ㄱ
② ㄷ
③ ㄴ, ㄷ
④ ㄱ, ㄴ, ㄷ

11 다음 〈보기〉의 대칭키 암호화에서 키 K값으로 가장 적절한 것은?

> **보기**
> • 대칭키 암호화: 8비트 정보 P와 K의 배타적 논리합(Xor) 연산의 결과를 C라 함
> • P=00101100
> • C=10000110

① 11010010
② 10101010
③ 01010101
④ 10011001

12 복호화 수식이 다음과 같을 때 블록암호 운영 모드로 가장 적절한 것은? (단, P_i: i번째 평문, C_i: i번째 암호문, $D_k(C_i)$: 복호화)

보기

$$P_i = D_k(C_i) \oplus C_{i-1}$$

① CBC(Cipher Block Chaining, 암호블록 연쇄) 모드
② CFB(Cipher FeedBack, 암호 피드백) 모드
③ ECB(Electronic Code Book, 전자코드북) 모드
④ CTR(Counter, 카운터) 모드

08 　정답 ②

② ECB, CBC 모드는 복호화 시 복호화 함수를 사용한다. 반면에 CFB, OFB, CTR 모드는 복호화시 암호화 함수를 사용한다. CFB, OFB, CTR 모드는 블록암호를 이용하지만 암호화 시는 스트림 암호처럼 평문열에 난수열을 덧붙여서 동작하는 모드이므로 암복호 함수가 같아야 한다.

09 　정답 ②

ㄷ. ECB 모드는 다른 키 값이나 블록과는 상관없이 현재의 블록 자체만 암호화하는 방식이기 때문에 초기화 벡터가 필요 없다.
ㄱ. CTR 모드의 경우 1씩 증가하는 카운터를 암호화해 키 스트림을 얻는 방식인데, 이 때 초기값으로 사용하는 것을 Nonce(Number used once)라고 한다. 초기화 벡터라는 용어를 사용하진 않지만 초기화 벡터와 같은 기능을 하기 때문에 초기화 벡터의 일종으로 보기도 한다.

10 　정답 ①

① 스트림 암호는 키 스트림과 평문을 XOR하여 암호문을 얻는다. AND 연산을 할 경우, 평문의 비트가 0이면 암호문은 무조건 0이기 때문에 추적하기가 수월해진다. 따라서 스트림 암호의 연산에서는 AND 연산을 하지 않는다.
④ Trivium은 eSTREAM* 프로젝트**에 출품된 동기식 스트림 암호로서 국제표준 (ISO/IEC 29192-3)으로 지정되어 있다. 80비트 키와 초기값(IV)을 사용하여 264비트의 출력을 생성하며 암호화 분석에 뛰어난 저항력을 보여준다.

11 　정답 ②

$C = P \oplus K$, $K = C \oplus P = 10000110 \oplus 00101100 = 10101010$

12 　정답 ①

• CBC 모드 암호화
　$C_1 = E_K(P_1 \oplus IV)$
　$C_i = E_K(P_i \oplus C_{i-1})$, $i = 2, 3, ..., N$
• CBC 모드 복호화
　$P_1 = D_K(C_1 \oplus IV)$
　$P_i = D_K(C_i \oplus C_{i-1})$, $i = 2, 3, ..., N$

---

* eSTREAM 선정암호
　소프트웨어 부문-HC-128, Rabbit, Salsa20/12, SOSEMANUK
　하드웨어 부문-Grain, MICKEY, Trivium
** eSTREAM 프로젝트
　EU ECRYPT network가 주관하는 스트림 암호 선정 프로젝트 (2004.8.~2008.1.), 이전의 NESSIE 프로젝트에 제출된 6개의 스트림 암호의 실패로 eSTREM 프로젝트가 태동되었다.

PART
02

CHAPTER 04

비 대칭키(공개키) 암호

01 비 대칭키 암호

1 키 배송문제

1. 개요

(1) 대칭키 암호는 암 · 복호화용 키가 같기 때문에 상대방에게 키를 어떻게 안전하게 배송하는가가 이슈가 되고 있다. 즉 대칭키 암호를 사용하려면 키 배송문제(Key Distribution Problem)에 직면하게 된다.

(2) 키를 보내려고 해도 도청자인 Eve도 이를 습득하여 Alice가 보낸 데이터를 엿볼 수가 있다.

(3) 이러한 키 배송 문제를 해결하기 위한 방법으로 다음과 같은 여러 가지가 제안되고 있다.

① 키의 사전 공유에 의한 해결

② 키 배포 센터에 의한 해결(온라인 키 분배)

③ Diffie-Hellman 키 교환에 의한 해결

④ 공개키 암호에 의한 해결

⑤ ID에 기반한 키 공유 방안

2. 키의 사전 공유에 의한 해결

(1) 키의 사전 분배란 키 관리기관(TA; Trusted Authority)이 사전에 임의의 두 사용자(A, B)에게 비밀 경로를 통하여 임의키 $K_{A,B} = K_{B,A}$를 선택하여 전달하는 법이다.

(2) 일반적으로 TA와 네트워크 상의 모든 사용자 사이에 안전한 통로가 필요하며, TA는 물론 사용자들도 많은 키를 관리해야 하는 문제점이 있다.

(3) 즉 m명의 사용자가 대칭키를 이용하여 서로 통신을 해야 한다면 각 사용자는 $m-1$개의 키를 관리해야 하며, TA는 $m \cdot (m-1)/2$개의 키를 관리하여야 하므로 매우 복잡하고 많은 관리비용이 들어간다.

3. 키 배포 센터에 의한 해결(온라인 키 분배)

(1) 개요

① 암호 통신이 필요할 때마다 통신용 키를 키배포 센터(KDC; Key Distribution Center)에 의뢰해서 키를 배포받고 개인과 KDC간에는 사전에 키를 공유하는 방식이다.

② 가입자 수가 n명이라면 KDC의 컴퓨터 데이터베이스에는 n개의 키가 저장되어 있어야만 된다.

③ **취약 요인**: 인원이 늘어날 때마다 KDC의 부하는 증가되고, 데이터베이스에 장애가 발생되면 전체 암호통신이 불가할 뿐 아니라 해커 등에 의한 사이버공격 목표가 될 수 있다는 점이다.

(2) 세션키

① 의의: 송·수신자간의 암호화 통신에 필요한 대칭 암호화 키로 KDC는 사전에 각 개인을 위한 비밀키를 미리 생성해 놓는다. 이 비밀키는 구성원과 KDC간에만 사용할 수 있고 구성원끼리는 사용할 수 없다.

② 만일 Alice와 Bob과 기밀성을 유지하면서 통신을 하고 싶다면 Alice는 Bob과 자기 사이에 사용할 비밀키가 한 개 필요하다. KDC는 이들 두 사람과 KDC 사이의 비밀키를 이용해서 Alice와 Bob간에 사용할 세션키를 생성한다.

③ Alice와 Bob간 사이의 세션 대칭키는 오직 한번만 사용한다.

(3) 암호통신의 단계별 순서

① 먼저 Alice는 KDC에 Bob과 통신하고 싶다고 신청한다.

② KDC는 의사 난수생성기(PRNG)를 이용하여 세션키 K를 생성한다.

③ KDC는 데이터베이스에서 Alice의 키(K_A)와 Bob의 키(K_B)를 꺼낸다.

④ KDC는 Alice의 키를 이용하여 세션키를 암호화($C_A = E_{K_A}(K)$)해서 Alice에게 보낸다.

⑤ KDC는 Bob의 키를 이용하여 세션키를 암호화($C_B = E_{K_B}(K)$)해서 Bob에게 보낸다.

⑥ Alice는 KDC에서 온 세션키를 복호화($K = D_{K_A}(C_A)$)해서 세션키를 얻는다.

⑦ Alice는 세션키를 이용하여 Bob에게 보낼 메일을 암호화($C = E_K(M)$)해서 Bob에게 보낸다.

⑧ Bob은 KDC에서 온 세션키를 복호($K = E_{K_B}(C_B)$)해서 세션키를 얻는다.

⑨ Bob은 세션키를 사용하여 Alice에게 온 암호문을 복호화($M = D_K(C)$)하여 메시지를 얻는다.

⑩ Alice와 Bob은 세션키를 삭제한다.

(4) Needham-Schroeder 프로토콜

① 이 프로토콜도 KDC를 이용한 키 교환 프로토콜로서, KDC와 사용자간에 논스(Nonce, 난수라고 보면 됨)를 이용한 인증 과정이 추가되었다.

② 이 프로토콜은 다른 많은 키 교환 프로토콜의 기초가 되고 있다.

4. Diffie-Hellman 키 교환에 의한 해결

(1) 개요

① Diffie-Hellman 키 교환 알고리즘은 1976년 휘트필드 디피(Whitfield Diffie)와 마틴 헬만(Martin Hellman)이 제안한 알고리즘으로 키 분배 및 관리의 새로운 방향을 제시하였다.

② 양쪽 통신 주체는 키 분배센터가 없어도 대칭 세션키를 생성할 수 있다. 즉 공개키 암호방식의 개념을 이용하여 두 송·수신자가 사전에 어떤 비밀키 교환 없이도 양자간 암호키의 공유를 가능하게 해준다(그림 〈Diffie Hellman 방식〉).

③ 유한체상의 이산 대수 문제(DLP; Discrete Logarithm Problem)를 풀기 어렵다는 사실이 Diffie-Hellman의 키 교환의 안전성을 뒷받침하는 이론적 근거가 되고 있다.

※ '유한체상에서 이산대수를 풀기 어렵다'라는 말은 $\alpha^A \bmod p$(α: 생성원, p: 임의의 큰 소수)와 같은 수식에서 α, p값을 알더라도 $\alpha^A \bmod p$로부터 A값을 구하는 것이 현실적인 시간 내에 어렵다는 것이다.

(2) 키 공유

① Alice와 Bob은 기밀 통신용 비밀키(세션키)를 교환하려고 한다. 현재 모든 연결은 암호화되지 않은 상태로 외부에 노출되고 있다. 이때 Alice와 Bob간 세션키 생성에 필요한 큰 소수 p와 생성자 α는 공개되어 있다고 가정한다.

② 절차

ㄱ Alice는 임의의 큰 수 $a(0 \le a \le p-1)$를 선택하고, $A = \alpha^a (\mathrm{mode}\ p)$를 계산한다. 여기서 a는 Alice의 비밀키이다.

ㄴ Bob도 다른 큰 수 $b(0 \le b \le p-1)$를 임의로 선택하고, $B = \alpha^b (\mathrm{mode}\ p)$를 계산한다. 여기서 b는 Bob의 비밀키이다.

ㄷ Alice는 A를 Bob에게 보낸다(a값을 보내는 것이 아님).

ㄹ Bob은 B를 Alice에게 보낸다(b값을 보내는 것이 아님).

ㅁ Alice는 $K_a = B^x (\mathrm{mod}\ p)$를 계산한다.

ㅂ Bob은 $K_b = A^b (\mathrm{mod}\ p)$를 계산한다.

ㅅ 이렇게 구한 K_a, K_b가 세션에 사용될 대칭키(K)가 된다. 여기서 a와 b를 모르는 제3자는 현실적으로 세션키 값을 알 수 없다.

$$K = (\alpha^b \bmod p)^a \bmod p = (\alpha^a \bmod p)^b \bmod p = \alpha^{ab} \bmod p$$

〈 Diffie-Hellman 방식 〉

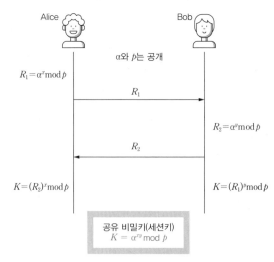

(3) Diffie-Hellman의 안전성

① 이산대수 공격

㉠ Diffie-Hellman 방식의 안전성은 이산대수 문제를 풀기 어렵다는데 기반을 두고 있다.

㉡ 그림 〈Diffie-Hellman 방식〉에서 공격자 Eve는 R_1과 R_2를 가로챌 수 있을 것이다. Eve가 $R_1 = \alpha^x (\mathrm{mod}\ p)$에서 x를 구할 수 있고 $R_2 = \alpha^y \mathrm{mod}\ p$에서 y를 계산할 수 있다면 비밀키가 더 이상 비밀이 되지 않는다.

② 서비스 거부 공격(DoS; Denial of Service)

㉠ Diffie-Hellman 방식은 지수 함수에 기초하고 있으므로 계산이 복잡하여 많은 수의 장치와 동시에 통신을 하는 경우 키 생성에 많은 지연이 발생할 수 있다.

㉡ 따라서 Diffie-Hellman 방식은 DoS공격에 대한 취약점을 가지고 있다. 공격자는 IP 스푸핑을 통해 키 생성 요청을 동시에 다수 요청할 수 있으므로 키 생성 부담으로 서버가 마비될 수 있다.

③ 중간자 공격(Man-in-the-Middle Attack)

㉠ Diffie-Hellman 키 교환은 통신을 하는 대상과 비밀 정보를 공유할 수 있지만, 상대방에 대한 인증 단계가 없기 때문에 중간자 공격이 가능하다.

㉡ 중간자 공격: 공격자는 중간에서 통신을 가로채 Alice와 공격자, 그리고 공격자와 Bob 사이에 각각 두 개의 Diffie-Hellman 키 교환을 생성하고, Alice와 Bob이 각각 서로와 통신을 하는 것처럼 위장할 수 있다.

㉢ 이러한 공격에 대응하기 위해서는 전자서명과 공개키 인증서 등을 활용하면 된다.

> **더 알아보기**
>
> 국-대-국 키 합의
> 인증단계가 없는 프로토콜은 중간자 공격에 취약하다. 국-대-국 합의(STS; Station-to-Station Protocol)는 이러한 중간자 공격에 대응하기 위해 공인인증서를 이용한 전자서명을 사용하여 중간자 공격을 막는다.

(4) Diffie-Hellman 알고리즘의 응용

① 중간자 공격 취약점 문제는 세션키를 생성하는 통신 사용자 A와 B가 교환하는 메시지의 인증(Authentication)을 통해 해결할 수 있고 IP 스푸핑을 통한 DOS 공격은 키 생성 요청자를 확인하기 위한 '쿠키(Cookie)'를 사용함으로써 방지할 수 있다.

② Diffie-Hellman 방식은 중간자 공격과 DOS 공격 취약점을 보완하여 IPSEC(인터넷 통신의 3계층), SSL(TCP 프로토콜에 없는 시큐리티 기능을 제공) 등 다양한 인터넷 보안프로토콜에 광범위하게 적용되고 있다.

5. 공개키 암호에 의한 해결

(1) 공개키 암호를 사용하면 세션키를 전송할 필요가 없다. 대칭키 암호에서는 암호화키와 복호화키가 같은 것이었다. 그러나 공개키 암호에서는 암호화키와 복호화키는 다른 것이다.

(2) 공개키 암호를 이용하여 통신하고자 하는 사람들은 자신의 공개키(Public Key)와 비밀키(Private Key, 개인키라고도 함)를 가지고 있어야 한다.

(3) 예를 들면 Alice가 Bob에게 메시지를 보내고자 한다. Alice는 Bob의 공개키를 사용하여 메시지를 암호화하여 Bob에게 보낸다. 수신된 메시지를 복호화할 수 있는 사람은 복호화키를 가진 Bob만이 가능하다.

(4) 여기서 Bob의 복호화키는 Bob의 비밀키(개인키)이다. 이 키를 사용하여 Bob은 암호화된 수신 메시지를 복호화할 수 있다.

(5) 이렇게 하면「복호화키」를 수신자에게 배송할 필요가 없어진다. 대칭키 암호의 키 배송 문제는 공개키 암호를 사용함으로써 해결할 수 있는 것이다.

〈 공개키 암호를 이용한 키 배송 〉

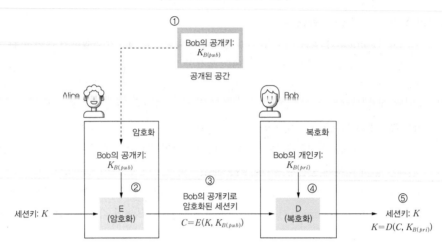

6. ID 기반에 의한 세션키 공유 방안

(1) 기존 공개키 암호방식의 공개키를 임의로 설정할 수 있도록 한 것이 ID기반의 키 배송으로 1984년 Adi Shamir에 의해 제안되었으며 ID를 공개키처럼 사용한다.

(2) 이 방식은 제안자에 따라 ID-KDS(Id-Based Key Distribution System), KPS(Key Predistribution System) 및 IBS(ID Based System) 등으로 불리고 있으나 ID정보를 공개 정보로 이용하는 것이 특징이다.

(3) ID는 텍스트 형태로써 이름, 도메인명, IP주소 및 이메일 주소 등이 사용될 수 있으며 공개키와 사용자 정보가 들어가 있는 인증서가 필요 없어 가용성이 강조되었다.

(4) 또한 메시지를 전송하고자 하는 송신자가 수신자 또는 제3의 서버에 문의하지 않고 수신자의 ID만 알고 있으면 수신자의 ID를 공개키로 사용하여 키 데이터를 암호화하여 전송할 수 있다.

2 공개키 암호

1. 개요

(1) 대칭키 암호는 평문을 복잡한 형태로 변환해서 기밀성을 유지하는 반면 공개키 암호는 수학적 이론을 배경으로 기밀성을 유지한다.

(2) 공개키 암호에서는「암호화키」와「복호화키」가 분리되어 있으며 송신자는「암호화키」를 이용하여 메시지를 암호화하고 수신자는「복호화키」를 이용하여 암호문을 복호화한다.

(3) 이러한 키쌍을 이루고 있는 2개의 키는 안전성과 수학적 관련성에서 밀접한 관계가 있다. 따라서 공개키와 개인키를 각각 별개로 만들 수는 없다.

2. 비 대칭키 암호의 분류

비 대칭키 암호는 안전성에 의해 다음과 같이 분류할 수 있다.

(1) 소인수 분해의 어려움에 기초한 공개키 암호: RSA, RABIN 암호가 있다. 여기서 소인수 분해라 함은 $n = pq$와 같이 어떠한 큰 수 n이 p와 q의 곱으로 이루어졌을 때 n으로부터 p와 q를 구하는 문제이다.

(2) 이산대수 문제에 기초한 공개키 암호: ElGamal 암호, DSA 알고리즘, 타원곡선 암호(ECC) 등이 있다.

3. 공개키 암호의 역사

(1) 1976년 Whitfield Diffie와 Martin Hellman은 공개키 암호의 개념을 최초 제안하였는데 암호화키와 복호화키를 분리 사용하는 것과 공개키가 어떠한 특성을 가져야 하는지를 제시하였다.

(2) 1978년 Ralph Merkle과 Martin Hellman에 의해 배낭(Napsack) 암호가 만들어졌다. 이 암호는 RSA 암호보다 고속 구현이 가능하나, 1982년 Adi Shamir에 의해 안전하지 않다는 것이 알려졌다. 하지만 배낭 암호는 오늘날 사용하고 있는 공개키 암호시스템의 토대가 되었다.

(3) 1978년 Ron Rivest, Adi Shamir, Leonard Adleman이 공개키 암호알고리즘 RSA를 발표하였다. RSA라는 명칭은 이들 3명의 이름 앞글자를 딴 것으로 이 공로로 이들 3명은 2002년 튜링상을 수상했다. 현재 RSA는 공개키 암호의 사실상 표준이라 할 수 있다.

(4) 하지만 RSA 방식을 제일 먼저 개발한 사람은 영국의 첩보기관인 GCHQ에 근무하던 수학자였으며, 그는 이보다 빠른 1973년도에 개발하게 된다. 이 내용은 GCHQ에서 비밀로 취급되었으며 이후 1997년 세상에 발표되었다.

4. 일반적인 아이디어

(1) 개요

① 일반적으로 대칭키 암호시스템의 비밀키는 기호열(비트열 등)이지만, 비 대칭키 암호시스템의 개인키(Private Key)는 하나 혹은 그 이상의 숫자로 구성된다.

② 다음 [그림]을 보면 여러 가지 중요한 개념이 있다. 첫째 암호시스템의 비대칭을 강조하고 있다. 보안성을 제공하는 책임은 대부분 수신측(여기서는 Bob)에게 있다. Bob은 개인키(Private Key)와 공개키(Public Key)로 된 두 개의 키를 만들어야 한다.

③ 이 중에서 공개키 배분은 공개키 배분 채널을 통해서 이루어진다. 비록 이 배분 채널이 기밀성까지는 제공할 필요까지는 없지만 무결성과 인증은 제공해야 한다.

〈 비대칭키 암호시스템의 일반적인 아이디어 〉

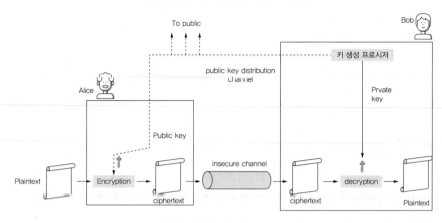

5. 비 대칭키 암호시스템을 이용한 기본적인 암·복호화 통신

Alice가 Bob에게 메시지를 암호화하여 보내는 과정은 다음과 같다. 이러한 과정을 통해 Alice와 Bob간의 암호화 통신시 보안성을 제공하는 책임은 Bob에게 있음을 확인하기 바란다.

(1) Bob은 키 생성 프로시저를 이용하여 자신의 공개키 $K_{B(\text{pub})}$와 개인키 $K_{B(\text{pri})}$를 생성하고 이를 안전하게 보관한다.

(2) Bob은 자신의 공개키($K_{B(\text{pub})}$)를 Alice에게 보낸다. $K_{B(\text{pub})}$은 공격자 등 누구라도 볼 수 있으며 '공개키를 보낸다'라는 것은 '이 공개키를 사용하여 메시지를 암호화하여 나에게 보내라'는 의미이다.

(3) Alice는 Bob의 공개키를 사용하여 메시지(P)를 암호화한다.

$$C=E_{K_{(\text{pub})}}(P)$$

(4) Alice는 암호문(C)을 Bob에게 보낸다.

(5) Bob은 자신의 개인키($K_{B(\text{pri})}$)를 사용하여 Alice로부터 전송받은 암호문을 복호화하여 메시지를 얻는다.

$$P=E_{B(\text{pri})}(C)$$

〈 비 대칭키 암호시스템의 암호화 및 복호화 절차도 〉

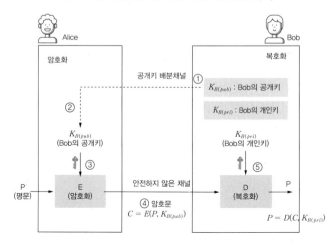

6. 트랩도어 일방향 함수(Trapdoor One-Way Function)

(1) 비대칭 키 암호시스템의 뒤에 숨어있는 주요한 의구심은 트랩도어 일방향 함수(Trapdoor One-Way Function) 개념이다.

〈 정의역과 치역 사이의 대응 규칙인 함수 〉

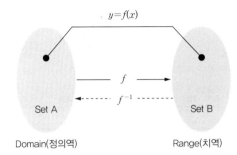

(2) **함수(Function)**: 정의역과 치역 사이의 대응 규칙이다. 가역함수(Invertible Function)란 치역의 한 원소가 정의역의 원소와 일대일 대응인 함수를 말한다.

(3) **일방향 함수(One-Way Function)**: $y=f(x)$연산은 가능하나 $x=f^{-1}(y)$연산은 실현 불가능한 함수를 말한다.

(4) **트랩도어 일방향 함수(Trapdoor One-Way Function)**: 일방향 함수로서 y와 트랩도어가 주어지면 x는 쉽게 계산할 수 있다.

7. 배낭(Knapsack) 공개키 암호

(1) 최초의 공개키 암호시스템의 아이디어는 Merkle과 Hellman의 배낭 암호시스템(Knapsack Cryptosystem)을 발표하면서 부터다. 비록 이 시스템이 오늘날의 평가 기준으로 볼 때는 안전하지 않지만 오늘날 공개키 암호시스템을 만드는 토대가 되었다.

(2) 배낭 암호의 안전성 근거도 소인수 분해의 어려움에 기반하고 있다. 즉, $n=pq$(p와 q는 큰 소수)로 부터 p와 q를 구하는 문제인 것이다.

8. 공개키 암호의 취약점

(1) 공개키 암호에 의해 대칭키 암호의 키 배송 문제는 해결되었다. 그러나 이것으로 모든 문제가 해결된 것은 아니다. 입수한 공개키(Public Key)가 정말로 올바른 공개키인지 어떤지를 판단할 필요가 있다(공개키에 대한 신뢰성 문제).

(2) 인증과정이 없을 경우에 중간자 공격(Man-In-The-Middle-Attack)을 적용하면 공개키(Public Key)를 변조 사용할 수 있다. 이를 방지하기 위해서는 공개키 인증서를 사용해야 한다.

(3) 또한 공개키 암호는 대칭키 암호에 비해 처리 속도가 느려서 실제 전송 데이터의 암호화 통신을 하기에는 현실적이지 못하다. 이 문제에 대해서는 하이브리드 암호시스템을 이용하여 해결할 수 있다.

(4) **하이브리드 암호시스템**: 대칭키 암호와 공개키 암호를 동시 사용하는 시스템으로 세션키 전달 및 인증은 공개키 암호를 이용하고, 데이터 암호화는 대칭키를 이용한다.

(5) **공개키 암호의 중간자 공격(Man-In-The-Middle-Attack)**

① 공개키 암호에서 중간자 공격은 기밀성에 대해 매우 유효한 공격방법이다.

② 중간자 공격: 공격자가 송신자와 수신자 사이에 들어가서 송신자에 대해서는 수신자처럼, 수신자에

게는 송신자처럼 행세하는 공격이다. 중간자라는 것은「사이에 있는 사람」이라는 의미이다.

③ 중간자 공격은 RSA뿐만 아니라 모든 공개키 암호에도 적용할 수 있다. 중간자 공격을 막기 위해서는 입수한 공개키가 정말로 Bob의 것이라는 확인할 수단인 인증이 필요하다. 이때 사용되는 것이 공개키 인증서이다.

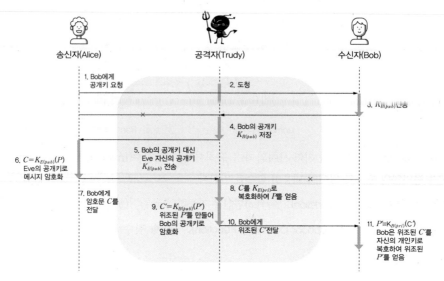

〈 Trudy에 의한 Man-In-The-Middle 공격 〉

3 RSA 암호시스템

1. 개요

(1) 기본 개념

① RSA는 공개키 암호 알고리즘의 하나로 전 세계적으로 가장 널리 사용되고 있는 사실상 국제표준이다.

② RSA라는 이름은 개발자 3명의 이름인 Ron Rivest, Adi Shamir, Leonard Adleman의 첫 글자를 따서 붙여졌다.

③ 소인수 분해의 어려움에 안전성의 근거를 둔 가장 대표적인 공개키 암호 알고리즘으로 암호화뿐만 아니라 전자서명 등의 전자 상거래에 RSA가 광범위하게 활용되고 있다.

④ SSL 프로토콜을 가진 많은 웹 브라우저, PGP 등에도 RSA를 사용한다.

(2) 키의 생성

① 알고리즘

㉠ p와 q라고 하는 두 개의 서로 다른 소수($p \neq q$)를 생성한다.

㉡ $n = pq$와 $\phi(n) = (p-1)(q-1)$을 계산한다.

㉢ $\mathrm{GCD}(\phi(n), e)$인 랜덤한 정수 $e(1 < e < \phi(n))$를 선택한다.

㉣ 유클리드 알고리즘을 사용하여 $ed = 1 \bmod (\phi(n))$인 $d(1 < d < \phi(n))$를 계산한다. 즉 $d = e^{-1} \bmod (\phi(n))$와 같이 d는 e의 역원이다.

② 위의 과정에서 생성된 공개키는 (n, e)이며 비밀 데이터는 (p, q, d)이다. 만일 공개키 (n, e)로부터 비밀키 d를 구할 수 있다면 RSA는 해독된다. 공개키 n으로부터 $\phi(n) = (p-1)(q-1)$을 구하게 되

면 유클리드 알고리즘에 의해 d를 구할 수 있다.

③ n으로 부터 p, q를 얻는 과정을 소인수 분해라고 하며 이러한 이유로 RSA 안전성을 "소인수 분해의 어려움에 기초한다."라고 한다.

④ 안전을 위해 권장되는 소수 p와 q의 크기는 1024비트이며 10진수로는 약 308자릿수이다. 이러한 소수를 사용하면 n은 2048비트이며 10진수로는 617자릿수가 된다.

(3) 암호화와 복호화

① 먼저 B가 A에게 암호문을 전송하는 과정을 살펴보자(암호화).
  ㉠ B는 A의 공개키 (n, e)를 얻는다.
  ㉡ 메시지 m을 $[0, n-1]$ 사이의 수로 표현한다.
  ㉢ $c = m^e \bmod n$을 계산한다.
  ㉣ 암호문 c를 A에게 전송한다.

② A는 자신의 비밀키(개인키) d를 이용하여 $m = c^d \bmod n$을 복원한다.

$$(\text{proof}) \ m^{ed} = m^{1+k\phi(n)} \bmod n = m(m^{\phi(n)})^k = m \bmod n$$

2. RSA 알고리즘의 예

(1) 소수 $p = 17$과 $q = 11$을 선택한다.

(2) $n = p \times q = 187$을 계산한다.

(3) $\phi(n) = (p-1)(q-1) = 16 \times 10 = 160$을 계산한다.

(4) $\phi(n) = 160$보다 작으면서 $\phi(n)$과 서로 소인수 $e = 7$을 선택한다.

(5) $d < 160$이면서 $ed = 1 \bmod 160$을 만족하는 수 d를 결정한다. $d = 23$이 된다.

(6) 공개키는 (7, 187)이고 개인키는 (23, 187)이 된다.

3. RSA에 대한 공격

(1) **비밀키 유출**: p, q, d, $\phi(n)$중 단 하나만이라도 노출된다면 나머지 키들도 유클리드 알고리즘을 이용하면 계산이 가능하다.

(2) **소인수 분해**: n의 소인수 분해가 가능하면 p, q를 알 수 있고, 이후 공개된 e값으로부터 개인키 d값의 계산이 가능하다.

> **더 알아보기**
>
> 쇼어 알고리즘(Shor's Algorithm)
> ① 쇼어 알고리즘은 소인수 분해를 빠르게 처리할 수 있는 양자 알고리즘으로, 1993년 피터 쇼어(Peter W. Shor)가 발표했다.
> ② 양자 컴퓨터를 이용하여 임의의 정수를 다항 시간 안에 소인수 분해하는 방법으로 크기가 N인 수를 소인수 분해할 때 $O(\log N)^3$의 $O(\log N)$의 저장공간이 필요하다. 양자 컴퓨터가 본격적으로 실용화되어 이 알고리즘이 사용된다면 RSA 알고리즘은 무용지물이 될 것으로 기대되고 있다.
> ③ 그러나 양자 컴퓨터가 이 정도 수준으로 실용화되려면 아직 여러 해가 더 필요할 것으로 보인다.

(3) 선택 암호문 공격(CCA; Chosen Ciphertext Attack)

① RSA가 갖는 '곱셈에 대한 준동형사상(Homomorphism) 성질'을 이용한 공격으로 암호문 2개를 곱하면, 평문 2개의 곱을 암호화한 것과 결과가 같다.

$$(r \times m^*)^e = r^e \times (m^*)^e$$
$$C = M^e \bmod n$$
$$C' = Cr^e \bmod n$$
$$(C')^d = (Cr^e)^d = (M^e \cdot r^e)^d = M^{ed} \cdot r^{ed} = Mr$$

② 여기서 우리는 C를 알고 있고, 임의로 r^e를 만들어 C'를 만들고 C'에 대한 서명(D)을 할 수 있다. 그렇다면 우리가 얻게 되는 값은 평문 Mr이 되고, r은 우리가 만든 값이므로 M을 구할 수 있다.

(4) 순환 공격(Cyclic Attack): 평문이 나올 때까지, 암호문을 계속해서 암호화하는 공격이다. 이 공격은 결국 암호문을 해독하지만 소인수 분해와 동일한 복잡도를 가진다. 계속 암호화하다보면 언젠가는 다시 평문이 나오게 되어있다. 하지만 n은 보통 굉장히 크므로 현실적으로는 불가능하다.

(5) 중간자 공격(Man-in-the-Middle-Attack): 상세내용은 「[2] 공개키 암호-8. 공개키 암호의 취약점」에 자세히 기술되어 있다.

4. RSA-OAEP(Optimal Asymmetric Encryption Padding)

〈 RSA-OAEP 암호화 과정도 〉

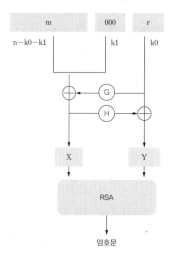

(1) RSA-OAEP 알고리즘은 RSA를 개량한 알고리즘으로, RSA에 대한 선택 암호문 공격을 방지하기 위해 제안되었다.

(2) 암호화

① 암호화 대상인 평문에 해시값과 정해진 개수의 '0' 등으로 만들어진 인증정보를 평문(m)에 추가한다.

② 이들 정보와 난수 r을 이용하여 G, H 연산을 하여 X와 Y를 계산한다. 최종적으로 X와 Y를 RSA로 암호화한다.

(3) 복호화시에는 복호화된 데이터가 올바른 인증정보(정해진 개수의 '0' 정보)가 나타나지 않으면 오류 메시지를 회신한다.

4 Rabin 암호시스템

1. 개요

(1) Rabin 암호시스템은 미하엘 라빈이 1979.1월에 발표한, 소인수 분해 기반의 공개키 암호(비대칭 암호)로서 중국인의 나머지 정리를 활용하며 e와 d가 고정된 값을 갖는 RSA 암호시스템으로 간주된다.

(2) Rabin 암호의 안전성은 합성수 모듈러에 대하여 제곱근을 찾기 어렵다는 사실로부터 안전성을 얻는다. 이러한 문제는 인수분해 문제를 푸는 어려움과 동등한 문제이다.

〈 Rabin 암호시스템의 암·복호화 과정도 〉

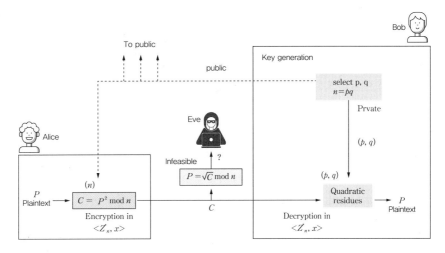

2. 키 생성

(1) 각 사용자는 크기가 거의 같은 2개의 소수 p와 q를 랜덤하게 생성한다($p \neq q$).

(2) $n = pq$를 계산한다. n은 공개키이며 p, q는 비밀키이다.

3. 암호화 및 복호화

B가 A에게 메시지 m을 암호화하여 전송하고 A는 B로부터 받은 암호문을 복호하는 과정은 다음과 같다.

(1) 암호화

① B는 A의 공개키 n을 얻는다.

② 메시지 m을 [0, $n-1$]사이의 숫자로 표현한다.

③ $c = m^2 \bmod n$을 계산한다.

④ 암호문 c를 A에게 전송한다.

(2) 복호화

① A는 c와 자신의 비밀키 p와 q를 이용하여 네 개의 제곱근(Square Root m_1, m_2, m_3, m_4)을 얻는다. 이 과정에서 중국인의 나머지 정리가 활용된다.

② m_1, m_2, m_3, m_4의 복호문 후보 4개 중에 의미있는 것을 고른다.

4. 특징 및 안전성

(1) Rabin 암호시스템의 암호화는 매우 간단하다. 연산은 오직 한 번의 곱셈으로 이루어져 있고 매우 빨리 수행되므로 '스마트카드'와 같은 성능이 낮은(제한된 메모리 등) 플랫폼에 적용이 가능하다.

(2) p와 q가 충분히 크다면 안전하다.

(3) Rabin 암호시스템의 복잡도는 큰 수 n을 두 개의 소수의 곱으로 인수분해하는 수준의 복잡도와 동일하다. 다시 말해서 RSA만큼 안전하다고 말할 수 있다.

(4) 하지만 선택평문 공격은 가능하다.

---

5 ElGamal 암호시스템

1. 개요

(1) RSA와 Rabin 이외에 또 다른 공개키 암호시스템으로 ElGamal이 있다. 이 암호는 Taher ElGamal이 제안하였다.

(2) 소인수 분해 문제에 기반한 RSA 암호와 쌍벽을 이루는 ElGamal 공개키 암호는 Diffie-Hellman의 키 배송을 바탕으로 한 이산대수의 어려움에 안전성의 근거를 둔다.

(3) ElGamal은 디지털 서명, 암호화, 키 교환에 사용할 수 있는 공개키 암호 알고리즘이다.

(4) ElGamal의 주요 결점은 성능이다. 다른 알고리즘과 비교할 때 가장 느리다.

2. 키의 생성

(1) 각 사용자는 공개키와 그에 대응하는 비밀키를 다음과 같이 생성한다.

① 큰 소수 p를 선택하고 유한군 Z_p^*의 생성원 α를 선택한다.

② $1 \leq a \leq p-2$인 랜덤정수 a를 선택한 다음 공개키이며 p, q는 비밀키이다.

③ $\alpha^a \bmod p$를 계산한다.

④ 사용자의 공개키는 (p, α, α^a)이고 비밀키는 a이다.

> **더 알아보기**
>
> Z, Zn, Z_n^*에 대하여
>
> ㉠ 집합 $\{\cdots, -2, -1, 0, 1, 2, \cdots\}$을 정수들의 집합이라고 하고 Z로 표기한다.
> ㉡ 정수 Z의 부분집합 $0, 1, 2, 3, \cdots, n-1$을 Z_n이라 표시한다.
>   예 $Z_{25} = \{0, 1, 2, \cdots, 24\}$
> ㉢ Z_n^*은 Z_n의 원소 중에서 n과 서로소인 원소들의 집합이다. 수학식으로 표현하면 $Z_n^* = \{a \in Z_n | \gcd(a, n) = 1\}$과 같다.
>   예 $Z_{26}^* = \{1, 3, 5, 7, 9, 11, 13, 15, 17, 19, 21, 23, 25\}$이다.
> ㉣ 만일 n이 소수(p)라면 $Z_n = Z_p = Z_p^*$가 성립한다. 즉, $0 \sim (p-1)$범위 내의 모든 요소를 갖는 원소들의 집합이다.

3. 암호화 및 복호화

B가 A에게 메시지 m을 암호화하여 전송하고 A는 B로부터 받은 암호문을 복호화하는 과정은 다음과 같다.

(1) 암호화

① 사용자 A의 공개키 (p, α, α^a)를 얻는다.

② 메시지 m을 0, 1, …, $p-1$에 속하는 정수로 표현한다.

③ $k(1<k \leq p-2)$를 선택한다.

④ $\gamma = \alpha^k \bmod p$를 계산한다.

⑤ $\delta = m \cdot (\alpha^a)^k \bmod p$를 계산한다.

⑥ 암호문 $c=(\gamma, \delta)$를 A에게 보낸다.

(2) 복호화

① 비밀키 a를 사용하여 γ^{p-1-a}를 계산한다. 여기서 $\gamma^{p-1-a}=\gamma^{-a}=\alpha^{-ak}$이다.

② 다음을 계산하여 메시지 m을 얻는다.

$$\gamma^{-a} \cdot \delta = \alpha^{-ak}m\alpha^{ak} = m \bmod p$$

4. 특징 및 안전성

(1) 암호문이 $c=(\gamma, \delta)$와 같이 쌍으로 표시되므로 암호문의 길이는 평문의 약 2배가 된다. RSA 암호와 비교시 그만큼 많은 메모리 공간이 필요하며 전송 속도도 지체되는 단점이 있다.

(2) ElGamal은 RSA를 활용할 수 있는 곳에서는 어디에나 사용할 수 있다. 키 교환, 인증, 짧은 메시지의 암호화/복호화에 사용할 수 있다. 암호 소프트웨어 GnuPG에 구현되어 있다.

(3) '$p, \alpha, \alpha^a, \gamma, \delta$'를 가지고 메시지 m을 계산하는 것은 Diffie−Hellman 문제를 해결하는 것과 동일한 안전성을 가진다. 즉, ElGamal 암호의 안전성은 이산대수 문제의 어려움에 기인한다.

(4) p의 크기는 768비트 이상이 권고되지만 오랜 시간 보장받기 위해서는 1,024비트 이상을 사용하는 것이 권고된다.

6 타원곡선 암호시스템(ECC; Elliptic Curve Cryptography)

1. 등장배경

(1) RSA나 ElGamal이 안전한 비 대칭키 암호시스템이긴 하지만 보안을 위해서는 길이가 길어야 한다는 단점이 있다. 이러한 단점을 해결하기 위해 이들과 동일한 수준의 보안성을 제공하면서 키의 길이는 짧아도 되는 암호시스템을 연구하게 되었다.

(2) 이러한 결과로 나온 것이 타원곡선 암호이며 모든 안 · 복호화는 타원곡선상에서 이루어진다. 이 시스템은 타원곡선이라는 이론에 근거하고 있다.

2. 특징

(1) 타원곡선 암호는 유한체 위에서 정의된 '타원곡선 군에서의 이산대수의 문제'에 기초한 공개키 암호 알고리즘으로 1985년 닐 코블리츠와 빅터 밀러가 RSA 암호에 대한 대안으로 제안하였다.

(2) RSA보다 키의 비트 수를 적게 하면서도 동일한 안전성을 제공하는 것이 가장 큰 특징이다(160비트 ECC는 1,024비트의 RSA 키(N)와 동일한 수준).

(3) H/W 및 S/W로 구현이 용이하고 키 비트수가 작기 때문에 스마트카드나 이동통신용 무선 단말기 등과 같이 메모리 용량이 제한적인 응용 분야에 적합하다. 다시 말하면 무선통신, 서명, 인증 등 빠른 속도와 제한된 대역폭 등이 요구되는 분야에 특히 유용하다.

3. 타원곡선상 이산대수 문제에 대한 이해

(1) 타원곡선 암호의 기본 아이디어는 ElGamal 암호에서 사용하는 곱셈군 Z_p^*를 덧셈군으로 대치하는 것이다(단순하게 말하면 곱셈을 덧셈으로 처리).

(2) 타원곡선 암호는 모든 연산이 타원곡선 위에서 이루어진다.

(3) 타원곡선상의 임의의 점 P와 Q의 덧셈 연산은 P와 Q를 지나는 직선과 타원곡선이 만나는 지점(R)의 반대편(x축에 대칭)에 있는 타원곡선 위의 지점(S)이 $P+Q$의 값이 된다(다음 그림 참고).

〈 타원곡선의 P+Q 연산 개념 〉

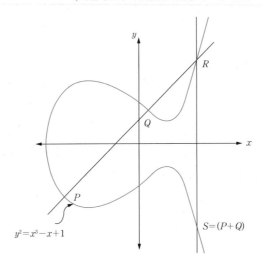

(4) 타원곡선상의 이산대수의 문제: 유한체 F_q 위에 정의된 타원곡선 E와 그 위의 점 P가 있을 때, 출발점을 P로 하고 타원곡선 E위의 또다른 점 Q가 주어졌다고 가정한다. $Q=nP$를 만족하는 자연수 n을 찾는 문제가 타원곡선상에서의 이산대수 문제이다.

1 필요성

1. 대칭키 암호와 공개키 암호의 제약 요인

  (1) 대칭키 암호를 사용하면 기밀성 통신은 가능하나 키 배송 문제를 해결해야 한다.

  (2) 공개키 암호를 사용하면 복호화에 사용할 키 배송문제를 해결할 수 있다. 하지만 공개키 암호에는 2가지 큰 문제가 남아 있다.

    ① 공개키 암호는 대칭키 암호보다 처리속도가 월씬 느리다.

    ② 공개키 암호는 중간자 공격에 약하다.

2. 하이브리드 암호시스템은 ①의 문제를 해결하는 방법이다. ②의 문제를 해결하기 위해서는 공개키(PublicKey)에 대한 인증이 필요하다.

2 하이브리드 암호시스템

1. 개요

  (1) 하이브리드 암호시스템은 대칭키 암호와 비 대칭키 암호의 장점을 살릴 수 있도록 조합한 암호다.

  (2) 먼저 메시지를 고속의 대칭키 암호로 암호화한 다음 메시지 암호화에 사용한 키는 공개키 암호로 암호화한다.

  (3) 이와 같은 2단 구조의 암호가 하이브리드 암호시스템으로 의사 난수생성기, 대칭키 암호, 공개키 암호의 3가지 기술이 사용되고 있다.

2. 하이브리드 암호시스템의 암호화

〈 **하이브리드 암호시스템의 암호화** 〉

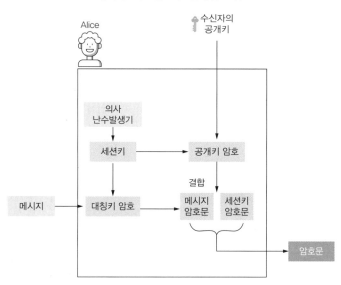

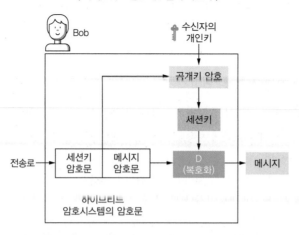

〈 하이브리드 암호시스템의 복호화 〉

3. 하이브리드 암호시스템의 사용 예

(1) 유명한 암호 소프트웨어인 PGP와 WEB의 암호통신에서 사용되고 있는 SSL/TLS에서도 하이브리드 암호시스템을 사용하고 있다.

(2) PGP에서는 하이브리드 암호시스템에 디지털 서명, 디지털 서명의 검증, 또한 개인키의 관리라는 처리도 추가하여 사용한다.

01 공개키 암호화에 대한 설명으로 옳지 않은 것은?

① ECC(Elliptic Curve Cryptography)와 Rabin은 공개키 암호방식이다.

② RSA는 소인수 분해의 어려움에 기초를 둔 알고리즘이다.

③ 전자서명할 때는 서명하는 사용자의 공개키로 암호화한다.

④ ElGamal은 이산대수 문제의 어려움에 기초를 둔 알고리즘이다.

02 소수 P=13, 원시근 G=2, 사용자 A와 B의 개인키가 각각 3, 2일 때, Diffie—Hellman 키 교환 알고리즘을 사용하여 계산한 공유 비밀키는?

① 6

② 8

③ 12

④ 16

03 RSA 암호 알고리즘에서 두 소수 P=17, Q=23과 키 값 E=3을 선택한 경우, 평문 M=8에 대한 암호문 C로 옳은 것은?

① 121

② 160

③ 391

④ 512

| 정답 및 해설

01 〉정답〈 ③

③ 전자서명을 할 때는 서명하는 사용자의 개인키(비밀키)로 암호화하며 검증하는 사람은 서명자의 공개키(Public Key)를 사용한다.

① Rabin 암호시스템은 미하엘 라빈이 1979.1월에 발표한, 소인수 분해 기반의 공개키 암호(비대칭 암호)로서 중국인의 나머지 정리를 활용하며 e와 d가 고정된 값을 갖는 RSA 암호시스템으로 간주된다.

02 〉정답〈 ③

$2^{2 \times 3} \bmod 13 = 2^8 \bmod 13 = 64 \bmod 13 = 12$

03 〉정답〈 ①

$c = 8^3 \bmod 391 (391 = 17 \times 23, \ n = p \times q),$
$c = 512 \bmod 391 = 121$

04 하이브리드 암호시스템에 대한 설명으로 옳지 않은 것은?

① 메시지는 대칭 암호 방식으로 암호화한다.

② 일반적으로 대칭 암호에 사용하는 세션키는 의사 난수생성기로 생성한다.

③ 생성된 세션키는 무결성 보장을 위하여 공개키 암호 방식으로 암호화한다.

④ 메시지 송신자와 수신자가 사전에 공유하고 있는 비밀키가 없어도 사용할 수 있다.

05 하이브리드 암호시스템에 대한 설명으로 가장 적절하지 않은 것은?

① 대칭키 암호시스템과 공개키 암호시스템의 장점을 조합하였다.

② 평문 메시지는 대칭키 암호로 암호화한다.

③ 암호화에서 사용하는 세션키는 의사난수 생성기를 이용하여 생성한다.

④ PGP(Pretty Good Privacy), SSL/TLS, RSA에서 하이브리드 암호시스템을 사용한다.

06 다음은 A와 B가 디피-헬만(Diffie-Hellman) 키 교환 알고리즘을 이용하여 서로 공유할 키를 생성하는 절차에 대한 설명이다. ㉠~㉢에 들어갈 내용으로 올바른 것은?

> **보기**
>
> (1) A는 소수 p와 p의 원시근 g를 선택하여 사전에 B와 공유한다.
> (2) A는 p보다 작은 양수 a를 선택하여 $K_A=(\ ㉠\ )$를 계산한다.
> (3) B도 p보다 작은 양수 b를 선택하여 $K_B=(\ ㉡\ )$를 계산한다.
> (4) A와 B가 서로 K_A와 K_B를 공유한다.
> (5) A가 $K_B^a \bmod p$, B가 $K_A^a \bmod p$를 계산하여 서로 (㉢)라는 공통의 키를 공유하게 된다.

	㉠	㉡	㉢
①	$g^a \bmod p$	$g^b \bmod p$	$g^{ab} \bmod g$
②	$g^a \bmod p$	$g^b \bmod p$	$g^{ab} \bmod p$
③	$p^a \bmod g$	$p^b \bmod g$	$p^{ab} \bmod g$
④	$p^a \bmod g$	$p^b \bmod g$	$g^{ab} \bmod p$

07 다음의 〈보기〉 중 타원곡선 암호에 대한 설명으로 옳은 것만을 모두 고른 것은?

> **보기**
>
> ㄱ. 타원곡선은 함수 $y^2=x+ax+b$형태로 $4a^3+27b^2 \neq 0$ 의 조건을 만족해야 한다.
> ㄴ. 임의의 평문과 암호문은 타원곡선상의 점으로 표현되며, 곡선상의 모든 점들이 암호에 사용될 수 있다.
> ㄷ. 타원곡선상의 서로 다른 두 점, P와 Q의 합의 연산 (P+Q)은 P와 Q를 연결하는 직선과 교차하는 곡선상의 점이다.
> ㄹ. 타원곡선 암호는, k와 P로부터 Q=kP를 만족하는 Q를 구하는 것은 비교적 쉽지만, 주어진 Q와 P로 k를 결정하는 것은 매우 어렵다는 점을 이용한 것이다. 여기서, P와 Q는 타원 곡선상의 점들이고 k는 일정 조건을 만족하는 값이다.

① ㄱ, ㄴ

② ㄱ, ㄹ

③ ㄱ, ㄷ, ㄹ

④ ㄴ, ㄷ, ㄹ

08 ECC(Elliptic Curve Cryptography) 암호시스템에 대한 설명으로 옳지 않은 것은?

① 타원곡선 상의 이산대수 문제에 기반을 둔다.

② 키 교환, 암호화, 전자서명에 모두 사용 가능하다.

③ RSA보다 짧은 공개키를 이용하여 비슷한 수준의 보안레벨을 제공한다.

④ 임베디드 플랫폼 등과 같은 경량 응용분야에는 적합하지 않다.

04 〉정답〉 ③

생성된 세션키는 무결성이 아닌 기밀성 보장을 위하여 공개키 암호 방식으로 암호화한다.

05 〉정답〉 ④

PGP와 SSL/TLS는 하이브리드 암호시스템을 사용하나 RSA는 공개키 암호이다.

06 〉정답〉 ②

소수 p와 p의 원시근 g에 대하여 사용자 A는 p보다 작은 양수 a를 선택하고 $g^a \bmod p$를 계산하여 B에게 전달한다. 마찬가지로 사용자 B는 p보다 작은 양수 b를 선택하고, $g^b \bmod p$를 계산하여 A에게 전달한다. 그러면 A와 B는 $g^{ab} \bmod p$를 공유하게 된다.

07 〉정답〉 ②

ㄱ · ㄴ. 실수 위에서의 타원곡선은 a와 b가 고정된 실수일 경우에 방정식 $y^2 = x^3 + ax + b$를 만족하는 (x, y)점들의 집합을 의미한다. 우변인 $x^3 + ax + b$가 중근을 갖지 않으면, 즉 $4a^3 + 27b^2 \neq 0$이면 타원곡선은 군을 정의할 수 있는 대수적 특성을 제공한다.

ㄷ. 타원곡선상의 다른 두 점, P와 Q의 합의 연산(P+Q)은 P와 Q를 연결하는 직선과 교차하는 곡선상의 점을 X축에 대칭을 시킨 다른 점이 $P+Q$로 정의된다.

ㄹ. 타원곡선상의 이산대수 문제에 대한 정의이다.

08 〉정답〉 ④

②·④ 짧은 키의 길이와 빠른 속도의 이점 덕분에, 자원이 넉넉지 않은 전자상거래나 무선통신 등의 경량 프로세스 분야에 적합하다.

① 타원곡선 암호(ECC)에 타원곡선 상의 이산대수 문제에 기반한 공개키 암호화 알고리즘이다.

③ 암호화 키 길이가 길고 시간이 오래 걸리는 RSA의 대안으로 나온 것으로, 동일한 보안 수준에서 RSA보다 키의 길이가 짧고 빠르다.

CHAPTER 05

해시함수와 응용

범죄 수사에서는 지문을 이용하는 일이 있다. 특정인 지문과 현장에 남겨진 지문을 대조하여 그 사람이 관련되었는지 조사하는 방식이다. 이때 컴퓨터로 처리하는 디지털 내부에서도 지문같은 것들이 필요할 때가 있는데 이러한 것을 '해시'라고 한다. 즉, 데이터의 손실, 변소가 일어났을 때(범죄가 일어나면) 해시를 통해(지문을 통해) 우리는 그 데이터가 타당한지 판별할 수 있다.

암호 해시함수는 현대 암호학에서 중요한 역할을 수행한다. 암호 해시함수는 일반 전산 분야에서 사용하는 해시함수와 비교하여 임의의 길이의 입력을 받아 짧은 길이의 출력을 생성한다는 면에서는 동일하나 정보보호 분야에 적용하기 위하여 필요한 몇 가지 특성을 가지며 이제 해시함수(Hash Function)라 함은 암호 해시함수를 의미한다.

또한 해시함수는 컴퓨터 시스템의 중요 정보의 인증(Authentiction)과 무결성(Integrity)을 해결하기 위한 수단으로 사용할 수 있다.

메시지 인증코드(MAC; Message Authentication Code)는 해시함수의 특별한 형태로서 대칭키 암호 기술에 의해 메시지 인증(Message Authentication)을 제공한다. MAC 알고리즘은 두 개의 기능적으로 다른 입력 즉, 메시지와 키를 입력하는 해시함수로 고려될 수 있다. MAC 알고리즘은 데이터 무결성과 데이터 인증뿐만 아니라 대칭키 암호 방식에서 식별(Identification)의 기능을 제공한다.

01 해시함수

1 해시함수의 개요

1. 기본 개념

(1) 의의: 임의의 메시지를 입력으로 받아 해시 코드(Hash Code) 또는 해시값(Hash Value)을 출력하는 함수이다. 보다 정확하게, 해시함수 h는 임의의 유한 길이의 비트 스트림을 고정된 길이를 갖는 n비트의 2진 데이터열로 대응시킨다.

(2) 해시함수 h의 정의 구역을 D, 치역을 R이라 하면 정의 구역 D의 원소의 개수는 치역 R의 원소의 개수보다 많다. 즉, 해시함수는 다대일 함수($h: D \rightarrow R(|D| > |R|)$)이다. 따라서 동일한 출력으로 변환되는 서로 다른 입력의 쌍이 필연적으로 존재한다.

(3) 동일한 출력으로 변환되는 서로 다른 입력의 쌍을 충돌쌍(Collision-Pair)이라 한다.

2. 해시함수의 특징

수백 메가 바이트나 되는 파일의 무결성을 확인하고 싶을 때에도 일방향 해시함수를 사용하면 짧은 해시값을 비교하는 것만으로도 충분하다. 이와 같은 일방향 해시함수가 가져야할 특징으로는 아래와 같은 내용이 열거된다.

(1) 임의의 길이 메시지로부터 고정된 길이의 해시값을 계산: 어떠한 크기의 메시지라도 크기에 관계없이 입력으로 사용할 수 있어야 한다. 메시지가 길어질수록 해시값도 길어지면 곤란하다. 이용자 편의를 생각하면 해시값은 짧고 고정길이인 것이 바람직하다.

(2) 고속 계산: 해시값의 계산시간이 너무 오래 걸리면 안 된다.

(3) 일방향성: 일방향 해시함수는 일방향성(One-Way)을 가질 필요가 있다. 이것은 해시값으로 부터 메시지를 역산할 수 없다는 성질이다.

(4) 메시지가 다르면 해시값도 다르다

① 무결성을 확인하기 위해 메시지가 1비트라도 변화하면 해시값은 높은 확률로 다른 값이 되어야 한다.

② 2개의 다른 메시지가 동일한 해시값을 갖는 것을 충돌(Collision)이라고 하며, 해시함수를 무결성 확인에 사용하기 위해서는 충돌이 발견되어서는 안 된다. 이러한 성질을 충돌 내성(Collision Resistance)이라 한다.

2 해시함수의 보안 요구사항

1. 개요

(1) 중요 정보의 무결성을 확인하고 디지털 서명에 사용하기 위하여 해시함수는 암호학적 관점의 안전성 측면에서 좋은 성질을 가지고 있어야 한다. 해시함수의 안전성은 '충돌쌍을 발견하는 어려움'에 의존하게 되며, 해시함수를 공격한다는 것은 해시함수의 충돌쌍을 찾는 것이 된다.

(2) '해시함수가 안전하다'라 함은 적용 가능한 모든 공격에 대한 안전성이 전사공격보다 더 어려움을 뜻한다. 공격 복잡도를 설정해주는 내용으로 일반적으로 '생일공격(Birthday Attack)'이 알려져 있다.

생일공격(Birthday Attack)

생일공격은 해시함수의 안전성 분석에 자주 등장하는 용어로서 단지 23명만 모여도 그 중에 생일이 같은 두 사람이 있을 확률은 적어도 1/2 이상이 된다는 생일 역설(Birthday Paradox)로부터 비롯되었다. 이하 계산식이다.

① $h : X \rightarrow Y$를 임의의 전사 함수라 놓고 X와 Y는 유한 집합이며 $|X| > |Y|$라고 가정한다. $|X| = m$이고 $|Y| = n$이라면 적어도 n개의 충돌이 발생한다.

② 위의 내용을 일반화하기 위해 X에서 k개의 랜덤한 원소 $x_1, \cdots, x_k$를 선택하고 이에 대한 함수 값 $y_i = h(x_i)$를 계산한 후에 충돌의 하한 값을 구해 보자.

③ 충돌이 전혀 일어나지 않을 확률은

$$(1-\frac{1}{n}) \cdot (1-\frac{2}{n}) \cdots (1-\frac{k-1}{n}) = (1-\frac{i}{n}) = \prod_{i=1}^{k-1}(1-\frac{i}{n}) \approx \prod_{i=1}^{k-1}e^{-\frac{i}{n}} = e^{-\frac{k(k-1)}{n}}$$ 와 같이 수학식으로 표현할 수 있다.

이로부터 하나의 충돌이 발생할 확률은 $\varepsilon = 1 - e^{-\frac{k(k-1)}{n}}$ 이 된다.

④ $\varepsilon = 1 - e^{-\frac{k(k-1)}{n}}$ 로부터 $k^2 - k = n\log\frac{1}{1-\varepsilon}$이 유도되고 여기서 $-k$를 무시하면 $k \approx \sqrt{n\log\frac{1}{1-\varepsilon}}$를 얻을 수 있다.

⑤ 만일 $\varepsilon = 0.5$라면 $k \approx 1.17\sqrt{n}$이 된다. 여기서 $n = 365$를 대입하면 $k \approx 22.3$이 된다. 그러므로 23명만 모이면 생일이 같은 사람이 존재할 확률은 적어도 1/2이 된다는 생일 역설(Birthday Paradox)이 설명될 수 있다.

(3) 해시함수는 결정론적인 함수이다. 즉, 같은 입력 값에 대하여 같은 출력 값이 나와야 한다. 암호학적 해시함수가 유용하게 쓰이기 위해서는 역상(프리이미지) 저항성(Preimage Resistance), 2번째 역상(제2 프리이미지) 저항성, 충돌 저항성(Collision Resistance)의 3가지 기준을 만족해야 한다.

① 역상 저항성(프리이미지 저항성, Preimage Resistance)

  ㉠ 역상 저항성이란 어떤 해시값 h가 주어졌을 때 Eve가 $h = H(x)$를 만족하는 x를 찾는 것이 매우 어렵다는 것으로 입력값 x를 h의 역상(선 이미지, 프리이미지)이라 한다. H가 다대일 대응이므로 주로 해시값 h에 대하여 여러 개의 선 이미지가 존재한다.

  ㉡ 암호학적 해시함수는 역상 저항성(프리이미지 저항성)이 있어야 한다.

〈 역상 저항성 〉

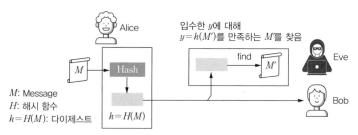

M: Message
H: 해시 함수
$h = H(M)$: 다이제스트

② 2번째 역상 저항성(제2프리이미지 저항성, 약한 충돌 내성)

  ㉠ 2번째 기준은 입력 값과 해당 해시값이 있을 때, 이 해시값에 해당하는 또다른 입력값을 구하는 것이 계산상으로 불가능해야 한다. 즉 $h = H(x)$일 때 $h = H(x')$인 x'를 찾는 것이 어려워야 한다.

  ㉡ 이런 충돌이 발생할 확률은 충돌 저항성(강한 충돌 내성)보다 상대적으로 낮으므로 약한 충돌 내성(Weak Collision Resistance)이라 한다.

〈 두 번째 역상 저항성 〉

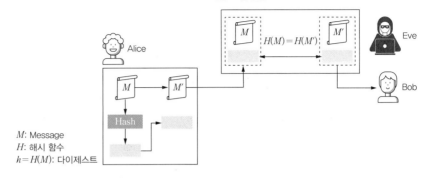

입수한 M과 $H(M)$에 대해
$M \neq M'$이면서 $H(M) = H(M')$를 만족
하는 M'를 찾음

M: Message
H: 해시 함수
$h = H(M)$: 다이제스트

③ 충돌 저항성(Collision Resistance)

 ㉠ 같은 해시값(이를 충돌 또는 Collision이라 부름)을 만족하는 서로 다른 입력값 x, x'를 찾는 것으로 $H(x) = H(x')$을 만족하면서 $x \neq x'$인 x, x'을 찾는 것이 어려워야 한다.

 ㉡ 충돌이 발생할 확률은 약한 충돌 내성보다 상대적으로 높기 때문에 강한 충돌 내성(Strong Collision Resistance)이라고도 한다.

〈 충돌저항성 〉

$M \neq M'$이면서 $H(M) = H(M')$를 만족
하는 M'를 찾음

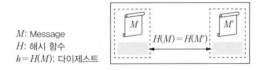

M: Message
H: 해시 함수
$h = H(M)$: 다이제스트

2. 전자 서명에 이용하는 해시함수의 특성

(1) 해시값을 고속으로 계산할 수 있다.

(2) **약 일방향성(Weak Onewayness)**: 해시값 H로부터 H(M)=H가 되는 서명문 M을 찾는 것이 계산상 불가능해야 한다.

(3) **강 일방향성(Strong Weakness)**: 어떤 서명문 M과 그 해시값 H=H(M)이 주어졌을 때 H(M′)=H가 되는 서명문 M을 찾는 것이 불가능해야 한다.

(4) **충돌 회피성(Collision Freeness)**: H(M)=H(M′)이 되는 서명문 쌍(M,M′)을 찾는 것이 계산상 불가능해야 한다.

(5) 여기서 (1)의 특성은 해시함수의 성능조건이고, (2)~(4)의 조건은 해시함수의 안전성에 관한 제약 요건이다. (2), (3)의 특성은 해시함수의 역함수 계산을 방지하는 기능((2)-역상 저항성, (3)-제2역상 저항성)을 말하며, (4)의 특성(충돌 저항성)은 서명자가 서명문 M에 서명하여 전송한 후 나중에 M′에 서명하여 전송하였다고 주장하는 이른바 내부 부정을 방지하기 위한 기능이다.

3. 해시함수 성질 간의 관계

(1) 충돌 저항성은 제2역상 저항성을 보장한다.

(2) 제2역상 저항은 역상 저항을 보장하지 못하며, 역상 저항도 제2역상 저항을 보장하지 못한다.

(3) 충돌 저항성은 역상 저항성을 보장하지 않는다.

〈 해시함수 성질 간의 관계 〉

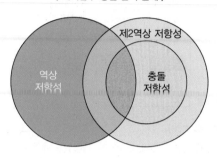

3 해시함수 설계방법

1. 기본 개념

(1) 모든 해시함수는 입력되는 메시지의 크기와 상관없이 항상 일정한 크기의 출력을 내보내야만 한다.

(2) 어떤 길이의 입력도 받을 수 있는 함수를 직접 설계하는 것은 매우 어려운 일이다.

(3) 이 문제를 해결하기 위해 Merkle은 고정된 길이의 입력을 받아 고정된 길이의 출력을 생성하는 기초 해시함수 f를 반복 사용하는 방법을 제안하였고, 이 방식을 Meta 방식이라 한다.

2. 반복 해시함수(Meta 방식)

(1) Meta 방식을 수식으로 표현하면 다음과 같다.

$$H_0 = IV(\text{초기값}),\ H_i = f(H_{i-1}, M_{i-1}),\ i = 1, 2, \cdots, t,\ H_i : \text{해시값}$$

(2) 입력의 길이가 다양한 해시함수 대신에 고정 길이의 입력을 필요로 하는 함수를 만들고, 이를 필요한 만큼 반복해서 사용하는 것이다. 여기서 H_i는 길이가 n비트인 중간 해시값이다.

(3) 즉 기초 해시함수의 입력이 k비트, 출력이 n비트라면, 메시지 M을 k비트 블록으로 구분한 후, 각각의 블록에 대하여 기초 해시함수 f를 적용하여 최종적으로 n비트 해시값을 얻는다.

〈 Meta 방식 〉

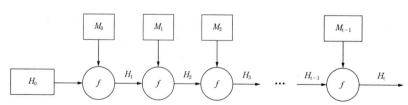

3. Merkle–Damgard 구조

(1) Meta 방식에 의해 설계된 해시함수 h에 필요한 입력의 길이는 k의 상수배이다.

(2) 그러나, 일반적인 메시지들의 비트 길이가 k의 상수배 길이가 되는 경우는 극히 드물기 때문에 메시지 M에 적당한 길이의 정보를 추가하여 전체 길이를 k의 상수배로 만들어야 하는데, 이를 패딩(Padding) 이라 한다.

〈 Merkle–Damgard 방식 〉

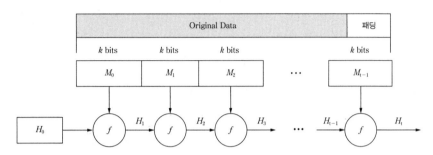

(3) Meta 방식에 의하여 설계된 해시함수 h의 입력을 기초 해시함수의 입력 길이의 상수배로 만드는 패딩 과정에서 패딩 블록에 주어진 메시지의 비트 길이를 추가한다. 이를 Merkle–Damgard Strengthening 또는 MD Strengthening이라고 한다.

02 해시함수의 분류 및 응용

1 안전성에 의한 분류

1. 해시 함수의 조건

(1) 가변 길이의 입력을 받아 고정된 길이의 출력값을 출력한다. 이 경우 출력값의 길이는 입력의 길이보다 작아야 한다.

(2) $y = h(x)$가 주어졌을 때 x를 역계산하는 것은 계산상 불가능하다(일방향성).

(3) $h(x) = h(x')$이며 $x \neq x'$인 충돌쌍(x, x')을 찾는 것은 계산상 불가능하다.

(4) 계산 효율이 좋아야 한다.

2. 안전성에 의한 분류

(1) 개요

　① 해시함수의 4가지 조건 중 (1), (4)를 기본 성질이라고 본다면, (2), (3)은 안전성에 대한 조건으로, (2)는 역상 저항성 및 두 번째 역상 저항성이며, (4)는 충돌 저항성이라고 볼 수 있다.

　② 해시함수의 4가지 조건을 안전성에 근거해 분류하면 일방향 해시함수와 충돌 회피 해시함수로 구분 하기도 한다.

(2) 일방향 해시함수(One-Way Hash Function): 기본적인 성질 외에 역상 저항성 및 2번째 역상 저항성을 만 족해야 한다.

(3) 충돌 회피 해시함수(CRHF; Collision Resistant Hash Function): 기본적인 성질 외에 제2역상 저항성과 충돌 저항성을 만족해야 한다. 암호학적 응용에 사용되는 대부분의 해시함수는 충돌 회피 해시함수이다.

2 키의 적용 여부에 의한 분류

1. 키가 없는 해시함수(MDC; Modification Detection Code)

(1) 기본 개념: 키를 사용하지 않는 해시함수는 기초 해시함수(압축함수, f)의 내부 구성 요소에 의해 다음과 같이 세 부분으로 나눌 수 있다.

① 블록암호를 기초로 한 해시함수

② 전용 해시함수(처음부터 새로 만든다)

③ 모듈러 연산을 기초로 한 해시함수

(2) 블록암호를 이용한 해시함수

① 기초 해시함수 자리에 블록암호를 사용하는 방식으로 블록암호의 안전성을 바탕으로 해시함수의 안전성을 제공할 수 있다는 장점이 있다. 그러나 대부분의 블록암호는 속도가 그리 빠르지 못하며 이를 이용한 해시 알고리즘의 경우 블록암호보다도 훨씬 더 속도가 떨어진다는 단점을 가지고 있다.

② 블록암호에 기반한 해시함수는 출력 비트의 길이에 따라 Single-Length(n-Bit) 해시값을 가지는 경우와 Double-Length($2n$-Bit) 해시값을 가지는 경우로 나뉘어진다.

③ 해시함수의 출력 길이는 160비트 이상이 되는 것이 바람직하나, 대부분 블록암호의 입·출력의 크기는 160비트가 되지 못한다. 따라서 Single-Length MDC는 충분한 안전성을 얻기에 문제가 있다.

④ 이러한 이유로 n bit 블록암호 알고리즘을 이용하여 $2n$-bit 해시함수를 설계하는 몇 가지 방법이 제안되었는데 MDC-2, MDC-4 등의 방식이 있다.

(3) 전용 해시함수

① 개요

㉠ 전용 해시함수는 해시 기능만을 목적으로 하는 함수로서 다른 형태의 함수보다 속도면에서 탁월하여 대부분의 응용에서 전용 해시 알고리즘이 주로 이용된다.

㉡ 오늘날 사용되고 있는 전용 해시함수인 SHA-1, RIPEMD, RIPEMD-128, RIPEMD-160, HAVAL 등은 모두 MD4를 기초로 디자인했다.

② 메시지 다이제스트(Message Digest, MD2 → MD4 → MD5)

㉠ MD 알고리즘에는 MD2, MD4, MD5 이렇게 세 가지가 있는데 RSA를 개발한 MIT의 Rivest 교수가 공개키 기반 구조를 만들기 위해 RSA와 함께 개발했다.

㉡ MD4는 1990년 로널드 라이베스트가 개발한 해시함수로서 해시값의 크기는 128비트로서 이후의 MD5, SHA-1, RIPEMD와 같은 해시 알고리즘 디자인에 영향을 주었다. Dobbertin에 의해 MD4의 해시값의 충돌을 발견하는 방법이 고안되어 현재는 안전하다고 할 수 없다.

㉢ MD5는 1991년 로널드 라이베스트가 MD4를 대체하기 위해 고안한 알고리즘이나, 1996년 설계상 결함이 발견되어 SHA-1과 같이 다른 안전한 알고리즘 사용이 권고되기 시작하였다.

③ SHA(Secure Hash Algorithm)

㉠ 1993년에 미 NIST에 의해 새로운 해시 표준(보통 SHA-0으로 불림)이 발표되었다. 이후 1995년 미 NSA는 이 표준을 폐기하였고 개정된 알고리즘 SHA-1을 발표하였다.

ⓒ SHA-1은 2^{64}비트 미만의 메시지를 기초로 해서 160비트 해시값을 계산하는 해시함수로 설계 기법은 MD4 및 MD5와 유사하다. 이후 NIST는 해시값의 크기가 더 큰 네 개의 변형을(SHA-256, SHA-384, SHA-512) 발표하였는데 이들 4개의 변형을 통칭하여 SHA-2라고 부른다.

ⓒ SHA-1의 강한 충돌 내성은 2005년에 깨졌다. 즉, 같은 해시값을 갖는 두 개의 메시지를 만드는 공격이 가능하게 되었다. 그러나 SHA-2에 대해서는 아직까지 취약점이 발견되지 않았다.

〈 SHA 해시 알고리즘의 비교 〉

알고리즘	해시값 크기	내부 상태 크기	블록 크기	길이 한계	워드 크기	과정 수	사용되는 연산	충돌
SHA-0	160	160	512	64	32	80	+, AND, OR, XOR, ROTL	발견됨
SHA-1	160	160	512	64	32	80	+, AND, OR, XOR, ROTL	발견됨
SHA-256/224	256/224	256	512	64	32	64	+, AND, OR, XOR, SHR ROTR	–
SHA-512/384	512/384	512	1024	128	64	80	+, AND, OR, XOR, SHR ROTR	–

ⓔ 2005년에 SHA-1의 강한 충돌이 깨졌다는 것을 접수하고 미 NIST는 SHA-1과 SHA-2를 대체하기 위해 공개적인 방식을 통해 2012.10월 귀도 베르토니조앤 데먼, 질 반 아쉐, 마이클 피터스가 설계한 KECCAK을 SHA-3의 해시 알고리즘으로 선정하였으며 2015.8월 KECCAK을 해시함수 표준으로 공식 발표하였다.

ⓜ SHA-3 알고리즘은 SHA3-224, SHA3-256, SHA3-384와 SHA3-512 등 4개 암호화 해시 알고리즘, 그리고 SHAKE128과 SHAKE256, 두 개의 확장 가능한 출력함수(Extendable-Output Functions)(XOFs)로 구성되어 있다. 스펀지 구조로 이루어졌기에 '스펀지 함수'라고도 한다.

④ RIPEMD(Ripe Message Digest)

ⓞ H. Dobbertin, A. Bosselaers, B. Preneel가 MD4를 기반으로 개발한 해시 알고리즘이다. RIPEMD, RIPEMD-128/160/256/320과 같은 5가지 종류가 있으며, 이 중 RIPEMD-160이 가장 일반적으로 사용된다. SHA-1 및 SHA-2 보다 덜 인기있지만 비트코인 및 비트코인을 기반으로 하는 암호화폐에서 사용된다.

ⓛ RIPEMD-160 개발은 MD4/MD의 취약점을 분석하였던 연구 그룹이 주도하였으며, 함수 입력값은 512비트 단위로 처리된다. 입력 값은 512비트의 배수가 되도록 패딩되어야 하는데 패딩 규칙은 SHA-1과 동일하며 다른 RIPEMD 버전과는 다르게 어떤 특허에도 제약을 받지 않는다.

⑤ HAVAL: HAVAL은 해시값이 128, 160, 192, 224 및 256비트인 해시 알고리즘으로 총 15개의 다양한 알고리즘이 존재한다. 사용되는 블록의 크기는 1024비트이다. MD5보다 60% 정도 고속 구현이 가능하다.

⑥ TIGER: TIGER는 Ross Anderson과 Eli Biham이 1995년에 개발한 해시함수이다. 64비트 프로세서에 최적화되어서 64비트 프로세서에서는 매우 빠르며 MD5, SHA-1보다 더 속도가 빠르다.

⑦ HAS-160(Hash Function Algorithm Standard 160)

ⓞ HAS-160은 국내 표준 전자서명 알고리즘인 KCDSA에 사용할 목적으로 개발되었으며 1999.10월 국내 표준화를 거쳐 2000.12월에 개정되었다. 메시지를 512비트 블록 단위로 입력하여 160비트 해시값을 갖는 해시함수이다.

ⓛ SHA-1과 비슷한 구조를 갖고 있으며, 현재 해시함수 안전성의 권고 기준인 112비트를 만족하지 않기 때문에 더 이상 사용되지 않고 있다.

〈 주요 해시 알고리즘 비교 〉

항목	MD5	SHA-1	RIPEMD-160	SHA-512	HAVAL
출력길이	128비트	160비트	160비트	512비트	128,160,192, 224,256비트
처리 단위		512비트		1,024비트	1,024비트
단계수	64 (16번의 4라운드)	80 (20번의 4라운드)	160 (16번의 5병행 라운드)	80라운드	3/4/5라운드
최대 메시지 크기	무제한	$2^{64}-1$비트		$2^{64}-1$비트	–
Endian	Little-Endian	Big-Endian	Little-Endian	Big-Endian	Little-Endian

더 알아보기

빅 엔디언(Big Endian)과 리틀 엔디언(Little Endian)
• 엔디언은 컴퓨터의 메모리와 같은 1차원의 공간에 여러 개의 연속된 대상을 배열하는 방법을 뜻하며 보통 바이트 순서라 말한다.
• 보통 큰 단위가 앞에 나오는 빅 엔디언과 작은 단위가 앞에 나오는 리틀 엔디언으로 나눌 수 있으며, 두 경우에 속하지 않거나 둘을 모두 지원하는 것을 미들 엔디언(Middle-Endian)이라 부르기도 한다.

예

종류	0X1234의 표현	0X12345678의 표현
빅 엔디언	12 34	12 34 56 78
리틀 엔디언	34 12	78 56 34 12
미들 엔디언	–	34 12 78 56 또는 56 78 12 34

• X86 아키텍처를 사용하는 데스크톱 컴퓨터는 리틀 엔디언을 쓰며, 이를 '인텔 포맷'이라 한다. 반대로 네트워크에서는 주소를 빅 엔디언으로 쓴다. ARM 프로세서들은 성능 향상을 위해 둘 중 하나를 선택할 수 있도록 되어있다.

(4) 모듈러 연산을 이용한 해시 함수

① 모듈러 연산을 이용한 해시함수는 압축 함수의 기반을 모듈러 연산의 반복적 수행에 두고 있는 해시함수를 말한다.

② 이 함수는 소프트웨어나 하드웨어 형태의 각종 장치에 내장된 모듈러 연산을 재사용할 수 있고, 요구되는 안전성 수준에 맞추어 설계가 가능하다는 장점을 가지고 있다. 그러나 전용 해시함수보다 속도가 느리고 역사적 연구가 짧다는 점에서 잘 이용되지 않고 있다.

③ 이러한 해시함수에는 MASH(Modular Arithmetic Secure Hash)-1, 2가 있다. 다음의 식은 모듈러 연산을 이용한 해시함수 모델의 간단한 예이다.

$$H_0 = IV, \ H_i = (H_{i-1} \oplus x_i)^e \bmod n, \ 1 \le i \le t, \ h(x) = H_t$$

2. 키를 사용하는 해시함수

(1) 키를 사용하는 해시함수의 특성

① 임의의 유한 길이의 입력 비트 스트링 x를 고정된 길이의 출력 비트 스트링 $h_k(x)$으로 변환한다.

② 주어진 h_k와 입력 x, 비밀키 k에 대하여 $h_k(x)$의 계산이 쉽다. 이 계산 결과를 MAC-Value 혹은 MAC이라고 부른다.

③ x_i를 공격자가 선택한 메시지라 하면, 'x_i, $h_K(x_i)$'가 주어졌을 때 x_i와 다른 x_j에 관해 'x_j, $h_K(x_j)$'를 구하는 것은 계산상 불가능하다. 즉 키 k를 모르는 공격자가 임의의 메시지에 대한 MAC값을 위장하는 것이 계산상 불가능하다.

④ 즉 키를 사용하는 해시함수는 메시지 인증 기능을 가진 함수 MAC이라 하며 안전성은 함수 자체의 안전성과 키의 비밀성에 기반하고 있다.

(2) 블록암호에 기반을 둔 메시지 인증 알고리즘
블록암호에 기반을 둔 메시지 인증 알고리즘 중 가장 널리 사용되는 방법은 CBC(Cipher Block Chaining) 모드를 이용하는 방법이다. 예를 들어 DES를 CBC 모드에서 사용하여 해시함수를 만드는 방법으로 여기서 사용하는 키 비트 수는 DES에서 사용하는 키와 동일한 56비트이다.

3 해시함수의 응용

1. 무결성 점검

(1) 메시지, 패스워드 혹은 문서의 무결성을 점검하기 위해 해시함수를 사용해야 하고 이렇게 생성된 새로운 메시지 해시값과 이전의 메시지 해시값을 비교해 본다.

(2) 만약 2개의 메시지가 일치한다면 현재의 메시지가 변경되지 않았다는 것을 확신할 수 있다.

2. 소프트웨어 변경 검출

(1) 자신이 입수한 소프트웨어가 변경되었는지를 확인하기 위해 해시함수를 사용한다.

(2) 사용자는 소프트웨어를 입수한 후, 자신의 손으로 해시값을 다시 계산하여 관련 사이트에서 제공하는 해시값과 비교한다.

3. 메시지 인증코드(MAC)

(1) 해시 알고리즘으로 수정 또는 변경을 검출할 수는 있지만 거짓 행세를 검출하는 것은 불가능하기 때문에 무결성 외에 인증이라는 절차가 필요하다. 일반적으로 메시지 인증은 키가 있는 해시함수로 알려진 MAC을 사용하여 얻어진다.

(2) 메시지 인증코드는 데이터의 변조(수정ㆍ삭제ㆍ삽입 등)되었는지를 검증할 수 있도록 데이터에 덧붙이는 코드로서 인터넷 보안 프로토콜인 SSL/TLS(4계층)와 IPSEC(3계층)에서 통신 내용의 인증과 무결성 확인을 위해 사용된다.

(3) 변조된 데이터에 대해서 MAC을 생성하여 MAC도 바꿔치기 할 가능성이 있으므로, MAC의 생성과 검증은 반드시 비밀키를 사용하여 수행해야만 한다.

4. 전자서명

전자서명이란 현실 사회의 서명(사인)이나 날인에 해당하는 행위를 디지털 세계로 가져온 것으로 보통은 서명자의 공개키 암호의 개인키(Pribate Key)로 서명한다. 전자서명을 할 때 해시함수가 사용된다.

03 메시지 인증코드(MAC; Message Authentication Code)

1 개요

1. 기본 개념

(1) **의의**: 무결성을 확인하고 메시지에 대한 인증을 하는 기술이다. 메시지 인증코드는 임의 길이의 메시지와 송·수신자가 공유하는 키라는 2개의 입력을 기초로 해서 고정 비트 길이의 출력을 계산하는 함수이다. 이 출력을 MAC값이라 부른다.

(2) 메시지 인증코드의 구현방법은 다양하다. 우선은 메시지 인증코드는 키에 의존하는 일방향 해시함수라고 하면 이해하기 쉬울 것이다.

(3) MAC값을 계산하기 위해서는 공유키를 알지 못하면 안 되기 때문에 공유키를 가지고 있지 않은 사람은 MAC값을 계산할 수 없다. 메시지 인증코드에서는 이 성질을 이용하여 인증을 수행한다.

(4) 또한 일방향 해시함수의 해시값과 마찬가지로 메시지가 1 비트라도 변경되면 MAC값도 변화된다. 이 성질을 이용해서 무결성을 확인한다.

(5) MAC의 큰 장점은 블록암호나 해시함수에 기반을 두기 때문에 전자서명보다 훨씬 빠르다는 것이다.

2. 변경 감지코드(MDC; Modification Detection Code)

(1) MDC는 메시지의 무결성을 보장하는 메시지 다이제스트(해시값)이다. 즉, 해당메시지가 변하지 않았다는 것을 보장하는 값으로 수신한 메시지의 MDC를 계산하고 송신측이 보내준 MDC와 비교하여 무결성을 확인한다.

(2) 메시지의 무결성을 제공하기 위해서 송신자 Alice는 송신할 메시지를 이용하여 메시지 다이제스트를 만드는데 이때 생성된 메시지 다이제스트를 일반적으로 MDC라고 부른다.

(3) MDC는 무결성 인증은 가능하지만, 누가 보냈는지에 대한 인증이 안되므로 메시지 위조와 같은 적극적 공격은 메시지 인증으로 검출해야 한다.

(4) 다음 〈그림〉을 보면 MDC는 신뢰성 있는 채널을 통해 전송된다는 가정을 한다. 따라서 MDC를 위해서는 신뢰성 있는 채널이 있어야만 된다는 제약이 있으며, 그렇지 않으면 제3자가 메시지를 위조해도 알아차리지 못한다.

〈 변경 감지 코드(MDC) 〉

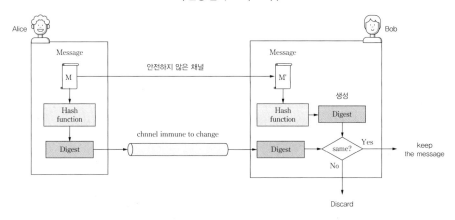

3. 메시지 인증코드(MAC ; Modification Detection Code)

(1) 메시지의 무결성은 물론 Alice가 메시지의 원래 전송자임을 확인하기 위해서 위의 변경 감지코드(MDC)를 메시지 인증코드(MAC)로 바꿀 필요가 있다.

(2) 〈그림〉에서는 키K는 오직 송·수신자만 알고 있으며 해시함수 H에는 $H(K|M)$ 처럼 두 개의 값이 입력되고 해시값 MAC이 생성된다.

〈 메시지 인증 코드(MAC) 〉

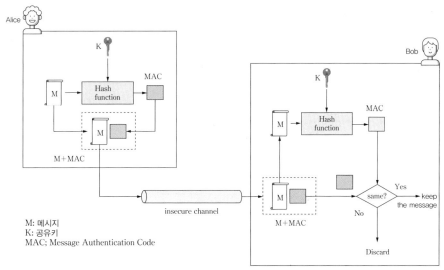

M: 메시지
K: 공유키
MAC; Message Authentication Code

4. 메시지 인증코드(MAC)의 키 배송 문제

(1) 메시지 인증코드에서는 송신자와 수신자가 키를 공유할 필요가 있다.

(2) 송신자와 수신자가 키를 공유할 필요가 있다는 것은 대칭키 암호화시의 '키 배송 문제'와 같은 문제가 메시지 인증코드에서도 일어남을 의미한다.

(3) 키를 공유하는 수단으로는 키 관리기관에 의한 사전 공유 방법, 키 배포센터에 의한 온라인 배송, Diffie-Hellman 방식, 공개키 암호를 이용하는 방법 및 ID를 이용하는 방법 등이 있다(Chapter 04 참조).

2 MAC의 구현사례

1. 개요

(1) 초기의 MAC 알고리즘들은 주로 DES와 같은 블록암호 알고리즘을 기반으로 설계되었다. 가장 널리 사용되는 이와 같은 방식은 블록암호를 CBC 모드로 동작시키는 것으로 DES인 경우에 이미 안전성이 분석된 바 있다.

(2) 최근 들어 KERBEROS, SNMP 등의 네트워크 관련 유틸리티들은 소프트웨어 환경에 적합한 해시함수 기반의 MAC 알고리즘을 채택하고 있다. 해시함수 기반의 MAC 알고리즘은 속도면에서 효율적이나 안전성이 증명되지 않는 단점이 있다.

(3) 해시함수에 기반한 MAC 알고리즘의 해시함수는 일방향성과 충돌 저항성을 만족시켜야 하며, MAC 알고리즘은 키를 모르는 공격자가 임의의 메시지에 대한 MAC을 위장하는 것이 계산상 불가능하여야 한다.

(4) 현재 MAC의 안전성을 높이기 위한 방법으로 축소 MAC(Nested Mac), HMAC, CBC-MAC, CMAC 및 GMAC 등이 있다.

2. 축소 MAC(Nested MAC)

MAC의 안전성을 높이기 위한 축소 MAC(Nested MAC)은 해싱이 두 단계로 이루어져 있다.

(1) 첫 번째 단계에서 키는 메시지에 이어 붙이고(연접) 해시하여 중간 단계의 다이제스트를 생성한다.

(2) 두 번째 단계에서 키는 중간단계 다이제스트에 이어 붙이고 최종적인 다이제스트를 생성한다.

〈 축소 MAC 〉

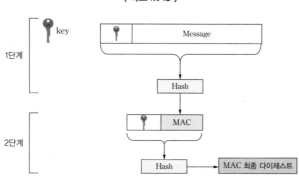

3. HMAC(Hash-based MAC)

(1) HMAC은 일방향 해시함수를 이용하여 메시지 인증코드를 구현한다. HMAC에서 사용하는 일방향 해시함수를 단 한 종류로 한정하는 것은 아니다.

(2) 해시함수는 일반적으로 DES 등의 블록암호보다 SW에서 고속 실행이 가능하며 실행 코드 입수가 용이하고 해시함수의 교체 사용이 가능하므로 SSL/TLS, IPSEC 프로토콜 등 수많은 응용프로그램에 채택·사용되고 있으며 미 연방표준(FIPS)으로 채택되었다.

(3) HMAC의 구현 절차는 패딩같은 추가적인 조치가 필요하며 축소 MAC보다 훨씬 복잡하다(그림 참조).

(4) HMAC의 최종 출력을 식으로 표현하면 다음과 같다.

$$\text{HMAC}_K(M) = H[_i = (K^+ \oplus opad) || H[K^+ \oplus ipad) || M]]$$

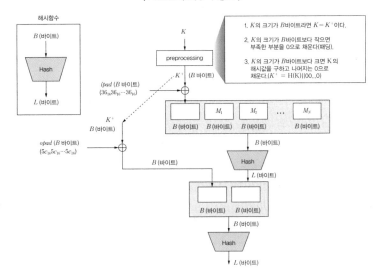

〈 HMAC의 세부 구성도 〉

(5) 기호 설명

① H: 승인된 해시함수이다.

② B: 해시함수의 입력 블록 사이즈(바이트 수)이다.

③ L: 해시함수의 출력 블록 사이즈(바이트 수)이다.

④ M: HMAC의 입력 메시지(패딩 포함)이다.

⑤ K: MAC 생성자와 수신자 사이의 공유된 비밀키이다.

⑥ K^+: 전처리(프리프로세싱)을 거친 키(K)로서 키 사이즈는 B 바이트가 된다.

⑦ $ipad$: 00110110(36_{16})를 B번 반복한 이진 수열

⑧ $qpad$: 01011100($5C_{16}$)를 B번 반복한 이진 수열

⑨ $\|$: 문자열 연결을 의미한다.

⑩ $\oplus$: 비트 단위의 배타적 논리합(XOR)을 의미한다.

(6) 동작 설명(알고리즘)

[1단계] 비밀키 K의 크기가 B의 사이즈와 같다면 [4단계]로 점프한다.

[2단계] K의 크기가 B의 사이즈보다 크면, K의 해시값(L바이트)을 구하고 부족한 부분($B-L$바이트)은 0으로 패딩하여 K^+를 만들고 [4단계]로 간다. $K^+ = H(K)\|00\cdots0$ [B 바이트]

[3단계] K의 크기가 B의 사이즈보다 작으면 부족한 부분을 0으로 채워 K^+를 만들고 [4단계]로 간다. $K^+ = (K)\|00\cdots0$ [B 바이트]

— 전처리(preprocessing) 과정

[4단계] K^+와 $ipad$를 XOR하여 B 바이트의 데이터를 얻는다.

$$K^+ \oplus ipad$$

[5단계] [4단계]의 결과와 메시지를 연접한다. $(K^+ \oplus ipad)\|M$

[6단계] [5단계]의 결과에 해시함수를 적용한다. $H[(K^+ \oplus ipad)\|M]$

[7단계] K^+와 $opad$를 XOR하여 B 바이트의 데이터를 얻는다.

$$K^+ \oplus opad$$

[8단계] [5단계] 결과값과 [7단계]의 결과값을 연접하여 해시한 값이 HMAC 출력값이 된다.

— 전처리(preprocessing) 이후

$$HMAC = H(K^+ \oplus opad) \| H[K^+ \oplus ipad) \| M])$$

4. CBC-MAC, CMAC

(1) 개요

① CCM(Counter with CBC-MAC)은 카운터 모드와 CBC-MAC(Cipher Block Chaining-Message Authentication Code)의 기능을 결합한 운영모드로서 메시지의 기밀성과 인증기능을 동시에 제공한다. CCM은 인증값 생성 및 암호화, 인증값 검증 및 복호화의 두 부분으로 구성되어 있다.

② CBC-MAC은 블록암호 운영모드 CCM에서 채택한 메시지 인증방식이다. 인증 구현은 블록암호의 CBC 모드와 유사하나 N개의 평문 블록으로부터 나온 최종 암호문 블록이 MAC값이 된다. 원래 이 방식은 미 연방표준 및 ISO/IEC 국제 표준 알고리즘으로 채택되어 있다.

> **더 알아보기**
>
> **블록암호 일반 운영모드와 CCM/GCM 모드의 차이점**
> 블록암호 운영모드는 EBC, OFB, CFB, CBC, CTR(카운터) 등이 있으나 이들 모드는 기밀성만을 제공하는데 반하여, 기밀성과 인증기능을 모두 제공하는 운영모드로 CCM 및 GCM이 있다.

③ CBC-MAC은 HMAC과는 달리 해시함수를 사용하지 않는다.

〈 CCM 및 CBC-MAC 〉

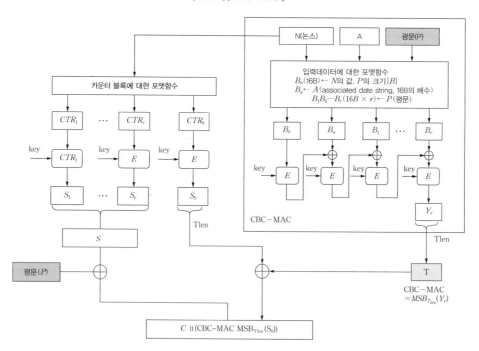

$r = \lceil plen/128 \rceil$

$\lceil x \rceil$: 주어진 실제의 수를 초과하는 정수 중에서 가장 작은 정수를 의미

예) $\lceil 14.23 \rceil = 15$

(2) 동작 설명

① 먼저 'N, A, P'를 「입력 데이터에 대한 포맷함수」에 적용하여 각각 128비트 크기의 블록 B_0, B_{u_1}, …, B_1, …, B_r을 생성한다. 여기서 N은 Nonce(논스), A는 임의의 데이터 스트링, P는 평문열을 의미한다.

② $Y_0 = E_K(B_0)$를 수행한다.

③ $B_{u_1}||\cdots||B_{u_k}||B_1||\cdots||B_r$에 대해 순차적으로 다음을 수행한다.

$$Y_j = E_K(B_j \oplus Y_{j-1}), \, j = u_1, \cdots, 1, 2, \cdots, r$$

> **더 알아보기**
>
> **입력 데이터에 대한 포맷함수의 입출력 데이터**
> ① 첫 번째 블록 B_0(16바이트)에는 제어비트(1바이트), 논스값 N(15−q) 바이트) 및 평문 데이터 길이(q 바이트)가 들어간다.
> ② 데이터 스트링 A와 평문 P는 각각 128비트 블록으로 분리되며, 마지막 블록 크기가 128비트보다 작으면 부족 부분은 0으로 채워진다. 예로 A와 P의 크기가 각각 80/240비트라면 출력 블록은 B_{u_1}, B_1, B_2가 된다.
> ③ 입력 'N, A, P'에 대한 함수 전체 출력 블록은 다음과 같다.
> $$B_0||B_{u_1}||\cdots||B_{u_k}||B_1||\cdots||B_r$$

④ 최종 출력 Y_r의 값을 취한다.

$$T = MSB_{Tlen}(Y_r)$$

⑤ 각각 크기가 128비트인 카운터 블록 CRT_0, CRT_1, …, CRT_r의 초기치 생성을 위해 「카운터 블록에 대한 포맷함수」에 CBC-MAC 생성 시 사용하였던 N(논스)값을 입력한다.
- CRT_0 입력값: [임의의 값(1바이트)||N(논스값)||00 ⋯ 0(카운터 초기값)]

⑥ 이후 카운터 값을 1씩 증가(임의의 값과 논스는 고정)시키면서 전체 r개의 카운터 블록의 초기값을 설정한다.

⑦ 0부터 r까지 다음을 수행한다.

$$S_j = E_K(CTR_j)$$

⑧ 각 $S_j(j=1, \cdots, r)$값을 연접하여 $S = S_1||S_2||\cdots||S_r$을 계산한다.

⑨ 최종적으로 인증 CBC-MAC 데이터가 부가된 암호문을 다음과 같이 만들어서 상대방에게 전송한다 ($Plen$: 평문열의 길이[비트]).

$$C = (P \oplus MSB_{Plen}(S)) || (T \oplus MSB_{Tlen}(S_0))$$

입력 데이터에 대한 포맷함수의 입출력 세부 동작 이해하기

(a) 블록 B_0(16바이트)의 첫 번째 바이트: 제어정보 확인 가능

※ 제어정보: 데이터 스트링 A의 존재 여부, CBC-MAC의 인증코드 길이($Tlen$[비트]), 평문의 크기($Plen$[비트]) 및 N(논스)의 크기 및 값을 알 수 있다

비트번호	7	6	5~3 (3비트)	2~0 (3비트)
내용	예약 (0)	A 존재 여부 (1: 존재)	$(t-2)/2$의 값이 저장 • t는 CBC-MAC 크기[바이트] • $Tlen=8 \times t$ [비트]이다.	$(q-1)$의 값이 저장

(b) 블록 B_0(16바이트)의 구조

바이트 번호	0	1…(15-q) → (15-q) 바이트	(16-q) 16 q 바이트
내용	제어정보	N(논스)의 값이 저장	B_0의 하위 q바이트에 평문의 크기(바이트 수)가 저장되어 있다.

[예제]

Q1) B_0(128비트)=0x(56101112 13141516 17000000 00000010)와 같을 때 CBC-MAC 크기, 평문의 크기, N(논스) 값은?

A1) • CBC-MAC 크기($Tlen$)
- $(t-2)/2=010_2$(B_0의 5~3 th 비트)=2로부터 $t=6$
- $Tlen=6 \times 8=48$비트이다.
• 평문의 크기($Plen$)
- $(q-1)=110_2$ (B_0의 2~0 th 비트)=16_{10}으로부터 $q=7$
- B_0하위 $7B=000000\ 00000010_{16}=16_{10}$으로부터 $Plen=16 \times 8=128$비트이다.
• N(논스)의 값: B_0의 2~9번째 바이트 (8B) 내용=0×(10111213 14151617)이다.

Q2) 데이터 스트링 A와 평문 P가 아래와 같을 때 '입력 데이터에 대한 포맷함수'의 출력과 카운터 블록의 입력데이터는?

A: 00010203 04050607 08090a0b 0c0d0e0f

P: 20212223 24252627 28292a2b 2c2d2e2f

A2) B_0: 56101112 13141516 17000000 00000010

Bu_1: 00100001 02030405 06070809 0a0b0c0d

Bu_2: 0e0f0000 00000000 00000000 00000000

B_1: 20212223 24252627 28292a2b 2c2d2e2f

CTR_0: 06101112 13141516 17000000 00000000

CTR_1: 06101112 13141516 17000000 00000001

• Bu_1, Bu_2는 데이터스트링 A에 대한 포맷함수 출력결과이다.
- B_1 맨 앞의 0x0010는 A크기인 16을 의미한다.
- B_2의 하위 112비트는 0으로 패딩
• B_1은 평문 P에 대한 포맷함수 출력값이다.
• CTR_i 입력값은 논스+카운터 값(i)이다.

5. CMAC

(1) 개요

① CMAC은 CBC-MAC을 안전성 측면에서 개선시킨 것으로 CCM 및 GCM과는 달리 CMAC은 기밀성을 제공하지 않는다.

② CBC-MAC은 비트 길이가 128의 배수인 메시지에 대한 처리만 가능하며, 가변길이 메시지의 처리 시 안전성에 문제점을 가지고 있어 이를 개선하기 위해 CMAC이 제안되었다.

③ CMAC도 CBC-MAC과 마찬가지로 해시함수를 사용하지 않는다.

④ CMAC은 CBC-MAC과 동일한 연산 과정이지만, 하나의 비밀키를 두 개의 서브키로 확장하여 다양한 길이의 입력 값에 대해 안전성을 보장한다.

(2) 동작 설명

① CMAC은 인증대상 메시지를 블록 단위로 분할한 후 앞의 그림 〈CCM 및 CBC-MAC〉에서 제시한 CBC-MAC과 동일하게 블록 단위로 메시지를 처리한다.

② 그러나 마지막 메시지 블록 처리 시 메시지 길이에 따라 두 가지 경우로 구분하여 암호화 함수의 입력값을 설정한 후, 출력값을 얻는다. 이중 인증값 길이 정보 $Tlen$에 따라 필요한 길이만큼 절삭하여 CMAC의 인증값으로 반환한다. 동작 방식은 다음 그림과 같다.

〈 CMAC(Cipher-based Message Authenticated Code) 〉

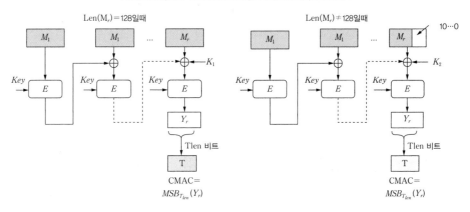

③ CMAC은 CBC-MAC과 비교하여 메시지 길이에 대한 제약이 없기 때문에 별도의 덧붙이기 방법은 필요 없지만 마지막 메시지 블록 처리를 위해 보조키 K_1과 K_2의 생성이 필요하다.

④ 마지막 메시지의 블록크기가 128비트보다 작을 때는 10...0로 패딩하고 보조키 K_2를 결합하여 암호화한다. 보조 키 K_1과 K_2를 암호키 K로부터 유도하는 방법은 다음과 같다.

> **더 알아보기**
>
> 보조키 생성 알고리즘
> CMAC 보조키(K_1, K_2) 생성: $\{K_1, K_2\} \leftarrow K(암호키)$
> ① $L = E_K(0^{128})$
> ② if $MSB_1(L) = 0$, then $K_1 = L \ll 1$;
> else $K_1 = (L \ll 1) \oplus (0^{120} || 10000111_2)$;
> ③ if $MSB_1(L) = 0$, then $K_2 = K_1 \ll 1$;
> else $K_2 = (K_1 \ll 1) \oplus (0^{120} || 10000111_2)$;

(3) HMAC과는 달리 해시함수를 사용하지 않는다.

(4) CMAC은 CBC-MAC과 동일한 연산 과정이지만 하나의 비밀키를 2개의 서브키로 확장하여 다양한 길이의 입력값에 대해 안전성을 보장한다.

6. GCM(Golois/Counter Mode)과 GMAC

(1) 개요

① 평문(P)을 CTR 모드로 암호화($C=E_K(P)$)하고, 발생된 암호문 C와 임의의 데이터 스트링(A) 등을 GHASH 함수에 입력하여 최종적으로 인증 코드인(GMAC)인 T를 생성한다.

② GCM에서는 암호문 C에 인증 정보 T를 연접하여 상대방에 전송한다. GCM의 특징으로는 적극적 공격자가 중간자 공격을 통하여 암호문을 위조하여 배포하여도 이를 알아낼 수 있다.

③ 또한 GCM은 CBC의 단점이었던 병렬처리를 가능케 하였으며, 패딩 문제를 해결(패딩 불필요)한 운영모드이다.

④ GCM 모드의 GHASH 함수는 CBC-MAC의 연결 구조와 유사하나 암호화 함수를 사용하는 대신에 $GF(2^{128})$ 상의 유한체 곱 연산을 사용한다. 이와 같은 구조 때문에 GCM은 하드웨어 구현에 적합하다.

(2) 전체 동작 과정

〈 GCM 및 GMAC 〉

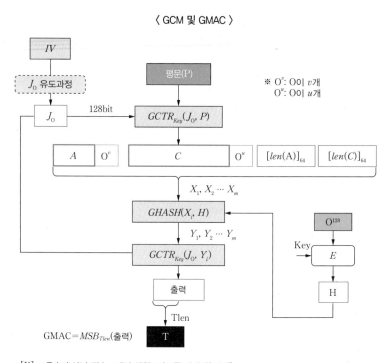

[X]_S : 음수가 아닌 정수 x에서 상위 s비트를 나타냄($x<2^s$)
- Tlen: MAC의 비트길이
- T: GCM모드 실행으로 발생된 인증정보(MAC)

① 먼저 128비트 크기인 all '0'를 키 Key로 암호화하여 H를 계산한다. H값은 GHASH 함수의 유합체 곱셈($\cdot$) 연산 시 사용된다.

$$H=E_{Key}(0^{128})$$

② IV로 부터 J_0가 유도되며 이 값은 최초 CTR 모드의 초기값(ICB; Initial Counter Block)으로 설정된다. 암호화할 평문데이터가 128비트보다 크면 CTR 모드의 입력값(128비트)은 증가함수(inc_{32})를 거쳐 '1'씩 증가되면서 암호화 함수의 초기값($CB_i(i=1, \cdots, n)$)으로 설정된다(그림 〈GCTR 함수〉 참조).

③ 암호문 $C=GCTR_{Key}(\text{inc}_{32}(J_0), P)$를 계산한다.

④ $u=128\left\lceil\dfrac{len(C)}{128}\right\rceil-len(C)$와 $v=128\left\lceil\dfrac{len(A)}{128}\right\rceil-len(A)$를 계산한다.

⑤ GHASH 함수에 (C, A, H)를 입력하여 블록 Y를 다음과 같이 계산한다.

$$Y=\text{GHASH}_H(A\|0^v\|C\|0^u\|[len(A)]_{64}\|[len(C)_{64}])$$

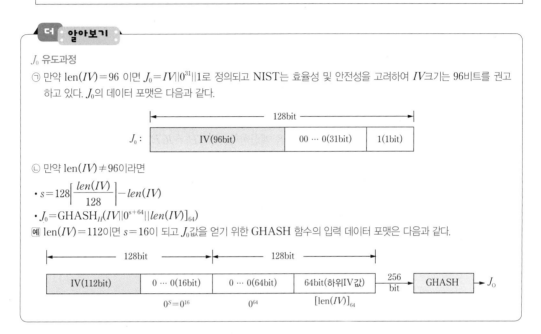

> **더 알아보기**
>
> J_0 유도과정
>
> ㉠ 만약 $len(IV)=96$ 이면 $J_0=IV\|0^{31}\|1$로 정의되고 NIST는 효율성 및 안전성을 고려하여 IV크기는 96비트를 권고하고 있다. J_0의 데이터 포맷은 다음과 같다.
>
> J_0 : | IV(96bit) | 00 ⋯ 0(31bit) | 1(1bit) | (128bit)
>
> ㉡ 만약 $len(IV)\neq96$이라면
> - $s=128\left\lceil\dfrac{len(IV)}{128}\right\rceil-len(IV)$
> - $J_0=\text{GHASH}_H(IV\|0^{s+64}\|[len(IV)]_{64})$
>
> 예 $len(IV)=112$이면 $s=16$이 되고 J_0값을 얻기 위한 GHASH 함수의 입력 데이터 포맷은 다음과 같다.
>
> | IV(112bit) | 0 ⋯ 0(16bit) | 0 ⋯ 0(64bit) | 64bit(하위IV값) | → 256bit → GHASH → J_0
> $0^S=0^{16}$ ⋯ 0^{64} ⋯ $[len(IV)]_{64}$

예 추가 인증데이터 A의 크기가 92비트이고 암호문 C의 크기가 240비트면 $u=16$, $v=36$이 되고 GHASH 함수의 입력 데이터 포맷은 다음과 같다.

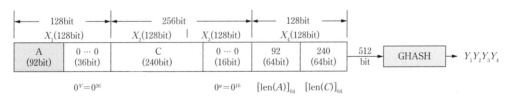

⑥ J_0, Y값과 암호화키 K를 입력하여 GCTR 함수의 출력값을 얻는다. 출력값의 MSB_{Tlen}[비트]값을 취하여 GMAC 인증 데이터인 T값을 얻는다.

$$T=\text{MSB}_{Tlen}(GCTR_{Key}(J_0, Y))$$

⑦ (C, T)를 출력한다.

(3) GCTR(Gcm CounTeR) 함수

① 입력: 초기 카운터 블록(ICB; Initial Counter Block, 128bit)

② 출력: 비트 길이 $len(X)$를 만족하는 비트열 Y

〈 GCTR 함수 〉

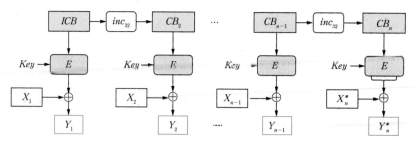

③ 처리 단계

[1단계] $n = \left\lceil \dfrac{len(X)}{128} \right\rceil$을 계산한다.

[2단계] 비트열 $X = X_1 || X_2 || \cdots || X_n^*$의 블록열을 $X_1, X_2, \cdots, X_{n-1}, X_n^*$로 표기한다.

[3단계] $CB_i = inc_{32}(CB_{i-1})$, $i = 2, \cdots, n$을 계산한다(단, $CB_1 = ICB$). $inc_{32}(X)$ 함수는 데이터열 X의 하위 32비트 내용을 하나 증가시키는 함수이다.

[4단계] $i = 1$부터 $n-1$까지 $Y_i = X_i \oplus E_{key}(CB_i)$를 계산한다.

[5단계] $Y_n^* = X_n^* \oplus MSB_{len(X_n^*)}(E_{key}(CB_n))$를 계산한다.

[6단계] $Y = Y_1 || Y_2 || \cdots || Y_n^*$를 출력한다.

(4) GHASH 함수

① 입력

　㉠ 양수 m에 대하여 $len(X) = 128m$을 만족하는 비트열 X

　㉡ 임의 길이의 비트열($X = X_1 || X_2 || \cdots || X_n^*$, $len[X_i] = 128$, $i = 1, 2, \cdots, n-1$)

② 출력: 비트 길이 $len(X)$를 만족하는 비트열 Y

③ 처리 단계

[1단계] 비트열 $X = X_1 || X_2 || \cdots || X_m$의 블록열을 $X_1, X_2, \cdots, X_{m-1}, X_m$으로 표기한다.

[2단계] $i = 1$부터 m까지 다음을 계산한다.

$$Y_i = (Y_{i-1} \oplus X_i) \cdot H \text{ (단, } Y_0 = 0^{128})$$

더 알아보기

128비트 유한체 곱셈 알고리즘 $W \leftarrow U \cdot V$

1. $W \leftarrow 0^{128}$
2. $Z \leftarrow U$
3. for $i = 0$ to 127 do
　 if $v_i = 1$ then
　　 $W \leftarrow W \oplus Z$
　 end if
4. if $z_{127} = 0$ then
　　 $Z \leftarrow (Z \gg 1)$
　 else
　　 $Z \leftarrow (Z \gg 1) \oplus (11100001 || 0^{120})$
　 end if
end for

〈 GHASH 함수 〉

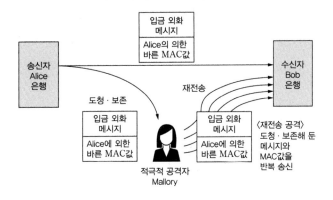

$$X_1 \quad X_1 \quad X_2 \quad X_m$$

Y_0

0^{128}

$\cdot H \quad \cdot H \quad \cdot H \quad \cdot H$

$Y_1 \quad Y_1 \quad Y_2 \quad Y_m$

3 메시지 인증코드(MAC)에 대한 공격 및 대책

1. 재전송 공격(Replay Attack)

(1) 적극적 공격자는 자신이 보존해 둔 정당한 MAC값을 반복하여 송신하는 방법으로 공격할 수 있다. 이를 재전송 공격이라 하며 단순한 메시지 인증코드는 공격자의 재전송 공격을 막을 수 없다.

(2) 재전송 공격에 대한 대책으로 순서번호, 타임스탬프, 논스(Nonce), 시도/응답 등이 있다.

〈 재전송 공격(Replay Attack) 〉

입금 외화
메시지
Alice의 의한
바른 MAC값

송신자
Alice
은행

수신자
Bob
은행

재전송

도청 · 보존

입금 외화
메시지
Alice에 외한
바른 MAC값

입금 외화
메시지
Alice에 의한
바른 MAC값

〈재전송 공격〉
도청 · 보존해 둔
메시지와
MAC값을
반복 송신

적극적 공격자
Mallory

2. 재전송 공격 대응책

(1) 송신 메시지에 순서번호(Sequence Number) 부착

① 송신 메시지에 순서번호를 부착하고 순서번호를 포함하여 MAC값을 생성한다. 이렇게 하면 적극적 공격자는 자신이 가지고 있는 MAC 정보로는 순서번호가 상이하므로 재전송 공격을 미을 수 있다.

② 인터넷 통신의 대표적인 보안 프로토콜인 SSL도 위와 같은 방법으로 재전송 공격에 대응하고 있다.

③ 인터넷 4계층 통신 프로토콜인 TCP에서도 순서번호를 사용하고 있는데 이 경우는 시큐리티 측면 보다는 TCP통신의 신뢰성 확보를 도입하였다.

(2) 송신 메시지에 타임 스탬프(Time Stamp) 부착

① 송신하는 메시지에 자동으로 현재 시간이 포함되도록 시스템 설정을 해놓는다. 이렇게 해두면 MAC 값이 바르더라도 오류라고 판단하여 재전송 공격을 막을 수 있다.

② 이 방법은 송·수신자간 시간 동기화가 필요하며 통신 시간의 유동성을 고려하여 시간에 여유를 가질 필요가 있기 때문에, 재전송 공격을 완전히 막을 수는 없다.

(3) 논스(Nonce, 비표) 사용하기

① 메시지를 수신하기에 앞서 수신자는 송신자에게 일회용의 랜덤한 값을 건네준다.

② 이 값을 일반적으로 비표라고도 한다. 메시지와 비표를 합해 MAC값을 계산하도록 하고, 통신할 때마다 비표 값을 교체하면 재전송 공격을 막을 수 있다.

4 메시지 인증코드(MAC)로 해결할 수 없는 문제

1. 제3자에 대한 증명

(1) Alice로 부터 메시지를 받은 Bob은 이 메시지는 'Alice가 보낸 것'이라는 사실을 메시지 인증코드를 사용하더라도 제3자인 검증자에게 증명할 수는 없다.

(2) 왜냐하면 증명하려면 사전에 키를 검증자에게 알려주어야 하는데 송신자와 수신자 모두 키를 가지고 있으므로 둘 중 누가 작성하였는지 알 수 없다. 전자서명을 사용하면 제3자에 대한 증명이 가능해진다.

2. 부인 방지

(1) Bob이 MAC값이 부착된 메시지를 받았다고 하자. 이 MAC값은 Alice와 Bob이 공유하고 있는 키를 사용해서 계산한 것이다. 따라서 Bob은 '이 메시지는 Alise로부터 온 것이다'라고 알 수 있다.

(2) 그러나 위에서 말한 것처럼 그것을 검증자에게 증명할 수는 없다. 즉, 송신자 Alice는 의도적으로 혹은 자신이 불리하게 될 가능성 등을 고려하여 '나는 Bob에게 그런 메시지를 보내지 않았어'라고 검증자에게 주장할 수도 있다는 것이다. 이와 같은 주장을 '부인(Repudiation)'이라고 한다.

01 다음 중 해시함수의 충돌 저항성을 위협하는 공격 방법은?

① 생일 공격

② 사전 공격

③ 레인보우 테이블 공격

④ 선택 평문 공격

02 다음 수식에 의해 산출되는 것은?

> 보기
>
> $H[(K^+\oplus opad)||H[(K^+\oplus ipad)||M]$
>
> H: 해시함수 K^+: 비밀키 M에 0을 덧붙인 것
> M: 메시지 $ipad$, $opad$: 특정 상수
> $\oplus$: XOR $||$: 연결(concatenation)

① GMAC

② HMAC

③ CMAC

④ 전자서명

정답 및 해설

01   정답 ①

③ 레인보우 테이블은 해시함수를 사용하여 변환 가능한 모든 해시값을 저장한 표이다. 보통 해시함수를 이용하여 저장된 비밀번호에서 원래의 비밀번호를 추출해 내는데 사용된다.

02   정답 ②

① 키(Key)에 대한 패딩: 키가 해시함수의 입력 블록 길이(R)보다 짧다면 부족부분을 0으로 패딩(K^+)

② 키와 $ipad$를 XOR: $K^+\oplus ipad$

③ 위의 비트열을 메시지의 앞에 붙임: $(K^+\oplus ipad)||M$

④ 3번의 결과를 일방향 해시함수에 입력하여 해시값을 계산: $H(K^+\oplus ipad)||M$

⑤ 키와 $opad$를 XOR함: $K^+\oplus opad$

⑥ 위의 비트열에 4번의 해시값을 붙임: $K^+\oplus opad||H((K^+\oplus ipad)||M)$

⑦ 6번의 결과를 일방향 해시함수에 입력하여 해시값을 계산하면 이것이 HMAC의 값이 됨: $H[(K+\oplus opad)||H[(K+\oplus ipad)||M]$

PART **02**

03 메시지 인증코드와 전자서명에 대한 설명으로 가장 적절하지 않은 것은?

① 메시지 인증코드와 전자서명 모두 무결성을 확인할 수 있다.
② 메시지 인증코드는 부인방지 기능을 제공한다.
③ 전자서명은 서명자를 인증하는 기능이 있다.
④ 메시지 인증코드는 메시지와 비밀키를 사용한다.

04 해시함수에 대한 설명 중 가장 옳지 않은 것은 무엇인가?

① 일방향 해시함수의 경우 입력되는 메시지의 길이가 다르더라도 출력되는 해시값의 길이는 같다.
② 해시함수의 보안 요구사항 중 강한 충돌내성은 같은 해시값을 갖는 두 개의 다른 입력값을 발견하는 것이 계산상 불가능해야 하는 것을 의미한다.
③ SHA-256의 블록 길이와 출력되는 해시값의 길이는 256비트로 동일하다.
④ 해시함수에 대한 공격 중 하나인 생일 공격(Birthday Attack)은 일방향 해시함수의 강한 충돌내성을 깨고자 하는 공격이다.

05 다음에서 설명하는 해시 함수(H)의 특성은?

주어진 메시지 x에 대해 $H(y)=H(x)$를 만족하면서 $y \neq x$인 y를 찾는 것이 계산상 매우 어려워야 한다.

① 의사난수성(Pseudo-Randomness)
② 역상 저항성(Pre-Image Resistance)
③ 약한 충돌 저항성(Weak Collision Resistance)
④ 강한 충돌 저항성(Strong Collision Resistance)

정답 및 해설

03 정답 ②
② 메시지 인증코드가 제공하지 못하는 기능으로는 제3자에 대한 증명 및 부인방지(Non-Repudiation) 기능을 제공하지 못한다. 반면 전자서명은 부인방지 기능이 있다.

04 정답 ③
③ SHA-256은 512Bit 블록 길이와 256Bit 해시값을 갖는다.

05 정답 ③
③ 제2 역상저항성(Second Preimage Resistance): 어떤 입력값 x가 주어졌을 때, 동일한 해시값 h가 나오는 다른 입력 값 x'를 찾는 것으로 $h=H(x)$일 때, $h=H(x')$인 x'를 찾는 것이 어려워야 하며 약한 충돌 내성(Weak Collision Resistance)이라고도 한다.
② 역상저항성(Preimage Resistance): 어떤 해시값 h가 주어졌을 때 공격자가 $h=H(x)$를 만족하는 x를 찾는 것이 매우 어려워야 한다.
④ 충돌 저항성(Collision Resistance): 같은 해시값(이를 충돌 또는 Collision이라 부름)을 만족하는 서로 다른 입력값 x, x'를 찾는 것으로 $H(x)=H(x')$를 만족하면서 $x \neq x'$인 x, x'를 찾는 것이 어려워야 한다. 충돌이 발생할 확률은 약한 충돌 내성보다 상대적으로 높기 때문에 강한 충돌 내성(Strong Collision Resistance)이라고도 한다.

CHAPTER 06

전자서명과 PKI

01 전자서명

1 전자서명 개요

1. 의의

(1) 전자서명이라 함은, 종이문서의 서명(인감)과 같이 전자문서에 서명한 사람이 누구인지 확인하고 서명된 전자문서의 위·변조사실을 알 수 있도록 전자문서에 부착하는 특수한 형태의 디지털 정보를 말하는 것으로 사이버 공간에서의 인감이다.

(2) 기술측면에서 전자서명이란 전자문서의 해시값을 서명자의 개인키(Private Key)로 암호화하는 것으로서 RSA사에서 만든 PKCS#7이 표준으로 널리 사용되고 있다. 전자서명은 수기서명과 동일한 효력을 지닌다.

〈 전통적 서명과 전자서명의 주요 차이점 〉

구분	전통적 서명	전자 서명
기록매체	종이	전자기록 매체
전달방법	우편, 인편	인터넷 등 네트워크를 통한 전송
안정·신뢰성	• 위·변조가 어렵다 • 종이의 물리적 특성으로 위·변조 식별 가능	• 위·변조가 용이 • 위·변조 식별 불가
진위 확인	• 수기서명, 날인	인증기술 활용

2. 전자서명 방식

(1) 메시지 복원형 전자서명

① 메시지 전체를 서명자의 개인키로 암호화하여 서명하고, 복호시는 서명자의 공개키(Public Key)로 복호하여 서명을 검증한다.

② 기존의 암호시스템을 이용하기 때문에 별도의 전자서명 프로토콜이 필요하지 않은 장점이 있는 반면, 메시지 전체를 일정한 블록으로 나눠 전체 블록을 암호화해야 하므로 서명의 생성이나 검증과정에 많은 시간이 소요된다.

③ RSA와 Nyberg Rueppel이 대표적인 메시지 복원형 전자서명 방식이다.

(2) 메시지 부가형 전자서명

① 메시지는 본래의 상태대로 전송하고 메시지 전체를 암호화하는 대신에, 해시함수를 이용하여 해시값을 생성하고 그 해시값에 서명하는 형태이다.

② 메시지의 크기와 관계없이 한 번의 서명으로 서명만 하면 메시지가 아무리 길이도 해시값은 짧기 때문에 메시지 복원형에 비해 부하가 훨씬 적다.

③ 단점: 메시지 이외에 서명을 별도로 전송해야 하므로 전송량이 늘어난다. ElGamal, DSS, KCDSA, SCHNORR 방식이 대표적이다.

〈 메시지 부가형 전자서명 방식 〉

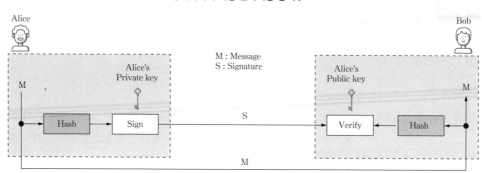

3. 전자서명의 형식

(1) 기본개념

① 전자서명의 형식은 사용하는 암호방식에 따라 크게 두 가지로 구별된다. 대칭키 암호방식을 이용하는 중재 서명 방식과 공개키 암호방식을 이용하는 직접 서명방식이 있다.

② 중재 서명방식: 대칭키 암호 특성상 서명 생성과 검증을 제3자가 중재하는 방식으로 서명할 때마다 중재자가 필요한 불편함이 따른다.

③ 직접 서명방식: 공개키 암호를 이용하기 때문에 서명자의 검증정보를 이용하여 누구나 검증할 수 있어 서명 생성 및 검증이 간편하다.

(2) 중재 서명

① 대칭키 암호방식을 이용한 전자서명 방식으로 검증자가 서명 진위 여부를 확인하고 서명자의 서명 사실 부인을 봉쇄하기 위해서는 대칭키 암호 특성상 중재자가 필요하다.

② 중재자가 전자서명 과정에 개입하여 서명자의 서명을 검증자에게 확인시켜 주며 서명자와 검증자의 부정행위를 방지한다.

예 Alice가 자신의 비밀키로 생성된 암호 메시지를 Bob에게 보내는 경우를 살펴보자.

- Alice는 Bob에게 메시지를 바로 보내지 않고 먼저 중재자에게 메시지를 보내면 중재자는 Bob에게 메시지를 보낸다.
- 이 방법은, 해커가 A의 비밀키를 알았다고 해도 시간을 조작할 수가 없다. 왜냐하면, 시간은 중재자가 관리하기 때문이다.
- 또한 A가 비밀정보 노출로 자신이 작성한 서명이 아니라고 부인할 경우, 중재자가 나선다면 부인 봉쇄가 가능하다.

(3) 직접 서명

① 직접적인 방법이란 보내는 사람과 받는 사람 간에 전자서명이 오고 가는 것으로 실제로는 공개키 암호방식을 이용하여 구현한다.

② 대칭키 암호방식을 이용한 서명방식은 서명할 때마다 서명자와 검증자 사이에 중재자가 참여해서 서명의 정당성을 검증해야 하므로 서명과 검증절차가 복잡하다.

③ 공개키 암호방식을 이용한 직접 서명방식은 중재자가 필요 없다. 공개키 암호방식을 이용한 서명 방식은 가입자 전원이 개인키와 공개키를 생성하여 개인키는 비밀리에 보관하고 공개키는 공개목록에 등록한다.

4. 전자서명 과정

(1) 송신자 Alice는 서명 알고리즘을 이용해서 메시지 키에 서명을 한다. 메시지와 서명은 Bob에게 전송된다. Bob은 메시지와 서명을 받고 이들에게 검증 알고리즘을 적용한다.

(2) 검증 알고리즘 수행결과 서명자의 진위 여부를 판단한다.

5. 전자서명의 주요 서비스

(1) **메시지 인증(메시지 출처 인증)**: 수신자는 메시지가 원하는 송신자로부터 왔다는 것을 확신할 수 있다.

(2) **메시지 무결성**: 메시지가 해시함수와 서명을 통해 전송되었으므로 해시값의 검증을 통해 데이터의 변조 여부를 확인할 수 있다.

(3) **서명자 인증**: 전자서명의 서명자를 누구든지 검증할 수 있어야 한다.

(4) **부인 방지**

① Alice가 메시지에 서명한 사실을 나중에 부인할 경우, Bob은 송신자가 문서의 전자서명 당사자임을 증명할 수 있어야 한다. 이를 위해 신뢰 받는 제3자를 이용하여 부인방지 기능을 구현한다.

〈 부인방지를 위한 신뢰받는 센터의 활용 〉

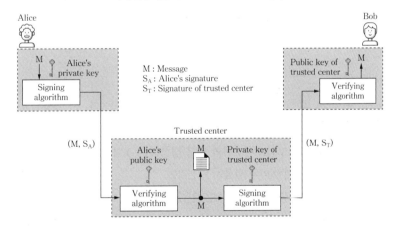

② 만약 나중에 Alice가 메시지를 보낸 사실을 부인한다면 신뢰센터 자신이 보관중인 Alice의 메시지를 Bob에게 제시할 수 있다. 이 과정에서 센터가 보관중인 Alice의 메시지를 센터의 개인키로 서명하여 Bob에게 전달하고, Bob은 센터의 공개키로 메시지를 인증한다.

③ Bob은 자신에게 전송되어 온 Alice의 메시지와 센터의 복사본이 같다면 메시지를 보낸 사실이 없다

는 Alice의 주장은 설득력을 잃게 된다.

(5) 기밀성: 전자서명을 한다고 해서 기밀성을 보장하는 것은 아니다. 메시지 기밀성이 필요하다면 암호화 및 복호화를 할 수 있는 또 다른 수단이 적용되어야만 한다.

〈 전자서명 구조에 기밀성 추가하기 〉

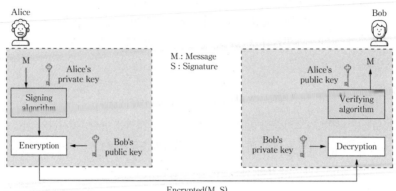

6. 전자서명의 주요 기능(특성 · 조건)

1976년에 디피(Diffie)와 헬만(Hellman)에 의해 그 개념이 처음 제시된 전자서명은 다음과 같은 특성(조건)을 만족해야 한다.

(1) 위조불가(Unforgeable): 합법적 서명자만이 전자서명의 생성이 가능하다.

(2) 서명자인증(User Authentication): 전자서명의 서명자를 누구이든지 검증할 수 있어야 한다

(3) 부인방지(Non−Repudiation): 서명한 사실을 부인할 수 없다.

(4) 변경불가(Unalterable): 서명한 문서 내용은 변경이 불가능 하다.

(5) 재사용불가(Not Reusable): 전자문서의 서명을 다른 전자문서의 서명으로 재사용할 수 없다.

2 전자서명 구조

1. RSA 전자서명 구조

(1) 1978년 제안된 RSA 공개키 암호방식을 응용한 전자서명 방식이다. 큰 합성수 $n = pq$의 소인수 분해의 어려움에 근거한 안전도를 결정하는 방식이다.

(2) RSA 전자서명용 키는 RSA 암호시스템의 키를 생성하는 것과 동일한 절차로 생성되지만, 전자서명 구조에서는 개인키(d)와 공개키(e)의 역할이 바뀐다.

(3) Alice는 메시지 M으로부터 메시지 다이제스트 $D = H(M)$을 생성하고 D에 대한 전자서명 $s = D^d \bmod n$을 만들어 Bob에게 보낸다. Bob은 Alice의 공개키 e를 사용하여 검증($v = s^e \bmod n = (D^d)^e \bmod = D$)한다. 즉, 송신자의 개인키와 공개키를 이용한다.

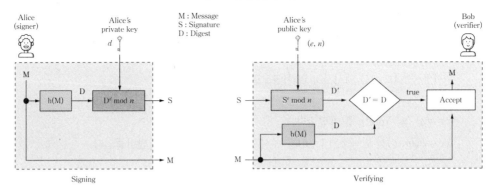

Signing · Verifying

2. ElGamal 전자서명 구조

(1) 이산대수 문제를 이용한 최초의 서명 방식이다. 암호화 연산과 전자서명 연산이 거의 동일한 RSA와는 달리 ElGamal 전자서명 구조는 ElGamal 암호시스템과 많이 다르다(사용키는 동일).

(2) ElGamal 서명 알고리즘은 실제로는 거의 사용하지 않는다. ElGamal과 동일하게 이산대수 문제에 기반한 DSA(Digital Signature Algorithm)가 훨씬 많이 사용된다. DSA는 ElGamal의 변형이다.

(3) ElGamal 서명방식은 메시지 부가형 서명방식이다. 서명 생성식과 검증식은 다음과 같다.

　① 서명(s, r) 생성

$$s = k^{-1}(h(m) - xr) \bmod (p-1), \; r = g^k \bmod p$$
$$0 < k(\text{난수}) < p-1, \; k \cdot k^{-1} \equiv 1 \bmod(p-1), \; x : \text{서명자의 비밀키}$$

　② 검증

　　㉠ 먼저 m의 해시값 $h(m)$을 계산한다.

　　㉡ $g^{h(m)} = y' \cdot r^s \bmod p$ 수식을 만족하면 (s, r)을 m의 서명으로 받아들인다.

3. Schnorr의 전자서명 구조

(1) Schnorr은 이산대수를 이용하는 디지털 서명의 효율성 향상을 위해 $q | (p-1)$인 소수 p와 q의 사용을 처음 제안하였다.

> **더 알아보기**
>
> $a|b$의 의미
> 두 정수 a와 b에 대하여 $b = ac$인 정수 c가 존재할 때 a는 b를 나눈다고 말하고 $a|b$라고 표시한다. 이때 a는 b의 약수, b는 a의 배수라고 한다.

(2) ElGamal 서명에서는 r과 s가 소수 p와 같은 크기였기 때문에 서명의 크기도 컸을 뿐 아니라 계산량 또한 많았다. ElGamal 서명의 길이는 RSA 서명 길이의 2배이며 지수승의 연산은 약 4배에 이른다.

(3) Schnorr 방식은 ElGamal에 기반을 두고 있지만 서명의 크기는 작은 새로운 구조를 제안하였다.

(4) 서명의 크기를 줄이기 위해 Schnorr는 $(p-1)$의 소인수 q를 위수로 갖는 생성원을 사용하였다. 서명

생성식과 검증식은 다음과 같다.

① 서명(s, e) 생성 과정

ㄱ 난수 $0<k<q$를 생성하고 $r=g^k \bmod p$를 계산한다.

ㄴ 서명자는 메시지 m, r의 해시값 $e=h(m, r)$와 $s=xe+k \bmod q$를 계산한다.

ㄷ 서명자는 (s, e)를 메시지 m의 서명으로 수신자에게 보낸다.

② 검증

ㄱ $v=g^s \cdot y^{-e} \bmod p$ 를 계산한다.

ㄴ $e=h(m, v)$를 만족하면 (s, e)를 메시지 m에 대한 서명으로 받아들인다.

4. 전자서명 표준(DSS; Digital Signature Standard)

(1) DSS는 전자서명과 관련한 대표적인 표준으로 1994년 미국에서 만들어졌다.

(2) 1991년 미 NIST는 디지털 서명 알고리즘인 DSA를 제안하였으며 DSA는 해시함수 SHA-1과 함께 미 연방표준(FIPS-186)이 되었다. 이 과정에서 DSA는 DSS로 명칭이 변경되었다.

(3) DSA는 Schnorr와 ElGamal의 알고리즘을 기반으로 서명 생성이나 암호키 생성은 SHA-1을 이용한다.

(4) DSA는 ElGamal 형태의 메시지 부가형 서명방식으로 $q|(p-1)$인 160비트 소수 q를 사용하며, 서명 길이가 320비트로 ElGamal 스킴보다 짧고 ElGamal에 대한 공격 중 일부가 적용되지 않는다는 점이 특징이다.

(5) 키 생성

① $q|(p-1)$의 관계를 만족하는 소수 p, q를 생성한다.

② $\alpha=g^{(p-1)/q} \bmod p$, $(g \in Z_p^*)$를 계산한다.

③ 사용자 키 생성: 비밀키는 $0<x<q$, 공개키는 $\alpha^x \bmod p$를 계산한다.

(6) 서명(r, s) 생성 과정

① 난수 $0<k<q$를 생성하고 $r = (\alpha^k \bmod p) \bmod q$를 계산한다.

② $k^{-1} \bmod q$ 및 $s=k^{-1} \cdot (h(m)+xr) \bmod q$를 계산한다.

③ 서명자는 (r, s)를 메시지 c의 서명으로 수신자에게 보낸다.

(7) 검증

① 먼저 $0<r, s<q$를 확인하고 $w=s^{-1} \bmod q$와 $h(m)$을 계산한다.

② $u_1=w \cdot h(m) \bmod q$, $u_2=r \cdot w \bmod q$를 계산한다.

③ $v=(\alpha^{u_1} \cdot y^{u_2} \bmod p) \bmod q$를 계산한다.

④ $v=r$이면 (r, s)를 메시지 m에 대한 서명으로 받아들인다.

5. 타원곡선 전자서명 구조(ECDSA)

(1) ECDSA는 타원곡선(Elliptic Curve, ECC)을 이용한 전자서명 방식이다. 전자서명 표준인 DSS를 타원곡선상(예 $y^2=x^3+ax+b$; a, b는 실수)에서 구현한 것으로 DSS의 지수승 연산을 타원곡선의 덧셈 연산으로 수행한다.

(2) ECC는 보다 짧은 비트 길이로 인해 짧은 처리시간에 짧은 서명 생성이 가능하다. 이러한 이유로 1998년 미 국립 표준협회인 ANSI(American National Standards Institute)가 ECDSA를 미국에서 표준화하였다.

6. 국내 전자서명 표준(KCDSA, EC-KCDSA)

(1) 국내에서도 전자서명 표준방식의 필요성을 인식하여 국내 암호학자들이 주축이 되어 1996.11월 KCDSA(Korean Certificate Based DSA)를 개발하였으며, 이후 수정 및 보완 작업을 거쳐 1998.10월 TTA 단체 표준으로 제정되었다.

(2) KCDSA는 ElGamal 전자서명 방식을 개선한 것으로 안전성은 이산대수 문제의 어려움에 기반하고 있으며 DSS를 변형하였다. 개발 당시 중요하게 고려되었던 사항은 스마트카드 이용시에도 편리하도록 효율성을 목표로 설계·개발하였다.

(3) 이후 2000.7월 KCDSA를 타원곡선 상에서 구현한 EC-KCDSA가 개발되었으며 2001년 12월 19일, 국내 정보통신 단체표준(TTAS, KO-12.0015)으로 제정되었다. 2020.8월 현재 KCDSA와 EC-KCDSA는 국내 암호모듈 검증제도(KCMVP)의 전자서명 검증대상 암호목록으로 등재되었다.

3 특수 전자서명

1. 기본 개념

(1) 공개키 암호 방식을 사용한 전자서명은 공개키(Public Key)가 공개되어 있어 누군가 서명의 진위를 검증할 수 있고, 개인의 이익 침해, 사생활 노출로 이어질 수 있다.

(2) 어떠한 경우에는 메시지의 내용을 알리지 않은 채 서명이 필요한 경우도 있고 필요에 의해서는 여러명이 연대하여 서명이 필요한 경우도 있다. 따라서 다양한 형태에 맞는 전자서명 방식이 필요하다.

2. 특수 전자서명의 종류

(1) **부인방지 서명**: 자체 검증 방식을 배제시켜 서명을 검증할 때 반드시 서명자의 도움이 있어야 검증이 가능한 전자서명 방식으로 D. Chaum이 제안한 방식이다.

(2) **의뢰 부인방지 서명**

① 자체 검증을 원하는 임의의 검증자가 검증과정을 부인할 수 있는 가능성도 발생할 수 있다.

② 이러한 상황을 고려하여 아무나 검증을 하는 것이 아닌 특정한 자(문제를 해결해 줄 수 있는 사람, 예 재판관)만이 검증자 역할을 할 수 있게 하는 서명 방식이다.

(3) **수신자 지정 서명**

① 서명의 검증을 특정 검증자만이 할 수 있도록 하되, 서명이 문제가 되는 경우라도 검증자의 비밀서명 생성정보를 노출시키지 않고 제 3자에게 서명의 출처를 증명하는 방법이다.

② 지정된 수신자만이 서명을 확인, 제 3자에게 그 서명이 서명자에 의해 자신에게 발행된 서명임을 증명할 수 있게 함으로써 서명의 남용을 서명자가 아닌 검증자가 통제할 수 있는 서명 방식을 말한다.

(4) **은닉 서명(블라인드 서명, Blind Digital Signature)**

① 서명자가 서명문의 내용을 알지 못하는 상태에서 서명토록 하는 방식으로, D. Chaum이 제안하였다.

② 서명문의 내용을 숨기는 서명방식으로 제공자의 신원과 서명문을 연결시킬 수 없는 익명성을 유지할 수 있다.

(5) **위임서명(Proxy Digital Signature)**: 본인이 부재 중 자신을 대리해서 서명을 할 수 있는 서명방식으로 M. Mambo와 E. Okamoto가 제안하였다. 위임 서명자(Proxy Signed)로 하여금 서명자(Original Signed)를 대신해서 대리로 서명할 수 있도록 구성한 서명방식을 말한다.

(6) 다중서명(Multisignature)

① 탄원 등 단순 서명을 반복해서 적용해야하는 경우 서명의 길이 증가, 서명을 검증하는 시간이 오래 걸린다는 문제점이 있어서 개발되었다.

② 동일한 전자문서에 여러 사람이 서명하는 방식이다.

4 전자서명의 응용

1. 전자투표(Electronic Voting)

(1) 개요

① 선거인 명부를 DB로 구축한 중앙 시스템과 직접 연결한 단말에 자신이 정당한 투표자임을 증명하면 단말이 있는 전국 어디서나 컴퓨터망을 통하여 무기명 투표를 할 수 있는 방식이다.

② 투표율 향상, 투표 결과를 신속히 알 수 있는 장점이 있는 반면, 유권자 개인의 인증과 투표내용의 기밀성 유지 문제(온라인 연결시 투표결과의 외부 조작 가능성) 등의 단점도 존재한다.

(2) 전자투표 시스템 구현을 위한 요구사항

① 완전성: 모든 투표가 정확하게 집계되어야 한다.

② 익명성: 투표결과로부터 투표자를 알 수 없어야 한다.

③ 건전성: 부정한 투표자에 의해 선거가 방해되는 일이 없어야 한다.

④ 적임성(투표자격제한 선거권): 투표권한을 가진 사람만이 투표를 할 수 있어야 한다.

⑤ 정당성: 투표에 영향을 미치는 것이 없어야 한다.

⑥ 이중투표 방지: 정당한 투표자가 2번이상 투표하는 일이 없어야 한다.

⑦ 검증가능: 선거결과를 변경할 수 없도록 누구라도 투표 결과를 확인하여 검증해 볼 수 있어야 한다.

(3) 전자투표 방식

① 투표소 전자투표(PSEV; Poll Site E-Voting): 유권자는 기표소에 나와 투표기기의 터치스크린 화면을 보면서 지지하는 후보에 버튼을 누르면 된다.

② 원격 인터넷 투표(REV; Remote Internet E-Voting): 투표소에 가지 않고 가정이나 직장에서 인터넷으로 투표하는 방식이다.

③ 키오스크(KIOSK) 방식: 정해지지 않은(비지정) 임의 투표소에서 전자투표, 투표소와 개표소를 온라인으로 연결하여 투표 결과는 자동으로 개표소로 전송되며 자동으로 집계된다.

2. 전자입찰 시스템

(1) 입찰공고에서 다수의 공급자가 응찰하여 오면 가장 싼 가격 또는 적정가격을 제시한 응찰자와 계약을 맺는 방식으로 인터넷을 통해 구현된다.

(2) 전자입찰 시스템의 요구사항

① 독립성: 시스템 각 구성요소는 독자적인 자율성을 보장받아야 한다.

② 비밀성: 네트워크에서 개별정보는 누구에게도 노출되면 안된다.

③ 무결성: 입찰 시 입찰자 자신의 정보를 확인 가능하게 함으로써 변조 여부를 확인할 수 있어야 한다.

④ 공평성: 입찰이 수행될 때 모든 정보는 공개되어야 한다.

⑤ 안전성: 입찰 참여자 간 공모는 방지되어야 하며, 입찰 공고자와 서버의 독단이 발생되어서는 안 된다.

전자입찰시의 문제점
① 네트워크상의 메시지 유출
② 입찰자와 서버 사이의 공모
③ 입찰자 간의 공모
④ 입찰자와 입찰 공무원 간의 공모

02 공개키 기반구조(PKI)

1 PKI(Public-Key Infrastructure)의 개요

1. 필요성

(1) 사이버공간에서 이루어지는 모든 서비스는 비대면 거래가 기본이다. 온라인으로 모든 업무가 처리되므로 상대방의 겉모습은 물론 신원조차 확인할 수 없으며 문서나 데이터의 진위 여부를 알기가 힘들다.

(2) 전자상거래나 인터넷 비즈니스가 활기를 띠기 위해서는 데이터의 위·변조뿐만 아니라 신분 위장과 같은 불법적 행위를 막을 수 있어야 한다. 이와 같은 문제를 해결하기 위한 가장 효율적인 방법이 PKI를 구축하는 것이다.

2. 기본 개념

(1) PKI는 공개키 암호알고리즘을 위한 키 관리 구조라고 볼 수 있으며 데이터 암호화와 인증문제를 동시에 지원한다.

(2) RFC 2822 문서에는 PKI를 비 대칭키 암호시스템에 기초하여 디지털 인증서를 생성·관리·저장하며, 분배하고 취소하는데 필요한 하드웨어, 소프트웨어, 사람, 정책 및 절차라고 정의하고 있다.

(3) PKI는 인증서의 발급, 사용 및 취소와 관련 서비스를 통하여 기밀성, 무결성, 접근 제어, 인증, 부인방지의 보안서비스를 제공하며 인증기관, 등록기관, 사용자, 신뢰 당사자, 저장소 등의 요소로 구성된다.

3. PKI 제공 서비스(기능)

PKI는 공개키와 개인키로 구성된 한 쌍의 키를 이용하여 기밀성, 접근제어, 무결성, 인증 및 부인방지 기능을 구현하고 있다.

〈 PKI 주요 서비스(기능) 〉

기능	해결 내용	해결방법
기밀성	암호화를 통한 정보보호(비밀유지)	암호화
접근제어	정당한 수신자만이 정보에 접근할 수 있음	
무결성	위·변조 방지	암호화, 전자서명
인증	송·수신자(행위자)의 신원 확인	전자서명
부인방지	전자서명을 통한 신뢰도 향상(행위자 확인)	

2 PKI의 주요 구성요소

PKI는 다양한 요소로 구성되어 있다. 인증서나 디지털 데이터 그리고 인증기관들도 포함된다. 이러한 각 요소를 컴포넌트라 부른다. PKI는 공개키 인증서, 인증기관, 저장소(디렉토리), 사용자, 등록기관 등의 컴포넌트로 구성되어 있다(그림 〈PKI 구성요소〉 참조).

1. 인증기관(CA; Certification Authority)

(1) 개요

① PKI 구조에서 가장 기반이 되는 인증서 발행기관으로 인증정책을 수립하고 인증서 및 인증서 폐기목록(CRL; Certificate Revocation Lists)을 관리하며 다른 CA와의 상호인증을 제공한다.

② 우리나라는 행정안전부 산하에 6개의 민간 인증기관과 정부 최상위 인증기관(한국 인터넷진흥원)을 두고 있는데 인증서 발행기관은 정책승인기관(PAA), 정책 인증기관(PCA) 및 인증기관(CA)의 3계층으로 구분할 수 있다.

〈 PKI 구성요소 〉

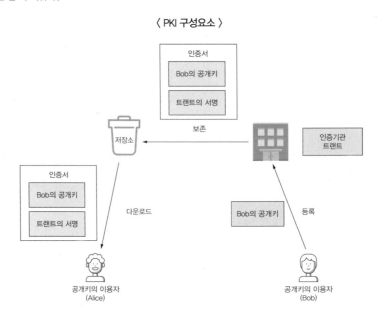

(2) 정책 승인기관(PAA; Policy Approval Authority): PKI 전반에 사용되는 정책을 수립하고 PKI의 루트 인증기관으로서의 역할을 수행하며 다음과 같은 기능을 수행한다.

　① 하위 기관들의 정책 준수 상태 및 적정성을 감사하며 하위 기관의 공개키를 인증한다.

　② PKI 내외에서의 상호 인증을 위한 정책을 수립하고 이를 승인한다.

(3) 정책 인증기관(PCA; Policy Certification Authority): PAA 하위 계층으로 자체 도메인 내의 사용자와 인증기관이 따라야 할 정책을 수립하고 하위 인증기관의 공개키를 인증하며, 인증서와 CRL등을 관리하는 역할을 수행한다.

(4) 인증기관(CA; Certification Authority): PCA 하위 계층으로 다음과 같은 기능을 수행한다.

　① 사용자의 공개키 인증서를 발행하고 필요에 따라 폐기한다.

　② 자신의 공개키와 상위 인증기관의 공개키를 사용자에게 전달한다.

　③ 등록기관의 요청에 따라 인증서를 발급하며 인증서 소유자를 대신하여 공개키와 개인키 쌍을 생성할 수 있다.

2. 등록 기관(RA; Registration Authority)

(1) 사용자와 CA가 물리적으로 멀리 떨어져 있는 경우, 인증기관과 사용자 사이에 등록기관을 둠으로써, 사용자들의 인증서 신청시 인증기관 대신 그들의 신분과 소속을 확인하는 기능을 수행한다.

(2) 등록기관이 없을 때에 인증기관은 RA의 기능을 수행할 수 있다.

(3) 등록기관의 역할은 다음과 같다.

　① 인증 요청을 승인하고 정당성을 확인한다.

　② 인증기관에게 인증 요청서를 전송한다.

　③ 디렉토리로부터 인증서와 인증서 취소 목록을 검색한다.

　④ 인증서 취소를 요청한다.

3. 사용자와 최종 개체(User And End Entities)

PKI내의 사용자는 사람뿐만 아니라 사람이 이용하는 시스템 모두를 포함하며, 다음의 기능을 수행한다.

(1) 자신의 비밀키/공개키 쌍을 생성할 수 있어야 한다.

(2) 인증기관에 공개키 인증서를 요청하고 인증서를 받는다.

(3) 전자서명을 생성하고 검증할 수 있어야 한다.

(4) 비밀키의 손상 및 분실로 인한 긴급상황 발생시 인증기관에 인증서를 취소하고 새로운 인증서를 발급받아야 한다.

4. 저장소(Repository, Directory)

(1) 개요

　① 사용자의 인증서와 사용자 관련 정보, 인증서 취소 목록 등을 저장 검색하는 장소로 일종의 데이터베이스라고 할 수 있다.

② CA는 인증서 발급과 동시에 이곳에 인증서를 저장하여 사용자는 자신이 원하는 상대방의 인증서를 이곳에서 검색할 수 있다.

③ 디렉토리 표준 형식으로는 ITU-T에서 정의한 X.500이 있으며 X.500 디렉토리 서비스에 대한 액세스 프로토콜로 DAP(Directory Access Protocol)와 이를 간략화시킨 LDAP(Lightweight DAP)가 있는데 주로 LDAP가 사용된다.

(2) 디렉토리 액세스 프로토콜

① X.500

㉠ X.500은 전자 디렉토리 서비스를 전달하는 일련의 컴퓨터 네트워크 표준이다. 디렉토리 서비스는 X.400 전자 메일 교환과 이름 검색을 지원하기 위해 개발되었다.

㉡ X.500은 디렉토리 액세스 프로토콜(DAP)과 데이터가 어떻게 저장되고 관리되는지를 정의하는 정보 모델(Information Model)로 구성되어있다.

② LDAP(Lightweight Directory Access Protocol)

㉠ LDAP는 네트워크 상에 있는 파일이나 장치들과 같은 자원 등의 위치를 찾을 수 있게 해주는 소프트웨어 프로토콜이다. LDAP는 DAP의 경량판(코드의 량이 적다)으로서 X.500의 일부이며 미시간 대학에서 개발되었다.

㉡ LDAP 프로토콜은 외부 클라이언트의 인터페이스만을 정의하고 있으며 계층으로 구성된 단순한 트리구조이다. 즉, LDAP 프로토콜은 특정 디렉토리 내부 동작을 실현할 것인가에 대한 기준이 정의되지 않았음을 의미한다.

㉢ 또한 LDAP는 인터넷 3, 4계층 프로토콜인 TCP/IP상에서 디렉토리 액세스를 위한 사실상의 표준 프로토콜로 자리잡고 있어 PKI 제품에 LDAP를 지원하는 회사가 증가하고 있다.

3 PKI의 형태

1. 계층 구조

(1) 최상위 루트 CA가 존재하고 그 아래에 하위 CA가 계층적으로 존재하는 트리형태의 구조로, 인증경로 탐색이 용이하다. 상위 인증기관이 하위 인증기관에 CA 인증서를 발행한다.

(2) 최상위 인증기관 간의 인증은 허용(국제 상호동작 지향)하나, 하위 인증기관끼리는 인증할 수 없으며 최상위 인증기관의 비밀키 노출 시 전 인증기관에 위협이 될 수 있다.

(3) 루트 CA간 상호 인증을 통해 국가 간 협력을 원활하게 하는 장점이 있다.

2. 네트워크 구조

(1) 상하위 관계없이 인증의 표준만 가지고 인증기관 각자가 정책에 따라 독립적으로 존재하는 형태로 CA 간 인증을 위해 상호 인증서를 발행한다.

(2) 모든 인증기관이 상호인증을 할 수 있으므로 상호인증의 수가 대폭 증가할 수 있으며 인증경로 탐색이 복잡하다.

3. 혼합형 구조

계층 구조와 네트워크 구조의 장점을 필요에 따라 적절히 혼합한 구조로 각 도메인의 독립적 구성을 허용하면서 서로 효율적인 상호 연동을 보장한다.

〈 계층 구조와 네트워크 구조 〉

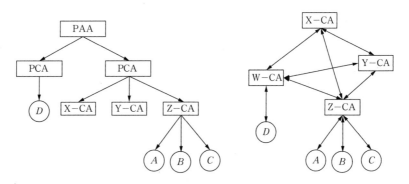

4 PKI의 주요 관리 대상

1. 인증서(PKC; Public-Key Certificate)

(1) 개요

① 우리가 일상생활에서 본인 여부를 판별하기 위하여 주민등록증이 필요하고 거래를 할 때는 인감증명서가 필요하듯이, 인터넷이라는 사이버공간에서는 공인인증서가 필요하다. 이 공인인증서는 전자서명의 검증에 필요한 공개키에 소유자 정보를 추가하여 만든 일종의 전자 신분증 및 전자 인감증명이라고 할 수 있다.

② 인증서는 표준화된 양식에 의거하여 인증기관(CA)이 발행하며 PKI의 근간을 이룬다. 인증서에는 이름이나 소속, 이메일 주소 등의 개인정보 및 그 사람의 공개키가 기재되고 CA의 개인키로 전자서명되어 있다.

(2) 인증서 표준규격 X.509

① 개요

㉠ 인증서는 인증기관에서 발행하고 이용자가 그것을 검증하기 때문에 인증서의 형식이 서로 다르면 매우 불편하다. 현재 가장 널리 사용되고 있는 표준은 ITU-T 및 ISO에서 정의하고 있는 X.509라는 규격이다.

㉡ X.509는 인증서의 작성, 교환을 수행할 때의 표준 규격으로 많은 어플리케이션에 지원되고 있다.

㉢ X.509는 IP 보안을 위한 IPSEC, TCP 보안을 위한 SSL(Secure Socket Layer), 이메일 보안을 위한 S/MIME(Secure MIME)과 같은 네트워크 보안 응용에서 두루 사용된다.

② X.509 인증서 프로파일

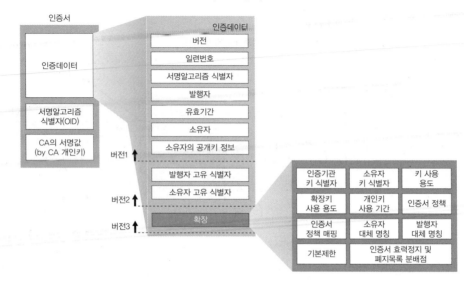

〈X.509 양식〉

㉠ 버전(version): 인증서의 형식구분으로, 현재 대부분의 공인인증서는 버전3이다.

㉡ 일련번호(serial number): 인증서를 발급한 인증기관내의 인증서 일련번호이다(예 1035).

㉢ 서명알고리즘 식별자(signature algorithm OID): 인증서를 발급할 때 사용한 알고리즘의 식별자
이다(예 sha256WithRSAEncryption).

㉣ 발행자(Issuer Name): 인증서를 발행한 CA의 이름으로 cn(common name), ou(ogranization
unit), o(organization), c(country)의 4개 필드로 구성된다(예 cn=SignKorea CA,
ou=Accredited CA, o=SignKorea, c=KR).

㉤ 유효기간(validity notBefore/notAfter): 인증서를 사용할 수 있는 기간이다(예 validity
notBefore: 2020-6-11 12:14:04 validity notAfter: 2030-6-11 12:14:04).

㉥ 소유자(subject Name): 인증서 소유자의 이름으로 발행자와 동일한 4개 필드로 구성된다(예 한
국무역정보통신: cn=TradeSignCA4, ou=AccreditedCA, o=TradeSign, c=KR).

㉦ 소유자의 공개키 정보(subject public key information): 공개키 알고리즘 이름과 공개키(public
key) 정보가 저장된다(예 rsaEncryption(2048Bits), 30 82 01 0a 02 …(중략)… 01 00 01).

㉧ 발행자 고유 식별자(Issuer Unique Identifier): 버전2에 추가된 영역으로 2개 이상의 CA가 같은
이름을 사용할 때 CA 식별이 가능하다.

㉨ 소유자 고유 식별자(Subject Unique Identifier): 버전2에 추가된 영역으로 2개 이상의 대상이
같은 이름을 사용할 때 대상 식별이 가능하다.

㉩ 확장(Extensions): 버전3에 추가된 영역으로 발행자가 인증서에 정보를 추가할 수 있다. 각 필드
는 'type, criticality indicator, value'의 3부분으로 구성되며, 필드가 critical이라면 클라이언트
는 그 필드를 처리할 수 있어야 한다.

(3) 인증서의 확장 영역: 인증서의 확장영역은 인증서에 따라 구성 내용이 다르지만 일반적으로 다음과 같
은 내용을 포함한다.

① 인증기관 키 식별자(Authority Key ID): 인증서 또는 CRL의 서명을 검증하는데 사용되는 공개키를 식별하며 동일 CA가 사용하는 다른 키들을 구별하는데 사용되며, 이 필드는 항상 non-critical로 설정된다.

② 소유자 키 식별자(Subject Key ID): 인증서 소유자의 공개키에 대한 유일 식별자로 한 소유자가 여러 개의 인증서를 가지고 있을 때 해당 인증서에 포함된 공개키를 구별하는데 사용된다.

③ 키 사용 용도(Key Usage): 인증된 공개키가 사용되는 목적을 명시(예 디지털서명용, 부인방지용, 키 전송용, CA 서명 검증용 인지를 해당 비트로 표시)하며 인증서 발급자의 선택에 따라 critical/non-critical로 설정된다.

④ 확장 키 사용 용도(Extended Key usage): 키 사용 용도 필드에 나타낼 수 있는 것 이외의 공개키 사용 목적을 명시하며 각각의 사용 목적에 대해 OID를 사용하여 나타낸다. 모든 응용 프로그램은 이 필드를 처리할 수 있어야 하며 이 필드는 critical 또는 non-critical로 설정되어야 한다. 특히, 시점 확인용 인증서에 대해서는 critical로 설정되어야 한다.

⑤ 개인키(비밀키) 사용기간(Private Key Usage Period): 인증서의 유효기간과 서명용 비밀키의 사용기간이 다를 때 사용된다.

⑥ 인증서 정책(Certificate Policies): 모든 인증서에 이 확장 필드가 포함되어야 하며 응용프로그램은 이 필드를 처리할 수 있어야 한다. 이 필드는 critical 또는 non-critical로 설정될 수 있다.

⑦ 인증서 정책 매핑(Policy Mapping): 상호 인증용 인증서에 대하여 선택적으로 사용될 수 있으며 모든 응용프로그램은 이 확장 필드를 처리할 수 있어야 한다.

⑧ 소유자 대체 명칭(Subject Alternative Name): 인증서 소유자의 추가적인 명칭을 나타내며 IP주소, 이메일 주소, DNS 이름, 커버로스 이름 등을 사용할 수 있다. 이 필드는 non-critical로 설정되어야 한다.

⑨ 발행자 대체이름(Issuer Alternative Name): CA의 또 다른 이름이다.

⑩ 기본제한(Basic Constraints): 이 인증서가 다른 인증서를 발급할 수 있는 권한이 있는지 없는지를 나타낸다.

⑪ 인증서 효력정지 및 폐지목록 분배점(CRL distribution points): 효력정지 또는 폐지된 인증서 목록을 획득할 수 있는 위치정보를 나타낸다. 이 필드는 non-critical로 설정되어야 한다.

2. X.509 인증서 폐기목록 프로파일

(1) 인증서 폐기 사유: 어떤 이유에서든지 인증서가 한 번 폐기되면 더 이상 사용할 수 없으며, 그대로 사용할 경우, 매우 위험하다. 예를 들어 공격자가 인증서에 포함된 공개키에 대응되는 개인키를 확보하면 그 인증서는 더 이상 제 역할을 할 수 없다.

(2) 인증서 폐기 목록(CRL; Certification Revocation List)

① 폐기된 인증서들에 대한 목록을 인증서 폐기 목록이라고 하며 인증기관의 저장소(디렉토리)에 등재하여 신뢰 당사자가 언제든지 이 목록을 검색할 수 있도록 해야 한다.

② CRL사용에 따른 피해를 줄이기 위해 인증기관은 폐기된 인증서 목록을 주기적으로 발급하여야 하며 CRL은 인증기관의 전자서명을 통해 발급한다.

③ 인증서 폐기 목록에는 취소된 인증서들의 일련번호가 들어 있으며 이를 받은 당사자는 목록을 참조하여 폐기된 인증서를 사용하지 않도록 해야 한다.

④ 폐기된 인증서를 이용자들이 확인할 수 있도록 하기 위해 주로 인증 기관이 관리하며 메시지를 전달할 때 인증서와 함께 전달된다.

3. 인증서 운영 프로토콜

(1) 온라인 인증서 상태 검증 프로토콜(OCSP; Online Certificate Status Protocol)

① OCSP는 CA가 관리하고 있는 CRL을 검사하는 프로토콜로 백 그라운드에서 자동으로 수행된다.

② OCSP 구성요소: OCSP 서버, OCSP 클라이언트 및 인증 서버로 구성된다. 현재 OCSP 프로토콜은 1997년 첫 번째 인터넷 드래프트가 제안된 이래 9번의 개정을 거쳐 RFC 2560(1999)으로 발표되었다.

〈 온라인 인증서 상태 검증 프로토콜(OCSP) 〉

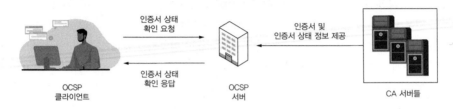

(2) 서버기반 인증서 프로토콜(SCVP; Simple Certification Validation Protocol)

① SCVP는 인증서 유효성과 상태를 문의하거나, 인증경로를 찾거나, 인증경로에 대한 유효성을 문의하기 위한 프로토콜이다.

② SCVP는 서버와 클라이언트 간에 수행되며, 클라이언트가 서버로 특정 인증서에 대한 검증을 요청하면, 서버는 클라이언트의 요구에 검증결과(유효함, 유효하지 않음)를 보낸다.

③ SCVP는 응용이 공개키 기반구조를 채용함에 있어서 인증서 검증과 상태를 확인하기 위하여 요구되는 절차와 부담을 간단히 수행할 수 있고, 일관성있는 중앙 집중화된 인증서 검증정책을 유지할 수 있도록 도입되었다.

01 X.509 인증서 형식 필드에 대한 설명으로 옳은 것은?

① Issuer Name: 인증서를 사용하는 주체의 이름과 유효기간 정보

② Subject Name: 인증서를 발급한 인증기관의 식별 정보

③ Signature Algorithm Id: 인증서 형식의 버전 정보

④ Serial Number: 인증서 발급 시 부여된 고유번호 정보

02 인증기관이 사용자의 공개키에 대한 인증을 수행하기 위해 X.509 형식의 인증서를 생성할 때 서명에 사용하는 키는?

① 인증기관의 공개키

② 인증기관의 개인키

③ 사용자의 개인키

④ 인증기관과 사용자 간의 세션키

03 전자 서명의 특성에 대한 설명 중 가장 옳지 않은 것은 무엇인가?

① 위조 불가(Unforgeable): 합법적인 서명자 이외의 다른 사람이 전자 문서에 대한 전자 서명을 생성할 수 없어야 한다.

② 변경 불가(Unalterable): 서명한 문서의 내용을 변경할 수 없어야 한다.

③ 재사용 불가(Not Reusable): 전자 문서의 서명은 다른 전자문서의 서명으로 사용할 수 없어야 한다.

④ 부인 방지(Non-Repudiation): 누구든지 전자 서명의 서명자를 검증할 수 있어야 한다.

정답 및 해설

01 정답 ④

① Issuer Name은 인증서 발행자(통상적으로 인증기관)를 나타낸다.

② Subject Name은 인증서에 대한 사용자(피발급자) 이름을 나타낸다.

③ Signature Algorithm ID는 인증기관이 인증서를 서명하기 위한 알고리즘과 알고리즘 식별자이다.

02 정답 ②

인증서에는 이름이나 소속, 이메일 주소 등의 개인정보 및 그 사람의 공개키가 기재되고 CA의 개인키로 전자서명 되어 있다.

03 정답 ④

④ 부인 방지: 서명자는 서명행위 이후에 서명한 사실을 부인할 수 없어야 한다.

• 서명자 인증: 누구든지 전자서명의 서명자를 검증할 수 있어야 한다.

04 다음 공개키 기반 구조에 대한 설명 중 가장 옳은 것은 무엇인가?

① 공개키 기반 구조는 대칭키 암호시스템에 기초하여 디지털 인증서를 생성하고 관리하는데 필요한 성책 및 절차이다.

② 정책 인증기관(Policy Certification Authority)은 공개키 기반 구조 전반에 사용되는 정책과 절차를 수립하는 기관이다.

③ 등록 기관(Registration Authority)은 공개키 기반 구조의 필수 구성요소로서 사용자의 신분과 소속을 확인하고 사용자에게 공개키 인증서를 발행하는 기능을 수행한다.

④ 인증서에는 버전, 일련번호, 유효기간 등의 정보가 담겨 있다.

05 사용자 A가 사용자 B에게 해시함수를 이용하여 인증, 전자서명, 기밀성, 무결성이 모두 보장되는 통신을 할 때 구성해야 하는 함수로 옳은 것은?

> **보기**
>
> K : 사용자 A와 B가 공유하고 있는 비밀키
> KS_a : 사용자 A의 개인키, KP_a : 사용자 A의 공개키
> H : 해시함수, E : 암호화
> M : 메시지, $||$: 두 메시지의 연결

① $E_K[M||H(M)]$

② $M||E_K[H(M)]$

③ $M||E_{KS_a}[H(M)]$

④ $E_K[M||E_{KS_a}[H(M)]]$

06 공개키 기반 구조(PKI)에 대한 설명으로 가장 적절하지 않은 것은?

① 공개키 기반 구조의 구성요소로는 사용자(user), 등록기관(Registration Authority), 인증기관(Certification Authority), 저장소(repository) 등이 있다.

② 공개키 인증서를 발행하여 무결성, 인증, 부인방지를 보장한다.

③ 등록기관은 인승서와 인증서 취소 목록(Certificate Revocation List)을 발행하고, 공개키 등록 시 본인을 인증한다.

④ 저장소는 인증서를 보관해 두고, PKI의 이용자가 인증서를 입수할 수 있도록 구성된 데이터베이스이다.

07 공인인증서에 대한 설명으로 가장 옳은 것은?

① 공인인증서는 공개키와 소유자를 연결시켜주는 전자문서로 오늘날 사용되는 대부분의 인증서는 X.509 인증서(버전3)를 표준으로 따른다.

② 공인인증서의 기본 영역은 버전, 일련번호, 서명 알고리즘, 발급자, 주체, 주체키 식별자, 기관 정보 액세스, 키 사용 용도, 인증서 정책 등을 포함하고 있다.

③ 누구나 사용자의 인증서를 획득하고, 공개키를 획득할 수 있으며 누구나 자유롭게 인증서를 수정/발급할 수 있다.

④ 인증서 폐기 목록은 보통 폐기된 인증서에 관한 정보만 유지하는데, 이를 나쁜 목록(bad-list) 방법이라고 한다. 나쁜 목록 방법은 좋은 목록(good-list)방법보다 안전하지만 상대적으로 용량이 매우 크다.

04 　　　　정답 ④

① 공개키 기반 구조는 공개키 암호시스템에 기초한다.
② 정책 승인기관(PAA)에 대한 설명이다.
③ 인증기관(CA)에 대한 설명이다. RA가 없을 때 CA는 RA의 기능을 수행 할 수 있다.

05 　　　　정답 ④

④ $E_K[M||E_{KSa}[H(M)]]$: 기밀성 보장
① 해시와 비밀키는 사용하였지만, 개인키를 사용하지 않았다. 따라서 누가 보낸 메시지인지 확인할 수 없다.
② 해시값만 비밀키로 암호화하고, 원본 메시지는 암호화하지 않고 그냥 결합하였다. 따라서 기밀성이 보장되지 않는다. 또한 전자서명도 되어 있지 않다.
③ 해시값에 전자서명은 하였으나, 원본 메시지를 암호화하지 않아 기밀성이 보장되지 않는다.
• $M||E_{KSa}[H(M)]$: 전자서명, 부인방지, 무결성 보장

06 　　　　정답 ③

③ 인증서와 인증서 취소 목록(Certificate Revocation List)을 발행하고, 공개키 등록 시 본인을 인증하는 것은 인증기관의 역할이다. 그러나 인증기관이 하는 일 가운데는 「공개키의 등록과 본인에 대한 인증」을 등록기관이나 사람(개체)에게 분담시키는 경우도 있다.

07 　　　　정답 ①

② 주체(기관)키 식별자, 기관 정보 액세스, 키 사용 용도, 인증서 정책은 인증서 확장 영역에 해당한다.
• 인증서의 확장 영역: (1) 기관 키 식별자, (2) 주체 키 식별자, (3) 주체 대체 이름, (4) CRL 배포 지점, (5) 기관 정보 액세스, (6) 키 사용 용도, (7) 인증서 정책, (8) 손도장 알고리즘, (9) 손도장
③ 인증서 발급은 인증 기관(CA)이 담당한다.
④ 인증서 폐기 목록은 용량과 속도, 효율성 때문에 대부분 나쁜 목록(Bad-list) 방법을 사용한다. 다만 나쁜 목록 방법은 좋은 목록 방법에 비해 상대적으로 안전성이 떨어진다. 건물에 출입하는 인원을 통제할 때, 출입증을 가진 인원만 허용하는 경우(Good-list)와 위험 인물로 등록된 인원을 제외한 모두를 허용하는 경우(Bad-list) 중 어느 경우가 더 안전한지를 생각해보면 된다. 나쁜 목록 방법에서는 아직 위험 인물로 알려지지 않은 경우는 통제할 수 없기 때문이다.

PART

03

접근통제

CHAPTER 01

접근통제 개요

01 접근통제 개요

1. 접근통제(접근제어, Access Control) 기본개념

(1) 보안의 주목적: 허가되지 않은 사용자에 의한 자원 접근 또는 허용된 사용자의 허가되지 않은 방법으로 자원에 접근하는 것을 제한하여 허가된 사용자가 허가된 방법으로만 자원에 접근(Access)할 수 있게 하는 것이다.

(2) 접근통제(Access Control): 사용자(주체)가 어떤 파일이나 서비스(객체)에 접근할 때 보안상의 위험들로부터 객체와 제반환경을 보호하기 위한 대책을 말한다. 주체(Subject)와 객체(Object) 사이의 관계를 제어하는 것이라고 이해해야 좀 더 의미가 명확해진다.

(3) 여기서 주체는 적극적인 개체로서, 객체로부터 자료를 받아오기 위해 접근한다. 만약 접근 권한이 주어진다면 이 접근은 허용되고 객체는 주체에게 정보를 제공하는 수동적인 역할을 하게 된다. 파일, 데이터베이스, 프로그램, 프로세스, 컴퓨터 등 다양한 것들이 객체가 될 수 있다.

〈 접근통제의 구성 용어 〉

주요 용어	설명
주체(Subject)	• 객체나 객체 내의 데이터에 대한 접근을 요청하는 능동적인 개체로 행위자라고 불린다. • 사용자, 프로그램 또는 프로세스가 될 수 있으며 작업을 수행하기 위해 객체에 접근한다.
객체(Object)	• 객체는 접근대상이 될 수동적인 개체 혹은 행위가 일어날 아이템으로 일반적으로 제공자라고 불린다. • 컴퓨터, 데이터베이스, 파일, 컴퓨터 프로그램, 디렉토리가 될 수 있다.
접근권한 (Access Right)	주체가 객체에 접근하는 권한을 말한다. 보통 읽기, 쓰기, 실행, 삭제, 생성, 검색 등의 종류가 있다.
접근통제 (Access Control)	객체가 시스템에 접근할 때 보안상의 위협, 변조 등과 같은 위험으로부터 객체와 제반 환경을 보호하기 위한 보안대책을 말한다.

2. 접근통제 절차

〈 접근통제 3단계 〉

(1) 접근통제 절차: 식별, 인증, 인가로 구성되었으며 대부분의 기업 및 조직 내 시스템은 이러한 3단계를 원칙으로 하여 시스템을 구성하고 있다.

(2) 최근에는 접근통제 3단계에 덧붙여 '책임 추적성' 단계가 추가되었다. 책임 추적성은 시스템에 접근한 주체가 시스템에 어떤 행위를 하고 있는지를 기록함으로써, 문제발생 시 원인 및 책임 소재를 파악하기 위한 목적으로 개발되었다.

> **더 알아보기**
>
> 책임 추적성
> - 시스템내의 각 개인은 유일하게 식별되어야 한다는 정보보호 원칙에 의해 정보처리 시스템은 정보보호 규칙을 위반한 개인을 추적할 수 있고, 각 개인은 자신의 행위에 대해서 책임을 진다.
> - 또한 관여하지 않은 사람에게 책임을 물어 책임을 묻지 않도록 한다.
> - 인가된 사용자라 하더라도 실수 혹은 의도적으로 접근하여 자산을 훼손하는 행위를 통제해야 한다는 의미에서도 책임 추적성이 강조되고 있다.

3. 접근통제의 기본원칙

(1) 직무 분리의 원칙

① **직무 분리:** 업무의 발생부터, 승인, 수정, 확인, 완료 등이 처음부터 끝까지 한 사람에 의해 처리될 수 없도록 하는 보안 정책을 말한다.

② 예를 들면, 보안/감사, 개발/운영, 암호키 관리 그리고 암호키 변경 등 직무를 나눠놓는 것이다.

(2) 최소 권한의 원칙

① **최소 권한:** 허가받은 일을 수행하기 위한 최소한의 권한만을 부여하여 권한 남용을 방지하는 것을 말한다.

② 알 필요성과 같은 의미이며 최대 권한과는 반대의 의미를 가진다. 예를 들면 정보등급 분류, 접근제어목록(ACL; Access Control List)를 사용하여 최소 권한을 부여하는 것이다.

사용자 인증

01 인증

1 메시지 인증

1. 메시지 인증 개념

전송 중 발생할 수 있는 데이터의 수정, 삭제 여부 등 무결성을 확인하는 기능으로 메시지 암호화, MAC(Message Authentication Code), 해시함수를 이용하는 방식 및 전자서명이 있다.

2. 암호화는 도청과 같은 소극적 공격을 막을 수 있는데 반해, MAC은 데이터 위조를 방지할 수 있다. 즉 MAC은 송·수신자간에 공유키가 있어야 하므로 출발지 인증과 메시지의 무결성이 보장된다.

3. 반면 전자서명은 무결성, 인증 및 부인 방지까지 제공함으로써 메시지 인증 중 가장 강력한 보안성을 지닌다.

2 사용자 인증

1. 기본 개념

(1) '나'임을 증명하는 방법으로 오프라인 상에서는 주민등록증이나 운전면허증을 제시하는 것이고, 온라인 상에서는 웹 사이트에 처음 가입할 당시의 ID와 패스워드를 입력하는 것이다.

(2) 따라서 정당한 가입자의 접속인가를 확인하기 위한 사용자 인증이 컴퓨터 통신망 운영에 필수적인 요건이 되고 있다.

(3) 사용자 인증과 유사한 개념으로 개인 식별이 있다. 개인 식별은 사용자 신분 확인의 발전된 방식이다.

2. 사용자 인증의 유형

(1) 지식기반 인증(타입1)

① 사용자가 알고 있는 정보(Something You Know)를 이용해 인증하는 것이다. 가장 기본적이고 전통적인 수단으로 사용자의 ID와 패스워드를 이용한 인증방식이 대표적인 예이다.

② 이 방식은 인증 수단이 사용자의 기억에 의존하기 때문에 저렴하고 편리하게 사용할 수 있지만, 패스워드를 안전하게 관리하기는 조금 어렵다. 해킹에 의한 누출 가능성이 높고, 누출될 경우 공격자가 사용자의 계정을 악용하여 쉽게 시스템에 접근할 수 있기 때문이다.

(2) 소유기반 인증(타입2)

① 사용자가 소유하고 있는 물품(Something You Have)을 인증 수단으로 활용하는 방식으로 아주 오

래 전부터 이용하던 방법이다. 예를 들면 과거 이몽룡의 암행어사 마패가 이에 해당되며 현대는 스마트카드나 OTP처럼 구체적인 물품을 이용한다.

② 이러한 소유기반의 인증방식은 다른 사람이 쉽게 도용할 수 있기 때문에 지식기반의 인증 방식 또는 생체 기반의 방식과 함께 쓰인다.

(3) 생체기반 인증(타입3)

① 사용자가 가지고 있는 신체 조직(Something You Are)을 인증 수단으로 활용하는 방식으로 생체 조직이 사람마다 고유하다는 특성을 이용한 것이다. 흔히 알고 있는 지문 인식 외에도 망막, 홍채, 얼굴, 목소리 등 수단이 점점 다양해지고 있다.

② 생체 인증은 신체의 일부분을 이용해야 하므로 원천적으로 대여가 불가능하며 가장 강력한 인증 수단이라고 말할 수 있다.

02 사용자 인증기법

1 지식기반 인증(Something You Know)

1. 개요

(1) 의의: 사용자가 알고 있는 것을 어떤 것에 의존하는 인증하는 기법으로 ID와 패스워드 입력방식이 주로 사용된다.

(2) 기본적인 ID/패스워드 방식은 재전송 공격에 취약하므로 일회용 난수(OTP), 시도-응답(Challenge-Response) 프로토콜 및 영지식 개인 식별 프로토콜을 이용하는 방법이 있다.

(3) 지식기반 인증의 또 다른 예로 주민등록번호 대신에 I-PIN을 사용하는 방법이 있는데, I-PIN도 ID/패스워드 기반의 인증방식이라고 말할 수 있다.

2. ID/패스워드 기반(Type1) 인증방식의 장·단점 및 안전성

(1) 장·단점

① 장점: 다양한 분야에서 사용 가능하며, 검증 시 애매모호함이 없고 관리비용이 저렴하다.

② 단점: 소유자가 패스워드를 잃어버릴 위험성과 공격자에 의한 추측 가능성(보통 전화번호나 가족 이름 등의 정보를 이용하여 생성), 사회 공학적 기법으로 패스워드를 획득당할 수 있다(피싱).

(2) 안전성

① NTCrack, Jhon the Ripper와 같은 소프트웨어를 사용하여 크랙을 시도할 수 있으며 패스워드 강도가 약할 경우 쉽게 크랙될 수 있다.

② 패스워드의 안전성을 수식으로 표현해보면 패스워드의 길이가 길어질수록(S), 패스워드의 사용 기간이 짧을수록(L), 사용 빈도가 낮을수록(R) 패스워드를 추측하기가 어렵다는 것을 알 수 있다.

$$P = \frac{L \times R}{S} : \text{패스워드 추측 확률}$$

NTCrack, Jhon the Ripper

- NTCrack: 윈도우 NT 시스템의 사용자 패스워드를 크랙하기 위한 도구이다.
- John the Ripper: Solar Designer가 개발한 Unix(Linux) 계열 패스워드를 크랙하기 위한 도구로, Kali linux 설치 시 자동 설 치된다. John the Ripper를 이용하면 다양한 형태의 사전(Dictionary) 제작이 가능하여 이를 이용하여 패스워드 크래킹을 시도할 수 있다.

  예 영문자 및 숫자를 포함한 7~8자리 사전파일을 만들어서 리눅스 ID 및 패스워드 해독하기
  1) 사전파일 생성: #crunch 7 8 abcd...yz123...890 - o pwd.list(pwdlist: 생성되는 사전파일명)
  2) 패스워드 탐색: #john —wordlist=pwd.list /etc/shadow(/etc 디렉토리 아래 shadow 파일에 암호화된 패스워드가 수록되어 있음)
  3) 크랙이 완료되면 화면에 크랙된 ID와 패스워드가 표시된다.

3. 지식기반 인증방식과 패스워드

가장 간단하면서 오랫동안 사용된 객체인증 방법은 패스워드-기반 인증인데 패스워드는 사용자가 시스템에 접근할 때 사용된다. 지식기반 인증방식에서는 패스워드를 고정(Mixed)하거나 일회용(One Time)으로 사용할 수 있다.

(1) 고정 패스워드(Mixed Password)

① 매우 초보적인 방법으로 표나 파일에 사용자 ID와 패스워드를 평문형태로 정렬해서 저장해 놓는다. 이 와 같은 '단순 패스워드 기반'의 인증방식을 사용하는 시스템은 이제는 거의 없다고 보아도 무방하다.

② 패스워드를 평문으로 저장하는 대신 패스워드의 해시값을 저장하는 것이다. 모든 사용자가 파일 내 용을 읽을 수는 있지만 해시함수는 일방향이기 때문에 패스워드 값을 추측한다는 것은 거의 불가능 한 일이다.

〈 패스워드의 해시값 기반의 인증 〉

③ 세 번째 방법으로는 패스워드 앞에 솔트(Salt)*라고 하는 랜덤 문자열을 붙인다. 그리고 솔트된 패스 워드에 해시함수를 적용한다. 유닉스 및 리눅스 운영체제는 이런 방법의 변형된 형태를 사용한다.

---

* 솔트(Salt)

해시값을 구하기 전에 패스워드에 추가되는 일정 크기의 난수(Random Number)로, 한 번 사용한 논스(Nonce)는 재사용하면 안 된다.

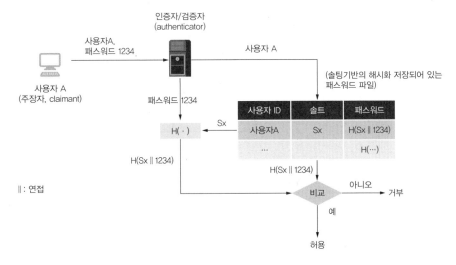

〈 패스워드 솔팅 기반의 인증 〉

(2) 일회용 패스워드(OTP; One Time Password)

① 사용자에게 한 번만 사용할 수 있게 주어지는 패스워드를 일회용 패스워드라고 하며 악의적인 제3자에게 노출되더라도 재전송 공격(Replay Attack)은 불가능하다.

② 대표적인 스킴으로는 해시 체인 기반의 OTP를 사용하는 Lamport 방식이 있다. 이러한 OTP 방식은 사전공격(dictionary attack) 및 스니핑 공격에 대해서도 안전하다.

③ OTP 방식의 사용(예)

   ㉠ 사용할 전체 패스워드 목록 작성: 객체와 시스템은 패스워드 목록에 대해 합의를 한다. 목록상의 패스워드는 오직 한번만 사용한다.

   ㉡ 시간 동기화 기반 OTP: 사용자와 인증기관 간에 동기화된 시간에 기초하여 매번 다른 패스워드를 생성하며 사용자는 보안토큰이라 불리는 일회용 패스워드 생성기를 제공한다. 시간 동기화 기반 OTP는 보안상 이점이 있지만, 전용 인증 토큰 장치를 휴대해야 하는 불편함과 보안토큰의 배포, 유지 관리에 대한 비용 문제가 발생할 수 있다.

   ㉢ 해시 체인 기반 OTP(Lamport 방식)

     • 사용자와 시스템은 해시함수를 이용하여 순차적으로 업데이트된 패스워드를 생성한다. 각 사용자는 비밀정보 P_0를 선택하고, 다음의 패스워드 수열을 생성하기 위하여 일방향 함수 h를 사용한다.

$$P_0, \ h(P_0), \ h(h(P_0)), \ \cdots, \ h^n(P_0), \ 여기서 \ h^n(P_0) = h(h^{n-1}(P_0))$$

     • 사용자가 패스워드 인증을 진행할 때 서버로부터 카운터 n값을 요청받아 n번 해시한 패스워드 해시값 $h(n)$을 서버로 전송한다. 서버는 패스워드 P, 카운터 n, 패스워드 해시값 $h(n)$을 갖고 있으며 한 번 인증이 완료될 때마다 $n = n - 1$로 갱신하고 $h(n)$값을 갱신함으로써 One Time Password 기능을 갖는다.

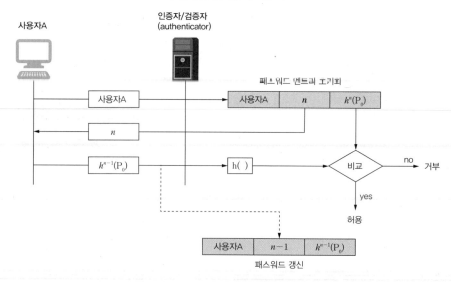

〈 Lamport 일회용 패스워드 〉

(3) 시도-응답 식별 프로토콜(Challenge-Response Identification Protocol)

① 개요

　㉠ 기존의 ID+PASSWORD 방식은 재전송 공격에 취약하다. 시도-응답 프로토콜 기반의 인증방식은 이런 취약점을 보완하기 위해 대칭키 암호와 공개키 암호에 기반을 둔다.

　㉡ 사용자는 자신의 신원을 시스템에 확인시키기 위하여 프로토콜 수행 동안에 시스템에 비밀정보를 직접 제시하지 않으면서도 자신이 비밀정보를 가지고 있음을 제시하는 것을 기본 아이디어로 한다.

　㉢ 이 아이디어는 시간에 따라 변화되는 시도(Time-variant Challenge)에 대한 응답을 제시하는 것으로 실현되며, 응답의 내용은 개체의 신원과 시도에 의존한다.

② 일방향 개인 식별 프로토콜: 서버 또는 클라이언트 중에 어느 한 대상을 식별하는 프로토콜로서 사용자가 인증을 원할 경우에 다음과 같은 단계를 거친다. 다음의 〈시도-응답 식별 프로토콜〉은 클라이언트가 서버에 접속을 요청하는 케이스이다.

　㉠ 서버는 사용자에게 일회성 난수(r)를 보낸다(Challenge).

　㉡ 사용자는 이를 비밀키(k)로 암호화($E_k(r)$)하여 서버에 보낸다(Response).

　㉢ 서버는 사용자가 보낸 암호화된 난수($E_k(r)$)를 복호화하여 난수(r)가 나오면 정당한 사용자라고 판단한다.

〈 시도-응답 식별 프로토콜 〉

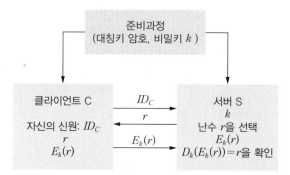

③ 상호 개인 식별 프로토콜: 서버의 입장과 마찬가지로 클라이언트 입장에서도 식별하는 프로토콜이다.

④ 분산 개인 식별 프로토콜(Kerberos)

    ㉠ Kerberos는 분산 인증 서비스로 데이터 무결성과 암호 서비스를 SW로 제공한다. 대칭키 암호기술과 제3자를 이용하여 객체 인증 뿐만 아니라 키 설정 서비스도 제공한다.

    ㉡ Kerberos 식별 프로토콜은 클라이언트 A, 서버 B 그리고 제3의 신뢰기관인 Kerberos 인증 서버 T로 구성된다.

    ㉢ 초기에는 A와 B는 비밀 정보를 공유하지 않으며 T가 A, B 각각과 비밀 정보를 공유한다. Kerberos 식별 프로토콜의 주요 목적은 B가 A의 신원을 확인하는 것으로 공유키 설정은 부수적 효과이다.

(4) 영지식 개인 식별 프로토콜

① 영지식 증명(零知識 證明, Zero-knowledge Proof): 증명자가 자신이 알고 있는 지식과 정보를 공개하지 않으면서, 그 지식을 알고 있다는 사실을 검증자에게 증명하는 시스템으로 시도-응답 식별 방식을 개선한 대화형 증명시스템의 실례이다.

> **더 알아보기**
>
> **영지식 증명**
>
> 통상의 패스워드 방식에서는 본인임을 입증하기 위해 비밀정보를 그대로 표시하게 되므로 항상 위험이 따른다. 이러한 결점을 극복하기 위해 스마트 카드 및 원격지 로그인에서의 사용자 식별에 사용된다. 어떤 프로토콜이 영지식 증명이 되려면 정당성(Soundness), 완전성(Completeness), 영지식성(Zero-knowledgeness)을 만족해야 한다.
>
>   – TTA 용어사전

② 증명자와 검증자*는 Challenge와 Response에 해당하는 다수의 메시지를 교환하며, 교환되는 다수의 메시지는 일반적으로 난수에 의존한다.

③ 증명자의 목적은 검증자에게 비밀정보를 알고 있다는 자신의 주장이 사실임을 증명하는 것이다. 검증자는 증명을 수락하거나 거절한다. 식별을 위한 대화형 증명시스템은 지식의 증명이다. 증명자 A는 비밀 정보를 가지고 있으며, 비밀 정보를 가지고 있다는 사실의 증명을 검증자 B에게 시도한다.

④ 대표적인 프로토콜로는 Fiat-Shamir 식별 프로토콜, Feige-Fiat-Shamir 프로토톨, Schnorr 식별 프로토콜 등이 있다.

(5) 아이핀(I-PIN; Internet Personal Identification Number)

① 인터넷상에서 주민등록번호 대신에 ID와 패스워드를 사용하여 본인 확인을 하는 수단으로 이를 이용하면 웹 사이트상에서 더 이상 주민등록번호를 사용하지 않아도 회원가입 및 기타 서비스 이용이 가능하다.

---

*   증명자와 검증자

    식별 프로토콜은 기본적으로 증명자(Prover) A와 검증자(Verifier) B로 구성된다. 증명자 A가 검증자 B에게 자신의 신원이 A임을 확인시키는 동시에 공격자 C가 자신이 A인 것으로 위장하는 것을 어렵게 하는 것이 식별 프로토콜의 목적이다.

② 공공 아이핀 서비스 도입 전/후 비교

〈 I-PIN vs 주민등록번호 〉

구분	도입 전(주민번호사용 시)	도입 후
공공기관 홈페이지 사용자	인터넷 사용자(개인)	인터넷 사용자(개인)
회원가입 시 본인 확인 방법	이름/주민번호 입력	I-PIN 아이디/비밀번호
공공기관 개인정보 저장	주민번호 저장	I-PIN 저장
공공기관 개인정보 보호	주민번호 노출 시 변경 불가	I-PIN 노출 시 폐기 및 재발급 가능
서비스 제공기관	실명 확인 기관	아이핀 발급 기관

2 소유기반 인증(Something You Have)

1. 개요

(1) **의의**: 사용자가 소유하고 있는 물건을 이용하여 사용자를 확인하는 방안으로 소유에 기반을 둔 인증기법이다. 즉, 사용자는 인증토큰을 소유하고 이를 기반으로 사용자를 인증하는 방식이다.

(2) 소유에 기반을 둔 인증방식은 다른 사람이 소유물을 도용할 가능성이 있기 때문에 보안강도를 높이기 위해 패스워드 등을 활용하는 지식기반(Something You Know) 인증방식과 함께 쓰인다.

2. 소유기반 인증의 특징

(1) **장점**: 사용자가 토큰을 소유하고 있어야 하기 때문에 지식기반 인증방식보다 보안성이 높으며, 후술하는 생체인식 방식보다 저렴하게 구축할 수 있어 경제적이다.

(2) **단점**

① 인증시스템 구축이 어렵고, 사용자가 서비스 신청을 위해 CA(인증기관) 또는 RA(등록기관)와 최소 1번의 대면으로 본인 확인이 필요하며, 항상 소유하고 있어야 하기 때문에 사용 편의성이 낮다.

② 물리적 리더장치 구입 등 자산관리 기능이 요구되며 손실이나 도난·탈취 및 불법 복사 시에 대처해야 하는 등의 관리가 요구된다.

3. 소유기반 인증 토큰의 종류

토큰의 형태는 크게 하드웨어와 소프트웨어의 2가지 형태로 분류할 수 있다. 하드웨어 형태의 토큰으로는 OTP(One Time Password) 단말기, 마그네틱 카드, 보안카드 및 스마트카드 등이 있으며 소프트웨어 형태의 토큰으로는 공인인증서(X.509)가 있다.

(1) **메모리(마그네틱) 카드**

① 메모리 카드는 데이터를 저장할 순 있지만 데이터를 처리하지는 못한다. 대부분 흔하게 볼 수 있는 카드는 뒤에 마그네틱 선이 있는 은행 카드이다.

② 특별한 리더기가 필요하므로 비용이 증가되며 휴대해야 하는 불편함이 있다.

(2) **스마트 카드**

① 스마트 카드는 마이크로 프로세서와 운영 체제(COS; Chip Operation System), EEPROM이 내장되어 있는 집적회로(IC) 칩이 표면에 부착된 전자식 카드이다. 정보를 처리할 수 있다는 점에서 상기 메모리 카드보다 발전된 기술이다.

② 스마트 카드는 접촉식 혹은 비접촉식 카드로 나눌 수 있으며 내부에 장비 보호기능이 있어야 한다. GSM 방식의 유럽 이통망에서는 스마트 단말기내 SIM칩을 이용하여 인증 기능을 수행하고 있다.

(3) 보안 카드

① 은행이나 금융권에서 추가 인증을 위해 보편적으로 사용하는 보안 매체로서 약 30개의 4자리 숫자가 적혀있는 일종의 난수표이다.

② 파일 형태로 보관할 경우 노출의 위험이 있으며, 정적인 난수를 사용하므로 유추가 가능하다.

(4) 일회용 패스워드(OTP; One-Time Password)

① OTP는 손가락 한마디 정도 되는 작은 모바일 기기에 버튼을 누르면 임으로 일회용 패스워드가 생성되므로 고정된 숫자만 나열되어 있는 보안카드와는 달리 소유기반 매체 중에서 가장 보안성이 높다.

> **더 알아보기**
>
> OTP의 안전성
> OTP용 프로그램에서 사용자 비밀번호와 일회용 비밀번호 생성용 입력값을 입력하면 암호 알고리즘이 동작하여 일회용 패스워드가 생성된다. 수학적으로 안전성이 증명된 알고리즘을 사용한다.

② OTP의 특징: 보안성 강화를 위해 일정 시간마다 비밀번호를 변경하며 휴대폰을 통한 인증으로 사용자의 편리성 및 안전성을 확보할 수 있다. 토큰을 발행하는 방식에 따라 Challenge-Response, 시간 및 이벤트 동기화, S/Key 방식으로 구분할 수 있다.

〈 사용 매체에 따른 OTP의 분류 〉

분류	구분	내용
하드웨어형	토큰형 OTP	배터리를 사용하며 분해시 OTP 토큰 생성키가 파괴
	카드형 OTP	• 스마트 카드와 유사하게 CPU 등이 내장 • 스마트 카드와는 다르게 외부 접점이 없고 배터리가 내장
하이브리드형	스마트 OTP	• OTP 카드에 IC칩이 있으며, 보안토큰이 내장 • 스마트폰에 앱 설치 필요 • 카드와 스마트폰 접촉시 NFC 통신으로 비밀번호가 생성
소프트웨어형	소프트웨어 OTP	• 스마트폰에 설치된 앱에서 비밀번호가 생성 • Google OTP, Battle.net OTP 등이 있음
	이메일, SMS OTP	• 이메일이나 SMS를 통해 OTP 전송 • 인터넷 게임 또는 VPN 등에서 활용

③ OTP의 단점: 하드웨어형 OTP 기기의 내부 배터리가 소진되면 재사용이 불가하여 새로운 기기를 수령해야하는 등 현실적 제약이 있다.

4. OTP 생성 방법 및 인증방식

(1) S/KEY 방식

① S/KEY 방식은 벨 통신 연구소에서 개발한 OTP 생성 방식으로 유닉스 계열 운영체제의 인증에 사용하고 있다.

② Lamport와 S/KEY 방식 모두, 클라이언트로부터 최초 비밀값을 입력받아 동일한 방법을 사용하여 해시 체인을 생성한다.

③ 이러한 해시 체인에 의한 OTP의 장점으로는 하드웨어 형태의 OTP 전용장치 없이도 소프트웨어적으로 구현이 가능하다.

④ 생성 알고리즘은 다음과 같다.

    ㉠ 클라이언트에서 정한 임의의 비밀키를 서버로 전송한다

    ㉡ 서버는 클라이언트로부터 받은 비밀키를 초기값으로 사용하여, 해시 체인 방식으로 이전 결과값에 대한 해시값을 구하는 작업을 n번 반복한다.

    ㉢ 이렇게 생성된 n개의 OTP를 서버에 저장한다.

⑤ 인증방식(클라이언트에서 i번째로 서버에 인증을 요구)은 다음과 같다.

    ㉠ 클라이언트에서 정한 OTP에 해시 함수를 n-i번 중첩 적용하여 서버로 전송한다.

    ㉡ 서버에서는 클라이언트로부터 받은 값에 해시함수를 한 번 적용하여, 그 결과가 서버에 저장된 n-i+1번째 OTP와 일치하는지 검사한다.

    ㉢ 일치하면 인증에 성공한 것으로, 카운트를 1 증가시킨다.

(2) 시간 동기화 방식

① OTP를 생성하기 위해 사용하는 입력값으로 시각정보를 이용한다.

② 클라이언트는 현재 시각을 입력값으로 OTP를 생성해 서버로 전송하고, 서버 역시 같은 방식으로 OTP를 생성하여 클라이언트가 전송한 값의 유효성을 검사한다. 즉, 시각정보만을 사용하므로 사용이 간편하다.

③ 미 RSA사에서 만든 '시큐어 ID'가 이 방식을 사용하고 있다. 이 방식의 특징은 다음과 같다.

    ㉠ 장점: 서버에서 클라이언트에 입력값을 보내는 방식이 아니므로, 여타 OTP 생성 방식에 비해 피싱에 안전하며, 스마트폰 등의 모바일 기기도 클라이언트로 사용하기 적합(∵모바일 기기도 시각정보 활용 가능)하여 비용 절감 효과가 있다.

    ㉡ 단점: 클라이언트와 서버 간 시간 동기화가 이루어지지 않으면 인증에 실패할 수 있으므로 일반적으로 1~2분 정도의 OTP 생성 간격을 둔다.

(3) 이벤트 동기화 방식

① 서버와 클라이언트가 카운트 값을 동일하게 증가시켜 가며, 해당 카운트 값을 입력값으로 OTP를 생성해 인증하는 방식이다. 다만 클라이언트에서 OTP를 생성하기만 하고 인증에 사용하지 않으면, 서버와 클라이언트의 카운트 값이 불일치되는 문제점이 있다.

② 이러한 문제를 보완하기 위해 어느 정도 오차 범위 내에서는 인증을 허용하는 방법이나, 카운트가 어긋났다고 판단될 경우 연속된 OTP를 받아 유효성을 판별하는 방법 등이 사용된다.

(4) **Challenge-Response 방식**: 서버에서 난수 생성 등을 통해 임의의 수를 생성하고 클라이언트에 그 값을 전송하면, 클라이언트가 그 값으로 OTP를 생성해 응답한 값으로 인증하는 방식으로 아래와 같은 특징이 있다.

① **장점**: 입력값이 매번 임의의 값으로 변화되므로 안전성 보장과 OTP 생성 매체와 인증 서버간 동기화가 필요없어 구조가 간편하다.

② **단점**: 사용자가 응답(Response) 값을 직접 입력해야 하므로 사용이 번거로울 수 있으며 서버 관리자는 동일한 질의 값(Challenge)이 생성되지 않도록 인증 서버 관리에 차질이 없어야 한다.

3 생체인식 기반 인증(Something You Are)

1. 개요

(1) **의의**: 인간의 생체적 · 행동적 특성을 디지털화하여 그것을 보안용 패스워드로 활용하는 것이다.

(2) 객체의 생체적 특성에 기반을 둔 생체 정보로는 지문, 홍채, 망막, 손 모양, 정맥의 모양, DNA 등이 있으며, 행동적 특성에 기반을 둔 생채 정보로는 음성이나 서명, 걸음걸이 등이 있다.

2. 생체인식 인증 시스템의 운영

(1) 생체인식은 신체의 특징을 이용한 개인 인증으로 지문, 손 모양, 얼굴 특성, 망막, 홍채 패턴 등과 같은 정적 특성과 음성과 서명 등과 같은 동적 특성을 포함하나 기본적으로는 패턴 인식을 기반으로 하고 있다.

(2) 생체인식 인증 시스템의 운영은 크게 생체정보 등록절차와 생체인식 인증절차로 구분된다. 시스템 운영을 위해서는 먼저 사용자 개개인의 생체인식 정보가 먼저 공인 DB에 등록되어 있어야만 한다.

〈 생체정보 등록절차(좌)와 생체인식 인증절차(우) 〉

3. 생체인식 기반 인증의 특징

(1) **장점**: 사용자는 인증을 위하여 리더 장치를 만지거나 보거나 말함으로써 인증을 받을 수 있으며(사용 편리성), 생체정보는 잃어버리거나 손실될 수 없으며, 위 · 변조도 불가능하므로 안전성을 보장받을 수 있다.

(2) **단점**: 생체인식의 오류 가능성(판단 모호성) 등 인증을 위한 임계치 설정이 어렵고, 수집된 생체 정보의 안전한 저장 및 관리에 많은 비용이 소요되고 표준화가 어렵다.

4. 생체인식 기술 적용시 고려사항(생체인식 평가항목)

특성	주요내용
보편성(University)	모든 대상자들이 보편적으로 지니고 있어야 한다.
유일성(Uniqueness)	개인별 특징이 확연히 구별되어야 한다.
영구성(Permanence)	시간에 따른 변화가 없는 영속적인 특성이어야 한다.
획득성(Collectability)	정량적으로 측정이 가능한 특성이어야 한다.
성능(Performance)	환경변화와 무관하게 개인 확인 및 인식성이 높아야 한다.
수용성(Acceptance)	사용자의 거부감이 없어야 한다.
오수락율 (FAR; False Acceptance Rate)	본인의 것이 아닌 생체인식 정보를 본인의 것으로 잘못 판단할 확률을 최소화해야 한다.
오거부율 (FRR; False Rejection Rate)	본인의 생체정보를 본인이 아닌 것으로 잘못 판단할 확률을 최소화해야 한다. 오거부율과 오인식률 중에서는 오인식율의 최소화에 신경을 더 써야 한다.

5. 생체인식 기술의 유형별 장·단점

유형	장점	단점	주 응용분야
지문	낮은 에러율, 높은 인식률, 비용저렴, 소형화	지문 훼손 시 인식불가	공항 내 자동 출입국 심사·보안 게이트
홍채	위조가 불가능하고 매우 안정적, 콘택트렌즈 착용 시에도 활용 가능, 영속적	인식방법에 따라 사용자 거부감, 고가의 시스템 구축비용	신분확인, 위치확인, 공공기관 출입통제, 요금 정산의 수단
정맥	지문이 없는 경우에 활용 가능, 변형 가능성이 적고 복제가 불가능	정맥 추출 난해, HW구성 및 소형화 곤란, 구축비용이 매우 높음	은행ATM, PC/단말기 로그인, 근태관리, 결제, 회원관리
얼굴	사용자의 거부감이 적음, 사용자의 사후 추적 가능	주위 조명·환경에 민감, 성형 수술 등 얼굴 변화에 따른 구분이 어려움	범죄단속, 보안인증, 출입통제 업무
음성	기기의 손쉬운 사용, 저비용, 신체적 결함에 비종속적	사용자에 따른 인식률 차이, 주변 잡음 등에 영향 받음	휴대폰 음성인식, 콜센터 음성처리

6. 생체인식의 정확도

(1) 개관

① 생체인식에서는 개인의 신체적 특성은 디지털로 표현되고 개인별로 단일 디지털 표현 혹은 탬플릿 형태로 DB에 저장하여 놓는다. 사용자가 인증하려 할 때, 시스템은 저장된 정보 집합과 제공된 정보 집합의 일치 여부를 비교한다.

② 인증 시스템은 일치점수(Matching Score, 보통 숫자로 표현) 생성 알고리즘을 이용하여 저장 정보와 입력 정보의 유사정도(정확도)를 측정한다.

③ 생체인식 시스템은 통계 알고리즘에 의존하고 있으므로 단독으로 사용될 경우 100% 신뢰할 수 없다. 그 이유는 오수락률(FAR; False Acceptance Rate)과 오거부율(FRR; False Rejection Rate)에 있다.

(2) 오수락률(FAR)과 오거부율(FRR)

① 정의

　　㉠ 오거부율(FRR): 등록된 사용자를 거부할 확률이다. $FRR =$ (접근거부 횟수/접근시도 횟수)와 같이 수식화가 가능하다.

　　㉡ 오수락률(FAR): 허가받지 않은 사용자가 시스템에 접근할 수 있는 확률을 말한다.

② 오수락율(FAR)과 오거부율(FRR)의 관계

　　㉠ FAR과 FRR은 서로 독립적이고 반비례한다. 따라서 FAR이 낮을수록 해당 FRR이 높고, 반대로 FRR이 낮을수록 해당 FAR은 높다. 그런 의미에서 FAR과 FRR은 상호의존적이 아니라 반비례 관계에 있다.

　　㉡ 즉, FAR이 높아지면 FRR이 낮아지므로 인가된 사용자를 거부하는 상황이 초래된다.

　　㉢ 보안적인 측면만 고려한다면 FAR을 낮추고 FRR을 높이는 것이 안전하지만, 인가된 사용자가 거부되는 상황을 염두에 두어야 한다.

7. 다중 생체인식 인증 기술

(1) 기본 개념: 지금의 각 생체 인식 기술들은 각기 에러율을 가지고 있으므로 단독으로 사용하기에는 한계점을 가지고 있다. 따라서 보다 안전한 생체인식 인증 시스템을 구성하기 위해 여러 생체인식 기술들의 장점을 채택하여 인식률을 높이는 기술이 다중 생체인식 인증 기술이다.

(2) 다중 생체인식(Multimodal Biometrics) 인증 기술의 종류

① 다중 생체정보 이용: 지문과 얼굴, 얼굴과 음성 등의 특징들을 결합한 인증이다.

② 다중모듈 이용: 지문센서의 경우 모든 손가락의 지문을 인식하거나 홍채의 경우, 두 눈의 홍채 패턴을 동시에 인식하는 방법으로 다중센서를 이용한다.

③ 다중 획득 이용: 생체특징정보를 여러 번 반복하여 인식하는 방법으로 에러율을 줄이기 위해 사용한다.

④ 다중 센서 이용: 한 가지 생체정보를 획득하는 과정에 여러 방식의 센서를 사용하는 것이다. 예를 들어 지문의 경우 반도체식, 광학식, 초음파등의 방법을 사용하여 동일한 지문을 획득하는 방법이다.

03　통합 인증체계(SSO; Single Sign On)

① 개요

1. 통합인증체계(SSO)의 정의

(1) 의의: 모든 인증을 하나의 시스템에서 하기 위한 목적으로 개발된 인증 시스템으로 한 번의 시스템 인증을 통해 접근하고자 하는 다양한 정보시스템에 재인증 절차 없이 접근할 수 있도록 하는 통합 로그인 솔루션이다.

(2) SSO의 반대 개념: Single Sign Off는 단일 서명 작업으로 여러 소프트웨어 시스템에 대한 접근 권한을 제거하는 작업이다. 여러 개의 사이트를 운영하는 대기업이나 인터넷 관련 기업이 회원을 통합 관리할 필요성이 생김에 따라 개발된 방식으로 1997년 IBM이 개발하였다.

2. 통합인증체계(SSO)의 특징(장 · 단점)

(1) 장점

① SSO를 사용하는 사용자는 여러 사이트에 접속하기 위해 ID와 비밀번호를 비롯한 개인정보를 각각의 사이트마다 입력해야 했던 불편함을 해소할 수 있다.

② 기업 입장에서는 회원에 대한 통합 관리가 가능해 마케팅과 서비스를 극대화할 수 있으며 중앙집중 관리를 통한 효율적인 관리가 가능하다.

(2) 단점

① 한 번의 인증으로 모든 서비스를 사용할 수 있기 때문에 보안에 문제가 생길 수 있다.

② SSO 서버가 단일 실패지점(SPoF; Single Port of Failure)으로 ID 및 패스워드 노출 시 전체시스템이 위협할 수 있다.

② 최초 로그인시 OTP 등을 이용한 다중 인증 및 최초 인증을 통과한 이후라도 재인증을 요구하는 지속적인 인증과정이 필요하다.

3. SSO 구성요소

(1) 사용자: 개별 ID 및 패스워드로 로그인을 시도한다.

(2) 인증 서버(SSO 서버): 접근통제 리스트(ACL)를 통한 통합 인증 서버다. 사용자가 ID와 패스워드를 입력하면 LDAP에 이 정보를 보내 정당한 사용자인지 확인한다.

(3) LDAP(Lightweight Directory Access Protocol): 네트워크상의 자원을 식별하고 인가된 사용자인지 아닌지를 판단해주는 디렉토리 서비스이다.

(4) SSO Agent: 각 정보시스템에 자동인증 정보(Token)를 송수신하는 역할을 수행한다.

〈 SSO 구성도 〉

4. SSO 인증절차

(1) 처음에 클라이언트가 서버에 연결을 요청한다(그림의 1단계).

(2) 서버는 클라이언트로 하여금 SSO 서버로부터 인증을 받은 후 접속을 요청하도록 한다(그림의 2단계).

(3) 클라이언트가 SSO 서버로부터 인증을 받으면(그림의 3단계, 4단계) SSO 서버와 연결된 서버 1, 2, 3 에도 별도의 인증 과정 없이 접속할 수 있다(그림의 5단계).

(4) 이러한 접속 형태의 대표적인 인증방법으로 커버로스(Kerberos)를 이용한 윈도우 액티브 디렉토리 (Active Directory)가 있다.

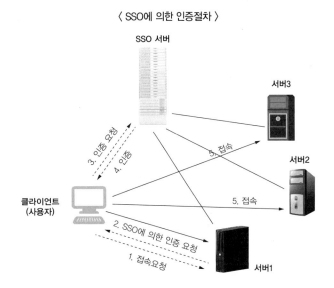

〈 SSO에 의한 인증절차 〉

2 커버로스(Kerberos)

1. 개요

(1) 1980년대 중반 미 MIT대의 Athena Project에 의해 개발된 커버로스는 중앙집중형 인증방식으로 한 번의 인증으로 여러 서비스를 이용할 수 있는 통합 인증(SSO) 기능을 제공한다.

(2) 또한 대칭키 암호기법을 기반으로 하는 티켓 기반 인증 프로토콜로서 윈도우 서버 운영체제의 기본 인 증방법으로 활용되고 있으며 분산 환경을 위한 SSO의 대표적인 예이다.

2. Kerberos의 구성요소

구성 요소	설명
KDC (Key Distribution Center)	• Kerberos 내에서 가장 중요한 역할을 수행 • 모든 사용자와 서비스의 암호화 키를 보유한다. 인증서버(AS)와 티켓 발급 서버(TGS)로 구성 • 모든 사용자와 서비스의 비밀키(secret key)를 보관 • 사용자가 입력한 패스워드는 비밀키로 변환되어 인증서버–사용자 간 소통자료 보호를 위한 키로 사용
AS (Authentication Server)	• 실질적으로 인증을 실행하는 인증 서버 • 사용자 입장에선 AS에 한번 로그인하면 인증 과정이 종료
TGS (Ticket Granting Server)	AS에서 인증받은 사용자들에게 필요한 서비스 티켓을 부여하고 분배하는 역할을 수행

Ticket	사용자들에게 신원과 인증을 확인하는 토큰, 사용자가 다른 주체들과 통신 시 패스워드 재입력을 필요하지 않게 함
Principals	인증을 위하여 Kerberos 프로토콜을 사용하는 모든 실체

3. Kerberos 동작 방식

AS는 모든 사용자의 패스워드를 알고 있으며, 중앙저장소에 저장된다. 이때 중앙저장소는 분산 환경에서의 인증 및 권한을 위해 설계된 LDAP를 주로 사용한다.

〈 Kerberos 동작 흐름 〉

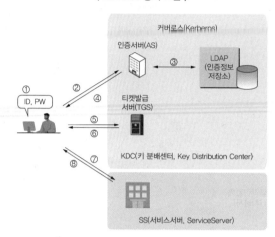

(1) 사용자가 ID 및 패스워드 또는 공개키로 로그인을 시도한다.

(2) 클라이언트는 사용자 ID를 인증서버(AS; Authentication Server)로 전송한다.

〈 Kerberos 세부 동작과정 〉

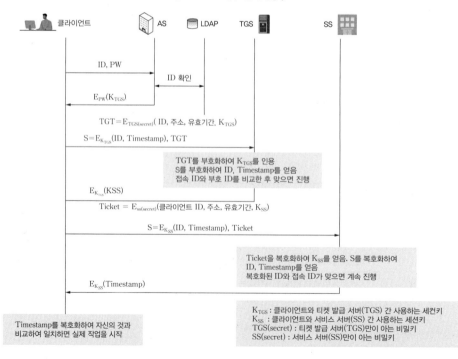

(3) 인증서버는 인증정보 저장소(LDAP)에 '접속 ID'가 있는지 확인한다.

(4) 확인결과 '접속 ID'가 존재한다면 '사용자와 티켓 발급 서버(TGS)간에 사용 할 세션키(K_{TGS})'와 '티켓 발급용 티켓(TGT; Ticket Granting Ticket)'을 반환한다.

① K_{TGS}는 사용자 패스워드로 암호화된다[$E_{PW}(K_{TGS})$].

② TGT는 '접속ID, 주소, 유효기간, K_{TGS}'로 구성되며 TGS만이 알고있는 비밀키(TGS_{secret})로 암호화된다.

$$TGT = E_{TGS_{secret}}(\text{접속ID, 주소, 유효기간, } K_{TGS})$$

(5) 클라이언트는 다음의 두 데이터를 티켓 발급 서버(TGS)에 보낸다.

① 자신의 ID와 Timestamp를 K_{TGS}로 암호화한 인증자 S

$$S = E_{K_{TGS}}(\text{ID, Timestamp})$$

② 티켓 발급용 티켓(TGT)

(6) 티켓 발급 서버(TGS)는 TGT를 복호화하여 K_{TGS}를 얻고 S를 복호화하여 ID와 Timestamp를 얻는다. 복호화한 ID가 클라이언트 ID와 일치할 경우 다음의 두 메시지를 클라이언트에 보낸다.

① K_{TGS}로 암호화한 '클라이언트–서비스 서버 간 사용할 세션키(K_{SS})'

$$E_{K_{TGS}}(K_{SS})$$

② '클라이언트 ID, 주소, 유효기간, K_{SS}'를 '서비스 서버 비밀키(SS_{secret})'로 암호화한 Ticket

$$Ticket = E_{SS_{secret}}(\text{클라이언트 ID, 주소, 유효기간, } K_{SS})$$

(7) 클라이언트는 $E_{K_{TGS}}(K_{SS})$를 복호화하여 K_{SS}를 얻는다. 그리고 ID와 Timestamp를 K_{SS}로 암호화한 인증자 S와 Ticket을 서비스 서버로 보낸다.

$$S = E_{K_{SS}}(\text{ID, Timestamp})$$

(8) 서비스 서버(SS)는 Ticket 인증자(S)를 복호화하여 ID와 Timestamp를 얻는다. 클라이언트 ID가 일치할 경우 Timestamp를 SS세션키로 암호화하여 반환한다.

$$E_{K_{SS}}(\text{Timestamp})$$

(9) 클라이언트는 전달받은 Timestamp와 자신이 인증자에 담아 보냈던 Timestamp의 값을 확인하여 일치하는 경우 실제 작업을 시작한다.

4. Kerberos 버전(v4, v5)별 주요 특징

(1) Kerberos는 Needham-Schroeder의 인증 모델을 근거로 하여 설계되었으며, 현재는 Kerberos 버전4와 버전5가 사용되고 있다. Kerberos 버전5의 경우 문서 표준화 RFC 1510으로 발표되었다.

(2) 암호화 시스템 의존성

① Kerberos는 기본적으로 대칭키 암호를 사용한다.

② 버전4는 세션키를 연속 사용하므로 재전송 공격이 가능하나, 버전5에서는 단 1회만 사용한다.

③ 버전4는 DES를 사용하는 반면 버전5는 모든 종류의 대칭키 암호기술을 사용한다.

(3) 인터넷 프로토콜 의존성

① 버전4에서는 인터넷 프로토콜 주소만을 사용해야 하므로 ISO 네트워크 주소와 같은 다른 유형의 주소는 수용하지 못한다.

② 버전5는 네트워크 주소에 그 유형과 길이를 표시하게 되어 있어 어떤 유형의 네트워크 주소도 사용할 수 있다.

(4) 티켓 유효기간

① 버전4에서 유효기간 값은 5분 단위로 8비트를 사용하여 부호화하였다. 최대 유효기간은 $2^8 \times 5 = 1,280$분으로 대략 21시간이 넘는 시간이다.

② 버전5에서는 티켓에 명확한 시작 시간과 만료 시간을 명시하므로 유효기간이 따로 없다.

5. Kerberos 취약점

(1) 단일 실패지점(SPoF; Single Point of Failure)이 존재한다. KDC가 SPoF이기 때문에 이 서버가 다운되면 기존에 이미 로그인된 유저를 제외한 새롭게 로그인을 시도하는 유저가 서버에 접속하는 것이 불가능해진다.

(2) AS, TGS, SS간에 서로 비밀키를 미리 알고 있어야 하기 때문에 동기화 이슈가 존재한다.

(3) 인증이 한번 완료되면 유효기간이 존재하긴 하지만 티켓이 클라이언트에 보관되므로 티켓이 탈취될 가능성이 있다.

(4) 사용자의 비밀키, 세션키가 사용자의 워크스테이션에 임시로 저장되기 때문에 침입에 취약하며 사용자가 패스워드를 바꾸면 비밀키도 변경해야 하는 번거로움이 있다.

3 세서미(SESAME)

1. SESAME(Secure European System for Applications in a Multi-Vendor Environment)는 Kerberos의 기능을 확장하고 약점을 보완하기 위해 유럽에서 제안된 SSO 기술로서, 비밀키 분배에 공개키 암호화 기법을 사용한다.

2. 전체적으로는 대칭 및 비 대칭키 암호화 기술에 기반한 인증서비스를 제공한다.

3. 사용자들에게 신원과 인증을 확인하는 방법으로 PAC(Privileged Attributed Certificate)이라는 티켓을 발행하여 인증 과정에서 사용자의 권한 부여를 관리한다.

4. PAC은 주체의 신원, 객체에 대한 접근 능력, 접근기간 그리고 PAC의 유효기간을 포함한다.

01 일방향 해시함수를 사용하여 비밀번호를 암호화할 때 salt라는 난수를 추가하는 이유는?

① 비밀번호 사전공격(Dictionary attack)에 취약한 문제를 해결할 수 있다.
② 암호화된 비밀번호 해시값의 길이를 줄일 수 있다.
③ 비밀번호 암호화의 수행 시간을 줄일 수 있다.
④ 비밀번호의 복호화를 빠르게 수행할 수 있다.

02 커버로스(Kerberos) 프로토콜에 대한 설명으로 옳지 않은 것은?

① 양방향 인증방식의 문제점을 보완하여 신뢰하는 제3자 인증 서비스를 제공한다.
② 사용자의 패스워드를 추측하거나 캡처하지 못하도록 일회용 패스워드를 제공한다.
③ 버전5에서는 이전 버전과 달리 DES가 아닌 다른 암호 알고리즘을 사용할 수 있다.
④ 클라이언트는 사용자의 식별정보를 평문으로 인증서버(Authentication Server)에 전송한다.

정답 및 해설

01 　　　　정답 ①

사전공격이란 미리 키 후보를 계산해서 준비해두는 방법으로 동일한 키라도 salt값을 사용하면 상이한 값이 나오기 때문에 사전공격 또는 레인보우테이블 공격을 막을 수 있다.

02 　　　　정답 ②

커버로스는 대칭키 암호를 사용하고 점대점 보안을 제공한다. 비록 인증을 위해 패스워드의 사용을 허용하지만, 특별히 네트워크를 통해 패스워드를 전송해야 할 필요성이 없도록 설계되었다. 대부분의 커버로스 구현은 일회용 패스워드가 아닌 공유된 비밀키를 가지고 동작한다.

03 다음 중 커버로스(Kerberos) 인증 프로토콜에 대한 설명으로 옳은 것은 모두 몇 개인가?

> **보기**
>
> 가. 커버로스는 개방형 분산 통신망에서 클라이언트와 서버간이 상호 인증을 지원하는 인증 프로토콜이다.
> 나. 커버로스를 통해 데이터의 기밀성과 무결성을 보장할 수 있다.
> 다. 커버로스는 타임스탬프(Timestamp)를 이용하므로 다른 사람이 티켓을 복사하여 재사용하는 것을 방지할 수 있다.
> 라. 커버로스는 세시미(SESAME)의 기능을 확장하고 약점을 보완하기 위해 개발된 것이다.

① 1개 ② 2개
③ 3개 ④ 4개

04 일회용 패스워드(One Time Password)의 생성 및 인증 방식 중 시간 동기화 방식에 대한 설명으로 가장 옳지 않은 것은 무엇인가?

① OTP 생성 매체와 인증 서버의 시간 정보가 동기화되어 있어야 한다.
② 일정 시간 이상 인증을 받지 못하면 새로운 비밀번호 생성 시까지 기다려야 하는 문제점이 있다.
③ 질의응답 방식보다 사용은 간편하지만, 호환성이 낮다.
④ RSA사에서 만든 Secure ID가 대표적이다.

05 커버로스(Kerberos)에 대한 설명으로 옳지 않은 것은?

① 신뢰받는 제3자인 키 배포 기관이 구성원들 중간에 개입하는 방법이다.
② 커버로스는 세션 키를 이용한 티켓 기반 인증 기법을 제공한다.
③ 인증 서버가 사용자에게 발급한 티켓(즉, 티켓-승인 티켓)은 유효기간 내에 재사용할 수 있다.
④ 분산 시스템 환경에서 SSO(Single Sign On) 시스템을 구축할 수 있다.

06 사용자 인증에 사용되는 기술이 아닌 것은?

① Snort
② OTP(One Time Password)
③ SSO(Single Sign On)
④ 스마트 카드

07 생체 인식 시스템은 저장되어 있는 개인의 물리적 특성을 나타내는 생체정보 집합과 입력된 생체정보를 비교하여 일치 정도를 판단한다. 다음 그림은 사용자 본인의 생체정보 분포와 공격자를 포함한 타인의 생체정보 분포, 그리고 본인 여부를 판정하기 위한 한계치를 나타낸 것이다. 다음 중 〈보기〉에서 그림 및 생체 인식 응용에 대한 설명으로 옳은 것만을 고른 것은?

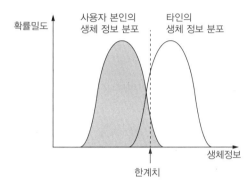

보기

ㄱ. 타인을 본인으로 오인하는 허위 일치의 비율(False Match Rate, False Acceptance Rate)이 본인을 인식하지 못하고 거부하는 허위 불일치의 비율(Ralse Non-match Rate, False Rejection Rate)보다 크다.
ㄴ. 한계치를 우측으로 이동시키면 보안성은 강화되지만 사용자 편리성은 저하된다.
ㄷ. 보안성이 높은 응용프로그램은 낮은 허위 일치 비율을 요구한다.
ㄹ. 가능한 용의자를 찾는 범죄학 응용프로그램의 경우 낮은 허위 일치 비율이 요구된다.

① ㄱ, ㄷ   ② ㄱ, ㄹ
③ ㄴ, ㄷ   ④ ㄴ, ㄹ

---

03   정답 ③

SESAME는 커버로스(Kerberos)의 기능을 확장하고 약점을 보완하기 위해 유럽에서 제안된 SSO 기술로서 대칭키 및 비대칭키 암호화 기법을 사용하여 인증서비스를 제공한다.

04   정답 ③

시간동기화 방식의 장점은 질의값 입력이 없어 질의응답 방식보다 사용이 간편하다는 것이다. 또한 질의응답 방식에 비해 호환성이 높다.

05   정답 ④

커버로스는 대칭키 암호기법을 기반으로 하는 티켓 기반 인증 프로토콜로서 분산 환경을 위한 SSO의 대표적인 예이다.

06   정답 ①

① Snort는 실시간 트래픽 분석과 IP 네트워크에서의 패킷 처리를 담당하는 대표적인 공개 네트워크 침입탐지시스템(IDS) 소프트웨어로 실시간 트래픽 분석과 libpcap 기반의 네트워크 스니퍼이다.

07   정답 ①

• 오거부율(FRR)은 등록된 사용자를 등록된 사용자가 아니라고 판단하는 확률로서 사용자 본인의 생체정보 그래프에서 한계치를 벗어난 오른쪽 부분이 이에 해당된다.
• 오수락률(FAR)은 허가받지 않은 사용자가 시스템에 접근할 수 있는 확률로서 타인의 그래프에서 자신의 그래프의 한계치 왼쪽으로 넘어온 부분이 이에 해당된다.
ㄱ. 오인식률(FAR)이 오거부율(FRR)보다 크다.
ㄷ. 보안성이 높은 응용 프로그램은 오 인식율이 매우 낮아야 한다. 즉 허위 일치 확률이 낮아야 한다.
ㄴ. 한계치를 오른쪽으로 이동시키면 오 거부율은 매우 낮아져 쉽게 인증이 가능해 사용자 편리성이 증대된다. 하지만 오인식률이 높아져 보안성이 약해진다.
ㄹ. 가능한 용의자를 찾아야 상황에서는 조금이라도 용의자라 의심가는 경우는 모두 조사를 해야 한다. 따라서 범인이 아닌데 범인 이라고 의심하는 오 인식률(허위 일치 비율)이 높아야 한다.

PART
03

접근통제 보안 모델

01 접근통제의 모델

1 개관

접근통제 모델이란 주체가 어떻게 객체에 접근하는지를 설명하는 모델(프레임워크)을 말하는 것으로 크게 규칙기반, 신분기반 또는 역할에 기반한 접근통제로 분류할 수 있다.

1. 규칙기반 접근통제(MAC; Mandatory Access Control)

(1) 객체에 포함된 정보의 비밀성과 이러한 비밀성의 접근정보에 대하여 주체가 갖는 권한을 근거로 객체에 대한 접근을 제한하는 방법으로, 강제적 접근통제라고도 한다.

(2) MAC의 대표적인 모델은 BLP(Bell-LaPadula)모델, Biba 무결성(Integrity) 모델, 클락-윌슨(Clark-Wilson) 모델 등이 있다.

2. 신분기반 접근통제(DAC; Discretionary Access Control)

(1) 주체 또는 그들이 속해있는 그룹들의 신원에 근거하여 객체에 대한 접근을 제한하는 방법으로 임의적 접근통제라고도 한다.

(2) 윈도우, 리눅스, 매킨토시, 유닉스 그리고 DB시스템과 같은 대부분의 운영시스템이 이에 기반하고 있다.

> **더 알아보기**
>
> 만리장성(Chinese Wall) 모델
> 브루어-내시(Brewer and Nash) 모델을 일반적으로 만리장성(Chinese Wall) 모델이라고 부르며 DAC과 MAC을 혼용하였다.

3. 역할기반 접근통제(RBAC; Role Based Access Control)

(1) 중앙관리자가 주체와 객체의 상호관계를 통제하며 조직 내에서 맡은 역할에 기초하여 자원에 대한 접근을 제한하는 방법이다.

(2) RBAC의 대표적인 모델은 Role-Based 모델, Task-Based 모델, Lattice -Based 모델 등이 있다.

2 강제적(규칙기반) 접근통제(MAC; Mandatory Access Control)

1. 개요

(1) **의의**: 사용자의 의도와는 관계없이 의무적으로 접근을 제어하는 규칙으로 보안 레이블과 보안 허가증을 비교하여 접근 제어를 한다. 즉, 비밀성을 갖는 객체에 대하여 주체가 갖는 권한에 근거하여 객체에 대한 접근을 허용한다.

> **더 알아보기**
>
> **보안 레이블(Label)과 보안 허가증**
> 보안 레이블(Label)이란, 특정 시스템 자원이 얼마나 중요한 자원인지를 나타내는 정보이고, 보안 허가증은 어떤 시스템 객체가 특정 자원에 접근할 수 있는지를 나타내는 정보이다.

(2) 전통적 MAC 시스템은 다중수준 보안(MLS; Multilevel Security)에 기인하며 이것은 서로 다른 분류 수준에 있는 데이터가 보호되는 방법을 지시한다.

(3) 또한 규칙기반 접근통제는 강제적 통제 유형이며 이는 관리자가 규칙을 설정하고 사용자들은 이러한 통제를 수정할 수 없다.

2. 특징(장·단점)

(1) **장점**: 매우 엄격한 접근통제 모델이라 보안성이 좋고, 중앙 집중식 관리 형태라 모든 객체에 대한 관리가 용이하다.

(2) **단점**: 모든 접근에 대해 레이블링을 정의하고 보안 정책을 확인해야 하므로 성능 저하가 발생할 수도 있다. 주로 군 시스템에 사용되며 상업적인 분야에서는 적용하기가 어렵다. 또한 모든 접근에 대해 레이블링을 정의하고 보안 정책을 확인해야 하기 때문에 성능 저하가 우려된다.

3 임의적(신분기반) 접근통제(DAC; Discretionary Access Control)

1. 개요

(1) **의의**: 주체 또는 그들이 속해 있는 그룹의 신분(신원)에 근거하여 접근통제 목록(ACL)을 통해 객체의 소유자가 객체에 대한 접근을 통제하는 것으로 어떤 객체에 대하여는 접근권한을 추가하거나 철회할 수도 있다.

(2) 주체의 식별자(ID)만을 근거로 삼고 있어 하나의 주체 대 객체 단위로 제한을 설정할 수 있다. 임의적 접근통제의 유연성은 다양한 형태의 시스템과 응용에 적용하여 상업적이거나 기업적인 환경에서 다양하게 구현될 수 있다.

(3) DAC은 Lampson에 의해 제안된 접근통제 매트릭스를 구현하기 위해 개발된 정책으로 미 국방성 TCSEC의 접근통제 표준 중 하나로 정의되었다.

2. 특징

파일 및 디렉토리 단위로 보안설정이 가능하여 대부분의 컴퓨터 운영시스템(윈도우즈, 유닉스, 리눅스, 매킨토시 등) 및 DB 시스템은 DAC에 기반한다. 그러나 중앙 집중적이지 않다. 사용자에게 동적으로 정보 접근이 가능하여 분산형 보안관리가 가능하다.

3. 장 · 단점

(1) 장점: 객체별로 세분화된 접근제어가 가능하여 유연한 접근 제어 서비스를 제공할 수 있다.

(2) 단점

① 사용자 자신의 자원에 대한 접근 제어를 개별적으로 수행하므로 시스템 전체 차원의 일관성 있는 접근 제어가 부족할 수 있다.

② 신분이 접근통제 과정에서 매우 중요한 정보이므로 다른 사람의 신분을 이용하여 불법적인 접근이 이루어진다면 접근통제 본래의 기능에 중대한 결함이 발생할 수 있다.

③ 멀웨어는 DAC 시스템에 있어서 치명적이고, 바이러스, 웜, 루트킷은 DAC 시스템에 설치되어 응용 프로그램으로도 실행될 수 있고 트로이목마 공격에 취약하다.

4. DAC의 접근통제 기법

(1) 접근제어 행렬(Access Control Matrix)에 의한 접근통제

① 예를 들어 행렬의 한쪽 차원(행, row)은 자원에 접근을 시도하려는 주체, 다른 쪽 차원(열, column)은 접근이 되는 객체(레코드, 파일 등)로 놓고 교차 지점에 접근 권한을 부여함으로써 각 객체에 대한 주체의 접근 권한을 알 수 있다.

② 〈접근제어 행렬 구조 예시〉를 보면 사용자 A는 파일 1, 3에 대한 소유자이면서 읽기/쓰기 권한을 가지고 있음을 알 수 있다.

〈 접근제어 행렬 구조 예시(p: 소유, r: 읽기, w: 쓰기) 〉

구분		객체			
		파일1	파일2	파일3	파일4
주체	사용자 A	p, r, w	–	p, r, w	–
	사용자 B	r	p, r, w	w	r
	사용자 C	r, w	r	–	p, r, w

(2) 가용성 티켓(Capability Tickets, 자격목록, 권한리스트)

① 권한은 주체가 객체에 대해 갖는 접근 권한을 의미하며, 가용성 티켓(자격목록)은 한 주체가 갖는 권한들의 리스트이다. 가용성 티켓은 접근제어 행렬을 행 단위로 관리하는 것과 같다.

② 가용성 티켓은 콘텐츠의 보안성을 보장받지 못하는 분산 환경에 적합하다.

③ 커버로스를 사용하는 환경에서 가용성 티켓은 어느 사용자가 어떤 객체를 어느 수준에서 접근할 수 있는 지를 지정한다. 접근통제는 이러한 티켓을 기반으로 한다.

(3) 접근제어 목록(ACLs; Access Control Lists)

① ACLs은 객체의 관점에서 어떠한 주체가 어떤 접근 권한을 갖는지를 명시한 것이다. 즉, 객체 중심으로 하나의 객체에 대한 접근 권한을 갖고 있는 주체들의 모임을 나타낸다.

② 즉, 객체 중심으로 하나의 객체에 대한 접근 권한을 갖고 있는 주체들의 모임을 나타낸다.

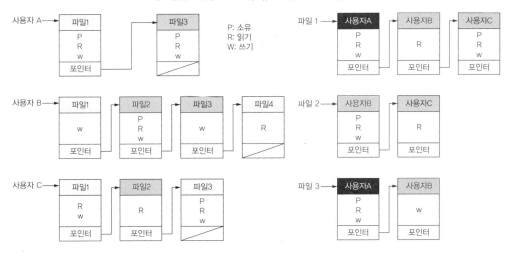

4 역할기반 접근통제(RBAC; Role Based Access Control)

1. 개요

(1) 의의: 다중 사용자·프로그래밍 환경에서의 보안처리를 위하여 제안된 방식으로 사용자의 역할에 기반을 두고 접근을 통제하는 모델로서 강제적 접근제어(MAC)와 임의적 접근제어(DAC)를 보완한 방식이다.

(2) 즉, DAC은 사용자가 소유하고 있는 자원의 흐름을 제어할 수 없고 MAC은 자원의 접근에 대한 유연성이 부족해서 군대와 같은 제한된 환경에서 구현되고 있다.

(3) 따라서 복잡 다양화되고 있는 현실적 조직체계에 적합한 접근통제 모델로 사용자, 역할 및 자원의 흐름에 기반한 역할기반 접근통제 모델이 탄생하게 되었다.

2. RBAC 모델의 특징

(1) 사용자에게 할당된 역할에 기반하여 접근을 통제하며 중앙에서 집중적으로 관리한다.

(2) RBAC의 핵심 개념은 권한을 역할과 연관시키고, 사용자들이 적절한 역할을 할당받도록 하여 권한 관리를 용이하게 한다.

(3) 그룹은 사용자들의 집합이고 권한들의 집합은 아니지만, 역할은 사용자들의 집합이면서 권한의 집합이라고 말할 수 있다.

(4) DAC과 MAC의 단점을 보완한 접근통제 기법으로 주체의 인사이동이 잦은 조직에 적합하며 최근 가장 많이 사용하는 통제방식이다.

3. 사용자, 역할 그리고 자원

(1) RBAC 시스템은 각각의 사용자에게 접근 권한을 할당하는 것이 아니라 역할에 접근 권한을 할당한다. 이후, 사용자는 책임과 자질에 따라 각자 다른 역할에 할당되게 된다.

(2) 사용자는 조직의 구성원이나 프로세스 등 조직의 자원에 대한 접근을 요청하는 모든 개체를 말하며, 역할은 조직의 직무나 책임 등을 반영하여 설정한 추상화 개념으로 설명할 수 있다.

(3) 권한은 조직의 자원에 대한 오퍼레이션 관계를 추상화한 개체이다. 사용자는 조직 내에서 적절한 역할에 할당된다. RBAC에서 역할과 접근권한의 설정은 관라자에 의해 이루어지고 사용자가 임으로 접근권한을 설정하는 것은 허락되지 않는다.

(4) 사용자의 직무가 변하면 사용자와 역할간의 할당 관계만 재정의하면 피.시 때믄에 뮌한 관리가 뵹이하여 관리업무의 효율성을 가져올 수 있다.

〈 RBAC의 사용자, 역할 그리고 자원 〉

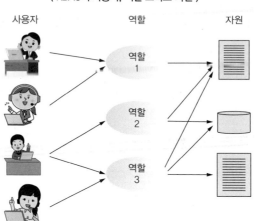

4. RBAC 장점

관리자 입장에서 편리한 관리가 가능하며, 사용자와 자원간에 역할을 두어 이를 활용함으로써 업무의 효율성을 꾀할 수 있다.

〈 MAC, DAC, RBAC 비교 〉

항목	MAC	DAC	RBAC
권한 부여	관리자(System)	소유자(Data Owner)	중앙 관리자(Central Authority)
접근 결정	보안 레이블(Security Label)	신분(Identity)	역할(Role)
정책 유형	강력한 보안, 경직	유연	유연
장점	안전/안정	유연함, 구현 용이	유연함, 관리 용이
단점	구현 및 운영의 어려움, 성능 저하, 고가의 비용	멀웨어에 취약, 신분 도용에 대한 대처법이 없음	상황정보 등이 접근정책에 반영되기 어려움(유비쿼터스 환경에 적합하지 않음)
적용 사례	방화벽	ACL	HIPAA

1 개요

1. 우리는 앞에서 객체에 대한 접근통제를 규칙, 신분, 사용자 역할에 의해 MAC(강제적 접근통제), DAC(임의적 접근통제) 및 RBAC(역할기반 접근통제)으로 분류할 수 있음을 알았다.

2. 즉, MAC/DAC/RBAC는 접근통제 정책이고 이를 구체적으로 실현시키기 위해 BLP, 비바(Biba), 클락-윌슨(Clark-Wilson) 및 만리장성 모델과 같은 보안 모델이 제안되었다.

   (1) 이중 BLP/Bida 모델은 복호 정책으로 MAC을 채택하였으며 주로 군사 분야에 적용 가능한 스킴이다.

   (2) Clark-Wilson 모델은 DAC을 통해 객체 복호를 수행하며 주로 일반 상업분야에 적합한 스킴이다.

   (3) 만리장성 모델은 MAC 및 DAC에 기반한 정보흐름 모델을 기반하고 있다.

2 벨라파둘라 모델(BLP; Bell-La Padula Model) - MAC

1. 개요

   (1) BLP 모델은 기밀성을 강조하는 모델로 규칙기반(강제적) 접근통제(MAC)에 기반하고 있다. 즉, 허가된 비밀정보에 허가되지 않은 방식의 접근을 금지하며 기밀성을 강조하는 최초의 수학적 모델이다.

   (2) 각 주체와 객체는 보안클래스(Security Class)를 할당받는다. 이 모델에서 주체는 객체와 주체에 지정된 기밀성 등급에 근거하여 객체에 접근한다.

   (3) 또한 사용자들이 서로 다른 허가를 가지고 시스템을 사용하고 시스템은 서로 다른 분류 수준에 있는 데이터를 처리하기 때문에 '다중수준 보안시스템'이라고도 부른다.

2. 보안규칙

   (1) No read up: 주체는 같거나 낮은 보안 수준의 객체만 읽을 수 있다. 단순 보안속성(as-property, simple security property)으로 불린다.

   예 2급 비밀 인가를 가진 주체는 일반정보와 2, 3급 비밀을 읽을 수 있으나, 1급 비밀을 읽을 수는 없음

   (2) No write down: 주체는 같거나 높은 보안수준의 객체에게만 쓸 수 있다. 스타 무결성 속성(*-ingegrity property, star property)이라 불린다.

   예 2급 비밀 인가를 가진 주체는 1, 2급 비밀을 작성할 수 있으나 3급 문서와 일반문서는 만들 수 없다.

   (3) 특수*-속성 규칙: 주체가 객체에 대하여 read/write를 하기 위해서는 보안 허가(Clearance)와 보안 분류(Classification)가 동일해야 한다.

3. BLP 모델의 특징(장·단점)

   (1) 높은 기밀성: 보안단계가 높은 정보가 보안단계가 낮은 주체로 흘러가는 것을 방지하는 기밀성 유지에는 강한 특성을 보인다.

   (2) 무결성에 취약: 보안단계가 낮은 주체가 보안단계가 높은 객체에 정보의 Write가 가능하므로 무결성 유지에는 취약하다.

(3) 완벽하지 않은 기밀성: 공유 메모리 등으로 파일 공유 시 보안등급에 관계없이 자원 공유가 가능하여 기밀성이 훼손될 수 있으며 트로이목마 공격에 이용당할 수 있다.

3 비바 무결성 모델(Biba Integrity Model) – MAC

1. 개요

(1) BLP를 보완한 최초의 수학적 무결성 모델로, 무결성 3가지 목표 중 '비인가자에 의한 데이터 변형 방지'만 취급한다.

(2) BLP는 기밀성에 중점을 두었지만, 비바 모델은 부적절한 변조 방지(무결성)를 목적으로 한다. BLP의 Sensitivity Level과 Biba의 Integrity Level 방식이 유사하다.

2. 보안 규칙

(1) **단순 무결성(simple integrity)**: 객체의 무결성 수준이 주체의 무결성 수준보다 같거나 우세할 때만 주체는 객체를 읽을 수 있다.

(2) **무결성 제한(integrity confinement)**: 주체의 무결성 수준이 객체의 무결성 수준보다 우세할 때만 주체는 객체를 변경할 수 없다.

(3) **호출 속성(invocation property)**: 주체보다 높은 무결성을 갖는 주체에게 서비스를 요청할 수 없다. 주체는 낮은 무결성 수준에 대해서만 호출이 가능하다.

3. Biba 모델의 특징

(1) 정보의 무결성 보호에 중점을 둔 최초의 수학적 모델로서 BLP 모델의 단점인 무결성을 보완하였다 (무결성을 강조한 것 중, 최초로 수학적 검증을 거침).

(2) BLP 모델의 비밀 등급에 대응되는 무결성 등급을 가진다.

(3) 정보가 상위에서 하위(top-down)로 흐른다는 개념을 적용한 모델로 기밀성보다는 정보의 불법 변경을 방지하기 위한 모델로 주로 금융권 등에서 사용된다.

4 클락-윌슨 무결성(Clark-Wilson Integrity) 모델

1. 개요

(1) Biba 모델 이후에 개발된 Clark-Wilson 모델은 무결성 중심의 상업적 모델이며 무결성의 3가지 목표를 이 모델을 통해서 각각 제시하고 있다.

(2) 사용자는 임의로 데이터를 조작할 수 없고 반드시 데이터의 무결성이 유지되는 제한된 방식으로 조작되도록 관련 거래를 정형화해야 한다.

(3) 주체가 객체에 접근하기 위해서는 접근 주체가 권한을 가지고 직접 접근하는 것이 아니라 프로그램을 통해서 접근하는 것이다.

(4) Biba 모델과 비교 시, 무결성을 위한 업무용으로 사용하기에 적합한 접근통제 모델로서 금융, 회계 등 상업적 환경에 적합하게 개발되었다.

무결성의 3가지 목표
- 비인가자가 수정하는 것을 방지
- 내·외부 일관성 유지(정확한 트랜잭션)
- 합법적인 사람에 의한 불법적인 수정을 방지(직무분리)

2. 접근 통제방식

(1) 사용자들은 중대한 데이터(CDI)를 직접적으로 수정할 수 없다. 주체(사용자)는 SW로부터 인증을 받아야 하고, SW 프로시저(TP)는 사용자를 대신해 동작을 수행한다.

〈 Clark-Wilson 모델 개념도 〉

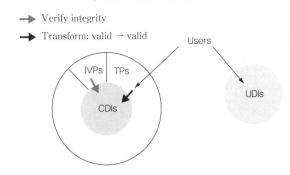

① TPs(Transformation Procedures, 변환절차): 읽기, 쓰기, 수정과 같은 프로그래밍된 추상 동작

② CDIs(Constrained Data Items, 제한된 데이터 항목): 오직 TP만이 작업할 수 있는 데이터 항목으로 무결성이 극도로 요구되는 데이터를 말한다.

③ UDIs(Unconstrained Data Items, 제한되지 않은 데이터 항목): 일반 사용자들이 조작할 수 있는 데이터 항목으로 무결성이 그다지 중요하지 않은 데이터를 말한다.

④ IVPs(Integrity Veritication Procedures, 무결성 검증절차): 외부기관에 의해 정기적으로 CDI의 무결성을 검증하는 절차, 상주하면서 CDI의 무결성 상태에 있다는 것을 검증한다.

(2) 정확한 트랜잭션(Well-known Transaction)

① TP는 입금, 인출, 이체 기능 등을 수행하는 SW 프로시저이다. TP를 이용하여 CDI를 수정하는 것을 정확한 트랜잭션(Well-known Transaction)이라고 한다. 이는 'Well-known Transaction' 데이터를 하나의 일치 상태에서 다른 일치 상태로 변경하는 일련의 동작이다.

② 내부 및 외부 일치성은 IVP를 통해서 제공되며, 이것은 데이터의 상태를 변경할 때 시스템에 저장되는 데이터를 보장한다.

3. 특징

(1) 기밀성보다 무결성에 초점을 맞추었다.

(2) 객체는 항상 프로그램을 통해서만 접근 가능하여, 데이터 접근에 관한 모든 Request와 Response가 기록(Well-known Transaction)되므로 감사(로깅)에 용이하다.

5 만리장성 모델(Chinese Wall Model, Brewer-Nash Model) - MAC, DAC

1. 개요

(1) 비즈니스 입장에서 직무 분리 개념을 적용, 이해가 충돌되는 회사 간 정보의 흐름이 일어나지 않도록 허는 정보흐름 모델을 기반으로 하고 있으며, 이 모델에서 규정하는 기밀성과 무결성은 앞에서 살펴본 3가지 스킴과는 많이 다르다.

(2) 만리장성 모델은 MAC과 DAC의 객체 접근 개념을 모두 이용하고 있으며 이해 충돌을 방지하기 위해 만리장성이라 불리는 벽을 사용하자는 것이다.

(3) 기존 접근 모델과는 달리 주체와 객체에 대해 Security Level을 설정하지 않으므로 다중 수준 보안모델이 아니다.

(4) 대신 특정 주체의 기존 접근 이력(Access History)에 따라 접근 통제를 제공한다.

2. 접근제어 정책

(1) 이 모델에서의 접근제어 기본 정책은 특정 주체가 자신이 이미 알고 있는 기존 정보와 충돌하지 않는 새로운 정보에 대해서만 접근이 허용된다.

(2) 일단, 특정 주체가 하나의 데이터 집합으로부터 정보에 접근하고 나면 동일한 이해관계 충돌 등급이 다른 데이터 집합을 보호하기 위해 벽(Wall)이 설정된다.

(3) 해당 주체는 벽의 한쪽 정보만 접근할 수 있고 다른 쪽 정보에 대한 접근은 차단된다. 그리고 새로운 충돌 등급의 데이터 집합에 대한 초기 접근은 이해관계 충돌 상황이 발생하지 않으므로 항상 허용된다.

---

03 접근통제 보안위협 및 대응책

1 패스워드 크래커

1. 사전공격(Dictionary Attack)

(1) 사전공격은 사전(辭典) 대입 공격이라고도 불리며, 사전에 있는 단어를 순차적으로 입력하여 실제 패스워드(암호키)를 찾아내는 공격법이다.

(2) 단어를 입력하는 방법 외에도 대문자와 소문자를 뒤섞기도 하고, 단어에 숫자를 첨부하기도 하는 등의 처리도 병행하면서 공격을 할 수 있다.

2. 모든 경우의 수를 대입하는 방법(Brute Force Method)

특정한 암호를 풀기 위해 가능한 모든 값을 대입하는 것을 의미하며 전수 탐색법(Exhaustive Search), 테이블 참조(Table Look-up) 방식 및 이 둘의 방법을 절충한 Time-memory Trade-off Cryptanalysis가 있다.

(1) **전수(全數) 탐색법(무차별 공격)**: 암호문이 입수되었을 때 가능한 모든 키를 대입하여 패스워드(암호키)를 탐색하는 방법으로 막대한 양의 키 탐색시간이 필요한 단점이 있다.

(2) 테이블 참조방식(Table Look-up Ethod)

① 예측 가능한 평문이 있을 때, 해당 평문에 대해 모든 가능한 패스워드(암호키)를 대입하여 암호문을 생성해놓고 이를 키 데이터와 함께 테이블에 저장해 놓는다.

② 나중에 해당 평문에 대한 암호문이 입수되면 암호문과 함께 저장되어 있는 키 데이터가 실제 패스워드(암호키)가 된다. 이 방법은 막대한 양의 저장용량이 필요한 단점이 있다.

(3) Time-memory Trade-off Cryptanalysis

① 예측 가능한 평문이 있을 때, 사전에 해당 평문에 암호키를 대입하여 암호문을 만들고 그 암호문에 해시를 하여 다음 암호키를 만든다. 이와 같은 방법을 연속 사용하여 하나의 해시 체인을 만든다. 예를 들어, 아래 그림에서는 $m_{1,0}$을 포함하여 $m_{1,1}$으로부터 $m_{1,t-1}$까지 t개의 해시값으로 구성된 데이터 열이 하나의 해시 체인이다.

② 하나의 테이블에는 이러한 해시 체인이 하나가 아닌 다수이다(아래 그림은 m개의 해시 체인으로 구성). 모든 해시 체인의 처음과 마지막 데이터만 테이블에 저장하며 중간 해시값은 저장하지 않는다.

③ 이와 같이 최초, 최종 테이블을 이용하여 암호키(패스워드)를 탐색하는 해독 방법을 TMTO라고 한다. 이러한 TMTO는 테이블 생성 시 모든 해시 체인에 동일한 함수(그림의 R)를 사용하면 해시 체인이 다르더라도 동일한 해시값이 중복되는 단점이 있다.

더 알아보기

TMTO, 전수탐색법 · 테이블 참조방식의 성능 비교와 중간 해시값의 계산

㉠ 암호키 탐색 시 테이블에 저장된 m개의 해시 체인 중 어느 하나를 선택해야 하는데 해시 기법으로 테이블을 구성하면 단 한 번의 비교만으로 선택이 가능하여 전수탐색보다 탐색시간이 $O(1/m)$으로 감소되며, 저장 용량은 테이블 참조방식보다 $O(1/t)$으로 줄어든다.

㉡ 저장되지 않은 중간 해시값($m_{1,i}$)은 해시 체인의 초기값($m_{1,0}$)으로부터 유도할 수 있다. 즉, i번째 해시값 $m_{1,i}$은 계산식 $m_{1,i} = h^{(i)}(m_{1,0})$에 의해 계산된다. 여기서 $h^{(i)} = (x)$는 x를 i번 해시한 값을 의미한다.

⟨ 레인보우 테이블 작성과정(상) 및 레인보우 테이블(하) ⟩

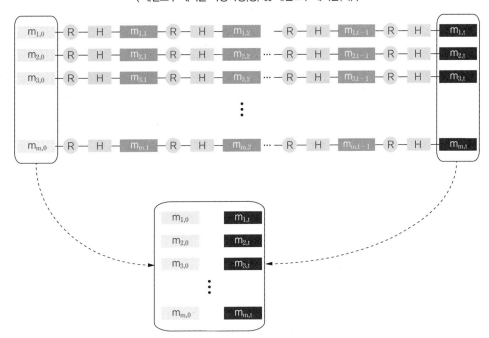

④ 레인보우 테이블: 하나의 테이블 내에서 해시 체인이 상이하더라도 동일한 해시 값이 나오는 단점을 극복하기 위해 테이블 생성 시 각 열마다 상이한 함수 $R^{(i)}(i=1, \cdots, t-1)$를 적용하여 만들어진 테이블을 레인보우 테이블이라 한다.

3. 하이브리드 공격

위의 공격방법 중 2가지를 선택, 순차적으로 적용하는 기법으로 첫 번째 방법으로 해결이 안 되면 두 번째 방법으로 공격한다. 보통 사전공격법+전수탐색법 형태가 많이 이용된다.

> **더 알아보기**
>
> **선형 해독법(Linear Cryptanalysis)도 하이브리드 공격의 일종?**
>
> 암호해독법은 크게 Brute-Force Attack 및 Shortcut method로 구분할 수 있다. Shortcut method는 암호의 구조적 취약점을 이용하여 암호키를 탐색하는 방법으로, 대표적인 기법으로는 선형해독법이 있다. 이 방법으로 DES를 해독하면 전수탐색법보다 빠르게 탐색이 가능하다고 알려져 있으나 실제는 DES의 암호키 56비트를 전부 찾는 것이 아니고 일부 비트만 찾고 나머지 비트는 전수탐색법으로 탐색한다. 즉 사전공격+전수탐색법에서는 사전공격으로 일부키 데이터를 찾는 것이 아니므로 선형해독법+전수탐색법의 조합과는 다르다.

2 사회공학적 기법을 이용한 공격

1. 피싱(Phishing)

(1) 공격자는 위조된 사이트를 전자우편 또는 메신저를 사용해서 신뢰할 수 있는 사람 또는 기업이 보낸 메시지인 것처럼 가장하여 공격대상 사용자에게 전송한 후, 이들에게 사이트 개편 등을 이유로 접속을 요구한다. 이후, 사용자가 위조된 사이트에 접속 시 입력하는 고객정보(신용카드정보, ID, 패스워드 등)를 획득한다.

(2) 'Phishing'이라는 용어는 'Fishing'에서 유래하였으며 'Private Data'와 'Fishing'의 합성어이다.

〈 피싱 동작방식 〉

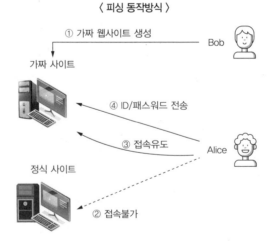

2. 파밍(Pharming)

(1) 새로운 피싱 기법 중 하나이다. 넓은 의미에서 피싱(Phishing)의 한 유형으로 분류할 수 있으며, 정확한 명칭은 'DNS Spoofing'이라고도 한다.

(2) 파밍 즉, 'DNS Spoofing'은 인터넷 주소창에 방문하고자 하는 사이트의 URL을 입력하였을 때 가짜 사이트로 이동시키는 공격 기법이다.

(3) 올바른 URL을 입력하였다 하더라도 잘못된 서버로 접속되게 되며, 피싱보다 한 단계 진화한 형태의 새로운 인터넷 사기 수법이라고 할 수 있다.

〈 파밍 공격절차 〉

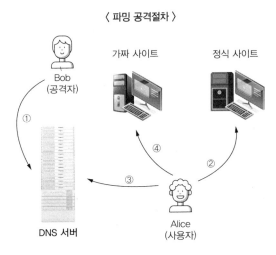

3. 스미싱(SMishing): SMS+Phishing

(1) **의의**: SMS(문자메시지)와 피싱(Phising)의 합성어로 공격자는 악성 앱 주소가 포함된 휴대폰 문자(SMS)를 대량으로 전송 후 이용자가 악성 앱을 설치하도록 유도하여 금융정보 등을 탈취하는 신종 사기수법이다.

(2) 최근 들어 스마트폰 이용자들이 늘어남에 따라 돌잔치, 결혼 청첩장 등이 도착하였다고 하면서 링크를 걸어 안드로이드 애플리케이션 설치파일인 APK(Android Package) 파일을 설치하도록 유도하여 휴대폰 내의 정보를 빼가는 수법이 늘고 있다.

4. 대응책

(1) **인력 및 조직측면**: 주기적이며 지속적인 교육 실시, 인증체계 강화가 필요하다.

(2) **기술 프로세스**: 컴퓨터에 DRM 설치, ACL(접근제어 목록) 및 DAC, MAC, RBAC과 같은 접근통제 모델을 운영한다.

접근통제 보안 모델 적중문제

01 임의적 접근 통제(Discretionary Access Control) 모델에 대한 설명으로 옳은 것은?

① 주체가 소유권을 가진 객체의 접근 권한을 다른 사용자에게 부여할 수 있으며, 사용자 신원에 따라 객체의 접근을 제한한다.

② 주체와 객체가 어떻게 상호 작용하는지를 중앙 관리자가 관리하며, 사용자 역할을 기반으로 객체의 접근을 제한한다.

③ 주체와 객체에 각각 부여된 서로 다른 수준의 계층적인 구조의 보안등급을 비교하여 객체의 접근을 제한한다.

④ 주체가 접근할 수 있는 상위와 하위의 경계를 설정하여 해당 범위 내 임의 객체의 접근을 제한한다.

02 다음 중 강제적 접근 제어(MAC; Mandatory Access Control)에 대한 설명으로 옳은 것은 모두 몇 개인가?

> **보기**
>
> ㄱ. 유닉스(UNIX) 운영체제의 기본 접근제어 방식에 적용되었다.
>
> ㄴ. 최초 객체에 설정된 강제적 접근제어 관계는 복사된 객체에도 그대로 적용된다.
>
> ㄷ. 부여된 역할에 기반하여 접근이 제어되므로 주로 군사용으로 사용된다.
>
> ㄹ. 강제적 접근제어의 대표적인 구현 형태는 ACL (Active Control List)이다.

① 0개   ② 1개

③ 2개   ④ 3개

03 BLP(Bell-LaPadula) 보안모델이 가지고 있는 특성과 규칙에 대한 설명으로 가장 적절하지 않은 것은?

① 정보의 불법적인 파괴나 변조를 방지하기보다 비밀정보의 허가없는 접근을 방지하는 것이 목표이다.

② 강제적 정책에 의한 접근통제를 원할 때에 대한 통제 규칙을 정의한다.

③ 주체의 비밀 취급 허가 수준이 객체의 보안 분류 수준보다 높으면 주체는 객체에 쓰기를 할 수 없다.

④ 주체가 객체를 읽기 위해서는 주체의 비밀 취급 허가 수준이 객체의 보안 분류 수준보다 낮아야 한다.

04 Biba 보안모델에 대한 설명으로 옳은 것은?

① 이해가 상충되는 회사들 간의 정보 흐름이 일어나지 않도록 고안되었다.

② 자신의 보안 수준보다 낮거나 같은 수준의 객체만 읽을 수 있다.

③ 자신의 보안 수준보다 높거나 같은 수준의 객체에만 쓸 수 있다.

④ 자신의 무결성 수준보다 높거나 같은 수준의 객체만 읽을 수 있다.

01 　　　　　　　　정답 ①

②·③ MAC에 대한 설명이다.

④ 역할기반 접근통제(RBAC; Role Based Access Control)의 대표적인 모델중 하나인 Lattice-Based Model에 대한 설명이다.

Lattice-Based Model

• 역할에 할당된 민감도 레벨에 의해 결정된다(주체 및 객체에게 보안클래스 부여, 정보흐름 통제).

• 주체와 객체의 관계에 의거하여 접근할 수 있는 상위와 하위 경계를 설정하여 접근을 제어하는 것이다. 예를 들어, 핵무기와 관련된 임무를 수행하고 있는 사람은 이와 관련된 상·하위 정보로만 접근·통제한다.

02 　　　　　　　　정답 ②

ㄴ. 한 주체가 어느 한 개체를 읽고 그 내용을 다른 한 개체로 복사하는 경우에, 처음의 객체에 내포된 MAC 제약사항이 복사된 개체로 전파된다.

ㄱ. 유닉스(UNIX) 운영체제의 기본 복호 방식에 적용되는 것은 DAC이다.

ㄷ. 부여된 역할에 기반하여 접근 제어하는 것은 RBAC이다

ㄹ. DAC(임의적 접근제어)의 대표적인 구현 형태는 ACL이다.

03 　　　　　　　　정답 ④

No Read Up: 주체는 같거나 낮은 보안 수준의 객체만 읽을 수 있다. 단순 보안속성(As-property, Simple Security Property)으로 불린다.

04 　　　　　　　　정답 ④

① 만리장성 모델에 대한 설명이다.

②·③ Biba 모델은 보안수준이 아닌 무결성 수준에 의해 Read하거나 Write한다.

PART
03

05 다음 설명에서 제시하는 공격의 명칭은?

사용자가 특정 웹 사이트에 접속하기 위해 올바른 URL을 입력하였지만, 실제로는 해커가 만들어 놓은 웹 사이트에 접속되었다. 해커의 웹 사이트에서는 불법적으로 개인정보가 수집되고 있었다. 사용자의컴퓨터는 공격자에게 점유되어 정상적인 URL을 입력해도 이에 해당하는 IP 주소가 공격자의 웹 서버로 연결되도록 되어 있었다.

① Pharming
② Smishing
③ QRshing
④ Phishing

07 다음 사이버 공격 유형에 대한 설명 중 ㉠~㉢에 들어갈 내용으로 가장 적절하게 연결한 것은?

보기

(㉠)은 공격사가 도메인을 탈취하여 사용자가 정확한 URL주소를 입력해도 가짜 사이트로 연결되도록 하는 방법이다.
(㉡)은 이메일 또는 메신저를 사용해서 신뢰할 수 있는 사람 또는 기업이 보낸 메시지인 것처럼 가장하여 신용정보 등의 기밀을 부정하게 얻으려는 사회공학기법을 사용한다.
(㉢)은 문자메시지를 신뢰할 수 있는 사람이 보낸 것처럼 가장하여, 링크 접속을 유도한 뒤 개인정보를 빼내는 방법이다.

	㉠	㉡	㉢
①	스미싱(Smishing)	피싱(Phishing)	파밍(Pharming)
②	스미싱(Smishing)	파밍(Pharming)	피싱(Phishing)
③	파밍(Pharming)	피싱(Phishing)	스미싱(Smishing)
④	파밍(Pharming)	스미싱(Smishing)	피싱(Phishing)

06 다음에서 설명하는 접근 제어 모델은?

보기

군사용 보안구조의 요구사항을 충족시키기 위해 개발된 최초의 수학적 모델로 알려져 있다. 불법적 파괴나 변조보다는 정보의 기밀성 유지에 초점을 두고 있다. '상위레벨 읽기 금지 정책(No Read Up Policy)'을 통해 인가받은 비밀 등급이 낮은 주체는 높은 보안 등급의 정보를 열람할 수 없다. 또한, 인가받은 비밀 등급 이하의 정보 수정을 금지하는 '하위레벨 쓰기 금지 정책(No Write Down Policy)'을 통해 비밀 정보의 유출을 차단한다.

① DAC(Discretionary Access Control) 모델
② Bell-LaPadula 모델
③ Biba 모델
④ RBAC(Role-Based Access Control) 모델

08 역할기반 접근제어(RBAC)에 대한 설명으로
옳은 것은?

① 정보의 소유자가 특정 사용자와 그룹에 특정 권
한을 부여한다.

② 사용자에게 부여된 권한에 따라 사용자를 역할로
분류하여 각 사용자에게 하나의 역할만 할당되
도록 한다.

③ 역할 및 역할이 수행할 권한을 정의하고, 사용자
를 역할에 할당하는 방식이다.

④ 기밀문서가 엄격히 다루어져야 하는 군이나 정보
기관 등에서의 중앙집중형 보안 관리에 적합하다.

05   정답 ①

③ QRshing: QR code와 Phishing의 약자이다. QR code에
기반한 Phishing을 의미한다.

06   정답 ②

Bell-LaPadula(BLP) 모델은 높은 보안 등급으로부터 낮은
보안 등급으로 정보가 유출되는 것을 방지하는 것으로, 정보
의 불법적인 파괴나 변조보다는 불법적인 비밀 유출 방지에
중점을 둔 최초의 수학적 모델로 알려진 접근통제 모델이다.

07   정답 ③

• 피싱: 금융 기관 등의 웹 사이트에서 보낸 이메일로 위장하
  여 링크를 유도해 개인의 인증 번호나 신용카드 번호, 계좌
  정보 등을 빼냄
• 파밍: 아예 해당 사이트가 공식적으로 운영하고 있던 도메
  인 자체를 탈취
• 스미싱: SMS와 Phishing의 결합어로 휴대폰 문자메시지
  를 이용하여 피싱하는 기법

08   정답 ③

① · ② DAC(임의적/신분적 접근제어)에 대한 설명이다. 사용자
  자신의 자원에 대한 접근 제어를 개별적으로 수행하므로 시
  스템 전체 차원의 일관성 있는 접근 제어가 부족할 수 있다.
④ MAC(강제적 접근제어)에 대한 설명이다. MAC의 특징으
  로는 매우 엄격한 접근통제 모델로서 중앙 집중식 관리 형
  태라 모든 객체에 대한 관리가 용이하나 성능 저하가 발생
  할 수도 있다. 주로 군 시스템에 사용되며 상업적인 분야
  에서는 적용하기가 어렵다. BLP(Bell-LaPadula)모델,
  Biba 모델, 클락-윌슨(Clark-Wilson) 모델 등이 있다.

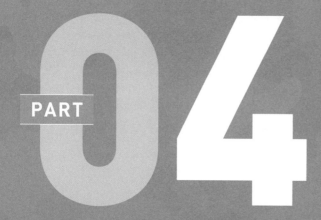

PART

04

시스템 보안

01 시스템 보안 개관

1. 정의

시스템 보안이란 네트워크에 연결된 시스템의 운영체제(Operating System), 응용 프로그램, 서버 등의 취약점을 이용해 해커들이 침입해서 컴퓨터 시스템을 이용하는 것을 방지하고 해킹사고 발생 시 사고원인 파악 및 재발 방지에 필요한 각종 대책 및 기술을 의미한다.

2. 시스템과 시스템 보안 주제

(1) 시스템이란 그중에서도 IT 분야에서 사용하는 '시스템'의 사전적 의미는 필요한 기능을 실현하기 위해 관련 요소를 어떤 법칙에 따라 조합한 집합체를 말한다.

(2) 하드웨어로는 모니터, 키보드, CPU가 장착된 메인보드, 하드디스크, 메모리 등이 있으며 소프트웨어로는 운영체제(OS), 데이터베이스(DB), 웹 서비스 등을 열거할 수 있다.

(3) 이와 같이 시스템이 많은 것을 포괄하듯이 시스템과 관련한 보안 주제는 어느 한 시스템에 한정되어 있는 것이 아니라 훨씬 큰 범위의 보안, 예를 들면 하나의 조직이나 국가 단위의 보안 요소와 매우 닮아 있다.

3. 컴퓨터 시스템의 보안 요소

(1) 계정과 패스워드 관리

① 적절한 권한을 가진 사용자를 식별하기 위한 관리로서 일정시간이 지날 경우 적절히 세션을 종료하고 비인가자에 의한 세션 가로채기를 통제한다.

② 윈도우 운영체제에서는 관리자 권한을 가진 계정을 Administrator라고 하는데 이는 시스템에 기본적으로 설치되는 계정이다. 일반 사용자를 확인하려면 net users라는 명령을 사용한다. 그룹 목록은 net localgroup명령으로 확인할 수 있다.

③ 유닉스/리눅스에서는 기본 관리자 계정으로 root가 존재하며 /etc/passwd 파일에서 계정목록을 확인할 수 있다. 또한 전체 그룹을 확인하려면 /etc 디렉토리 내에 있는 group 파일을 확인하면 된다. 다음 화면은 리눅스 명령어 창에서 #cat /etc/group 명령을 실행한 결과이다.

```
#cat /etc/group
root:x:0:
daemon:x:1:
bin:x:2:
sys:x:3:
adm:x:4:
---(중략)---
telnetd:x:143:
ftp:x:144:
snort:x:145:
user:x:1003:
usr0:x:1004:
usr1:x:1005:
```

(2) 세션 관리

① 의의: 사용자의 시스템 또는 두 시스템 간의 활성화된 접속에 대한 관리로서, 일정시간이 지날 경우 적절히 세션을 종료하고 비인가자에 의한 가로채기를 통제하는 것을 말한다.

② 세션의 사전적 의미는 '클라이언트 내의 서비스 요구 처리 프로그램과 서버 내의 서비스 응답 처리 프로그램 사이에 링크가 설정되는 것'이다. 즉 세션은 '사용자와 컴퓨터' 또는 '두 컴퓨터 간의 활성화된 접속'을 의미한다고 말할 수 있다.

(3) 접근제어(Access Control)

① 의의: 누군가가 무언가를 사용하는 것을 허가하거나 거부하는 기능을 말한다. 파일, 프린터, 레지스트리 키, 디렉토리 서비스 개체 등에 대한 서비스, 사용자의 권한을 결정하는 것이다.

② 시스템 보안관점에서 접근제어(접근통제)는 시스템이 네트워크 안에서 다른 시스템으로부터 적절히 보호될 수 있도록 네트워크 관점에서 접근을 통제하는 것을 의미한다고 볼 수 있다.

(4) 권한 관리: 시스템 보안에 있어서 권한관리란 시스템의 각 사용자가 적절한 권한으로 적절한 정보 자산에 접근할 수 있도록 통제하는 것을 의미한다.

(5) 로그 관리

① 시스템 내부 혹은 네트워크를 통한 외부에서 시스템에 어떤 영향을 미칠 경우 해당사항을 기록함으로써 침해사고 발생 시 사고발생 원인을 규명하는 단서로 활용할 수 있다.

② 윈도우의 로그 기록 설정은 먼저 [제어판] – [관리도구] – [로컬 보안정책] – [로컬정책]으로 이동한다. 그러면 보안설정 초기화면이 나오는데 [로컬정책] – [감사정책]을 누르면 개체 액세스 검사 등 9개의 감사대상 분야가 나온다. 여기에서 원하는 항목을 선택하면 선택한 항목에 대해 로그 기록이 시작된다.

③ 유닉스/리눅스의 대표적인 로그 파일로 utmp와 wtmp가 있다. 이들 로그파일은 현재 시스템에 로그인한 사용자나 과거에 로그인하였던 사용자 정보가 저장되는데 이들 파일은 바이너리로 되어있어 문서편집기로는 볼 수 없고 w, who, users, finger, last 등의 명령으로 확인이 가능하다.

(6) 취약점 관리: 시스템은 계정과 패스워드 관리, 세션관리, 접근 제어, 권한 관리 등을 충분히 잘 갖추고도 보안적인 문제가 발생할 수 있다. 이는 시스템 자체 결함에 의한 것으로 이러한 결함을 체계적으로 관리하는 것이 취약점 관리이다.

운영체제 및 보안 운영체제

01 운영체제의 기능 및 구조

1 운영체제

1. 기본 개념

(1) 운영체제 또는 오퍼레이팅 시스템(OS; Operating System)은 정보시스템의 자원(하드웨어, 정보)을 최대한 효율적으로 관리, 운영한다.

(2) 또한 사용자들에게 편의성을 제공하고자 하드웨어와 사용자 프로그램 사이에 존재하는 시스템 프로그램으로 시스템 하드웨어를 관리할 뿐 아니라 사용자에게 컴퓨터 프로그램을 쉽고 효율적으로 실행할 수 있는 환경을 제공한다.

(3) 최근에는 가상화 기술의 발전에 힘입어 실제 하드웨어가 아닌 하이퍼바이저 위에서 실행되기도 한다.

> **더 알아보기**
>
> 하이퍼바이저
> 호스트 컴퓨터에서 다수의 운영 체제(Operating System)를 동시에 실행하기 위한 논리적 플랫폼을 말한다. 가상화 머신 모니터 또는 가상화 머신 매니저(VMM; virtual machine monitor, virtual machine manager)라고도 부른다.

(4) 운영체제는 실행되는 응용 프로그램들이 메모리와 CPU, 입출력 장치 등의 자원들을 사용할 수 있도록 만들어 주고, 이들을 추상화하여 파일 시스템 등의 서비스를 제공한다.

(5) 또한 멀티태스킹을 지원하는 경우, 여러 개의 응용 프로그램을 실행하고 있는 동안, 운영 체제는 이러한 모든 프로세스들을 스케줄링하여 마치 그들이 동시에 수행되는 것처럼 보이는 효과를 낸다.

〈 운영체제의 역할 〉

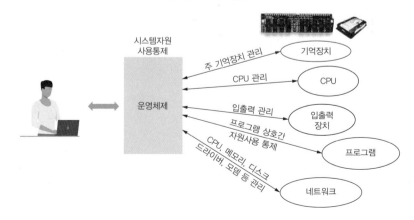

2. 운영체제의 종류 및 주요 보안기능

(1) 잘 알려진 현대의 PC 운영체제에는 마이크로소프트 윈도우, macOS, 리눅스가 있다. 이 밖에 BSD, 유닉스 등의 PC용 운영 체제도 존재한다.

(2) 운영체제 보안이 제공하는 기능에는 메모리 보호, 파일보호, 접근통제, 사용자 인증 등이 포함된다.

2 운영체제의 기능

운영체제의 기능은 다양하다. 단일 사용 운영체제인 PC의 경우 '사용자 명령 인터페이스'를 기반으로 '메모리 관리자', '프로세서 관리자', '장치 관리자', '파일 관리자' 등 4가지 서브 시스템 관리자로 구성되어 있으며 네트워크가 지원되는 경우에는 '네트워크 관리자'가 추가된다.

1. 사용자 명령 인터페이스(UCI; User Command Interface)

(1) 운영체제가 제공하는 구성 요소 중 사용자들과 가장 밀접한 관계가 있는 것이 사용자 명령 인터페이스이다.

(2) 사용자와 시스템의 대화 수단이라고 할 수 있는 UCI에는 명령어 처리 기반(CUI; Character User Interface)의 cmd 창(윈도우)과 터미널(리눅스) 창이 있으며, 그래픽 환경의 GUI(Graphic User Interface)에는 아이콘과 메뉴가 있다.

〈 단일 사용자 운영체제 구성모델 〉

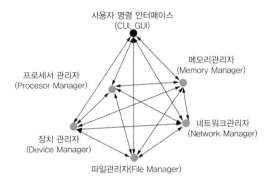

2. 서브시스템 관리자

(1) 메모리 관리자(Memory Manager)

① 개관

㉠ 모든 컴퓨터는 계층적인 기억 장치를 가진다. 크게 주 기억장치(RAM)와 보조 기억장치로 나눌 수 있다. 모든 프로그램은 주 기억장치에 탑재되어야 실행이 가능하다. CPU가 주 기억장치의 프로그램을 가져와서 실행하기 때문이다.

〈 일반적인 메모리 계층 구조 〉

ⓛ 계층적인 기억장치의 구성은 주 기억장치 보다 훨씬 빠른 기억장치를 요구하게 되었는데 이러한 기능을 갖는 메모리로 CPU 내에 존재하는 캐시(Cache)가 있다. 주 기억장치에 있는 프로그램을 실행하기 전에 고속의 캐시 기억장치로 프로그램을 적재함으로써 더욱 빠르게 프로그램을 실행할 수 있다.

ⓒ 메모리 관리자는 프로그램의 메모리 요청에 대해 적합성을 점검하고 적합한 경우 메모리를 할당한다. 또한 할당된 메모리를 다른 프로그램이 접근하지 못하게 관리하고 보호하며 프로그램 종료 시에는 할당된 메모리를 회수한다.

② 시스템 메모리 구조

ⓝ 시스템에서 프로그램 동작과 취약점을 이해하려면 하드웨어, 어셈블리어, 소스코드 부분으로 이해해야 하며 이중 보안에 가장 취약한 부문은 소스코드이다.

ⓛ 시스템 메모리란 어떤 프로그램을 동작시키면 메인 메모리(RAM)에 프로그램이 동작하기 위한 가상의 메모리 공간이 생성되는데 이 가상의 메모리 공간을 의미한다.

ⓒ 시스템 메모리 공간은 주로 프로그램(실행파일)이 올라가는 '코드 영역'과 데이터가 저장되는 '데이터 영역'으로 나뉘어진다. 데이터 영역은 지역변수들이 할당되는 '스택(Stack)' 영역과 동적 할당되는 '힙(Heap)'영역, 그리고 전역 변수나 정적 변수를 위한 기타 데이터영역이 있다.

〈 시스템 메모리의 기본구조 〉

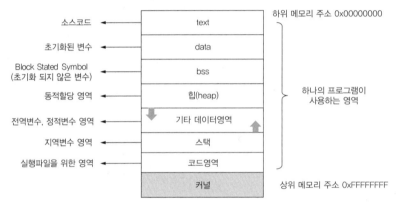

더 **알아보기**

메모리 누수란?
- C언어에서 heap 영역의 메모리 사용을 위해 사용되는 명령어로는 malloc, calloc, realloc 등이 있다.
- 동적으로 할당되는 heap 메모리는 함수가 반환된 후에도 자동으로 회수되지 않고 해당 프로그램이 종료될 때 OS에 의해 자동으로 회수된다.
- 하지만 동적 할당된 메모리가 프로그램이 종료되어도 메모리에 남아있는 현상을 '메모리 누수'라고 말하며 이로 인해 프로그램이 오동작할 수도 있다.
- 따라서 메모리에 동적 할당된 함수 호출시, 함수 종료 전에 return 문 앞에 free 명령어를 사용(예 free(pi), pi: 메모리 주소가 할당된 포인터 변수)하여 사용된 메모리는 반드시 반납해야 하는 습관을 들여야 한다.

③ 가상 기억장치(Virtual Memory)

ⓝ 가상 기억장치는 보조 기억장치의 일부를 주 기억장치처럼 사용하는 것으로 용량이 작은 주 기억장치를 마치 큰 용량을 가진 것처럼 사용하는 기법이다.

ⓛ 프로세스가 사용하는 주소 공간과 컴퓨터에 설치된 메모리가 제공하는 주소 공간을 분리시킴으로 효율적인 메모리 사용이 가능하다.

ⓒ 프로세스의 일부만 메모리에 적재하고 나머지는 보조기억장치에 둠으로써 실제 주소공간보다 더 큰 주소공간을 프로세스에게 제공할 수 있다.

ⓔ 실행되는 프로세스가 사용하는 주소와 메모리에 접근하기 위해 사용하는 주소가 다르기 때문에 가상 주소(Virtual Address)라고 한다.

ⓜ 가상 기억장치의 일반적인 구현 방법에는 블록의 종류에 따라 페이징 기법과 세그먼테이션 기법으로 나눌 수 있다.

> **더 알아보기**
>
> **페이징 기법과 세그멘테이션 기법**
> • 페이징 기법: 프로그램을 동일한 크기로 나눈 단위를 페이지라 하며 이 페이지를 블록으로 사용한다.
> [장점] – 연속적인 메모리 공간으로 할당할 필요가 없다.
>   – 페이지 단위로 공유와 보호기능을 제공할 수 있다.
> • 세그먼테이션 기법: 프로그램을 가변적인 크기로 나눈 단위를 세그먼트라 하며, 이 세그먼트를 블록으로 사용하는 기법이다.
> [장점] – 세그먼트를 독립적으로 컴파일하고 독립적으로 적재할 수 있다.
>   – 각 세그먼트마다 고유의 접근 권한을 부여할 수 있다.
>   – 논리적 단위인 세그먼트로 공유와 보호 기능을 제공할 수 있다.

(2) 프로세서 관리자(Processor Manager)

① 프로그램을 실행하려면 CPU(프로세서)가 프로그램 코드를 구성하는 명령어를 하나씩 차례대로 수행해야 한다.

② 이때 프로세서 관리자는 명령어들이 체계적이고 효율적으로 실행되도록 작업 스케줄링(job scheduling)하고 사용자의 작업 요청을 수용하거나 거부한다.

③ 프로세서에 의해 실행되는 프로세스 생성에 필요한 작업은 다음과 같은 것이 있다(프로세스 관리자).

ⓐ 프로세스 이름을 결정

ⓑ 프로세스 리스트에 생성된 프로세스를 추가

ⓒ 생성된 프로세스에 초기 우선순위를 부여

ⓓ 생성된 프로세스에 프로세스 제어블록(PCB; Process Control Block)을 생성

ⓔ 생성된 프로세스에 초기 자원 할당

(3) 장치 관리자(Device Manager)

① 장치 관리자는 마이크로소프트 윈도우 운영 체제에 포함되어 있는 제어판 애플릿이며, 컴퓨터에 연결된 하드웨어를 사용자에게 보여 주거나 제어할 수 있게 도와준다. 하드웨어의 일부가 동작하지 않으면 하드웨어 위반이 표시된다. 하드웨어 목록은 여러 기준에 따라 정렬할 수 있다.

② 시스템내의 모든 장치(device)를 프로그램에 할당하거나 회수한다. 이러한 장치들은 대개 입출력(Input/Output) 장치가 담당한다.

(4) 파일 관리자(File Manager): 시스템 내의 데이터, 응용 프로그램 등의 모든 파일에 사용자 별로 접근 권한을 부여하고 파일을 할당(Open)하고 해제(Close)한다.

(5) 네트워크 관리자(Network Manager): 네트워크에서 접근 가능한 CPU, 메모리, 프린터, 디스크 드라이버, 모뎀, 모니터와 같은 자원을 관리한다.

1 윈도우의 구조

여기서는 윈도우의 커널(Kernel) 및 파일 시스템 구조를 알아본다. 커널은 운영체제의 중심에 위치하며 인터럽트 처리, 프로세스관리, 메모리관리, 파일 시스템 관리 및 프로그래밍 인터페이스 제공 등 시스템 운영의 핵심이라 할 수 있다.

1. 윈도우 시스템의 커널 구조

(1) 기본 개념

① 윈도우 시스템은 일반적으로 '하드웨어 → 하드웨어를 제어하기 위한 HAL(Hardware Abstraction Layer) → 마이크로 커널 → 각종 관리자 → 응용 프로그램'과 같은 링 구조를 이룬다.

〈 윈도우 링 구조 및 커널 〉

② 윈도우 커널은 동작할 때 커널이 손상되면 안되므로 접근 가능한 메모리에 로드하지 않는 것이 일반적이다. 위 그림과 같은 윈도우 링 구조에서 'HAL → 마이크로 커널 → 각종 관리자'까지를 커널모드(Kernel Mode)로 구분하고 마지막을 링을 사용자 모드(User Mode)로 구분한다.

③ 커널 모드는 기본적으로 사용자가 접근할 수 없는 영역으로 프로그램 실행과 관련한 기본 관리 시스템이 여기에 존재한다.

④ 또한 드라이버 개발자와 하드웨어 개발자는 윈도우에서 제시한 기본 표준만 따라 개발하면 되는데 그 표준이 바로 HAL이다.

(2) 윈도우 시스템의 내재된 취약 요소

① 윈도우 시스템의 링 구조에서는 응용 프로그램이 사용자 모드에서만 가능하도록 설계되었으나 완벽하게 구현되지는 않았다.

② 예를 들면 마이크로 커널이 HAL을 거치지 않고 하드웨어와 통신할 가능성이 있는데 이런 점이 보안의 허점을 만들어 낸다. 다음 그림은 윈도우 시스템의 각 요소를 사용자 모드와 커널 모드로 좀 더 자세히 표현하고 있다.

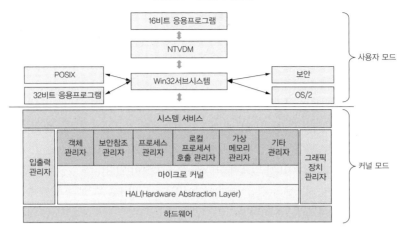

(3) 윈도우 시스템의 관리자 역할: Win32 서브시스템은 32비트용 응용 프로그램이 동작할 수 있도록 도와주며 사용자 인터페이스를 제공한다. 최근에는 윈도우 7/8/10에서 64비트 서브시스템을 제공하고 있다.

① **입출력 관리자**: 시스템의 입출력을 제어(응용 프로그램이 하드웨어와 직접 통신할 수 있도록 제어)한다.

② **객체 관리자**: 파일, 포트, 프로세스, 스레드 등 모든 객체에 대한 정보를 제공한다.

　　※ 스레드(Thread): 프로세스 내에서 실행되는 여러 흐름의 단위로, 프로세스 내에서 각각 스택만 따로 할당받고 코드, 데이터, 힙 영역은 공유한다.

③ **보안참조 관리자**: 각 데이터나 시스템 자원의 제어를 허가하거나 거부 등으로 시스템의 강제 보안설정을 책임진다.

④ **프로세스 관리자**: 스레드를 생성하고 요청에 따라 처리한다.

⑤ **로컬 프로시저 호출 관리자**: 각 프로시저는 서로의 메모리 공간을 침범하지 못하므로 프로시저 간 통신이 필요한 경우에 이를 수행한다.

⑥ **가상 메모리 관리자**: 응용 프로그램의 요청에 따라 RAM에 메모리를 할당하고 가상 메모리의 페이징을 제어한다.

⑦ **그래픽 장치 관리자**: 화면에 선이나 곡선을 그리거나 폰트 등을 관리한다.

⑧ **기타 관리자**: 캐시 관리자, PNP(Plug and Play) 관리자, 전원관리자 등이 있다.

2. 윈도우의 파일 시스템

파일 시스템은 단순하게 데이터를 저장하는 것이 목적이 아니라 다양한 설정 및 보안사항과 관련이 있으므로 이해하고 넘어가야 한다. 파일 시스템은 파일 이름, 위치, 크기, 시간정보, 삭제 유무를 확인할 수 있다. 윈도우 계열의 파일 시스템에는 FAT12, FAT16, FAT32, NTFS 등이 있다.

(1) FAT12: 클러스터(Cluster) 번호가 12비트, 즉, $2^{12}=4,096$개의 클러스터를 갖는다. 하나의 클러스터(섹터) 크기는 512B~8KB이므로 최대 $4,096 \times 8KB = 30,768KB \approx 32MB$까지 지원 가능하다.

(2) FAT16: 클러스터 번호가 16비트, 즉, $2^{16}=655,356$개의 클러스터를 갖는다. FAT16에서는 하나의 클러스터가 32KB이므로 $2^{16} \times 2^5 KB = 2^{21} KB = 2 \cdot 2^{20} KB = 2GB$까지 지원 가능하다.

(3) FAT32

① FAT16의 2GB 제한 용량을 풀기 위해 만든 파일 시스템으로 윈도우 95에서 처음 도입되었다. 클러스터 번호가 32비트로 확장되고 하나의 클러스터 크기를 64KB(대부분 기기) 또는 256KB로 확장하였다.

② FAT32에서는 특정 드라이브 최대 크기는 32GB이고 특정 파일 한 개의 최대 크기는 4GB이다. 실제 FAT32의 드라이브 최대 크기는 2TB이다.

③ 현재 많은 사용자가 USB 메모리나 SD카드 이동용 저장 장치를 FAT32로 포맷해 활용하고 있으나 4GB 이상되는 파일 처리에는 적합하지 않다.

(4) NTFS

① NTFS는 윈도우 파일 시스템 중 하나로 FAT의 한계점을 개선한 파일 시스템이다. 또한 파일 시스템에 대한 트랜젝션을 추적하기 때문에 복구가 가능하며 접근제어가 가능한 파일 시스템이다.

② NTFS 파일 시스템이 적용된 운영체제로는 윈도우 2000, XP, Vista, 7, 8, 10 및 윈도우 서버 2008, 2012, 2016, 2019가 있으며 다음과 같은 특징이 있다.

　㉠ NTFS는 파일 시스템의 결합 관리에 있어 FAT16 및 FAT32보다 훨씬 좋은 성능을 보이며 보안 관점에서도 비교적 우수하다.

　㉡ 개별 폴더와 파일에 사용 권한을 설정할 수 있고, 각 파일과 폴더를 암호화할 수 있다. 폴더를 암호화하면 폴더에 있는 파일도 모두 암호화되며 암호화된 폴더나 파일은 복사나 이동을 해도 암호화 속성을 잃지 않는다.

　㉢ 또한 NTFS는 특정 계정이 파일에 대한 접근 기록을 알 수 있는 감사(Auditing) 기능을 제공한다.

2 윈도우 운영체제의 부팅 순서

1. 기본 개념

부팅은 운영체제가 컴퓨터 하드웨어를 관리하고 응용 소프트웨어를 실행할 수 있도록 컴퓨터에 시동을 거는 것으로, 운영체제의 핵심 부분인 커널이라는 시스템 소프트웨어를 메인 메모리에 불러들여 실행되기까지의 과정을 말한다. 부팅을 다른 말로는 '부트스트랩'이라고도 한다.

〈 일반적인 컴퓨터 부팅과정 〉

2. 부팅 과정

(1) POST(Power On Self Test) 실행

① POST 실행은 하드웨어 스스로 시스템에 문제가 없는지 기본 사항을 검사하는 과정으로 ROM에 저장된 BIOS(Basic Input/Output System)에서 POST를 실행한다.

② BIOS는 CPU, 메인 메모리, 하드 디스크와 같은 각종 하드웨어의 상태를 검사한 후 이상이 있으면 오류를 통지하고 동작을 멈춘다.

③ BIOS는 CMOS(Complementary Metal - Oxide - Semiconductor)에 설정되어 있는 시스템 설정사항 및 부팅과 관련한 여러 가지 정보를 읽어 시스템에 적용한다.

(2) MBR(Master Boot Record) 로드

① BIOS는 부팅 매체인 하드디스크에 저장된 MBR을 메인 메모리에 옮긴다.

② MBR은 저장 매체의 첫 번째 섹터(LBA 0)에 위치하는 512바이트의 영역으로 부팅 매체에 대한 기본 파일 시스템 정보가 들어 있다.

③ 운영체제가 부팅될 때 저장 매체의 첫 번째 섹터를 호출하면 해당 부트 코드가 수행된다.

④ 2개 이상의 부팅 매체를 지정하여 BIOS로 하여금 운영체제를 선택하도록 할 수도 있는데 이를 멀티 부팅이라 한다.

(3) 윈도우 부트 서브시스템(Window Boot Manager) 실행: 윈도우 버전별로 약간의 차이점이 있으며 윈도우 7/8/10에서는 bootmgr.exe가 실행되며 부트설정 데이터(BCD; Boot Configuration Data)를 읽어 실행 가능한 운영체제 목록을 보여준다.

(4) 각종 장치 드라이버 로드: 윈도우 OS 로더인 Winload.exe는 각종 장치 드라이버를 로드하고 ntoskrnl.exe를 실행하여 Hardware Abstraction Layer(HAL.DLL)를 로드한다.

(5) BIOS 종료: 부트로더는 BIOS를 종료하고 하드디스크에 저장된 운영체제를 메인 메모리에 적재한 후, 운영체제에 제어권을 넘긴다.

03 유닉스/리눅스의 이해

1 리눅스/유닉스의 구조

리눅스/유닉스 커널의 기본 개념은 윈도우와 큰 차이가 없다. 하지만 윈도우는 본래 커널이 하던 일을 여러 관리자가 하는 반면, 유닉스 커널은 윈도우와 같은 개별 관리자가 존재하지 않는다. 여기서는 리눅스/유닉스 시스템의 커널, 셸, 파일시스템에 대하여 살펴보기로 한다.

1. 리눅스/유닉스 시스템 구조

(1) 커널

① 리눅스/유닉스 링 구조는 윈도우의 링 구조보다 하나 적은 하드웨어, 커널, 셸, 응용 프로그램으로 구성되어 있다. 링의 개수는 윈도우보다 1개 적지만, 일반적으로 리눅스/유닉스가 윈도우보다 조금 더 높은 보안수준을 유지한다.

〈 리눅스/유닉스 운영체제의 링 구조 〉

하드웨어

커널

셸

어플리케이션(데몬)

② 리눅스/유닉스의 커널 구조는 윈도우보다 훨씬 단순하다. 크게 파일 서브시스템, 장치 드라이버, 프로세스 제어로 나뉘며 커널의 크기 또한 윈도우의 1/3 정도로 파일 서브시스템, 장치 드라이버, 프로세스 제어로 나뉜다.

    ㉠ 프로세스 제어: 전체 프로세스간 통신, 스케줄링, 메모리 관리를 구현 한다.

    ㉡ 장치 드라이버: 윈도우처럼 하드웨어와 소프트웨어를 연결해주는 인터페이스를 제공한다.

    ㉢ 파일 서브시스템: 하드 디스크, SSD와 같은 저장 공간에 유닉스의 파일을 저장하고 읽는 역할을 한다.

〈 리눅스/유닉스 커널의 상세 구조 〉

(2) 셸(Shell)

① 셸은 커널과 사용자간의 다리 역할을 하는 것으로 사용자로부터 명령을 받아 그것을 해석하고 프로그램을 실행하는 역할을 하는 것으로 X윈도(리눅스에서 그래픽 환경의 시스템 소프트웨어)의 '터미널'처럼 명령어를 입력하는 환경을 말한다.

② 윈도우즈의 명령 프롬프트와 비슷해 보이지만 다음과 같은 특징을 가지고 있다.

    ㉠ 사용자와 커널 사이에서 명령을 해석해 전달하는 명령어 해석기 기능이 있다.

    ㉡ 셸은 자체 내에 프로그래밍 기능이 있어 프로그램을 작성할 수 있다. 이것을 이용하면 여러 명령을 사용해 반복 수행하는 작업을 하나의 프로그램으로 제작할 수 있다. 셸 프로그램을 셸 스크립트라고도 부른다.

    ㉢ 초기화 파일 기능을 이용해 사용자의 환경을 설정할 수 있다. 환경변수 설정 파일인 .bash_file에 [환경변수명]=[값] 형태로 추가를 한 후 저장하면 다음 로그인부터 적용된다.
      예 PATH=$PATH:$HOME/bin;/home/root

2. 리눅스/유닉스의 파일 시스템

(1) 개요

① 리눅스/유닉스의 파일 시스템은 디렉토리와 파일로 구성되어 있다. 디렉토리는 계층화된 트리(tree) 구조를 가지며 최상위 디렉토리는 루트(root)이다.

② root 디렉토리는 「/」로 표기되며 여기서부터 서브 디렉토리가 계층적으로 분기되어 나간다. 각 디렉토리는 파일과 또 다른 디렉토리 정보로 구성된다.

〈 리눅스/유닉스의 디렉토리 트리 구조 〉

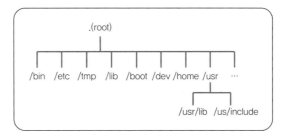

〈 리눅스/유닉스의 주요 디렉토리 내용 〉

디렉토리	내용
/(루트)	root 디렉토리로서 최상위 디렉토리
/etc	시스템 환경설정 및 주요 설정 파일이 위치(셸 프로그램, passwd, hosts, xinetd.conf 등)
/dev	장치 구동용 디바이스 파일이 위치
/bin	주로 실행 가능한 파일이 위치(ls, cat, echo, mv, cp, pwd, ping, ps, who 등)
/usr/include	c언어 라이브러리 헤더파일(stdio.h, stdlib.h 등)이 저장되는 디렉토리
/usr/lib	기본 프로그램의 모듈이 위치(lib에 들어가지 않는 라이브러리 파일 등)
/boot	부팅 시에 필요한 필수 파일이 위치(커널을 위한 프로그램 파일로서 부팅할 때 읽혀 수행)
/home	사용자 홈 디렉토리가 저장되는 디렉토리
/tmp	프로그램의 실행 및 설치 시, 생성되는 임시파일을 보관. 이곳 저장 파일은 재부팅 시, 임의로 삭제될 수 있음
/var	시스템에서 사용하는 가변적 파일을 저장. 시스템 로그가 저장(spool, cache, log 등)
/lib	기본 프로그램의 모듈이 위치[커널 모듈 파일과 프로그램(C, C++)에 필요한 라이브러리 파일 등]

(2) 파일 시스템의 구조: 파티션에 생성된 파일 시스템은 부트 블록, 슈퍼 블록, 아이노드 블록, 데이터 블록의 4가지 영역으로 구분되며 이러한 자료 구조를 이용하여 파일 제어를 한다.

① **부트 블록(boot block)**: 운영체제를 부팅(부트스트랩)시키기 위한 코드가 저장되어 있다. 대부분의 파일 시스템들은 부트 블록으로 시작하는데 부트 블록의 구조는 대부분 비슷하다. 루트 영역 외에는 해당되지 않는다. 즉 일반 사용자들에게는 해당되지 않는 블록이다.

② **슈퍼 블록(super block)**

㉠ 파일 시스템과 관련한 정보를 저장하고 있는 부분이다. 예를 들면 파일 시스템의 전체 크기, 아이노드 블록과 데이터 블록의 전체 크기 등이다.

㉡ 리눅스 운영체제는 슈퍼 블록의 정보를 사용하여 파일 시스템을 관리한다.

③ **아이노드 블록(i-node block)**

㉠ 파일에 대한 정보를 저장하고 있는 부분(약 120바이트)이다. 파일 하나당 하나의 아이노드가 사용되며 파일 시스템에 포함된 파일이라면 실제 형태가 무엇이든지 간에 아이노드 블록을 하나씩 가지게 된다. 즉 파일에 대한 크기, 데이터 위치(주소), 파일유형, 사용 허가권, 생성 날짜 등 커널의 파일 관리에 있어서 핵심이 되는 데이터가 기록된다.

㉡ 파일이 생성되면 그 파일은 파일명과 i-node 번호를 가지고 해당 디렉토리 파일에 저장된다. 즉, 파일명에서 i-node를 찾아 파일이 저장되어 있는 위치 정보(주소)를 알아낼 수 있다.

④ 데이터 블록(Data Block): 실제 데이터가 저장되는 공간이다. 리눅스의 파일 시스템에서 하나의 파일은 한 개의 아이노드 블록을 반드시 가지고 있지만 데이터 블록은 데이터 크기에 따라 한 개도 없을 수도 있고 또는 여러 개를 가질 수도 있다.

〈 아이노드 블록과 데이터 블록 〉

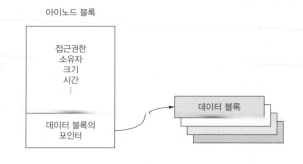

더 알아보기

디렉토리 항(Directory Entry)
- 디렉토리 파일의 목록을 항(entry)이라고 한다.
- 모든 디렉토리는 항상 두 개의 항을 가지고 있다.
  - 자기 자신을 나타내는 항(.)
  - 부모 디렉토리를 나타내는 항(..)
- 모든 디렉토리 항은 파일의 아이노드 블록 번호를 가지고 있으며 ls -i 또는 ls -lai 명령으로 확인이 가능하다.

〈 아이노드 블록/자기 자신/부모 디렉토리 목록의 확인(예) 〉

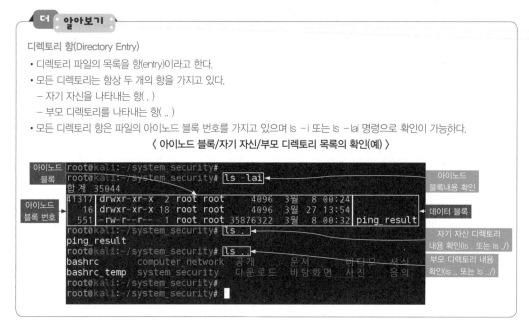

2 유닉스/리눅스의 부팅 순서

1. 개요

(1) 유닉스/리눅스의 부팅은 Power를 ON한 다음 MBR(마스터 부트 레코드)를 RAM에 올리기까지의 과정(POST → BIOS → MBR)은 윈도우와 동일하다. 이후 부트로더를 올리는 과정부터가 윈도우와 차이가 있다.

(2) 부팅 과정은 여러 단계와 소프트웨어 구성요소가 더불어서 이루어진다. 전체적으로는 Power On & BIOS(바이오스) 구동 → 부트섹터(MBR) 로드 → GRUB(또는 LILO) 작동 → 커널이미지 적재 → 파일 시스템 마운트 → 시스템 초기화 프로세스(init) → 사용자 프로세스 실행 순으로 진행한다.

2. 부팅 순서

(1) 부트로더 실행

① MBR이 RAM에 로드되면 부트로더가 동작한다. 부트로더는 LILO와 GRUB의 두 종류가 있다.

② 예를 들어 하드 디스크가 부팅매체로 선택되었다면 하드디스크의 0번 섹터(MBR)에 있는 부트로더 (GRUB, LILO)를 읽어 들인다. 부트로더가 메모리에 적재되면 BIOS는 종료되고 시스템 제어권은 부트로더가 갖게 된다.

(2) 커널 이미지 적재: 메모리에 적재된 부트로더는 커널 이미지를 메모리상에 가져온다. 이와 동시에 커널 수행에 필요한 관련 프로그램 및 드라이버들을 Initial RAM Disk라고 하는 이미지를 가지고 RAM상에 가상의 디스크를 만든다.

(3) 시스템 초기화 프로세스(init) 실행

① 커널이 RAM에 적재되면 제일 먼저 실행하는 프로세스가 /sbin/init이다. 모든 프로세스들은 init 프로세스 기반 위에서 동작한다.

② 이러한 준비 과정이 완료되면 최종적으로 사용자가 사용할 수 있는 화면이 디스플레이된다.

---

04 보안 운영체제(Secure Operating System)

1 개관

1. 기본 개념

보안 운영체제는 기존의 운영체제에 내재된 보안상의 결함으로 인한 각종 침해로부터 시스템을 보호하기 위하여 기존의 운영체제 내에 보안기능을 통합시킨 보안커널(Security Kernel)을 추가적으로 이식한 운영체제이다. 이러한 보안커널을 통하여 사용자의 모든 접근 행위가 안전하게 통제된다.

2. 접근 방법

운영체제의 보안성을 실현하는 방법은 크게 두 가지로 첫째, 기존 커널을 이용하는 Add-On 방식과 둘째, 커널 수준에서 보안 기능을 강화시키는 방법이 있다.

2 운영체제의 보안 강화 방향

1. Add-On 방식

(1) 기존 운영체제의 커널을 그대로 이용하며 유틸리티 수준에서 보안 기능(암호화, 접근제어, 감사추적 등)을 수행하는 하드웨어/소프트웨어를 추가하는 방식으로 1970년대의 보안제품에 주로 적용되었다.

(2) Add-On 방식은 보안상의 많은 허점 및 취약점이 발생할 수 있는데, 예로서 Add-On되는 보안 기능을 우회하는 침입, 내부자의 조작, 트로이목마 설치, 시스템의 성능저하가 발생할 수 있으며, 은닉채널 등의 컴퓨터 범죄를 해결하기 어렵다.

2. 커널 수준의 보안강화

(1) 내부 커널을 수정하거나 새로 설계하여 커널 수준에서 보안 기능[다음 그림의 참조 모니터, TCB(Trust Computing Base), TPM(Trust Platform Module) 등]을 포함시키는 방법으로 1980년대 보안제품에 덮개되기 시작하였다.

(2) 이 방식은 컴퓨터 시스템의 여러 보안 취약점을 원천적으로 차단할 수 있고, 외부 침입자로부터의 노출이나 수정을 근본적으로 차단할 수 있다.

(3) 또한 보안 기능의 부가적 처리로 인한 성능 저하 현상을 최소화할 수 있다는 장점도 가진다.

〈 보안 운영체제 개념도 〉

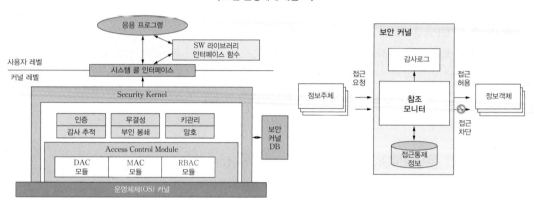

3. 보안 운영체제의 구성요소

(1) **보안커널(Security Kernel)**: 접근 통제를 위한 보안 절차를 구현한 하드웨어, 펌웨어 또는 소프트웨어이다.

(2) **참조모니터(Reference Monitor)**: 커널의 핵심 부분이다.

(3) **보안정책**: DAC, MAC, RBAC의 방식이 적용된다.

3 보안 운영체제의 주요 제공 기능

1. 보안 운영체제의 보호대상

(1) 메모리

(2) 보조기억장치 상의 파일 또는 데이터

(3) 메모리상에서 실행 중인 프로그램

(4) 파일들의 디렉터리

(5) 하드웨어 장치

(6) 스택과 같은 자료구조

(7) 명령어, 특히 특권 명령어

  ※ 특권 명령어: 특권 모드(=관리자 모드=시스템 모드=모니터 모드)에서만 내릴 수 있는 명령어로 STOP, HALT, RESET, SET_TIMER 등이 있다. STOP, HALT, RESET과 같은 명령어는 전체 컴퓨터의 동작을 멈추게 하거나 꺼지게 할 수 있다.

(8) 패스워드와 사용자 인증 메커니즘

(9) 보호 메커니즘 자체

2. 보호 방법

시스템 자원의 기본적인 보호 방법은 한 사용자의 객체를 다른 사용자로부터 격리시키는 것으로 다음과 같은 4가지 분리 방법이 사용된다. 이 4가지 방법을 구현 복잡도면에서 살펴보면 '물리적 분리 〈 시간적 분리 〈 논리적 분리 〈 암호학적 분리' 순으로 증가한다.

(1) **물리적 분리(Physical Separation)**: 사용자별로 별도의 장비만 사용하도록 제한하는 방법으로 강력하지만 실용적이지 못하다.

(2) **시간적 분리(Temporal Separation)**: 프로세스가 동일 시간에 하나씩만 실행되도록 하는 방법이다. 이 방법은 동시 실행으로 발생하는 문제를 제거해 운영체제의 일을 단순화시킨다.

(3) **논리적 분리(Logical Separation)**: 이 방법은 각 프로세스가 논리적인 구역을 지정하는 방식이다. 따라서 프로세스는 자신의 구역 안에서는 어떤 일을 하든지 자유지만 할당된 구역 밖에서 할 수 있는 일은 엄격하게 제한된다.

(4) **암호학적 분리(Cryptographic Separation)**: 내부에서 사용되는 정보를 외부에서 알 수 없도록 암호화한다.

3. 파일 보호기법

(1) **의의**: 파일 보호는 무자격 사용자의 프로그램 무단 접근을 막기 위해 파일 소유자가 보호장치를 만들어 놓은 것을 말한다. 파일의 보호는 파일의 공용 문제와 병행하여 고려되어야 한다. 무조건 파일을 보호하기만 하면 자원의 낭비를 가져올 수 있다.

(2) **파일 보호기법의 종류**

① 파일의 이름 명명(Naming): 파일 이름을 통해 내용이 추측될 수 있으므로 파일 이름을 정할 때는 명명에 신경써야 한다. 기억하기 쉬운 이름은 피해야 한다.

② 패스워드(Passwd): 각 사용자마다 패스워드가 달라야 하며 자주 변경하여 사용하도록 해야 한다.

③ 암호화(Cryptography): 인가된 사람만이 내용을 볼 수 있도록 파일 내용 자체를 암호화해야 한다. 파일 암호화의 단점으로는 파일 암·복호화 시에 시간과 노력이 든다는 점이다.

4 보안 운영체제와 보안커널

1. 보안 운영체제의 보안 기능

(1) **사용자 식별 및 인증**

① 식별: 시스템에게 주체의 식별자를 요청하는 과정으로 각 시스템의 사용자들은 시스템이 식별할 수 있는 유일한 식별사(ID)를 갖는다. 개인 식별자는 반드시 유일한 것을 사용해야 하며 공유해서는 안 된다.

② 인증: 임의의 정보에 접근할 수 있는 주체의 능력이나 주체의 자격을 검증하는 단계로 시스템의 무단 사용이나 정보의 부당 전송을 방지한다.

(2) **임의적/강제적 접근통제(DAC/MAC) 기능**

① 임의적 접근(DAC; Discretionary Access Control): 주체나 소속 그룹의 신분(Identity)에 근거하여 객체에 대한 접근을 제한하는 방법이다.

② **강제적 접근(MAC; Mandatory Access Control)**: 규칙기반 접근통제 정책이라고도 하는데 객체의 비밀 등급과 주체가 갖는 권한에 근거하여 객체에 대한 접근을 제한하는 방법이다.

(3) 객체 재사용(Object Reuse) 보호

① 사용자가 새로운 파일을 작성할 때, 이를 위한 기억장치 공간이 할당된다. 할당되는 기억공간에는 이전의 데이터가 삭제되지 않고 존재하는 경우가 많은데 이로 인해 중요데이터가 노출될 수 있나.

② 이런 공격의 유형을 객체 재사용(Object Reuse)이라고 하는데 메모리, 레지스터 등 기타 재사용 가능한 저장매체에서 발생될 수 있다.

③ 메모리에 이전 데이터가 남아있는 현상을 메모리 누수라고 하며 보안 운영체제는 재할당되는 모든 기억장치 공간을 깨끗하게 지워야한다.

(4) 완전한 조정 및 신뢰경로(Trusted Path)

① DAC 및 MAC에 의한 접근통제가 효과적이기 위해서는 모든 접근을 통제해야 하는 완전한 조정을 수행하여야 한다.

② 또한 패스워드 설정 및 접근허용 변경과 같은 보안관련 작업을 수행할 때 보안 운영체제는 안전한 경로를 제공할 수 있어야 한다.

(5) 감사 및 감사기록 유지: 모든 보안관련 사건은 감사기록부에 기록되어야 하며 보호되어야 한다.

2. 보안 커널(Security Kernel)

(1) 기본 개념: 보안 커널은 참조 모니터(Reference Monitor) 개념을 구체화한 것으로 TCB 내의 하드웨어, 소프트웨어, 펌웨어로 구성된다. 즉, TCB의 핵심으로서 신뢰할 수 있는 컴퓨터 시스템을 구축하기 위해 가장 보편적으로 사용된다. 정리하면 시스템 자원에 대한 접근을 통제하기 위해 기본적 보안 절차를 구현한 컴퓨터 시스템의 중심부라고 말할 수 있다.

(2) 참조 모니터(Reference Monitor)

① 의의: 승인되지 않은 접근으로부터 객체를 보호하기 위해 객체에 대한 모든 주체의 접근을 통제하는 추상적인 개념으로 운영체제 커널과 독립적으로 동작할 수 있도록 모듈 형태로 구현하는 것이 최적의 방법이다.

② 리눅스의 경우는 소스가 공개되어 있어 커널 소스를 수정하면 안전하게 운영체제 구현을 할 수 있고, 버전이 지속적으로 나오기 때문에 모듈로 구현하면 이식성과 효율성이 높아진다.

③ 참조 모니터는 주체와 객체의 접근권한을 정의한 보안 커널 데이터베이스(SKDB; Security Kernel Data Base)를 참조함으로써 보안정책을 수행하며 다음과 같은 특성을 가지고 있다.

㉠ 분석과 시험이 용이하도록 프로그램 사이즈는 충분히 작아야 한다.

㉡ 반드시 부정 조작이 없어야 하며, 필요시 언제나 호출이 가능하여야 한다.

(3) TCB(Trust Computing Base, 신뢰 컴퓨팅 기반)

① 의의: 보안정책의 시행을 책임지는 하드웨어, 소프트웨어 및 이들의 조합을 포함하는 컴퓨터 시스템내의 모든 보호 메커니즘을 의미하는 것으로, 운영체제의 보안성과 무결성을 보장할 수 있어야 한다.

② TCB는 신뢰경로가 어떠한 경우에도 손상되지 않도록 보호기능이 제공되어야 하며 보안 경계를 중심으로 신뢰구간(TCB 영역) 및 비신뢰구간으로 분리된다.

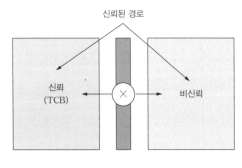

〈 TCB의 개념적 설명 〉

신뢰된 경로

신뢰
(TCB)

×

비신뢰

보안 경계

5 TPM(Trusted Platform Module, 신뢰 플랫폼 모듈)

1. 개요

(1) 기본 개념

① TPM은 TCG(Trusted Computing Group, 신뢰 컴퓨팅 그룹)라는 산업체 컨소시엄에 의해 표준화된 개념으로 신뢰 컴퓨팅 기반(TCB)의 가장 하위에 위치한다.

② TPM은 신뢰 컴퓨팅을 위한 핵심이 되는 하드웨어 모듈로서 시스템이 시동되면 POST과정에서 시스템의 무결성을 검사한다.

③ 최근 출시되는 스마트폰에는 TPM이 기본적으로 장착되고 있으며 데스크 탑 PC에서는 TPM 장착을 위한 슬롯을 만들어 두는 경우가 많다.

> **더 알아보기**
>
> **TPM의 무결성 검사**
> TPM이 컴퓨터 부팅과정에서 실행하는 검사 항목은 대부분 디스크 내 응용 SW, BIOS 버전, 메인보드 정보, 하드디스크 등의 시스템으로 해시값을 점검해서 시스템이 변조된 것으로 감지되면 잠겨 버리고 키를 내놓는 것을 거부하게 된다.

④ 공격자 입장에서 TPM으로 잠겨있는 암호화디스크는 TPM을 실제로 손에 넣지 않는 이상 복호화 작업을 하는 것이 거의 불가능하다.

(2) 특징

① TCB의 가장 하위에 있기 때문에 훼손 방지를 위해 하드웨어 칩으로 구현하는 것이 일반적이지만 소프트웨어로 구현하기도 한다.

② 칩으로 구현된 TPM은 소프트웨어 방식의 공격과 더불어 물리적인 도난의 경우에도 정보의 노출이 용이하지 않다.

③ 외부의 공격으로부터 데이터, 키, 인증서 등을 안전하게 보호할 수 있는 저장 영역이 제공된다.

2. 주요 서비스

(1) 인증된 부트 서비스: 전체 운영체재를 단계적으로 부팅하고 운영체제가 적재될 때 운영체제의 각 부분이 사용을 위해 승인된 버전임을 보장한다.

(2) 인증 서비스

　① 일단 TPM에 의해 설정이 완성되고 로그인되면 TPM은 다른 부분의 설정을 인증할 수 있다.

　② TPM의 개인키(Private Key)를 사용하여 설정정보에 서명함으로써 디지털 인증을 만들 수 있다.

(3) 암호화 서비스: TPM내 신뢰 공간에서 암호화 서비스도 지원한다.

3. TPM의 구조

다음 그림은 TPM의 기능적 요소의 블록 다이아그램이다. 구성요소는 다음과 같다.

〈 TPM의 구조 〉

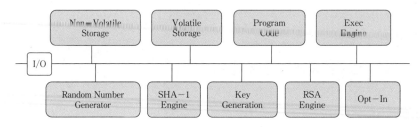

(1) Non-Volatile Storage: 비휘발성 저장소로서 SRK(Storage Root Key)와 EK(Endorsement Key)가 저장된다.

　① SRK: TPM 외부에 저장된 키들을 보호하기 위한 최상위 키

　② EK: TPM을 식별하고 인증하는 키로서 각 TPM 고유의 유일한 키

(2) Volatile Storage: 휘발성 저장소로서, 컴퓨터의 상태정보와 저장 데이터에 대한 서명키가 저장되어 있다.

(3) Program Code: TPM에 내장되는 코드를 저장한다.

(4) Exec Engine: I/O포트에서 받은 TPM 명령어를 처리한다.

(5) Random Number Generator: NIST SP 800-22 표준을 따르며, TDES와 AES 키로 사용하기 위한 128비트 혹은 256비트 난수를 생성한다. 또한 Key Generation 모듈에서 RSA 키생성에 필요한 Seed를 생성하여 제공한다.

(6) SHA-1: FIPS 180-1 표준을 따르며, 160비트 해시값을 생성한다.

(7) Key Generation: IEEE P1363 표준을 준수하며, 2048비트 RSA 키 쌍을 생성한다.

(8) RSA Engine: IEEE P1363 표준을 준수하여 2048비트 키를 사용한 RSA 암·복호화를 수행한다.

(9) Opt-In: 사용자 의도대로 TPM을 활성화/비활성화할 수 있는 메커니즘을 제공한다.

01 윈도우 운영체제에서 TPM(Trusted Platform Module)에 대한 설명으로 옳지 않은 것은?

① TPM의 공개키를 사용하여 플랫폼 설정정보에 서명함으로써 디지털 인증을 생성한다.

② TPM은 신뢰 컴퓨팅 그룹(Trusted Computing Group)에서 표준화된 개념이다.

③ TPM은 키 생성, 난수 발생, 암·복호화 기능 등을 포함한 하드웨어 칩 형태로 구현할 수 있다.

④ TPM의 기본 서비스에는 인증된 부트(authenticated boot), 인증, 암호화가 있다.

02 보안 측면에서 민감한 암호 연산을 하드웨어로 이동함으로써 시스템 보안을 향상시키고자 나온 개념으로, TCG 컨소시엄에 의해 작성된 표준은?

① TPM
② TLS
③ TTP
④ TGT

01 정답 ①

① 공개키(×) → 개인키(private key)(○): TPM은 TPM의 개인키를 사용하여 설정정보에 서명함으로써 디지털 인증을 할 수 있으며 암호화 서비스도 지원한다.

02 정답 ①

① TPM을 통해 암호화를 할 경우, 하드 디스크 자체가 암호화되기 때문에 디스크를 떼어내 다른 PC에 연결하더라도 데이터를 볼 수 없다. 이렇게 하드웨어 자체를 암호화하는 것을 '암호 연산을 하드웨어로 이동'시켰다는 문장으로 표현한 것이다.

② TLS(Transport Layer Security): TCP 기반의 애플리케이션에 대한 종단간 보안서비스를 제공하기 위해 만들어진 전송계층과 응용계층 사이에 존재하는 보안 프로토콜이다. IETF에 의해 표준화 된 프로토콜로 TLS1.0은 SSL3.1에 해당된다. 2021.3 현재 TLS1.3(2018.8~)이 최신버전이다.

③ TTP(Trusted Third Party, 제3신뢰 기관): 사용자들로부터 신뢰를 얻어, 사용자 인증, 부인 방지, 키 관리 등을 중재, 인증, 증명, 관리 등을 하는 기관을 의미한다.

④ TGT(티켓 승인 티켓, TicketTGS): 커버로스(Kerberos)에서 사용자가 서비스 승인 티켓(Ticket)을 획득하기 위해 TGS에 제시하는 티켓이다. TGT는 인증 서버가 발급하고 TGS가 검증해야 하므로, 인증 서버와 TGS의 대칭키로 암호화되어 있다.

03 운영체제의 이중 모드에 대한 설명 중 ㉠과 ㉡에 들어갈 용어로 가장 적절하게 연결된 것은?

보기

운영체제의 구조는 이중 모드(Dual Mode)로 되어 있는데, 이는 사용자 모드(User Mode)와 커널 모드(Kernel Mode)이다. 이 중 사용자 모드에서 하드웨어 자원을 사용하려고 하면 (㉠)가(이) 발생해서 운영체제에 도움을 요청한다.
또한, 사용자 모드로 실행 중인 프로그램에서 포인터를 사용하여 커널 주소 영역 메모리를 접근하려 하면 (㉡)를(을) 발생시켜 커널 영역을 보호한다.

	㉠	㉡
①	시스템 호출	교착상태
②	예외	스케줄링
③	시스템 호출	예외
④	교착상태 시스템	호출

04 보안 운영체제의 설계 원리와 이에 대한 설명으로 가장 적절하지 않은 것은?

① 최소권한: 각각의 사용자와 프로그램은 가능한 최소한의 권한을 사용하여 시스템 자원을 사용하여야 한다.

② 허용에 근거한 접근: 접근 검토에 대한 기본 값은 접근 허용이며, 설계자는 접근을 차단하여야 하는 항목의 식별에 주의하여야 한다.

③ 완전한 조정: 직접적인 접근 시도와 접근 통제 메커니즘을 우회하려는 접근 시도를 완전히 검사하여야 한다.

④ 권한분리: 객체에 대한 권한은 두 개 이상의 조건에 의존하여야 한다.

03 정답 ③

시스템 호출은 사용자 프로그램이 자신을 대신하여 운영체제가 수행하도록 지정되어 있는 작업들을 운영체제에게 요청할 수 있는 방법을 제공한다. 시스템 호출 중에 비정상적인 상황이 발생 가능한데 이 경우 예외 처리를 통해 대응한다

04 정답 ②

② 허용에 근거한 접근은 접근 거부가 원칙이다. 즉 접근 검토에 대한 기본 값은 접근거부이며, 설계자는 접근을 허용하여야 하는 항목의 식별에 주의하여야 한다.

05 다음 중 윈도우 NTFS 파일 시스템에 대한 설명으로 올바르지 않은 것은?

① NTFS 구조는 크게 VBR영역, MFT영역, 데이터 영역으로 나눈다.

② 이론적인 최대 파일 크기는 16EB이나 실제 윈도우 운영체제에선 128TB까지만 사용 가능하다.

③ 파일 이름은 255 UTF-16 코드 워드로 제한된다.

④ 기본 NTFS 보안을 변경하면 사용자마다 각기 다른 NTFS 보안을 설정할 수 있다.

06 유닉스(Unix)와 관련된 설명 중 가장 옳지 않은 것은 무엇인가?

① /etc 디렉토리에는 시스템의 환경 설정 및 주요 설정 파일이 있다.

② pacct는 시스템에 로그인한 모든 사용자가 로그 아웃할 때까지 수행한 프로그램 정보와 관련된 로그 파일이다.

③ 파일시스템의 i-Node는 파일의 유형, 파일 수정 시각, 파일의 이름 등의 정보를 가지고 있다.

④ SetUID가 설정된 파일은 실행되는 동안 파일 소유자의 권한으로 실행된다.

05 　　정답 ②

② 이론적인 최대 파일 크기는 16EB($16 \times 2^{60} = 2^{64} B$)이나 실제 윈도우 운영체제에선 기본 16TB, 최대 256TB($256 \times 2^{40} = 2^{48} B$)까지만 사용 가능하다.

① NTFS는 파일, 디렉토리 및 메타정보까지 파일 형태로 관리하며 VBR영역, MFT영역 및 데이터 영역으로 구성되어 있다.

- VBR: 부트섹터, 추가적인 부트코드가 저장된다.
- MFT: 파일의 위치 및 이름, 시간정보, 크기 등을 MFT 엔트리라는 특별한 구조로 저장되며 크기는 가변적이다.
- 데이터영역: 실제 데이터가 저장되는 공간으로 내용만 저장된다.

④ NTFS에서는 개별 폴더와 파일에 사용 권한을 설정할 수 있고, 특정 계정이 파일에 대한 접근 기록을 알 수 있는 감사(Auditing) 기능도 제공한다.

06 　　정답 ③

③ ls -l 명령어로 확인 가능한 파일 정보는 '파일 유형, 접근 권한, 외부 링크 수, 소유자명, 그룹명, 파일 크기, 파일 생성/수정 시간, 파일 이름'이다. 이 중 파일이름은 데이터 블록에 저장되고, 나머지 정보만 i-node에 저장된다. i-node에는 파일 이름의 정보를 가지고 있지 않다.

① 유닉스/리눅스 주요 디렉토리 내용

- /etc: 시스템 환경설정 및 주요 설정 파일이 위치 (passwd, hosts, xinetd.conf 등)
- /dev: 장치 구동용 디바이스 파일이 위치
- /bin: 실행 가능한 파일이 위치(ls, cat, echo, mv, cp 등)
- /lib: 기본 프로그램의 모듈(커널 모듈 프로그램 및 C, C++ 프로그램에 필요한 라이브러리 파일 등)이 위치
- /usr/lib: 기본 프로그램의 모듈이 위치(/lib에 들어가지 않은 라이브러리 파일)
- /boot: 부팅 시에 필요한 필수 파일이 위치

② pacct 로그도 utmp나 wtmp처럼 로깅 내용이 /usr/adm/paact 파일에 바이너리 형태로 저장되며, acctcom, lastcomm 명령을 통해 볼 수 있다.

PART
04

CHAPTER 03

시스템 요소별 보안대책

시스템 보안 요소로 계정과 패스워드 관리, 세션 관리, 접근제어, 권한 관리, 로그 관리 및 취약점 관리가 있다고 이미 언급한 바 있다. 이번 장에서는 각 보안요소에 대한 취약점 및 보안대책을 알아보기로 한다.

01 계정/패스워드 및 권한 관리

1 윈도우의 계정과 권한 체계

1. 윈도우의 계정 및 권한

(1) 그래픽 환경에서 윈도우 계정 확인

① 윈도우 계정도 기본적으로는 관리자와 일반 사용자로 나뉜다. 윈도우에 생성되어 있는 사용자는 [제어판]-[관리]-[로컬 사용자 및 그룹] 메뉴에서 확인하거나 관리자 권한의 명령어 입력창(cmd)에서 'netplwiz' 명령을 입력하면 화면에 결과가 나타난다.

② 윈도우 설치 시 기본적으로 생성되는 계정과 그룹에 대한 권한은 다음의 표와 같다.

〈 윈도우 기본 사용자 및 권한 〉

계정이름	권한
Administrator	윈도우 설치 시 기본으로 생성되는 계정으로 파일, 디렉토리, 서비스 기타 등등의 모든 권한이 부여된 기본 관리자 계정이다.
SYSTEM	시스템에서 최고 권한을 가진 계정으로 로컬에서 관리자 계정보다 상위 권한을 갖는다.
Guest	매우 제한적인 권한을 가진 계정으로 기본적으로는 사용 불가로 설정되어 있다.

〈 윈도우 기본 그룹 및 권한 〉

그룹명	설명
Administrator	도메인 자원이나 로컬 컴퓨터에 대한 모든 권한이 존재하는 그룹
Account Operators	사용자나 그룹 계정을 관리하는 그룹
Backup Operators	시스템 백업을 위해서 모든 시스템의 파일과 디렉토리에 접근할수 있는 그룹
Guests	• 도메인을 사용할 수 있는 권한이 제한된 그룹 • 시스템의 설정 변경 권한이 없도록 조치된 그룹
Print Operators	도메인 프린터에 접근할 수 있는 그룹
Power Users	• 디렉토리나 네트워크를 공유할 수 있고 공용 프로그램 그룹을 만들 수 있다. • 컴퓨터의 표준시간을 조정할 수 있다.

Replicator	• 도메인에 있는 파일을 복제할 수 있는 권한을 가지고 있는 그룹 • 디렉토리 복사 서비스를 사용하는데 이용된다.
Server Operators	• 도메인의 서버를 관리할 수 있는 권한이 있는 그룹 • 로컬 로그인과 시스템 재시작, 시스템 종료 등을 할 수 있는 권한이 있다.
Users	• 도메인과 로컬 컴퓨터를 일반적으로 사용하는 그룹 • 개개인에 할당된 사용자 환경을 직접 만들 수 있지만 설정할 수 있는 항목에는 한계가 있다. • 시스템 서비스를 시작하거나 종료할 수 있는 권한이 존재하지 않고 디렉토리 공유 설정을 할 수 있다.

〈 netplwiz로 확인한 윈도우 계정 〉

(2) 명령어 창에서 윈도우 계정 확인

• 윈도우의 관리자 계정 확인: net localgroup administrators
• 윈도우의 일빈 사용자 확인: net users
• 윈도우의 그룹 목록 확인: net localgroup

※ 윈도우 Guest 계정 활성화: 관리자 권한의 cmd창에서 'net user guest /active:yes' 명령을 실행하면 된다. 비활성화 할 경우에는 'net user guest /active:no'이다.

〈 윈도우 관리자 및 일반 사용자 확인 〉

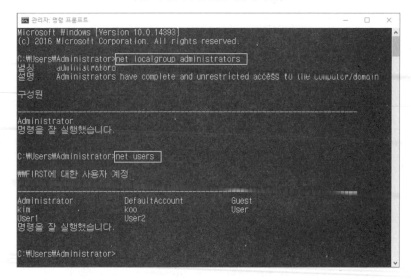

〈 윈도우 그룹 목록 확인 〉

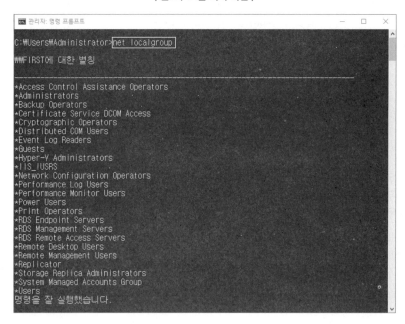

2. 윈도우 계정 보안 식별자(SID; Security Identifier)

(1) 윈도우에서 계정을 하나의 코드 값으로 표시한 것이 있는데 그것이 바로 SID이다. SID는 다음 절에서 설명할 리눅스의 UID, RUID 및 EUID와 유사한 개념이다.

(2) SID는 whoami /user 명령을 이용하거나 getsid 툴을 이용하여 확인할 수 있는데 whoami는 현재 로그인되어 있는 사용자에 대한 SID값을 얻을 수 있고, getsid는 시스템에 등록된 사용자들의 SID값을 확인할 수 있다.

(3) 즉 getsid 명령으로 일반 사용자와 관리자 계정 확인이 가능하다.

① whoami 명령을 사용하여 SID값 확인(현재 관리자 계정(Administrator)으로 시스템에 로그인 되어 있다고 가정)

• 명령어 구문: whoami /user

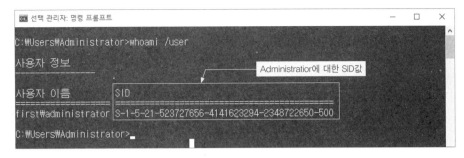

② getsid 명령어를 사용하여 '사용자 ID'에 대한 SID값 확인(IP주소는 cmd 창에서 ipconfig 명령어를 실행하면 알 수 있음)

• 명령어 구문: getsid \\IP주소 사용자 ID \\ip주소 사용자 ID

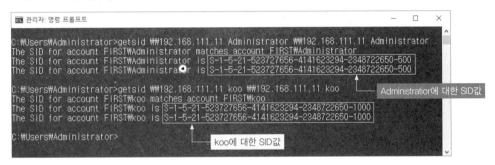

(3) 윈도우 전체 사용자 SID값 확인하기

• 명령어 구문: c:〉 wmic

           c:〉 wmic:root〉 useraccount list brief

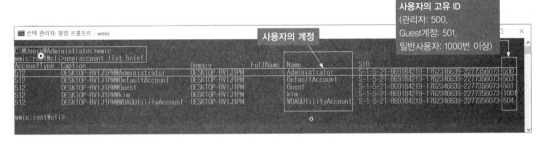

(4) SID값 분석

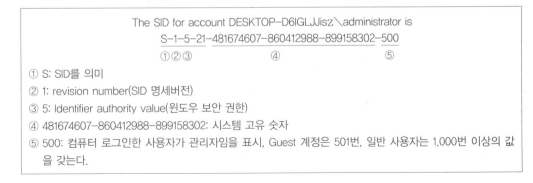

The SID for account DESKTOP–D6IGLJJisz\administrator is

S–1–5–21–481674607–860412988–899158302–500

  ①②③   ④   ⑤

① S: SID를 의미

② 1: revision number(SID 명세버전)

③ 5: Identifier authority value(윈도우 보안 권한)

④ 481674607–860412988–899158302: 시스템 고유 숫자

⑤ 500: 컴퓨터 로그인한 사용자가 관리자임을 표시, Guest 계정은 501번, 일반 사용자는 1,000번 이상의 값을 갖는다.

(5) SID는 로컬에서만 사용하는 것이 아니다. 시스템 A에서 시스템 B로 로그인을 시도할 때 동일한 Administrator라도 이들을 구분하기 위해 SID가 사용된다.

3. 윈도우의 권한 상승

(1) 윈도우 작업 관리자 창을 띄우고(ctrl-alt-del키를 동시에 누름), 프로세스-세부정보 탭을 누르면 여기 가지 프로세스들이 윈도우에서 실행되고 있음을 알 수 있다.

(2) 윈도우의 권한 상승은 리눅스의 권한 상승과 달라 보이지만 근본적으로는 같다. 리눅스에서는 SetUID 로 권한 상승을 시도한다. 하지만 윈도우 파일에 대한 접근 권한은 리눅스에서와 같은 SetUID와 같은 권한은 없다.

(3) 윈도우에서의 권한 사용은 일반 사용자가 Administrator와 SYSTEM으로 실행하고 있는 프로세서의 권한을 빼앗는 것이다. 윈도우 프로세스의 권한 확인은 ctrl+alt+del 키를 누르면 윈도우 작업관리 창 이 나온다. 여기서 [프로세스] 탭을 누르면 권한 확인이 가능하다.

〈 윈도우 작업관리자 – [프로세스] – [세부정보] 탭 〉

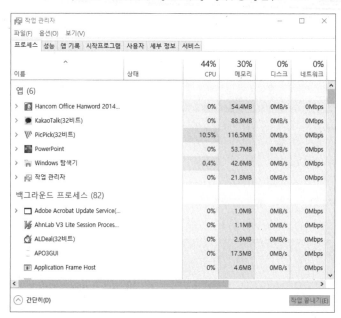

(4) 수행되고 있는 프로세스의 권한을 빼앗는 방법은 기본적으로 상위 권한으로 수행되고 있는 프로그램의 프로세스에 다른 작업을 끼워 넣는 것이다.

(5) 예를 들면 관리자 A와 일반 사용자 B가 있다고 가정해보자. 정상적인 경우에 A를 실행하면 A′와 A″를 거쳐 프로그램이 완료된다. 여기서 일반 사용자 B가 A′을 B′으로 바꿔놓고 자신이 A를 실행하여 생성 한 상위 권한 프로세서를 가로채게 되는 것이다.

〈 프로세스의 정상 실행 과정 〉

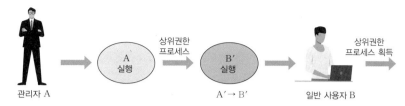

2 유닉스/리눅스의 계정과 권한 체계

리눅스/유닉스 시스템의 계정과 권한 체계는 매우 단순하여, root라고 불리는 관리자와 일반 사용자 계정만 있다고 생각해도 별 무리가 없다.

1. 디렉토리(파일) 정보 출력(ls)

(1) ls는 특정 디렉토리에 있는 디렉토리와 파일들의 목록을 출력하고 옵션으로 이들에 대한 여러 가지 정보(크기, 소유주, 만든 시간, 변경 시간, 이름, 접근 권한 등)도 알 수 있다. 'ls'는 List의 약자이며 윈도우의 dir 명령어와 기능이 유사하다.

(2) 입력문법 및 예문

문법: ls [―adilAFLR] [file_name | directory_name]

	―a	숨김 파일을 포함하여 모든 파일의 목록을 출력
	―d	현재 디렉토리의 정보를 출력
	―i	첫번째 행의 inode 번호를 출력
	―l	파일의 상세정보를 출력
옵션	―A	'.'와 '..'를 제외한 모든 파일을 출력
	―F	파일의 종류를 표시 (디렉토리 '/', 실행파일 '*', 심볼릭 링크 '•')
	―L	심벌릭 링크 파일의 경우 원본 파일의 정보를 출력
	―R	하위 디렉토리의 목록까지 모두 출력
예문	#ls #ls ―lai /* 옵션 l, a, i를 동시 적용, 결과를 보여줌 */ #ls ―l *.c /* 확장자가 c인 모든 파일들을 ―l 옵션으로 보여줌 */	
설명	• 여러 파일이나 디렉토리를 지정할 수 있다. • 여러 옵션 문자를 연속적으로 사용하여 옵션 기능을 복합적으로 사용할 수 있다. 예 ls ―al, ls ―ai 등	

(3) ls 명령어 출력 결과(예): #ls -l

〈 파일 유형(속성) 〉

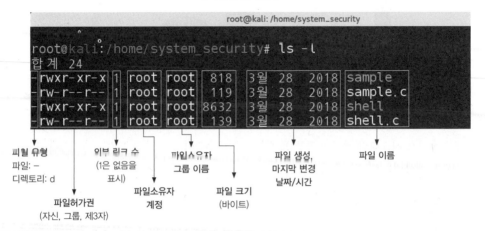

(4) 파일 유형(속성)

문자	파일 유형(속성)
–	일반 파일
d	디렉토리
l	심볼릭(소프트) 링크된 파일(Symbolic Link File)의 개수
b	버퍼링된 특수 파일 예 디스크 드라이브
c	버퍼에 저장되지 않은 특수 파일(Character File) 예 터미널
p	파이프, 프로세스 간 통신에 사용되는 특수파일
s	소켓, 네트워크 통신에 사용되는 특수파일(socket file)

(5) 접근 권한: 리눅스는 관리자와 사용자의 계정에 대한 권한 체계가 비교적 명확하다. 이를 이해하기 위해 리눅스의 파일에 대해 접근 권한을 적용하는 규칙을 알아보기로 한다. 이 규칙은 어떤 유닉스/리눅스라도 동일하며 로컬에서 일어나는 모든 해킹과 밀접한 관계가 있다.

① 다음은 파일과 디렉토리 목록 조회 명령인 ls -al을 실행하여 리눅스의 /etc 디렉토리내 파일 정보를 조회한 결과다.

> /etc 디렉토리에 대한 정보 조회 명령어 구문: #ls -al /etc

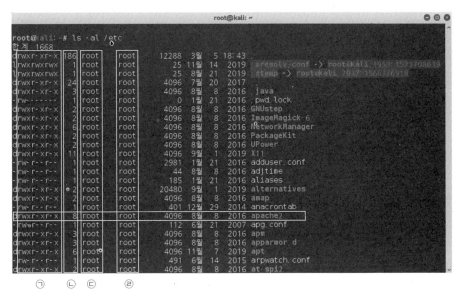

② 〈 /etc 디렉토리의 파일 목록(일부) 〉에서 접근 권한과 관련이 있는 곳은 다음 네 곳이다.

　ㄱ 파일에 대한 접근 권한을 표시하며 파일 허가권이라고 한다.

　ㄴ 해당 파일에 링크(link)되어 있는 파일의 개수를 표시한다.

　ㄷ 해당 파일을 생성한 계정이다. 나중에 파일 생성자 또는 관리자가 임의로 바꿀 수 있다.

　ㄹ 생성한 계정이 속한 그룹이다. 파일 생성자 또는 관리자가 해당 파일을 임의로 바꿀 수 있다.

③ 위 그림의 흰색 박스로 표시된 'drwxr-xr-x 8 root root 4096 8월 8 2016 apache2'를 구체적으로 살펴보자.

　ㄱ apache2의 파일 유형과 허가권은 'drwxr-xr-x'로서 다음과 같이 4부분으로 분리할 수 있다.

파일유형	파일 소유자 권한	그룹 권한	일반인(Others) 권한
d	rwx	r-x	r-x

　ㄴ 리눅스에서는 일반 파일뿐만 아니고 디렉토리도 파일로 인식되고, 시스템의 장치 드라이버들도 파일처럼 존재한다. 파일 유형은 'd'와 '-'가 가장 많으며 위 apache2 파일 유형은 디렉토리(d)임을 알 수 있다. '-'는 일반파일을 가리킨다.

　ㄷ 파일 유형에 이어지는 r, w, x로 표시되는 문자 9개가 실질적인 접근 권한을 나타낸다. 처음의 rwx는 파일 소유자에 대한 접근 권한, 다음의 r-x는 소유자가 속한 그룹의 접근 권한, 이어지는 r-x는 일반 사용자(others)에 대한 접근 권한을 의미한다.

　ㄹ 여기서 r은 읽기(read), w는 쓰기(write), x는 실행(execute)을 의미한다. rwx는 3비트로 구성되며 r을 2진수로 표현하면 $100_2 = 4^*$가 된다. 같은 방법으로 w와 x는 $010_2 = 2$, $001_2 = 1$이 된다. rwx는 $111_2 = 7$이 된다.

---

*　100_2

100의 우측 아래 첨자 2는 2진수를 나타내는 표기법이다. 동일한 방법으로 777은 8진법으로 표시된 수치이므로 777_8 또는 0777과 같이 표기 할 수도 있다. 0777의 첫 번째 숫자 0은 8진법을 나타내는 일반적인 표기법이다.

④ 이를 위의 예에 대입해 보면 apache2 디렉토리의 접근 권한인 rwxr-xr-x를 8진수로 표현하면 755 가 된다. 즉, 파일 소유자, 그룹, 일반 사용자들 모두가 읽고 실행할 수는 있으나 파일을 삭제하거나 변경할 수 있는 자는 소유자뿐임을 알 수 있다.

(C) **외부와 연결된 링크 수**: 파일 허가권 바로 옆에 있는 숫자는 외부에 링크되어 있는 파일의 개수를 의미한 다. 링크의 종류에는 심볼릭 링크와 하드 링크가 있다. 여기서의 숫자는 하드 링크 및 심볼릭 링크된 파 일의 합을 의미한다. 이 예에서 apache2에 연결된 외부에 링크된 파일 수는 8개임을 알 수 있다.

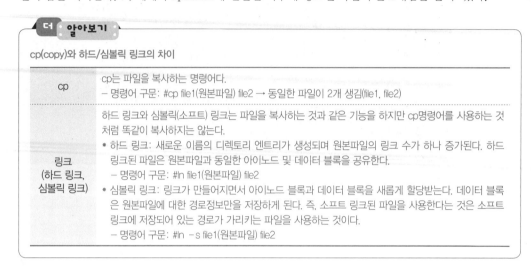

더 알아보기

cp(copy)와 하드/심볼릭 링크의 차이

cp	cp는 파일을 복사하는 명령어다. – 명령어 구문: #cp file1(원본파일) file2 → 동일한 파일이 2개 생김(file1, file2)
링크 (하드 링크, 심볼릭 링크)	하드 링크와 심볼릭(소프트) 링크는 파일을 복사하는 것과 같은 기능을 하지만 cp명령어를 사용하는 것처럼 똑같이 복사하지는 않는다. * 하드 링크: 새로운 이름의 디렉토리 엔트리가 생성되며 원본파일의 링크 수가 하나 증가된다. 하드 링크된 파일은 원본파일과 동일한 아이노드 및 데이터 블록을 공유한다. 　– 명령어 구문: #ln file1(원본파일) file2 * 심볼릭 링크: 링크가 만들어지면서 아이노드 블록과 데이터 블록을 새롭게 할당받는다. 데이터 블록은 원본파일에 대한 경로정보만을 저장하게 된다. 즉, 소프트 링크된 파일을 사용한다는 것은 소프트 링크에 저장되어 있는 경로가 가리키는 파일을 사용하는 것이다. 　– 명령어 구문: #ln −s file1(원본파일) file2

2. 파일 및 디렉토리 권한 변경

(1) 생성되어 있는 파일 및 디렉토리의 접근 권한 변경은 'chmod' 명령어를 사용하고 소유자 및 그룹 변경 시는 'chown', 'chgrp' 명령어를 사용한다.

(2) 먼저, 파일·디렉토리 접근권한 변경 방법을 살펴보기 전에 [그림]에서 보이는 파일 및 디렉토리의 권 한 값이 부여되는 과정을 알아보자.

〈 파일(a.txt, c.txt) 및 디렉토리(a, c) 생성 후 접근 권한 확인 〉

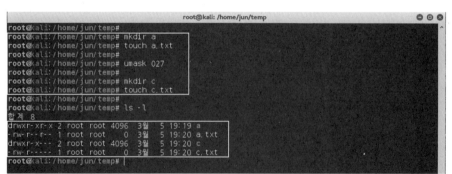

① 파일 및 디렉토리의 최초 생성시 자동 부여되는 접근 권한 값은 파일의 경우 「666_8−umask」, 디렉토 리의 경우 「777_8−umask」이다.

② umask 값은 디폴트로 0022(첫 번째 숫자 0은 8진수임을 나타냄)로 설정되어 있다. 즉, a.txt와 a의 권한 값은 0644와 0755로 정상인 반면 c.txt와 c는 0640과 0750으로 상이함을 알 수 있다. 다시 말

하면 해커가 umask 값을 변경하면 최초 생성되는 파일 및 디렉토리의 권한도 변경 가능하다. 위 예에서는 c.txt와 c에 적용된 umask값은 0027이다.

파일 및 디렉토리 최초 생성 시 권한 값 부여과정

1. 파일 및 디렉토리 생성
   1) 파일생성 #touch "파일명" 예 #touch a.txt, #touch c.txt
   2) 디렉토리 생성 #mkdir "디렉토리명" 예 #mkdir a, #mkdir c

2. 속성 부여과정
   1) 파일: 파일생성 최고 권한(666_8) − umask .
   2) 디렉토리: 디렉토리 생성 최고 권한(777_8) − umask
   3) umask값은 최초 022_8로 설정되어 있으므로 파일 생성 시 권한 값은 $666_8 - 022_8 = 644_8$(rw−r−−r−−)가 되며, 디렉토리 최초 생성시 권한 값은 $777_8 - 022_8 = 755_8$(rwxr−xr−x)가 된다.

3. umask 값 확인 및 변경
   1) 확인: #umask
   2) 변경: #umask 027   /* umask 값을 0027로 설정 */

※ touch: 파일 생성은 touch 이외에도 문서편집기 vi, emacs를 이용하여 생성하는 등 다양한 방법이 있다. 'touch' 명령어를 사용하면 터미널 창에서 간단하게 파일 생성이 가능하므로 리눅스 실습 시 효율성을 높일 수 있다.

(3) 파일 및 디렉토리 권한 변경

명령어 구문: chmod (권한) [파일명/디렉토리명]

① chmod 명령어를 사용하여 앞 장의 〈파일 및 디렉토리 생성 후 접근 권한 확인〉의 c.txt 파일을 777 권한으로 변경하고 변경 내용을 확인 해본다.
   • 변경: #chmod 777 c.txt
   • 확인: ls −l 또는 ls −al(a는 숨김파일까지 출력)

〈 파일 기본권한 변경 〉

위의 〈파일 기본권한 변경〉을 보면 c.txt 파일의 권한이 640에서 777로 바뀌었음을 알 수 있다.

② 파일 소유자/그룹 변경
   ㉠ 파일 소유자 변경은 chown 명령어를 사용하며, 그룹 변경은 chgrp를 사용한다.

   명령어 구문
   • 소유자 변경: chown "new name" [파일명/디렉토리명]
   • 그룹 변경: chgrp "new name" [파일명/디렉토리명]

   ㉡ chown 명령어와 chgrp 명령어를 사용하여 c.txt 파일과 c 디렉토리의 소유자 및 그룹을 아래와 같이 변경해 보자.

> • c.txt 파일의 소유자를 user, 그룹을 usr0로 변경
>   # chown user c.txt | chgrp usr0 c.txt
> • c.txt 파일의 소유자를 usr0, 그룹을 usr1으로 변경
>   # chown usr0 c | chgrp usr1 c

〈 파일 소유자 및 그룹 변경 〉

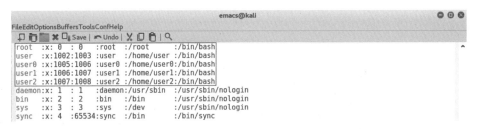

3. 사용자 계정과 패스워드 관리, 계정권한 상승

(1) **사용자 계정 및 패스워드 관리**: 리눅스 시스템에서는 계정 목록은 /etc/passwd 파일에 저장되어 있다. 문서편집기(vi 또는 emacs 등)를 이용하여 /etc/passwd 파일을 살펴보자.

```
vi /etc/passwd 또는 emacs /etc/passwd
```

〈 /etc/passwd 파일 내용(일부) 〉

위의 〈 /etc/passwd 파일 내용(일부) 〉 /etc/passwd 파일의 사각형으로 표시된 라인을 살펴보자.

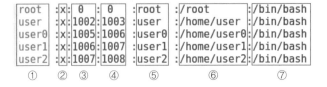

① 사용자 계정(로그인 ID: root, user, user0/1/2)을 나타낸다.

② 패스워드가 암호화되어 /etc/shadow 파일에 저장되어 있음을 나타낸다.

③ 사용자 번호(User ID, UID)이다(로그인 ID가 컴퓨터 내부에서는 UID로 표시).

④ 그룹번호(Group ID, GID)이다(일련번호로 되어 있음).

⑤ 사용자의 이름이다. 시스템 설정에 영향을 미치지 않는다. 위의 그림에서는 사용자 계정(로그인 ID)과 사용자 이름을 동일하게 설정하였다.

⑥ 사용자의 홈 디렉토리이다.

⑦ 사용자의 셸을 정의한다. 로그인 셸의 절대 경로이며, 기본 셸은 bash이다.

더 알아보기

/etc/passwd 파일의 공격

• /etc/passwd 파일 공격 시, 해커의 주요 공격 목표는 ③, ④번이 된다. 시스템은 UID, GID를 기준으로 권한을 부여하므로 계정이 root가 아니더라도 GID, UID가 0이면 root가 되는 것이다. 윈도우 관리자 계정 SID가 500번인 것과 동일한 개념이다.

• ⑦번 로그인 셸도 해커의 좋은 공격 대상이 된다. 해커가 ⑦번 로그인 셸을 변경하여 놓으면 사용자가 로그인시 악성 셸이 실행되므로 보안 관리자는 주기적으로 변경 여부를 점검해야 한다.

---

(2) /etc/shadow 파일

① 패스워드 정보를 평문으로 저장할 경우 정보 유출 피해가 발생할 수 있으므로 패스워드를 암호화하여 보호해야 한다.

② 과거 /etc/passwd 파일의 두 번째 필드에 평문으로 저장하던 패스워드 정보를 shadow 파일에 일방향 함수로 암호화(해시)하여 저장하고 있으며 관리자만이 읽을 수 있도록 제한하고 있다.

③ 사용자 계정 이름을 기준으로 /etc/passwd 파일과 동기화한다.

shadow 파일의 접근권한 확인: ls -l /etc/shadow

〈 shadow 파일의 접근 권한 확인 화면 〉

④ 위의 〈shadow 파일의 접근 권한 확인 화면〉을 보면 shadow 파일은 관리자만이 read, write할 권한이 있고 root 계정이 속한 그룹은 read만 가능하다. 또한 기타 그룹은 접근이 제한되어 있음을 알 수 있다.

⑤ shadow 파일은 리눅스 인증과 밀접한 관계에 있다.

(3) 계정 권한 상승: 시스템 해킹을 하는 주요 목적은 권한 상승이다. 이미 앞(/etc/passwd 파일의 공격)에서 계정이 root가 아니더라도 GID, UID가 0이면 root가 된다고 설명하였다. 즉 SetUID 비트(8진수 4000)를 실행 파일에 적용하면 실행파일 소유자의 ID로 유효 사용자(EUID)가 변경된다. 다시 말하면 SetUID 비트가 설정된 파일은 실행 순간만 그 파일의 소유자 권한으로 실행하는 것이다.

```
user:x:1002:1003:,,,:/home/user:/bin/bash
        UID  GID
```

① 계정이 누구인가를 식별하는 UID, GID를 RUID(RealUID), RGID(RealGID)라고 한다. 또한 실행 중에 어떤 권한을 가지고 있는가에 대한 UID, GID를 EUID(EffectiveUID, EGID(EffectiveGID)라고 한다.

구분	설명
RUID	프로세스를 실행시킨 사용자의 UID
RGID	프로세스를 실행시킨 사용자의 GID
EUID	프로세스가 실행중인 동안에만 부여되는 UID
EGID	프로세스가 실행중인 동안에만 부여되는 GID
SetUID	일시적으로 ID의 권한을 변경.
SetGID	일시적으로 그룹의 권한을 변경

② SetUID, SetGID의 8진수 표현은 각가 4000, 2000이다.

[비교] 파일 소유자 읽기 권한: 400, 쓰기 권한: 200, 실행 권한: 100

ᄋ예 755 권한의 파일에 SetUID 비트를 1로 세팅시 권한 표시는 다음과 같다.

- 숫자로 표현: 4000+755=4755
- rws로 표기: −rwsr−xr−x(소유자 권한의 x가 s로 바뀜)

③ 일반 파일과 SetUID 비트를 가진 파일의 동작흐름 비교: 최초 계정으로 로그인할 때는 RUID와 EUID는 UID값을, RGID와 EGID는 GID값을 갖는다. 이 상태에서 사용자(계정)가 어떤 프로그램을 수행할 때 그 프로그램의 SetUID 비트 값에 따라 다음과 같이 분리된다.

㉠ 일반파일(SetUID 비트가 0인 파일) 실행 시: SetUID 비트가 "0"으로 세팅되어 있으므로 로그인 하였을 때의 UID와 GID를 계속 유지하면서 프로그램을 수행한다.

㉡ SetUID 비트를 가진 파일 실행 시: 사용자는 프로그램을 실행하기 전 까지는 계정 입력 시 부여 받았던 UID, GID의 권한을 유지하지만, 프로그램 실행 동안에는 프로그램 소유자의 UID, GID 권한으로 동작한다. 즉, 프로그램 소유자가 root라면 root권한으로 프로그램을 실행한다. 이 경우, 프로그램이 실행 중일 때의 EUID와 프로그램 시작 전 EUID가 달라지게 되며 프로그램이 종료되면 원래의 EUID인 UID로 돌아오게 된다.

〈 shadow 파일의 접근권한 확인 화면 〉

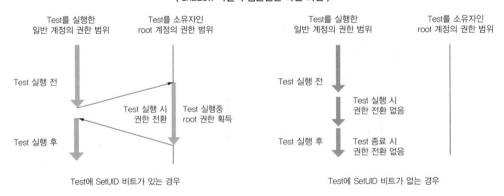

④ 리눅스에서 해킹대상 파일

㉠ 리눅스에서 파일 소유자가 관리자이면서 SetUID 비트가 설정된 파일은 해커들의 좋은 먹잇감이 될 수 있다. 즉, 이들 파일들은 백도어 및 버퍼 오버플로우 등 여러 공격에 이용할 수 있으므로 SetUID 비트가 1인 파일을 목록화하여 관리하는 작업이 필요하다.

ⓛ 파일 소유자가 root이면서 SetUID 비트를 가진 파일을 검색해 본다.
- 명령 구문: find / -user root - perm +4000

〈 시스템 내부에서 SetUID 비트가 설정된 파일 검색 〉

```
root@kali:~# find / -user root -perm +4000
/root/system_prog/ch9/backdoor2
/root/system_prog/ch9/backdoor
/root/anaconda2/libexec/dbus-daemon-launch-helper
/root/anaconda2/pkgs/dbus-1.10.10-0/libexec/dbus-daemon-launch-helper
/sbin/mount.nfs
/usr/sbin/exim4
/usr/sbin/exim4_backdoor
/usr/sbin/pppd
/usr/lib/policykit-1/polkit-agent-helper-1
/usr/lib/eject/dmcrypt-get-device
/usr/lib/dbus-1.0/dbus-daemon-launch-helper
/usr/lib/openssh/ssh-keysign
/usr/lib/xorg/Xorg.wrap
/usr/lib/telnetlogin
/usr/bin/chsh
/usr/bin/chfn
/usr/bin/kismet_capture
/usr/bin/newgrp
/usr/bin/procmail
/usr/bin/pkexec
/usr/bin/gpasswd
```

4. SetUID를 이용한 해킹기법 실습

(1) SetUID 비트를 가진 셸의 생성: /bin/bash 파일을 일반 사용자 계정의 디렉토리로 복사한 다음 복사한 파일의 SetUID 비트를 '01'로 세팅한다(4755 권한 부여).

```
cp /bin/bash /test/bash (/bin/bash 파일을 /test 디렉토리의 파일명 /bash/로 복사)
chmod 4755 bash (bash의 setUID비트를 1로 세팅)
```

〈 bash에 대한 SetUID 설정 〉

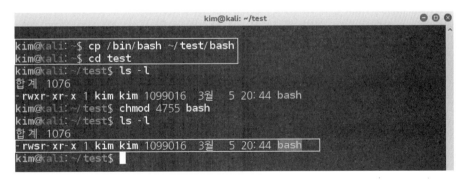

```
kim@kali:~$ cp /bin/bash ~/test/bash
kim@kali:~$ cd test
kim@kali:~/test$ ls -l
합계 1076
-rwxr-xr-x 1 kim kim 1099016  3월   5 20:44 bash
kim@kali:~/test$ chmod 4755 bash
kim@kali:~/test$ ls -l
합계 1076
-rwsr-xr-x 1 kim kim 1099016  3월   5 20:44 bash
kim@kali:~/test$
```

(2) ./bash 실행 전후의 사용자 계정 권한 확인

① 권한 부여된 ./bash 명령어를 실행하기 전과 후의 사용자 계정 권한 상승이 이루어지는지 다음 명령어를 이용해 확인해 본다. 사용자 계정권한은 명령어 'id'로 확인 가능하다.

```
id
bash
id
```

② 실행 후의 결과를 보면 실행 전과 다름없이 동일한 UID와 GID를 가지고 있는 것을 알 수 있다.

(3) SetUID 비트를 이용한 bash 권한 획득

① /bin/bash의 원래 권한은 755(-rwxr-xr-x)로 SetUID 비트가 설정되어 있지 않다. 따라서 /bin/ bash 명령어를 다른 프로세스로 감싼 소스코드(backdoor.c)를 작성, 실행하고 그 실행 파일에 SetUID 비트를 부여한다.

② 해커들의 목표는 관리자 권한을 가지고 있으면서 SetUID 비트가 설정된 파일이므로 코드 실행과 4755 권한 부여는 관리자 모드에서 실행하고, 일반 사용자 모드에서 권한 상승이 이루어지는지 살펴보기로 한다.

〈 backdoor.c (소스코드) 〉

```
// backdoor.c
#include <stdio.h>
int main() {
        setuid(0);
        setgid(0);
        system( "/bin/bash");
        return 0:
}
```

〈 실행 명령(컴파일 → SetUID 권한 부여 → 사용자 권한 확인) 〉

```
gcc -o backdoor backdoor.c
chmod 4755 backdoor
id
backdoor
id
```

③ backdoor.c를 root 계정으로 컴파일하여 4755 권한을 주었다. ls -al 명령으로 확인한 결과 backdoor 파일에 SetUID 비트(s)가 부여되었음을 알 수 있다.

〈 컴파일 및 권한 확인 〉

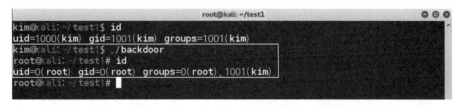

④ 다시 일반계정으로 돌아와서(예에서는 프롬프트가 $로 변경) 일반 사용자인 user(UID=1002)계정으로 ./backdoor를 실행하면 셸 권한이 root(UID=0)로 바뀐 것을 알 수 있다. 그리고 프롬프트 모양도 $에서 #으로 바뀌었음도 확인할 수 있다. 즉 일반계정의 권한이 관리자 권한으로 신분 상승하였으며 이 상태에서 관리자는 모든 일을 할 수 있다.

〈 컴파일 및 권한 확인 〉

⑤ 권한 상승과정에서 관리자의 패스워드를 묻는 과정이 없는 것은 user 계정의 RUID는 1002이지만 EUID가 0이기 때문이다.

5. SetGID 필요성 및 보안대책

(1) 필요성

① SetUID 비트를 가진 프로그램을 실행하는 경우, 해당 프로세서가 갖는 권한은 프로그램을 실행한 사용자(계정)의 권한이 아닌 프로그램 소유주의 권한이 된다.

② root만 접근할 수 있는 파일이나 명령어에 일반 사용자로 접근하는 셋이 기능상 필요하다면 SetUID를 적용하는 것이 시스템 운영 면에서 효율적이다.

(2) 보안대책

① root 권한이 필요하지 않은 프로그램에 소유주가 root이면서 SetUID가 설정된 경우에는 시스템의 보안에 허점을 초래하게 된다. 시스템관리자는 주기적으로 SetUID 비트가 1인 파일을 목록화하여 확인할 필요가 있다.

② SetUID와 유사한 SetGID에 대한 보안대책도 필요하다. 실행파일에 설정된 SetGID도 SetUID와 기능이 유사하다. SetGID가 설정된 명령 또는 프로그램은 실행 중인 프로세스의 EGID를 소유주의 그룹 ID로 변경한다. 즉, SetGID가 설정되어 있다면 실행 중인 프로세스는 사용자가 속한 그룹의 권한이 아닌 소유주의 그룹 권한을 갖게 된다.

1. SetUID와 SetGID 접근권한을 알 수 있는 권한 표시

(1) /usr/bin/passwd 파일이 SetUID와 SetGID 권한을 동시에 가지고 있다고 가정하고 「ls -al /usr/bin/passwd」로 파일 권한을 확인해 보면 "-rwsr-s——"와 같이 표시된다. 여기서 사용자(usr) 자리에 있는 s기호를 SetUID라 하고 group 자리에 있는 s를 SetGID라 한다.

(2) 실제 /usr/bin/passwd 파일은 계정 생성 시 계정정보를 /etc/passwd 및 /etc/shadow 파일에 저장시키는 명령어로 명령어 소유자는 root이지만 모든 사람이 사용할 수 있도록 -rwsr-xr-x로 기본 설정되어 있다.

2. sticky-bit

(1) 태동 배경: 리눅스에서는 파일의 소유자가 아니면 해당 디렉토리 내의 파일을 수정 · 삭제할 수 없으나(∵umask) /tmp나 /var/tmp 디렉토리는 파일 접근권한을 +777로 부여하여 파일 소유자가 아니더라도 삭제가 가능하도록 기본 설정되어 있다.
따라서 파일 퍼미션이 777인 파일들을 무단으로 삭제할 경우, 파일에 따라서는 시비스 킹에기 발생할 수 있다. 따라서 이러한 사고를 방지하기 위해 sticky-bit 개념이 탄생하였다.

(2) sticky-bit 설정 및 sticky bit가 설정된 디렉토리 특징
① sticky-bit 설정: chmod 1xxx [파일명 또는 디렉토리명]

② 특징: sticky-bit가 설정된 디렉토리는 시스템에 있는 모든 사용자가 파일이나 하위 디렉토리를 생성할 수 있지만 해당 디렉토리를 지우는 것은 소유주나 root인 경우에만 가능하다.

③ sticky-bit와 SetUID, SetGID의 비교

	기호방식	8진수 표현	권한설정	파일검색
setuid(4)	s	4000	chmod 4777 a.out	find / -perm +4000
setgid(2)	s	2000	chmod 2777 a.out	find / -perm +2000
sticky-bit(1)	t	1000	chmod 1777 a.out	find / -perm +1000

시스템마다 대부분 비슷한 방식으로 계정과 패스워드를 입력하여 로그인하지만 이를 처리하고 인증하는 과정은 운영체제마다 다르다. 인증 과정은 패스워드 크래킹에 직접적인 영향을 주기도 한다. 이번 절에서는 윈도우 인증과정 및 리눅스 인증체계에 대하여 알아보기로 한다.

1 윈도우 인증체계

1. 윈도우 인증의 구성요소

윈도우의 인증 과정에서 가장 중요한 구성 요소는 LSA(Local Security Authority), SAM(Security Account Manager), SRM(Security Reference Moniter)이다(아래의 〈윈도우 인증구조〉 참고). SAM은 윈도우에서 패스워드를 암호화하여 보관하는 파일의 이름과 동일하다.

〈 윈도우 인증구조 〉

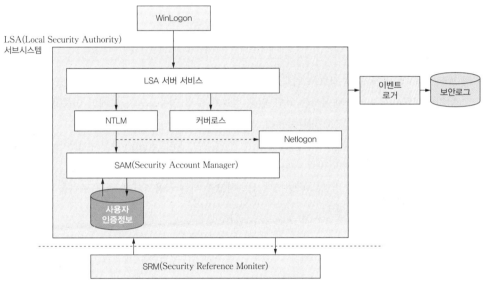

(1) LSA는 모든 계정의 로그인에 대한 검증을 하고, 시스템 자원 및 파일 등에 대한 접근 권한을 검사한다. 로컬 및 원격이 모두 해당된다. 또한 이름과 SID를 매칭하며 SRM이 생성한 감사 로그를 기록하는 역할도 한다. 즉, LSA는 NT 보안의 중심 요소이며 보안 서브시스템(Security Subsystem)이라 불리기도 한다.

(2) SAM은 사용자/그룹 계정에 대한 데이터베이스를 관리한다. 그리고 사용자의 로그인 입력정보와 SAM 데이터베이스 정보를 비교해 인증 여부를 결정한다. 윈도우의 SAM 파일은 윈도우기 설치된 경로로 보통 C:에 위치한다.

(3) SAM이 사용자의 계정과 패스워드의 일치 여부를 확인하여 SRM에 알리면, SRM은 사용자에게 SID(Security Identifier)를 부여한다.

(4) SRM은 SID에 기반하여 파일이나 디렉토리에 대한 접근을 허용할지를 결정하고, 이에 대한 감사 메시지를 생성한다.

2. 로컬 인증과 도메인 인증

(1) 로컬 인증: 윈도우를 부팅하면 Winlogon 화면이 나타난다. 이 화면에서 ID와 패스워드를 입력하면 LSA 서브 시스템이 이 정보를 받아 NTLM 모듈에 ID와 패스워드를 넘겨준다. 그리고 이를 다시 SAM 이 받아 확인하고 로그인을 허용한다.

〈 윈도우 로컬 인증 〉

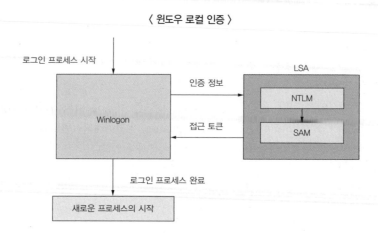

(2) 도메인 인증

① Winlogon 화면에 인증 정보를 입력하면 로컬 인증과 마찬가지로 해당 정보를 LSA 서브 시스템에 넘긴다. LSA 서브 시스템에서는 해당 인증 정보가 로컬 인증용인지 도메인 인증용인지를 확인하고 커버로스(Kerberos) 프로토콜을 이용해 도메인 콘트롤러에 인증을 요청한다.

② 도메인 인증에서는 기본적으로 풀 도메인 이름(FQDN; Full qualified domain number)과 커버로스 프로토콜을 이용하지만 IP를 이용해 접근을 시도할 경우 NTLM을 사용한다.

③ 도메인 컨트롤러는 인증정보를 확인하여 접속하고자 하는 사용자에게 접근 토큰을 부여하고 해당 권한으로 프로세스를 실행한다.

〈 윈도우 원격 인증 〉

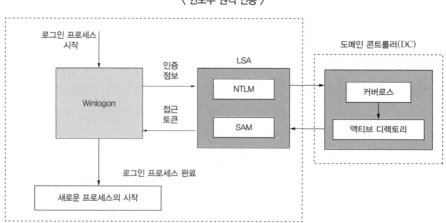

2 리눅스 인증체계

1. 개요

(1) 리눅스(유닉스) 인증방식은 윈도우의 인증 방식과 비교하면 훨씬 단순하지만 더 취약하지는 않다. 리눅스 인증에서 가장 중요한 역할을 하는 것은 passwd 파일과 shadow 파일이다.

(2) 사용자 계정의 패스워드는 일방향 해시함수를 사용하여 shadow 파일에 저장되어 있다. 리눅스 인증체계를 이해하기 위해서는 shadow 파일을 알아야만 된다. 명령어 cat 또는 문서편집기 vi, emacs를 사용하여 내용을 확인할 수 있다.

```
cat /etc/shadow
vi /etc/shadow
emacs /etc/shadow
```

〈 cat 명령어로 /etc/shadow 파일 내용 확인결과 〉

… (중략)

2. shadow 파일

(1) **shadow 파일 형식**: shadow 파일은 /etc 디렉토리에 위치하며 다음과 같은 8개의 항목으로 구성되어 있다.

①	②	③	④	⑤	⑥	⑦	⑧
login name	해시된 패스워드	last changed	min days	max days	warn days	inactive days	expire days

(2) **계정정보 내용(예)**: 위 〈cat 명령어로 /etc/shadow 파일 내용 확인결과〉의 shadow 파일로부터 root 계정에 대한 다음 정보를 확인할 수 있다. 각 정보는 passwd 파일과 마찬가지로 콜론(:)으로 구분되어 있으며 그중 ②번 항목은 '$'로 나뉘어져 있음에 주목하자.

```
root:$6$Vqps7GYd$kldn0.7Ifi0YLvb8...776D79w5So/:17020:0:99999:7:::
```

① Login Name: 사용자 계정이다. 위 예에서는 'root'이다.

② 해시된 패스워드(Encrypted Password): 패스워드를 암호화시킨 값으로 $에 의해 3부분으로 분리된다. 3부분은 각각 '사용 해시함수, salt, 해시값'으로 구분된다. 예에서는 해시함수 번호가 6번이므로 사용 해시함수는 SHA-512임을 알 수 있다.

사용 해시함수와 번호

① 첫 번째와 두 번째 $사이의 숫자가 패스워드 암호화에 사용한 해시함수로 1번은 MD5, 2번은 Blowfish, 5번은 SHA-256, 6번은 SHA-512이다. 위 예에서는 6이므로 SHA-512를 사용하여 암호화 하였음을 알 수 있다.

② 그 다음 $까지의 데이터가 salt값이고 마지막 데이터는 salt값을 포함한 해시값이다.

③ last changed: 1970.1.1 부터 마지막으로 패스워드 변경한 날 까지를 계산한 값이다. 17020을 365로 나누면 약 46년이 된다.

④ min days: 패스워드를 변경되기 전에 패스워드를 사용한 기간이다. 최초 설정 후 바꾸지 않았으므로 0이다.

⑤ max days: 패스워드를 바꾸지 않고 최대한 사용할 수 있는 기간이다. 이 값은 보안정책에 따라 달라질 수 있다. 보통 패스워드의 최대사용 기간(일수)을 60일로 권고하고 있다.

⑥ warn days: 패스워드 사용 만기일 전에 경고 메시지를 제공하는 일수이다.

⑦ inactive days: 최대 비활성화 일수이다. 로그인을 자주 사용하지 않는 계정은 비활성화시켜 로그인을 방지한다.

⑧ exire days: 계정 만료일(월/일/연도)이다.

3. shadow 파일의 특징

(1) 패스워드에 대한 보안정책 적용이 가능: 만일 시스템에 shadow 파일이 존재하지 않고 passwd 파일에 패스워드가 암호화 저장되어 있다면 계정에 대한 보안정책이 적용되지 않았음을 알 수 있다.

(2) 리눅스의 계정 보안정책은 비 정형화: 리눅스에서 패스워드를 보호하기 위한 로직이 정형화되어 있지 않다. 하지만, salt와 해시 함수를 사용하여 보호한다는 원칙은 동일하다.

(3) shadow 파일의 위치는 운영체제 별로 고유 경로와 파일명을 사용하는 경우도 많다.

접근통제(Access Control)는 적절한 권한을 가진 인가자만이 특정 시스템이나 정보에 접근할 수 있도록 통제하는 것으로 시스템의 보안 수준을 갖추기 위한 가장 기본적인 수단이다. 이절에서는 윈도우의 공유폴더에 대한 보안대책 및 레지스트리의 접근통제 방안을 알아보고, 외부에서 들어오는 클라이언트의 접근을 통제하는 inetd 및 TCP wrapper 데몬을 위주로 리눅스의 접근통제 방안을 알아본다.

1 공유폴더 보안의 중요성

1. 공유폴더

(1) 윈도우는 공유폴더를 통해 인터넷 등의 네트워크를 통해 시스템내의 자료를 주고받을 수 있는 기능을 제공하고 있다.

(2) 따라서 공유폴더는 네트워크상의 다른 컴퓨터에서 읽거나 함께 수정을 해야 하는 작업을 할 때 사용하면 업무의 효율성을 높일 수 있다.

2. 보안의 필요성

(1) 많은 바이러스나 웜, 트로이목마가 자신들의 전파 경로로 공유폴더를 이용할 수 있다.

(2) 공유폴더로 침입한 악성 코드들은 PC 전체 드라이브에 공유 설정을 하여 PC 전체를 손상시키고 또 다른 PC로 자신을 전파시키는 등 공유폴더 설정 시 이러한 보안취약 요소가 있음도 알고 있어야 한다.

2 공유폴더 보안

1. 공유폴더 만들기

(1) 설정방법

① GUI 환경에서는 '대상폴더 선택 → 마우스 우클릭 → [속성] → [공유] → [고급 공유] → [선택한 폴더 공유] 항목 체크'로 가능하다.

② 명령어 창에서는 드라이브에 공유할 디렉토리를 만들고(또는 기존 폴더 사용), net share 명령어를 사용하여 공유폴더를 생성하고 확인하는 절차를 거친다.

- 디렉토리 만들기: mkdir〈디렉토리명〉 예 mkdir temp
- 공유폴더 생성: net share 공유=〈드라이브:폴더명〉 예 net share 공유=D:₩temp
- 생성된 공유폴더 확인: net share

〈 공유폴더 생성 및 확인 〉

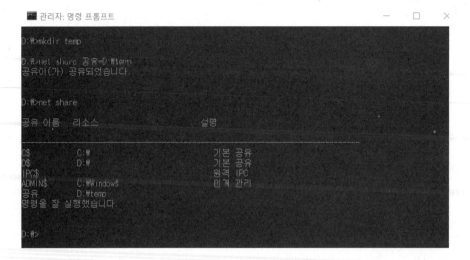

(2) 공유폴더 접근권한 설정

① 윈도우 폴더/파일 생성 시 접근 권한: 디렉토리는 6가지의 기본권한(수정, 읽기 및 실행, 폴더내용 보기, 읽기, 쓰기, 특정권한) 설정 기능을 제공하며 파일은 5가지의 권한(폴더내용 보기 권한이 제외됨) 설정 기능을 제공한다.

② 공유폴더에 표준권한 할당: 폴더에 마우스를 갖다 대고 마우스 우클릭 → [속성] → [보안] → [편집]으로 이동한다. 이곳에서 [편집] 버튼을 누르고 표준권한으로 설정한다. 만일 생성된 공유폴더에 쓰기 권한을 부여하고 싶지 않다면 '쓰기' 항목을 거부로 설정하면 된다.

〈 표준 사용권한 설정 〉   〈 쓰기 거부권한 설정 〉

   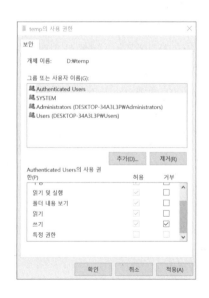

> 더 알아보기

윈도우 NTFS 파일 시스템의 접근권한 원칙

[규칙1] NTFS 접근 권한은 누적된다.
[규칙2] 파일에 대한 접근 권한이 디렉토리에 대한 접근 권한보다 우선한다.
[규칙3] 「허용」보다 「거부」가 우선한다.

2. 윈도우 공유폴더

(1) 컴퓨터 및 네트워크 관리를 목적으로 만들어진 윈도우 공유폴더는 윈도우를 설치하면 기본으로 만들어진다. 대표적인 관리목적의 공유폴더로는 C$, D$, IPC$, ADMIN$ 등으로 공유폴더 이름에는 '$'가 붙어 있다.

(2) 공유폴더 확인은 '제어판 → 관리도구 → 컴퓨터관리 → 시스템도구 → 공유폴더 → 공유'로 확인하거나, 명령어 창에서 'net share'를 치면 된다.

〈 윈도우 공유폴더 확인 〉

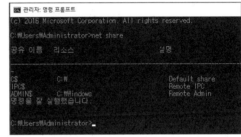

① C$

　㉠ C 드라이브에 대한 관리목적의 공유폴더이다. 만약 하드드라이브가 F까지 있다면 C$, D$, F$, F$까지 설정할 수 있다.

　㉡ 기본 공유폴더를 통해서 인가받지 않은 사용자가 하드디스크 내의 모든 폴더나 파일에 접근할 수도 있으며 바이러스가 침투한 사례도 있다.

② ADMIN$

　㉠ 윈도우 설치 폴더에 접근하는 관리목적의 공유폴더로 이 폴더로 접근하게 되면 윈도우 설치폴더가 열리게 된다.

　㉡ 윈도우10에서는 'C:\Windows'가 윈도우 설치 폴더이다.

③ IPC$

　㉠ IPC(Inter Process Communication)는 프로세스 간 데이터를 주고받는 통신으로 그 형태에 따라 데이터 공유와 메시지 교환의 형태 두 가지가 있다.

　㉡ IPC$ 제거 시 네트워크 서비스에 문제가 발생할 수 있으므로 레지스트리 값을 수정하여 익명 사용자의 네트워크 접근이 불가능하도록 설정하는 것이 좋다.

3. 공유폴더(공유자료) 보안관리

공유폴더 이름을 알기 어려운 이름으로 변경하여도 침입자는 이를 어떻게든 알게 된다. 하지만 이를 방지하기 위해 리소스를 공유하면서도 숨길 수 있다.

(1) 공유폴더에 '$' 붙이기: 공유 리소스를 설정할 때 공유 이름 끝에 '$' 기호를 붙이면 된다. 예를 들어 드라이브 L:을 공유하도록 설정할 때 공유 이름을 'L$'로 사용하면 된다. 이렇게 하면 네트워크 창에서 원격 컴퓨터를 열 때 리소스의 목록이 나타나지 않는다.

(2) 공유폴더 보안대책

① 숨겨진 공유폴더는 명령어 창에서 「net share」를 입력하고 엔터키를 치면 된다. C$, D$, ADMIN$는 숨겨졌더라도 매우 잘 알려져 있어서 침입자가 시스템에 액세스할 수 없도록 이런 공유는 다음과 같이 비활성화하여 놓는 것이 좋다.

---

net share /delete 〈공유이름〉

---

② 비활성화하여 놓았더라도 운영체제가 재시작되면 활성화되기 때문에 완전히 제거하려면 '레지스트리 편집기'를 이용, '\HKEY_LOCAL_MACHINE\…\Parameters' 폴더 내에 DWORD를 새로 만들고 이 값을 0으로 설정한다.

※ \HKEY_LOCAL_MACHINE\SYSTEM\CurrentControlSet\Services\LanmanServer\Parameters

더 알아보기

레지스트리를 이용한 공유폴더 제거 및 확인

1) cmd 창에서 'regedit' 명령으로 레지스트리 창을 띄우고 아래 경로로 이동
\HKEY_LOCAL_MACHINE\SYSTEM\CurrentControlSet\Services\LanmanServer\Parameters
2) \Parameters 폴더 화면에서 마우스를 우 클릭하면 새로운 레지스트리가 만들어진다. 생성된 레지스트리 이름을 'AutoShareWks'로 변경하고 REG_DWORD 값이 '0'인지를 확인(레지스트리 생성 시 이 값은 디폴트 '0'으로 설정됨)

〈 레지스트리를 이용한 공유폴더 제거하기 〉

3) 재부팅하고 'net share'명령으로 확인하면 앞 페이지의 그림 〈윈도우 공유폴더 확인〉의 'C$, ADMIN$'가 보이지 않아 완전히 제거되었음

〈 재부팅 후 공유폴더 제거 확인 〉

4. 암호화를 통한 공유데이터 보호

(1) 폴더 및 파일 암호화

① EFS(Encryption File System)는 윈도우 7/8/10 등 윈도우 2000 이후의 모든 버전의 윈도우에서 사용할 수 있다.

② 사용자에 의해 파일, 폴더, 드라이브 단위로 암호화할 수 있다.

(2) BitLocker에 의한 자동 암호화

① BitLocker는 윈도우 7/8/10 운영체제에 포함된 완전한 디스크 암호화 프로그램으로 볼륨 단위로 데이터를 암호화한다.

② 여기서 말하는 볼륨이란 논리적 드라이브(파티션 드라이브)를 의미한다. BitLocker가 활성화되면 해당 볼륨에 저장된 모든 파일이 자동으로 암호화된다(컴퓨터를 기동하는데 필요한 시스템 파티션 부분은 암호화 안 됨).

3 레지스트리 활용

1. 개요

(1) 레지스트리란 윈도우 시스템에서 사용하는 시스템 구성·운영에 필요한 정보를 저장한 DB를 말한다.

(2) 설치된 SW 정보로부터 환경설정, 임시 저장 값까지 시스템의 거의 모든 정보를 담고 있으므로 사고 분석 시 공격자의 중요한 흔적을 찾을 수 있다.

(3) 사용자가 제어판 설정, 파일 연결, 시스템 정책, 또는 설치된 SW를 변경하면 변경 사항들이 레지스트리에 저장된다.

(4) 레지스트리는 또한 성능 카운터와 현재 사용 중인 HW와 같은 런타임 정보를 노출하면서 윈도우를 커널의 운영체제 안에 제공한다.

2. 레지스트리 구성 및 내용

(1) 개요

① 레지스트리는 윈도우 부팅시 하이브 파일에서 값을 가져와서 구성된다.

② 하이브파일에서 직접 읽어서 구성하는 키를 Master Key라 하고, Master Key로부터 값을 가져와 재구성하는 것을 Derived Key라고 한다. 이 둘을 합쳐서 레지스트리 루트키 또는 Hive key라고 부른다.

Hive key
- Master Key: HKEY_LOCAL_MACHINE, HKEY_USERS
- Derived Key: HKEY_CLASSES_ROOT, HKEY_CURRENT_USER, HKEY_CURRENT_CONFIG

〈 레지스트리 루트키(Hive key) 〉

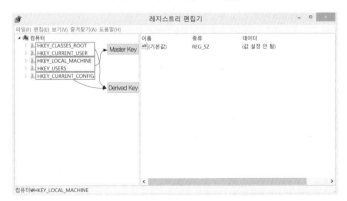

③ 사용자가 직접 레지스트리를 조작하는 작업은 레지스트리 편집기*라는 프로그램을 통해 이루어지며 레지스터 내용을 수정 · 열람 · 삭제할 수 있다.

(2) 레지스트리 루트키

① HKFY_CLASSES ROOT(HKCR): 시스템에 등록된 파일 확장자와 그것을 열 때 사용할 어플리케이션에 대한 매핑 정보, COM(Component Object Model) 오브젝트 등록 정보를 저장하고 있나.

〈 레지스트리 루트키에 저장된 txt파일의 등록정보 〉

컴퓨터\HKEY_CLASSES_ROOT\txtfile

② HKEY_CURRENT_USER(HKCU)

㉠ 현재 로그인한 사용자와 관련된 시스템 정보를 저장하고 있다.

㉡ HKEY_CURRENT_USER 키에 설정한 값이 HKEY_USERS보다 우선권을 갖는다. 만약 HKEY_CURRENT_USER 키 값이 변경되면 HKEY_USERS 키의 보안 식별자에 해당되는 키의 내용도 바뀌게 된다.

③ HKEY_LOCAL_MACHINE(HKLM)

㉠ 컴퓨터의 모든 사용자의 설정을 담고 있다. 루트키 중에서 가장 다양한 하이브로 구성되어 있으며 하드웨어나 하드웨어 구동에 필요한 드라이브 설정 파일에 관한 정보를 저장하고 있다.

㉡ HKLM은 시스템에 한번이라도 연결되었던 하드웨어, 소프트웨어 설정 및 기타 환경정보 등이 기록되며, 후술하는 HKU에는 윈도우 시스템에 등록되어 있는 모든 사용자와 그룹에 대한 프로파일 정보가 기록된다.

---

* 레지스트리 편집기를 실행 방법
  명령어 창에서 regedit 또는 regedit32를 입력하고 Enter키를 치면 된다.

ⓒ HKLM의 주요 서브키

〈 HKLM을 구성하는 하이브 〉

레지스트리 서브키	하이브의 위치
HKLM\HARDWARE	메모리
HKLM\SAM	%windows%\System32\config\SAM
HKLM\SECURITY	%windows%\System32\config\SECURITY
HKLM\SOFTWARE	%windows%\System32\config\SOFTWARE
HKLM\SYSTEM	%windows%\System32\config\SYSTEM
HKLM\SYSTEM/CLONE	메모리

〈 HKLM을 구성하는 하이브의 위치(C:\windows\System32\config) 〉

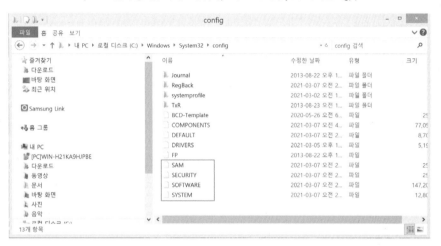

- HKLM\HARDWARE: 파일로 존재하는 것이 아니라 메모리에 휘발성 정보로만 존재한다. 여기에는 부팅 시 감지된 모든 하드웨어와 그 하드웨어 장치의 드라이버 매칭 정보들이 보관된다.
- HKLM\SAM: 사용자의 패스워드, 소속 그룹, 도메인 정보와 같은 로컬 계정 정보와 그룹 정보를 가지고 있다. 컴퓨터가 도메인 컨트롤의 역할을 하는 서버라면 액티브 디렉토리에 도메인 계정과 그룹 정보를 저장한다.
- HKLM\SECURITY: 시스템 범위의 보안 정책과 사용자 관리 할당 정보를 가지고 있으며 SAM과 마찬가지로 시스템계정 이외는 접근이 불가능하다.
- HKLM\SOFTWARE: 시스템 범위의 SW 목록과 그 환경 설정 정보가 저장되어 있다. 환경설정 정보에는 애플리케이션 이름, 경로, 라이센스 정보, 만료 날짜 등이 포함된다.
- HKLM\SYSTEM: 시스템 부팅될 때 필요한 시스템 범위의 환경 설정 정보를 가지고 있으며 로드할 디바이스 드라이버, 시작시킬 서비스들의 목록 등이 포함된다.

④ HKEY_USERS(HKU)

  ㉠ HKEY_USERS: 하나의 윈도우를 여러 명이 사용할 경우 각 사용자와 관련된 윈도우 환경을 저
    장하는 키(Key)이다.

  ㉡ HKEY_CURRENT_USER: 저장된 정보 전체와 데스크톱 설정, 네트워크 연결정보가 저장되어
    있으며, users.dat에 지장되어 있다.

⑤ HKEY_CURRENT_CONFIG(HKCC)

  ㉠ 시스템이 시작할 때 사용하는 하드웨어 정보를 저장하고 있다. '하드웨어 프로파일'이란 현재 시
    스템에서 사용할 수 있는 하드웨어를 정의하는 레지스트리 키 집합을 의미한다.

  ㉡ 레지스트리 부분에서 가장 단순한 곳이며, 여기에는 HKEY_LOCAL_MACHINE에 서브로 존재
    하는 config의 내용만을 담고 있다. 따라서 디스플레이와 프린터에 관한 설정에 관한 정보를 갖
    고 있다.

3. 레지스트리 공격

(1) 개요

① 윈도우 레지스트리에 코드를 주입하는 '파일 없는 공격'은 현존하는 탐지기술 대부분을 우회하는 것
  이 가능하다. 게다가 악성 레지스트리 키의 증거 역시, 그 값을 암호화하고 접근을 통제함으로써 숨
  길 수 있다.

② OS의 업데이트나 패치도 공격을 막지 못한다. 그 어떤 취약점을 노리고 들어간 것이 아니기 때문이
  다. 이러한 공격은 레지스트리 쓰기 기능을 없애면 막을 수 있으나 자칫 정상 프로그램도 제대로 수
  행하지 못할 경우도 발생하므로 주의를 요한다.

(2) 부팅 시 악성코드가 실행되는 레지스트리: 시스템 부팅 시 악성 코드를 구동시키기 위해 변조에 이용되는
대표적 레지스트리는 HKLM과 HKCU이며 디렉토리 위치는 다음과 같다.

> • 개발사용자 지속용: \HKCU\SOFTWARE\Microsoft\Windows\CurrentVersion\Run
> • 개발사용자 일회용: \HKCU\SOFTWARE\Microsoft\Windows\CurrentVersion\RunOnce
> • 전체사용자 지속용: \HKLM\SOFTWARE\Microsoft\Windows\CurrentVersion\Run
> • 전체사용자 일회용: \HKLM\SOFTWARE\Microsoft\Windows\CurrentVersion\RunOnce

(3) 특정 확장자 실행 시 동작하는 레지스트리

① HKEY_CLASSES_ROOT는 확장자 별로 프로그램 수행 위치를 알려준다. 공격자가 이 레지스트리를 변조하여 악성 프로그램이 동작되도록 한다.

② 예를 들어 확장자 .exe와 관련이 있는 레지스트리 내용에 backdoor.exe를 삽입하여 윈도우 프로그램 실행 시마다, backdoor.exe를 구동시킬 수 있다.

> [원본]: [\HKEY_CLASSES_ROOT\exefile\shell\open\command]@=""%1"%*"
> [변조]: [\HKEY_CLASSES_ROOT\exefile\shell\open\command]@=backdoor.exe "%1"%*"

4. 레지스트리 보호 대책

(1) 레지스트리 접근통제
레지스트리는 중요한 정보로 다른 사람이 레지스트리의 편집기를 사용하지 못하게 하여야 한다. 윈도우에서 제공하고 있는 UAC(사용자 계정 컨트롤)에 의해 일반 사용자는 관리자 암호를 모르면 레지스트리 편집기를 사용할 수 없다.

(2) 현재 레지스트리 상태 저장

① 현재 레지스트리의 구성을 저장하는 가장 쉬운 방법은 윈도우 시스템 차원의 백업 기능을 활용하는 것이다. 윈도우 시스템 백업 시 레지스트리 정보를 복사(Snapshot)해 둔다.

② 두 번째 방법으로는 관리자 모드에서 레지스트리 편집기 regedit를 이용하여 윈도우 레지스트리를 백업하는 것이다.

(3) 레지스트리 키 복사
레지스트리 HKEY_LOCAL_MACHINE 키 값을 USB 등 별도의 저장매체로 복사한다.

4 윈도우 방화벽(PC 방화벽)을 이용한 접근 통제

1. 개요

(1) PC 방화벽은 네트워크상의 웜이나 공격자로부터 PC를 보호하기 위해서 사용한다. 방화벽은 내부 정책에 의해 PC내부로 유입되는 패킷뿐만 아니라 외부로 나가는 패킷까지 모두 차단할 수 있고 사용자에게 해당 네트워크 패킷의 적절성 여부를 확인한다.

(2) 그리고 윈도우의 파일 공유처럼 취약점에 잘 노출되는 서비스는 기본으로 차단하기도 한다. 최근의 윈도우 운영체제에서는 운영체제 수준에서 방화벽을 제공하고 있다.

2. 설정 방법

(1) 윈도우 방화벽은 윈도우 설치 시 기본으로 설치 및 활성화되므로 일반 사용자가 별도로 설정할 일은 없으나, 별도의 네트워크 프로그램을 사용하고 외부에서 접속을 할 필요가 있을 경우에는 기본으로 설치되는 윈도우 방화벽 설정 때문에 외부에서 접속이 안 될 수가 있다.

(2) 윈도우 방화벽 설정 방법

① [제어판] - [Windows 방화벽] - [Windows 방화벽 설정 또는 해제] - [Windows 방화벽 사용]으로 방화벽 설정

② [제어판] - [Windows 방화벽] - [고급설정]에서 외부에서 내부로 들어오는 패킷에 대한 규칙인 「인바운드 규칙」과 내부에서 외부로 나가는 「아웃 바운드 규칙」을 별도로 상세하게 통제할 수 있다.

〈 윈도우10 방화벽 설정(좌), 인 · 아웃 바운드 규칙 설정(우) 〉

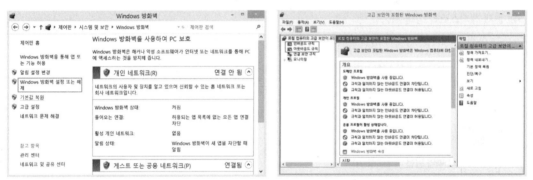

5 접근제어 정책의 구현

1. 개요

(1) 운영체제에 대한 적절한 접근제어를 수행하기 위해서는 가장 먼저 운영체제에 어떤 관리적 인터페이스가 운영되고 있는지부터 파악해야 한다.

(2) 리눅스에서 많이 쓰이고 있는 Telnet과 FTP는 암호화되지 않은 세션을 제공하기 때문에 스니핑 및 세션 하이재킹 등의 공격에 취약하다. 이를 해결하기 위해서는 가능하면 SSH나 Secure XDMCP를 사용하는 것이 좋다.

(3) 운영체제에 대한 관리목적의 인터페이스(Telnet, FTP, SSH 등)가 결정되었다면 이제 접근제어 정책을 적용해야 한다.

① 시스템에 대한 접근제어 정책은 기본적으로 IP를 통해 수행된다. 리눅스의 Telnet이나 SSH, FTP 등은 TCPWrapper를 통해 접근제어가 가능하다. TCPWrapper를 이해하기 위해서는 먼저 inetd라는 슈퍼 데몬을 이해해야 한다.

② 리눅스에서 접근제어 정책을 구현할 수 있는 도구로는 TCPWrapper 이외에도 hosts.allow/hosts.deny 파일에 정의된 호스트 정보와 PAM 이라고 하는 장착형 인증모듈을 통해서도 가능하다.

2. 슈퍼 데몬(inetd)

리눅스에는 inetd라고 하는 데몬이 있다. inetd 데몬은 슈퍼 데몬이라고도 불리는데 다른 데몬을 관리하는 데몬이라 하여 붙여진 이름이다. inetd 데몬은 N개의 개별 데몬을 하나로 통합하여 클라이언트로 요청이 들어올 때마다 해당 서비스와 관련된 실행모듈(FTP, Telnet, TFTP 등)을 다음과 같이 실행해 준다.

〈 inetd 데몬을 통한 데몬 동작도 〉

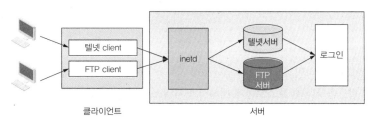

(1) Telnet과 FTP 클라이언트가 서버에 접속을 요구하면 inetd 데몬이 이를 확인한다.

(2) Telnet 연결 시도일 경우, inetd 데몬의 설정 파일인 /etc/inetd.conf에서 데몬에 대한 설정을 읽는다.

(3) 그리고 /etc/services 파일에서 설정된 포트 번호에 대해 클라이언트의 요청이 있을 때 Telnet 데몬을 실행한다. FTP 연결 시도일 경우에는 inetd 데몬이 이 연결을 FTP 서버에 넘겨준다.

(4) 따라서 /etc/services에 해당 데몬에 대한 포트가 정의되어 있지 않거나 /etc/inetd.conf 파일에서 특정 서비스에 대한 연결을 차단하면 해당 서비스에 대한 접속을 불가능해진다.

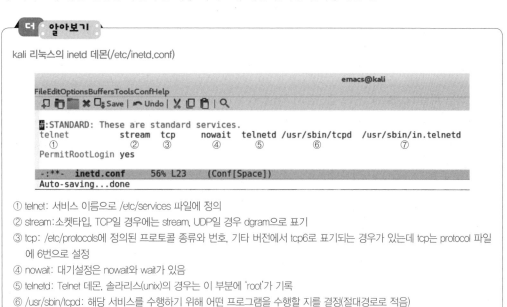

더 알아보기

kali 리눅스의 inetd 데몬(/etc/inetd.conf)

```
                                                        emacs@kali
FileEditOptionsBuffersToolsConfHelp
  ⊐ ⊡ ▤ ✖ □ Save | ⤺ Undo | ✂ ▢ ▯ | Q

#:STANDARD: These are standard services.
telnet          stream  tcp     nowait  telnetd /usr/sbin/tcpd  /usr/sbin/in.telnetd
    ①             ②      ③       ④        ⑤         ⑥               ⑦
PermitRootLogin yes

-:**- inetd.conf      56% L23   (Conf[Space])
Auto-saving...done
```

① telnet: 서비스 이름으로 /etc/services 파일에 정의
② stream:소켓타입, TCP일 경우에는 stream, UDP일 경우 dgram으로 표기
③ tcp: /etc/protocols에 정의된 프로토콜 종류와 번호, 기타 버전에서 tcp6로 표기되는 경우가 있는데 tcp는 protocol 파일에 6번으로 설정
④ nowait: 대기설정은 nowait와 wait가 있음
⑤ telnetd: Telnet 데몬. 솔라리스(unix)의 경우는 이 부분에 'root'가 기록
⑥ /usr/sbin/tcpd: 해당 서비스를 수행하기 위해 어떤 프로그램을 수행할 지를 결정(절대경로로 적음)
⑦ /usr/sbom/in.telnetd: 데몬을 실행하는데 필요한 인자, 최근 리눅스는 inetd 대신에 xinetd를 더많이 이용

PART
04

3. 접근 통제(TCPWrapper)

TCPWrapper는 솔라리스 등 유닉스 계열뿐만 아니고 윈도우 계열 서버에서도 이용된다. 윈도우는 기본적으로 시스템 방화벽을 이용하여 외부 IP를 차단하지만 터미널 서비스 설정 시 TCPWrapper 기능을 이용하여 IP 접속을 제한할 수 있다. TCPWrapper의 특징을 Telnet 연결 사례를 통해 알아본다.

〈 TCPWrapper를 통한 데몬 동작도 〉

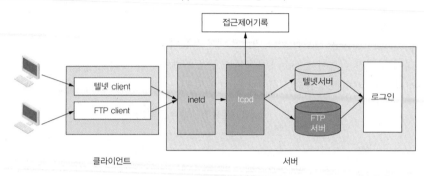

(1) 외부에서 들어오는 클라이언트에 대해 접근통제 기능을 제공한다. 클라이언트의 IP주소를 확인하여 시스템 관리자가 접근을 허용한 호스트들에 대해서만 서비스를 허용한다(해킹으로부터 시스템 보호가 가능).

(2) TCPWrapper 데몬이 설치되면 inetd 데몬은 연결을 TCPWrapper의 데몬인 tcp데몬에 넘겨준다. 그러면 tcp 데몬은 요구한 클라이언트가 적절한 접근 권한이 있는지를 확인하고, 해당 데몬에 연결을 넘겨준다.

(3) tcp데몬이 해당 데몬에 연결을 해 줄 때에는 연결에 대한 로깅도 실시한다.

(4) TCPWrapper는 모든 프로토콜에 대한 접근제어를 할 수는 없다. inetd 데몬이 관리하지 않는 standalone 데몬같은 경우는 inetd 데몬이 통제할 수 없으며 TCP 외의 일부 프로토콜에 대해서만 통제가 가능하다.

구분	서비스	소켓타입	프로토콜	플래그	사용자	실행경로	실행인수
사용 전	Telnet	stream	TCP	nowait	root	/usr/sbin/in.telnetd	in.telnetd
사용 후	Telnet	stream	TCP	nowait	root	/usr/sbin/tcpd	in.telnetd

4. 접근허용 파일(hosts.allow)과 접근금지 파일(hosts.deny)

(1) 리눅스에서 /etc/hosts.allow와 /etc/hosts.deny 파일에 정의된 호스트, 특정 IP 또는 프로세스 정보를 기준으로 접근을 허용하거나 차단할 수 있다. 이를 통하여 외부로부터의 접근을 선택적으로 제한할 수 있다.

(2) 적용 순서는 hosts.allow → hosts.deny 순이며 두 개 파일에 모두 기록이 없으면 접근을 허용한다.

(3) 모든 외부 접속을 차단하려면 /etc/hosts.deny 파일에 「ALL:ALL」 구문을 추가하면 된다. 접근통제의 한 방법으로 hosts.deny에 모든 것을 차단시키고 hosts.allow 파일에 필요한 서비스 또는 ip만 허용하는 것도 하나의 방법이 될 수 있다.

5. 장착형 인증모듈(PAM; Pluggable Authentication Module)

(1) 개요

① PAM은 리눅스 시스템에서 사용하는 라이브러리로써 응용 프로그램(서비스)에 대한 인증형태, 사용자 권한, 접근 자원 등을 선택할 수 있도록 해준다.

② 시스템 관리자는 다양한 인증 서비스를 선택할 수 있고 기존 응용 프로그램을 수정할 필요없이 인증 서비스 모듈을 추가하여 사용할 수 있는 프로그램이다.

〈 PAM 구조 〉

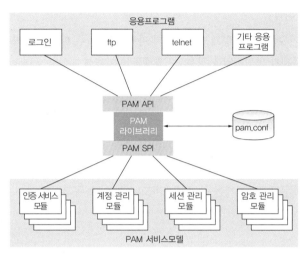

(2) 등장 배경

① PAM을 사용하기 이전 리눅스 시스템에서는 사용자 인증을 위해 각 응용프로그램에서 자체적으로 로직을 구현하여 사용했다.

② 특히 시스템에 저장된 사용자 정보를 통해 인증하는 경우, 응용프로그램이 사용자 정보기 담긴 파일(/etc/passwd)에 대한 접근 권한을 가지고 있어야 하므로 침해사고 위험성과 응용프로그램마다 사용자 인증 방식이 상이하여 관리에 많은 비용이 소요되었다.

③ 이를 해결하고자 응용프로그램이 passwd 파일을 읽어 인증을 대행해 주는 PAM이 탄생하게 되었다. PAM은 윈도우 환경의 dll과 같은 것으로 사용자 인증을 수행하려면 PAM Library가 있는 함수를 호출한다.

(3) 동작 과정

① 인증이 필요한 응용프로그램은 더 이상 passwd 파일을 열람하지 않고 'PAM' 모듈에 사용자 인증을 요청한다.

② PAM은 인증을 요청한 사용자의 정보를 가지고 결과를 도출, 응용프로그램에 전달한다.

〈 기존 방식(좌)과 PAM 모듈을 통한 사용자 인증(우) 과정 〉

1 개관

1. 필요성

(1) 사이버 침해사고 원인분석, 디지털 포렌식 등 정보시스템에서 로그는 가장 중요한 부분이다. 네트워크를 통해 서버에 접속하게 되는 순간부터 접속을 끊는 순간까지의 모든 행동들이 로그 파일이나 로그 서버에 저장되게 된다.

(2) 로그는 침입자가 어디서, 어떻게 들어왔는지 자세하게 알 수 있고 들어와서 어떤 행동을 하였는지도 알 수 있어 추후 문제가 발생하였을 경우, 로그 정보를 이용해 침입자를 찾아내는 중요한 단서가 된다.

2. 윈도우와 리눅스 로그관리 체계의 특징

(1) 윈도우와 리눅스는 상당히 다른 로그 체계를 가지고 있다. 윈도우는 이벤트(Event)라고 불리는 중앙 집중화된 형태로 로그를 수집하여 저장하지만 리눅스는 로그를 여러 곳에 산발적으로 저장한다.

(2) 중앙 집중화된 윈도우는 로그 관리가 수월하지만 해커들의 공격 목표가 되므로 위험성을 안고 있다. 반면 리눅스 로그는 초보자에게는 찾는 것조차도 쉽지 않고 공격자도 로그를 모두 찾아서 삭제하기가 쉽지 않다.

2 윈도우 로그 설정과 분석

1. 해커에 대한 즉각적인 확인

(1) 해킹사고 발생 시 시스템에 남은 로그 정보도 중요하지만 현재 로그인된 사용자를 확인하는 것도 매우 중요하다. 윈도우에서 이를 확인할 수 있는 명령은 net session과 net user가 있다.

① net session : 자신의 시스템에 로그인한 시스템의 IP, 로그인한 계정, 클라이언트의 운영체제 및 로그인한 후 경과한 시간을 출력한다. 이런 세션을 끊는 방법은 net session /delete이다.

② net user : 현재 로그인된 계정 이름만 볼 수 있다.

(2) 공격자의 침투경로로 사용된 포트 번호 등 시스템의 전반적인 정보를 파악하는 것도 중요하다. 윈도우에 이를 확인할 수 있는 명령으로 netstat – an이 있다.

① netstat –an : 시스템이 사용하지 않은 포트가 열려있음을 확인하면 fport 명령으로 포트를 열고 있는 프로세스를 확인해야 한다.

② pslist –t : 공격자가 실행 중인 프로세스가 컴퓨터 내 어느 위치에서 동작하고 있는지 확인이 가능하다.

(3) 시스템에 현재 로그인한 세션을 알아보는 또 다른 툴로 psloggedon이 있다. 이들은 현재 로컬로 로그인한 계정 정보도 보여준다. 원격에 있는 관리자가 로컬로 로그인한 사용자 정보를 필요로 할 때 유용하다.

윈도우 해킹사고 조사에 필요한 무료 도구 확보

- http://www.sysinternals.com 접속하여 SysinternalsSuite.zip 다운로드
- 주요 도구
  - 피해시스템의 기본정보 조사, 설치된 패치프로그램 및 sw 정보 확인: psinfo
  - 공격자가 실행중인 프로세스의 각종 정보 확인: pslist, handle
  - 악성프로그램이 사용하는 동적라이브러리(dll) 파일 탐지: listdlls
  - 시스템에 로그인한 세션 정보 확인: psloggedon

2. 윈도우 서버 로그 설정 및 이벤트 로그

(1) 윈도우에서의 감사정책(Audit Policy), 즉 로그정책은 기본적으로 수행하지 않게 설정되어 있다. 로그 분석에 앞서 어떠한 이벤트를 로그 파일에 남겨 놓아야 할지를 먼저 결정해야 한다. 이것을 감사정책이라고 한다.

(2) 로그정책의 설정

① 로그 항목 설정을 위해서는 먼저 [제어판] → [관리도구] → [로컬 보안정책] → [로컬정책]으로 이동한다.

② 이 보안설정 초기화면에서 [로컬정책] → [감사정책]을 누르면 개체 액세스 검사 등 9개의 감사대상 분야가 나온다. 여기에서 원하는 항목을 선택하면 선택한 항목에 대한 로그 기록이 시작된다.

〈 로그항목 설정 〉

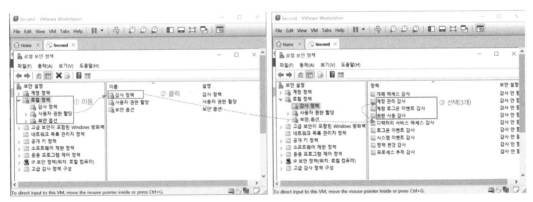

③ 위의 〈로그항목 설정〉을 보면, '계정 관리, 계정 로그온 이벤트, 권한 사용 감사' 등 3개 항목에 대해 로그 기록이 시작된다.

(3) 로그정책 확인

① 윈도우 로그정책 확인은 설정 과정에서와 동일하게 [제어판] → [관리도구] → [로컬 보안정책] → [감사정책]에서 확인할 수 있다. 윈도우에서는 로그정책이 대부분 정보를 수집하지 않게 기본으로 설정되어 있으므로 적절한 로깅 설정이 필요하다.

② 윈도우의 경우, 유닉스/리눅스에 비해 로깅하는데 시스템 자원이 많이 소모되므로 모든 정보를 로깅하도록 설정하는 것은 바람직하지 않다.

3. 윈도우 시스템 이벤트 로그

(1) 이벤트 로그 종류: 윈도우 시스템은 응용프로그램 로그, 보안로그, 시스템 로그와 같은 3가지 로그를 이벤트에 기록하며 OS 구성에 따라 디렉토리 서비스 로그, 파일복제 서비스 로그, DNS서버 로그가 추가될 수 있다.

〈 윈도우 시스템 이벤트 로그의 종류 〉

이벤트 로그	설명	비고
응용 프로그램 로그	응용 프로그램이 기록한 다양한 이벤트가 저장되며, 기록되는 이벤트는 소프트웨어 개발자에 의해 결정된다.	
보안 로그	유효하거나 유효하지 않은 로그온 시도 및 파일 생성, 열람,삭제 등의 리소스 사용에 관련된 이벤트를 기록한다. 감사로그 설정을 통해 다양한 보안 이벤트 센싱이 가능하다.	
시스템 로그	윈도우 시스템 구성요소가 기록하는 이벤트로 시스템 부팅 시 드라이버가 로드되지 않는 경우와 같이 구성요소의 오류를 이벤트에 기록한다.	
디렉토리 서비스 로그	윈도우 액티브 디렉토리 서비스에서 발생하는 이벤트 예 서버와 글로벌 카탈로그 사이의 연결 문제	도메인 콘트롤러 구성
파일 복제 서비스 로그	윈도우 파일 복제 서비스에서 발생하는 이벤트 예 도메인 콘트롤러가 시스템 볼륨 변경 정보로 업데이트되고 있는 동안 발생하는 파일 복제 실패	
DNS 서버 로그	윈도우 DNA 서비스에서 발생하는 이벤트	DNS서버 구성

(2) 이벤트 로그 파일: 이벤트 로그 파일은 \System32\winevt\Logs 폴더 아래에 있는 .evtx 확장자를 가진 파일이며, 파일명은 이벤트 뷰어에서 보이는 로그 파일과 비슷하다. %Windsows%의 의미는 Winodows가 설치되어 있는 디렉토리로 보통 'C:'로 설정되어 있다.

① **응용 프로그램 로그(Application.evtx)**: 응용 프로그램 로그에 기록되는 이벤트는 SW 프로그램 개발자가 결정하며 사용자가 구입한 어플리케이션들의 경우, 설치는 물론 작동 시에도 로그가 기록되도록 개발된 것이 좋은 어플리케이션이다.

② **보안 로그(Security.evtx)**: 윈도우 로그온, 네트워크 등 다양한 보안 로그들이 기록된다. 보안 로그의 설정, 사용 여부, 이벤트를 지정하려면 관리자 그룹의 권한으로 작업해야 한다.

③ **시스템 로그(System.evtx)**: 윈도우 시스템에서 기록하는 로그로 서비스 실행 여부나 파일 시스템 필터, 디바이스 오류 등의 정보를 기록한다. 예를 들어 시스템 부팅 시 드라이버나 다른 시스템 구성 요소의 로드에 실패하였다면 시스템 로그에 기록된다.

〈 윈도우 이벤트 로그 파일(c:\Windows\System32\winevt\Logs) 〉

→ 이벤트 로그 파일은 2진 파일이기 때문에 별도의 프로그램(예) 이벤트 뷰어, eventvwr.msc/exe)로 읽어야 하며 [제어판] – [관리도구] – [이벤트뷰어]를 통해 쌓이는 로깅 정보를 확인할 수 있다.

〈 이벤트 뷰어를 이용한 보안로그 확인 〉

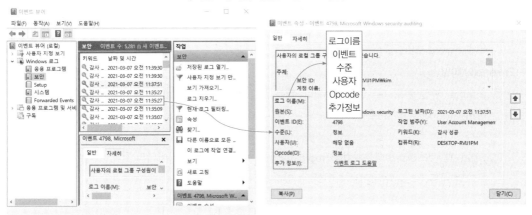

→ 윈도우서버 2016, 윈도우10에서 실행한 결과이다.

3 리눅스/유닉스 로그

리눅스 로그는 윈도우의 로그와 조금 상이하다. 리눅스에는 로그를 중앙 집중식으로 관리하는 syslog 데몬이 있지만, 각 데몬이 로그를 별도로 남기는 경우도 많다. 리눅스에서는 로그가 다양한 경로로 남기 때문에 모두 파악하고 관리하기 어렵지만, 다양한 로그들을 바탕으로 해커를 추적하는 것은 가능하다.

1. 로그 디렉토리

유닉스/리눅스에서는 로그가 저장되는 경로가 시스템마다 조금씩 다르고 두 개 이상의 경로에 로그를 나누어 저장하기도 한다. 하지만 대부분 아래 표에 기술된 4개의 경로 중 하나 또는 두 개의 경로에 존재한다.

〈 유닉스/리눅스 시스템 이벤트 로그의 종류 〉

경로	적용 시스템
/usr/sbin	초기 유닉스, BSD 계열: HP-UX 9.X, SunOS 4.x
/var/adm	최근 유닉스, SVR 계열: 오라클 솔라리스, HP-UX
/var/log	일부 BSD 계열: BSD, Free BSD, 오라클 솔라리스, 리눅스
/var/run	일부 리눅스

2. 주요 로그 파일

유닉스/리눅스에는 다양한 로그 파일들이 존재한다. 해킹사고 발생 시 필수적으로 확인해야하는 로그파일 중에 utmp와 wtmp가 있다. 즉, 이 두 개는 현재 시스템에 로그인한 사용자나 과거에 로그인했던 사용자의 게정 정보가 저장된다. passwd 파일에 등재된 계정을 이용해 정상적으로 로그인하였을 때만 로그가 생성된다.

(1) utmp(x) 로그

① utmp(x) 로그파일에 로그를 남기는 프로그램은 utmp 데몬이다. utmp 데몬은 유닉스/리눅스에서 가장 기본적인 로깅을 제공하는 데몬으로, 현재 시스템에 로그인한 사용자의 상태를 출력한다.

② utmp 파일에서는 utmp.h에서 정의(x)한 구조체의 형식으로 로그파일에 기록을 남기며 utmp 데몬이 이러한 역할을 수행한다. utmp 데몬이 로그파일에 기록을 하는 형태는 텍스트가 아닌 바이너리 형태로 저장한다. 따라서 일반 문서편집기로는 내용을 확인할 수 없고, 특정 명령을 이용해 확인해야 한다.

③ utmp 데몬에 저장된 로그를 문자 형태로 출력하는 명령어로는 w, who, users, whodo, finger 등이 있다.

(2) wtmp(x) 파일

① utmp(x) 파일에 로그를 남기는 wtmp 데몬은 /usr/include/utmp.h 파일의 구조체를 그대로 사용하며, utmp 데몬과 비슷한 역할을 한다. 즉, 사용자의 로그인, 로그아웃, 시스템 재부팅 정보를 담는다.

② wtmp 데몬도 utmp 데몬처럼 wtmp(x) 파일에 텍스트가 아닌 바이너리 형태로 데이터를 저장한다. 로그의 내용은 last 명령어로 확인할 수 있다.

3. 기타 로그 파일

(1) sulog(Unit/SunOS)

① sulog는 권한 변경에 대한 로그다. 즉, 로그인한 계정의 권한을 변경할 때 사용하였던 su 명령에 대한 로그다. su root와 su −root는 모두 관리자 계정 권한으로 변경했기 때문에 su 로그에 남는다 (SunOS를 포함한 UNIX 계열에서만 볼 수 있음).

② su 로그는 공격자가 일반 계정으로 로그인한 후, 관리자 권한으로 들어가기 위해 시도한 기록으로 관리자는 이를 확인하여 공격 의도를 가진 일반 계정을 추적해 낼 수 있다.

(2) message

① 가장 기본적인 시스템 로그파일이다. 시스템 운영에 대한 전반적인 메시지를 저장한다. 일반적으로 syslog 데몬이 위치한 디렉토리에 위치한다(리눅스: /var/log/messages, 유닉스: /var/adm/message).

② 로그 파일 중 가장 중요한 부분으로 로그인 기록부터 디바이스 정보시스템 설정 오류, 파일 시스템, 네트워크 세션 기록과 같이 다양한 정보를 가지고 있다.

③ 문서편집기로 확인 가능하다.

(3) act/pacct 로그

① pacct(process account) 로그는 시스템에 로그인한 모든 사용자가 수행한 프로그램에 대한 정보를 저장하는 로그다. 이 로그는 사용자가 로그인했다가 로그오프할 때까지 입력한 명령과 연결에 이용한 터미널의 종류와 시간 등을 저장한다.

② pacct 로그도 utmp나 wtmp처럼 로깅 내용이 /usr/adm/paact 파일에 텍스트가 아닌 바이너리 형태로 저장되며, acctcom, lastcomm 명령을 통해 볼 수 있다.

(4) history

① 계정 별로 실행한 명령어에 대한 기록을 저장한 파일로 각 계정별 홈 디렉토리에 존재한다. history 내용은 각 계정 루트 디렉토리에 .bash_history에 텍스트 형식으로 저장된다.

② 이 내용은 cat이나 more 명령, 또는 vi, emacs 등의 문서편집기로 확인할 수 있으며 600 권한으로 파일 소유자만 읽고 쓸 수 있으나 공격자에게 많은 정보를 줄 수 있기 때문에 위험하기도 하다.

③ 아래 화면은 터미널 창에서 history 명령을 입력한 결과 화면이다(# cat .bash_history 하여도 동일한 결과 나옴).

```
root@kali:~ #  history
    1  apt-get update
    2  apt-get install fonsts-banum*
    3  apt-get update
    4  apt-get install fonts-nanum*
    5  reboot
    6  ls
    7  apt-get install emacs
    8  reboot
```

(5) lastlog

① 가장 최근에 성공한 로그인 파일을 담고 있는 로그파일이다. binary 파일로 되어있으며 'lastlog', 'finger' 명령어로 확인 가능하다.

② lastlog 파일 위치는 아래와 같으며 터미널 창에서 lastlog 명령을 입력하면 확인 가능하다.

    ㉠ 리눅스(우분투, Kali 등): /var/log/lastlog

    ㉡ 유닉스: /var/adm/lastlog

01 윈도우 운영체제의 계정 관리에 대한 설명으로 옳은 것은?

① 'net accounts guest /active:no' 명령은 guest 계정을 비활성화한다.

② 'net user' 명령은 시스템 내 사용자 계정정보를 나열한다.

③ 'net usergroup' 명령은 시스템 내 사용자 그룹 정보를 표시한다.

④ 컴퓨터/도메인에 모든 접근 권한을 가진 관리자 그룹인 'Admin'이 기본적으로 존재한다.

03 유닉스/리눅스의 파일 접근 제어에 대한 설명으로 옳지 않은 것은?

① 접근 권한 유형으로 읽기, 쓰기, 실행이 있다.

② 파일에 대한 접근 권한은 소유자, 그룹, 다른 모든 사용자에 대해 각각 지정할 수 있다.

③ 파일 접근 권한 변경은 파일에 대한 쓰기 권한이 있으면 가능하다.

④ SetUID가 설정된 파일은 실행 시간 동안 그 파일의 소유자의 권한으로 실행된다.

02 ㉠~㉢에 들어갈 윈도우 운영체제 보안 컴포넌트를 모두 바르게 제시한 것은?

> 보기
>
> • (㉠)은 로컬 사용자에 관련된 보안 정보 및 계정 데이터를 저장하는 데이터베이스이다.
> • (㉡)은 커널 모드에서 수행되며 사용자나 프로세스가 어떤 객체를 열려고 시도하면 접근 권한을 확인한다.
> • (㉢)는 사용자 모드에서 수행되며, 로컬 보안 정책을 집행하는 책임이 있다.

	㉠	㉡	㉢
①	SAM	SRM	LSA
②	SRM	SAM	LSA
③	SAM	SRM	SID
④	SRM	SAM	SID

04 리눅스 시스템에서 패스워드 정책이 포함되고 사용자 패스워드가 암호화되어 있는 파일은?

① /etc/group

② /etc/passwd

③ /etc/shadow

④ /etc/login.defs

05 유닉스(Unix) 운영체제에서 명령어 'chmod 752 test.c'를 실행한 파일의 접근 권한에 대한 설명으로 가장 옳은 것은 무엇인가?

① group 권한: 읽기(×) 쓰기(○) 실행(×)
② user 권한: 읽기(○) 쓰기(○) 실행(○)
③ group 권한: 읽기(○) 쓰기(○) 실행(○)
④ user 권한: 읽기(○) 쓰기(×) 실행(○)

01 정답 ②

① guest 계정 비활성화 구문은 net user guest /active:no 이다.
③ 시스템 내 사용자 그룹정보 확인 구문은 net localgroup 이다.
④ 관리자 그룹: Admin → Administrators

02 정답 ①

윈도우의 인증과정에서 가장 중요한 구성 요소는 SAM, SRM, LSA이다.
• SAM은 사용자/그룹 계정 정보에 대한 데이터베이스를 관리한다. 그리고 사용자의 로그인 입력 정보와 SAM DB 정보를 비교해 인증 여부를 결정한다.
• SRM은 사용자에게 SID를 부여한다. 또한 SRM은 SID에 기반하여 파일이나 디렉터리에 대한 접근 허용 여부를 결정하고, 이에 대한 감사 메시지를 생성한다.
• LSA는 모든 계정의 로그인을 검증하고 시스템 자원 및 파일등에 접근하는 권한을 검사한다.

03 정답 ③

파일의 소유자나 슈퍼 유저 root는 chmod 명령을 이용하여 기존 파일 또는 디렉토리에 대한 접근권한을 변경한다. 즉, 파일 소유자가 아닌 그룹이나 제3자에게 쓰기 권한을 주더라도 파일 소유자 또는 슈퍼 유저가 아니라면 접근권한 변경이 불가하다.

04 정답 ③

③ 사용자 계정의 패스워드는 일방향 해시함수를 사용하여 shadow 파일에 저장되어 있다. 리눅스 인증체계를 이해하기 위해서는 shadow 파일을 알아야만 된다.
① /etc/group 파일에는 그룹에 대한 정보가 들어있다.
② /etc/passwd에는 계정정보 등 사용자의 기본정보가 평문 형태로 저장된다.
④ /etc/login.defs 파일에는 사용자 계정 설정과 관련된 기본값이 정의되어 있다.

05 정답 ②

접근권한 752를 기호로 기술하면 rwxr-x-w-이 된다. 즉 user는 읽고, 쓰고, 실행이 가능, group은 읽고, 실행이 가능, other는 쓰기가 가능하다.

06 윈도우 운영체제에서의 레지스트리(Registry)에 대한 설명으로 가장 옳은 것은?

① 레지스트리 변화를 분석함으로써 악성코드를 탐지할 수 있다.

② 레지스트리는 운영체제가 관리하므로 사용자가 직접 조작할 수 없다.

③ 레지스트리 편집기를 열었을 때 보이는 다섯 개의 키를 하이브(Hive)라고 부른다.

④ HKEY_CURRENT_CONFIG는 시스템에 로그인하고 있는 사용자와 관련된 시스템 정보를 저장한다.

07 파일을 실행시킬 때 사용자의 권한이 아닌 일시적으로 파일 소유자(특히 관리자)의 권한을 가지기 때문에 공격에 많이 사용되는 것은?

① setuid　　　　② setgid

③ uid　　　　　④ sticky bit

08 다음 중 윈도우 레지스트리 키가 아닌 것은 무엇인가?

① HKEY_CLASSES_ROOT

② HKEY_CURRENT_USER

③ HKEY_MACHINE_SAM

④ HKEY_USERS

09 유닉스 시스템에 대한 설명으로 옳지 않은 것은?

① who 명령어는 utmp 로그의 내용을 사용한다.

② wtmp 로그의 내용은 ps 명령어로 확인할 수 있다.

③ 파일의 접근 권한은 ls -l 명령어로 확인할 수 있다.

④ syslog에서 서비스의 동작과 에러를 확인할 수 있다.

10 다음 〈보기〉의 괄호 안에 들어갈 접근 권한을 바르게 연결한 것은?

보기

리눅스 시스템에서 umask 값을 027로 설정할 경우, 이후 생성되는 일반 파일의 접근 권한은 (㉠)이고, 디렉터리 접근 권한은 (㉡)이다.

	㉠	㉡
①	640	750
②	750	640
③	644	755
④	755	644

11 다음에서 설명하는 윈도우 인증 구성요소는?

- 사용자의 계정과 패스워드가 일치하는 사용자에게 고유의 SID(Security Identifier)를 부여한다.
- SID에 기반을 두어 파일이나 디렉터리에 대한 접근의 허용 여부를 결정하고 이에 대한 감사 메시지를 생성한다.

① LSA(Local Security Authority)

② SRM(Security Reference Monitor)

③ SAM(Security Account Manager)

④ IPSec(IP Security)

06 　　　　　　　　　　　　　정답 ①

② 사용자는 레지스트리 편집기(regedit, regedit32)라는 프로그램을 통해 레지스터 내용을 수정·열람·삭제할 수 있다.

③ 레지스트리 루트키에 대한 설명이다.

④ HKEY_CURRENT_USER에 대한 설명이다.

07 　　　　　　　　　　　　　정답 ①

④ sticky bit: 8진수로 1000으로 표현한다. 디렉토리에 sticky bit가 설정되면 디렉토리 안의 파일들은 파일 소유자, 디렉토리 소유자 또는 관리자(root)만이 수정하거나 삭제할 수 있다.

08 　　　　　　　　　　　　　정답 ③

- 윈도우 레지스트리 루트키는 ①·②·④와 HKEY_LOCAL_MACHINE, HKEY_CURRENT_CONFIG 등 5개가 있다. 따라서 ③의 HKEY_MACHINE_SAM은 포함이 안 된다. 한편, SAM파일에 대한 레지스트리 정보는 HKEY_LOCAL_MACHINE에 들어있다.

09 　　　　　　　　　　　　　정답 ②

② wtmp 로그는 사용자의 로그인/로그아웃에 대한 정보를 기록하며, w, who, users, finger, last 등의 명령으로 확인 가능하다.

① utmp 로그는 로그인에 대한 정보만 기록한다.

④ syslog는 사용자 인증과 관련된 로그 및 커널, 데몬들에서 생성된 모든 로그를 기록한다.

10 　　　　　　　　　　　　　정답 ①

파일 및 디렉토리의 최초 생성시 자동 부여되는 접근 권한 값은 파일의 경우 「666_8-umask」, 디렉토리의 경우 「777_8-umask」이다. 즉, 666-027=640, 777-027=750이 된다.

11 　　　　　　　　　　　　　정답 ②

① LSA: 모든 계정의 로그인에 대한 검증을 실시한다.

③ SAM: 사용자/그룹 계정 정보에 대한 데이터베이스를 관리한다.

④ IPsec(IP security): IP 패킷을 암호화하고 인증하는 안전한 인터넷 프로토콜(IP) 통신을 위한 프로토콜로, 윈도우 인증 구성요소가 아니다.

12 리눅스 시스템 로그(log) 파일 중 계정들의 로그인 및 로그아웃에 대한 정보를 가진 파일은 무엇인가?

① wtmp
② dmesg
③ xferlog
④ btmp

13 다음 리눅스 /etc/shadow 파일 항목에 대한 설명으로 옳지 않은 것은?

> 보기
>
> abcd:1qPZPGTVz$RDqazm48WaMXw3Mvy4O
> Qb1:17562:0:99999:7:3::

① 계정명은 abcd이다.
② 계정 패스워드의 해시값 계산에 사용된 해시 함수는 MD-5이다.
③ 솔트(Salt)값은 qPZPGTVz이다.
④ 계정 패스워드의 유효기간은 7일이다.

14 사용자가 자신의 홈 디렉토리 내에서 새롭게 생성되는 서브 파일의 디폴트 퍼미션을 파일 소유자에게는 읽기(r)와 쓰기(w), group과 other에게는 읽기(r)만 가능하도록 부여하고 싶다. 로그인 쉘에 정의해야 되는 umask의 설정값으로 옳은 것은 무엇인가?

① umask 133
② umask 644
③ umask 022
④ umask 330

12　　　정답 ①

② dmesg 로그는 시스템 부팅 시의 로그를 기록한다.
③ xferlog 로그는 FTP 파일 전송 내역을 기록한다.
④ btmp 로그에는 로그인 실패 기록에 대한 정보가 포함되어 있다.

13　　　정답 ④

④ last changed(17562): 마지막으로 패스워드를 변경한 날(1970년 1월 1일부터 며칠이 지났는지 그 일수로 표기)을 의미한다.
• min days(0): 최소 변경 일수
• max days(99999): 최대 변경 일수
• warn days(7): 경고 일수
• inactive days(3): 최대 비활성 일수
• expire days: 사용자 계정이 만료되는 날

14　　　정답 ③

• 파일 소유자에게 읽기(r)와 쓰기(w), group과 other에게는 읽기(r)만 가능하도록 하려면, 접근 권한을 644(rw_r__r__)로 해야한다.
• 생성 시 자동 부여되는 접근권한 값은 파일의 경우 「666-umask」이므로 666-umask=644의 관계가 성립한다. 즉, umask=666-644=022가 되어야 한다.

시스템 보안위협 및 대응책

01 버퍼 오버플로우

1 개관

1. 버퍼 오버플로우에 대한 이해

(1) 버퍼 오버플로우를 이해하기 위한 사전 지식으로는 가장 먼저 스택의 구조와 같은 메모리 구조를 잘 알아야 하고, 기본적인 어셈블러와 기계어에 대해 알아야 한다.

(2) 포인터나 레지스터와 같은 C언어에 대한 지식도 충분해야 하며 메모리 구조도 잘 알아야 된다.

    ① 우리는 Chapter 02 운영체제에서 프로그램이 실행되는 '시스템 메모리 공간'은 실행파일이 올라가는 코드 영역과 데이터가 저장되는 데이터 영역으로 나뉜다.

    ② 다시 데이터 영역은 크게 지역변수들이 할당되는 '스택' 영역과 malloc 등의 함수에 의해 동적으로 할당되는 '힙' 영역이 있다고 학습하였다.

(3) 버퍼 오버플로우 공격은 스택에 존재하는 버퍼에 대한 공격이냐, 힙에 존재하는 버퍼에 대한 공격이냐에 따라 '스택 버퍼 오버플로우'와 '힙 버퍼 오버플로우' 공격으로 구분된다.

2. 버퍼 오버플로우 공격의 개념

(1) 버퍼 또는 데이터 저장 영역에 할당된 용량보다 더 많은 데이터 입력이 들어오면 원래 있었던 기존 데이터는 새로운 데이터로 바꿔치기 하게 된다.

(2) 버퍼 오버플로우 공격은 프로세스가 정해진 크기의 버퍼 한계를 벗어난 이웃한 메모리의 위치에 해커가 심어놓은 악성코드가 저장, 실행되는 공격이다.

2 스택 버퍼 오버플로우 공격

스택 버퍼 오버플로우 공격은 모든 경우에 가능하지는 않고 프로그래머가 취약한 특정함수(예 strcpy, scanf 등)를 사용해야 가능하다. 스택 버퍼 오버플로우 공격에 취약한 다음의 예제 프로그램(buf_s_overflow.c)을 통하여 그 원리를 살펴보자.

```
// buf_s_overflow.c

#include <stdio.h>
#include <string.h>

int main(int argc, char *argv[]){
  char buffer[10];
② strcpy(buffer,argv[1]);
③ printf("\t %s \n",&buffer);
  return 0;
}
```

1. 실행코드(컴파일) 생성 및 코드 실행

(1) 리눅스에서 소스코드는 vi, emacs 등의 문서편집기를 이용하여 작성한다. 실행 파일은 아래 명령으로 컴파일하면 buf_s_overflow라는 실행파일이 생성된다.

※ emacs는 리눅스(kali 등)에 기본 탑재가 안 되어 있어 'apt-get install emacs' 명령으로 설치 가능하다. vi는 사용하기에 복잡하여 필자의 경우 emacs를 선호하고 있다.

- 컴파일: #gcc-o buf_s_overflow buf_s_overflow.c
- 실행: #buf_s_overflow [임의의 데이터]

---

(2) 실행 결과

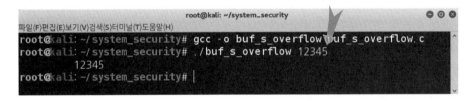

실행은 '실행파일명+임의의 문자'를 터미널 창에서 입력하면 키보드로부터 입력된 임의의 문자가 화면에 출력되는 프로그램이다. 좀 더 구체적으로 살펴보면 위 화면은 12345라는 데이터를 argv[1]으로 받아서(①), 그 데이터를 buffer로 복사(②)하고 복사된 데이터를 화면에 출력(③)시키는 간단한 프로그램이다(②, ③은 상단 예제 프로그램 참조).

(3) 코드 분석

① argc는 실행파일 명령 구문 인수의 개수로 './buf_s_overflow 12345' 명령에서 인수는 2개이므로 argc는 2가 된다. 또한 argv[ ]는 argc가 2이므로 2개의 argv버퍼(argv[0], argv[1])가 메모리 할당된다. 만일 argc가 3이라면 3개의 argv버퍼(argv[0], argv[1], argv[2])가 메모리 할당된다.

② 그런데 argv 앞에 *가 붙었으므로 argv는 일반 변수가 아닌 포인터 변수이다. 포인터 변수란 포인터 변수에 저장되는 값이 포인터가 가리키는 변수의 주소값을 의미하는 것이다.

2. 스택 버퍼 오버플로우가 발생하는 이유

(1) 한 함수(위 예에서는 main( )함수)가 다른 함수를 호출하면 호출된 함수가 끝났을 때 제어를 받을 반환 주소를 저장할 장소가 필요하다.

(2) 또한 추가로 호출되는 함수(위 **예** strcpy( )함수)에 전달할 인수를 저장할 장소(메모리)가 필요하고 호출된 함수가 반환될 때 계속 사용할 레지스터(ebp*, esp**)의 값을 저장할 장소(메모리)도 필요하다.

(3) 호출된 함수도 자신의 지역변수를 저장할 장소가 필요하며 호출될 때마다 이 장소를 esp와 ebp 레지스터를 이용하여 메모리의 주소 값을 이동시키면서 자기 자신을 직접 혹은 간접적으로 호출할 수 있어야 한다(재귀적 함수 호출).

(4) 위 예에서는 buffer 배열의 크기는 10바이트로(char buffer[10]), argv[1]을 주소로 하는 데이터의 총량이 10바이트를 초과하면 버퍼 오버플로우가 발생할 수 있다. 왜냐하면 strcpy 명령은 입력 데이터가 null 문자가 나올 때까지 계속 받아들이므로 보안상 문제가 있다. 받아들인 데이터가 메모리의 다른 영역을 침범하여 메모리 주소 체계를 허물어뜨릴 수 있기 때문이다.

> **더 알아보기**
>
> argv[ ]와 오버플로우 공격
>
> argv[ ] 앞에 '*'가 없다면 포인디 변수가 아니기 때문에. 버퍼 오버플로우 공격이 발생하지 않을 수 있다. 왜냐하면 *가 없으면 argv[ ]는 포인터 변수가 아니기 때문이다.

3. 실행코드로부터 어셈블리어 코드 얻기

(1) 스택의 동작을 살펴보기 위해서는 소스코드를 어셈블리어 코드로 변경하여 살펴보아야 하는데, 리눅스 환경에서 실행코드로부터 어셈블리어 코드를 얻는 과정은 다음과 같다.

```
• gcc -o [실행파일] [파일명.c]
• gdb [실행파일명]
• disass [함수명]
```

---

* ebp(extended base pointer)
  현재 스택의 가장 위(상위 주소)에 들어있는 데이터를 가리키고 있는 포인터. 새로운 함수가 호출될 때마다 ebp의 값이 지금까지 사용했던 스택의 맨 위에 위치하게 되고, 새로운 스택이 시작(함수가 호출되거나 종료될 때마다 값이 달라짐). 64bit 레지스터에서는 ebp 대신에 rbp 용어가, esp 대신 rsp 라는 용어가 사용됨

** esp(extended stack pointer)
  현재 스택의 가장 바닥을 가리키고 있는 포인터. esp는 다음 번 데이터를 push할 위치가 아니라 다음에 pop했을 때 뽑아낼 데이터의 위치를 의미

① 실행파일 buf_s_overflow는 2개의 함수(main, strcpy)를 가지고 있다.

② 즉 main함수가 strcpy 함수를 호출하는 과정에서 스택 버퍼 오버플로우 공격을 실행할 수 있다.

(2) 다음 화면은 gdb 명령을 사용하여 실행 파일(buf_s_overflow)을 역 어셈블리한 코드이다. (gdb)라는 프롬프트가 보이고 여기에 어셈블리 코드를 얻기 위한 함수명를 입력하면 된다(형식: (gdb) disass [함수명]).

(3) 다음 화면은 (gdb) disass main 명령으로 main 함수에 대한 어셈블리 코드값이다.

(4) 다음 화면은 (gdb) disass strcpy 명령으로 strcpy 함수에 대한 어셈블리 코드값이다.

4. 스택 버퍼 오버플로우 공격 절차

(1) [1단계] 공격 셸 코드를 버퍼에 저장한다.

(2) [2단계] 루트 권한으로 실행되는 프로그램의 특정 함수의 스택 반환주소 버퍼를 오버플로우시켜서 공격 셸 코드가 있는 버퍼의 주소로 덮어 씌운다.

(3) [3단계] 특정 함수의 호출이 완료되면 조작된 반환 주소로 셸 코드의 주소*가 반환되어 셸 코드가 실행되고, 루트 권한을 획득하게 된다.

〈 스택 엔트리와 버퍼 오버플로우 〉

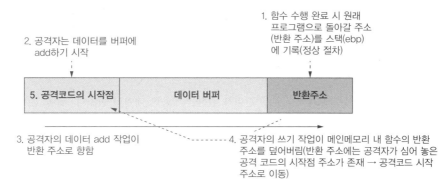

3 버퍼 오버플로우에 대한 대책

1. 안전한 함수 사용

(1) 버퍼 오버플로우 공격에 대한 가장 쉽고 효과적이며 확실한 대책은 버퍼 오버플로우 공격에 취약한 함수를 사용하지 않는 것이다. 일반적으로 버퍼 오버플로우 공격에 취약한 함수는 다음과 같다.

- strcpy(char *dest, const char *src);
- strcat(char *dest, const char *src);
- getwd(char *buf);
- gets(char *s);
- fscanf(FILE *stream, const char *format, ...);
- scanf(const char *format, ...);
- realpath(char *path, char resolved_path[]);
- sprintf(char *str, const char *format);

(2) 위와 같은 취약한 함수에 대비되는 안전한 코드로는 gets에 대한 fgets, scanf에 대한 scanf_s, strcpy에 대한 strncpy, strcat에 대한 strncat, sprintf에 대한 snprintf 함수 등이 대안으로 제시되고 있다.

(3) 버퍼 오버플로우에 취약한 함수는 사용하지 않는 것이 바람직하다. 하지만 모두 사용하지 않게 프로그램을 작성하려면 번거롭고 프로그램의 효율성이 저하되어 실제로는 많이 사용된다.

---

* 셸 코드의 주소

gdp는 실행파일을 디버깅하기 위한 도구로 shell_code 함수의 메모리 주소를 확인 할 수 있다. 확인된 shell_code 함수의 메모리 주소를 이용하여 반환주소(RET)를 해당 주소로 변경하게 되면 main함수 호출 후, shell_code 함수를 수행하게 된다.

(4) 따라서, 입출력에 대한 사용자의 접근 가능성을 줄여야 하며, 꼭 필요한 경우에는 입력값의 길이를 검사할 수 있는 함수를 사용하여야 한다.

4 힙(Heap) 오버플루우 공격

1. 힙은 프로그램을 실행할 때 동적으로 할당한 메모리 공간이다. malloc 계열의 heapalloc, heapfree, malloc, free, new, delete 등의 함수로 제어하며 BSS(Block Standards by Symbols)라고도 부른다.

2. 힙은 스택과 반대로 메모리의 하위 주소로부터 상위 주소로 영역이 커진다(스택은 하위 주소로 영역이 커짐).

3. 힙에 요청되는 메모리는 레코드의 연결 리스트와 같은 동적 데이터 구조를 위해 사용된다. 만야 이러 레코드가 오버플로우에 취약한 버퍼를 가지고 있다면 연속된 메모리가 손상될 수 있다.

4. 힙 영역에 대한 오버플로우 공격의 기본은 관리자 권한을 이용한 데이터 변조다. 셸을 얻어내는 것도 가능하지만, 힙은 기본적으로 실행 영역이 아니기 때문에 스택 버퍼 오버플로우 공격처럼 셸을 바로 얻어내기가 간단하지 않다.

02 포맷 스트링 공격(Format String Attack)

1 공격원리

1. 포맷 스트링 공격의 개요

(1) 1990년대 말이 되면서 알려지기 시작한 포맷스트링 공격은 기존에 널리 사용되던 버퍼 오버플로우(Buffer Overflow) 공격 기법에 비교되는 강력한 해킹 기법이다.

(2) 공격자는 printf( ), fprintf( ), sprintf( )와 같이 포맷 스트링을 사용하는 함수를 사용하는 경우, 외부로부터 입력된 값을 검증하지 않고 입출력 함수의 포맷 문자열을 그대로 사용하는 경우 발생할 수 있는 취약점이다.

(3) 공격자는 포맷 스트링을 이용하여 취약한 프로세스를 공격하거나 메모리 내용을 read하거나 write할 수 있으며, 버퍼 오버플로우를 통해 임의의 코드를 실행시킬 수 있다.

2. 공격 원리

(1) 포맷 스트링 공격은 데이터의 형태와 길이에 대한 불명확한 정의로 인해 발생한다.

(2) 다음 코드는 buffer에 저장된 문자열을 printf 함수를 이용하여 출력하는 프로그램으로 출력 형식을 입력데이터의 문자열을 표현하는 '%s' 포맷 형식으로 출력하기 때문에 문제가 없다.

```
#include <stdio.h>
 int main( ) {
   char *buffer = "user";
   printf("\t%s \n", buffer);
}
```

(3) printf문에 사용한 %s와 같은 문자열을 가리켜 포맷 스트링이라 하며 그 종류는 아래 표와 같다.

〈 포맷 스트링의 종류 〉

매개변수	형식
%d	정수형 10진수 상수(integer)
%f	실수형 상수(float)
%df	실수형 상수(double)
%c	문자 값(char)
%s	문자 스트링((const)(unsigned) char＊)
%u	10진수 양의 정수
%o	8진수 양의 정수
%x	16진수 양의 정수
%s	문자열
%n	＊Int(총 바이트 수) 지금까지 출력한 총 바이트 수
%hn	%n의 반인 2바이트 단위

(4) 반면, 다음 코드와 같이 printf문에 어떠한 포맷도 지정하지 않은 경우에 포맷 스트링 공격을 당할 수 있다. 아래 코드의 실행코드를 대상으로 gdb, ltrace, objdump와 같은 도구를 사용하여 추적하면 printf문에 이어지는 스택에 저장된 주소값을 알 수 있다.

```
#include 〈stdio.h〉

int main( ) {
   char *buffer = "user";
   printf(buffer);
}
```

(5) 즉, 포맷 스트링 공격이란 어떠한 포맷도 지정하지 않고 print문으로 출력하면 발생할 수 있으며 버퍼 오버플로우 공격의 발전된 형태라는 점이다.

2 포맷 스트링 취약점의 위협요소와 보안대책

1. 위협 요소

(1) **프로세스 파괴**: 포맷 스트링을 이용한 간단한 공격은 프로세스를 죽게 만드는 것이다. 예를 들면 core를 덤프하는 데몬을 죽일 수도 있고 DNS 스푸핑을 할 때 특정 서비스가 반응하지 않게 하는데 이용될 수 있다.

(2) **프로세스 메모리 보기**: 포맷 함수의 응답(출력 스트링)을 볼 수 있다면 그것으로부터 시스템 내의 유용한 정보(예 스택메모리의 내용을 read)를 수집할 수 있다.

(3) **임의의 메모리 덮어쓰기**

① 포맷 스트링을 이용하면 메모리의 내용을 볼 수 있을 뿐만 아니라 덮어쓰기, 즉 변조도 가능하다(예 스택메모리의 내용을 read).

② 선언된 일반 변수(예 int i)의 주소값은 &i로 확인하려면 printf("%x', %i) 형식으로 출력해야 한다. 이 경우 %x 대신 %n 형식으로 출력시키면, 버퍼 오버플로우와 유사하게 공격할 수 있다.

2. 보안대책

함수 사용 시 포맷 스트링을 지정하여 간접적으로 참조가 되노록 하는 한편, printf( ), sprint( ) 등이 포맷 문자열을 사용하는 함수에 사용자 입력값을 사용할 때는 사용자가 포맷 스트링을 변경할 수 없는 구조를 사용한다. 더불어 시스템 패치를 꾸준히 진행한다.

03 레이스 컨디션 공격

레이스 컨디션은 일종의 '바꿔치기'라고 할 수 있다. 즉, 관리자의 권한으로 실행되는 프로그램의 중간에 끼어들어 자신이 원하는 작업을 하는 것이다. 물론 타이밍이 중요하다. 타이밍을 맞추는 일은 쉽지도 않지만 특별한 기술이 필요한 일도 아니다.

1 기본 개념

1. 둘 이상의 프로세스나 스레드가 공유자원에 동시에 접근할 때, 접근하는 순서에 따라 비정상적인(원하지 않는) 결과가 발생하는 조건/상황을 말한다.

2. 실행되는 프로세스가 임시파일을 만드는 경우 악의적인 프로그램을 통해 그 프로세스의 실행 중에 끼어들어 임시파일을 목적파일로 연결(심볼릭 링크)하여 악의적인 행위를 할 수 있는데 이를 레이스 컨디션 공격이라고 한다.

3. 만약 프로세스가 SetUID 비트 설정이 되어 root 권한으로 실행된다면 권한 상승을 통한 중요 자원(파일)에 접근하는 심각한 문제가 발생할 수 있다.

2 심볼릭 링크와 레이스 컨디션 공격

1. 파일 링크

레이스 컨디션 공격은 파일 링크와 매우 밀접한 관계가 있다. 파일 링크에는 하드 링크와 심볼릭 링크가 있다.

2. 공격의 대상

소유주가 root이고 SetUID 비트를 가지며 임시파일을 생성하는 파일이다.

〈 SetUID 임시파일 처리 프로세스가 존재하는 정상적인 프로그램 실행 절차 〉

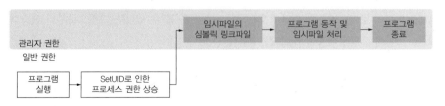

3. 이렇게 생성되는 프로그램에 대해 레이스 컨디션 공격을 수행하려면 파일의 소유자가 root이고 임시파일을 가져야 한다는 것 외에 한가지 조건이 더 있다. 바로 생성되는 임시파일의 이름을 알아야 한다는 것이다. 리눅스에는 lsof 명령어로 특정 파일에 접근하는 프로세스 목록을 확인할 수 있으며, 특정 프로세스가 사용하는 파일 목록을 뽑아 볼 수도 있다.

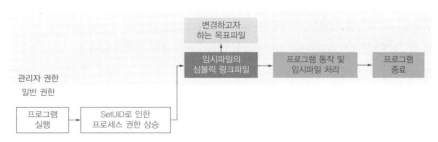

더 알아보기

특정 프로세스를 사용하는 (임시)파일 목록 작성하기

여기서는 특정 프로세스로 SSH데몬(sshd)을 선택하고 sshd데몬을 사용하는 파일 목록을 작성해 보기로 한다.

[참고]

Telnet은 서버와 클라이언트 사이에 오가는 데이터를 암호화하지 않는 보안결함이 있다. 이를 해결하기 위해 나온 것이 SSH(Secure SHell)이며 SSH통신을 하기 위해서는 서버에 SSH데몬(sshd)이 동작해야 한다.

각자의 노트북(리눅스)에서 sshd 데몬을 실행시키고, sshd 데몬이 사용하는 파일 목록은 아래와 같은 과정을 거쳐서 확인할 수 있다.

① 먼저 sshd 데몬을 실행시킨다. (#service sshd restart)

② 다음 sshd 데몬의 프로세스 ID(PID)를 확인한다. (#ps -ef | grep sshd)

※ 현재 사용중인 프로세스 목록은 ps 명령어로 확인 가능하다. grep는 조건으로서 grep sshd는 탐색된 프로세스 중 sshd 데몬에 해당하는 것만 보여준다.

```
root@kali:~# service sshd restart
root@kali:~# ps -ef | grep sshd
root      2041     1  0 18:54 ?        00:00:00 /usr/sbin/sshd -D
root      2044  2026  0 18:55 pts/0    00:00:00 grep sshd
root@kali:~#
```

→ 위 실행결과 화면으로부터 sshd의 PID는 2041임을 알 수 있다.

→ 현재 동작중인 sshd 데몬(PID)이 사용하는 파일 목록을 확인한다. (#lsof -p 2041)

```
root@kali:~# lsof -p 2041
lsof: WARNING: can't stat() fuse.gvfsd-fuse file system /run/user/133/gvfs
      Output information may be incomplete.
COMMAND  PID USER   FD   TYPE DEVICE SIZE/OFF    NODE NAME
sshd    2041 root  cwd    DIR    8,1     4096       2 /
sshd    2041 root  rtd    DIR    8,1     4096       2 /
sshd    2041 root  txt    REG    8,1   791024  797530 /usr/sbin/sshd
sshd    2041 root  mem    REG    8,1    47632 1087861 /lib/x86_64-linux-gnu/libnss_files-2.24.so
sshd    2041 root  mem    REG    8,1    47688 1087863 /lib/x86_64-linux-gnu/libnss_nis-2.24.so
sshd    2041 root  mem    REG    8,1    31616 1087859 /lib/x86_64-linux-gnu/libnss_compat-2.24.so
sshd    2041 root  mem    REG    8,1    80400 1050052 /lib/x86_64-linux-gnu/libgpg-error.so.0.17.0
sshd    2041 root  mem    REG    8,1    84848 1087884 /lib/x86_64-linux-gnu/libresolv-2.24.so
sshd    2041 root  mem    REG    8,1    14256 1050065 /lib/x86_64-linux-gnu/libkeyutils.so.1.5
sshd    2041 root  mem    REG    8,1    48104  407487 /usr/lib/x86_64-linux-gnu/libkrb5support.so.0.1
sshd    2041 root  mem    REG    8,1   191304  407475 /usr/lib/x86_64-linux-gnu/libk5crypto.so.3.1
sshd    2041 root  mem    REG    8,1   135440 1087882 /lib/x86_64-linux-gnu/libpthread-2.24.so
sshd    2041 root  mem    REG    8,1  1107992 1049921 /lib/x86_64-linux-gnu/libgcrypt.so.20.1.2
sshd    2041 root  mem    REG    8,1   154376 1050197 /lib/x86_64-linux-gnu/liblzma.so.5.2.2
sshd    2041 root  mem    REG    8,1    31744 1087886 /lib/x86_64-linux-gnu/librt-2.24.so
```

---

4. 생성된 임시파일을 확인하면 임시파일 이름으로 프로그램이 실행되기 전의 심볼릭 링크파일을 생성할 수 있다. 더불어 해당 심볼릭 링크 파일은 관리자 권한으로만 접근 가능한 /etc/passwd 파일 등을 의미한다.

〈 프로그램 실행 전 임시파일을 심볼릭 링크로 미리 생성 〉

```
                                        변경하고자
                                        하는 목표파일
                                             │
                                             ▼
                          임시파일의      프로그램 동작 및      프로그램
                          심볼릭 링크파일 → 임시파일 처리   →   종료
                               ▲
관리자 권한                     │
일반 권한                       │
                               │
프로그램      SetUID로 인한     │
실행     →   프로세스 권한 상승 ┘
```

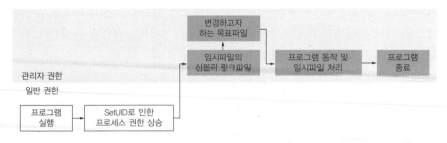

3 레이스 컨디션 공격의 이해

1. 목표

리눅스의 /etc/shadow 파일(관리자만이 쓰기가 가능)에 임시파일을 링크하여 놓고 임시파일을 통해 shadow 파일 내용을 변경해 본다.

> [주의]
> shadow 파일은 사용자 인증 데이터가 저장되어 있으므로 다음 내용을 바탕으로 실제 진행할 경우, 일정시간이 경과하면 로그인이 안될 수 있으므로 파일 내용 변경 시는 사전에 복사본을 만들어 놓고 과정 수행 후, 반드시 원래 파일로 복원해 놓아야 한다.

2. 공격 과정

(1) 사전준비

① 공격을 위한 실행파일(tempbug)을 준비한다. 이 파일은 공격대상 파일에 링크되어 있는 임시파일에 데이터를 write하기 위한 용도로 사용한다.

   ※ 소스코드(tempbug.c) → 컴파일(gcc - o tempbug tempbug.c) → 실행파일(tempbug)

② 실행파일에 SetUID 권한을 부여한다. # chmod 4755 tempbug

(2) 파일 실행: 임시파일을 생성한다. tempbug를 이용하여 /etc/shadow 파일에 write할 내용을 이곳에 저장하고 백그라운드(&)에서 동작하도록 설정한다.

① 임시파일(temp) 생성: # touch temp(temp 파일에는 아무것도 기록되어 있지 않은 상태)

② 임시파일에 데이터 쓰기 및 백 그라운드에서 동작(&)하도록 조치

```
# tempbug temp "root::12519:0:99999:7:::" &
```

(3) 파일 바꿔치기

① 먼저 temp 파일을 삭제(rm - f temp)하여 ls 명령 등으로 보이지 않도록 한다. 이미 공격 실행파일이 백 그라운드에서 동작하고 있으므로 삭제하여도 공격에 문제는 없다.

② temp 파일을 'ln - s' 명령으로 /etc/shadow의 심볼릭 링크로 설정해 놓는다.

```
# ln -s /etc/shadow ./temp
```

③ fg 명령어 실행[fg(fore ground)는 프로그램 실행을 보이게 함. bg(back ground)의 반대 개념]

④ 이후 shadow의 파일 내용을 cat 명령으로 출력하면 temp 파일에 저장되어 있는 "root::12519: 0:99999:7:::"이 화면으로 출력된다. 즉, tempbug 파일과 임시파일을 이용하면 언제라도 shadow 파일의 내용 변경이 가능하다.

```
[참고] tempbug.c
#include <stdio.h>
#include <stdlib.h>
#include <unistd.h>
#include <sys/stat.h>
#include <sys/types.h>

struct stat st;
FILE *fp;

int main(int argc, char *argv[])
    if (argc != 3)
        fprintf(stderr,"usage: %s file message ",argv[0]);
        exit(EXIT_FAILURE);
    }
    sleep(20);                // 20초간 잠시 멈춤
    if ((fp=fopen(argv[1], "w"))==NULL){
        fprintf(stderr,"Can't open ");
        exit(EXIT_FAILURE);
    }
    fprintf(fp,"%s ",argv[2]);
    fclose(fp);
    fprintf(stderr,"Wire Ok");
    exit(EXIT_SUCCESS);
}
```

〈 레이스 컨디션 공격 수행과정(화면 캡처) 〉

```
root@kali: ~/system_security
root@kali: ~/system_security# gcc -o tempbug tempbug.c
root@kali: ~/system_security# touch temp
root@kali: ~/system_security# ./tempbug temp "root::12519:0:99999:7:::" &
[2] 1899
root@kali: ~/system_security# rm -f temp
root@kali: ~/system_security# ln -s /etc/shadow ./temp
root@kali: ~/system_security# fg
./tempbug temp "root::12519:0:99999:7:::"
         Wire Ok
root@kali: ~/system_security# cat /etc/shadow
root::12519:0:99999:7:::
```

4 레이스 컨디션 공격에 대한 대응책

1. 프로그램 로직 중에 임시파일을 생성한 후, 임시파일에 접근하기 전에 심볼릭 링크 설정여부를 확인하고 권한에 대한 검사과정을 추가한다.

2. umask를 최하 022 정도로 유지하여 임시로 생성한 파일이 공격자에 의해 악의적으로 삭제되지 않도록 한다. 아래에 레이스 컨디션 대응을 위한 소스코드와 주석이 있으므로 실력 향상에 도움이 되었으면 한다.

〈 레이스 컨디션 검사용 프로그램 〉

```
int safeopen(char *filename) {
    struct stat st,st2;
    int fd

    if (lstat (filename, &st) != 0)
    return -1

    if (!S_ISREG(st.st_mode))
    return -1

    if (st.st_uid != 0)
    return -1

    fd = open(filename, O_RDWR, 0);

    if (fd<0)
    return -1;

    if (fstat(fd, &st2) != 0 {
        close (fd);
    return -1;

    if (st.st_ino != st2.st_ino) || st.st_dev != st2.st_dev) {
        close(fd);
    return -1
    }
    return fd;
}
```

파일의 심볼릭 링크의 유무에 대한 정보를 반환

최초 파일에 대한 정보를 확인

생성된 파일의 소유자가 root가 아닌 경우를 검사

파일 포인터에 의해 열린 파일정보 → 구조체 st2에 전달

구조체 st와 st2를 비교 → 권한 검사

Backdoor는 운영 체제나 프로그램 등을 만들 때 정상적인 인증 과정을 거치지 않고, 운영 체제나 프로그램 등에 접근할 수 있도록 만든 일종의 뒷구멍과 같은 개념으로, 공격자가 이미 관리자의 권한을 확보한 상태에서 백도어를 이용한 공격을 시도하는 것이 일반적이다.

또한 백도어는 찾기 어렵게 설계된다. 해당 프로그램의 제작자가 악의를 가지고 만드는 경우가 많으나, 종종 부정직한 정부기관 등의 외압으로 인해서 만들어지는 경우도 있다.

1 윈도우 백도어

1. 일반 사항

(1) 윈도우 동작 원격 백도어의 대표적인 툴로 NetBUS가 있다. NetBUS와 유사한 툴로 Sub Seven, Y3K, Deep Throat와 2008년 8월 개최된 DEF CON이라는 해킹대회(라스베가스)에서 cDc라는 해커 그룹이 발표한 백 오리피스가 있다.

(2) 백 오리피스는 전체 크기가 580KB에 불과하지만 당시 그 대회에 참가하였던 사람들로부터 많은 찬사를 받았다. 백 오리피스란 이름은 MS사의 BackOffice를 빗대서 만든 이름이지만 BackOffice와는 아무런 관련이 없다.

2. 현재 동작중인 프로세스 확인

(1) 현재 프로세스를 확인하여 백도어가 아닌 정상 프로세스를 아는 것도 매우 중요하다. 특히, 윈도우 프로세스는 어느 정도 인지하고 있으면 윈도우 웜/바이러스나 백도어를 대응하는데 큰 도움이 된다.

(2) 실행 중인 프로세스 확인은 ctrl+alt+delete 키를 눌러 [윈도우 작업관리자] – [프로세스]로 들어가거나, 명령어 창에서 'tasklist'를 입력하는 방법이 있다.

〈 talklist 실행화면 〉

```
C:\Users>tasklist
이미지 이름                    PID 세션 이름           세션#   메모리 사용
========================= ======== ================ ======== ============
System Idle Process              0 Services               0          4 K
System                           4 Services               0      1,948 K
smss.exe                       468 Services               0        956 K
csrss.exe                      640 Services               0      5,460 K
wininit.exe                    696 Services               0         36 K
services.exe                   832 Services               0      7,456 K
lsass.exe                      840 Services               0      5,616 K
svchost.exe                    912 Services               0      5,600 K
svchost.exe                    952 Services               0      4,760 K
svchost.exe                    324 Services               0      9,164 K
svchost.exe                    480 Services               0     18,840 K
svchost.exe                    688 Services               0      6,172 K
IgfxCUIService.exe             924 Services               0      1,332 K
svchost.exe                   1044 Services               0      6,064 K
svchost.exe                   1212 Services               0      8,852 K
wlanext.exe                   1316 Services               0        600 K
conhost.exe                   1332 Services               0         40 K
spoolsv.exe                   1448 Services               0         64 K
svchost.exe                   1500 Services               0      9,396 K
armsvc.exe                    1660 Services               0         56 K
AllShareFrameworkManagerD     1688 Services               0        176 K
AllShareFrameworkDMS.exe      1704 Services               0      4,320 K
conhost.exe                   1716 Services               0        256 K
AdminService.exe              1752 Services               0        128 K
```

(3) 윈도우 사용 주요 프로세스: 웜/바이러스나 백도어가 가장 애용하는 것은 Csrss와 Svchost 프로세스다.

① csrss.exe(Client/Server Runtime SubSystem, Win32): 윈도우 콘솔을 관장하고 스레드 생성/삭제, 32bit 가상 MS-DOS 모드를 지원하는 프로세스다.

② explorer.exe: 작업표시줄, 바탕화면과 같은 사용자 셸을 지원하는 프로세스다.

③ lsass.exe(Local Security Authentication Server): winlogon 서비스에 필요한 인증 프로세스다.

④ mstask.exe(Window Task Scheduler): 시스템에 대한 백업이나 업데이트 등에 관련된 작업의 스케쥴러 프로세스다.

⑤ smss.exe(Session Manager SubSystem): 사용자 세션을 시작하는 기능을 담당한다. 이 프로세스는 winlogon, Win32(csrss.exe)를 구동시키고, 시스템 변수를 설정한다. 또한 winlogon이나 csrss가 끝나기를 기다려 정상적인 winlogon과 csrss 종료시 시스템을 종료시킨다.

⑥ spoolsv.exe(Printer Spooler Service): 프린터와 팩스의 스풀링 기능을 담당하는 프로세스다.

⑦ svchost.exe(Service Host Process): DLL(Dynamic Link Library)에 의해 실행되는 프로세스의 기본 프로세스로 한 시스템에 여러개의 svchost가 존재한다.

⑧ services.exe(Service control Manager): 시스템 서비스들을 시작 / 정지시키고 그들 간의 상호작용 기능을 수행한다.

⑨ System: 대부분의 커널 모드 스레드의 시작점이 되는 프로세스이다.

⑩ System Idle Process: 각 CPU마다 하나씩 실행되는 스레드로서 CPU의 잔여 프로세스 처리량을 %로 나타낸 값이다.

⑪ taskmgr.exe(Task manager): 작업 관리자 자신이다.

⑫ winlogon.exe(Windows Logon Process): 사용자 로그 온/오프를 담당하는 프로세스로 윈도우 시작/종료시에 활성화되며 단축키 Ctrl+Alt+Del을 눌러도 활성화된다.

⑬ winmgmt.exe(Window Management Service): 장치들에 대한 관리 및 계정 관리 네트워크 등의 동작에 관련된 스크립트를 위한 프로세스다.

3. 윈도우 백도어 탐지 및 대응책

(1) 호스트 기반 침입탐지 시스템(HIDS) 사용

① IDS는 설치 위치가 네트워크냐 호스트냐에 따라 NIDS(Network-Based IDS)와 HIDS(Host-Based IDS)로 분류할 수 있다.

② 이중 HIDS는 백도어를 탐지하기 위한 최선의 방법 중 하나이다. 각 호스트 내에서의 운영체제 감사 자료와 시스템 로그 분석, 프로세스 모니터링을 통해 침입탐지를 한다. 즉, 감시 대상이 되는 서버에 각각 설치하여 모니터링한다.

③ HIDS 특징(장 · 단점)

장점	단점
• 공격의 성공, 실패 여부의 식별이 가능 • 암호화 세션에 영향을 받지 않음 • 대역폭이 크고 속도가 빠른 스위칭 네트워크 환경에서도 적용 가능 • 네트워크 기반 IDS에서 탐지하지 못하는 침입탐지(버퍼 오버플로우 등)가 가능 • 추가적인 하드웨어가 불필요하고 네트워크 기반 IDS보다 상대적으로 비용이 저렴 • 우회 가능성이 거의 없음	• 일정 부분의 호스트 리소스를 점유(5~10%) • host 로그 분석을 통한 침입탐지는 실시간 침입탐지에 제한적인 경우가 많음 • 공격자가 로그자료 변조 가능성이 존재 • 침입탐지시스템이 공격자에게 노출될 경우 침입탐지시스템 자체에 대한 공격 가능성도 존재 • 네트워크 스캐닝은 탐지하지 못함 • 모든 개별 호스트에 IDS를 설치 · 운영해야 하므로 인적, 물적 부담이 발생할 수 있다.

(2) 열린 프로세스 및 포트 확인: 열린 프로세스는 명령어 'talklist'를 통해서 확인할 수 있으며, 열린 포트는 'netstat -an' 명령으로 확인할 수 있다. 1,024번 이상의 포트번호가 열려 있으면 의심해보고, 열린 포트에 대한 원격지 IP 확인은 TCPview(무료) 등의 툴을 사용하면 된다.

〈 netstat -an 캡처 화면 〉

(3) 무결성 검사

① 무결성 검사는 시스템에 어떤 변화가 일어나는지 알아보는 것이다. 무결성 검사를 하는 하나의 방법으로 명령어 창에서 관리자 권한으로 'sfc /scannow' 명령을 입력하면 된다. 참고로 이 스캔은 시간이 많이 걸린다.

② 파일 내용이 조금만 바뀌어도 해시결과 값이 다르므로 관리자는 주요 파일의 해시값을 주기적으로 수집하고 검사하여야 한다.

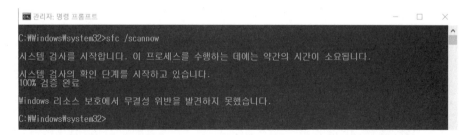

(4) 로그 분석: 백도어를 탐지하는 방법으로 로그 분석이 있다. 로그 분석은 무척 다양하며 '사이버 포렌식' 분야로 정착되어 있다.

1. 개요

인터넷에서 웹 서비스를 제공하는 데몬은 http 데몬이다. http 데몬은 http 데몬을 실행한 계정의 권한 (root, 일반 사용자, nobody권한)으로 실행된다. 즉, root 권한으로 운영되는 http 데몬은 보안에 취약하 다. 공격자는 root로 운영되는 데몬에서 root 권한으로 시스템에 침투한다. 그리고 nobody로 운영되는 데 몬에서는 공격에 성공해도 nobody 권한으로 시스템에 침투하게 된다. 이러한 이유 때문에 데몬에 대한 실 행 권한은 매우 중요하다.

〈 특정 데몬에 대한 로그인 시 권한부여 〉

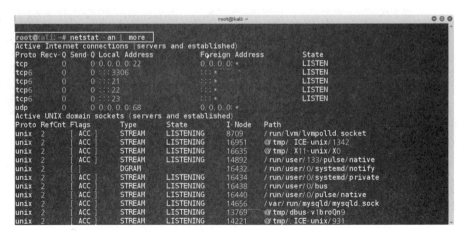

백도어를 이용하는 외부 침투자도 시스템에서 백도어를 실행한 사용자 권한으로 시스템에 침투할 수 있다. 따라서, 백도어를 일반 계정으로 만들어 실행해 두고 SetID 백도어 등을 이용해 관리자로 권한을 상승시켜 공격을 수행해도 된다.

2. 리눅스 백도어 대응책

리눅스 백도어 대응책도 윈도우 백도어 대응책과 기본은 동일하며 SetUID 비트가 설정된 파일 검사가 추 가된다.

(1) **네트워크 상태 점검**: 'netstat -an / nmap' 명령으로 네트워크 연결 상태를 확인할 수 있다. netstat는 열린 포트와 발신지 주소 확인이 가능하며, nmap은 네트워크 보안을 위한 유틸리티로 대규모 네트워 크를 고속으로 스캔할 수 있다.

※ netstat는 윈도우 7/8/10을 포함한 윈도우 NT계열의 운영체제와 리눅스, 솔라리스, BSD를 포함한 유닉스계열 운영체제에서 사용 가능하다.

① netstat -an

② nmap –p 〈포트번호범위〉 〈IP주소〉

```
root@kali: ~
root@kali: ~# nmap -p 1-65535 192.168.0.51

Starting Nmap 7.25BETA2 ( https://nmap.org ) at 2021-03-07 23:28 KST
Nmap scan report for 192.168.0.51
Host is up (0.0000030s latency).
Not shown: 65531 closed ports
PORT     STATE SERVICE
21/tcp   open  ftp
22/tcp   open  ssh
23/tcp   open  telnet
3306/tcp open  mysql

Nmap done: 1 IP address (1 host up) scanned in 0.73 seconds
root@kali: ~#
```

(2) **모든 프로세스에 의해 열린 파일 정보 확인**: lsof 명령을 이용하여, 모든 프로세스에 의해 열린 파일정보 확인이 가능하며 이 과정에서 백도어를 탐지할 수 있다.

(3) **SetUID 파일 검사**: SetUID 파일은 리눅스 시스템에서 로컬 백도어로 강력한 기능을 발휘하는 경우가 많다. 따라서 SetUID 파일 중에서 추가되거나 변경된 것은 없는지 주기적으로 살펴보아야 한다.

> • # find / –perm +4000 ('/'디렉토리 아래 SetUID 비트가 1인 파일 검색)
> • # find / –user root –perm +4000 (root권한이면서 SetUID 비트가 1인 파일 검색)

(4) **로그 분석**: 리눅스/유닉스 로그 분석은 「〈04〉 로그관리 – [3] 리눅스/유닉스 로그」 부분을 참조하길 바란다.

05 시스템 자원고갈 공격(시스템 서비스 거부 공격)

서비스 거부 공격인 DoS(Denial of Serivce attack) 공격은 공격 대상이 수용할 수 있는 능력 이상의 정보를 제공하거나 사용자 또는 네트워크 용량을 초과시켜 정상적으로 작동하지 못하게 하는 공격이다. CPU, 메모리, 디스크의 자원을 고갈시키고 네트워크를 마비시킬 수 있다.

1 Ping of Death 공격

1. 개요

(1) **Ping of Death 공격**: NetBIOS 해킹과 더불어 시스템을 파괴시키는 데 가장 흔하게 쓰였던 초기의 DoS(Denial of Service, 서비스 거부) 공격이다.

(2) 네트워크의 연결 상태를 점검하기 위한 ping명령어를 보낼 때, ICMP 패킷을 최대한 길게 해(최대 64KB), 공격 대상에게 보내면 이러한 패킷은 네트워크를 통해 공격 네트워크에 도달하는 동안 작게 나누어진다(라우팅).
   ※ ICMP(Internet Control Message Protocol): TCP/IP 모델에서 Network 계층(3계층)에 속하는 인터넷 제어 메시지 프로토콜이다.

(3) **공격 대상**: 조각화된 패킷을 모두 처리해야 하므로 부하가 걸리게 되며, 시스템은 버퍼 오버플로우가 발생하여 시스템이 다운되거나 재부팅된다.

2. 사용 명령어 구문

```
hping3 --icmp --rand-source 〈공격대상ip〉 -d 65536 --flood
         ①        ②                          ③        ④
```

① icmp: 전송할 패킷 유형
② rand-source: 출발지(source) 주소를 랜덤하게 설정
③ 65536: 전송할 패킷의 크기
④ flood: 패킷 전송 속도(빠르게)

3. Ping of Death 공격 이해하기

(1) 네트워크 구성도

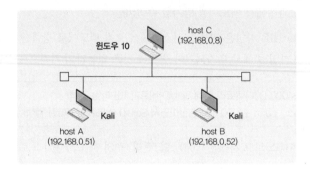

(2) 공격 순서

① host B는 자신의 IP주소를 바꿔가면서 host A로 64KB 크기의 icmp 패킷 ping 명령을 수행한다(리눅스에서는 hping3 이용).

hping3 --icmp --rand-source 192.168.0.51 -d 65536 --flood

② host B에서 host A로 전송되는 패킷을 tcpdump로 capture한다.

tcpdump -w [저장할 파일 명], tcpdump -r [저장된 파일명]

③ ping of death 공격 효과 확인: host C에서 host A로 ping 명령 실행 시 host A의 응답이 제대로 오는지 확인한다(c:〉 ping 192.168.0.51 -t).

(3) 결과 확인

① Ping of Death 공격 화면(캡처)

② 공격지 IP는 237.174.217.213, 211.221.109.57 등으로 계속 바뀌면서 icmp 패킷의 ping 명령을 수행한다.

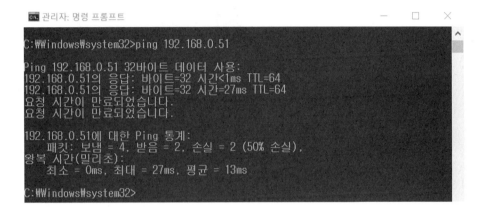

③ host B에서 host A로 ping of death 공격이 진행되는 동안, host C에서 host A로 ping 명령 수행
결과를 보면 명령이 제대로 수행되지 않음을 알 수 있다(4개의 전송 패킷 중 2개만 응답, 50% 손실).

4. Ping of Death 공격 대응책

반복적으로 들어오는 일정 수 이상의 ICMP 패킷을 차단*하도록 방화벽 기능을 설정한다.

2 SYN Flooding 공격

1. 개요

(1) 클라이언트가 웹 서버에 접속시 3-way 핸드셰이크 과정을 거친다.

(2) 즉, 처음에 클라이언트는 서버에 SYN 패킷을 보내면 서버는 이에 대한 응답으로 SYN/ACK 패킷을 보
낸다. 그리고 서버는 클라이언트로부터 응답신호를 기다린다.

(3) 원래대로라면 서버는 자신이 보낸 SYN/ACK 패킷에 대한 응답을 받게 되지만, 클라이언트는 SYN/
ACK 패킷에 대한 응답 신호를 보내지 않고 계속 SYN 패킷을 다량으로 보냄으로 서버에 과부하가 걸
리도록 한다.

---

* ICMP 패킷의 차단
  최신 버전의 윈도우에서는 반복되는 ICMP 차단 기능 탑재 기능을 가지고 있으므로 지속적인 보안 업데이트를 해야 한다.

2. 사용 명령어 구문

```
hping3 --icmp --rand-source -flood <공격대상 ip 또는 URL> -p 80 -S
        ①      ②                                          ③   ④
```

① icmp: 전송할 패킷 유형
② rand-source: 출발지(source) 주소를 랜덤하게 설정
③ -p: 패킷을 보낼 포트(여기서는 80번 포트)
④ -S: SYN 패킷 전송

3. SYN Flooding 공격 이해하기

(1) 네트워크 구성도

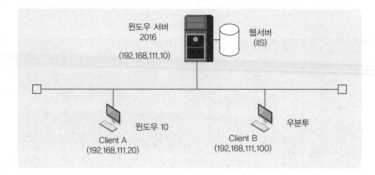

(2) 공격 순서

① 먼저 클라이언트 A에서 웹 서버 접속이 원활함을 확인한 다음, 클라이언트 B에서 웹 서버(IIS)에 SYN Flooding 공격을 감행한다(hping3 --icmp --rand-source --flood 192.168.111.10 -p 80 -S).

  ※ client B는 자신의 IP주소를 바꿔가면서 웹 서버(IIS)로 20바이트 크기(TCP 헤더의 기본 크기)의 SYN 패킷을 다량으로 전송

② client B에서 웹 서버로 전송되는 SYN 패킷이 다량으로 전송되는지 tcpdump 명령으로 capture한다(tcpdump -w filename).

③ SYN Flooding 공격 효과 확인: client A에서 윈도우 서버내 구축된 웹서버(IIS)로 접속이 잘 되는지 브라우저 창에서 'http://192.168.111.10'을 입력해 본다.

(3) 결과 확인

① SYN Flooding 공격 화면(캡처)

```
root@server: ~
root@server:~# hping3 --icmp --rand-source --flood 192.168.111.10 -p 80 -S
HPING 192.168.111.10 (ens32 192.168.111.10): icmp mode set, 28 headers + 0 data by
tes
hping in flood mode, no replies will be shown
```

② SYN Flooding 공격전 클라이언트 A에서 웹 서버 접속 화면은 아래와 같다.

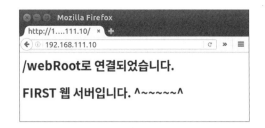

※ 필자의 경우 IIS 웹 서버 초기화면을 위 화면처럼 나오게 설정하였다.

③ 공격자는 IP를 102.232.82.102, 166.126.8.84 등으로 바꾸면서 SYN 패킷을 아래와 같이 계속 보내고 있다. 캡처 화면의 First는 웹 서버(192.168.111.10)의 호스트 이름이다.

④ SYN Flooding 공격이 감행되는 동안 클라이언트 A(윈도우10)에서 윈도우 웹 서버로의 접속은 안됨을 확인할 수 있다(아래 접속 실패 화면).

④ SYN Flooding 공격이 감행되는 동안 클라이언트 A(윈도우10)에서 윈도우 웹 서버로의 접속은 안됨을 확인할 수 있다.

4. SYN Flooding 공격 대응책

(1) SYN Flooding은 공격이 완료되면 자동으로 회복되므로 이 공격에 대한 대응책도 SYN Received의 대기 시간을 줄임으로 해결할 수 있다.

(2) 짧은 시간 안에 똑같은 형태의 패킷을 보내는 공격을 인지하였을 경우, 해당 IP대역의 접속을 금지토록 방화벽에 보안설정 한다.

(3) **라우터 단에서 차단**: SYN 패킷을 통과시키고 일정 시간동안 연결이 이루어지지 않으면 라우터가 SYN 패킷을 차단하도록 보안 설정한다.

(4) **방화벽에서 대응**: 첫 번째 SYN을 drop시킨 후 재요청 여부를 확인하여 스푸핑(Spoofing) 여부를 판단하고, 이상이 있으면 차단한다.

3 HTTP Get Flooding 공격

1. 공격대상 시스템에 TCP 3-way 핸드셰이크 과정을 통해 정상 접속을 한 뒤, 특정한 페이지를 HTTP의 GET Method를 통해 무한대로 실행하는 것이다.

2. HTTP Get Flooding 공격은 정상적인 TCP 연결 과정 이후 정상적으로 보이는 HTTP 트랜색션 과정이 수행되는 공격 기법으로, TCP 3-way 핸드셰이크를 거친 후 공격을 수행하는 것이기 때문에 IP를 변조하지는 않는다.

3. 이를 방지하기 위해서는 임계치 기반의 방어 기법을 적용한다. 즉, HTTP Get 요청의 임계치 값의 모니터링을 통하여 비정상적으로 많은 트래픽을 발생시키는 출발지 IP에 대한 선별적인 차단을 함으로써 방지가 가능하다.

4 HTTP CC(Cache-Control) 공격

1. HTTP Get Flooding의 경우 기본적인 HTTP 요청을 하는 반면에 HTTP CC 공격은 일반적인 HTTP Get Flooding보다 더 많은 부하를 야기하기 위하여 HTTP 1.1 RFC 2616에 규정되어 있는 'Cache-Control'이라는 헤더 옵션값을 사용함으로써 웹 서버에 더 많은 부하를 유발시키는 지능화된 공격 기법이다.

2. 일반적으로 HTTP 1.1 의 Cache-Control 헤더 옵션은 웹 트랜잭션의 효율화를 이용하여 사용하게 되는 Cache 기능을 사용하지 않고 자주 변경되는 데이터에 대해 새롭게 HTTP 요청 및 응답을 요구하기 위하여 사용되는 옵션이다.

3. 이를 분산 서비스 거부 공격(DDoS)에 응용하게 되면 웹 서버는 Cache를 사용하지 않고 응답을 해야 하므로 웹 서비스의 부하가 증가하게 된다.

5 스머프(Smurf) 공격

1. 공격 개요

   (1) 여러 호스트가 특정 대상에게 다량의 ICMP Echo Request를 보내게 하여 서비스 거부(DoS)를 유발시키는 보안공격으로 소스 주소를 공격 대상 호스트로 위조한 ICMP 패킷을 브로드캐스트하면 근처의 호스트가 다량의 Echo Reply를 발생시킨다.

   (2) 공격 대상 호스트는 다량으로 유입되는 패킷으로 인해 서비스 불능 상태에 빠진다.

2. 대책

   (1) 라우터를 통해 다른 네트워크에서 자신의 네트워크로 들어오는 IP브로드캐스트 패킷을 차단한다.

   (2) 호스트는 IP브로드캐스트로 전송된 ICMP패킷에 대해 응답하지 않게 설정한다.

6 Land 공격

1. 공격 개요

(1) 패킷을 전송할 때 출발지 IP주소와 목적지 IP주소를 똑같이 만들어서 공격대상에게 보내는 것이다. 물론 이때 조작된 IP주소는 공격대상의 IP주소여야 한다.

(2) 이러한 패킷을 공격대상에게 보내면 공격자가 처음 보낸 SYN 패킷의 출발지 주소값을 참조하여 그 응답 패킷의 목적지 주소를 SYN 패킷의 출발지 주소로 설정하여 보내게 된다. 즉, 보내고자 하는 SYN 패킷의 목적지 주소가 자신의 주소이므로 그 패킷을 나가지 않고 자신에게 다시 돌아온다.

(3) 이러한 과정이 반복됨으로써 CPU 부하를 올리고 시스템이 마비될 수도 있다.

2. 대책

주로 운영체제의 보안패치 관리를 통해서 마련하거나 방화벽 또는 네트워크 보안솔루션의 보안정책 설정을 통해서 방지할 수 있다(출발지 주소와 목적지 주소가 동일하면 방화벽 등 보안솔루션에서 차단하도록 설정).

06 기타 시스템 보안위협 및 대응책

1 리버스 엔지니어링

1. 개요

리버스 엔지니어링(RE; Reverse Engineering) 또는 역공학(逆工學)은 장치 또는 시스템의 기술적인 원리를 분석하여 그 원리를 발견하는 과정을 말한다. 리버스 엔지니어링의 기원은 상업적 또는 군사적으로 하드웨어를 분석한 것에서 시작되었다.

2. 리버스 엔지니어링 공격

공격자는 리버스 엔지니어링을 통해 공격대상 시스템 또는 응용 프로그램에 대한 분석을 할 수 있다. 분석을 수행한 후, 해당시스템이나 응용 프로그램이 갖고 있는 취약점을 찾을 수 있으며 이 취약점을 공격할 수 있는 코드를 생성해 낼 수 있다.

3. 대응책

(1) 리버스 엔지니어링에 대한 대응책으로 프로그램 코드를 읽기 어렵게 만드는 난독화가 있으며 난독화의 대상에 따라 소스코드 난독화와 바이너리 난독화로 구분된다.

(2) 소스코드 난독화는 C/C++/JAVA 등의 프로그램 소스코드를 알아보기 힘들게 만드는 기술이고 바이너리 난독화는 컴파일 후 생성된 이진 데이터를 역 공학을 통해 분석하기 어렵게 변조하는 기술을 말한다.

2 루트킷(rootkit)

1. 개요

공격자가 공격(또는 침입)에 성공한 후, 차후의 침입을 위한 백도어, 트로이목마 설치, 원격 접근, 내부 사용 흔적 삭제, 관리자 권한 획득 등의 기능을 위해 사용되는 노구를 밀한다.

2. 보통 루트킷은 커널이라는 운영체제의 핵심 부분에 숨어서 동작하기 때문에 탐지 · 분석이 어렵고 네트워크상의 다른 컴퓨터에 있는 사용자 ID와 암호를 탐지하여 해커에게 루트 권한, 시스템 정보 및 특수한 접근 권한을 제공한다.

3. 루트킷을 탐지할 수 있는 도구로 'IceSword*'가 있다.

3 논리 폭탄

논리 폭탄은 특정 날짜나 시간 등 조건이 충족되었을 때 악의적인 Function이 유발할 수 있게 만든 코드의 일부분으로 소프트웨어 시스템에 의도적으로 삽입된 것이다.

오류를 발생시키는 부호의 삽입에는 일반적으로 트로이 목마(Trojan Horse)를 응용하고 바이러스와 달리 논리폭탄은 자신을 복제할 수 없다.

---

*   IceSword 다운로드

http://icewordsoftonic.com 혹은 https://icesword.en.softonic.com/를 사용하여 무료로 다운로드할 수 있다. 압축파일 IceWord122en.zip을 다운로드한 후, 압축을 풀어 IceSword122en 폴더가 생성되면 실행파일 IceSword.exe 구동한다.

시스템 보안위협 및 대응책 적중문제

01 네트워크나 컴퓨터 시스템의 자원 고갈을 통해 시스템 성능을 저하시키는 공격에 해당하는 것만을 모두 고르면?

> **보기**
>
> ㄱ. Ping of Death 공격
> ㄴ. Smurf 공격
> ㄷ. Heartbleed 공격
> ㄹ. Sniffing 공격

① ㄱ, ㄴ   ② ㄱ, ㄷ
③ ㄴ, ㄷ   ④ ㄴ, ㄹ

02 버퍼 오버플로우(Buffer Overflow) 공격에 대응하는 방법으로 가장 옳지 않은 것은 무엇인가?

① 버퍼 오버플로우 공격에 대응하기 위해 변수 타입과 그 타입에 허용되는 연산들에 대해 강력한 표기법을 제공하는 고급 수준의 프로그래밍 언어를 사용한다.

② gets( ), scanf( ), strcat( ) 함수 사용을 자제하고 fgets( ), fscanf( ), strcpy( ) 함수 사용을 권장한다.

③ 스택 배치를 랜덤하게 설정하고 프로그램 실행 시마다 다른 주소에 배치한다.

④ 스택상에 있는 공격자의 코드가 실행되지 못하도록 한다.

정답 및 해설

01   정답 ①

ㄷ. 하트블리드(Heartbleed)는 2014.4월에 발견된 오픈 소스 암호화 라이브러리인 OpenSSL의 소프트웨어 버그이다. 이슈가 된 하트블리드는 오픈 SSL에서 클라이언트와 웹 서버 간 암호화 통신이 제대로 이뤄지는지 확인하기 위해 사용되는 프로토콜인 '하트비트(Heart Beat)'에서 발견된 취약점이다.

02   정답 ②

② gets( ), scanf( ), strcat( ), strcpy( ) 함수 사용을 자제하고 fgets( ), fscanf( ) 함수 사용을 권장한다. strcpy( ) 함수대신 strncpy( ) 함수 사용이 권장된다.

03 다음 ㉠~㉢에 들어갈 내용으로 가장 적절하게 연결된 것은?

(㉠) 공격은 소스 IP주소와 목적지 IP주소가 동일한 다량의 패킷을 특정 공격 대상 시스템으로 전송하면, 응답이 자기 자신에게 되돌아오도록 하여 시스템의 과부하를 유발한다.

(㉡) 공격은 ICMP Echo 메시지를 큰 패킷으로 만들어, 공격대상 시스템에 분할된 많은 양의 패킷을 도달시켜, 패킷 재결합으로 인한 시스템 과부하를 유발한다.

(㉢) 공격은 ICMP 프로토콜과 브로드캐스팅 개념을 사용한 공격으로 공격대상 호스트의 IP주소를 Source 주소로 갖는 ICMP Echo 요청 패킷을 공격대상 호스트에 전송한다. 이는 공격대상 시스템의 자원을 고갈시킨다.

	㉠	㉡	㉢
①	LAND	ICMP Flooding	Ping of Death
②	LAND	Ping of Death	ICMP Flooding
③	Ping of Death	ICMP Flooding	LAND
④	Ping of Death	LAND	ICMP Flooding

04 소프트웨어 개발과정에서 소스코드에 존재하는 버퍼 오버플로우에 취약한 함수, 하드 코드된 패스워드 등 잠재적인 취약점을 제거하고, 보안을 고려하여 기능을 구현할 때 지켜야 할 보안활동으로 가장 적절한 것은?

① 안전한 코딩(Secure Coding)
② 위험분석(Risk Analysis)
③ 모의 침투(Penetration Test)
④ 디지털 포렌식(Digital Forensics)

05 버퍼 오버플로우 공격 대응 방법 중 ASLR에 대한 설명으로 옳은 것은?

① 함수의 복귀 주소 위조 시, 공격자가 원하는 메모리 공간의 주소를 지정하기 어렵게 한다.
② 함수의 복귀 주소와 버퍼 사이에 랜덤(Random) 값을 저장하여 해당 주소의 변조 여부를 탐지한다.
③ 스택에 있는 함수 복귀 주소를 실행 가능한 임의의 LIBC영역 내 주소로 지정하여 공격자가 원하는 함수의 실행을 방해한다.
④ 함수 호출 시 복귀 주소를 특수 스택에 저장하고 종료 시 해당 스택에 저장된 값과 비교하여 공격을 탐지한다.

06 소프트웨어 취약점 공격에 해당하지 않는 것은?

① 버퍼 오버플로우 공격
② 힙 버퍼 오버플로우 공격
③ 크로스 사이트 스크립팅 공격
④ 웹 세션 하이재킹

07 메모리 변조 공격을 방지하기 위한 기술 중 하나로, 프로세스의 중요 데이터 영역의 주소를 임의로 재배치하여 공격자가 공격 대상 주소를 예측하기 어렵게 하는 방식으로 가장 옳은 것은?

① Canary
② ASLR
③ No-execute
④ Buffer Overflow

03　　　　　　　　　정답 ②

ICMP Flooding 공격은 스머프 공격이라고도 부르는데, 공공 인터넷상에서 Flood DoS 공격의 한 변종이다.

04　　　　　　　　　정답 ①

시큐어코딩은 개발하는 소프트웨어가 복잡해짐으로 인해 보안상 취약점이 발생할 수 있는 부분을 보완하여 프로그래밍하는 것이다. 시큐어코딩에는 안전한 소프트웨어를 개발하기 위해 지켜야 할 코딩 규칙과 소스코드 취약 목록이 포함된다.

05　　　　　　　　　정답 ①

• ASLR은 함수의 복귀 주소를 임의적으로 배치함으로써 공격의 가능성을 희박하게 만드는 방식으로 공유 라이브러리, 스택 및 힙이 매핑되는 메모리 영역의 주소를 임의로 배치한다.
• 그 이유는 공격자가 익스플로잇 코드를 작성할 때 페이로드가 어느 위치에 삽입되어야 하는지를 미리 예측할 수 없도록 함으로써 그 가능성을 희박하게 하기 위함이다.

06　　　　　　　　　정답 ④

④ 세션 하이재킹은 네트워크 취약점을 이용한 공격으로 서버에 연결중인 공격대상의 세션을 가로채 인증 절차를 거치지 않고 서버에 접속하여, 자신이 공격 대상인 척 행세하는 공격이다.

07　　　　　　　　　정답 ②

① 카나리(Canary): 버퍼 오버플로를 감시하기 위해 스택의 버퍼와 제어 데이터 사이에 위치한 값들이다.
• 메모리의 특정한 위치(ret 앞)에 카나리(canary)라는 특정한 값을 집어넣어, 프로그램 실행 시 카나리 값을 검증하여 변조되었을 경우 스택 영역이 변조되었다고 판단하여 프로그램을 종료한다.
• 카나리는 Terminator, Random, 그리고 Random XOR와 같은 세 종류가 사용되며 스택가드(Stack Guard)의 최신 버전은 세 가지 모드를 지원하며 Propolice는 Terminator와 Random 카나리를 지원한다.
③ No-execute: 가장 기초적인 오버플로우 방어 기법으로, 스택에서 코드가 실행되지 않도록 설정하는 것이다. CPU의 NX(Never eXecute bit, 실행방지 비트)를 활용한다. NX 특성으로 지정된 모든 메모리 구역은 데이터 저장을 위해서만 사용되며 프로세스 명령어가 그 곳에 상주하지 않음으로써 실행되지 않도록 만들어 준다.

05 악성 소프트웨어(악성코드)

CHAPTER

01 악성코드란

컴퓨터 프로그램이 의도적 또는 비의도적으로 실행되면서 컴퓨터, 서버, 클라이언트, 컴퓨터 네트워크에 악영향을 끼칠 수 있는 모든 소프트웨어를 총칭한다.

예전에는 단순히 컴퓨터 바이러스만이 활동하였으나, 1990년대 말 들어서 감염 방법과 증상들이 다양해지면서 자세히 분류하기 시작했다. 과거에는 디스크 복제 등 저장매체를 따라 전파되었으나, 현재는 네트워크가 발달하면서 이메일이나 웹으로 감염되는 경우가 훨씬 많아졌다.

02 악성코드의 종류

악성코드의 종류를 동작 및 목적에 따라 분류할 수 있는데 전자에는 바이러스, 웜, 트로이목마, PUB 등이 있으며 후자에는 스파이웨어, 랜섬웨어, 백도어, 봇 등이 있다.

1 동작에 의한 분류

1. 바이러스

바이러스는 악성코드 중에서 가장 기본적인 형태로 사용자 컴퓨터 내에서 사용자 몰래 프로그램이나 실행가능한 부분을 변형해 자신 또는 자신의 변형을 복사하는 프로그램을 말한다.

최초 자기복제 및 데이터 파괴 기능만을 가졌던 원시형 바이러스에서 지금은 파일 바이러스, 암호형 바이러스, 은폐형 바이러스, 다형성 바이러스 및 매크로 바이러스로 발전하고 있다. 최근에는 인터넷 발달과 더불어 매크로 바이러스에서 나타난 스크리트 형태의 바이러스가 더욱 활성화되고 있다.

2. 웜

웜은 원래 벌레와 증식을 뜻하는 용어인데, IT 분야에서는 인터넷 또는 네트워크를 통해서 컴퓨터에서 컴퓨터로 전파되는 프로그램을 말한다. 바이러스가 내부 지향적인 반면, 웜은 외부 지향적이라고 말할 수 있다.

즉, 컴퓨터 바이러스는 부트영역에 침입하거나 메모리에 상주 또는 정상 파일에 침입하여 감염시키지만 웜은 스스로 증식하는 것이 목적이다. 이 과정에서 인터넷 트래픽을 증가시켜 인터넷이 마비되는 사태가 벌어지기도 한다(2003년 슬래머 웜이 대표적).

3. 트로이 목마(Trojan Horse)

트로이 목마는 백도어와 마찬가지로 운영체제의 원래 인증을 우회하여 원격에서 시스템 내부에 접근할 수 있게 하지만, 그 설치 과정이 관리자에 의한 것이 아니라 바이러스나 웜에 의한 것이고, 접근자가 관리자가 아니고 해커인 경우이다.

트로이 목마는 사용자가 의도하지 않은 코드를 정상적인 프로그램에 삽입한 형태를 취하고 있으며 최근에는 백도어와 트로이 목마를 구분하지 않고 백도어라고 통칭하는 경우가 많다.

4. PUP(Potentially Unwanted Program)

잠재적으로 원하지 않는, 즉 불필요한 프로그램이란 의미의 악성코드로 사용자에게 치명적인 피해를 주지는 않지만 불편함을 주는 악성 코드이다. 프로그램 설치시 사용자에게 동의를 구하지만 용도를 파악하기 어렵게 한다. 스파이웨어나 광고가 포함된 악성코드 제거 프로그램, 웹 사이트 바로가기 생성 프로그램 등이 있다.

2 목적에 의한 분류

1. 애드웨어(Adware)

애드웨어는 소프트웨어 자체에 광고를 포함하거나, 같이 묶어서 배포한다. 이는 프로그래머가 개발하면서 개발 비용을 충당할 수 있게 해주며, 광고주의 입장에서는 포털 사이트에 배너를 놓는 것보다 비용이 저렴하다. 애드웨어는 광고만이 목적이다 보니 제작되는 과정에서 많은 부분이 고려되지 않을 수가 있으며, 이것이 응용 프로그램상의 취약점을 갖게 될 경우 다른 악성 프로그램들에 의하여 악용될 소지가 있다.

2. 스파이웨어(Spyware)

스파이웨어는 개인이나 기업의 정보를 그들이 알지 못하게 수집하며, 이러한 정보를 동의 없이 다른 곳으로 보내기도 한다. 일반적으로 자신의 존재를 사용자로부터 숨겨 탐지가 어렵게 하여 사용자의 컴퓨터 조작을 방해하며, 또한 사용자의 컴퓨터를 지켜보는 것에 그치지 않고 인터넷 검색 흔적이나, 사용자 로그인, 은행이나 신용 계좌 정보 등 거의 모든 유형의 정보를 수집하기도 한다.

3. 랜섬웨어(Ransomware)

랜섬웨어란 Ransom(인질의 몸 값)과 Software의 합성어로 최근 급격히 퍼지고 있는 악성코드이다. 사용자에 의해 랜섬웨어가 실행될 경우 파일에 대한 암호화를 진행하며 이를 사용자가 실행이나 읽을 수 없도록 하여 사용자의 자료를 인질로 잡고 돈을 요구한다. 문제는 정작 금액을 지불하더라도 복호화가 진행되지 않는 경우가 많다는 점에서 더욱 큰 문제가 되고 있다. 결국 암호화된 자료는 더 이상 사용할 수 없게 되어버리는 것이나 마찬가지다.

4. 백도어, 루트킷: 「Chapter 04 시스템 보안위협 및 대응책」 참조

5. 기타 Downloader, Dropper, Launcher, Scareware 등이 있다.

1 바이러스의 유형

1. 목표물 바이러스 유형

(1) 부트섹터 감염 바이러스: 컴퓨터의 부팅 과정을 보면 '1) POST(Power on Self Test) → 2) CMOS 정보를 읽어 부팅매체 확인 → 3) 부팅매체의 MBR(Master Boot Record) 정보 read → 4) 부팅의 과정'을 거친다. 부트섹터 감염 바이러스는 MBR을 감염시켜 부팅 후에 사용되는 모든 프로그램을 감염시킨다.

(2) 파일 감염 바이러스: 하드 디스크가 일반화되면서 출현한 바이러스로, 실행파일(.com, .exe) 및 디스크 드라이버 등을 직접 감염시킨다. 전체 바이러스의 80% 이상을 차지한다. 바이러스가 파일을 감염시키는 위치에 따라 '덮어쓰기형 바이러스'와 파일 앞/뒷단에 붙어서 공격하는 '기생형 바이러스', 확장자는 그대로 두면서 내용물만 바꾸어 주는 '산란형 바이러스'로 분류된다.

(3) 매크로 바이러스(Macro virus): 매크로 바이러스는 감염 대상이 실행 파일이 아니라 MS사의 엑셀과 워드 프로그램에서 사용하는 문서 파일이다. 또한 응용 프로그램에서 사용하는 매크로 사용을 통해 감염되는 형태로 매크로를 사용하는 문서를 읽을 때 감염된다는 점이 이전 바이러스들과는 다르다.

2. 은닉 전략에 따른 바이러스 유형

(1) 암호화 바이러스(Encryption Virus): 내용을 알 수 없게 하기 위해 암호기법을 사용하는 바이러스로, 바이러스의 일부 데이터를 암호화키로 사용하여 바이러스의 나머지 부분을 암호화한다(키는 바이러스와 함께 저장).

(2) 스텔스 바이러스(Stealth Virus): 안티 바이러스 소프트웨어에 감지되지 않도록 자신을 숨기도록 설계된 바이러스다.

(3) 다형성 바이러스(Polymorphic Virus): 감염시킬 때마다 변형하는 바이러스로, 바이러스 검사 프로그램을 시그니처 기반의 탐지가 불가능하도록 한다.

(4) 변성 바이러스(Metamorphic Virus): 다형성 바이러스와 같이 감염시킬 때마다 변화시킨다. 모양뿐만 아니고 활동하는 방법까지 변화시킨다.

2 바이러스의 세대별 분류

1. 1세대 원시형 바이러스(Primitive Virus)

바이러스가 안티 바이러스 스캔으로부터 자신의 존재를 숨기기 위해 프로그램 뒷부분에 위치하는 파일 감염형 바이러스다. 최초의 파일 바이러스는 예루살렘이고 이후 선데이, 스콜피론, crow, FCL, CIH 바이러스가 출현하였다.

2. 2세대 암호형 바이러스(Encryption Virus)

암호형 바이러스는 바이러스 코드를 쉽게 파악할 수 없도록 공격대상 컴퓨터에 암호화하여 저장해 놓는다. 백신은 이 바이러스가 동작하려고 메모리에 올라오는 과정에서 탐지하여 치료한다. 백신은 메모리에 실행되어 올라온 바이러스와 감염 파일을 분석하고 치료할 수 있다. 대표적인 암호형 바이러스에는 슬로 (Slow), 캐스케이드(Cascade), 원더러(Wanderer), 버글러(Burglar) 등이 있다.

3. 3세대 은폐형 바이러스(Stealth Virus)

바이러스에 감염된 파일이 일정기간 잠복기를 가지도록 만들었다. 이는 바이러스가 특정한 시간대에 일제히 동작할 수 있도록 잠복기를 갖는다. 또한 본격적인 활동 전에 탐지되는 것을 방지하는 것도 있다. 은폐형 바이러스로는 브레인, joshi, 512, 4096 등이 있다.

4. 4세대 다형성 바이러스(Polymorphic Virus)

백신 프로그램은 바이러스 파일 안의 특정한 식별자로 바이러스 감염 여부를 판단하는데 이 기능을 우회하기 위해 사용하는 것이 다형성 바이러스이다. 다형성 바이러스는 제작하기도 어렵고 진단하기도 어렵다.

5. 5세대 매크로 바이러스(Macro Virus)

매크로 언어로 기록된 바이러스를 말한다. 다시 말해, 워드프로세서와 같은 응용 소프트웨어 안에 심어둔 언어를 말한다. 일부 응용 프로그램이 매크로 프로그램을 문서 안에 포함시키는 것을 허용하고 있어 문서가 열릴 때 자동으로 실행될 수 있다. 이때 매크로 프로그램이 바이러스 형태라면 바이러스가 확산될 수 있다.

> **더 알아보기**
>
> **매크로 바이러스의 위험성**
> - 매크로 바이러스는 플랫폼과 무관하게 사용할 수 있다.
> - 대부분의 매크로 바이러스는 문서를 감염시키고, 실행부분은 감염시키지 않는다.
> - 매크로 바이러스는 이메일 등으로 쉽게 퍼지므로 감염속도가 빠르다.
> - 타겟 파일이 실행파일이 아니므로 사용자들은 주의를 덜 갖게 된다.

3 바이러스 감염 방지책

1. 안티 바이러스 필터링 방법의 지속적인 업그레이드

바이러스를 검출하기 위해 Virus Signature Scanning 방법과 Behavioral Virus Scanning이라는 방법이 사용된다.

(1) **시그니처 기반의 탐지(Signature Scanning) 방법**: 특정 바이러스만이 가진 유일한 형태의 시그니처를 찾아내는 방법이다. 이러한 시그니처는 실행코드로 나타나고 스크립트 등의 언어로 된 바이러스에서는 명령어의 나열로 나타난다. 지금까지 대부분의 안티 바이러스 프로그램은 시그니처 기반의 탐지방법을 많이 사용하고 있다.

(2) **행동 기반의 탐지(Behavioral Scanning) 방법**: 바이러스가 수행 중에 어떤 행동을 보이는 지를 추적하는 방법이다. 이 방법은 시그니처 기반의 탐지에서 불가능하였던 새로운 바이러스나 웜에 대한 대처능력을 키울 수 있다.

2. 바이러스 예방대책

(1) 신뢰성있는 업체에서 구입한 상업용 소프트웨어를 사용한다.

(2) 발신처가 불명한 이메일은 열어보지 않는다.

(3) 바이러스 스캐너를 이용하여 정기적으로 검사하고, 바이러스 스캐너는 주기적으로 업그레이드한다.

(4) 지속적인 보안교육을 실시한다.

04 웜

웜이 본격적으로 알려진 것은 컴퓨터 운영체제가 윈도우 시대로 넘어오면서 부터이다. 1999년 다른 사람의 이메일 주소를 수집하고 전달하는 형태의 인터넷 웜이 출현하면서 일반인에게 웜의 존재가 알려지기 시작했다. 지금까지의 웜은 이메일에 첨부파일 형태로 첨부되어 확산되거나 운영체제나 프로그램의 보안 취약점을 이용하여 스스로 침투하는 형태를 보이고 있다. 또한 웜의 기능을 가지면서 다른 파일을 감염시키는 컴퓨터 바이러스의 기능을 가진 복합적인 형태의 웜도 존재한다.

웜은 전파 형태에 따라 Mass Mailer형, 시스템 공격형, 네트워크 공격형 웜으로 분류할 수 있다.

1 웜 확산 모델

웜 확산은 3단계로 이루어진다. 웜에 감염된 호스트는 각각 2대의 호스트를 감염시킨다. 시간이 지나가면서 호스트 수는 지수적으로 증가한다. 처음에는 서서히 진행하다가 빠른 속도로 진행되면서 어느 일정단계에 이르면 감염속도가 줄어든다.

〈 웜 확산 모델 〉

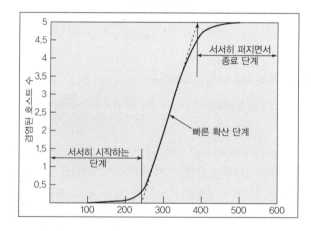

2 웜의 실행

1. 웜은 전파된 시스템에서 시스템의 접근 권한을 확보하고 자신을 실행시키기 위해 버퍼 오버플로우, 포맷 스트링, SQL삽입 등 공격 가능한 시스템의 취약점을 이용한다.

2. 즉, 시스템의 취약점을 이용하여, 관리자 권한 획득에 필요한 코드를 실행한 후, 접근 권한이 확보되면 웜을 백도어로 설치하거나 DDoS 공격에 활용할 수 있는 봇(Bot) 또는 좀비 프로그램을 다운로드하여 실행할 수 있다. 또한 키로거와 같은 악성 프로그램을 설치할 수도 있다.

3 웜의 대응책

1. 웜에 대한 기본적인 방어대책은 바이러스 방어대책과 유사하다. 일단 웜이 시스템안에 상주하게 되면 안티바이러스 프로그램이 이를 탐지한다.

2. 웹 모니터링 소프트웨어를 설치하는 것이다. 들어오는 데이터와 나가는 데이터를 필터링하여 웜 신호를 탐색해 낸다.

PART
04

01 악성프로그램에 대한 설명으로 옳지 않은 것은?

① Bot: 인간의 행동을 흉내내는 프로그램으로 DDoS 공격을 수행한다.

② Spyware: 사용자 동의 없이 설치되어 정보를 수집하고 전송하는 악성 소프트웨어로서 금융정보, 신상정보, 암호 등을 비롯한 각종 정보를 수집한다.

③ Netbus: 소프트웨어를 실행하거나 설치 후 자동적으로 광고를 표시하는 프로그램이다.

④ Keylogging: 사용자가 키보드로 PC에 입력하는 내용을 몰래 가로채 기록하는 행위이다.

02 악성 소프트웨어에 대한 설명으로 가장 옳지 않은 것은?

① 트로이목마는 악성 루틴이 숨어 있는 프로그램으로, 겉보기에는 정상적인 프로그램으로 보이지만 프로그램을 실행하면 악성 코드가 실행된다.

② 스파이웨어는 특정 컴퓨터를 감염시켜 장악한 뒤 원격조정할 수 있는 스파이 네트워크로, 해커는 파일을 검색하거나 내려받을 수 있고, 촬영이나 녹음을 지시할 수도 있다.

③ 랜섬웨어는 사용자의 문서와 사진 등을 암호화시켜 일정 시간 안에 일정 금액을 지불하면 암호를 풀어주는 방식으로 사용자에게 금전적인 요구를 하는 악성코드이다.

④ PC의 부팅영역인 MBR을 조작하는 프로그램을 부트킷이라고 한다.

03 바이러스의 종류 중에서 감염될 때마다 구현된 코드의 형태가 변형되는 것은?

① Polymorphic Virus
② Signature Virus
③ Generic Decryption Virus
④ Macro Virus

01 정답 ③

③ Netbus는 원격조정 트로이목마이다. 소프트웨어를 실행하거나 설치 후 자동적으로 광고를 표시하는 프로그램은 Adware이다.

02 정답 ②

• 악성코드를 목적에 따라 분류하면 애드웨어, 스파이웨어 및 랜섬웨어 등으로 분류할 수 있다.
• 스파이웨어는 개인이나 기업의 정보를 그들이 알지 못하게 수집하며, 이러한 정보를 동의 없이 다른 곳으로 보내기도 한다. 또한 사용자의 컴퓨터를 지켜보는 것에 그치지 않고 인터넷 검색 흔적이나, 사용자 로그인, 은행이나 신용 계좌 정보 등 거의 모든 유형의 정보를 수집하기도 한다.

03 정답 ①

• 바이러스를 세대별로 분류하면 1세대) 원시형 바이러스(Primitive Virus), 2세대) 암호형 바이러스(Encryption Virus), 3세대) 은폐형 바이러스(Stealth Virus), 4세대) 다형성 바이러스(Polymorphic virus), 5세대) 매크로 바이러스(Macro virus)로 구분할 수 있다.
• Polymorphic Virus는 4세대 바이러스로 감염시킬 때마다 변형하는 바이러스이다. 또한 바이러스 검사 프로그램을 시그니처 기반의 탐지가 불가능하도록 한다.

04 정답 ②

① 웜에 대한 설명이다. 바이러스는 컴퓨터 내에서 사용자 몰래 프로그램이나 실행 가능한 부분을 변형해 자신 또는 자신의 변형을 복사하는 프로그램으로 스스로 복제하여 다른 프로그램을 감염시킨다.
③ 하이재커(Hijacker)에 대한 설명이다. 애드웨어는 광고를 포함한 소프트웨어를 말한다. 합법적인 애드웨어도 있지만 무분별하게 사용자의 동의 없이 컴퓨터에 설치되어 광고 화면을 무분별하게 띄워 불편을 초래하는 악성코드가 될 수 있다.
④ 드로퍼(Dopper)는 파일 자체 내에는 악성코드가 없으나, 파일 실행 시 바이러스를 다운받아 악성코드를 실행하고 사용자 시스템을 감염시키는 형태의 프로그램을 말한다.

04 악성코드에 대한 설명으로 가장 옳은 것은?

① 바이러스(Virus)는 다른 프로그램을 감염시키지는 않지만 네트워크를 통해 자기 복제를 하며 전파된다.
② 트로이목마(Trojan Horse)는 자기 복제 능력은 없으면서 정상적인 기능을 하는 프로그램 속에 숨어서 정보를 빼내거나 사용자 PC를 원격으로 제어할 수 있게 한다.
③ 애드웨어(Adware)는 사용자의 브라우저를 원하지 않은 사이트로 이동시키면서 팝업창을 띄운다.
④ 드로퍼(Dropper)는 사용자의 동의를 얻어 설치되었으나 프로그램 목적과 상관없이 시작 페이지 변경광고 노출, 과도한 리소스 사용으로 시스템 성능 저하를 가져오거나 존재하지 않는 위험을 가지고 사용자를 위협하여 결제를 유도한다.

PART 04

CHAPTER 06

최신 보안 주제들

01 블록체인(BlockChain)

1 개요

1. 정의

(1) 블록체인이란 관리 대상 데이터를 '블록'이라고 하는 소규모 데이터들이 P2P 방식을 기반으로 생성된 체인 형태의 연결고리 기반 분산 데이터 저장 환경에 저장되어 누구라도 임의로 수정할 수 없고 누구나 변경 결과를 열람할 수 있는 분산 컴퓨팅 기술 기반의 데이터 위·변조 방지 기술이다.

(2) 블록체인은 가상화폐인 비트코인의 기반 기술로서 네트워크 내에서 공동으로 데이터를 검증하고 기록·보관하여 공인된 제3자 없이 데이터의 무결성 및 신뢰성을 확보할 수 있는 기술이다.

> **더 알아보기**
>
> 비트코인(Bitcoin)
> ① 비트코인은 블록체인 기술을 기반으로 만들어진 온라인 가상화폐로서 화폐 단위는 BTC로 표시한다. 2008년 10월 사토시 나카모토라는 가명을 쓰는 프로그래머가 개발하여, 2009년 1월 프로그램 소스를 배포했다.
> ② 중앙은행이 없으며 전 세계적 범위에서 P2P 방식으로 개인들 간에 자유롭게 송금 등의 금융거래를 할 수 있게 설계되어 있다.
> ③ 거래장부는 블록체인 기술을 바탕으로 전 세계적인 범위에서 여러 사용자들의 서버에 분산하여 저장하기 때문에 해킹이 사실상 불가능하며 SHA-256 기반의 암호 해시함수를 사용한다.
> ④ 블록체인이 암호화폐에만 사용될 수 있는 기술은 아니다. 암호화폐가 블록체인에 종속적인 것이라고 보면 된다. 따라서 이미 블록체인을 응용한 기술이나 서비스가 개발되고 있다.

2. 블록체인의 기술적 특성

(1) **탈 중앙화(De-centralization, 분산된 컴퓨팅 인프라)**: 블록체인의 가장 큰 특징은 중앙시스템이 아닌 분산된 컴퓨팅 파워(Computing power)에 의해 운용된다는 것이다. 모든 참여자가 거래 내역을 보관하기 때문에 일부 네트워크에 문제가 발생해도 전체 블록체인은 큰 영향을 받지 않는다.

(2) **거래의 투명성(Transparency)**: 분산 네트워크인 블록체인에서는 채널의 개념이 사용된다. 채널 상에 존재하는 참여자들에게는 관리자에 의한 별도의 통제 없이 채널의 열람권한을 갖게 된다.
새로운 블록은 생성되자마자 동시에 모든 참여자에게 전송되어 공유된다. 따라서 특정 당사자의 거래 내역은 해당 채널에 접속한 모든 참여자들에 의해 공유되기 때문에 거래의 투명성을 보장받을 수 있다.

(3) **불변성(Immutability, 문서의 위·변조 불가)**: 특정 블록의 내용을 변경하기 위해서는 이후에 연결된 모든 블록을 다시 생성해야 하기 때문에 블록 내용을 임의로 조작하는 것이 원칙적으로 불가능하다. 만일 새 블록의 유효성에 대한 합의가 이루어지지 않으면 블록의 생성이 거부되는 '합의 알고리즘(Consensus algorithm)'을 따르므로 부정거래에 대한 원천적 방지가 가능하다.

(4) **가용성(Availibity)**: 블록체인의 데이터는 모든 참여자의 컴퓨터(노드)에 분산 저장되므로 그 중 어느 하나가 문제를 일으키더라도 전체 시스템이 유지되며, 24시간 중단되지 않는다. 한 대가 잘못된다고 하더라도 나머지 노드가 존재하므로 시스템은 계속적으로 동작할 수 있는 것이다.

(5) **인프라 구축비용의 절감**: 참여자들간 공개된 소스에 의한 플랫폼 구축이 가능하고 연결과 확장이 이루어질 수 있기 때문에 글로벌 플랫폼 구축 또한 용이하며 시스템의 운용, 유지보수, 보안 및 금융 거래 등에 필요한 인프라 비용을 절감할 수 있다.

2 비트코인과 블록체인의 기반 기술

1. 분산 네트워크

(1) 블록체인 정보는 네트워크에 참여하는 노드들이 가지고 있으며, 동일한 거래 내역이 분산 저장되어 관리된다.

(2) **분산 합의 제도**: 거래를 블록체인에 포함시키기 위해 거래를 승인하는 분산 합의 제도를 채택하여 제3의 신용기관 없이 P2P 분산 네트워크에서 검증한다. 다만, 모든 노드가 가진 컴퓨팅 파워의 51%를 악의적 행위자가 장악하게 되는 경우, 거래 기록을 조작할 위험성이 존재하나 현재의 컴퓨팅 파워로는 사실상 불가능하다.

(3) 채굴 시 각 정보는 각 노드에 브로드캐스팅되고, 유효성 검증을 수행한 후 합의(노드의 51% 이상)를 통해 블록을 승인한다.

〈 분산합의 과정 〉

Date	From	To	BTC
1/14/2015	AC182	SOCEW	105
1/14/2015	SOCEW	ZBCODE	93
1/15/2015	IBCCDE	EG254	90
1/15/2015	EG254	KEYCIT	
1/16/2015	KEPCIT		
1/16/2015	QWSBE		
1/16/2015	SCBSIE		
1/17/2015	ZNVYDW	CC2	
...			

채굴(Mining)

가상 연결

51% 이상 찬성 : 거래 성립

51% 이하 찬성 : 거래 불성립

참가자 네트워크

분산 합의 제도를 위한 개별 노드들의 작업 증명 절차

① 새로운 거래 내역이 발생하면 모든 노드에 브로드캐스팅된다.

② 각 노드늘은 새로운 거래 내역을 블록에 치합한다.

③ 각 노드들은 그 블록에 대한 작업증명을 찾는 과정을 수행한다.

④ 노드가 작업증명을 성공적으로 수행하면 모든 노드에게 해당 블록을 전송한다.

⑤ 노드들은 해당 블록의 모든 거래가 이전에 쓰이지 않은 경우에만 승인한다.

⑥ 노드들은 자신이 승인한 블록의 해시를 이전 해시로 사용하여 다음 블록을 생성하는 과정을 통해 해당 블록이 승인되었음을 나타낸다.

2. 암호기술

비트코인에는 공개키 기반의 검증 알고리즘인 '타원곡선 전자서명 알고리즘(ECDSA)'과 'SHA-2'라고 하는 일방향 해시함수가 사용된다.

(1) 타원곡선 전자서명 알고리즘(ECDSA)

① 비트코인 거래시 거래 정보의 무결성을 보장하기 위해 사용된다.

② 익명의 공개키를 계좌 정보로 이용하여 누가 다른 누군가에게 얼마를 보냈는지 알 수 있으나, 거래 당사자들에 대한 정보가 연결되어 있지 않아 소유자에 대한 정보는 알 수 없다.

(2) 일방향 해시함수(SHA-2)

① 채굴: 해시함수에 이전 블록의 해시값, 거래 내역, 타임 스탬프, 논스값을 넣어 특정 조건(입력받은 해시값보다 새롭게 생성된 해시값이 작아야 함)을 만족하는 결과값이 나오도록 논스값을 유추해 내는 과정이다. 채굴에 성공하면 보상으로 신규 화폐인 비트코인을 받는다.

② 디지털 서명: 비트코인 거래 시 거래 정보의 무결성을 보장하기 위해 사용되며, 거래 정보의 해시 값을 공개키 기반 암호화를 통해 거래 내역의 무결성 입증이 가능하다.

③ 거래내역 입증 간소화: 각각의 거래 내역의 해시값을 누적하는 '머클트리' 구조의 루트 해시를 가짐으로써 중간에 값이 변경되면 루트 해시값이 변경되어 변조 유무를 쉽게 판단할 수 있다.

〈 디지털 서명(좌) 및 머클트리 구조(우) 〉

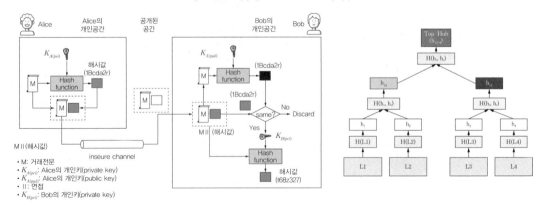

- M: 거래전문
- $K_{A(pri)}$: Alice의 개인키(private key)
- $K_{A(pub)}$: Alice의 개인키(public key)
- ‖: 연접
- $K_{B(pri)}$: Bob의 개인키(private key)

3. 이중 거래(Double-Spending) 방지 기술

악의적인 목적으로 동시에 두 곳 이상의 계좌로 송금하는 행위를 방지하기 위해서 'The Longest Chain Wins*' 메커니즘을 이용한다.

4. 합의 기법

(1) 개요

① 블록체인은 기록된 내용에 대하여 모든 노드가 동일한 데이터를 저장할 수 있도록 검증하고 합의한다. 이러한 합의 과정은 합의 알고리즘(Consensus Algorithm)을 통하여 처리되며 합의 알고리즘을 통하여 데이터의 정확성이 유지되므로 이는 블록체인의 핵심기술이라 할 만큼 중요하다.

② 블록체인은 사용자 범위에 따라 다음과 같이 크게 퍼블릭(Public) 블록체인과 프라이빗(Private) 블록체인으로 구분할 수 있다.

   ⊙ 퍼블릭 체인: 임의의 다수가 참여할 수 있으므로 '비허가 방식'이라 하고, 노드들의 채굴을 위한 과도한 노력과 지분 보유를 요구하게 된다.

   ⓒ 프라이빗 체인: 허가된 노드들만이 참여하므로 '허가 방식'이라 하며, 신뢰기반의 노드들만이 참여하기 때문에 채굴 등의 노력이 필요 없으며 선출된 대표 노드들을 통한 인증 및 합의를 통하여 투명한 거래내역 합의가 가능하다.

(2) 퍼블릭(Public) 블록체인의 합의 알고리즘: 퍼블릭 블록체인은 모든 노드가 신뢰가 없다는 가정에 기반한다. 신뢰가 없는 네트워크에서 신뢰를 유지하는 방법으로 블록 생성 시 작업증명 방식 등과 같이 과도한 노력을 통하여 채굴을 하도록 하여 네트워크의 가치를 지키려는 노력을 한다.

---

* The Longest Chain Wins
중복 지출에 의해 블록체인이 분기될 경우 다음 블록을 먼저 생성하여 한쪽의 길이가 길어지는 체인을 옳은 것으로 간주한다.

① 작업증명(PoW; Proof of Work)

　　㉠ 최초의 블록체인인 비트코인을 창시한 사토시 나카모토가 제안한 합의 알고리즘이다. 새로 만든 블록을 앞 블록에 연결하는데 필요한 해시를 만들고 해시 연결성을 검증하여 데이터가 중간에 위·변조가 되지 않았음을 확인한다.

　　㉡ 블록체인에서 가장 보편적으로 사용 중인 합의 알고리즘으로 목표값 이하의 해시를 찾는 과정을 무수히 반복함으로써 해당 작업에 참여했음을 증명하는 방식이다. 채굴(Mining)을 통해 작업증명을 한다.

　　㉢ 처음 비밀번호를 파악한 사람만이 가상통화로 보상을 받고 블록을 체인에 추가할 수 있다. 합의 시간이 오래 걸리고 전력을 많이 소비하는 단점이 있다.

　　㉣ 비트코인, 이더리움(후에 PoS로 전환), 라이트코인, 비트코인 골드, 모네로, 지(제트)캐시, 시아코인, 불웍, 에이치닥 등의 암호화폐에서 작업증명 방식을 사용하고 있다.

② 지분증명(PoS; Proof of Stake)

　　㉠ 작업증명(PoW)의 에너지 낭비 문제를 해결하기 위해 만들어진 합의 알고리즘이다. 컴퓨팅 파워가 아닌 자신이 가진 가상통화의 양, 즉 지분에 따라 블록을 생성하고 추가적으로 발행되는 코인을 만든다.

　　㉡ 이자나 배당과 비슷한 개념이라고 할 수 있다. 코인을 많이 보유한 사람이 코인을 계속가지는 단점이 있다. 퀀텀, 네오 등의 가상화폐가 이 방식을 따른다.

(3) 프라이빗(Private) 블록체인의 합의 알고리즘: 프라이빗 블록체인은 모든 노드가 신뢰를 가지고 있다는 가정에 기반한다. 따라서 과도한 컴퓨팅 파워나 지분 확보를 위한 노력이 필요 없으며, Paxos, Raft, PBFT로 나눌 수 있다.

① Paxos

　　㉠ Paxos는 악의적 노드가 존재한다는 가정을 기반으로 하는 결함 허용 시스템(Fault Tolerance System)에서 여러 프로세스들 간에 동일한 값을 정확하게 합의하기 위한 프로토콜이다.

　　㉡ Paxos는 여러 단계 역할에 의하여 다중의 합의와 인증이 이루어지므로 정확한 데이터 관리가 가능하다.

　　㉢ 리더를 중심으로 합의 형성을 수행하지만 비잔틴 장애(Byzantine Fault) 모델이 아니기 때문에 리더가 부정을 저지르는 경우 동기화되지 않으며, 프로토콜 동작이 복잡하고 연산 노력이 필요하여 많이 적용되지는 않는다.

> **더 알아보기**
>
> 비잔틴 장애 허용(BFT; Byzantine Fault Tolerance)
> ① 비잔틴 장애 허용은 시스템 내부에 장애가 있더라도 문제가 되는 부분이 전체의 3분의 1을 넘지 않는다면, 시스템이 정상 작동하도록 허용되어 있는 합의 구조를 의미한다.
> ② 비잔틴 장군 문제의 유래: 처음에 논문의 집필자(1982,레슬리 램포트와 쇼스탁, 피스가 공저)들은 내부의 배신자를 찾아낸다는 의미로 가장 폐쇄적인 동구권 국가이자 알려지지 않은 국가였던 알바니아의 이름을 따 알바니아 장군 문제로 작성했다. 그러나 알바니아계 이민자들의 반발을 고려해 비잔틴 제국 장군 문제로 이름을 바꿨다(알바니아가 중세에는 비잔티움 제국의 일부였다).

② Raft

    ⊙ Raft는 Paxos의 단점을 보완하여 보다 간단하게 개발되었다. Raft는 선출된 리더가 클라이언트의 블록 생성 요청을 처리한다.

    ⓛ 리더에 오류가 발생할 경우, 리더 선출 프로토콜에 의해 빠르게 리더가 재선출되는 장점이 있다.

③ PBFT(Practical Byzantine Fault Tolerance)

    ⊙ PBFT는 PoW나 PoS와 마찬가지로 비잔틴 장애 모델이지만, 비잔틴 장애 허용을 위하여 PoW와 PoS의 단점인 '결재 완전성(블록 파이널리티)'의 불확실성과 성능 문제를 해결하였다.

    ⓛ PBFT는 퍼블릭 블록체인의 합의 알고리즘보다는 성능이 개선되었지만, 합의과정에서 발생하는 중복 확인 및 인증으로 인하여 인증시간이 길어질 수 있다. 결제 완전성(블록 파이널리티)의 불확실성이 있다.

    ⓒ 악의를 가진 노드의 수 f에 대하여 $N=3f+1$의 수식으로 운영되므로 33%의 노드가 반대하거나 투표하지 않으면 시스템이 정지될 수도 있다.

더 알아보기

결제 완전성(블록 파이널리티, Block Finality)의 불확실성

① PoW 및 PoS에서 동시에 두 사람이 해답을 찾을 때 두 개의 블록이 생길 수 있다. 이 경우를 분기(fork)라고 하며 분기가 발생하면 승인자들은 둘 중 하나의 블록체인을 선택하여 다음 블록을 선택하게 된다. 이후, 먼저 블록이 생성되는 블록체인이 유효한 블록체인이 된다.

② 분기가 발생하였을 경우, 각 노드들의 데이터 전송시간 차이로 인해 긴 체인이 옳은 것으로 판단하여 짧은 체인이 폐기됨에 따라 짧은 체인을 사용하는 노드에 기록된 거래 내역은 거래 자체가 변경되거나 무효화될 수 있다. 따라서 이런 현상을 방지하기 위해 거래 확정 후 일정 블록을 기다린 후 거래가 가능한데 비트코인은 6회, 이더리움은 25회를 기다려야 한다.

③ 트랜잭션 확정까지는 비트코인이 60분(10분×6블록), 이더리움은 약 6분(14초×25블록)이 소요된다.

---

3 블록체인 작동 원리

1. 개요

(1) 블록체인을 만들기 위해 처음 해야 하는 일은 노드들은 블록 주기마다 다수의 거래기록 트랜잭션을 모두 모아 목록을 만든다. 그러면 해당 거래 정보가 담긴 블록이 생성된다.

(2) 생성된 블록이 네트워크상의 모든 참여자들에게 전송되면 참여자들은 거래정보의 유효성을 상호 검증한다. 검증과정은 다음과 같다.

    ① 참여자들은 수신한 블록 정보의 트랜잭션 목록으로부터 머클 루트 해시값을 계산한다. 이 값과 이전 노드로부터 받은 블록헤더의 해시값(h_{i-1}), 자기 노드의 타임스탬프 및 논스(Nonce) 값을 입력하여 하나의 해시값을 계산한다.

    ② 생성된 해시값(h_i)이 이전 노드의 해시값(h_{i-1})보다 작아야 한다. 만일 이 조건을 만족하시 못하면 논스 값을 변경하면서 조건이 맞을 때까지 해시값을 계속 생산한다. 이 과정을 '작업증명 과정'이라 한다.

예 이전 노드로부터 받은 해시값이 0x0098ab238478이고 생성된 해시값이 0x0146dfc08bd라면 논스(Nonce) 값을 변경하여 또 다른 해시값을 생성한다.

③ 이 과정에서 조건에 맞는 해시값을 생성한 노드는 결과값을 전체 참여자에게 보내고 참여자들은 거래정보의 유효성을 상호 검증한다. 이 과정에서 조건에 맞는 해시값을 생성(채굴에 성공)한 노드는 보상으로 비트코인을 받는다.

(3) 상호 검증 결과, 전체 참여자 중 51% 이상이 확인하면 이 거래 내역은 검증이 완료된 것이다. 검증이 완료된 블록은 이전 블록에 연결되고 그 사본이 만들어져 각 사용자의 컴퓨터에 분산 저장된다.

〈 블록체인 작동 방식 〉

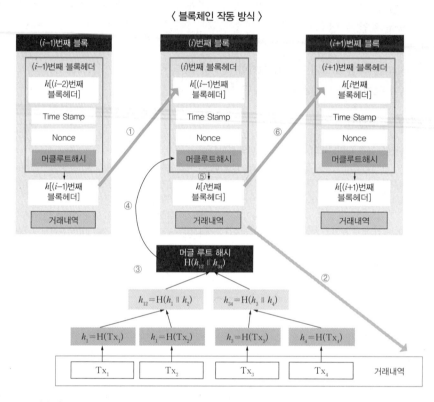

※ 동작순서: ①, ② → ③ → ④ + ① → ⑤ → ⑥

2. 블록 헤더 구조

〈 블록의 헤더 구조 〉

구분	크기(Bytes)	설명
버전	4	소프트웨어 버전
Previous Block Hash	32	블록 체인에서 바로 앞에 위치하는 블록의 블록 해쉬 때문에 블록이 계속 연결되어 있을 수 있음
Merkle Hash (머클 해시)	32	개별 거래 정보의 거래 해쉬를 2진 트리 형태로 구성할 때, 트리 루트에 위치하는 해쉬값
TIME	4	블록이 생성된 시간(초단위까지 기록)
BITS	4	블록의 작업증명 알고리즘에 대한 난이도 조절용 수치
Nonce	4	해시값을 계산하기 위한 임의값, 특정 목표값보다 낮은 값을 구하기 위한 카운터

3. 블록체인 종류

(1) 퍼블릭(Public) 블록체인: 공개형 블록체인이라고도 불리며 거래 내역뿐만 아니라 네트워크에서 이루어지는 여러 행동(Actions)이 모두 공유되어 추적이 가능하다. 퍼블릭 블록체인 네트워크에 참여할 수 있는 조건(암호화폐 수량, 서버 사양 등)만 갖춘다면 누구나 블록을 생성할 수 있다. 대표적인 예로 비트코인, 이더리움, Ripple 등이 있다.

(2) 프라이빗(Private) 블록체인: 프라이빗 블록체인에 참여하기 위해선 운영자나 관계자의 승인이 반드시 필요하다. 그 과정에서 신원이 모두 밝혀져 익명성도 없다. 프라이빗 블록체인의 운영은 암호 화폐가 굳이 필요하지 않지만 발행할 수는 있다. 암호 화폐의 사용도 내부에서만 제한적으로 가능하다. 대표적인 예로 나스닥 비상장 주식 거래소 플랫폼인 링크(Linq)가 있다.

(3) 컨소시엄 블록체인(Consortium Blockchain): 기업 연합형 블록체인으로 이해하면 쉽다. 네트워크에 허가된 여러 참여자가 구성하여 블록을 생성할 수 있다. 대표적인 예로 R3, CEV, Tendermint, CASPER 등이 있다.

4. 블록체인 보안 위협요소

(1) 프라이버시 문제

① 블록체인과 같은 분산원장 기술에서는 정보를 삭제해야 하는 '잊혀질 권리'를 구현하기가 어렵다. 네트워크에 참여하는 다수가 원장의 데이터를 가지고 있으므로 모든 데이터가 삭제되었음을 보장할 수 없다.

② 데이터를 삭제하게 되면 해시값이 변경되므로 블록체인 네트워크에서는 삭제 연산을 수행할 수 없다. 즉 제 3의 노드에 개인정보를 제공할 수 있는 프라이버시 침해요소가 있다.

(2) 키 관리(Key Management)

① 개인키는 사용자를 인증하는 직접적인 수단으로 공격자가 개인키를 탈취하는 경우에는 개인키로 보호되는 자산을 손상시키게 된다. 징상 참여사로 위장한 공격자의 다양한 공격에 노출될 수 있다.

② 탈취된 개인키는 암호화된 데이터에 대한 무단 복호화에 사용되지만 시스템에서 이를 탐지하기는 현실적으로 어렵다.

(3) 코드 구현상의 오류 가능성

① 많은 전문가들이 분산원장 구현 프로토콜 및 방법, 코드 베이스를 검토하였지만 아직 알려지지 않은 취약점이 존재할 가능성을 배제할 수 없다.

② 대부분의 블록체인 플랫폼들은 공개키/개인키 방식을 사용하여 구현되어 있다. 키를 생성하는 과정에서 소프트웨어 일부에는 의도적으로 제한된 범위의 값을 생성하는 것으로 밝혀졌다.

1 개요

1. 정의

(1) 사물인터넷은 각종 사물에 센서와 통신 기능을 내장하여 인터넷에 연결하는 기술, 즉 무선 통신을 통해 각종 사물을 연결하는 기술을 의미한다.

(2) IoT는 센서를 내장하고 있는 사물들이 서로 연결되어 각각의 사물들이 제공하던 것 이상의 새로운 가치를 제공하는 방식이다.

2. 사물인터넷 활성화 배경

(1) 2000년대 초반, 기업들은 생산성 향상을 위해 RFID 등 스마트 디바이스들을 인터넷에 연결하려는 시도가 지속적으로 있어 왔으며 2000년대 중·후반으로 들어서면서 이들 장치들의 가격대가 하락하면서 기업 입장에서는 비용절감 및 수익성 개선에 대한 기대가 상승하였다.

(2) 이동통신사업자들도 기존의 가입자만으로는 더 이상 지속적인 성장이 어렵다고 보고 기존의 회선 사업 위주의 전략을 탈피, 사물인터넷 활성화에 필요한 수익모델 창출을 위해 솔루션 개발 전문업체와 협력을 시도하였다(이동통신사가 인프라를 제공하고 사물인터넷 서비스 전문업체들이 참여).

(3) 또한 기술적 측면에서는 컴퓨터 성능은 향상되는 반면 가격은 하락하였으며 나노기술의 발전으로 전자제품이 소형화되고, 저전력 통신기술의 개발로 Zigbee, 블루투스 LE와 소형의 디바이스를 활용한 Ad-hoc 네트워크 구축이 가능하게 되었다.

2 사물인터넷의 구조

1. 개관

(1) 사물인터넷의 구조를 이해하기 위해서는 센서가 측정한 데이터가 다양한 과정을 거쳐 최종적으로 하나의 서비스가 되어 고객에게 전달되는 과정을 이해해야 된다.

(2) 데이터가 서비스로 진화해 나가는 과정은 데이터를 생성하고 전달하고 수집한 후 가치를 만들어 내는 일련의 방법 및 기술들이 포함되어 있기 때문이다.

(3) 기능적인 측면에서 보았을 때 사물 인터넷과 관련된 기능은 다음과 같이 크게 4가지로 설명된다. 데이터의 생성(Data Creation), 데이터의 전달을 위한 연결(Connection), 데이터의 수집, 저장, 가공을 포함하는 데이터의 처리(Processing), 그리고 이렇게 만들어진 사물인터넷 서비스의 제공(Presentation)이 바로 그것이다.

〈 사물인터넷의 구조 〉

2. 데이터의 생성(Data Creation) 영역

(1) 사물인터넷 서비스의 기반이 되는 raw data를 생성해서, 인터넷상의 서버로 송/수신하는 것을 기본 기능으로 하며 주로 하드웨어와 관련이 있다.

(2) raw data는 주로 센서나 디바이스들이 주변 환경정보를 측정하거나 물리적인 변화를 인지하여 수집한 데이터이다.

    ① 서버로 전송되는 데이터는 대부분 디지털화된 값으로 센서 혹은 디바이스에서 수집된 데이터를 디지털화된 값으로 변환된다.

    ② 과거에는 통신 기능이 없는 센서가 대부분이어서 별도의 통신 기능이 있는 장치를 함께 이용하였으나 최근에는 통신 기능이 내장된 형태의 센서를 취하는 것이 일반적이다.

3. 연결(Connection) 영역

연결 영역은 센서나 디바이스가 생성한 데이터를 인터넷상의 서버로 전달하며 다음과 같이 3가지 방법이 이용되고 있다.

(1) 이더넷이나 3G, LTE 기술을 활용하여 디바이스가 인터넷에 직접 연결한다.

(2) 스마트폰이나 모바일 라우터와 같은 중계장치를 이용하여 인터넷에 연결한다.

(3) 사물인터넷 게이트웨이를 이용하여 인터넷에 연결한다.

> **더 알아보기**
>
> 사물인터넷 게이트웨이(IoT GW)
> ① 인터넷과 직접 연결되어 다른 센서나 디바이스들이 생성한 데이터를 전달해 주는 장치를 말한다.
> ② IoT GW를 이용하는 경우, 사물인터넷 게이트웨이와 사물인터넷 디바이스 사이에는 와이파이, 블루투스, 지그비와 같은 근거리 무선통신기술(WPAN; Wireless Personal Area Network)이 주로 이용된다.

4. 데이터 처리(Processing) 영역

(1) 데이터 처리 영역에서는 인터넷을 통해 전송된 센서 및 디바이스 데이터를 수집, 저장, 분석하고 가공하는 역할을 하며 서비스를 제공하기 위해 다양한 결정을 하기도 한다.

(2) 이 영역에서 사용되는 주요 기술은 다음과 같다.

    ① 전송된 데이터 중에서 의미 있는 데이터만을 걸러내는 데이터 필터링 기술

    ② 서로 다른 포맷으로 전송된 데이터를 효율적으로 저장하고 가져다 쓰기 위한 데이터 저장 기술

    ③ 데이터로부터 지식을 추출하기 위한 데이터 과학 기술

5. 서비스의 제공(Presentation) 영역

(1) 서비스 제공 영역은 분석되고 가공된 데이터를 사람 혹은 다른 사물이 이해할 수 있는 방식으로 나타내 주는 역할을 한다.

(2) 예를 들면 사람을 대상으로 하는 경우, 웹이나 디지털 사이니지와 같은 전용 디스플레이가 될 수 있고, 사물을 대상으로 하는 경우는 센서나 디바이스 혹은 액추에이터(Actuator)*에 직·간접적으로 피드백 을 제공하기도 한다.

3 사물인터넷 통신기술

1. 주요 네트워크 및 암호기술

(1) 디바이스와 IoT 게이트웨이 간의 연결에는 무선통신이 주로 이용되고 있으며, 사물인터넷에 사용되는 무선통신 프로토콜에는 ZigBee, Bluetooth, 6LoWPAN, Z-Wave, IEEE 802.15.4, LoRA, Wi-Fi 등 이 있다.

① 6LoWPAN(IPv6 over Low · power WPAN)

㉠ 저전력 무선통신 기술에 IPv6를 적용하기 위해 제정된 것으로 IEEE 802.4 프레임 안에서 IPv6 패킷을 수용하기 위한 기술이다.

㉡ 기밀성을 제공하기 위해서 MTU(Maximum Transmission Unit)에 대한 암호화 기법으로, 128 비트 AES를 사용할 수 있고, IPsec을 이용하여 기밀성 및 무결성을 보장한다.

② Z-wave: 홈 자동화를 목적으로 개발된 무선통신으로 900MHz 주파수 대역을 사용하고 100kbps의 통신 속도를 가지며 Zigbee와 X10** 프로토콜에 기반하는 AES 암호 알고리즘 사용을 권장하고 있다.

③ LoRA(Long RAnge): 기밀성을 제공하기 위하여 FRM Payload에 대해서 128비트 AES 암호알고리즘 을 사용할 것을 권장하며 무결성을 보장하기 위해서 RFC4493에서 제시한 AES-CMAC을 사용하고 있다.

(2) 사물인터넷에서 디바이스와 IoT 게이트웨이 간의 통신을 위해서 기존의 SOAP, HTTP와 같은 프로토 콜은 사물인터넷 디바이스와 같은 경량 디바이스에서는 구현이 어렵다. 대안으로 CoAP, MQTT, DDS 등을 주로 사용하고 있다.

① CoAP(Constrained Application Protocol)

㉠ IoT의 중요성이 증가하면서 IETF는 경량 메시징을 위해 UDP 프로토콜을 사용하는 CoAP를 정 의하였다. CoAP는 일관된 연결대신 반복적 메시징에 의존해 신뢰성을 제공한다.

㉡ CoAP는 HTTP와 유사하게 REST 프로토콜로 GET/POST/PUT/DELET의 4가지 메소드를 제공 하고 있으며 DTLS(Datagram Transport Layer Security)에 기반하고 있어 AES, ECC(타원곡 선암호)와 SHA 해시함수를 사용하고 있다.

---

* 액추에이터(Actuator)

클라우드나 다른 디바이스에서 받은 데이터를 이용하여 디바이스를 움직이거나 제어하는데 사용되는 장치 혹은 소자이다.

** X10 프로토콜

X10은 전력선 통신프로토콜로서 주로 홈 오토메이션 분야에 적용되고 있다. 이 기술은 집안에 있는 조명기기 스위치를 켜고 끄거나 가스 밸브를 잠그 고 집안 내부를 모니터링하는 등 다양한 기술로 발전해 왔다.

REST 프로토콜

① HTTP를 기반으로 XML 또는 JSON을 이용하여 서버–클라이언트가 데이터를 주고받는 통신 방식이다.

② 웹의 장점을 최대한 활용할 수 있는 아키텍처로 개발되었으며, HTTP의 메소드를 그대로 사용한다. REST API 는 리소스 (자원), 메서드(행위), 메세지(표현) 세가지로 구성된다.

2. 사물인터넷 서비스 플랫폼

(1) 개관

① IoT 플랫폼은 IoT 서비스를 제공하기 위한 공통의 시스템이다. IoT플랫폼은 데이터의 저장, 분석, 합성 등과 같은 데이터 관련 기능은 물론 디바이스 관리, 서비스 관리, 사용자 인증, 보안 등 서비스 제공을 위한 공통적인 기능들을 수행하게 된다.

② 사물인터넷의 대표적인 플랫폼으로는 AllJoyn과 oneM2M이 있는데 이와 같은 사물인터넷 플랫폼에 서는 암호학적 3대 요소인 기밀성, 무결성, 가용성 외에도 플랫폼 환경에 특화된 보안기술을 적용해 야 한다.

(2) oneM2M

① oneM2M은 2012.7월 한국 · 유럽 · 일본 · 미국 · 중국의 표준화 기관을 중심으로 사물인터넷의 지역 별, 시장별 및 다양한 산업별 요구사항을 반영하여 상호 호환성을 보장하는 공통 IoT 서비스 플랫폼 표준을 개발하고 있다.

② **주요활동**: 공통 IoT 서비스 플랫폼 표준 개발을 위한 사용례(Use Case) 및 요구사항 발굴, 단대단 (End–to–End) IoT 아키텍처 및 서비스 계층(플랫폼) 개발, IoT 단말/모듈 측면의 공통 사용례 및 인터페이스/API 규격 개발 등이 있다.

③ **핵심성과**: 3GPP의 LTE와 5G 네트워크 연동을 통한 IoT 기기 등록, 위치 파악 및 추적, 로밍 서비 스, 기기 관리, 네트워크 제어, 데이터 전송방식 제어 기능이 추가되었다(2018.12).

(3) AllJoyn: 퀄컴을 주축으로 한 AllSeen 얼라이언스가 주도적으로 개발하고 있는 사물인터넷 플랫폼으로 IoT, M2M(Machine to Machine) 시스템을 구축하기 위한 시스템으로 다음과 같은 기능들을 가지고 있다.

① Announce: 네트워크에 참여하면, 자신의 정보(어떤 서비스를 제공하는지, 어떻게 서비스를 사용할 수 있는지)를 주변의 다른 기기들에 알려준다.

② Service Discovery: 주변에 어떤 서비스들이 있는지를 확인할 수 있다.

③ Data exchange: 주변의 서비스들과 데이터를 교환할 수 있다. Joyn 프레임 워크는 App들과 Router 들로 구성되며 App은 Router와 통신을 하고 App간의 통신은 Router를 통해서만 가능하다.

▮1 클라우드 컴퓨팅(Cloud Computing) 개요

1. 정의

(1) 클라우드 컴퓨팅(Cloud Computing)이라고도 말하는 클라우드 서비스는 서버, 스토리지, 플랫폼, 소프트웨어 등 다양한 ICT 자원을 필요할 때마다 필요한 만큼만 인터넷을 통해 서비스 형태로 이용하는 것을 말한다.

(2) 즉, 클라우드 컴퓨팅은 이용자가 IT자원을 필요한 만큼 빌려서 사용하고 서비스 부하에 따라서 실시간 확장성을 지원받으며, 사용한 만큼 비용을 지불하는 컴퓨팅 환경을 말한다.

2. 주요 특징

(1) 클라우드 서비스는 컴퓨팅 자원에 대한 소유와 관리가 분리되어 있다.

(2) 클라우드 서비스는 가상화(Virtualization)된 서비스이다. 흔히 IDC(Internet Data Center)라 불리는 인터넷상의 공간에 수백, 수천대의 컴퓨팅 자원을 모아 놓고 이들이 마치 하나의 컴퓨팅 자원인 것처럼 서비스를 제공하게 된다.

(3) 클라우드 서비스는 유틸리티 서비스 혹은 Pay-As-You-Go형 서비스이다. 즉, 수도나 가스처럼 사용한 만큼의 데이터에 대해서만 비용을 지불하는 형태의 서비스이다.

(4) 클라우드 서비스는 시간과 장소와 이용 단말의 구분 없이 이용할 수 있다.

3. 서비스 유형

클라우드 컴퓨팅은 이용자가 클라우드 컴퓨팅 서비스에 접근할 수 있는 형태에 따른 분류인 서비스 모델(Delivery Model)과 서비스 운영형태에 따른 분류인 배치모델(Deployment Model)로 구분할 수 있다.

(1) 서비스 모델에 따른 분류

① IaaS(Infrastructure as a Service): 서버나 스토리지같은 하드웨어 자원 혹은 하드웨어의 컴퓨팅 능력만을 임대 · 제공하는 클라우드 서비스를 말한다.

  예 애플의 iCloud, 네이버의 N드라이브, 아마존의 AWS(Amazon Web Service)

② PaaS(Platform as a Service): 소프트웨어나 서비스를 개발하기 위해 필요한 플랫폼을 제공하는 클라우드 서비스를 말한다.

  예 세일즈포스닷컴의 Force.com, 구글의 Google App Engine

③ SaaS(Software as a Service): 클라우딩 컴퓨팅의 최상위에 해당하는 것으로 다양한 어플리케이션이나 소프트웨어를 필요할 때마다 온 디멘드(On-Demand) 방식으로 이용할 수 있도록 한 서비스이다.

  예 세일즈포스닷컴의 CRM SFA, 넷 스위트(Net Suite)의 ERP CRM e-커머스

(2) 서비스 운영형태에 따른 분류

① 퍼블릭 클라우드

  ㉠ 불특정 다수를 대상으로 하는 서비스로 여러 서비스 사용자가 함께 이용하는 것을 말한다.

  ㉡ 클라우드 기반 이메일 서버나 스토리지 서비스가 대표적이다. 따라서 해당 서비스는 인터넷서비

스 사업자(ISP)의 IDC((Internet Data Center)에 위치하고 사용자는 인터넷에 접속할 수 있는 어느 곳에서나 이용이 가능하다.

② 프라이빗 클라우드

    ㉠ 프라이빗 클라우드는 기업이나 기관 내부에 클라우드 서비스 환경을 구축하여 내부자에게만 제한적으로 서비스를 제공하는 것을 말한다.

    ㉡ 내부 보안정책에 따라 다양한 형태로 운용된다. 예를 들면 기업내부의 폐쇄망에서만 이용할 수가 있고 VPN 기술을 이용하여 인터넷이 되는 곳이라면 어디서든 이용할 수가 있다.

③ 하이브리드 클라우드: 공유를 원하지 않는 일부 데이터 및 서비스에 대해 프라이빗 정책을 적용하고 나머지는 퍼블릭 클라우드를 이용하게 된다.

2 클라우드 컴퓨팅 기술

1. 가상화 기술

(1) 개요

① 가상화란 호스트 컴퓨터에서 여러 개의 운영체계를 가동시킬 수 있게 도와주는 소프트웨어 아키텍처로서 하드웨어의 기능을 에뮬레이팅하여 추상화된 여러 개의 게스트 운영체계를 가동할 수 있는 기술을 의미한다.

② 가상화 기술은 클라우드 컴퓨팅의 핵심 기술로서 서버 및 스토리지, 하드웨어 등을 분리된 시스템이 아닌 하나의 자원영역으로 간주하여 자원을 필요에 따라 할당할 수 있다.

③ 클라우드 컴퓨팅 환경에서는 가상화 기술을 통해 자원을 통합하여 활용을 극대화하고, 운영비용 절감 및 공간절약의 효과를 얻을 수 있다.

④ 하이퍼바이저(Hypervisor)*는 호스트 컴퓨터에서 다수의 운영 체제를 동시에 실행하기 위한 논리적 플랫폼을 말하며, 주기능은 CPU, 메모리 등 하드웨어 자원을 각 가상머신에 논리적으로 분할할당 · 스케줄링 해주는 것을 담당한다.

(2) 가상화 종류

① **호스트 OS형 가상화**: 호스트 OS형 가상화 기술은 일반적으로 알려진 Virtual Box같은 가상화 기술로서 물리적인 하드웨어 → Host OS → 가상화 소프트웨어 → Guest OS 순으로 구성된다.

② **하이퍼 바이저형 가상화**: 물리적 하드웨어 → 하이퍼 바이저 → Guest OS 순으로 구성되며, 세부적으로는 전가상화, 반가상화로 구분된다.

2. 컨테이너 기술

(1) 등장 배경: 가상화 기술은 하이퍼 바이저를 통해 다양한 OS 환경을 구축할 수 있다는 장점이 있지만 가상 머신마다 OS가 설치되기 때문에 별도의 OS 운영으로 인한 오버헤드가 발생되며, 개발자는 운영체제와 커널 버전을 고려해 개발환경을 구축해야 한다는 부담이 있다. 이러한 문제를 해결할 수 있는 기술로 컨테이너가 등장했다.

---

* 하이퍼바이저

가상화 머신 모니터(Virtual Machine Monitor) 또는 가상화 머신 매니저(Virtual Machine Manager)라고도 부르며 줄여서 VMM으로 부른다.

(2) 특징

① OS 기반의 가상화와는 달리 필수자원에 대해서는 독립적으로 사용하고 그렇지 않은 경우는 공유를 통해 자원의 효율적 사용이 가능하다.

② 컨테이너 기술의 기반은 리눅스 기술로 보통 LXC라고 부르며 리눅스 커널을 독립인 환경에서 사용하기 위한 API를 제공하며 이 API를 잘 활용해서 만든 것이 Docker이다.

③ 리눅스 커널의 기능인 cgroup과 namespace를 통해 서로 다른 애플리케이션 프로세스별로 공간을 격리한다.

④ 게스트 OS를 따로 설치할 필요가 없으므로 가상머신에 비애 오버헤드가 적으며 이미지 용량이 작아 (수백 MB, 가상화 머신은 수 GB임) 설치가 용이하다.

3 클라우드 컴퓨팅의 보안위협

1. 보안에 대한 우려

(1) 클라우드의 특성상 저장된 데이터의 정확한 위치를 가늠하기 어렵고 산재되어 있다는 점이 보안위협의 주 요인이다(특히 퍼블릭 클라우드).

(2) 클라우드 등장 이전부터 존재했던 보안위협과 클라우드가 야기하는 새로운 보안위협인 '공유자원' 문제를 분리하여 처분할 필요가 있다.

(3) 보안위협에 대한 분류는 전통적으로 기술적, 관리적, 물리적 측면의 위협으로 정의하나 새로운 시각인 기존의 보안문제를 상속받는 경우와 공유자원 환경을 통해 새롭게 야기되는 문제로 분류하고 이를 기술적인 측면과 기술외적인 측면으로 살펴보면 다음 표와 같다.

〈 클라우드 보안위협에 대한 재정리 〉

구분	위협요소	세부항목 및 내용	CSA 분류 매핑
기술적	기존 보안위협	• 네트워크 트래픽의 도청 및 위변조 • 인증 및 접근권한 탈취에 따른 데이터 유출 · 손실 • 서비스 거부(DoS, DDoS) 공격 • 시스템 설계상의 오류	데이터 유출, 불충분한 신분(접근)관리, 불안전한 API, 시스템 취약점, 계정탈취, DDoS 공격, APT공격
	가상화를 통한 위협	• 하이퍼바이저 감염 • VM내부공격 및 이로 인한 침입탐지 어려움 • 가상머신의 이동성에 따른 보안 문제	공유기술 취약점, 데이터유출, 시스템 취약점, APT공격
기술외적	관리측면 문제	• 내부자의 설계/관리 실수 • 사용자의 계정정보 유출 • 다양한 해커들에게 해킹의 빌미를 제공 • 피해규모의 확산 • 데이터센터 건물 관리 • 화재, 지진 등의 재해로 인한 데이터센터의 물리적인 피해와 이로 인한 데이터 유실	악의적 내부자, 데이터 유실, 불충분한 실사, 불손한 사용, 공유기술 취약점
	법제도 문제	• 지리적으로 분산된 인프라의 경우 국가별 상이한 법 체계로 달라지는 정책과 자원 통제력 문제	불충분한 실사

2. 서비스로서의 보안 (SECaaS; Security as a Service)

(1) 정의

① SECaaS는 SaaS(Service as a Service)에서 확장된 개념으로 클라우드를 이용해 보안서비스를 제공하는 개념으로 인터넷을 통해 보안서비스를 제공한다.

② 별도의 인프라나 보안 솔루션 운영 없이도 운영할 수 있어 기업은 보안의 책임을 줄일 수 있고 보안서비스 제공자가 그 책임을 지게 된다.

(2) SECaaS 서비스 종류

① 네트워크 보안(Network Security): 네트워크 접근 할당, 분배, 모니터링을 포함하여 네트워크 서비스를 보호하는 보안서비스로 구성된다.

② 취약성(Vulnerability): 인프라나 시스템에 대해 공용 네트워크를 통해 보안 취약점을 검사한다.

③ 웹 보안기술(Web Security): 서비스 제공자의 웹 트래픽을 통해 공공으로 직면하는 어플리케이션 서비스의 실시간 보호 제공한다.

④ 식별 및 접근제어(IAM; Identity and Access Control Management): 권리 및 접근제어 영역, 인증, 신원보증, 정보 접근, 권한 없는 사용자 관리 포함한다.

⑤ 암호화(Encryption): 데이터를 암호화 시킨다.

⑥ 이메일 보안(E-mail Security): 인/아웃 바운드 메일에 대한 보안, 피싱, 악의적 접근, 스팸으로 부터의 조직 보호, 비즈니스 연속성을 위한 옵션을 제공한다.

⑦ 지속적 감시(Continuous Monitoring): 지속적인 위협관리 기능 수행, 조직의 현재 보안수준 제시한다.

⑧ 보안 접근(Security Assessments): 산업 표준에 기반한 클라우드 서비스를 제3자가 보증한다.

01 다음에서 설명하는 블록체인 합의 알고리즘은?

보기

- 비트코인에서 사용하는 방식이 채굴 경쟁으로 과도한 자원소비를 발생시킨다는 문제를 해결하기 위한 대안으로 등장하였다.
- 채굴 성공 기회를 참여자에 따라 차등적으로 부여한다.
- 다수결로 의사 결정을 해서 블록을 추가하는 방식이 아니므로 불특정 다수가 참여하는 환경에서 유효하다.

① Paxos

② PoW(Proof of Work)

③ PoS(Proof of Stake)

④ PBFT(Practical Byzantine Fault Tolerance)

02 블록체인(Block Chain)에 대한 설명으로 옳은 것은 모두 몇 개인가?

보기

ㄱ. 비트코인에서 최초로 구현되었다.

ㄴ. 블록체인의 한 블록에는 앞의 블록에 대한 정보가 포함되어 있다.

ㄷ. 블록체인 기술에서는 작업 증명이나 지분 증명 등과 같은 합의 알고리즘을 사용한다.

ㄹ. 제네시스 블록(Genesis Block)은 블록체인의 가장 첫 번째 블록을 말한다.

① 1개   ② 2개

③ 3개   ④ 4개

03 암호 화폐인 비트코인이 채택한 블록체인의 블록 헤더에 포함되는 구성 요소가 아닌 것은?

① 이전 블록의 헤더를 두 번 연속 해시한 값
② 해당 블록에 포함된 모든 트랜잭션의 해시로부터 추출된 merkle root 해시값
③ 작업증명(Proof of Work) 조건을 만족하는 Nonce값
④ 블록 생성자(Miner)의 계정

04 블록체인(Blockchain) 관련 보안 기술에 대한 설명으로 옳지 않은 것은?

① 블록체인은 해시 함수를 사용하여 데이터에 대한 무결성을 보장한다.
② 블록체인 기술은 데이터의 신뢰성 및 투명성을 제공한다.
③ 공개형 블록체인 기술은 공개키 암호를 사용하기 때문에 권한이 있는 피어(Peer)만 참여할 수 있다.
④ 블록체인 기술에서는 작업 증명이나 지분 증명 등과 같은 합의 알고리즘을 사용한다.

---

01 정답 ②

② PoW(Proof of Work, 작업 증명 알고리즘)은 가장 일반적으로 사용되는 블록체인 합의 알고리즘이다. 하지만 PoW는 시간이 지날수록 과도한 에너지 낭비 및 채굴의 독점화의 문제점이 발생하였고 이를 해결하기 위해 PoS(Proof of Stake, 지분 증명 알고리즘)가 도입되었다.

③ PoS 기반의 블록체인에서는 채굴이라는 용어대신 단조(Forging)라는 용어를 사용하며 새로운 블록의 생성 및 무결성을 검증하는 검증자는 'Validator'라고 한다.

02 정답 ④

• 비트코인은 P2P 네트워크 상에서 구현한 최초의 암호화폐이다. 또한, 블록체인 기술은 비트코인을 구현하기 위해 만들어졌기 때문에 블록체인과 비트코인은 동시에 탄생했다고 볼 수 있다.

• 제네시스 블록(Genesis Block)은 블록체인 네트워크의 시작을 상징하는 첫 번째 블록이다. 첫 번째 블록이 생성된 이후 다음 블록이 지속적으로 연결된다. 블록이 생성된 순서는 높이로 표현하며, 0번 블록은 네트워크가 최초에 시작될 때 만들어진 제네시스 블록이 된다.

03 정답 ④

④ 블록 생성자(Miner)의 계정은 헤더에 포함되지 않는다.

04 정답 ③

블록체인의 형태
• 공개형 블록체인(Public Blockchain): 누구나 노드 참여가 가능한 블록체인 구조
• 폐쇄형 블록체인(Private Blockchain): 검증된 사람만이 참여가 가능한 블록체인 구조
• 컨소시엄 블록체인(Consortium Blockchain): 폐쇄형 블록체인 중 하나로, 여러 기관들이 컨소시엄을 이루어 블록체인 네트워크를 같이 운영하는 구조
• 허가형 블록체인(Permissioned Blockchain): 폐쇄형 블록체인중 하나로, 각 참여자들은 서로 다른 권한을 가지며 특정 행위를 수행하기 위해서는 권한을 부여받아야 한다.

I wish you the best of luck!

군무원

정보보호론

제2권

SD에듀
(주)시대고시기획

합격의 공식
온라인 강의

잠깐!

혼자 공부하기 힘드시다면 방법이 있습니다.
SD에듀의 동영상강의를 이용하시면 됩니다.
www.sdedu.co.kr → 회원가입(로그인) → 강의 살펴보기

CONTENTS

군무원 정보보호론 제2권
이 책의 차례

PART 05

네트워크 보안

CHAPTER 01

네트워크 일반

01 프로토콜의 일반

1. 개념

프로토콜은 데이터 통신에 있어서 신뢰성 있고 효율적이며 안전하게 정보를 주고받기 위해서 정보의 송·수신자 측 또는 네트워크 내에서 사전에 약속된 규약 또는 규범을 말한다. 즉, 하나 이상의 실체 간에 무엇을, 언제, 어떻게 통신하는가에 대한 절차. 규범, 규정, 규약, 규칙을 의미한다.

(1) **물리적 측면**: 자료 전송에 쓰이는 전송 매체, 접속용 단자 및 전송 신호, 회선 규격 등 물리적 요소에 대한 규약을 말한다. 예 RS-232C, V21 등

(2) **논리적 측면**: 프레임(Frame, 자료의 표현 형식 단위) 구성, 프레임 안에 있는 각 항목의 뜻과 기능, 자료 전송의 절차 등을 말한다.

2. 프로토콜의 구성요소

(1) **형식(Syntax, 문법, 구문)**: 데이터 포맷(형식), 부호화, 신호 레벨 등을 말한다. 여기서 말하는 데이터 포맷은 통신·처리·해석하는 데 적합하도록 형식화된 표현(Syntax)을 의미한다.

(2) **의미(Semantic)**: 특정 패턴을 어떻게 해석하고, 어떤 동작을 할 것인가를 결정하는 것을 말한다.

(3) **타이밍(Timing)**: 언제(순서 제어), 얼마나 빠르게(속도 일치) 전송할 것인지를 의미한다.

02 프로토콜의 계층화

1 개요

1. 필요성

(1) 네트워크 설계자는 프로토콜을 구현하는 네트워크 하드웨어와 소프트웨어를 계층(Layer)으로 조직한다. 각 프로토콜은 한 계층에 속하며 각 계층은 독자적인 서비스 모델이 존재하여 계층 내부에서 어떤 동작을 수행하거나, 직접 하위 계층의 서비스를 이용하고 있다.

(2) 프로토콜 계층은 소프트웨어, 하드웨어 또는 둘의 통합으로 구현할 수 있다.
① 애플리케이션 계층, 트랜스포트 계층: 종단 시스템의 소프트웨어로 구현됨
② 물리 계층, 데이터 링크 계층: 네트워크 인터페이스 카드로 구현됨 예 이더넷이나 WiFi 인터페이스 카드
③ 네트워크 계층: 종종 하드웨어와 소프트웨어로 혼합 구현됨

(3) 즉, 각 네트워크 구성요소에는 하나의 n계층 프로토콜이 있다는 것이다.

더 알아보기

프로토콜의 계층화에 대한 논란

(1) 프로토콜의 계층화는 시스템 구성요소의 갱신을 용이하게 해준다는 이점이 있지만 몇몇 연구자와 네트워크 기술자는 계층화를 격렬히 반대하고 있다.

(2) 계층화의 잠재된 결점

① 한 계층의 기능이 하위 계층과 기능적으로 중복된다는 것 **예** 링크와 종단 시스템의 두 곳에서 오류 복구 기능 제공

② 두 번째로는 계층에서의 기능이 다른 계층의 그 계층에만 존재하는 정보를 필요로 함 **예** 타임 스탬프 값

---

2. 프로토콜 계층화 모델

(1) 다양한 계층의 프로토콜을 모두 합하여 '프로토콜 스택'이라고 한다. 계층화 모델로는 1984년 국제표준화기구(ISO)가 발표한 7계층의 OSI 참조 모델과 TCP 프로토콜과 IP 프로토콜을 OSI 계층 형식에 맞추어 간략화시킨 TCP/IP 모델이 있다.

(2) TCP/IP 모델은 OSI 모델보다 먼저 개발되었다. 그러므로 TCP/IP 프로토콜의 계층은 OSI 모델의 계층과 정확하게 일치하지 않는다. 현재 인터넷 프로토콜 스택은 대부분 TCP/IP 모델을 따르고 있으며 다음 그림에 나타난 것처럼 '애플리케이션(응용), 트랜스포트(전송), 네트워크, 데이터 링크, 물리(Physical) 계층'의 5계층으로 구성된다.

여러 애플리케이션 프로토콜 (HTTP, SMTP, FTP 등)

여러 트랜스포트 프로토콜(TCP, UDP 등)

인터넷프로토콜(IP) 및 다수의 보조 프로토콜 (ARP, ICMP 등)

이더넷, 와이파이, 닥시스(DOCSIS) 등

꼬임쌍선(twisted cable), 동축케이블, 광케이블 등

애플리케이션
트랜스포트
네트워크
데이터링크
물리

애플리케리션
프리젠테이션
세션
트랜드포트
네트워크
데이터링크
물리

a) 5개 계층의 프로토콜 스택   b) 7개 계층의 OSI 참조모델

(3) TCP/IP는 TCP와 IP의 합성어로, 전송 데이터의 신뢰성 확보, 흐름 및 혼잡제어 기능은 TCP가, 패킷을 목적지까지 전송하는 일은 IP가 담당한다.

〈 OSI 참조모델과 인터넷 프로토콜 스택 〉

	7개 계층의 OSI 참조 모델		5개 계층의 인터넷 프로토콜 스택
7	애플리케이션(응용) 계층(Application Layer)		애플리케이션(응용) 계층
6	프레젠테이션(표현) 계층(Presentation Layer)	5	(Application Layer)
5	세션 계층(Session Layer)		
4	트랜스포트(전송) 계층(Transport Layer)	4	트랜스포트(전송) 계층(Transport Layer)
3	네트워크 계층(Network Layer)	3	네트워크 계층(Network Layer)
2	데이터링크 계층(Data Link Layer)	2	데이터링크 계층(Data Link Layer)
1	물리 계층(Physical Layer)	1	물리 계층(Physical Layer)

2 인터넷 프로토콜 스택(TCP/IP 모델) 개관

1. 애플리케이션(응용) 계층(Application Layer)

(1) 네트워크 애플리케이션과 HTTP(웹 문서 요청과 전송을 위해 제공), SMTP(전자 메일 전송을 제공), FTP(두 종단시스템간 파일전송 제공)와 같은 애플리케이션 계층 프로토콜이 있는 곳으로 응용 프로그램이 네트워크에 접근 가능하도록 인터페이스 기능을 제공한다. 또한 "www.hostname.com"같은 이름을 32비트 네트워크 주소로 변환하는 네트워크 기능도 있는데 이는 '도메인 네임 서버(DNS)'가 DNS 프로토콜에 의해 수행되는 것이다.

(2) 애플리케이션 구조(application architecture)는 네트워크 구조(5계층의 인터넷 구조)와 분명히 다르다. 애플리케이션 관점에서 네트워크 구조는 고정된 반면, 애플리케이션 구조는 애플리케이션 개발자에 의해 설계되고 애플리케이션이 다양한 종단 시스템에서 어떻게 조직되어야 하는지를 결정한다.

(3) 현대 네트워크 애플리케이션에 사용되는 구조는 서버-클라이언트 또는 P2P(Peer to Peer) 구조가 대부분을 차지하고 있다.

> **더 알아보기**
>
> **P2P(Peer to Peer)**
> - 정의: P2P 혹은 동등 계층간 통신망은 비교적 소수의 서버에 집중하기보다는 망구성에 참여하는 기계들의 계산과 대역폭 성능에 의존하여 구성되는 통신망이다.
> - P2P 파일 전송 네트워크는 클라이언트나 서버라는 개념 없이, 오로지 동등한 계층 노드들이 서로 클라이언트와 서버 역할을 네트워크 위에서 동시에 하게 된다.
> - P2P 통신망은 일반적으로 노드들을 규모가 큰 애드훅(Ad hoc)으로 서로 연결하는 경우 이용된다. 이런 통신망은 오디오나 비디오, 데이터 등 임의의 디지털 형식 파일을 공유하는 데 매우 보편적이다. 또한, 인터넷 전화(VoIP) 같은 실시간 데이터 등도 P2P 기술을 통해 서로 전달될 수 있다.

2. 트랜스포트(전송) 계층(Transport Layer)

(1) 클라이언트와 서버 간에 애플리케이션 계층 메시지를 전송하는 서비스를 담당하며 대표적인 프로토콜로는 TCP와 UDP가 있다. TCP는 애플리케이션에 연결 지향형 서비스를 제공하며 목적지로의 애플리케이션 계층 메시지의 전달 보장과 흐름제어(Flow Control) 및 혼잡제어(Congestion Control) 기능을 포함한다.

(2) UDP 프로토콜은 애플리케이션에 비 연결형 서비스를 제공한다. 이 서비스는 신뢰성, 흐름제어, 혼잡제어를 제공하지 않는 아주 간단한 서비스이다.

(3) 애플리케이션 계층으로부터 들어온 메시지는 트랜스포트 계층을 거치면서 '세그먼트(segment)' 단위의 트랜스포트 계층 패킷으로 전환된다.

흐름제어(Flow Control)와 혼잡제어(Congestion Control)

- 흐름제어: 수신 측에서 수신된 데이터를 처리하는 속도보다 송신 측에서 보내는 데이터 속도가 더 빠르다면 수신 측에서 처리가 불가하다. 따라서 송신 측에서 보내는 데이터 양(보다 정확히는 세그먼트 수)를 조절하면서 수신 측에 데이터를 전송한다.
- 혼잡제어: 흐름제어와는 달리 네트워크상에서 병목 현상 등으로 데이터가 정체 또는 지체되는 현상을 혼잡이라 한다. 혼잡 제어란 패킷을 보내는 측에서 안전하게 보낼 수 있는 패킷의 수를 결정하는 방식으로 수신측에서 오는 ACK 신호를 보고 TCP 프로토콜이 결정한다.

3. 네트워크 계층(Network Layer)

(1) 네트워크 계층은 한 호스트에서 다른 호스트로 데이터그램(Datagram)을 포워딩(Forwarding)하는 책임을 진다. 출발지 호스트에서 트랜스포트 계층 프로토콜(TCP, UDP)은 트랜스포트 계층 세그먼트와 목적지 주소를 네트워크 계층으로 전달한다. 그러면 네트워크 계층은 이 데이터들을 목적지 호스트의 트랜스포트 계층으로 전달하는 서비스를 제공한다.

(2) 인터넷의 네트워크 계층은 두 가지 주요 요소를 갖는다. 이 계층은 IP 데이터그램의 필드를 정의하며 종단시스템과 라우터가 이 필드에 어떻게 동작하는지를 정의하는 프로토콜을 가지고 있다. 이것이 그 유명한 IP 프로토콜로서 호스트 네트워크 주소를 관리하고 패킷을 포워딩하는 역할을 수행한다.

(3) 또한 네트워크 계층은 출발지와 목적지 사이에서 데이터그램이 이동하는 경로를 결정하는 라우팅 프로토콜을 포함한다.

(4) 네트워크 계층의 프로토콜로는 ARP, RARP, ICMP, RIP, IPv6 등이 있다. IP는 호스트 네트워크 주소를 관리하고 패킷을 포워딩하는 역할을 수행한다.

① ARP: 호스트들의 하드웨어 주소(보다 구체적으로는 호스트 내 네트워크 인터페이스 카드(NIC)의 일련번호)를 읽는 데 사용

② RARP: 호스트의 물리적 주소에 대응하는 IP주소를 얻는 데 사용

③ ICMP: 패킷 전송에 관한 오류 메시지의 처리를 담당

④ RIP: 거리벡터 알고리즘에 기초하여 개발된 라우팅 프로토콜

⑤ IPv6: IPv4의 주소(32비트) 부족 문제를 해결하기 위한 대안으로 제안되었으며 128비트의 주소 체계를 가짐

4. 데이터링크 계층(Data Link Layer)

(1) 경로상의 한 노드에서 다른 노드로 패킷을 이동하기 위해 네트워크 계층은 링크 계층의 서비스에 의존한다. 특히 각 노드에서 네트워크 계층은 데이터그램을 아래 데이터링크 계층으로 보내고 데이터링크 계층은 그 데이터그램을 경로상의 다음 노드로 전달한다. 다음 노드에서 데이터링크 계층은 그 데이터그램을 상위 네트워크 계층으로 보낸다.

(2) 데이터링크 계층의 프로토콜로는 이더넷, Wi-Fi, PPP(Point-to-Point Protocol, 프레임 릴레이(Frame Relay), HDLC(High-level Data Link Control) 그리고 케이블 접속용 네트워크 프로토콜인 닥시스(DOCSIS; Data Over Cable Service Interface Specification)가 있다. 데이터그램은 여러 링크를 거치므로 경로상의 다른 링크에서 다른 링크 계층 프로토콜에 의해 처리될 수 있다.

※ DOCIS: 데이터 서비스를 위한 광대역 케이블 전송규격으로, 케이블 TV 시설을 통한 초고속 인터넷 서비스를 위한 표준

5. 물리 계층(Physical Layer)

(1) 데이터 링크 계층의 기능이 전체 프레임을 한 네트워크 요소에서 이웃의 네트워크 요소로 이동시키는 것이라면, 물리 계층의 기능은 프레임 내부의 각 비트를 한 노드에서 다음 노드로 이동시키는 것이다.

(2) 이 계층의 프로토콜들은 링크의 실제 전송 매체[예 꼬임쌍선(twisted 케이블), 동축 케이블, 광케이블 등]에 의존한다. 예를 들어 이더넷은 여러 가지 물리 계층 프로토콜을 가지고 있다. 각각의 경우에 비트는 다른 형식으로 링크 반대편으로 이동된다.

3 OSI 참조 모델

1. 개요

(1) 1970년대 후반에 국제 표준화기구인 ISO(International Organization for Standardization)는 컴퓨터 네트워크가 7계층으로 구성되어야 한다는 제안을 하고, OSI(Open System Interconnection)라고 명명했다. OSI 모델은 인터넷 프로토콜이 태동할 때 이미 틀을 잡았고 개발 중에 있는 다른 많은 프로토콜 스택 중의 하나였다.

(2) **OSI 참조 모델의 7계층**: 애플리케이션 계층, 프레젠테이션 계층, 세션 계층, 트랜스포트 계층, 네트워크 계층, 데이터링크 계층, 물리 계층이다. 이들 계층 중 5개 계층의 기능은 비슷하게 이름붙여진 인터넷 프로토콜 스택과 거의 비슷하다. 따라서 OSI 모델에 있는 2개의 추가 계층들(프레젠테이션과 세션 계층)만 살펴본다.

2. 프레젠테이션(표현) 계층(Presentation Layer)

(1) **역할**: 통신하는 애플리케이션들이 교환되는 데이터의 의미를 해석하도록 하는 서비스를 제공하는 것이다.

(2) 이들 서비스는 데이터 기술뿐만 아니라 데이터 압축과 데이터 암호화를 포함한다. 데이터 기술이란 애플리케이션 계층으로부터 받은 데이터를 표준 포맷으로 변환시키는 것으로, 애플리케이션 계층으로부터 전송받거나 애플리케이션 계층으로 전달해야 할 데이터의 인코딩과 디코딩이 이 계층에서 이루어진다.

(3) 이러한 데이터 기술은 컴퓨터마다 다른 포맷의 데이터들을 표준화시킴으로 애플리케이션이 데이터가 표현/저장되는 내부 포맷을 걱정하지 않아도 되게 해준다.

3. 세션 계층(Session Layer)

(1) **역할**: 데이터 교환의 경계와 동기화를 제공한다. 프레젠테이션 계층으로부터 받은 데이터를 효율적인 세션 관리를 위해 짧은 데이터 단위로 나눈 후에 전송 계층으로 내려보내며 종단 장비 간 세션(통신)의 시작, 종료 및 관리 절차 등을 정의한다.

(2) 특정한 프로세스 사이에서 세션이라 불리는 연결을 확립하고 유지하며, 동기화하는 기능을 제공한다. 세션 계층의 프로토콜로 NetBIOS, TCP 세션 관리 절차 등이 있다.

4 OSI 모델과 TCP/IP 모델간 비교

1. TCP/IP 모델은 OSI 모델보다 먼저 개발되었다. 그러므로 TCP/IP 프로토콜의 계층은 OSI 모델과 정확하게 일치하지 않는다.

2. 두 모델을 비교할 때 세션과 프레젠테이션 계층이 TCP/IP 모델에서는 없다는 것을 알 수 있다. 이들 두 계층은 OSI 모델 발표 후, TCP/IP 프로토콜 그룹에 추가되지 않았다.
   ※ TCP/IP 모델에서는 OSI 모델의 데이터 링크 계층과 물리 계층을 '네트워크 접속계층(Network Access Layer)'이라는 하나의 계층에서 수행한다.

3. 인터넷 프로토콜이 비록 TCP/IP 모델을 따른다고는 하지만 인터넷 프로토콜의 하위 1, 2계층은 TCP/IP 모델이 아닌 OSI 모델을 따르고 있다.
   ※ OSI 모델은 인터넷 프로토콜이 태동할 때 이미 틀을 잡았고, 개발 중에 있는 다른 많은 프로토콜 스택 중 하나였으므로 OSI 모델 개발자는 당시 인터넷을 알지 못하였을 것으로 추정된다.

5 캡슐화(Encapsulation)와 역 캡슐화(Decapsulation)

인터넷에서 프로토콜 계층화를 할 때 중요한 개념 중 하나가 바로 캡슐화와 역 캡슐화이다. 다음의 그림 〈캡슐화와 역 캡슐화〉는 송신하는 종단 시스템이 프로토콜 스택의 아래로 데이터를 보내면 중간의 링크 계층 스위치와 라우터의 프로토콜 스택을 위 아래로 거치면서 수신하는 종단 시스템의 프로토콜 스택 상위로 보내는 물리적 경로를 보여준다.

1. 캡슐화

송신 호스트와 수신 호스트는 5개 계층 모두와 관련이 있다. 송신 호스트에서 애플리케이션 계층 메시지 (그림 〈캡슐화와 역 캡슐화〉의 M)는 메시지에 헤더를 부가하여 바로 아래의 트랜스포트 계층으로 보내진다. 트랜스포트 세그먼트는 애플리케이션 메시지를 캡슐화(Encapsulation)한다. 동일한 방법으로 메시지는 링크 계층에서 최종 캡슐화되어 물리적으로 목적지 호스트에 보내지게 된다.
   ※ 발신지 호스트에서 나온 메시지는 물리 계층까지 내려온 후, 2계층의 스위치 장비를 거쳐 3계층의 라우터 장비에 연결된다. 라우터는 오직 라우팅을 위해서만 이용되며 전송 계층과 응용 계층을 갖지 않는다. 스위치 장비는 라우터와 달리 데이터링크 계층(Data Link Layer), 물리 계층과 관련이 있다.

2. 역 캡슐화

목적지 호스트에 도착한 캡슐화된 메시지는 물리 계층에서 통신을 받고 그것을 2 → 3 → 4계층을 거쳐 최종적으로 응용 계층으로 전달된다(Decapsulation).

PART
05

〈 캡슐화(Encapsulation)와 역캡슐화(Decapsulation) 〉

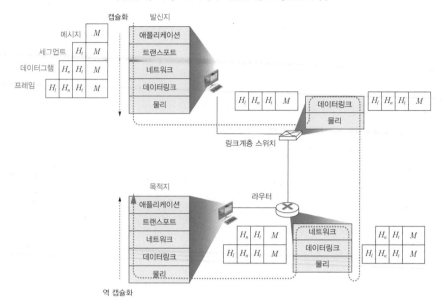

03 계층별 서비스 및 프로토콜

1 애플리케이션 계층(응용 계층)

〈 네트워크 종단시스템 간 애플리케이션 계층 통신 〉

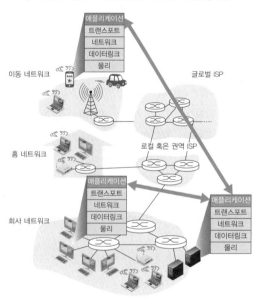

1. 개관

(1) 애플리케이션 계층의 통신 형태는 크게 클라이언트↔서버 구조와 P2P 구조로 구분된다. 주요 사용 프로토콜로는 클라이언트↔서버 구조에서는 HTTP, SMTP, FTP, TELNET, DNS가 있으며, P2P 구조에

서는 SIP, RTP 등이 있다.

① 클라이언트↔서버 구조에서 항상 켜져 있는 호스트를 서버라고 부르는데, 이 서버는 클라이언트라는 다른 많은 호스트들의 요청을 받는다. 클라이언트 호스트는 항상 켜져 있을 필요는 없으며 클라이언트끼리는 서로 직접적으로 통신하지 않는다. 예를 들어 웹 애플리케이션에서는 2개의 브라우저가 직접적으로 통신하지 않는다. 이 구조의 특징으로는 서버가 고정 IP 주소를 갖는다는 것이며 잘 알려진 애플리케이션으로는 웹, 파일 전송, 원격 로그인, 이메일이 있다.

② P2P 구조에서는 애플리케이션은 피어(Peer)라는 간헐적으로 연결된 호스트 쌍이 서로 직접 통신하도록 한다. 피어는 서비스 제공자가 소유하지 않고 사용자들이 제어하는데 데스크톱과 랩톱으로 가정, 대학 그리고 사무실에 존재한다. 특정 서버를 통하지 않고 피어가 통신하므로 이 구조를 피어-투-피어(peer-to-peer, P2P)라고 한다. 잘 알려진 애플리케이션으로는 파일공유[예 비트토렌트(BitTorrent)], 인터넷 전화 및 비디오컨퍼런스(예 스카이프) 등이 있다.

(2) 애플리케이션 프로토콜은 단독으로 통신할 수 없으며 기본적으로 하위 트랜스포트 계층 프로토콜인 TCP/UDP에 의해 서버-클라이언트, peer-to-peer 연결이 이루어진 상태에서 서비스가 이루어진다.

〈 클라이언트-서버 및 P2P 구조 〉

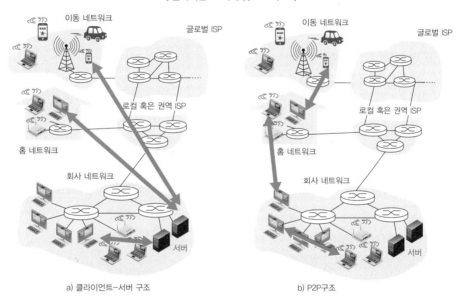

a) 클라이언트-서버 구조   b) P2P구조

〈 애플리케이션 및 하위 트랜스포트 계층 프로토콜 〉

애플리케이션	프로토콜	하위 프로토콜	비고
이메일	SMTP [RFC2821]	TCP	클라이언트-서버 구조
원격터미널접속	텔넷 [RFC854]	TCP	클라이언트-서버 구조
웹	HTTP [RFC2616]	TCP	클라이언트-서버 구조
파일 전송	FTP [RFC959]	TCP	클라이언트-서버 구조
멀티미디어 스트리밍	HTTP(예: 유튜브) RTP [RFC1889]	TCP 또는 UDP	클라이언트-서버 구조 P2P 구조
인터넷 전화	SIP, RTP(예:스카이프)	TCP 또는 UDP	P2P 구조

※ IETF(국제인터넷 표준화 기구)에서 제정하는 인터넷 표준은 'RFC 일련번호'로 문서화

SIP(Session Initiation Protocol)와 RTP(Real-time Transport Protocol)
- RTP는 IP 네트워크상에서 오디오와 비디오를 전달하기 위한 통신 프로토콜이다
- SIP는 멀티미디어 통신에 있어 세션이나 Call을 관리하는 프로토콜이다. 멀티미니어 네이터 진송 지체보다는 Signaling을 통한 멀티미디어 통신 관리에 중점을 두고 있다. 즉, 멀티미디어 데이터 통신은 실시간 전송을 기반으로 하는 RTP가 담당하고 SIP는 애플리케이션 레벨의 프로토콜이라 할 수 있다.

2. HTTP(Hyper Text Transfer Protocol)

(1) 하이퍼텍스트 전송 프로토콜인 HTTP는 클라이언트와 서버 사이에 이루어지는 요청/응답(request/response) 프로토콜이다. 주로 TCP 기반 위에서 동작하며, 서버는 80번 포트를 사용하고 클라이언트는 임시 포트 번호를 사용한다.

(2) 예를 들면 클라이언트인 웹 브라우저가 HTTP를 통하여 서버에 웹 페이지나 그림 정보를 요청하면, 서버는 이 요청에 응답하여 필요한 정보를 클라이언트에 전달하게 된다. 기본적으로 TCP는 시큐리티 기능을 제공하지 않으므로 HTTP도 보안성이 없다. 이에 대한 대책으로 HTTPs(HTTP over SSL) 프로토콜을 이용하면 애플리케이션 계층과 트랜스포트 계층 사이에 SSL 통신이 이루어져 암호통신이 가능하다.

3. FTP(File Transfer Protocol)

(1) 파일 전송 프로토콜(FTP)은 네트워크에 연결된 컴퓨터 간 데이터를 원활하게 교환하기 위한 목적으로 1971년 개발되었다. FTP 통신도 TCP 기반 위에서 동작하므로 처음 TCP의 3-way handshaking 과정을 거친 후 FTP가 동작한다.

(2) FTP의 동작 원리는 비교적 간단하다. FTP 접속 시 서버-클라이언트 간에 2개의 연결이 생성되는데, 하나는 제어용(21번 포트)이며 다른 하나는 실제 데이터 전송(20번 포트)용으로 사용된다. FTP 연결 후, 클라이언트가 명령을 입력하면 서버는 숫자로 응답한다(예 200번 - 요청 내용이 제대로 수행).

(3) FTP는 보안이 이루어지지 않은 채로 통신이 이루어지므로 ID나 패스워드가 외부에 노출될 위험성이 있다. 이를 보완하기 위해 클라이언트와 서버 간의 데이터 전송을 암호화하는 SFTP가 있어 해킹이나 보안상의 문제점을 어느 정도 방지할 수 있다.

4. TELNET

(1) TELNET은 사용자가 원거리에 위치한 컴퓨터를 사용할 수 있도록 해주는 프로토콜이다. TELNET 서비스는 23번 포트를 사용하며 ID/패스워드를 비롯한 모든 데이터를 암호화하지 않은 평문으로 전송하기 때문에 해킹에 취약하다.

(2) 이러한 보안 취약요소를 해소하기 위해 SSH(Secure Shell, 22번 포트)가 탄생하였다.

5. SMTP(Simple Mail Transfer Protocol)

(1) SMTP는 인터넷 전자메일 전송에 사용되는 표준 프로토콜로서 25번 포트를 이용한다. SMTP를 이용하는 모든 메일 메시지의 헤더 및 몸체는 단순한 7비트 ASCII 코드이어야만 하는 제약이 있다.

(2) 이 때문에 문자 표현에 8비트 이상의 코드를 사용하는 언어나 첨부파일과 자주 사용되는 각종 바이너리는 마임(MIME)이라고 불리는 방식으로 7비트로 변환되어 전달되며, SMTP 전송 후에는 ASCII를 원래의 데이터로 변환해야만 한다.

(3) HTTP는 전송 전에 멀티미디어 데이터를 ASCII로 변환하는 것을 요구하지 않는다.

〈 SMTP 프로토콜의 주요 명령어 〉

명령코드	내용
HELO	SMTP 송신자가 SMTP 세션을 초기화하기 위해 SMTP 수신자에게 보내는 전통적인 명령이다.
MAIL FROM	SMTP 송신자가 이메일 전송을 시작하기 위해 수신자로 보내는 명령이다.
RCPT TO	받는 사람(Recipient)을 인증할 때 메일 주소를 전송한다.
DATA	실제 데이터 전송을 하기 위해 사용한다(메일 본문 시작).
RSET	메일 전송 중에 중단시킨다. MAIL 명령이나 RCPT 명령을 보내다가 오류가 발생하여 더 이상 전송을 계속 할 수 없을 때 SMTP 송신자가 사용할 수 있다.
VRFY	SMTP 수신자에게 편지함이 사용 가능한지를 확인하도록 요청한다.
EXPN(문자열)	메일링 리스트 확장. 수신 호스트에게 인수로 보내진 메일링 리스트를 확장하여, 그 목록을 이루는 수신자들의 주소를 되돌려 주도록 요구한다.
HELP[문자열]	온라인 도움말이다.
QUIT	SMTP 세션을 종료한다.

6. DNS(Domain Name System)

(1) 도메인 네임 시스템(DNS)은 호스트의 도메인 이름을 호스트의 네트워크 주소로 바꾸거나 그 반대의 변환을 수행할 수 있도록 하기 위한 시스템이다.

(2) 인터넷은 2개의 주요 이름 공간을 관리하는데 하나는 도메인 네임 계층, 다른 하나는 인터넷 프로토콜(IP) 주소 공간이다. DNS는 도메인 네임 계층을 관리하며 해당 네임 계층과 주소 공간 간의 변환 서비스를 제공한다.

(3) DNS를 운영하는 서버를 네임서버(Name Server)라고 하며 도메인을 위한 DNS 레코드를 저장한다.

2 트랜스포트 계층(전송 계층)

1. 개관

(1) 트랜스포트 계층은 계층으로 이루어진 네트워크 구조의 핵심으로 서로 다른 호스트에서 동작하는 애플리케이션 프로세스에 직접 통신 서비스를 제공하는 중요한 기능을 가진다. 이 계층의 대표적인 프로토콜로 TCP와 UDP가 있다.

(2) 이 두 프로토콜은 서로 다른 호스트에서 동작하는 애플리케이션 프로세스들 간에 논리적 통신을 제공한다. 논리적 통신은 애플리케이션 관점에서 보면 프로세스들이 동작하는 호스트들이 직접 연결된 것처럼 보인다는 것을 의미한다.

(3) 애플리케이션 프로세스는 메시지 운반에 사용되는 물리적인 하위 구조의 세부사항에 상관없이 서로 메시지를 보내기 위해서 트랜스포트 계층에서 제공하는 논리적 통신을 사용한다.

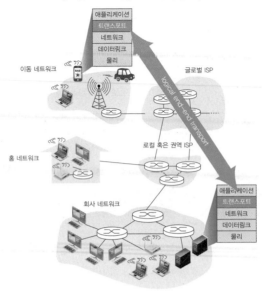

〈 트랜스포트 계층 간 논리적 통신 〉

2. 다중화와 역 다중화(Multiplexing/Demultiplexing)

(1) 다중화와 역 다중화는 송·수신 호스트 간 전달 서비스를 애플리케이션의 프로세스 간 통신으로 확장할 때 사용하는 개념이다.

① 애플리케이션의 한 부분으로 소켓이 존재하며, 이 소켓을 통해 애플리케이션과 트랜스포트 계층은 데이터를 주고받는다.

② 또한 각각의 소켓은 어떤 하나의 유일한 식별자를 가지며 이 식별자의 포맷에 따라 UDP 소켓 또는 TCP 소켓으로 구분된다.

(2) 다중화는 출발지 호스트에서 소켓으로부터 데이터를 모으고 이에 대한 세그먼트를 생성하기 위해 각 데이터에 헤더 정보로 캡슐화하고 그 세그먼트들을 네트워크 계층으로 보내는 작업을 말한다.

(3) 역 다중화는 수신한 세그먼트를 올바른 소켓으로 전달하는 작업을 말한다. 트랜스포트 계층 세그먼트는 세그먼트 내에 필드 집합을 가지고 있어 수신 측 트랜스포트 계층은 수신 소켓을 식별하기 위해 이들 필드를 검사한다.

〈 트랜스포트 계층의 다중화와 역 다중화 〉

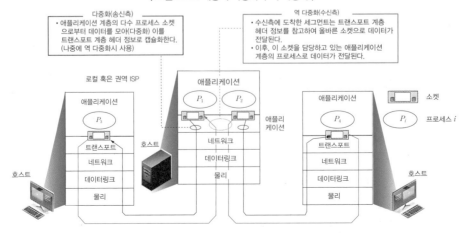

3. 연결지향형 트랜스포트: TCP(Transmission Control Protocol)

(1) TCP 연결

① TCP '연결'은 회선교환 네트워크에서와 같은 종단간의 TDM(시분할 다중접속)이나 FDM(주파수 분할 다중접속)이 아니다. 연결 상태가 두 종단 시스템에만 존재하므로 가상회선 네트워크도 아니다.

② TCP 프로토콜은 오직 종단시스템에서만 동작하고 중간의 네트워크 요소(라우터와 브리지)에서는 동작하지 않으므로 중간의 네트워크 요소들은 TCP 연결 상태를 유지하지 않는다.

(2) TCP의 주요 특징

① 점대점(point-to-point, process-to-process) 통신을 한다.
- TCP연결은 항상 단일 송신자와 단일 수신자 사이의 점대점으로 이루어지며 한 쌍의 소켓에 대한 연결을 책임진다. 반면 TCP는 단일 송신 동작으로 한 송신자가 여러 수신자에게 데이터를 전송하는 '멀티 캐스팅'은 불가능하다.

② 연결 지향적 서비스를 제공한다.
- TCP는 클라이언트-서버 간에 3-way handshaking을 통해 연결 지향적 서비스를 지원한다. 또한 논리적인 연결 통로를 통해 데이터를 주고받음으로써 데이터의 전송 순서를 보장해 준다(in-order byte stream).

③ 신뢰통신이 가능하다.
- ㉠ 신뢰통신이란 애플리케이션 계층에서 내려온 데이터가 에러/유실 없이 전달되는 것을 의미한다. 이를 위해 TCP는 세그먼트에 순서번호(sequence number)를 부여하고 패킷이 수신 측에 도달할 때마다 ACK 신호를 받도록 설계되어 있다.
- ㉡ 또한 데이터 유실에 대한 대책으로 타이머를 사용하고 있어, 패킷 전송 후 일정시간이 경과하여도 ACK 신호가 오지 않으면 패킷을 재전송한다.

④ 파이프라이닝(Pipelining) 기법의 데이터 전송방식이다.
- ㉠ TCP는 네트워크 활용도를 높이기 위해 파이프라이닝 기법을 채택하였다. 즉, 송신측(sender)은 ACK 응답을 기다리지 않고 윈도우 크기만큼의 패킷을 한 번에 보낸다. 이를 위해 윈도우 크기만큼의 버퍼가 양단의 호스트에 있어야 한다.
  - 송신측 전송 버퍼: 데이터를 전달하는 송신측 호스트는 패킷 유실/에러 등에 대비한 재전송에 사용 할 패킷을 송신측 전송버퍼에 저장한다.
  - 수신측 버퍼: 수신된 패킷을 원래의 패킷 순서대로 재조립하는 과정에서 out-of-order 등에 대비, 버려지는 패킷을 버리지 않고 저장하였다가 송신 측으로부터 다음 번 패킷이 도착하였을 때 활용한다.
- ㉡ 윈도우 사이즈는 TCP 흐름제어(Flow Control)와 혼잡제어(Congestion Control)에 의해 결정된다. 파이프라이닝에서는 전송 패킷의 유실에 대비하여, Go-Back-N 및 Selective-repeat 방식이 사용되고 있다.

〈 TCP 전송 및 수신버퍼 〉

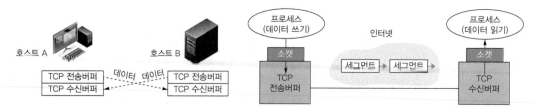

⑤ 전이중 통신(Full Duplex Service) 방식이다.
   • TCP는 Sender-Receiver 개념을 탈피하였다. 즉, 송 · 수신 양단이 Sender이면서 Receiver 기능을 갖는다(그림 〈TCP 전송 및 수신버퍼〉 참조)
⑥ 흐름제어(Flow Control) 및 혼잡제어(Congestion Control) 기능이 있다.
   ㉠ 흐름제어: 전송되는 데이터 세그먼트 속도를 보고 애플리케이션이 소켓에 전달하는 메시지 속도를 결정하는 것이다. 데이터 세그먼트 속도는 상대방 머신이 처리할 수 있도록 적당히 보내주어야 하는데 이 속도는 TCP가 결정한다.
   ㉡ 혼잡제어: 네트워크 상황에 맞게 데이터 전송속도를 제어하는 것이다.

(3) TCP 세그먼트 구조: TCP 세그먼트는 헤더 필드와 데이터 필드로 구성되어 있다. 헤더의 크기는 기본이 20바이트(후술하는 UDP 헤더보다 12바이트 크다)이며 60바이트까지 확장 가능하다. 상위의 '출발지 포트번호(source port #)'와 '목적지 포트번호(destination port #)'는 애플리케이션으로부터 다중화와 역 다중화를 하는 데 사용하는 출발지와 목적지의 포트번호를 표시한다. 또한 헤더는 체크섬(checksum) 필드를 포함하고 있다.

① 순서번호(sequence number, 32비트)와 확인응답번호(acknowledge number, 32비트)
   ㉠ 신뢰할 수 있는 데이터 전송 서비스 구현에서 TCP 송신자와 수신자에 의해서 사용된다. 즉, 순서번호는 송신측이 상대방(수신측)에게 보내고자 하는 세그먼트의 시작 번호이다.
   ㉡ 확인응답번호는 상대방으로부터 받은 세그먼트의 마지막 번호로 상대방에게 이를 알리고자 할 경우 사용되며 플래그 필드의 ACK 비트와 함께 사용된다(ACK 비트가 1이면 유효).

〈 TCP 세그먼트 구조 〉

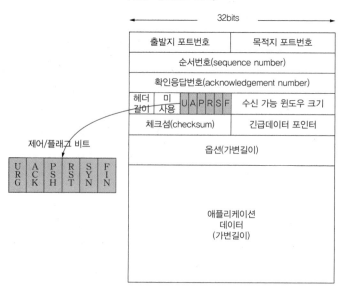

ACK 비트

플래그의 ACK 비트가 1이면 세그먼트는 승인 기능을 가진다. 예를 들면 확인응답번호(acknowledge number)가 2000이고 ACK 비트가 1이라면 시퀀스 번호 199번까지는 잘 받았다는 의미이다.

② 헤더 길이(head length, 4비트): TCP 헤더의 크기를 워드(word) 단위로 나타낸다. 워드는 4바이트이기 때문에 이 값의 4의 배수는 헤더의 크기를 바이트로 나타낸다. TCP의 헤더는 가변적이기 때문에 이 값이 필요하다. 옵션 필드는 일반적으로 TCP 헤더의 길이가 20바이트가 되도록 비어있다.

③ 수신 가능 윈도우 크기(receive window, 16비트): 세그먼트의 송신자에게 수신자측이 한 번에 받을 수 있는 옥텟(바이트) 수를 이 필드를 통해 알린다. 이 필드 값은 데이터를 수용하기 위해 할당된 버퍼의 현재 크기이다.

④ 긴급 데이터 포인트(URG data pointer, 16비트): 긴급 데이터가 존재할 때 TCP는 이를 수신측 상위 계층에 통보해야 하고 긴급 데이터의 끝에 포인터를 전달한다.

⑤ 플래그 비트(6비트)

　　㉠ ACK 비트는 확인응답번호(acknowledgement number) 필드에 있는 값이 유용함을 나타낸다. RST, SYN, FIN 비트는 연결 설정과 해제에 사용된다.

　　㉡ PSH 비트가 1이면 수신자가 데이터를 상위 계층으로 즉시 전달할 것을 의미하며, URG 비트는 URG data pointer가 유효한지를 나타낸다.

4. TCP 연결 세부 과정

(1) 개요

① TCP는 연결-지향 프로토콜로 근원지와 목적지 사이에 가상 경로를 설정한다. TCP 연결-지향 전송은 연결 설정, 데이터 전송 및 연결 종료의 3단계로 구성되어 있다.

② 여기서는 TCP의 연결-지향 프로토콜인 3-way 핸드세이크의 기본 연결 과정을 TCP 세그먼트의 헤더와 연계하여 살펴보고 TCP와 HTTP의 연속적인 인터넷 연결 과정도 살펴보겠다.

(2) TCP 3-way 핸드세이크

〈 TCP 3-way 핸드세이크와 세그먼트 교환 〉

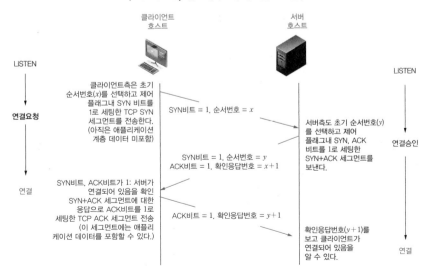

① 1단계: 클라이언트는 세그먼트의 플래그 필드의 SYN 비트를 1로 설정하고 자신의 순서번호를 임의 선택하고(그림 〈TCP 3-way 핸드셰이크와 세그먼트 교환〉의 'x') 이를 순서번호 필드에 넣은 20B 크기의 TCP SYN 세그먼트를 생성한다. 이 SYN 세그먼트는 IP 데이터그램으로 캡슐화되어 서버로 전송된다.

② 2단계: IP 데이터그램이 서버에 도착하면 서버는 수신 데이터로부터 SYN 세그먼트를 추출하고 클라이언트에 연결 승인 세그먼트를 보낸다. 승인 세그먼트에는 플래그 필드의 SYN/ACK 비트를 1로 설정하고, 확인응답번호(acknowledge number) 필드에는 클라이언트에서 받은 순서번호+1의 값 (x+1)을 넣는다. 그리고 순서번호 필드에는 자신이 임의 선택한 값(y)을 넣는다.

③ 3단계: IP 데이터그램이 클라이언트에 도착하면 클라이언트는 SYN 세그먼트를 추출하고 서버로 ACK 세그먼트를 보낸다. 이 ACK 세그먼트에는 ACK 비트는 1, 확인응답번호 필드에는 서버에서 받은 순서번호+1의 값(y+1)이 세팅된다. 서버와 연결되었기 때문에 SYN 비트는 0으로 설정되며 순서번호 필드에는 x+1(그림 〈TCP 3-way 핸드셰이크와 세그먼트 교환〉)이 설정된다. 3-way 핸드셰이크 3단계는 클라이언트에서 서버로 세그먼트 페이로드에 데이터가 운반될 수 있다.

(3) TCP 3-way 핸드셰이크와 HTTP의 연계 흐름

① 위 3단계 ACK 세그먼트부터 데이터를 운반할 수 있다. 즉, HTTP의 request 내용을 ACK 세그먼트의 데이터 필드에 넣어서 서버로 보내면 HTTP 연결이 시작된다.

② 즉, TCP와 HTTP가 연계하여 클라이언트가 서버로 접속할 시는 4번의 시도가 아닌 3번의 시도 만에 접속된다.

〈 TCP 3-way 핸드셰이크 + HTTP 〉

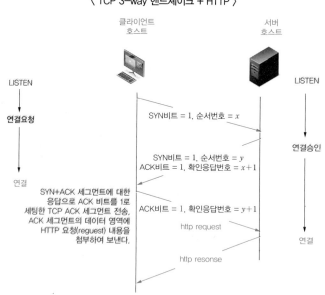

(4) TCP 연결 종료

① 종료는 대개 클라이언트에서 시작하지만 데이터를 교환하는데 참여한 양쪽 중 어느 한 쪽에서 연결을 종료할 수 있다. 연결이 끝날 때 호스트의 '자원(버퍼와 변수들)'은 회수된다. 여기서는 클라이언트가 연결 종료를 결정한다고 가정한다(그림 〈TCP 연결 종료〉 참조).

㉠ 클라이언트의 애플리케이션 프로세스가 종료 명령을 내리면(⑩ 그림 〈TCP 연결 종료〉의 clientSocket.close(), 파이썬 코드) 클라이언트의 TCP는 플래그 필드의 FIN 비트를 1로 설정하고 이 TCP 세그먼트를 서버에 보낸다.

㉡ 서버가 이 세그먼트를 수신하면 서버는 클라이언트에게 확인 세그먼트(ACK비트=1)를 보낸다. 그 다음에 서버는 FIN 비트가 1로 설정된 자신의 종료 세그먼트를 클라이언트에 송신한다.

㉢ 마지막으로 클라이언트는 서버의 종료 세그먼트에 확인 응답을 한다. 이 시점에서 두 호스트의 모든 자원들은 할당이 해제된다. 이때 주의 깊게 보아야 할 사항은 클라이언트 측에서 확인 응답 세그먼트를 보내고 일정시간 기다린 후에 연결을 해제한다는 것인데, 이는 ACK 세그먼트의 유실 시 서버가 클라이언트에 계속 FIN 패킷을 보내는 것을 방지하기 위해서이다.

〈 TCP 연결 종료 〉

5. TCP SYN flooding 공격

(1) **의의**: TCP 세션이 연결될 때의 취약성을 이용한 서버 공격이다. 클라이언트가 서버 접속 요청(SYN 패킷 전송)을 하면 서버는 클라이언트에 연결 승인 패킷을 보내고 클라이언트로부터 ACK 패킷을 기다린다.

(2) 이 과정에서 서버는 클라이언트가 ACK 패킷을 보내주기를 계속적으로 기다리는 것이 아니라 일정시간 동안 요청이 오지 않으면 Backlog Queue가 허용하는 공간에 연결정보(로그)를 보관하게 된다.

(3) 즉, 공격자가 SYN 패킷을 서버에 지속적으로 요청하여 서버에 과부하가 걸리게 함으로써 시스템을 마비시키는 기법으로 TCP SYN flooding 공격이라고 한다.

6. 비 연결형 트랜스포트: UDP(User Datagram Protocol)

(1) UDP는 트랜스포트 계층 프로토콜이 할 수 있는 최소 기능으로 동작한다. UDP는 다중화/역 다중화 기능과 간단한 오류검사 기능을 제외하고는 IP에 아무것도 추가하지 않는다. 사실 애플리케이션 개발자가 TCP 대신에 UDP를 선택한다면 애플리케이션은 IP와 직접 통신하는 셈이 된다.

(2) 사용자 데이터그램(User Datagram)이라고 부르는 UDP 세그먼트는 각각 2바이트인 4개의 필드로 만들어진 고정된 크기의 8바이트 헤더를 가지고 있다. 또한 헤더와 데이터 영역을 포함하면 UDP 세그먼트는 65,536바이트의 크기를 갖는다.

〈 UDP 세그먼트 구조 〉

출발지 포트번호	목적지 포트번호
길이	체크섬
애플리케이션 데이터 (메시지)	

(3) UDP 서비스의 특징

① **프로세스-대-프로세스 통신**: UDP는 세그먼트의 데이터를 해당하는 애플리케이션의 프로세스로 전달하기 위하여 목적지 포트번호를 사용한다.

② **비 연결형 서비스**

   ㉠ UDP는 세그먼트를 보내기 전에 송신 트랜스포트 계층 개체들과 수신 트랜스포트 계층 개체들 사이에 핸드셰이크를 사용하지 않는다. 이런 점 때문에 UDP 서비스를 비 연결형이라고 한다.

   ㉡ 동일한 근원지 프로세스로부터 들어와서 동일한 목적지 프로그램으로 간다고 하여도 사용자 데이터그램은 서로 관계가 없다.

③ **흐름제어(Flow Control) 및 오류제어(Error Control)**

   ㉠ UDP에는 TCP에서와 달리 흐름제어가 없다. TCP에서는 흐름제어를 위해 송수신하는 호스트 양단 간에 버퍼를 두고 호스트에서 내려오는 데이터 속도를 전송속도와 비교하여 적절히 조절하지만 UDP에는 이러한 기능이 없다.

   ㉡ 오류제어도 UDP 세그먼트를 체크섬하는 기능 이외는 어떠한 오류제어 메커니즘도 없다. 이러한 오류제어의 결여는 프로세스가 필요하다면 스스로 제공해야 함을 의미한다.

④ **혼잡제어**: UDP는 비 연결형 프로토콜이므로 혼잡 제어를 제공하지 않는다. UDP는 전송되는 패킷이 매우 작고 산발적이어서 네트워크에 혼잡을 발생시키지 않는다.

3 네트워크 계층(3계층)

1. 개관

(1) 우리는 앞에서 트랜스포트 계층의 두 프로토콜인 TCP와 UDP가 송·수신 호스트 간에 논리적 통신을 구성함으로써 애플리케이션 계층의 프로세스들이 직접 연결되어 있는 것처럼 보인다고 기술하였다.

(2) 네트워크 계층은 애플리케이션/트랜스포트 계층과는 달리 호스트와 네트워크의 라우터마다 네트워크 계층의 일부가 존재한다. 이러한 이유로 네트워크 프로토콜들이 프로토콜 스택 중 가장 흥미롭다.

(3) 네트워크 계층의 주된 역할은 출발지로부터 목적지까지 중간 경로에 있는 라우터를 통해 '패킷'을 어떠한 경로로 잘 보낼 것인가이며, 출발지에서는 전송데이터를 '세그먼트' 형태로 생성하고 이를 '데이터그램*'으로 캡슐화하여 전송한다.

(4) 네트워크 계층의 근원적 역할은 매우 단순하다. 즉, 송신 호스트에서 수신 호스트로 데이터를 전송하는 것이다. 이를 위한 네트워크 계층의 중요 기능은 포워딩과 라우팅이다.

〈 네트워크 계층간 통신 〉

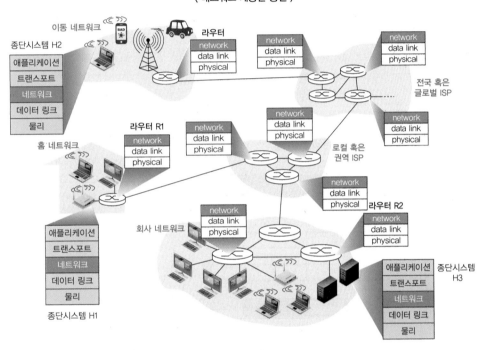

---

* 데이터그램

　각종 호스트 및 라우터에는 다양한 전송 프로토콜이 존재하며, 라우터는 자기를 통과하는 모든 데이터그램의 헤더를 검사한다.

2. 네트워크 계층의 중요 기능

(1) 포워딩(전달)

① 패킷이 라우터의 입력 링크에 도달하였을 때 라우터는 그 패킷을 적절한 출력 링크로 이동시켜야 한다. 예를 들어 앞의 그림 〈네트워크 계층 간 통신〉에서 호스트 H1으로부터 패킷이 라우터 R1에 도착하였을 때 R1은 H3로 가는 경로 상에 있는 다른 라우터로 전달되어야 한다. 포워딩은 네트워크 계층(네트워크 장비)의 데이터 평면에 구현된 가장 보편적이고 중요한 기능이다.

② 별도의 라우터 장비가 없더라도 일반 PC에서 'route PRINT' 명령으로 포워딩 테이블의 내용 확인이 가능하다.

(2) 라우팅: 패킷을 전송할 때, 네트워크 계층은 패킷 경로를 결정해야 한다. 이러한 경로를 계산하는 알고리즘을 '라우팅 알고리즘'이라 한다. 예를 들어 그림 〈네트워크 계층산 통신〉의 H1에서 H3까지 패킷 전송 라우팅은 네트워크 계층의 제어평면에서 실행된다.

> **더 알아보기**
>
> **네트워크 장비의 내부 구조**
>
> 네트워크 장비의 내부 구조는 크게 제어평면과 데이터 평면으로 구분된다. 제어평면은 패킷 제어, 데이터 평면은 패킷 전송을 담당한다. 네트워크 장비에 패킷이 들어오면 제어평면은 해당 패킷 헤더에 포함된 소스/목적지 IP 및 MAC 정보 등을 보고, 해당 패킷을 어디로 내보낼지 결정한다. 데이터 평면은 제어평면의 결정내용을 가지고 패킷을 출력 포트로 내보낸다.

〈 패킷포워딩 과정 〉

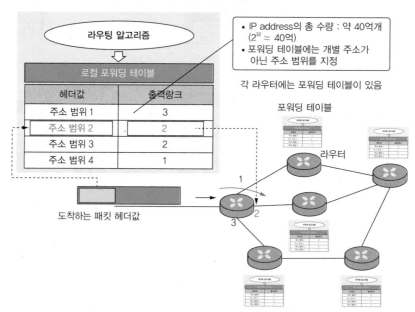

[실습] 노트북에 가상머신을 이용하여 내부망을 구축한 후 가상환경의 호스트 C에서 route PRINT 명령으로 포워딩 테이블의 내용을 확인해 본다.

〈 포워딩 테이블 내용 확인을 위한 네트워크 구성도(예) 〉

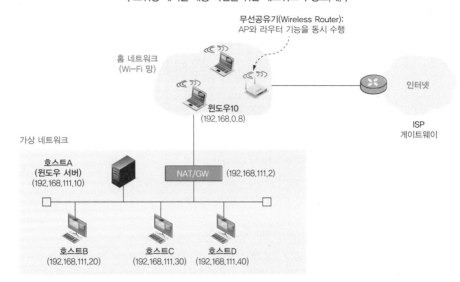

(1) 네트워크 구성 및 IP 설정 확인

① 노트북(윈도우 10)에 가상머신(여기서는 VMware를 활용)을 이용하여 4대의 호스트를 생성하고 게이트웨이 (이후 GW)겸 NAT 장비의 IP주소도 설정한다. GW를 포함하여 모두 5개의 IP가 사설 IP로 동일 네트워크 주소(192.168.111, 서브넷 마스크라고도 함)를 가진다. (다음 그림 참조, ipconfig /all 명령으로 확인)

〈 가상 머신(호스트 C)의 IP 설정결과 확인(예) 〉

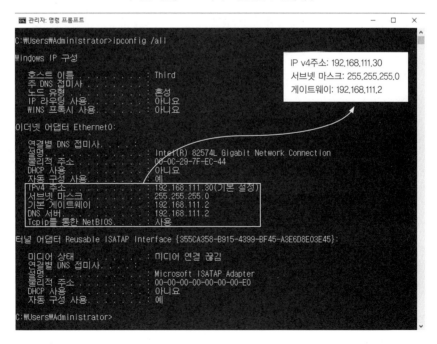

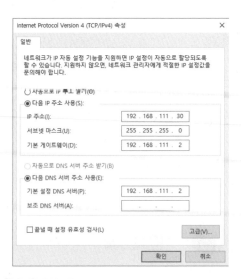

※ 가상 머신을 이용한 호스트 설치 및 IP 설정은 인터넷 등의 설치 동영상 및 설명서를 참고하여 독자 수행하기를 바라며 본 책자에서는 생략한다. 한번 해보면 그리 어렵지 않다.

② 인터넷 연결과정은 1) 가상환경의 호스트가 GW를 거쳐 윈도우 PC(사설 IP)로 접속한 후 2) 무선공유기를 거쳐 3) ISP가 제공하는 사설망으로 연결된다. 4) 최종적으로 ISP의 GW를 거쳐 공인 IP를 부여받으면서 인터넷으로 연결된다.

(2) 호스트 C에서 포워딩 테이블 확인(route PRINT 명령으로 실행)

〈 가상 머신(호스트 C)의 포워딩 테이블 내용 확인 〉

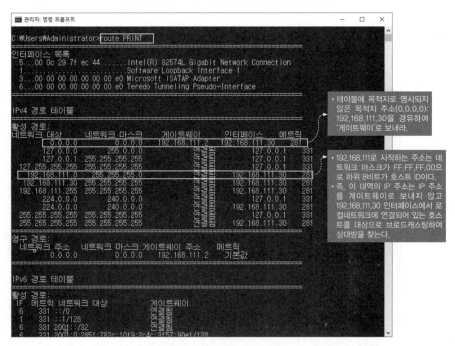

위의 그림은 호스트 C에서 route PRINT 명령을 실행한 결과 화면으로, 호스트 C에서 외부로 나가는 모든 IP는 ('0.0.0.0'으로 표기된 부분)는 호스트 C의 인터페이스(192.168.111.30)를 거쳐 GW(192.168.111.2)를 통해 나가도록 되어 있으며, 가상 사설망에 연결되어 있는 호스트를 대상으로 브로드캐스팅을 하는 경우는 GW를 거치지 않고 호스트 C의 이더넷 카드에서 직접 수행함을 알 수 있다.

3. 인터넷 주소체계(IPv4)

(1) 개요

① IP주소는 32비트 크기의 주소공간을 가진 2진수의 숫자로 표시되며 8비트씩 끊어서 4개 part로 나누고 각 part는 dot로 구분된다. 또한 IP주소는 호스트/라우터 장비에 장착된 인터페이스카드(NIC)에 설정된다. 즉, 인터페이스가 여러 개 있으면 IP주소도 여러 개이다(라우터가 대표적).

② 전 세계의 모든 호스트와 라우터는 고유한 IP주소를 가지며(NAT 뒤의 인터페이스들은 제외) IP주소는 네트워크 주소(네트워크 ID, IP prefix)와 호스트 ID의 두 부분으로 구분된다. 즉, 같은 네트워크에 속한 호스트들은 네트워크 주소가 동일하다.

③ 예를 들면 211.223.201.30/24와 같이 표기되는 IP주소는 24비트의 IP prefix와 8비트의 호스트 ID로 표기된다.

〈 네트워크 주소와 호스트 ID 〉

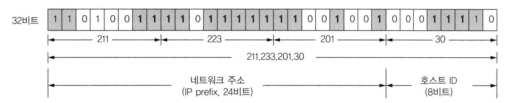

더 알아보기

IP주소 표기(예)

211.223.201.30/24에서 /24의 의미는 전체 32비트 IP주소 중에 상위 24비트가 네트워크 ID이고 나머지 8비트가 호스트 ID를 나타낸다. 뒤에 나오는 CIDR에서 보다 상세히 설명한다.

(2) IP주소의 종류

① 사설 IP주소: 대부분 기관의 내부망(LAN)에 할당하는 IP주소로 인터넷상의 라우터는 목적지가 사설 IP를 가진 패킷을 수신하면 폐기한다. 사설 IP주소의 범위는 다음과 같다.

 ㉠ 10.xxx.xxx.xxx (10.0.0.0~10.255.255.255)

 ㉡ 172.xxx.xxx.xxx (172.16.0.0~172.31.255.255)

 ㉢ 192.168.xxx.xxx (192.168.0.0~192.168.255.255)

 ㉣ 169.254.xxx.xxx (169.254.0.0~169.254.255.255)

② 글로벌 IP주소(공인 IP주소): 인터넷에 연결된 기기에 유일하게 할당되는 IP주소이다. 일반적으로 WAN에는 글로벌 IP주소를 할당하고, LAN에는 사설 IP주소를 할당한다.

더 알아보기

컴퓨터에서 IP주소 확인

- 윈도우: ipconfig, ipconfig /all
- 리눅스: ifconfig

※ 위 명령어로 확인되는 IP주소는 대부분 사설 IP주소로, 이에 대응하는 공인 IP주소를 확인하려면 인터넷 검색 창에서 "내 아이피 확인"으로 검색하면 된다.

(3) 클래스 기반의 IP주소: 인터넷이 시작될 당시 소규모 및 대규모 네트워크를 지원하기 위해 전체 주소 공간을 A, B, C, D, E로 구분하였으며, 이를 클래스 기반 주소 지정(Classful Addressing)이라 한다.

〈 클래스 기반의 IP 구조 〉

클래스	내용
A 클래스	첫 번째 비트가 「0」인 IP주소, A 클래스 하나는 2^{24}−2개의 호스트를 가질 수 있다.
B 클래스	처음 두 비트가 「10」인 IP주소, B 클래스 하나는 2^{16}−2개의 호스트를 가질 수 있다.
C 클래스	처음 세 비트의 값이 「110」인 IP주소, C 클래스 하나는 2^8−2개의 호스트를 가질 수 있다.
D 클래스	처음 네 비트의 값이 「1110」인 IP주소, 네트워크 주소와 호스트 주소의 개념이 없고 전체가 multicast용으로 사용된다.
E 클래스	처음 다섯 비트의 값이 「11110」인 IP주소, 추후 사용을 위해 예약된 주소이다.

(4) 주소 고갈: 클래스 기반의 주소가 더 이상 사용되지 않는 이유는 주소 고갈 때문이다. 주소가 적절히 분배되지 않았기 때문에 인터넷에 연결하려는 기관이나 개인이 사용할 주소가 더 이상 남아 있지 않게 되는 문제에 직면하게 되었다.

(5) 서브네팅

① 하나의 라우터 인터페이스로 연결된 네트워크는 '서브넷(subnet)을 구성한다'라고 말한다. 서브넷 주소 지정은 기관의 IP 네트워크를 서브넷으로 분리하여 IP주소 해석 방법에 하나의 계층을 추가하였다.

② 기존 B 클래스의 기본 서브 마스크(255.255.0.0)를 사용하면 $(2^{16}-2)$개의 호스트를 사용할 수 있다. 여기에 호스트 주소를 8비트로 하면 하나의 B 클래스에서 (2^8-2)개의 호스트를 갖는 2^8개의 서브 네트워크 사용이 가능해진다.

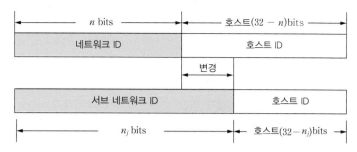

〈 클래스 서브네팅 〉

③ 서브넷이란 라우터를 거치지 않고서도 접근할 수 있는 동일 네트워크 ID를 가진 인터페이스들의 집합이라고 말할 수 있다.

④ 즉, 앞의 그림 〈가상 머신(호스트 C)의 IP 설정결과 확인(예)〉에서 가상 호스트 C 포워딩 테이블 내용을 보면 호스트 C의 네트워크 IP가 192.168.111.0이며 서브넷 마스크가 255.255.255.0임을 알 수 있다. 이는 네트워크 ID가 192.168.111.0인 호스트들끼리는 GW(192.168.111.2)를 거치지 않고 통신할 수 있음을 의미한다.

(6) 서브네팅의 장점

① IP주소의 계층화가 가능하다. 즉, 호스트들을 서브넷 단위로 구분하므로 포워딩 테이블을 단순화시킬 수 있으며 포워딩 테이블에 엔트리를 추가하지 않아도 호스트 추가가 가능하다.

> 예 1.2.3.0/24 네트워크 ID를 갖는 호스트들은 좌측으로, 5.6.7.0/24 네트워크 ID를 갖는 호스트들은 우측으로 배치해 놓는 전산망을 생각해보자.

② 먼저 포워딩 테이블을 그림 〈클래스 서브네팅 구성 시 장점〉과 같이 구성할 수 있다. 네트워크 ID가 1.2.3.0인 IP주소는 좌측으로, 5.6.7.0인 IP주소는 우측으로 보내는 포워딩 테이블을 작성할 수 있다.

③ 이와 같은 전산망에 IP주소가 5.6.7.213/24인 호스트를 추가하고자 하면 우측 전산망에 연결하기만 하면 된다. 즉, 포워딩 테이블 내용을 변경할 필요가 없는 것이다.

〈 클래스 서브네팅 구성 시 장점 〉

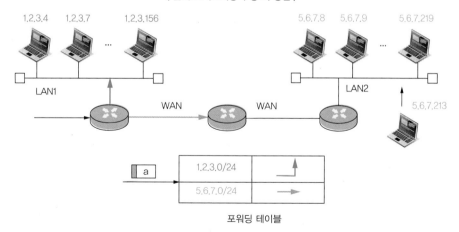

포워딩 테이블

4. 클래스 없는 주소 지정(CIDR; Classless Inter-Domain Routing)

(1) 개관

① 서브넷을 사용하더라도 클래스 기반 주소 지정 방식은 실제로 주소 고갈 문제를 해결하지 못하였다. 상기직인 권점에서는 더 큰 주소공간(예 128비트 주소체계인 IPv6)이 필요하고 이는 IP 패킷 형식의 변화가 필요하다.

② 현재 IPv6에 대해서는 데이터그램에 대한 정의만 되어 있고 어떻게 사용할지에 대한 구체적인 포맷이 미정인 상태이며 IPv6로 간다는 보장도 없는 상태이다. 하지만 IPv6로 가든지 가지 않든지 변화가 있을 것으로 보인다.

③ CIDR이 채택되기 전에는 IP주소의 네트워크 부분을 8, 16, 24비트로 제한했기 때문에 서브넷 부분이 1, 2, 3바이트여야 한다는 요구사항은 중소형 크기의 낭으로 급속히 증기히는 기간이 수를 지원하기엔 문제가 있었다.

④ 이러한 주소 고갈을 해결하기 위해 90년대 중반부터 클래스 개념을 탈피한 새로운 IP주소 방식(CIDR)이 태동되었다. 즉, 주소 고갈을 해결하기 위해 클래스 없는 주소 지정 방식의 IPv4가 사용되는 것으로 클래스 권한이 폐지되었다.

(2) CIDR의 IP주소 표기법

① CIDR은 주소 클래스가 없기 때문에 주소만으로 네트워크 ID의 크기를 파악할 수 없다. CIDR에서는 네트워크 ID의 길이를 주소 뒤의 슬래시 다음에 표시한다.

　㉠ 서브넷 주소 크기는 임의의 가변길이

　㉡ 주소 포맷: a.b.c.d/x

② x는 a.b.c.d/x 형식의 주소에서 MSB(최상위 비트)를 의미하며 IP주소의 네트워크 부분을 구성한다. 이를 해당 주소의 프리픽스(prefix) 또는 네트워크 프리픽스라고 부른다.

(3) CIDR과 라우터(Longest Prefix Match Forwarding): CIDR의 포워딩은 목적지 주소 기반의 포워딩을 한다. 즉, 패킷은 목적지 주소를 가지고 있으며 패킷이 포워딩 테이블을 참조할 때, 일치하는 prefix(네트워크 프리픽스)가 여러 개 있다면, 가장 길게 매칭되는 prefix를 선택한다.

〈 Longest Prefix Match 포워딩 〉

5. 특수 주소

(1) 디스-호스트(this-host) 주소: 0.0.0.0/32의 주소를 디스-호스트 주소라고 한다. 이 주소는 호스트가 IP 그램을 보내려고 하지만 근원지 주소인 자신의 주소를 모를 때 사용한다.

(2) 제한된 브로드캐스트 주소: 제한된 브로드캐스트 방식은 자신이 속한 네트워크에 대한 브로드캐스트를 의미한다. 항상 브로드캐스팅이 가능하며 브로드캐스트 데이터가 라우터를 넘어가지 않는다. 제한된 브로드캐스트 방식의 주소는 255.255.255.255 값으로 정의되어 있다.

(3) 루프백 주소

① loopback 주소(127.0.0.0/8)는 호스트 자신을 가리키는 IP주소이다. 주로 네트워크 관련 프로그램이나 환경의 테스트를 위한 목적으로 사용한다.

② 서버/클라이언트 프로그램을 만들었을 경우, 루프백 주소로 네트워크에 직접 연결하지 않은 상태에서 프로그램을 빠르게 테스트할 수 있다. 예를 들어 웹서버와 웹페이지들을 구축하였을 때 http://127.0.0.1 혹은 http://localhost로도 테스트가 가능하다.

6. 네트워크 계층 프로토콜

(1) 개관

① 네트워크 계층은 한 호스트에서 다른 호스트로 데이터그램을 라우팅하는 책임을 진다. 네트워크 계층은 두 가지 주요 요소를 갖는다. 이 계층은 IP 데이터그램의 필드를 정의하며 종단 시스템과 라우터가 이 필드에 동작하는지를 정의하는 프로토콜을 가지고 있다. 이 프로토콜이 그 유명한 IP 프로토콜이다.

② 네트워크 계층을 가진 모든 인터넷 요소는 IP 프로토콜을 수행해야만 한다. 또한 인터넷 네트워크 계층은 출발지와 목적지 사이에서 데이터그램이 이동하는 경로를 결정하는 라우팅 프로토콜을 포함한다.

〈 TCP/IP 계층상 IP의 위치 〉

응용계층	SMTP	FTP	TFTP	DNS	SNMP	...	DHCP
전송계층		TCP			UDP		

네트워크 계층

- 라우팅 프로토콜
  - path selection
  - RIP, OSPF, BGP
- 포워딩 테이블
- ICMP 프로토콜
  - error reporting
  - router "signaling"
- IP 프로토콜
  - addressing conventions
  - datagram format
  - packet handling conventions
- IGMP 프로토콜

데이터링크 계층	RARP 프로토콜	이더넷	802.11	PPP	ARP 프로토콜

물리 계층

(2) 인터넷 프로토콜(IP)

① 인터넷 계층이 어떻게 작동하는지 이해하기 위해서는 IP 프로토콜에 대한 이해가 필수적이다. 현재 사용 중인 IP는 두 가지 버전으로 IPv4와 IPv6가 있다. IPv6는 이번 절의 마지막 부분에서 살펴볼 것이다.

② IPv4는 TCP와 달리 통신의 신뢰성을 보장하지 않으며 연결 지향적이지도 않다. 즉, 중간에 IP 패킷이 변경되거나 손실될 수 있고, 순서에 맞지 않게 도착하거나 지연되어 도착하고, 그리고 네트워크에 혼잡을 발생시킬 수 있다는 것을 의미한다.

③ 만약 신뢰성이 중요하다면 IPv4는 신뢰성 있는 전송계층 프로토콜인 TCP와 함께 사용되어야 한다. 모든 TCP/UDP, ICMP, IGMP 데이터는 IP 데이터그램을 사용하여 전송된다.

(3) IPv4 데이터그램

① IP가 사용하는 패킷을 데이터그램이라 한다. 이것은 인터넷에서 중요한 역할을 한다. 데이터그램은 가변 길이의 패킷으로 헤더와 페이로드(데이터)로 이루어져 있다.

② IPv4 헤더는 13개 필드로 구성되어 있다. 옵션 필드를 제외한 12개(20바이트)는 필수이며, 옵션 부분을 포함하면 헤더는 최대 60바이트 크기를 갖는다. IPv4 헤더는 라우팅과 전송에 필수적인 정보를 가지고 있다.

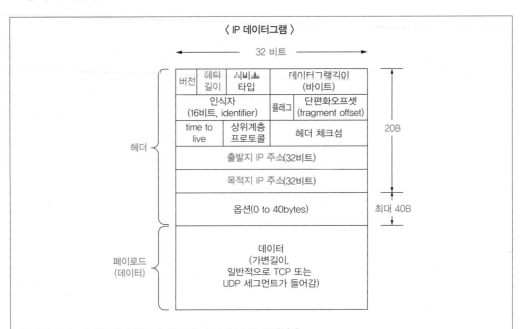

① 버전: 4비트로 이루어져 있으며, IPv4이므로 0100으로 표시된다.

② 헤더 길이(4비트): 헤더의 크기를 나타내며 디폴트 값은 5로 설정되어 있다. 숫자 1당 4바이트를 의미하며 기본은 20 바이트이다. 최대 1111 값을 가질 수 있으므로 16x4=64가 된다. 즉, 헤더의 최대 크기는 60바이트라고 보면 된다.

③ 서비스 타입(8비트): 서로 다른 유형의 IP 데이터그램을 구별한다. 서비스 품질에 따라 패킷의 등급을 구분하며 높은 값을 우선 처리한다. 앞의 3비트는 우선순위를 결정하고, 뒤의 5비트는 서비스 유형을 나타낸다.

④ 데이터그램 길이(16비트): 전체 IP 데이터그램(헤더와 데이터) 크기를 바이트 단위로 나타낸다. 필드 길이가 16비트이므로 IP 데이터그램의 이론상 최대 크기는 65,535바이트이지만 1,500바이트보다 큰 경우는 거의 없으므로 최대 크기의 이더넷 프레임의 페이로드 필드에 IP 데이터그램이 장착될 수 있다.

⑤ 인식자, 플래그, 단편화 오프셋: 세 필드는 단편화와 관계가 있다. 흥미롭게도 IPv4의 새로운 버전인 IPv6는 단편화를 허용하지 않는다. 링크 계층 프레임이 전달할 수 있는 최대 데이터량을 MTU(Maximum Transfer Unit)라고 한다. IP 데이터그램의 크기가 MTU를 초과될 때 단편화가 이루어진다.

• time to live(TTL, 8비트): IP 데이터그램이 라우터를 지나칠 때마다 라우터는 TTL값을 1씩 감소시킨다. 그래서 TTL이 0이 되면, 패킷은 더 이상 전송되지 않는다.

⑥ 상위 계층 프로토콜(8비트): 네트워크 계층에서 데이터그램을 재조합할 때, 어떤 상위 프로토콜로 조합해야 하는지 알 필요가 있으므로 UDP 또는 TCP를 알려주기 위해 사용한다. 또한 네트워크와 트렌스포트 계층을 하나로 결합하고 IP 데이터그램이 최종 수신지에 도착했을 때만 사용된다. 대표적인 타입은 ICMP, IGMP, TCP, UDP로서 TCP의 값은 6이고 UDP의 값은 17이다.

⑦ 헤더 체크섬(16비트): IP 헤더가 생성되거나 수정될 때마다 IP 헤더 내 비트를 검사한다. IP 패킷이 전송되거나 계산결과가 똑같이 나타난다면 IP 헤더의 모든 비트는 정확하게 전송된 것이다.

⑧ 출발지 주소(32비트): IP 데이터그램을 보낸 송신지 주소를 나타낸다.

⑨ 목적지 주소(32비트): 데이터그램을 받을 목적지 주소를 나타낸다.

⑩ 옵션(가변): 원래 설계에서 소개되지 않은 추가 정보를 포함하는 차기 프로토콜을 수용하고, 새로운 실험을 위해 서나 헤더정보에 추가 정보를 표시하기 위해 설계되었다. 옵션은 가변길이로서 각각은 옵션을 확인할 수 있는 1 바이트 코드로 시작한다.

⑪ 데이터(가변): 데이터그램이 존재하는 이유이자 가장 중요한 마지막 필드이다. 대부분의 경우에 IP 데이터그램의 데이터 필드는 목적지에 전달하기 위해 트랜스포트 계층 세그먼트(TCP나 UDP)를 포함하지만 ICMP 메시지와 같은 다른 유형의 데이터를 담기도 한다.

(4) 주소 결정 프로토콜(ARP; Address Resolution Protocol)

① ARP는 네트워크상에서 IP주소를 물리적 네트워크 주소로 대응(bind)시키기 위해 사용되는 프로토 콜이다. 여기서 물리적 네트워크 주소는 이더넷 또는 토큰링의 48비트 네트워크 카드 주소 [MAC(Media Access Control) 주소]를 뜻한다.

② 실제로 링크 계층 주소를 가진 것은 호스트나 라우터가 아닌 호스트나 라우터의 어댑터(네트워크 인 터페이스 카드)이다.

〈 IP 주소와 ARP, MAC 주소의 관계 〉

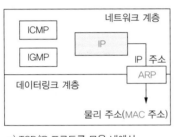

a) TCP/IP 프로토콜 모음 내에서
ARP(프로토콜)의 위치

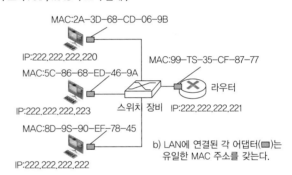

b) LAN에 연결된 각 어댑터(■)는
유일한 MAC 주소를 갖는다.

③ 이제 IP주소가 222.222.222.220인 호스트가 222.222.222.222로 IP 데이터그램을 전송하려고 한 다고 가정한다. 위 예(그림 〈IP주소와 ARP, MAC의 관계〉)에서 출발지 노드와 목적지 노드가 동일 한 서브넷에 있다고 가정한다. 데이터그램을 전송하기 위해서는 출발지 노드는 반드시 자신의 어댑 터에게 IP 데이터그램 뿐만 아니라 목적지 222.222.222.222의 물리 주소도 주어야 한다.

④ ARP 과정은 다음과 같다.

㉠ 송신 호스트(222.222.222.220)는 수신 호스트(222.222.222.222)의 물리 주소(MAC)를 알기 위 해 자신의 ARP 모듈에게 목적지 IP주소를 보낸다.

㉡ 송신측 ARP 모듈은 동일한 서브넷에 있는 모든 호스트들에게 수신 호스트(222.222.222.222)의 물리 주소를 알기 위해 브로드캐스팅한다.

㉢ IP주소 222.222.222.222인 호스트는 222.222.222.220의 호스트에게 자신의 물리 주소 (8D-9S-90-EF-78-45)를 전송한다(유니 캐스트로 전송).

㉣ 최종적으로 송신 호스트는 수신 호스트의 물리주소를 알게 되고 데이터를 전송할 수 있게 된다.

유니캐스트 전송

유니캐스트는 정보를 전송하기 위한 프레임에 자신의 MAC 주소와 목적지의 MAC 주소를 첨부하여 전송하는 방식을 말한다. 어떤 시스템이 유니캐스트 방식으로 데이터를 전송하게 되면 같은 네트워크에 있는 모든 시스템들은 그 MAC 주소를 받아서 자신의 MAC 주소와 비교 후에 자신의 MAC 주소와 같지 않다면 프레임을 버리고 같다면 프레임을 받아서 처리하게 된다. 유니캐스트 방식은 가장 많이 사용하는 방식으로 한 개의 목적지 MAC 주소를 사용하고 CPU 성능에 문제를 주지 않는 방식이다.

⑤ 호스트 네임을 IP주소로 해결해주는 DNS는 인터넷의 임의의 장소에 있는 호스트 이름을 해결하는 반면에 ARP는 동일한 서브넷 상에 있는 임의의 호스트나 라우터의 인터페이스 IP주소만을 해결하는 것이다.

⑥ 만일 캘리포니아에 있는 노드가 유타주에 있는 노드의 IP주소를 해결하기 위해 ARP를 사용하려고 하면 ARP는 오류 메시지를 반환할 것이다.

(5) 역(逆) 주소 결정 프로토콜(RARP; Reverse ARP)

① RARP는 ARP와 반대로 물리 주소(MAC 주소)를 IP 주소로 변환하는 프로토콜로서 호스트가 자신의 물리 네트워크 주소는 알지만 IP주소를 모르는 경우, 서버로부터 IP주소를 요청하기 위해 사용한다.

② RARP는 디스크와 같은 저장 장치가 없는 호스트에서 주로 사용되며 RARP 응답은 일반적으로 RARP 서버에서 생성한다.

③ IP주소로부터 물리 주소를 얻는 과정: 먼저 호스트는 자신의 MAC 정보를 담고 있는 RARP 요청(request) 메시지를 만들어 브로드캐스팅한다. RARP 서버는 요청자의 IP주소 정보를 담은 RARP 응답(reply) 메시지를 만들어 요청자의 MAC 주소로 유니캐스트 방식으로 응답한다.

(6) GARP(Gratuitous ARP)

① Gratuitous란 「불필요한」이란 의미이다. GARP란 별도의 프로토콜이 아닌 자신의 IP주소를 목적지로 하여 ARP 요청을 보내는 ARP이다. 다른 누군가의 MAC 주소를 알기 위한 것이 아니다. 주로 동일 네트워크 상에서 IP주소가 중복되는지 확인(자기 IP에 대해 요청했는데 응답이 있다면 중복)한다.

② 또 MAC 주소가 변경된 호스트가 GARP 패킷을 보내면 브로드캐스팅 도메인 상에 있는 호스트들은 ARP 캐시 테이블을 갱신하게 된다.

(7) ICMP(Internet Control Message Protocol)

① 개요

㉠ ICMP는 TCP/IP에서 IP 패킷을 처리할 때 발생되는 문제를 알려주는 프로토콜이다. 해당 호스트가 없거나, 해당 포트에 대기중에 서버프로그램이 없는 등의 에러 상황이 발생할 경우 IP헤더에 기록되어 있는 출발지 호스트로 이러한 에러에 대한 상황을 보내주는 역할을 수행한다.

㉡ ICMP는 종종 IP의 한 부분으로 간주되지만 ICMP 메시지가 IP 데이터그램에 담겨 전송되므로 구조적으로는 IP 바로 위에 있다.

㉢ 즉, TCP나 UDP 세그먼트가 IP 페이로드(데이터)로 전송되는 것처럼 ICMP 메시지도 IP 페이로드로 전송된다.

ⓔ 다음의 IP 데이터그램 「상위계층프로토콜」 필드가 1번인 IP 데이터그램을 받으면 TCP나 UDP로 역 다중화하는 것처럼 ICMP로 내용을 역 다중화한다.

〈 프레임(2계층)/IP 패킷(3계층)과 ICMP의 관계도 〉

② 메시지

　ⓐ ICMP 메시지는 크게 오류보고 메시지와 질의 메시지로 나눌 수 있다.

　ⓑ 오류보고 메시지는 라우터나 호스트가 IP 패킷을 처리하는 도중에 탐지하는 문제를 보고한다. 질의 메시지는 쌍으로 생성되는데 호스트나 네트워크 관리자가 라우터나 특정 호스트로부터 특정 정보를 획득하기 위해 사용된다.

〈 ICMP 메시지 형식 〉

a) 오류 보고메시지　　　　　　　　　　b) 오류 질의메시지

〈 ICMP 메시지 유형 〉

Type (10진수)	Code	내용	비고
0	0	에코 응답(ping에 대한)	질의 메시지
3	0~15	목적지 네트워크/호스트/포트 등 도달 불능	오류보고 메시지
4	0	출발지 억제(혼잡제어)	오류보고 메시지
5	0~3	재지정(경로 변경, redirect 메시지)	오류보고 메시지
8	0	에코 요청	질의 메시지
9	0	라우터 알림(Router advertisement)	오류보고 메시지
10	0	라우터 발견(Solicitation)	오류보고 메시지
11	0, 1	데이터그램의 시간 초과(TTL 만료)	오류보고 메시지
12	0, 1, 2	데이터그램의 파라미터 이상(Bad IP header)	오류보고 메시지
13	0	타임스탬프 요구	질의 메시지
14	0	타임스탬프 응답	질의 메시지

③ 오류보고 메시지

㉠ 개요
- IP가 신뢰성 없는 프로토콜이기 때문에 ICMP의 주된 임무 중 하나는 IP 데이터그램의 프로세싱 동안 발생하는 오류를 보고하는 것이다. 그러나 ICMP는 오류를 수정하는 것이 아니고 단지 보고를 할 뿐이다.
- 오류 수정은 상위 계층 프로토콜이 행한다. 오류 메시지는 항상 최초 근원지에 보내진다. 왜냐하면 데이터그램으로부터 알 수 있는 경로에 대한 정보는 근원지와 목적지 주소뿐이기 때문이다.

㉡ 목적지 도달 불가(타입 3): 가장 널리 사용되는 오류 메시지는 목적지 도달 불가이다. 이 메시지는 데이터그램이 최종 목적지에 도착하지 못하였는가에 대한 오류 메시지의 종류를 정의하기 위해 0부터 15까지의 다른 코드를 사용한다.

㉢ 출발지 억제(혼잡제어, 타입 4): 또 하나의 흥미로운 ICMP 메시지는 출발지 억제 메시지이다. 이 메시지는 혼잡제어가 발생한 라우터가 호스트에 전송속도를 늦추도록 ICMP 출발지 억제 메시지를 해당 호스트에 보낸다. 그러나 실제로는 잘 사용되지 않는다.

㉣ 재지정 메시지(타입 5): 이 메시지는 발신자가 메시지를 전송하기 위해 잘못된 라우터를 사용할 때 사용되는 메시지이다. 메시지 안에 디폴트 라우터가 포함되어 있어 라우터는 발신자에게 다음부터는 디폴트 라우터로 변경하여 보낼 것을 알린다.

㉤ 데이터그램의 시간초과 메시지(TTL 만료, 타입 11)
- 타임아웃이 발생하여 IP 패킷이 폐기되었음을 알리는 메시지이다. 코드값이 0 이면 IP 패킷이 최종 목적지에 도달하기 전에 폐기되었음을 알리는 것이고, 1이면 패킷 재조합 과정에서 타임아웃이 발생하여 해당 IP 데이터그램이 모든 폐기되었음을 알리는 것이다.
- 일반적으로 IP 데이터그램의 일부 단편이 전송 과정에서 손실될 경우, 재조합에 실패하여 발생하여 TTL 만료 메시지가 발생된다.

④ **질의 메시지**: 질의 메시지는 인터넷에서 호스트나 라우터가 활성화되었는지를 알아보거나 두 장치 사이의 IP 데이터그램이 단방향 시간인지 왕복 시간인지를 찾는다.

㉠ 우리가 잘 알고 있는 ping 프로그램은 타입 8, 타입 0의 쌍의 ICMP 메시지를 특정 호스트에 보낸다(타입8 코드0). 목적지 호스트는 에코 요청을 받고 나서 타입 0, 코드 0인 ICMP 에코 응답을 보낸다(표 〈ICMP 메시지 유형〉 참조).

㉡ ping과 traceroute와 같은 디버깅 도구에서 에코 요청과 에코 응답 메시지 쌍을 확인할 수 있다.

㉢ 타임스탬프 요구(타입 13) 및 응답(타입 14) 메시지는 주 시스템 간에 IP 데이터그램이 오고 가는데 필요한 왕복 시간을 결정한다.

7. IPv6

1990년대 초반 IETF(Internet Engineering Tack Force)는 IPv4 프로토콜의 다음 버전을 개발하기 시작했다. 개발의 주된 동기는 32비트 IP주소 공간이 인터넷에 접속하는 서브넷과 노드들로 인해 빠른 속도로 고갈되어 가고 있음을 깨닫고부터였다. IPv4 주소가 완전히 고갈되어 버릴 시점은 상당한 논란 거리였으며 IPv6를 개발하는 계기가 되었다.

(1) IPv6의 등장

① 기존 IPv4의 32비트 주소 크기를 4배 확장한 128비트 주소 크기를 사용하여 약 $3.4 \times 10^{38}(2^{128})$개의 주소가 생성 가능하다.

② 보안문제, 라우팅 효율성 문제, 서비스 질(QoS; Quality of Service) 보장, 무선 인터넷 지원과 같은 다양한 기능을 제공할 수 있어 차세대 인터넷 구현의 핵심적인 요소로 인식되고 있다.

③ IPv6로의 전환은 단계적으로 진행될 것으로 보인다. 현재는 이동전화, 가전제품 등에 IPv6의 도입이 추진되고 있으며 IPv6를 지원하는 운영체제 및 응용프로그램이 속속 개발되고 있다.

(2) IPv6의 특징

① 확장된 주소 공간

    ㉠ 128비트의 주소 체계를 갖는 IPv6는 IPv4의 주소 부족 문제를 해결할 수 있을 만큼의 주소 공간을 가진다. 즉, IPv4에서와 같이 IP주소를 절약하기 위해 사용되는 NAT와 같은 주소 변환 기술도 불필요하다.

    ㉡ IPv6의 주소할당 방식은 기존의 클래스별 할당을 지양하고 유니캐스트, 멀티캐스트 주소뿐만 아니라 새로운 주소 형태인 애니캐스트(Anycast)* 주소가 도입되었다.

② 간소화된 40바이트 헤더

    ㉠ IPv4의 많은 필드(패킷 단편화 및 체크섬 필드)가 생략되거나 옵션으로 남겨졌다. 체크섬 필드는 링크 계층에서 체크섬의 계산이 행해지므로 삭제되었다(패킷을 보내기 전에 전송에 적합한 크기를 알아내는 경로 MTU(Maximum Transfer Unit) 탐색기능을 추가).

    ㉡ 헤더를 40바이트의 고정된 크기로 변경하였는데, 이는 시스템에서 헤더 크기의 예측이 가능하여 라우터가 IP 데이터그램을 더 빨리 처리하게 해준다.

③ 흐름 라벨링(향상된 서비스의 지원)

    ㉠ 응용 프로그램이 특정 서비스 품질(QoS)을 요구하는 경우, 응용 프로그램에 의해 생성된 트래픽을 실시간 트래픽과 비 실시간 트래픽으로 구분하는 것이 필요하다.

    ㉡ 예를 들어 오디오/비디오 전송은 흐름(실시간 트래픽)으로 처리된다. 반면 파일 전송이나 전자 메일과 같은 예전의 애플리케이션은 흐름으로 처리되지 않는다(비 실시간 트래픽). 높은 사용자 우선 순위를 갖는 트래픽은 흐름(실시간 트래픽)으로 처리될 수 있다.

④ IPv6의 보안 기능

    ㉠ IPv4에서의 보안은 IPsec이라는 보안관련 프로토콜을 별도로 설치해 주어야 하는 부가적 기능을 필요로 하였으나 IPv6에서는 프로토콜 내에 보안관련 기능을 탑재할 수 있도록 설계되었다.

    ㉡ IPv6의 표준 확장 헤더를 통하여 네트워크 계층에서의 종단 간 암호화를 제공한다.

(3) IPv6 데이터그램 포맷

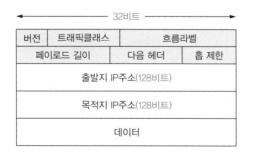

---

*   애니캐스트 주소
애니캐스트 주소로 명시된 데이터그램은 호스트 그룹의 어떤 이에게도 전달 가능하며, 수많은 미러사이트 중에서 가장 근접한 HTTP GET을 보내는 데 사용할 수 있다.

① 버전(4비트): IP 버전 번호를 인식한다. IPv6의 이 필드 값은 '6'이다.

② 트래픽 클래스(8비트): 실시간 트래픽을 우선 처리한다.

③ 흐름라벨(20비트): 데이터그램의 흐름을 인식하는데 사용한다.

④ 페이로드 길이(16비트): 고정길이 40바이트의 헤더 뒤에 나오는 데이터의 바이트 길이이다.

⑤ 다음 헤더: 데이터그램의 내용이 전달될 프로토콜(예 TCP 또는 UDP)을 구분한다. IPv4의 '상위계층 프로토콜' 필드와 동일하다.

⑥ 홉 제한: 라우터가 데이터그램을 전달할 때마다 1씩 감소한다. 홉 제한 수가 0보다 작아지면 데이터 그램을 버린다.

⑦ 출발지/목적지 IP 주소(128/128 비트): IPv6 데이터그램을 보낸 송신측 주소와 수신측 주소를 나타낸다.

⑧ 데이터: IPv6 데이터그램의 페이로드 부분이다.

8. IPv4에서 IPv6로의 전환

IPv4를 기반으로 인터넷이 어떻게 IPv6로 전환될 수 있을까? 이 문제는 IPv4 데이터그램을 보내고 라우팅하여 받을 수 있는 IPv6 시스템이 있는 반면 이미 IPv4로 구축된 시스템을 IPv6로 처리할 수 없다는 것에서 발생한다.

(1) 터널링(Tunneling)

① IPv6를 사용하는 두 호스트가 통신을 할 때 패킷이 IPv4의 지역을 지나는 경우에 사용 가능한 방법이다. 이 지역을 지나가기 위해서는 패킷은 IPv4 주소가 필요하다.

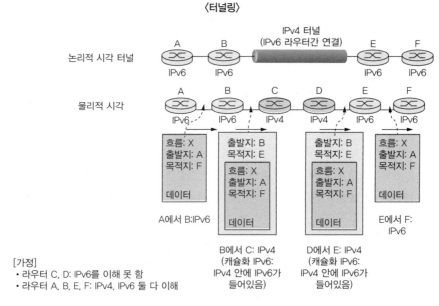

〈터널링〉

② 그림 〈터널링〉에서 두 IPv6의 두 노드(B, E)는 IPv6의 데이터그램을 이용하여 작동하며 이들은 IPv4라우터(C, D)들에 의해 연결되어 있다고 가정한다. 두 IPv6 사이에 있는 IPv4 라우터들을 터널이라 하며, 터널링은 다음과 같다.

㉠ 터널의 송신측에 있는 IPv6 노드(예 B)는 IPv6의 데이터그램을 받고 이것을 IPv4 데이터그램의 데이터 필드에 넣는다. IPv4 데이터그램에 목적지 주소를 터널의 수신측 IPv6 노드(예 E)로 적어서 터널의 첫 번째 노드(예 C)로 보낸다.

ⓒ 터널의 내부에 있는 IPv4 라우터는 데이터그램이 IPv6 데이터그램을 가지고 있다는 것을 알지 못한 채 이 IPv4 데이터그램을 처리한다.

ⓒ 터널의 수신 측에 있는 IPv6 노드(예 E)는 IPv4의 데이터그램을 받고 이 IPv4 데이터그램이 IPv6 데이터그램이라는 것을 확인하고 IPv6 데이터그램으로 변환한 다음 이것을 IPv6 노드에 보낸다.

※ 수신한 IPv4 데이터그램의 상위 프로토콜 번호가 41임을 보고(그림 〈IP 데이터그램〉의 상위 계층 프로토콜 필드에 기록) 수신한 IPv4 데이터그램이 IPv6 데이터그램임을 인지한다.

(2) 헤더 변환

① 인터넷의 대부분이 IPv6로 변경되고 일부만이 IPv4를 사용할 때 필요한 방법이다.

② 헤더 변환은 IP 계층에서의 변환으로, IPv4 패킷을 IPv6 패킷, 또는 그 반대로 변환하는 것이며, 그 규칙은 SIIT(Stateless IP/ICMP Translation)에서 정의하고 있다. SIIT는 IP 네트워크에서 IPv6 패킷과 IPv4 패킷을 상호 변환하는 기술이다.

(3) IPv4/IPv6 듀얼(이중) 스택

① 듀얼 스택에 의한 IPv6로의 전환은 IPv4 기반의 기존 장비들이 IPv6도 업그레이드하는 방식을 의미한다.

② 이는 추가 비용 부담이 적어 실제적인 IPv4 주소 부족에 직면하기 전인 IPv6 도입 초기에 IPv6 지원 방안으로 선호될 것으로 보인다.

③ IPv4/IPv6 듀얼 스택 단말은 IPv4와 IPv6 패킷을 모두 주고받을 수 있는 능력이 있다. IPv4 패킷을 사용해 IPv4 노드와 직접 호환이 되고, IPv6 패킷을 사용해 IPv6 노드와도 직접 호환된다. 이는 노드에서 서로 프로토콜에 적합한 패킷의 변화를 수행하는 방안으로, 110V/220V 전원을 동시에 지원하는 전자제품에 비유할 수 있다.

PART 05

4 링크 계층(2계층)

두 호스트 사이에서 데이터그램은 출발지 호스트에서 시작해서 일련의 유·무선 통신 링크와 패킷 스위치들(라우터와 스위치)을 거친 뒤에 목적지 호스트에 도착한다.

1. 노드와 링크

(1) 링크 계층 프로토콜을 실행하는 장치를 노드라고 하는데, 호스트, 라우터, 스위치, WiFi AP 등이 노드가 될 수 있다.

(2) 통신 경로 상의 인접한 노드들을 연결하는 통신 채널을 링크라고 한다. 데이터그램을 출발지 호스트에서 목적지 호스트로 이동시키기 위해서는 데이터그램을 종단 간 경로의 개별 링크로 이동시켜야 한다.

(3) 예를 들어 그림 〈무선 호스트와 서버 간 6개의 링크 계층 홉〉의 하단에 있는 기업망의 무선 호스트가 서버로 데이터그램을 전송하려면 6개의 개별 링크를 지나가야 한다. 즉, ① 송신호스트와 WiFi 접속점 사이의 WiFi 링크, ② 접속점과 링크 계층 스위치 사이의 이더넷 링크, ③ 스위치와 라우터 사이의 링크, ④ 라우터와 링크 계층 스위치 사이의 이더넷 링크, ⑤ 두 라우터간의 링크, 마지막으로 ⑥ 스위치와 서버 간의 이더넷 링크를 거쳐 간다.

(4) 한 링크에서 전송 노드는 데이터그램을 링크 계층 프레임으로 캡슐화해서 링크로 전송한다.

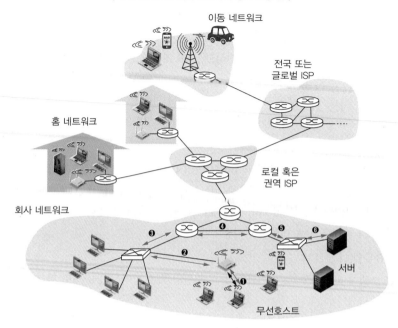

〈 무선 호스트와 서버 간 6개의 링크 계층 홉 〉

이동 네트워크

전국 또는
글로벌 ISP

홈 네트워크

로컬 혹은
권역 ISP

회사 네트워크

서버

무선호스트

2. 링크 계층이 제공하는 서비스

(1) 프레임화(데이터그램을 캡슐화): 프레임은 네트워크 계층 데이터그램이 들어 있는 데이터 필드와 헤더 필드로 구성되며, 링크 상으로 전송되기 전에 링크 계층 프레임으로 캡슐화된다.

(2) 링크 접속

① 매체 접속제어(MAC; Medium Access Control) 프로토콜은 링크 상으로 프레임을 전송하는 규칙에 대해서 명시한다. 점대점(PPP) 링크의 경우 MAC 프로토콜은 단순하며 또는 없을 수 있다.

② 하나의 브로드캐스트 링크(공유 매체)를 다수의 노드가 공유하는 경우(다중접속), MAC 프로토콜은 프레임 전송을 조정한다.

(3) 신뢰 전송

① TCP와 마찬가지로 확인응답(acknowledgement)의 재전송으로 가능하며 트랜스포트/네트워크 계층과 달리 오류가 발생한 링크에서 오류를 정정하며 무선 링크처럼 오류율이 높은 링크에서 주로 사용된다.

② 광·동축케이블 및 꼬임쌍선(twisted cable)과 같은 낮은 비트 오류율을 가진 링크에서는 불필요한 오버 헤드가 될 수 있으므로 대다수 유선 링크 계층 프로토콜은 신뢰 전달 서비스를 제공하지 않는다.

(4) 오류 검출과 정정

① 오류 검출: 링크계층 프로토콜에서는 일반적인 서비스로, 3, 4계층 방식(체크섬)보다 복잡하며 하드웨어로 구현한다.

② 오류 정정: 프레임 안의 오류 검출뿐만 아니라 프레임의 어느 곳에서 오류가 발생하였는지 정확하게 찾아낼 수 있으며 재전송 없이 오류를 정정할 수 있다.

3. MAC 프로토콜의 3가지 형태

(1) 채널 분할: TDMA(시분할 다중접속), FDMA(주파수분할 다중접속), CDMA(코드분할 다중접속)

(2) 랜덤 액세스: CSMA(Carrier Sense Multiple Access), CSMA/CD, CSMA/CA

① 채널을 분할하지 않고 사용하는 방법으로 각 호스트는 데이터를 전송하기 전에 채널 상태를 확인하고 채널이 비어 있으면 데이터를 전송한다.

② CSMA/CD(유선, carrier detect)와 CSMA/CA(무선, collision avoidance)로 분류된다.

　㉠ CSMA/CD의 충돌 해결과정

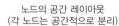
〈 충돌을 감지하는 CSMA/CD 〉

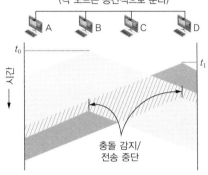

- 호스트 B는 상위 네트워크 계층으로부터 데이터그램을 수신하고 프레임을 생성한다. 호스트 B는 시간 t_0에서 채널이 idle 상태임을 확인하고 공유 채널 상으로 데이터를 전송한다. 이때 각 노드로 전자기파가 빛의 속도로 전파된다. 그림의 색 부분은 전자기파가 퍼지는 모습을 형상화한 것이다.
- 시간 t_1에서 호스트 B의 전자기파가 호스트 D에 아직 도착하지 않았으므로 호스트 D는 채널이 idle 상태라고 판단하고 공유 채널에 자신의 데이터를 전송하기 시작한다.
- 얼마 후 호스트 B와 D는 공유 채널 상에서 충돌이 발생됨을 인지하고 전송을 중지하고 대기 모드로 들어간다.

　※ CSMA에서는 충돌이 발생되어도 계속 진행은 되나 정상 전송은 안 된다.

- 호스트 B와 D는 잠시 기다렸다가 공유 케이블의 채널 상태를 확인하고 채널이 idle 상태라면 프레임 전송을 시작하고, 채널 상태가 busy라면 잠시 기다렸다가 채널이 idle 상태가 되었을 때 프레임 전송을 다시 시작한다.

　㉡ CSMA/CA의 충돌 해결과정('Chapter 03 무선통신 보안' 참조)

(3) 순번 프로토콜(Taking Turns)

① 폴링(Polling) 프로토콜: 하나의 장치(또는 프로그램, Master)가 충돌 회피 또는 동기화 처리 등을 목적으로 다수의 다른 장치(Slave)들의 상태를 주기적으로 검사하여 일정한 조건을 만족할 때 데이터를 보내는 방식이다.

　㉠ 장점: 랜덤 액세스의 장점을 가지면서도 충돌은 발생하지 않는다.

　㉡ 단점: 해킹 등으로 Master가 오작동하거나 다운되었을 때 전체가 동작하지 않는 위험성이 있다.

② **토큰(Token) 전달 프로토콜**: Special 노드 없이 모든 노드는 하나의 링으로 연결되어 있으며 Token이라는 특별 메시지를 가지고 있는 호스트만이 프레임을 전송한다.

    ㉠ 장점: Token을 가지고 있는 호스트만이 전송할 수 있으므로 '충돌'은 일어나지 않는다.

    ㉡ 단점: Token 분실 시 전송 불가 등 비현실적이며 Single Point Failure라는 취약요소를 가지고 있다.

〈 폴링 프로토콜(좌)과 토큰 전달 프로토콜(우) 〉

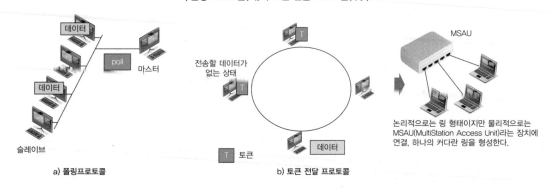

a) 폴링프로토콜

b) 토큰 전달 프로토콜

4. 링크 계층 구현 위치 및 어댑터 간 데이터 전송

(1) 대부분의 경우 링크 계층은 네트워크 인터페이스 카드(NIC)로 알려진 네트워크 어댑터(이더넷 카드, 801.11 카드)에 구현된다. 어댑터의 중심에는 링크 계층 제어기가 있으며 링크 계층 제어기는 링크 계층 서비스들(프레임화, 링크 접속, 오류 검출 등)의 대다수가 구현되어 있는 단일의 특수용도 칩이다. 호스트 시스템과는 버스로 연결된다.

〈 네트워크 어댑터: 다른 호스트 구성 요소 및 프로토콜 스택 기능과의 관계 〉

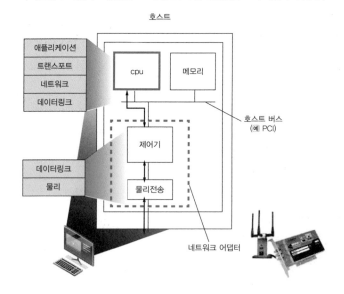

(2) 전송 측 어댑터는 데이터그램을 프레임에 캡슐화하고 에러체크 비트, 신뢰전송(Reliable Data Transfer) 및 흐름제어 등의 기능을 추가하여 인접한 노드로 보낸다. 수신 측 어댑터는 에러비트, 신뢰전송 및 흐름제어 등을 체크하고 프레임에서 데이터그램을 추출하여 이를 상위 네트워크 계층으로 전달한다.

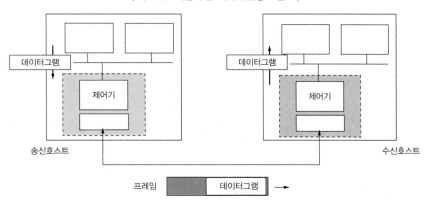

〈 네트워크 어댑터 간 데이터 전송 흐름도 〉

01 인터넷 프로토콜(IP)에 대한 설명으로 가장 옳지 않은 것은 무엇인가?

① 클래스 기반 주소 지정에서 처음 세 비트의 값이 '110'으로 시작하는 주소를 클래스 C주소라고 한다.

② IPv4의 데이터그램(Datagram)에서 첫 번째 필드는 선택사항(Option)을 포함한 헤더(Header)의 길이 값이다.

③ IPv6에서는 헤더(Header)가 40바이트로 고정되어 있어 헤더의 길이 필드가 불필요하다.

④ IPv6에서는 IPv4에서 사용하던 체크섬(Checksum) 필드가 삭제되었다.

02 다음 TCP/IP 프로토콜의 계층별 역할에 대한 설명 중 ㉠~㉢에 들어갈 내용으로 가장 적절하게 연결된 것은?

> **보기**
>
> • (㉠) 계층에서는 송·수신지 사이의 패킷을 전달한다. 이를 위해 IP주소 지정, 패킷화, 단편화가 제공된다.
> • (㉡) 계층에서는 근거리 통신망(LAN)에서 전송 매체에 데이터(프레임)을 송·수신하는 역할을 담당한다.
> • (㉢) 계층에서는 종단 간 통신 서비스 제공을 담당한다. TCP와 UDP가 대표적인 프로토콜이다.

	㉠	㉡	㉢
①	네트워크	데이터링크	전송
②	네트워크	전송	데이터링크
③	전송	데이터링크	네트워크
④	전송	네트워크	데이터링크

03 SMTP 클라이언트가 SMTP 서버의 특정 사용자를 확인함으로써 계정 존재 여부를 파악하는 데 악용될 수 있는 명령어는?

① HELO
② MAIL FROM
③ RCPT TO
④ VRFY

04 다음 중 OSI 7계층 모델에서 동작하는 계층이 다른 것은?

① L2TP
② SYN 플러딩
③ PPTP
④ ARP 스푸핑

05 OSI(Open Systems Interconnection) 참조 모델과 TCP/IP 프로토콜에 대한 설명으로 옳지 않은 것은?

① OSI 참조 모델은 국제 표준 기구인 ISO가 만든 모델이며, 서로 다른 컴퓨터 간의 기능을 여러 계층으로 구분하여 계층마다 표준화된 서비스와 프로토콜을 규정하였다.
② OSI 참조 모델은 Layer 1인 최상위의 응용 계층부터 Layer 7인 최하위의 물리 계층까지 7개 계층으로 구성된다.
③ 데이터링크 계층은 물리 계층에서 발생할 수 있는 오류를 발견하는 역할을 한다.
④ 네트워크 계층에서는 출발지부터 목적지까지 여러 링크를 경유하여 패킷을 포워드할 수 있으며, 이때 IP 주소와 같은 논리 주소가 이용된다.

01 정답 ②

② IPv4 데이터그램: 헤더는 기본 20B이며 60B까지 사용 가능하다. IPv4의 첫 번째 필드는 버전이다.

02 정답 ①

㉠ 네트워크(3계층): 네트워크 계층은 한 호스트에서 다른 호스트로 데이터그램을 라우팅하는 책임을 진다. 4계층의 세그먼트를 IP 패킷으로 캡슐화한다.
㉡ 데이터링크(2계층): MAC 주소를 이용하여 호스트에서 다른 호스트로 또는 라우터 간에 패킷을 전송하며 IP 패킷을 데이터 프레임 형식으로 캡슐화한다.
㉢ 트랜스포트(4계층): 클라이언트와 서버 간에 애플리케이션 계층 메시지를 전송하는 서비스를 담당하며 대표적인 프로토콜로는 TCP와 UDP가 있다.

03 정답 ④

④ VRFY: SMTP 수신자에게 편지함이 사용 가능한지를 확인하도록 요청할 때 사용하는 명령어이다.
① HELO: SMTP 송신자가 SMTP 세션을 초기화하기 위해 SMTP 수신자에게 보내는 전통적인 명령어이다.
② MAIL FROM: SMTP 송신자가 이메일 전송을 시작하기 위해 수신자한테 보내는 명령어이다.
③ RCPT TO: 받는 사람(Recipient)을 인증할 때 메일 주소를 전송한다.

04 정답 ②

L2TP, PPTP, ARP 스푸핑은 2계층과 관련되어 있고, SYN 플러딩은 4계층(전송 계층)과 관련된 공격이다.

05 정답 ②

OSI 참조 모델은 Layer 7인 최상위의 응용 계층부터 Layer 1인 최하위의 물리 계층까지 7개 계층으로 구성된다.

PART
05

06 다음 지문에서 설명하는 프로토콜은 무엇인가?

보기

가. TCP/IP 네트워크의 시스템이 동일 네트워크나 다른 시스템의 MAC 주소를 알고자 하는 경우에 사용한다.

나. IP주소를 물리적인 하드웨어 주소인 MAC 주소로 변환하여 주는 프로토콜이다.

① TCP/IP
② ARP
③ RARP
④ SMTP

06 정답 ②

② ARP(Address Resolution Protocol, 주소 결정 프로토콜): IP주소에 대응하는 MAC 주소를 응답해주는 프로토콜이다.

① TCP/IP(Transmission Control Protocol/Internet Protocol): TCP는 인터넷 전송계층에서 사용하는 통신 프로토콜이다. IP는 인터넷 네트워크 계층에서 사용하는 프로토콜로 이 둘을 합쳐서 TCP/IP로 부른다.

③ RARP(Reverse Address Resolution Protocol): ARP의 반대로, MAC 주소를 IP주소로 변환해주는 프로토콜이다.

④ SMTP(Simple Mail Transfer Protocol): 전자메일 송신 프로토콜이다

CHAPTER 02 라우팅

01 라우팅 알고리즘의 구분

1. 개관

(1) 라우팅(Routing)은 어떤 네트워크 안에서 통신 데이터를 보낼 때 최적의 경로(최소 비용)를 선택하는 과정이다.

(2) 최적의 경로는 주어진 데이터를 가장 짧은 거리로 또는 가장 적은 시간 안에 전송할 수 있는 경로이다. 라우팅 알고리즘은 테이블 구성 방법에 따라 정적 라우팅 알고리즘과 동적 라우팅 알고리즘으로 구분된다.

2. 정적 라우팅

(1) 정적 라우팅은 네트워크 관리자가 패킷의 경로를 임의로 결정하여 포워딩 테이블을 수동으로 구성하는 방식이다.

(2) 라우터 경로 정보를 주고받을 필요가 없어 효율이 높은 반면 적절한 경로 구현을 위해 전체 네트워크에 대한 완전한 지식이 요구되며 네트워크 규모가 커지면 설정 및 관리가 어려워진다.

3. 동적 라우팅

(1) 동적 라우팅은 라우팅 프로토콜(RIP, OSPF, BGP)을 이용하여 인접한 라우터들 사이에서 네트워크 정보를 상호 교환하며 포워딩 테이블을 자동으로 생성하고 유지하는 방식이다.

(2) 이 방식은 경로의 특성에 대한 정보를 주고받으며 상황에 따라 다른 경로를 선택할 수 있어 다중 경로에 적합한 반면, 불필요한 정보까지 라우터가 가지게 되어 데이터 전송 속도가 느려질 수 있는 단점도 가지고 있다.

02 유니캐스트 라우팅 알고리즘

라우팅 알고리즘의 목표는 송신자로부터 수신자까지 라우터의 네트워크를 통과하는 최소 비용 경로를 결정하는 것이다. 인터넷 통신을 하기 위해서는 전송 호스트에서 수신 호스트로 이동하기 위한 잘 정리된 일련의 라우터가 항상 존재해야 한다. 따라서 이러한 경로를 계산하는 라우팅 알고리즘은 근본적으로 중요하며 네트워킹 개념 상위 10개 목록에 포함될 또 하나의 후보이다.

1 컴퓨터 네트워크의 그래프 모델

1. 라우팅 문제를 나타내는 데에는 그래프가 사용된다. 그래프는 $G = (N, E)$로 나타내는데 N과 E는 각각 노드(node)와 에지(edge)의 집합이고 하나의 에지는 집합 N에 속하는 한 쌍의 노드로 표시된다.

2. 그래프상의 노드는 패킷 포워딩 결정이 이루어지는 지점인 라우터를 나타내며 이 노드들을 연결하는 에지는 라우터들 간의 물리 링크를 나타낸다(아래 그림 참조).

3. 집합 E에 포함된 어떤 에지(x, y)에 대하여 $c(x, y)$는 노드 x와 y 간의 비용을 의미한다. 만약 노드 쌍(x, y)가 E에 포함되어 있지 않다면 $c(x, y) = \infty$가 된다.

〈 컴퓨터 네트워크의 추상화된 그래프 모델 〉

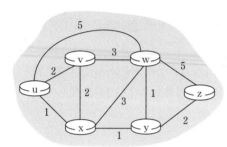

그래프: $G = (N, E)$
$N = $ 라우터 집합 $= \{u, v, w, x, y, z\}$
$E = $ 링크 집합
$\quad = \{(u, v), (u, x), (v, x), (v, w), (x, w), (x, y), (w, y), (w, z), (y, z)\}$

4. 경로 $(x_1, x_2, ..., x_p)$의 비용은 모든 경로 상에 있는 모든 에지 비용의 단순 합, 즉 $c(x_1, x_2) + ... + c(x_{p-1}, x_p)$이다. 어떤 두 노드 x, y가 주어지면 일반적으로 두 노드 간에 많은 경로들이 존재하고 각 경로는 비용을 갖는다. 이 비용 값이 최소인 경로가 최소 비용 경로이다. 최소 비용 경로는 하나 또는 여러 개가 될 수 있다. 예를 들면 그림 〈컴퓨터 네트워크의 추상화된 그래프 모델〉에서 출발지 노드 u와 목적지 노드 w 사이의 최소 비용 경로는 경로 비용이 3인 $(u \to x \to y \to w)$이다. 만약 그래프의 모든 에지가 같은 비용을 갖는다면 최소 비용 경로가 바로 「최단 경로(shortest path)」가 된다. 즉, 출발지와 목적지 사이에서 최소 개수의 링크만을 포함하는 경로가 된다.

2 링크 상태 라우팅 알고리즘(다익스트라 알고리즘, Dijkstra's algorithm)

링크 상태 라우팅을 이용하여 최소 비용 트리를 작성하기 위해 각 노드는 각 링크의 상태를 알아야 하기 때문에 네트워크의 완전한 맵이 필요하다. 링크의 상태 집합을 링크상태 데이터베이스(LSDB; Link-State DataBase)라 부른다. 링크 상태 알고리즘에서는 네트워크 토폴로지와 모든 링크 비용이 알려져 있어서 링크 상태 알고리즘의 입력값으로 사용될 수 있다.

1. 다익스트라 알고리즘

(1) 다익스트라 알고리즘은 하나의 노드(출발지, u라고 지칭)에서 네트워크 내 모든 다른 노드로의 최소 비용 경로를 계산한다. 다익스트라 알고리즘은 반복적이고, 알고리즘의 k번째 반복 이후에는 k개의 목적지 노드에 대해 최소 비용 경로가 알려진다. 이 k개의 경로는 모든 목적지 노드로의 최소 비용 경로 중에서 가장 적은 비용을 갖는 것이다.

(2) 링크 상태 방식을 사용하는 프로토콜로 OSPF(Open Shortest Path First)가 있다.

(3) 기호 설명

① $D(v)$: 알고리즘의 현재 반복 시점에서 출발지 노드부터 목적지 v까지의 최소 비용 경로의 비용

② $p(v)$: 출발지에서 v까지의 현재 최소 비용 경로에서 v의 직전 노드(r의 이웃)

③ N': 노드의 집합. 출발지에서 v까지의 최소 비용 경로가 명확히 알려져 있다면, v는 N'에 포함

(4) 다익스트라 알고리즘의 예

① 그림 〈다익스트라 알고리즘의 예〉의 step0를 보면 u에 연결된 노드는 v, w, x이며 최소 비용(=3)으로 연결된 노드는 w임을 알 수 있다.

② 따라서 step1의 노드 집합 N'는 step0의 N'인 u에 w를 추가한 uw가 된다. step1에서 노드 집합 uw에 연결된 노드는 v, x, y이며 이중 최소 비용(=5)으로 연결된 노드는 x임을 알 수 있다.

③ 동일한 방법으로 step2의 노드 집합 N'는 uwx가 된다. step2에서 노드집합 uwx에 연결된 노드는 v, y, z이며 이중 최소 비용(=6)으로 연결된 노드는 v이다. 따라서 step3의 노드 집합 N'는 $uwxv$가 된다.

④ 이와 같은 방법으로 진행하면 노드 집합 $uwxvyz$의 최소 비용은 12로 입력 노드 u에서 출력 노드 z로 가는 최단 경로는 $u \rightarrow w \rightarrow x \rightarrow v \rightarrow y \rightarrow z$임을 알 수 있다.

〈 출발지 노드 u를 위한 링크 상태 알고리즘(다익스트라 알고리즘) 〉

```
1   Initialization :              // 초기화
2       N' = {u}                  // 출발지 노드를 노드 집합 N'에 세팅
3       for all nodes v           // 모든 노드 v에 대하여
4           If v adjacent to u     // 노드 v가 노드 u에 이웃하였다면
5               then D(v) = c(u,v)
6           else D(v) = ∞
7

8   Loop                          // N'에 각 노드들을 추가하면서 D(v)값 계산
9       find w not in N' such that D(w) is a minimum
10          add w to N'
11      update D(v) for all v adjacent to w and not in N' :
12          D(vamin( D(v), D(w) + c(w,v) )
13  /* new cost to v is either old cost to v or known
14      shortest path cost to w plus cost from w to v */
15  until all nodes in N'
```

〈 다익스트라 알고리즘의 예 〉

Step	N'	$D(v)$ $p(v)$	$D(w)$ $p(w)$	$D(x)$ $p(x)$	$D(y)$ $p(y)$	$D(z)$ $p(z)$
0	u	7,u	3, u	5,u	∞	∞
1	uw	6,w		5, u	11, w	∞
2	uwx	6, w			11, w	14, x
3	uwxv				10, v	14, x
4	uwxvy					12, y
5	uwxvyz					

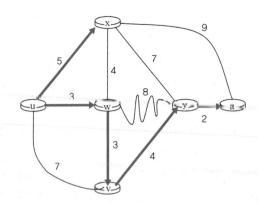

2. 링크 상태 알고리즘의 장·단점

(1) 장점: 거리와 대역폭에 따라 경로를 계산하고 라우팅 정보변환 시 변경 정보를 전달한다.

(2) 단점: 모든 라우팅 정보를 관리해야 하므로 메모리가 소모되며 계산으로 인한 CPU 로드가 소요된다.

3 거리 벡터(DV; Distance-vector) 알고리즘

1. 개요

(1) 네트워크를 항상 가용하기 위해서는 네트워크 전체 정보를 이용하는 정적 라우팅(링크 상태 알고리즘)만으로 라우팅을 유지하기에는 힘들다.

(2) 거리 벡터 알고리즘은 말 그대로 거리와 방향만을 위주로 만들어진 알고리즘으로 라우터가 자신과 직접 연결된 주변 라우터에게 라우팅 정보를 교환하면서 라우팅한다.

(3) 각 노드는 하나 이상의 직접 연결된 이웃이 주는 정보로 계산하고 이웃에게 계산결과를 알린다는 점에서 '분산적'이고, 이웃끼리 정보를 교환하지 않을 때까지 프로세스가 지속된다는 점에서 '반복적'이며, 모든 노드가 서로 톱니바퀴 모드로 동작할 필요가 없다는 점에서 '비동기적'이라고 할 수 있다.

(4) 거리 벡터 방식을 사용하는 대표적인 프로토콜로는 RIP가 있다. RIP는 거리 벡터 방식의 내부 라우팅 프로토콜 중에 가장 간단하게 구현된 방식이다.

구분	내용
컨버전스 타임*	RIP는 매 30초에 한 번씩 업데이트가 일어나므로 컨버전스에 많은 시간이 걸리지만, OSPF는 변화가 생길 때 바로 전달이 가능하기 때문에 훨씬 빠르다.
네트워크 크기	RIP는 최대 15개의 홉 카운트밖에 넘어가지 못해서 네트워크 크기에 제한이 있는 반면, OSPF는 이러한 제한이 없다.
사용 대역폭	RIP는 매 30초마다 브로드캐스트가 발생하여 대역폭 낭비가 많지만, OSPF는 네트워크에 변화가 있을 때만 정보를 멀티캐스트로 전송하기 때문에 훨씬 실용적이다.
경로 계산방식	RIP는 홉 카운트만을 따지기 때문에 속도나 릴레이에 상관없이 홉카운트가 적은 것을 선호하나, OSPF는 많은 관련요소를 합쳐서 경로 선택을 하므로 더 정확한 경로 선택이 가능하다.
적용가능 네트워크	OSPF는 비싸고 구현이 복잡하여 작은 네트워크에서는 RIP가 더 효율적일 수 있다. OSPF는 대규모 네트워크에 적합하다.
라우팅 알고리즘	RIP: 벨만–포드 알고리즘 / OSPF: 다익스트라 알고리즘

2. 거리 벡터 알고리즘의 장 · 단점

구분	내용
장점	• 거리 벡터 알고리즘을 사용하는 관리자의 지식 수준이 높지 않아도 되며 거리벡터를 이용한 토폴로지 구성이 어렵지 않다. • 소요 메모리 및 CPU 사양 등 시스템 요구 사항이 낮다.
단점	• 낮은 시스템 요구 사양으로 대형 네트워크를 구성하기 어렵고 주기적 업데이트로 전체 라우터의 수렴이 늦어 질 수 있다. • 수렴 속도가 늦어서 네트워크를 확장하는 데 상당히 제한적이며 느린 수렴성 때문에 라우터 간에 라우팅 루트가 발생한다.

3. 거리 벡터

거리 벡터는 최소 비용트리에서처럼 목적지까지의 경로를 제공하지는 않는다. 거리 벡터는 단지 목적지까지의 최소 비용만을 제공한다.

〈 트리에 대응하는 거리 벡터 〉

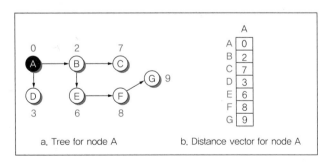

a. Tree for node A   b. Distance vector for node A

---

* 컨버전스 타임
라우터 간에 서로 변경된 정보를 주고받는 데 걸리는 시간을 의미한다.

4. 벨만–포드 방정식(Bellman–Ford equation)에 의한 최소 비용경로 계산

(1) 기호 설명

$$d_x(y) = \min_v \{c(x, v) + d_v(y)\}$$

① $d_x(y)$: 노드 x로부터 노드 y까지 최소 비용 경로의 비용

② $c(x, v)$: 노드 x로부터 이웃한 노드 v까지의 비용

③ $d_v(y)$: 이웃한 노드 v로부터 목적 노드 y까지의 비용

④ $\min_v \{a, b, c, \dots\}$: $a, b, c, \dots$ 중에서 가장 작은 값을 선택

(2) 벨만–포드 방정식에 의한 최소 비용 계산

> 예 앞의 그림 〈컴퓨터 네트워크의 추상화된 그래프 모델〉의 노드 u로부터 노드 z까지의 최소 비용값을 위 방정식으로 구해 본다.
>
> [해설] 먼저, 그림으로부터 $d_v(z)=5$, $d_x(z)=3$, $d_w(z)=3$이 됨을 직관적으로 알 수 있다. 다음 노드 u로부터 노드 z까지의 최소 비용 값은 정의의 관계식으로부터 아래와 같이 계산 가능하다.
>
> $$d_u(z) = \min\{c(u, v)+d_v(z), c(u, x)+d_x(z), c(u, w)+d_w(z)\}$$
> $$= \min\{2+5, 1+3, 5+3\} = 4$$
>
> 즉, 노드 u로부터 노드 z까지의 최소 비용값은 4이다. 검증은 다익스트라 알고리즘으로 각자가 해보길 바란다. 동일 값이 나옴을 알 수 있을 것이다.

4 라우팅 프로토콜

인터넷과 같이 규모가 큰 네트워크에서 패킷을 효율적으로 전달하기 위해서 포워딩 테이블은 반드시 동적으로 갱신되어야 한다. 이와 같이 네트워크 정보를 생성, 교환 그리고 제어하는 프로토콜을 총칭하여 라우팅 프로토콜이라 한다.

〈 라우터 프로토콜별 동작 범위 〉

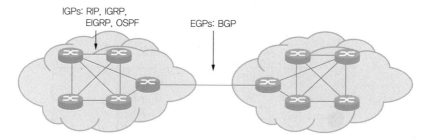

1. 자율시스템(AS; autonomous system)

(1) 하나의 라우팅 프로토콜을 이용하여 인터넷의 모든 라우터를 관리하는 것은 현실적으로 어렵기 때문에 여러 개의 AS로 나누어 계층적으로 관리하고 있다.

(2) 각 AS는 동일한 관리 도메인에 속해 있는 라우터의 집합으로 구성되며 전세계적으로 고유한 AS번호(ASN)로 식별된다.

(3) 하나의 ISP의 라우터와 그들을 연결하는 링크가 하나의 AS를 이룬다.

2. 인터넷에서의 AS 내부 라우팅(intra-AS routing protocol)

AS 내(intra-AS) 라우팅 프로토콜은「내부 게이트 프로토콜(IGP; Interior Gateway Protocol)」로도 알려져 있으며 가장 널리 사용 중인 프로토콜로 RIP, OSPF, IGRP, EIGRP가 있다.

(1) 개방형 최단 경로 우선(OSPF; Open Shortest Path First) 프로토콜: OSPF 라우팅과 그의 사촌격인 IS-IS는 인터넷에서 intra-AS 라우팅에 널리 사용되는 프로토콜로, 링크 상태 정보를 flooding하고 다익스트라 최소 비용 경로 알고리즘을 사용하여 전체 AS에 대한 완벽한 토폴로지 지도(그래프)를 얻는다.

① 주요 특징

ㄱ 네트워크에 변화가 생겼을 경우에만 전체 네트워크에 flooding함으로써 라우팅 정보를 신속하게 갱신하며 수렴 시간과 라우팅 트래픽 양을 조절한다.

ㄴ OSPF는 보안을 위해 인증*을 지원하고 주소 지정은 클래스 기반의 IP주소방식, 서브넷 단위 및 CIDR을 지원한다.

ㄷ 유니캐스트와 멀티캐스트(MOSPF; Multicast OSPF)를 통합 지원한다. MOSPF는 OSPF의 링크 상태 브로드캐스트에 새로운 형태의 링크 상태 알림을 추가하였다.

ㄹ 단일 AS 내에서의 계층 지원이 가능하다.

② OSPF의 계층 구조

ㄱ OSPF의 AS는 계층적인 영역(Area)으로 구성될 수 있다. 각 영역 내의 라우터들은 같은 영역 내의 라우터들에게만 링크 상태를 브로드캐스팅한다.

ㄴ 각 영역의 경계 라우터(Area Border Router)가 영역 외부로의 패킷 라우팅을 책임지며 AS에서 오직 하나의 OSPF 영역만이 백본 영역으로 설정된다.

ㄷ AS 내 영역 간 라우팅: 먼저 경계 영역 라우터로 패킷을 라우팅하고(영역 내 라우팅) 백본을 통과하여 목적지 영역의 경계 라우터로 라우팅한 후 최종 목적지로 라우팅한다(그림〈OSPF의 계층 구조〉).

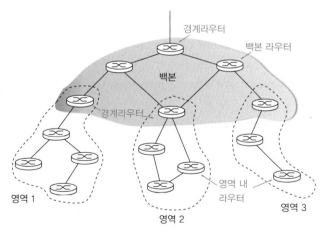

〈 OSPF의 계층 구조 〉

---

* 라우터 인증
  인증을 통과한 라우터들만이 AS 내부의 OSPF 프로토콜에 참여 가능하다.

(2) 라우팅 정보프로토콜(RIP; Routing Information Protocol)

① 개요

㉠ RIP는 처음에 제록스사의 XNS(Xerox Network System)에서 사용하기 위한 라우팅 프로토콜로 개발되었다. 후에 RIP는 BSD버전 UNIX의 TCP/IP 프로토콜 환경에서 'routed'라는 프로세스 형태로 구현되면서 일반에 널리 알려지게 되었다. RFC 1058로 인터넷의 표준 라우팅 프로토콜로서 받아들여졌다.

㉡ RIP에는 IPv4에서 사용할 수 있는 RIP버전1, 버전2와 IPv6에서 사용할 수 있는 RIPng(RIP next generation)가 있다. 프로토콜의 기본 동작은 세 버전에서 거의 동일하지만 전송하는 메시지의 포맷이 조금씩 다르다.

② RIP 동작 방법

㉠ RIP는 거리값에 근거한 프로토콜로서, 이는 목적지까지의 거리가 최적 경로 결정의 판단기준이 됨을 의미한다. RIP에서는 거리값으로서 각 경유 네트워크에 1이란 값을 부여하는데, 이를 홉(Hop)이라 한다.

㉡ 즉, 어떤 목적지까지의 홉(경로값)이 2라면, 그 목적지까지 가기 위해서는 2개의 네트워크를 경유함을 알 수 있으며 RIP에서는 요청과 응답이라는 2가지 종류의 패킷 형태만이 존재한다.

③ 홉 카운트 제한(Hop count limit)

㉠ RIP에서는 거리값을 계산하기 위한 수단으로 홉을 사용하는데 이 홉은 망을 하나씩 통과할 때마다 1씩 증가하게 된다. 이 홉 계수에 제한이 없으면 라우터가 고장났을 때 홉 계수가 무한히 증가하는 경우가 발생한다.

㉡ 따라서 RIP에서는 이를 방지하기 위해 증가할 수 있는 최대 홉 크기를 15로 제한하고 있으며, 16은 무한대(연결 없음)로 생각한다. 이러한 이유로 RIP는 AS에서 사용된다. AS는 15홉 이내의 반지름을 가지게 된다.

④ 포워딩 테이블: RIP의 포워딩 테이블에는 3개의 열이 있다. 첫 번째 열은 목적지 네트워크 주소, 두 번째 열은 패킷이 다음번 도착해야 할 라우터의 주소, 세 번째 열은 목적지 네트워크에 도달하기 위해 '홉'의 수로 표현되는 비용이 표시된다.

(3) 내부 게이트웨이 라우팅 프로토콜(IGRP; Interior Gateway Protocol)

① IGRP는 대형 망에서 사용할 때 RIP의 제약(최대 홉 수가 15개)을 부분적으로나마 극복할 목적으로 시스코사가 발명한 거리 벡터 내부 게이트웨이 프로토콜(IGP)이다.

② IGRP 라우티드 패킷의 최대 홉 수는 255(기본값 100)이며 라우팅 업데이트는 (기본값으로) 90초마다 브로드캐스트한다. 하나의 메트릭 값만을 사용하는 대신 다섯 가지의 네트워크 파라미터를 이용하여 거리 벡터를 계산한다.

(4) 강화 내부 경로 제어 통신 규약(EIGRP; Enhanced IGRP)

① 시스코사가 만든 원래의 IGRP를 기반으로 한 개방형 라우팅 프로토콜이다.

② EIGRP는 라우터 내 대역폭 및 처리 능력의 이용뿐 아니라, 토폴로지(망 구성 방식)가 변경된 뒤에 일어나는 불안정한 라우팅을 최소화하는 데 최적화된 고급 거리 벡터 라우팅 프로토콜이다.

3. 인터넷 서비스 제공업자(ISP) 간의 라우팅(Inter-AS Routing Protocol): BGP

(1) OSPF가 AS 내부 라우팅 프로토콜의 예라고 배웠다. 동일한 AS 내에 있는 출발지와 목적지 사이에서 패킷을 라우팅할 때, 패킷이 전송되는 경로는 전적으로 AS 내부 라우팅 프로토콜에 의해 결정된다.

(2) 그러나 패킷이 여러 AS를 통과하도록 라우팅할 때, 여러 AS 간의 협력이 수반되므로 통과하는 AS들은 「AS간 라우팅 프로토콜(Inter-AS Routing Protocol)」을 수행해야만 한다.

(3) 사실 인터넷의 모든 AS들은 「경계 게이트웨이 프로토콜(Border Gateway Protocol)」이라고 불리는 「동일한 AS 간 라우팅 프로토콜(Inter-AS Routing Protocol)」을 이용한다. 일반적으로 BGP로 더 잘 알려져 있다.

〈 포워딩 테이블을 이용한 상이한 AS 라우터 간 통신 〉

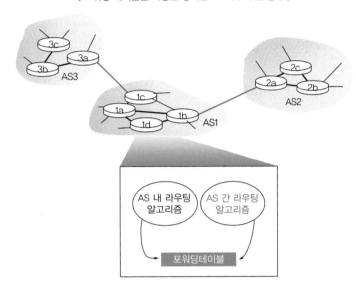

(4) BGP는 인터넷에 있는 수천 개의 ISP들을 연결하는 프로토콜이므로 인터넷 프로토콜 중 가장 중요하다고 말할 수 있다(유일한 경쟁자는 인터넷 프로토콜(IP)일 것이다).

(5) 또한 BGP는 거리 벡터 라우팅과 같은 줄기에서 나왔다고 볼 수 있는 '분산형 비동기식 프로토콜'이다.

4. 라우터 연결 형태에 따른 BGP의 분류(eBGP, iBGP)

BGP에서 라우터 쌍들은 포트 번호가 179번이고 반영구적인 TCP 연결을 통해 라우팅 정보를 교환한다. 이 연결을 'BGP 연결(BGP connection)'이라고 하며 연결 형태에 따라 외부 BGP(eBGP) 및 내부 BGP(iBGP) 연결로 구분된다.

(1) **두 개의 AS에 걸친 BGP 연결**: 외부 BGP(eBGP; externalBGP)와 연결된다.

(2) **같은 AS 내의 라우터 간 BGP 연결**: 내부 BGP(iBGP; internalBGP)와 연결된다.

〈 외부 BGP(eBGP)와 내부 BGP(iBGP) 간의 연결 〉

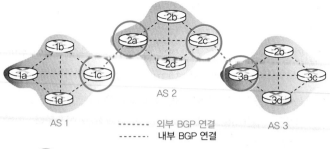

AS 1

------- 외부 BGP 연결
------- 내부 BGP 연결

 외부 BGP(eBGP)와 내부 BGP(iBGP)에서 동작하는
게이트웨이(라우터)

01 다음 중 동적 라우팅(Dynamic Routing)의 특징에 대한 설명이 아닌 것은?

① 대부분 라우터에서 사용되며 환경이 수시로 변화하는 환경에 적합

② 네트워크 환경 변경 혹은 트래픽이 변경되는 경우에 자동으로 경로 변경

③ 패킷을 전달하는 경로가 여러 개 있을 경우 가장 큰 효과가 있음

④ 환경 변화가 적거나 상호 연결 네트워크가 작은 형태에 적합

02 동적 라우팅 프로토콜 중에 링크 상태(Link State) 라우팅 프로토콜은 무엇인가?

① RIP(Routing Information Protocol)

② EIGRP(Enhanced Interior Gateway Routing Protocol)

③ OSPF(Open Shortest Path First)

④ BGP(Border Gateway Protocol)

정답 및 해설

01 정답 ④

④ 비교적 환경 변화가 적은 형태의 네트워크에 적합한 것은 정적 라우팅의 특징이다.

02 정답 ③

③ 개방형 최단 경로 우선(OSPF) 프로토콜: OSPF 라우팅과 그의 사촌격인 IS-IS는 인터넷에서 intra-AS 라우팅에 널리 사용되는 프로토콜이다.

PART 05

03 라우터에 사용되는 라우팅 프로토콜 중 가장 작은 Administrative Distance값을 가진 라우팅 프로토콜은?

① OSPF(Open Shortest Path First)
② IGRP(Interior Gateway Routing Protocol)
③ RIP(Routing Information Protocol)
④ Static Route

04 CIDR을 지원하는 라우팅 프로토콜이 아닌 것은?

① RIPv1
② IS-IS
③ OSPF
④ BGP-4

05 동적 라우터는 Routing Protocol을 사용하여 Routing 정보를 수집한다. 다음 중 동적 라우터에서 사용하는 Routing Protocol이 아닌 것은?

① IPX/SPX
② RIP
③ OSPF
④ BGP

06 정적 라우팅과 동적 라우팅에 관한 설명으로 옳지 않은 것은?

① 정적 라우터는 라우팅 테이블을 직접 작성하고 갱신해야 한다.
② 동적 라우팅 프로토콜은 라우터 사이에서 징기적으로 라우팅 정보를 교환한다.
③ 정적 라우팅에서 라우팅 테이블은 RIP와 OSPF가 담당한다.
④ 일반적으로 규모가 큰 네트워크에서는 동적 라우팅을 사용한다.

07 OSPF 프로토콜이 최단경로 탐색에 사용하는 기본 알고리즘은?

① Bellman-Ford 알고리즘
② Dijkstra 알고리즘
③ 거리 벡터 라우팅 알고리즘
④ Floyd-Warshall 알고리즘

08 라우팅 프로토콜 중 홉(Hop)의 수에 제한을 받는 것은?

① SNMP

② RIP

③ SMB

④ OSPF

03 정답 ④

④ Static Route: 네트워크 관리자가 직접 타이핑해 네트워크 경로를 지정해주며, 아주 소규모 네트워크에 적합하고 속도가 빠름

① OSPF: 규모가 크고 복잡한 TCP/IP 네트워크에서 RIP의 단점을 개선한 라우팅 프로토콜

② IGRP(Interior Gateway Routing Protocol): 내부 게이트웨이 라우팅 규약

③ RIP: 경유하는 라우터의 대수(hop의 수량)에 따라 최단 경로를 동적(動的)으로 결정하는 거리 벡터 알고리즘을 사용

04 정답 ①

좀 오래된 EGP, IGRP, RIPv1은 CIDR을 지원하지 않는다. CIDR은 널리 사용되고 있는 EGP인 BGP-4에 의해 지원되고 OSPF에 의해서도 지원된다.

05 정답 ①

① IPX/SPX: Novell사에서 개발한 서버용 운영체제인 NetWare용으로 개발된 네트워크 프로토콜이다. IPX는 네트워크층, SPX는 전송계층에서 사용된다. 즉, IPX/SPX를 TCP/IP에 1:1 대응시키면 IPX는 IP, SPX는 TCP에 각각 대응된다.

06 정답 ③

③ 최소 비용을 계산하는 라우팅 알고리즘인 RIP와 OSPF는 동적 라우팅에서 사용된다. OSPF는 단일 ISP 네트워크에서 사용되며 BGP는 인터넷의 모든 네트워크를 상호 연결하는 라우팅 프로토콜이다.

07 정답 ②

② 최단경로를 탐색하는 링크상태 라우팅 알고리즘으로는 다익스트라 알고리즘이 대표적이며, 링크상태 방식을 사용하는 프로토콜로 OSPF를 사용하고 있다.

08 정답 ②

② RIP에서는 거리값을 계산하기 위한 수단으로 홉을 사용하는데 이 홉은 망을 하나씩 통과할 때마다 1씩 증가하게 된다. 이 홉 계수에 제한이 없으면 라우터가 고장났을 때 홉 계수가 무한히 증가하는 경우가 발생한다. 따라서 RIP에서는 이를 방지하기 위해 증가할 수 있는 최대 홉 크기를 15로 제한하고 있으며 16은 무한대(연결 없음)로 생각한다. 이러한 이유로 RIP는 AS에서 사용된다. AS는 15홉 이내의 반지름을 가지게 된다.

CHAPTER 03

무선통신 보안

네트워킹 관점에서 볼 때, 이동 및 무선 네트워크에서 발생하는 문제점과 그 해결책은 기존의 유선 컴퓨터 네트워크에서의 양상과는 상당히 다르며, 특히 데이터 링크 계층과 네트워크 계층에서 두드러진 차이점을 가진다. 실제로 네트워크 단말기가 무선이지만 이동성을 지원하지 않는 환경도 있고 무선랜이 필요 없는 제한된 형태의 이동성을 가진 네트워크 환경도 있다. 이번 장에서는 먼저 무선 네트워크의 유형과 구성요소, 통신 링크의 특성 및 무선 랜 덕분에 가능해진 이동통신 암호화 방식, 무선랜 인증기술 등 보안대책을 알아보기로 한다.

01 무선 통신

1 무선 네트워크 유형 및 구성요소

1. 무선 네트워크 유형

데이터 전송의 범위에 따라 무선 네트워크는 크게 WPAN(Wireless Personal Area Network), WLAN(Wireless LAN) 및 WMAN(Wireless Metropolitan Area Network)의 3가지 유형으로 나눌 수 있다.

〈 무선 네트워크 유형별 특징 〉

무선 네트워크 구조	내용	사용 예제
WPAN	단거리 Ad Hoc 방식 또는 Peer to Peer 방식	• 노트북 간의 데이터 전송이나 핸드폰과 헤드셋과 같이 한 쌍을 이루는 무선 단말기에 사용 • 블루투스는 마우스와 키보드에서 유선 라인을 대신해 사용함
WLAN	유선랜의 확장개념 또는 유선랜의 설치가 어려운 지역으로의 네트워크 제공	WLAN은 임시 사무실과 같은 환경에서 유선랜 구축으로 인해 발생하는 불필요한 비용소모를 줄임
WMAN	대도시와 같은 넓은 지역을 대상으로 높은 전송속도를 제공	대학 캠퍼스와 같이 넓은 지역에서 건물 간의 무선 연결 기능을 제공

2. 무선 네트워크 구성요소

그림 〈무선 네트워크 환경(예)〉에는 무선 데이터 통신과 이동성의 주제를 고려하기 위한 네트워크 환경이 예시되어 있다. 무선 네트워크는 다음과 같은 구성요소로 이루어진다.

〈 무선 네트워크 환경(예) 〉

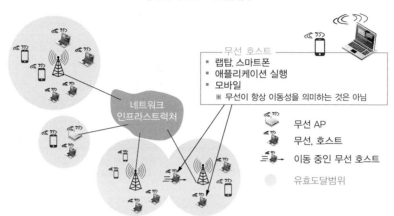

Wireless and Mobile Networks 7-46

(1) 무선 호스트(Wireless Host): 호스트는 애플리케이션을 실행하는 종단시스템으로 랩탑, 태블릿, 스마트폰 또는 데스크탑 컴퓨터일 수 있으며 이동성을 가질 수도 있고 가지지 않을 수도 있다.

(2) 무선 랜(Wirelss Link)

　① 호스트는 무선통신 링크를 통해 기지국(Base Station)이나 다른 무선 호스트에 연결된다. 여러 가지 무선 랜 기술들은 전송 속도와 전송거리 면에서 차이가 있다.

　② 다음 그림 〈무선 네트워크 표준들의 링크 특징〉은 자주 사용되는 무선 랜 표준들의 주요 특징, 즉 전송속도와 전송영역에 대한 대략적인 성능을 보여주고 있다.

　　㉠ 무선 랜은 네트워크 경계에 있는 호스트를 중심부에 있는 네트워크 기반 구조로 연결해 준다.

　　㉡ 또한 무선 랜은 네트워크 내부에서도 사용될 수 있으며 라우터나 스위치 등 다른 네트워크 장치들 사이를 연결해 준다고도 말할 수 있다.

(3) 기지국

　① 기지국은 무선 네트워크 기반구조의 핵심이다. '무선 호스트가 어떤 기지국에 연결되어 있다.' 라는 것은 1) 호스트가 해당 기지국의 무선통신 영역 안에 있으며, 2) 호스트가 자신과 네트워크 간의 중계를 위해 해당 기지국을 사용했다는 것을 의미한다.

　② 기지국의 예로 셀룰러 네트워크에서의 '셀 타워(cell tower)', 무선 네트워크에서의 'AP(Access Point)'가 있다.

(4) 네트워크 기반구조(network infrastructure): 이것은 무선 호스트가 통신하고자 하는 큰 네트워크이다.

〈 무선 네트워크 표준들의 링크 특징 〉

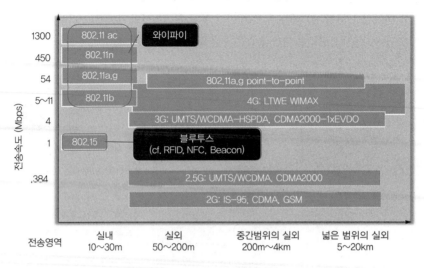

2 무선 랜

1. 개관

(1) 유선 이더넷 스위치가 있는 단순한 유선 네트워크의 유선 이더넷을 무선 IEEE 802.11 네트워크로 대체하면 무선 네트워크가 된다.

(2) 이 경우 무선 억세스포인트(AP)는 이더넷 스위치를 대체하게 되며 네트워크 계층 또는 그 상위 계층을 변경할 필요가 없다.

(3) 즉, 유선 네트워크와 무선 네트워크의 중요한 차이점을 파악하기 위해서는 링크 계층만 집중적으로 고려하면 된다는 것이다.

〈 802.11 무선 랜 〉

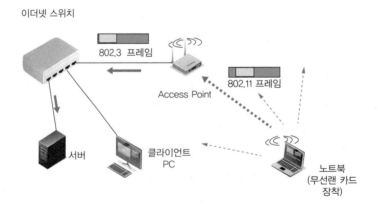

2. 무선 랜의 특성

(1) 신호 세기의 감소: 전자기파는 자유 공간을 따라 전파하면서 거리가 증가함에 따라 신호의 세기가 감소한다. 이런 현상을 경로 손실(Path Loss)이라 한다.

(2) 다른 출발지로부터의 간섭: 동일 주파수 대역으로 전송되는 무선 신호들은 서로 간섭하게 되며 의도하지 않은 사용자도 수신 가능하다.

(3) 다중경로 전파: 송신자와 수신자 간에 전송되는 전자기파의 일부가 물체나 지표에 부딪쳐서 서로 길이가 다른 여러 개의 경로를 거쳐갈 때 다중경로 전파 현상이 발생된다. 이로 인해 수신자는 동일한 송신자로부터 장애물에 의해 하나 이상의 신호를 받을 수 있다.

3. 무선 랜과 오류

(1) 무선 랜의 특성을 보면 유선 링크보다는 무선 랜에서 비트 오류가 더 잘 생길 수 있음을 알 수 있다.

(2) 측정된 수신 신호의 세기와 잡음의 상대적인 비율을 SNR이라 하며 SNR 값이 커질수록 잡음에도 불구하고 신호를 추출하기 쉽다. SNR과 비트 오류율(BER)은 다음과 같은 관계가 있다(그림 〈비트 오류율(BER), 데이터전송률 및 SNR들의 관계〉).

① 동일한 변조 기법 내에서는 SNR 값이 높을수록 BER 값은 낮아진다. 이는 송신자가 출력 세기를 높이면 SNR값이 커진다는 의미이다. 그러나 출력 세기를 어느 임계점 이상으로 높이는 것은 이득이 없다.

② 동일한 SNR 값에서는 높은 전송률을 가지는 변조 기법이 더 높은 BER 값을 갖는다. 예를 들어, 아래 그림에서 SNR이 10dB일 때, 1Mbps 전송률의 BPSK 변조 기법은 10^{-7}이하의 BER 값을 보이나 4Mbps 전송률의 QAM16 변조 기법은 10^{-1}의 BER 값을 나타내는데, 이는 실제 사용하기에는 지나치게 높은 오류율이다.

> **더 알아보기**
>
> 신호 대 잡음비(SNR; Signal to Noise Ratio)
> 신호 크기와 잡음 신호 크기의 비율로서 dB로 나타낸다.
> $SNR = 10 \log(P_s/P_n)$.
> (여기서, P_s: 신호 전력, P_n: 잡음 전력)
> 이 수치가 클수록 잡음보다 신호의 크기가 크다.

〈 비트 오류율(BER), 데이터 전송률 및 SNR들의 관계 〉

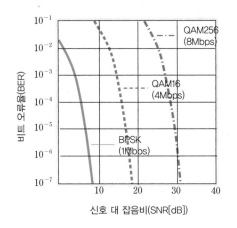

(3) 주어진 채널 환경에서 물리적 계층의 변조 기법의 동적인 선택을 통해 데이터 전송률을 높일 수 있다.

> 예 QAM256 변조기법을 사용하여 데이터 전송 중, 비트 오류율이 높아지면 QAM16 변조기법을 사용하여 비트 오류율을 낮출 수 있다(전송률이 높아진다).

〈 무선 랜의 장 · 단점 〉

장점	단점
• 케이블이 불필요하며 이동이 자유로움 • 주변 환경이 깔끔 • 네트워크 구축 비용이 절감 • 네트워크 유지 및 보수 등이 용이	• 전파를 사용하는 다른 기기의 간섭을 받음 • 유선 랜에 비해 전송속도가 낮음 • 숨겨진 터미널 문제가 발생

4. 무선 랜 접근제어

(1) 일반적으로 무선 네트워크에서 호스트가 인터넷에 접속할 수 있는 프로토콜로 CSMA/CA, dynamic/R-ALOHA, CDMA 및 OFDMA(광분할 다중접속) 등이 있다. 이중 Wi-Fi 무선 랜의 접근제어 프로토콜로 CSMA/CA 방식이 주로 사용된다.

(2) 유선망의 접근 제어 프로토콜인 CSMA/CD 방식을 무선 Wi-FI망으로의 적용은 다음과 같은 이유로 제대로 동작하지 않는다.

① 장애물이나 전자파의 범위 문제 때문에 한 터미널이 또 다른 터미널의 전송을 인지하지 못하는 일명 '숨겨진 터미널' 현상이 발생할 수 있다.

② 이러한 숨겨진 터미널 현상은 충돌이 발생하더라도 감지되지 않을 수 있다(그림 〈숨겨진 터미널 문제 및 신호 감쇄〉에서 A와 C는 서로 숨겨진 터미널 상태임).

③ 호스트들 간의 거리가 멀 경우, 신호가 무선 매체를 통과함에 따라 신호 세기가 약해지는 현상 때문에 수신 측에서 충돌을 감지 못할 수 있다(페이딩).

(3) 위와 같은 문제점 해결을 위해 무선 랜에서는 다중접근 충돌회피(CSMA/CA; Carrier Sense Multiple Access with Collision Avoidance) 프로토콜이 사용된다(그림 〈CSMA/CA: RTS 프레임과 CTS 프레임을 사용하여 충돌 회피〉 참고).

〈 숨겨진 터미널 문제(좌) 및 신호 감쇄(우) 〉

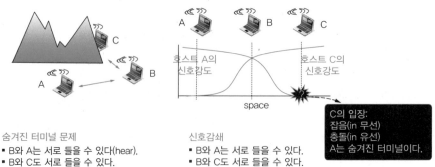

숨겨진 터미널 문제
- B와 A는 서로 들을 수 있다(hear).
- B와 C도 서로 들을 수 있다.
- A, C가 들을 수 없다는 것은 (실제로는 신호 감쇄 때문에 발생하지만) B에서의 간섭 때문에 들을 수 없는 것과 같은 의미이다.

신호감쇄
- B와 A는 서로 들을 수 있다.
- B와 C도 서로 들을 수 있다.
- A와 C는 B에서의 간섭으로 서로 들을 수 없다.

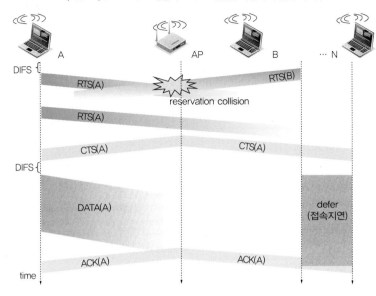

〈 CSMA/CA: RTS 프레임과 CTS 프레임을 사용하여 충돌 회피 〉

① sender(위의 그림 A)는 CSMA 프로토콜을 사용하여 AP에 매우 작은 크기의 RTS(Request-to-Send) 제어 프레임을 보내고, 또 다른 sender B도 RTS 제어 프레임을 보낸다(보낼 당시의 채널은 idle 상태임).

② A는 충돌을 감지하고 잠시 후에 다시 RTS 신호를 보낸다. 그러면 AP는 RTS에 대응하여 CTS(Clear-to-Send) 제어 프레임을 네트워크에 브로드캐스트한다.

③ CTS 신호를 수신한 네트워크 내의 모든 호스트들은 데이터 패킷을 보내지 않고 기다린다.

④ A로부터의 데이터 전송이 완료되면 AP는 ACK 신호를 전 네트워크에 브로드캐스트한다. 이후 ACK 신호를 받은 호스트들은 자신들의 데이터를 공유매체(공기)를 통해 AP에 보낸다.

5. 무선 랜의 주요 표준

무선 랜 기술은 802.11x 표준으로 제정, 발전되어 왔다. 여기서는 802.11의 주요 표준 및 보안기능에 대하여 간략히 살펴보겠다.

〈 무선 랜 주요 표준 요약 〉

무선랜표준	표준 제정시기	주파수대역	데이터속도(최대)	서비스 범위(실내~외부)
802.11	1997	2.4GHz	2Mbps	20~100M
802.11a	1999	5GHz	54Mbps	35~120M
802.11b	1999	2.4GHz	11Mbps	38~140M
802.11g	2003	2.4GHz	5Mbps	38~140M
802.11n	2009	2.4~5GHz	300Mbps	70~250M

(1) IEEE 802.11/a/b/g

① 최초의 무선 표준인 802.11은 1997년 제정되었다. 802.11 표준에서 중요한 내용으로는 WEP(Wired Equivalent Privacy) 암호화 방식을 들 수 있다.

② 무선 랜용 암호화 방식인 WEP은 전송되는 무선 AP와 무선 단말기 간의 전송 데이터를 약속한 공유 비밀키와 임의 선택되는 IV(Initialization Vector) 값을 조합한 64/128비트의 키를 이용해 전송 데이터를 암호화함으로써 보안을 강화하는 방식이다.

③ 802.11b는 802.11과 동일한 2.4GHz 주파수 대역을 사용하며 최대 11Mbps의 전송속도를 지원한다. 그러나 CSMA/CA 접근제어 방식을 사용하므로 실제로는 6~7Mbps로 떨어지게 되며 이는 모든 802.11 무선 표준에 동일하게 적용되는 사항이다.

④ 802.11a는 802.11 및 802.11b와는 다른 5GHz 주파수 대역을 사용하며 최대 전송속도는 54 Mbps를 지원한다. 이 대역은 국가에 따라 옥외 사용이 금지되어 있으며 국내에서는 사용 가능한 대역으로 최대 전송거리는 200미터이다.

⑤ 802.11g는 802.11b와 같은 2GHz 주파수 대역을 사용하지만 전송방법의 수정을 통해 속도는 802.11a와 같은 최대 54Mbps를 지원한다. 802.11b와 호환을 이루면서도 속도의 향상을 가져와 현재 가장 널리 쓰이고 있는 표준이다.

(2) IEEE 802.11i/WPA2

① 802.11i는 802.11 이후 6번째 표준으로 2004년에 제정되었다. AP와 무선 단말기 간의 가상 인증기능을 제공하는 EAP의 도입 등 검증된 보안기술이 포함되어 있다.

② 802.11i에는 암호화 방식에 따라 WPA-1과 WPA-2 규격이 포함되어 있는데 WPA-1은 TKIP(Temporal Key Integrity Protocol)을, WPA-2에는 CCMP 암호화 방식을 사용하는 것으로 정의되어 있다.

③ 또한, WPA 규격은 WPA-personal과 WPA-enterprise로 각각 규정되어 있는데 이는 무선 랜 인증 방식에 사용되는 모드에 따라 구분되어진다. WPA-personal은 PSK 모드를, WPA-enterprise는 RADIUS 인증 서버를 사용하는 경우를 말한다.

6. 무선 랜의 주요 구성요소

(1) 무선 AP(Access Point)

① 무선 AP는 기존 유선 LAN의 가장 마지막에 위치하여 무선 단말기의 무선 랜 접속에 관여한다.

② 무선 AP는 무선 랜의 보안에도 많은 비중을 차지하며, 다음과 같이 크게 대규모 네트워크용과 소규모 네트워크용으로 나뉜다.

　　㉠ 대규모 네트워크용: 기업의 서비스나 비즈니스를 위한 인프라로 활용되기 때문에 로밍과 보안 기능에 중점을 두고 있다.

　　㉡ 소규모 네트워크용: 일반 가정이나 소규모 사무실 등 비교적 작은 규모의 무선 네트워크 구축에 사용되며 IP 공유기능, VPN 등의 다양한 기능을 탑재하고 있다.

(2) 무선 브리지: 무선 브리지는 2개 이상의 무선 랜을 연결하는 장비로서, 물리적으로 떨어져 있는 2개의 무선 랜에 각각 위치하여 동작하며, 두 개의 브리지 사이에는 전파의 전송을 방해하는 물체가 존재하지 않아야 한다.

7. 다양한 무선통신 기술

(1) 그 밖의 근거리 IEEE 802 프로토콜

① [1] 무선 네트워크의 유형 및 구성요소의 그림 〈무선 네트워크 표준들의 링크 특징〉에서 보는 바와 같이 IEEE 802.11 Wi-Fi 표준은 최대 100m 이내의 무선 장치 간의 통신을 지원하기 위한 것이다.

② IEEE 802 프로토콜 중에는 단거리 무선 통신을 위한 두 가지 표준안이 있는데 블루투스(IEEE 802.15.1)와 지그비(IEEE 802.15.4)가 그것이다.

(2) 블루투스(Bluetooth)

① 개요

㉠ 블루투스는 1994년 에릭슨이 최초 개발한 디지털 통신 기기를 위한 무선 랜 기술로서 사용 주파수는 2.4~2.485GHz 범위의 UHF 대역을 이용한다.

㉡ 주로 10미터 이내의 장치(마우스, 키보드, 휴대전화, 스마트폰, 태블릿, 스피커 등)에서 비교적 낮은 속도의 무선 통신을 통해 데이터를 주고받는 용도로 사용되고 있다

② 주요 특징

㉠ 2.4GHz의 비 허가 무선 대역에서 625의 타임 슬롯을 갖는 TDM 방식으로 작동하며 송신자는 시간 슬롯마다 79채널 중 한 채널로 전송한다.

㉡ 블루투스의 네트워크는 애드 혹 구조로서 802.15.1 장치를 연결하기 위한 네트워크 기반구조가 필요치 않으며 WPAN(Wireress Personal Area Network)으로 불린다.

㉢ 케이블이나 커넥터 등의 접속 기기를 필요로 하지 않고 기기들의 블루투스의 공용 영역 안에서 보안대책 없이 데이터를 전송하면 해킹 등 많은 보안 위협에 취약할 수 있다.

③ 구조

㉠ 피코넷(Piconet)

• 블루투스 장치들은 처음에 최대 8개의 활성 노드로 피코넷(Piconet)을 형성하며 활성장치 중 하나는 마스터(프라이머리)로 지정되고 나머지는 슬레이브*(세컨더리)가 된다.

• 마스터 노드는 피코넷을 관할하며 마스터는 홀수 번째 슬롯마다 데이터를 전송할 수 있고, 슬레이브는 마스터를 통해서만 데이터 전송이 가능하다.

㉡ 스캐터넷(Scatternet): 피코넷은 스캐터넷을 형성하기 위해 합쳐질 수 있다. 한 피코넷의 슬레이브는 다른 피코넷의 마스터가 될 수 있다.

〈 피코넷(Piconet)과 스캐터넷(Scatternet) 〉

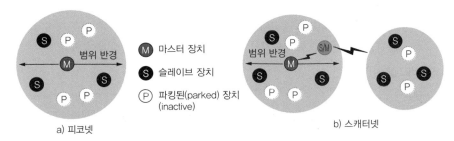

a) 피코넷   b) 스캐터넷

---

* 슬레이브
이전 슬레이브가 마스터와 통신이 완료된 후에 마스터와 통신이 가능하다.

④ 보안 취약점

　　㉠ 블루프린팅(Blueprinting): 블루프린팅이란 블루투스 스캐닝 툴을 이용하여 블루투스 영역 내에 있는 블루투스 장치를 알아내는 것으로 이러한 시도가 성공하기 위해서는 먼저 상대방에서 블루투스 검색 허용을 켜둬야 한다.

　　　　• 블루프린팅이 가능한 이유는, 각 블루투스 장치는 MAC 주소와 유사하게 6바이트의 고유 주소가 있는데, MAC 주소와 유사하게 앞의 3바이트는 제조사에 할당되고, 뒤의 3바이트는 블루투스 장치별로 할당된다. 또한 블루투스 디바이스는 각자 서비스 영역을 가지고 있는데 '서비스 발견 프로토콜(SDP; Service Discovery Protocol)'을 통하여 서비스의 내용을 확인할 수 있다.

　　　　• 즉, 블루투스 장치의 하위 3바이트와 서비스 발견 프로토콜을 이용하여 블루투스 영역 내에 연결된 디바이스들을 확인할 수 있다.

　　㉡ 블루스나핑(BlueSnarfing)

　　　　• 블루스나핑은 블루투스의 취약점을 이용하여 장비의 임의 파일에 접근하는 공격기법으로 공격자는 OPP(OBEX Push Profile)를 이용한다.

> **더 알아보기**
>
> OPP
> OBEX Push Profile의 약자로, 원래 블루투스 장치끼리 정보를 교환하기 위해 개발되었으며 대부분 이 서비스는 인증이 필요 없다.

　　　　• BlueSnarfing 공격은 OBEX Get Request로 'telecom/pb.vcf(주소록)' 또는 'telecom/cal.vcs(달력파일)'과 같이 잘 알려진 파일 이름으로 보낸다. 만약 해당 디바이스 펌웨어에 버그가 있다면 공격자는 피해 디바이스의 모든 파일에 접근할 수 있다.

　　㉢ 블루버깅(Bluebugging)

　　　　• 블루투스 장비 간의 취약한 연결 관리를 악용한 공격이다. 공격 장치와 공격대상 장치를 연결하여 공격 대상 장치에서 임의의 동작을 실행하는 공격이다.

　　　　• 위에서 언급한 '임의의 동작'의 예로서 1) 전화걸기, 2) 불특정 번호로 SMS 보내기, 3) 상대방 전화에서 SMS 읽기, 4) 주소록 읽기 및 쓰기, 5) 전화 전송 설정 등이 있다.

　　㉣ 블루재킹(Bluejacking)

　　　　• 블루투스를 이용해 스팸처럼 명함을 익명으로 퍼트리는 것으로 명함에는 주로 해커 메시지가 들어있다.

　　　　• 블루재킹을 하려면 보통 10m 범위 내에서 해야 한다. 블루재킹을 당하지 않으려면 블루투스 장치를 비인가모드로 전환시켜 다른 장비가 식별할 수 없게 해야 한다.

(3) 지그비(Zigbee)

① 개요

　　㉠ 두 번째 PAN 표준은 지그비라고 알려진 IEEE 802.15.4 표준안이다.

　　㉡ 블루투스가 수 Mbps급의 전송률을 지원하면서 '케이블 대체'를 구현하는 기술이라면, 지그비는 블루투스보다 더 저전력, 저속, 저사용률을 갖는 응용분야에 적합한 기술이다.

　　㉢ 예를 들어 온도 및 조명 센서, 보안장비, 벽의 스위치 등과 같은 아주 간단하고 저전력, 저사용률, 저비용의 장치들에게 지그비는 적합한 기술이다.

② 주요 특징

　　㉠ 지그비 장치는 메시 네트워크 방식을 이용, 여러 중간 노드를 거쳐 목적지까지 데이터를 전송함으로써 저전력임에도 불구하고 넓은 범위의 통신이 가능하다.

　　㉡ 애드혹 네트워크적인 특성으로 인해 중심 노드가 따로 존재하지 않는 응용 분야에 적합하다.

　　㉢ 지그비 네트워크는 128비트 대칭키 암호화를 이용한 보안을 제공한다. 홈오토메이션 애플리케이션의 경우, 전송 거리는 가시선 기준 10~100미터 정도이며 출력 강도 및 무선 환경에 따라 달라진다.

③ 지그비 네트워크 노드

　　㉠ FFD(Full Function Device): 블루투스의 마스터와 비슷하게 동작하며 다수의 RFD를 제어한다. 여러 개의 FFD들이 서로 메시 형태의 네트워크를 구성하고 프레임을 전송할 수 있다.

　　㉡ RFD(Reduced Function Device): 블루투스의 슬레이브와 비슷하게 동작한다.

④ 네트워크 토폴로지 및 디바이스: 지그비는 스타(Star), 클러스터 트리(Cluster Tree), 메시(Mesh)의 네트워크 토폴로지를 가지고 있으며, 디바이스로는 코디네이터(Coordinator), 라우터(Router), 종단장치(End Device)로 구성된다.

02　무선 랜 보안

프레임을 실어 나르는 라디오 전파가 무선 기지국과 호스트가 있는 빌딩들을 넘어 전파되는 무선 네트워크에서의 보안은 특히 중요하다. 이 절에서 우리는 무선 랜의 취약점과 무선 랜에서 사용 중인 WEP/EAP를 이용한 인증/암호화 방식을 알아보고 복합 보안기술인 WPA(WPA2)에 대해서도 살펴본다.

1 무선 랜의 취약점 분석

1. 무선 랜의 기술적 취약점

(1) 도청

① 무선 랜의 가장 근본적인 문제점이라고 할 수 있는 것이 바로 도청이다. 무선 AP에서 발송되는 서비스가 필요 범위 이상으로 전달되면 외부 클라이언트에서 무선 API 존재 파악 및 더불어 전송 무선 데이터의 도청이 가능하게 된다.

② 무선 전송데이터의 도청에 이용되는 별도의 SW(예 Net Stumbler)는 인터넷을 통해 손쉽게 구할 수 있는데 이를 통해 무선 랜의 구성요소인 SSID 정보, 무선 랜 암호화 방식정보, 무선 랜의 속도 등의 정보를 확인할 수 있다.

(2) DoS(서비스 거부)

① 무선 AP에 대량의 무선 패킷을 전송해서 무선 랜을 무력화시키는 것을 말한다. 또한 무선 랜이 사용하는 주파수 대역에 대해 강한 방해 전파를 전송하는 것도 사용하는 통신에 영향을 주게 된다.

② 무선 호스트가 SSID를 포함한 'Probe Request' 메시지를 브로드캐스팅하면 무선 AP는 'Probe Response' 메시지를 회신하면서 해당 클라이언트의 접속을 허용한다. 이 과정에서 다량의 request 메시지를 AP로 전송하면 AP는 이를 처리하기 위한 시스템 과부하로 원활한 서비스가 곤란하게 된다.

③ 대책: 무선 랜을 이용해 회사의 중요업무를 수행하는 경우에는 서비스 중지 시 대체할 수 있는 별도의 유선 랜을 준비하는 것이 필요하다.

(3) 불법 AP(Rogue AP) 사용 가능성

① 공격자가 설치한 부정한 Access Point로 사용자 접속을 유도하는 공격 기법으로, 공격자는 무선 네트워크상에 SSID를 동일하게 설정한 뒤 신호의 강도를 높여 접속을 유도한다.

② 네트워크를 적극적으로 공격하는 다른 공격 기법과는 다르게 공격자는 사용자가 접속하기를 기다리는 방식으로, 불법 AP의 설치 유무를 탐지하는 것은 어렵지 않으나 불법 AP의 위치를 파악하는 것은 쉽지 않다.

〈 무선 랜에 대한 DoS 공격(좌) 및 Rog AP 공격(우) 〉

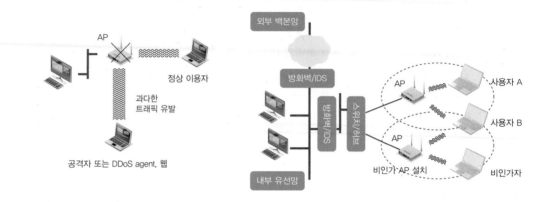

(4) 무선 랜 암호화 방식(WEP; Wired Equivalent Privacy)의 취약 요인

① 무선 랜에서 전송되는 MAC 프레임들을 스트림암호(RC4)를 이용하여 전송 데이터를 암호화한다(WEP). WEP의 암호화 키 사이즈는 64비트로 이중 40비트는 고정된 장기 공유키이며 임의로 선택되는 24비트는 IV(Initialization Vector)로 KeyID(장기 공유키 번호)와 함께 평문으로 상대방에게 전달된다.

② 즉, KeyID 및 IV 값의 평문 전송, 짧은 길이의 암호키 사용으로 전수조사와 스니핑 등의 공격으로 암호화 키가 누출될 수 있으며, 인증과정에서도 별도의 암호화가 되어 있지 않아 암호화 키 등의 중요 정보가 누출될 수 있다.

③ 따라서 안전한 무선 랜 운영을 위해서는 WEP의 사용보다는 WPA/WPA2가 대안으로 제시되었다.

(5) 비인가 접근

① SSID(Service Set IDentifier) 노출

　㉠ 기본적으로 무선 랜에서 사용하는 인증방식은 별도의 인증 절차없이 무선 AP와의 연결이 이루어지는 방식으로, SSID는 32바이트 크기의 사이즈로 서로 다른 무선 랜을 식별하기 위한 용도로 사용된다.

　㉡ 일반적인 무선 AP의 경우, SSID 값을 브로드캐스트하도록 설정되어 있어 무선 전송 데이터의 모니터링을 통해 SSID 값을 획득할 수 있다. 또한 무선 LAN에 무선 전송데이터의 암호화 방식이나 인증 절차가 설정되어 있지 않으면 획득한 SSID 값만으로 무선 랜으로의 불법적인 접속이 가능하다.

② MAC 주소 도용에 의한 무선 랜 접속

　㉠ 무선 랜 환경에서 접근제어를 위해 MAC 주소 필터링을 적용하기도 한다. 즉, 무선 전파를 송·수신하는 정상적인 무선 랜 카드에 부여된 MAC 주소값을 이용하여 AP에 설정된 MAC 주소 필터링을 무력화시키며 접속하게 된다.

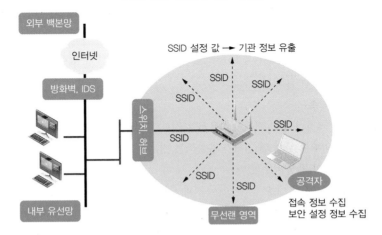
〈 SSD 값을 이용한 공격정보 수집 〉

2. 무선 랜의 물리적 취약점

(1) 무선 랜을 구성하는 데 있어 중요한 역할을 하는 무선 AP의 경우, 원활한 서비스의 제공을 위해 외부에 노출된 형태로 위치하게 되는 것이 일반적이다.

(2) 이러한 무선 AP는 장비가 외부로의 노출로 인해 비인가자에 의한 장비의 파손 및 장비 리셋을 통한 설정값 초기화 등의 문제가 발생할 수 있다.

〈 무선 장비의 물리적 보안 취약점의 유형 〉

유형	내용
도난 및 파손	외부 노출된 무선 AP의 도난 및 파손으로 인한 장애 발생
구성설정 초기화	무선 AP의 리셋 버튼을 통해 장비의 초기화로 인한 장애 발생
전원 차단	무선 AP의 전원 케이블의 분리로 인한 장애 발생
LAN 차단	무선 AP에 연결된 내부 네트워크 케이블의 절체로 인한 장애 발생

3. 무선 랜의 관리적 취약점

(1) 무선 AP 장비에 대한 관리 미흡

① 무선 랜을 운영하는 대부분의 기관에서는 사용하는 AP 장비의 개수 정도만 파악하고 있어 실제로 장비가 파손되거나 도난당하여 무선 랜 서비스를 제공하지 못하고 있어도 이를 파악하지 못하는 경우가 발생할 수 있다.

② 이를 방지하기 위해서는 기관에서 사용하는 무선 랜 장비인 AP와 무선 랜 카드 등에 대한 장비 운영 현황과 사용자 현황을 파악하여야 한다. 특히, WEP 등도 장비에서 제공하는 초기값을 사용하고 있어 보안에 매우 취약한 실정이다.

(2) 무선 랜 사용자의 보안의식 결여

① 무선 랜을 운영하는 기관에서는 관리자뿐만 아니라 무선 랜을 사용하는 사용자도 항상 보안에 관심을 갖고 무선 랜을 사용하여야 한다.

② 아무리 잘 수립된 보안정책과 이를 적용하기 위한 보안장비가 있다 하더라도 막상 사용자가 이를 따르지 않으면 무용지물이기 때문이다.

(3) 전파 출력 관리 부족

① 네트워크 관리자가 무선 랜에서 사용하는 전파 특성을 파악하지 못하고 AP의 전파 출력 조정을 하지 않아 기관 외부로 무선 랜 전파가 유출되는 경우가 발생할 수 있다. 이럴 경우, 기관 외부의 공격자에 의해 공격이 발생할 수 있다.

② 따라서 반드시 기관 내부와 외부에서 전파 출력을 측정하여 적절한 무선 랜 서비스 영역을 제공할 수 있도록 해야 한다. 또한 인근 AP 채널과 주파수 간섭이 없도록 인근 AP 채널과 3개 이상 떨어진 채널을 선택하여야 한다.

2 무선 랜 인증기술

무선 랜의 사용자 인증 메커니즘이 갖고 있는 취약성을 분석해 보고 각 취약성의 대응방법을 알아본다. 비인가자의 접속 허용으로 인한 내부망의 침해사고를 미연에 방지하기 위해서는 강력한 사용자 인증이 반드시 적용되어야 한다.

1. SSID 설정과 폐쇄시스템 운영

(1) SSID 운영상 취약요인

① 기본적으로 SSID는 AP가 제공하는 무선 랜 서비스 영역을 식별하기 위해 사용하는 ID이다. 무선 랜 장비인 AP는 SSID 신호를 브로드캐스트하여 접속을 원하는 사용자에게 무선 랜 서비스가 제공되고 있음을 알리게 된다.

② 그러나 이와 같은 SSID 신호의 브로드캐스팅이 공격자들에게도 무선 랜 서비스가 제공되고 있음을 알리게 되어 사용자 인증 메커니즘의 적용 여부 등을 알기 위한 접속시도가 증가하게 되는 등의 취약점이 발생하게 된다.

(2) SSID 운영 보안강화 대책

① SSID의 폐쇄적 운영: 비인가자의 AP 접속을 근본적으로 차단하기 위해 일부 AP에서는 SSID 값을 NULL로 하여 사용자의 연결요청 메시지를 차단하는 기능을 제공한다. 이러한 SSID값을 NULL로 하는 시스템 운영방식을 SSID의 '폐쇄적 운영'이라고 한다.

② AP의 숨김 모드로의 전환 및 폐쇄적 운영에 따른 보안 효과

㉠ SSID를 브로드캐스트하지 않고 숨김 모드로 설정할 경우, SSID 값을 모르는 사용자의 접속 시도는 현저하게 줄일 수는 있으나 HotSpot 기술 및 무선 랜 분석 도구 등을 활용하면 완전히 차단할 수는 없다.

> **더 알아보기**
>
> SSID 숨김모드
> SSID를 숨김모드로 하여도 무선 랜 분석도구를 활용하여 일정 시간 이상의 무선데이터를 수집·분석하면 SSID를 알아낼 수 있다. 하지만 실제적으로는 유도과정의 불편함 때문에 공격자에게 공격을 포기하도록 유도한다.

ⓒ 반면 SSID를 NULL로 설정하면 SSID에 관계없이 연결을 설정하려고 하는 접속 시도를 차단할 수 있는 장점이 있다.

2. MAC 주소 인증

(1) 무선 랜에서 사용하는 랜 카드도 유선망에서 사용하는 랜 카드와 마찬가지로 유일한 값인 48비트의 MAC 주소를 부여받는다.

(2) 대부분 인증 절차는 접속을 허용하는 사용자의 단말기가 사용하는 랜카드의 MAC 주소를 등록하여 놓고 AP 접속 허용 시 사전에 등록된 장치만 연결을 허용한다.

3. WEP(Wired Equivalent Privacy) 인증 메커니즘

(1) 개요

① 최초의 무선 랜 표준안인 IEEE 802.11에서는 별도의 무선 랜 인증과 전송 데이터에 대한 암호화는 포함되어 있지 않았다. 이로 인해 초기 무선 랜은 별도의 인증절차 없이 접속이 가능하였고, 평문 데이터가 전송되었다.

② 이후 IEEE 802.11b에서 처음으로 무선 전송 데이터의 암호화에 관한 내용이 포함되었는데 802.11b에 정의된 WEP은 클라이언트와 무선 AP 사이의 구간에서 데이터 암호화와 사용자 인증의 두 가지 기능을 제공한다.

③ WEP에서 제공하는 사용자 인증은 서로 같은 공유키를 갖는 사용자들을 정상적인 사용자로 인증하여 통신하는 방법을 제공한다.

(2) WEP 인증 절차

① 무선 호스트(사용자)는 무선 랜 서비스의 SSID 값을 알아내어 AP에 연결 요청 메시지를 전송한다.

② AP는 128바이트의 랜덤 데이터인 논스(Nonce)를 생성하여 무선 호스트에 보낸다.

③ 무선 호스트는 AP로부터 수신한 논스를 64비트 암호화 키를 사용하는 RC4로 암호화하여 AP에 보낸다.

④ AP는 무선 호스트로부터 수신한 암호문을 복호화하여 논스를 얻고 이 데이터와 자신이 보관하고 있는 논스 값을 비교하여 일치하면 정당한 사용자로 인식하고 무선 랜 서비스를 시작한다.

〈 WEP 인증 절차 〉

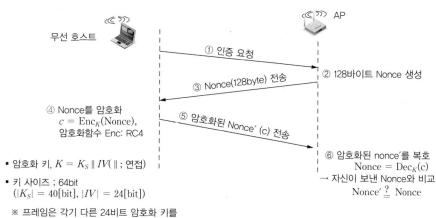

(3) WEP 인증 메커니즘의 취약점

① 단방향 인증방식 제공으로 인한 취약성

ㄱ WEP의 사용자 인증 방식은 단방향 인증 메커니즘으로 이러한 단방향 인증방식은 안전성을 보장하지 못하며 악의적인 목적으로 운영되는 복제 AP로 인한 피해가 발생하게 된다.

ㄴ 복제 AP가 정상 AP보다 강력한 전파를 송신한다면 사용시는 복제 AP를 정상 AP로 오인하게 된다(그림 〈복제 AP로 인한 피해 발생〉 참조).

〈 복제 AP로 인한 피해 발생 〉

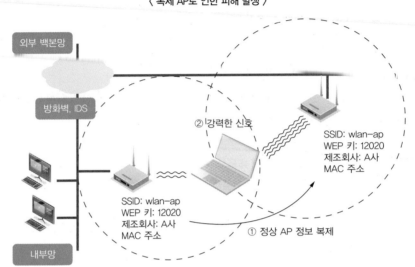

ㄷ 원인: 무선 랜 서비스 사용자가 무선 랜 서비스를 제공하는 AP에 대한 인증을 하지 않았기 때문이며 공격자는 정상 사용자가 송수신하는 패킷을 모니터링하여 공격에 필요한 정보를 수집한다.

ㄹ 즉, WEP은 단방향 인증이므로 비인가 AP, 복제 AP 등에 의한 피해가 발생할 수 있으므로 WEP을 사용하는 기관의 사용자는 무선 랜 서비스를 이용할 때 항상 조심하여야 한다.

② 고정된 공유키 사용으로 인한 취약성: 무선 랜을 사용하는 기관에서 WEP 키 값을 하나의 고정된 공유키로 사용한다면 무선 랜을 사용하는 모든 장비, 즉 AP와 사용자 단말기 등은 동일한 키 값을 설정하여 사용해야만 한다. 이와 같은 동일한 값을 갖는 키를 사용함으로써 WEP 키 값이 외부로 유출될 경우에 많은 보안문제를 일으킬 수 있다.

(4) 동적 WEP 적용

① 고정된 공유키를 사용하는 WEP 인증 메커니즘의 취약점 해소를 위해 아래와 같은 동적 WEP을 적용하는 방안이 있다.

ㄱ 동적 WEP을 사용하려면 인증 서버를 설치·운영하여야 하며 현재 연결사용 중인 AP가 동적 WEP을 지원할 수 있는지의 여부도 확인해야 한다.

ㄴ 동적 WEP은 연결을 요청하는 모든 사용자에게 WEP 키를 부여한다. 다음 그림 〈동적 WEP을 적용하여 연결을 설정하는 예〉에서 사용자 A가 연결 요청을 하면 인증 서버가 인증 과정을 수행하고 사용자 A에게 WEP 키 값을 부여한다.

ㄷ 사용자 B가 연결을 요청하여도 마찬가지로 인증과정을 수행하여 WEP 키값을 부여한다. 즉, 하나의 연결마다 WEP 키값을 새로 부여하는 것이다.

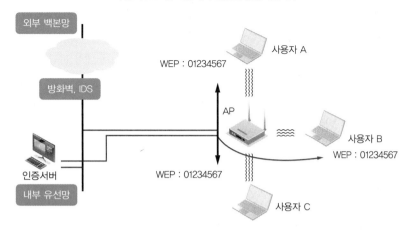

② 이와 같이 AP에 동적 WEP*을 적용하는 것은 인증서버 설치 운영으로 인한 비용 증가와 WEP 키 등 인증정보 처리 등으로 전체 데이터 전송률이 저하되는 경우도 발생하지만 정적 WEP이 갖는 사용자 인증과 키 관리에 관한 취약성을 효과적으로 줄일 수 있어 보안성을 향상시킬 수 있다.

4. EAP(Extensible Authentication Protocol) 인증 메커니즘

(1) 동적 WEP도 공격자가 사용자의 패킷을 수집하여 WEP 키를 크랙하는 공격을 막지는 못하고 있다. 이러한 인증상의 문제점을 해결하고자 확장 인증 프로토콜인 EAP가 RFC 2284에 공식적인 명세가 발표되었으며 현재 IEEE 802.1x 표준에서 사용자 인증 방법으로 사용되고 있다.

(2) **EAP 기본구조**: EAP는 어떤 링크에도 접속할 수 있으며 다양한 인증방법을 사용할 수 있도록 설계된 캡슐화 개념의 프로토콜이다. 즉, EAP 프로토콜은 링크계층 위에서 다양한 종류의 인증 방법을 전송하는 역할을 하며 패킷 구조는 코드 필드는 인증방법을 구분하고, 데이터영역은 가변 길이로 정의되어 있다.

〈 EAP 기본구조(좌) 및 패킷 구조(우) 〉

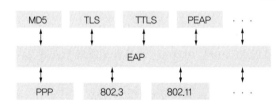
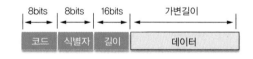

---

*   동적 WEP
    동적 WEP도 정적 WEP과 마찬가지로 RC4 암호를 사용하지만 세션별로 암호화 키를 제공하고 있어 보안성을 향상시켰다. IEEE 802.1x 표준안에서는 동적 WEP을 제공한다.

(3) EAP 인증절차: 사용자와 AP 사이에는 EAPOL(EAP over LAN) 프로토콜을 통해서 패킷을 전송하고 AP와 인증서버 사이에는 RADIUS(Remote Authentication Dial-in User Services) 프로토콜을 통해서 패킷을 전송한다. 802.1x 표준에서 제공하는 EAP는 단순히 연결을 요구하고 챌린지를 발부하며 접근은 승인하거나 거부하는 기능을 하고, 실제 사용하는 인증서에 대한 판단은 인증서버(RADIUS 서버)가 수행한다(연결과정은 이후의 그림 〈RADIUS와 802.1x를 이용한 무선 랜 인증 및 연결 과정〉 참조).

3 무선 랜 암호화 기술

1. WEP(Wireless Equivalent Privacy)

(1) 기본 개념

① 무선 랜용 기본 암호화 방식인 WEP은 AP ↔ 무선 단말기 간 소통자료 보호와 무결성 확보를 위해 RC4 스트림 암호 및 CRC-32 체크섬 기법을 도입하였다. 암호키 크기는 64/128비트의 2종으로 각각은 공유 비밀키(40/104비트)와 임의로 선택되는 초기화 벡터(Initialization Vector) 24비트로 구성된다.

> **더 알아보기**
>
> WEP 관련 동향
> - 2001, 암호학자들은 WEP 암호화 방식에 대해 치명적인 취약점을 발견하고 이를 이용하면 누구라도 몇십 분 내에 WEP 연결을 크랙할 수 있다고 발표하였다.
> - 이의 해결을 위해 IEEE는 802.11i 팀을 구성하고 2003년 Wi-Fi Alliance로 하여금 WPA가 WEP를 대체한다고 발표한데 이어, 2004년 802.11i* 표준에서 WEP-40 및 WEP-104를 모두 사용 중단한다고 선언하였다.

② WEP은 데이터 암호화뿐만 아니라 AP와 무선 단말기 간에 사전 공유된 비밀키를 이용하여 사용자 인증 기능도 제공한다. 인증방식은 서로 같은 공유키를 갖는 사람을 정상 사용자로 인증하는 방식을 채택하고 있다.

(2) WEP의 데이터 암호화 및 패킷 생성

① WEP 적용 암호의 기본 원리

㉠ WEP에서 사용하고 있는 암호는 스트림 암호인 RC4이다. 여기서는 스트림 암호의 암호화 및 복호화 과정을 간단히 살펴본다.

- 스트림 암호화의 기본원리는 송신 측에서 보내고자 하는 평문의 메시지를 같은 길이의 키 스트림과 비트 단위의 XOR 연산을 하여 암호문을 생성하여 수신 측으로 전송한다.
- 수신 측에서는 암호문을 전송받아 송신측과 동일한 키 스트림을 이용하여 암호문과 비트 XOR 연산을 수행하여 평문을 얻는다(아래 수식 참조).

> - 암호화: $c_i = d_i \oplus k_i$ ($i = 1, 2, ..., N-1$, c_i: 암호문열, d_i: 평문열, k_i: 키 스트림)
> - 복호화: $d_i = c_i \oplus k_i$

---

* 802.11i

802.11i에서는 AES 기반의 암호화 기법을 채택

② WEP의 데이터 암호화 처리 과정

〈 802.11 WEP의 데이터 암호화 과정도 〉

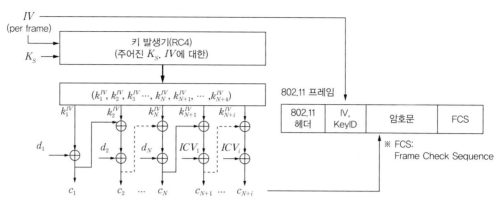

- $d_1\,d_2\cdots$: 평문
- $c_1\,c_2\cdots$: 암호문
- ICV: 평문의 무결성 검증을 위해 추가된 데이터(32비트)

㉠ WEP에서 사용하고 있는 암호화의 기본원리는 아래 그림 〈802.11 패킷 프레임 구성〉에서 표현하고 있는 것처럼 WEP은 공유키(K_S)와 IV(Initialization Vector), 난수발생기(RC4)를 이용하여 키 스트림을 생성하고 생성된 키 스트림을 평문열에 후술하는 ICV 값이 포함된 데이터와의 XOR 연산을 통하여 암호문을 생성한다.

㉡ 또한 WEP은 전송되는 데이터의 무결성 보장을 위해 평문에 대해 CRC32 알고리즘을 수행하여 얻어진 ICV(Integrity Check Value, 32bit)를 사용한다. ICV는 전송 도중에 발생하는 사용자 데이터 부분을 보호하여 무결성을 제공한다.

③ WEP의 패킷 생성 절차: 이렇게 생성된 암호문에 802.11 표준에서 사용하는 헤더 값과 초기화 벡터(IV) 값을 추가하여 802.11 프레임으로 구성하고, 구성된 패킷 프레임은 무선 랜을 통하여 전송된다(다음 그림 〈802.11 패킷 프레임 구성〉 참조).

〈 802.11 패킷 프레임 구성 〉

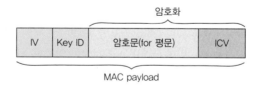

(3) WEP 암호의 취약점

① 암호 구조적인 측면

㉠ 24비트 크기의 짧은 길이의 초기화 벡터(IV) 사용으로 IV 값이 재사용될 수 있다.

㉡ CRC32로 계산하여 나온 ICV 값을 이용하는 무결성 검사 기능은 암호키의 개입 없이 만들어지므로 암호키가 알려진 경우 프레임 내용을 보호할 수 없다.

② 키 관리 측면

㉠ 공유 비밀키의 KEY ID를 평문으로 전달하고 공유키도 고정 값을 사용하고 있어 사용 암호키의 외부 유출 가능성이 있다.

㉡ 고정 키 값 사용에 대한 취약점 해소를 위해 동적 WEP 기능을 도입할 수 있으나 WEP 프로토콜이 갖는 암호학적 취약점을 완벽하게 보완할 수는 없다.

2. TKIP(Temporal Key Integrity Protocol)

(1) 개요

① TKIP은 WEP의 취약점 해소를 위해 802.11i 작업 그룹과 Wi-Fi Alliance가 개발한 프로토콜이며 표준으로 제정되어있다.

② 또한 TKIP은 WEP을 소프트웨어적으로 확장하는 방법을 사용함으로써 기존 WEP 사용 장비의 하드웨어 교체 없이 사용할 수 있도록 설계되었다.

③ 암호화 과정은 EAP에 의해 사용자 인증이 완료되면 무선 단말기와 AP 사이의 무선 채널 보호용 공유 비밀키를 동적으로 생성하고 이 키를 사용하여 무선 구간 패킷을 암호화한다.

(2) 보안 기술: TKIP은 기존 RC4 암호 알고리즘을 사용하면서 RC4의 보안상 문제점을 개선하기 위해 Key Mixing 함수, 동적 WEP 키(Dynamic WEP Key, Temporal Key), 메시지 무결성 보장을 위한 스펙을 정의한 통신 규약으로 다음과 같은 4가지 보안기술을 이용하여 WEP의 취약성을 보완하고 있다.

① WEP의 24비트 초기화 벡터(IV)를 확장한 48비트의 초기화 벡터를 사용한다.

② 초기화 벡터의 순차적 증가 규칙을 보완하여 재생공격(Replay Attack)으로부터 보호한다.

③ 키 믹싱(Key Mixing) 함수를 이용한다.

④ WEP에서 무결성 보장을 위해 적용하였던 CRC32 알고리즘보다 안전한 MIC(Message Integrity Check)을 사용할 수 있도록 제공한다.

(3) TKIP의 취약점

① TKIP 암호기술은 WEP의 취약점을 보완하고 있지만 여전히 취약한 RC4 암호 알고리즘을 사용하고, 키 관리방법을 제공하지 않으며 무선 패킷 수집을 통한 키 크랙 공격에 대한 취약성 등 WEP이 가지고 있던 기본적인 취약점을 그대로 갖고 있다.

② 또한 TKIP 적용은 소프트웨어 업그레이드를 이용하고 있기 때문에 소프트웨어적인 처리에 따른 암·복호화 시간 지연 등의 성능상 문제점이 있다.

3. CCMP

CCMP는 WPA, WPA2의 필수 프로토콜인 TKIP를 대체하기 위해 만들어진 IEEE 802.11i 암호화 프로토콜로 128비트 암호키를 사용하는 CCM 운영모드의 AES 암호화 방식을 사용한다. AES-CCM 모드를 사용하는 CCMP는 데이터의 기밀성과 무결성을 보장하며, 다음과 같은 특징이 있다.

(1) TKIP가 RC4 암호를 사용하는 반면 CCMP는 안전성이 입증된 AES를 기반으로 하기 때문에 패킷별로 키를 가질 필요성을 제거하였다.

(2) CCMP는 802.11i를 사용한 보안에서의 기본 모드에 해당하며, TKIP가 기존의 하드웨어를 수용하기 위한 과도기적인 반면, CCMP는 기존 하드웨어를 고려하지 않고 초기부터 보안성을 고려하여 새롭게 설계되었다.

(3) CCMP는 128비트의 대칭키와 48비트의 초기화 벡터를 사용한다. AES가 제공하는 여러 모드 중 CCMP 모드는 카운트 모드를 기반으로 CBC-MAC을 결합한 CCM을 기반으로 한다.

(4) CCMP는 패킷의 데이터 영역과 802.11 헤더의 무결성을 보장하며 CCMP가 사용하는 패킷번호(PN; Packet Number)는 패킷의 재생공격(replay attack)을 방지해 준다.

4 무선 랜 인증 및 암호화 복합 기술

1. WPA와 WPA2

(1) **WPA(Wi-Fi Protected Access)**: Wi-Fi에서 정의한 무선 랜 보안규격으로 802.11i가 완성되기까지 WEP의 대안으로 일시적 사용을 위해 802.11i의 일부 기능을 수용하여 개발되었다. 또한 WPA는 기존 사용 장비의 하드웨어를 변경하지 않고 소프트웨어 업그레이드를 통해 지원 가능하며, 주요 보안기능은 다음과 같다.

① WPA에 포함되는 주요 기술로는 TKIP 암호화 기술이 있다. TKIP는 패킷당 키 할당, 메시지 무결성, 암호키 재설정 기능 등을 통해 WEP의 취약점을 해결하였다.

② 또한 WPA는 또 다른 보안 표준인 IEEE 802.1x와 EAP를 기반으로 한 강력한 사용자 인증기능이 있다. WPA는 현재 많이 사용되고 있는 RADIUS, Kerberos, 기타 다른 인증 서버와 호환되며 AP에서 비밀번호를 수동으로 설정할 수 있는 사전 공유키 방식도 제공한다.

(2) **WPA2(Wi-Fi Protected Access2)***

① IEEE에서 2004.1월 발표한 새로운 암호화 규격으로 WPA에서 AES 방식의 암호화를 추가 지원하며 TKIP는 암호화 방식에서 제외되었다.

② WPA2는 AES 알고리즘을 사용하는 것이 원칙이지만 TKIP 알고리즘을 같이 지원하는 경우도 있다. 하지만 안전성 및 암호화 속도 때문에 TKIP을 사용할 이유는 없다.

③ WPA와 WPA2는 아래 표 〈WPA, WPA2의 모드별 비교〉와 같이 인증과 암호화 관점에서 차이점이 있다. 무선 랜 환경의 안전한 운영을 위해서는 WPA2를 사용하는 것이 바람직하지만 WPA2를 지원하는 하드웨어 장비가 구비되어야 하기 때문에 무선 랜 환경을 완전히 WPA2 기반으로 바꾸기는 어려운 실정이다.

〈 WPA, WPA2의 모드별 비교 〉

	WPA		WPA2	
	Authentication	Encryption	Authentication	Encryption
엔터프라이즈 모드	IEEE 802.1X/EAP	TKIP/MIC	IEEE 802.1X/EAP	AES-CCMP
개인 모드	PSK	TKIP/MIC	PSK	AES-CCMP

2. WPA-PSK(Wi-Fi Protected Access-Pre Shared Key)

(1) **WPA-PSK 동작 개요**

① PSK 인증방식은 인증 서버가 설치되지 않은 소규모 망에서 사용하는 방식으로, 무선 AP와 단말기가 자신과 동일한 공유키(PSK)를 가지고 있는지를 802.1x에 규정된 EAPoL-Key 프레임을 활용, 4-way handshake 과정을 통해 확인하여 인증을 수행한다.

※ 인증이 성공한 경우에는 미리 설정된 256비트의 PSK로부터 임시 비밀키인 PMK를 생성하고 이 값을 무선 AP도 가지고 있는지 확인한 후, 확인되면 무선 랜이 활성화된다.

---

*   WPA2
    WPA2는 블록암호 AES에 기반을 둔 CCMP 암호화 방식을 사용하며 802.11i 수정안을 포함하는 보안기술을 채택한다.

② WPA-PSK는 WEP처럼 AP와 통신해야 할 클라이언트에 암호화 키를 기본으로 등록해두고 있어 개인용 WPA라고도 부른다. 하지만 등록된 암호화 키를 이용해 128비트인 통신용 암호화 키를 새로 생성하고 이 암호화 키를 10,000개 패킷마다 바꾼다.

(2) WPA-PSK 인증방식의 취약점: WPA-PSK를 이용하여 무선 네트워크를 구성할 때 접속/인증 패스워드를 짧게 하거나 추측하기 쉬운 값으로 설정할 경우, 사전공격(Dictionary Attack)을 통해 손쉽게 패스워드를 크랙할 수 있는 취약점이 있다.

3. 802.1x/EAP 보안

WPA/WPA2의 무선 AP와 무선 단말기 간의 인증에 PSK 방식 및 802.1x/EAP 인증방식이 이용된다. PSK 방식은 앞에서 기술하였으므로 이번에는 인증 서버가 실시되어 있는 802.1x/EAP 인증 방식에 대해서 알아보자.

(1) 802.1x/EAP 인증방식의 태동

① WPA/WPA2-PSK가 기존 WEP의 암·복호 키 관리 방식을 중점적으로 보완한데 반해 WPA-EAP라고 불리는 WPA-Enterprise 방식은 사용자 인증영역까지 범위를 확장하였다.

② WPA-Enterprise 방식은 인증 및 암호화를 강화하기 위해 다양한 보안 표준 및 알고리즘을 채택하였는데, 그중 가장 중요하고 핵심적인 사항이 IEEE 802.1x 표준에 EAP 인증 프로토콜을 채택한 것이다.

(2) 802.1x/EAP의 추가 기능: 개인 무선 네트워크의 인증방식(PSK)에 비해 802.1x/EAP에는 다음과 같은 기능이 추가되었다.

① 사용자에 대한 인증을 수행한다.

② 사용권한을 중앙 관리한다.

③ 인증서, 스마트카드 등의 다양한 인증을 제공한다.

④ 세션별 암호화 키를 제공한다.

(3) 802.1x/EAP와 RADIUS 서버를 이용한 무선랜 사용자 인증절차

〈 RADIUS 서버와 802.1x를 이용한 무선 랜 인증 및 연결 과정 〉

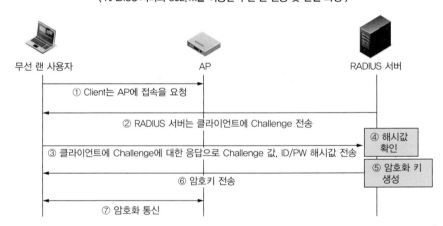

무선 랜 사용자   AP   RADIUS 서버

① Client는 AP에 접속을 요청

② RADIUS 서버는 클라이언트에 Challenge 전송

④ 해시값 확인

③ 클라이언트에 Challenge에 대한 응답으로 Challenge 값, ID/PW 해시값 전송

⑤ 암호화 키 생성

⑥ 암호키 전송

⑦ 암호화 통신

① 클라이언트는 AP에 접속을 요청한다. 이때 클라이언트와 AP는 평문 통신을 수행한다. 클라이언트가 AP와 연결된 내부 네트워크로의 접속은 AP에 의해 차단된다.

② RADIUS 서버는 클라이언트에 인증 Challenge를 전송한다.

③ 클라이언트는 Challenge에 대한 응답으로 최초로 전달받은 Challenge 값, ID, 패스워드에 대한 해시 값을 구하여 RADIUS 서버에 전송한다.

④ RADIUS 서버는 사용자 관리 DB 정보에서 해당 계정의 패스워드를 확인한다. 그리고 연결 생성을 위해 최초로 전송한 Challenge의 해시 값을 구하여 클라이언트로부터 전송받은 해시 값과 비교한다.

⑤ 해시 값이 일치하면 암호화 키를 생성한다.

⑥ 생성한 암호화 키를 클라이언트에게 전달한다.

⑦ 전달받은 암호화 키를 이용하여 암호화 통신을 수행한다.

03 무선 애플리케이션 프로토콜(WAP; Wireless Application Protocol)

1 WAP 모델

1. 개요

(1) WAP은 이동전화, PDA 등 소형 무선 단말기에서 인터넷을 이용할 수 있도록 해주는 프로토콜의 총칭으로 기존 무선 네트워크 기술(예 GSM, CDMA, CDPD, TDMA)을 IP, XML, HTML, HTTP 등의 인터넷 기술과 호환이 가능하도록 해준다.

(2) 이를 위해 WAP 게이트웨이는 WAP 프로토콜 스택(WSP, WTP, WTLS, WDP)을 www 프로토콜 스택(HTTP, TCP/IP)으로 변환하며 WAP 게이트웨이는 프록시 서버로도 사용된다.

(3) WAP 프로토콜 스택 중 WTLS(Wireless Transport Layer Security) 계층은 보안기능을 수행한다.

2. WAP 모델의 구성요소

WAP 프로그래밍 모델은 서버와 클라이언트 사이의 프로토콜 연동 작업을 처리하기 위해 WAP 게이트웨이(WAP 프록시 서버)가 필요하며, 전체적으로는 클라이언트, 게이트웨이, 오리지널 서버로 구성된다(다음 그림 참조).

〈 WAP 프로그래밍 모델 〉

(1) WAP device: 휴대폰, PDA(Personal Digital Assistant) 등이 있다.

(2) CP(Content Provider) Server

① 컨텐츠는 WAP Device가 인식할 수 있도록 WML Deck 형태로 가공되어 사용자의 단말기로 전송된다.

② 일반적으로 CP Server로는 Apache 또는 IIS 등의 일반적인 웹 서버를 이용하면 되고 서비스는 WML과 서버 사이드 스크립트(asp/jsp/php)를 이용해서 CP가 개발한다.

(3) Micro Browser: 단말기에 장착되어 CP로부터 전송되는 컨텐츠들의 브라우징을 지원하는 소프트웨어이다.

(4) WAP Gateway

① WAP 기반 무선 인터넷을 구성하는 핵심 요소로서 무선 인터넷의 적절한 운영을 위해 다양한 역할을 수행한다. 예를 들면 데이터 전송 방지를 위해 텍스트 타입의 WML 파일을 바이너리 형태로 변환하는 역할도 기본적으로 수행한다.

② 대부분의 무선 인터넷 사용자는 이동 통신사가 운용하는 WAP Gateway를 통해서 무선 인터넷 사이트들을 접속하게 된다.

(5) Bearer

① WAP Gateway와 휴대폰을 연결하는 통신망/전송 방식을 의미하는 것으로 국내 CDMA 방식과 유럽의 GSM 방식도 Bearer의 일종이라 볼 수 있다.

② 대표적인 Bearer로는 CSD(Circuit Switched Data), PSD(Packet Switched Data), SMS(Short Message Service) 등이 있다.

(6) HTTP: CP Server와 WAP Gateway 간의 데이터 이동은 기존의 유선 인터넷의 HTTP 프로토콜에 의해서 이루어진다.

3. 주요 특징

(1) WAP은 모바일 무선 단말기에 적합한 소형 브라우저 규격으로, 콘텐츠는 네트워크의 부하를 줄이기 위해 WML 언어를 사용하여 작게 인코딩한다.

(2) WAP 프록시 서버는 WAP 프로토콜을 www 프로토콜로 변환함으로써 사용자가 웹 서버에 접속할 수 있게 해준다. WAP 디바이스와는 WAP 프로토콜 스택을, 웹 서버와는 HTTP 프로토콜을 이용해 데이터를 주고받는다.

더 알아보기

WAP과 WAP2

WAP 2.0에서는 서버와 클라이언트 사이의 데이터 통신이 HTTP/1.1을 통해 이루어지기 때문에 WAP 프록시가 필요하지 않을 수 있지만 위치 기반 서비스 및 push 기능 등을 제공하기 위해서는 반드시 WAP 프록시를 사용해야 한다.

---

(3) 단점: WAP은 HTTP·TCP 등의 기존 인터넷 표준 프로토콜을 사용하고 있지 않으므로 HTML과의 상호호환 및 화상 표시를 지원하지 않는다.

2 WAP 프로토콜 구조

WAP 클라이언트가 WAP 게이트웨이를 통하여 오리지널 서버에 연결할 수 있는 일반적인 프로토콜 스택 구성은 다음 그림 〈WAP 프로토콜 구조〉와 같다.

〈 WAP 프로토콜 구조 〉

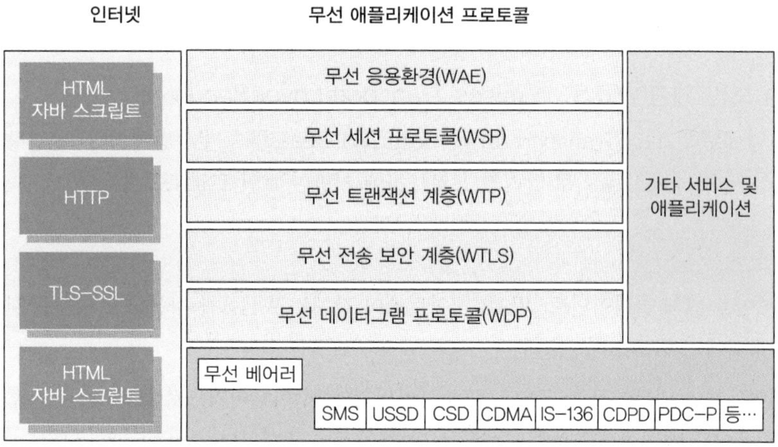

※ 무선 베어러(bearers): 무선 접속망 내부에서만 이루어지는 데이터 전송 서비스

1. 무선 응용환경(WAE; Wireless Application Enviroment)

www와 이동통신에 기반한 애플리케이션 환경이다. 서비스 제공자들과 개발자들이 다양한 무선 환경에서 효율적으로 애플리케이션과 서비스를 개발하도록 호환 가능한 환경을 제공하는 것을 목적으로 하기 때문에 무선 인터넷 서비스를 개발하기 위해서는 반드시 필요하다.

2. 무선 세션 프로토콜(WSP; Wireless Session Protocol)

2개의 세션 서비스에 대한 일관적인 인터페이스로 WAP의 애플리케이션 계층을 제공한다. 이러한 세션 서비스는 연결 기반 서비스(HTTP 1.1)와 비 연결 기반 서비스로 연결 기반 서비스는 WTP 기반 상에서 동작하고, 비 연결 기반 서비스는 WDP 상에서 동작한다.

3. 무선 트랜잭션 프로토콜(WTP; Wireless Transaction Protocol)

데이터그램 서비스의 상위에서 동작하며 mobile station과 같은 가벼운 클라이언트에서 실행하기에 적합한 작은 트랜잭션 형태의 데이터 전송 기능을 제공한다. 신뢰성 및 비신뢰성 전송 기능을 제공하고, 오류 복구를 위해 재전송 기능도 담당한다.

4. 무선 전송 보안 계층(WTLS; Wireless Transport Layer Security)

[3] 무선 전송 계층 보안(WTLS) 참조

5. 무선 데이터그램 프로토콜(WDP; Wireless Datagram Protocol)

(1) WDP는 WAP 구조에서 전송계층 프로토콜이다. WDP layer는 다양한 네트워크 타입에 의해 지원되는 data-capable bearer 서비스로 동작한다. 일반적인 전송 서비스로서 WDP는 WAP 상위 계층 프로토콜에 일관된 서비스를 제공하며, 이용 가능한 bearer 서비스 중의 하나와 통신한다.

(2) End-to-End 전송을 위해 포트 어드레싱을 제공하며 인터넷의 UDP와 같은 전송 기능을 담당한다.

3 무선 전송 보안 계층(WTLS; Wireless Transport Layer Security)

WTLS는 산업 표준인 TLS(Transport Layer Security) 프로토콜을 무선망에 맞도록 경량화한 프로토콜이며, SSL(Secure Socket Layer)로 알려진 프로토콜에 기반한 보안 프로토콜이다.

1. 특징

(1) 종단간 보안을 위해 클라이언트-WAP 게이트웨이 간에는 WTLS를 사용하고, WAP 게이트웨이와 목적지 서버 사이에는 TLS를 사용한다.

(2) WAP 게이트웨이 내부에서 WTLS와 TLS 사이의 변환이 이루어지므로 클라이언트-WAP 게이트웨이-서버와 같은 기본적인 WAP 전송 모델은 보안 취약점이 존재한다.

※ 게이트웨이 안에서 데이터는 암호화하지 않은 형태로 처리된다.

(3) WAP2로 알려진 WAP 버전2 구조 문서에서는 종단-종단 간 보안을 위해 위의 기본적인 전송모델 이외 여러 가지 보안모델을 제시하고 있다.

(4) 인증: 디지털 인증서를 통하여 상호 인증을 제공한다.

2. WTLS 프로토콜 구조

〈 WAP 프로그래밍 모델 〉

WTLS 핸드셰이크 프로토콜	WTLS 암호 명세 변경 프로토콜	WTLS 경고 프로토콜	WTP
WTLS 레코드 프로토콜			
WDP 또는 UDP/IP			

(1) WTLS는 두 개의 계층구조로 구성된 프로토콜이다.

(2) WTLS 레코드 프로토콜은 다양한 상위계층 프로토콜에 기본적인 보안서비스를 제공한다. 또한 HTTP 프로토콜은 WTLS 상에서 작동할 수 있다.

(3) WTLS에는 세 가지의 상위 프로토콜이 정의되어 있는데, 이들은 핸드셰이크 프로토콜(Handshake Protocol), 암호명세 변경 프로토콜(Change Ciper Spec Rotocol) 그리고 경고 프로토콜(Alert Protocol)이다.

01 IEEE 802.11i RSN(Robust Security Network)에 대한 설명으로 옳은 것은?

① TKIP는 확장형 인증 프레임워크이다.

② CCMP는 데이터 기밀성 보장을 위해 AES를 CTR 블록암호 운용 모드로 이용한다.

③ EAP는 WEP로 구현된 하드웨어의 펌웨어 업데이트를 위해 사용한다.

④ 802.1X는 무결성 보장을 위해 CBC—MAC를 이용한다.

02 IEEE 802.11i에 관한 설명으로 가장 적절하지 않은 것은?

① IEEE 802.11 무선 랜의 보안 표준으로 인증, 데이터 무결성, 데이터 기밀성, 키 관리에 관한 내용을 포함한다.

② 무선단말(Station)과 무선접속점(Access Point) 간의 안전한 통신을 제공한다.

③ 인증서버(Authentication Server)는 무선단말을 인증한다.

④ 무선단말과 무선접속점은 RADIUS(Remote Authentication Dial In User Service) 프로토콜을 통해 인증 정보를 교환한다.

정답 및 해설

01 정답 ②

① EAP는 확장형 인증 프레임워크이다.

③ TKIP은 WEP로 구현된 하드웨어의 펌웨어 업데이트를 위해 사용한다.

④ 802.1x는 포트 기반 네트워크 접근제어 기능을 제공한다.

02 정답 ④

④ 802.1x에서 EAP 인증 시에 사용자와 AP 사이에는 EAPOL(EAP over LAN) 프로토콜을 통해서 패킷을 전송하고, AP와 인증 서버 사이에는 RADIUS(Remote Authentication Dial-in User Services) 프로토콜을 통해서 패킷을 전송한다.

PART 05

03 다음에서 설명하는 블루투스(Bluetooth)의 보안 취약점으로 가장 적절하게 연결된 것은?

㉠ 다른 데이터의 이동이나 변조를 가하는 것이 아니기에 사용자를 귀찮게 하는 문제 외에는 별다른 위험이 없다.

㉡ 블루투스 장치끼리 인증 없이 정보를 간편하게 교환하기 위해 개발된 OPP(OBEX Push Profile) 기능을 사용하여 블루투스 장치로부터 주소록 등의 내용을 요청해 이를 열람하는 등의 공격 방법이다.

㉢ 해커가 모바일 장치를 물리적으로 소유한 것처럼 다른 사람의 모바일 장치가 전화를 걸거나 다른 기능들을 수행하도록 할 수 있다.

	㉠	㉡	㉢
①	블루재킹	블루스나핑	블루버깅
②	블루재킹	블루버깅	블루프린팅
③	블루재킹	블루스나핑	블루프린팅
④	블루버깅	블루스나핑	블루프린팅

04 무선 랜 보안과 관련한 설명으로 옳지 않은 것은 모두 몇 개인가?

가. 무선 랜의 취약점을 보완하기 위해 IEEE 802.1x와 RADIUS(Remote Authentication Dial-In User Service) 서버를 이용해 무선 사용자를 인증한다.

나. WPA(Wifi Protected Access)는 WEP(Wired Equivalent Privacy) 암호의 약점을 보완한 CCMP(Counter mode with CBC-MAC Protocol) 암호화 방식을 사용한다.

다. WPA2는 보안 강화를 위해 RC4 대신 AES 알고리즘을 사용한다.

라. KRACK(Key Reinstallation Attacks)은 WPA2의 4-way 핸드셰이크(handshake) 과정에서 메시지를 조작하고 재전송하여 정보를 획득하는 공격이다.

① 0개   ② 1개
③ 2개   ④ 3개

05 IEEE 802.11i에서 데이터를 보호하기 위해서 AES 알고리즘을 사용한 암호화 운영모드와 메시지 인증기법을 가장 적절하게 짝지은 것은?

① CBC 모드, HMAC 인증
② CBC 모드, CBC-MAC 인증
③ CTR 모드, HMAC 인증
④ CTR 모드, CBC-MAC 인증

06 IEEE 802.11i에서 정의한 무선 랜 데이터 보안 프로토콜로 메시지 무결성 코드(MIC)와 RC4 암호 알고리즘을 이용하여 메시지 무결성과 데이터 기밀성을 제공하는 것은?

① EAP
② WEP
③ CCMP
④ TKIP

07 무선 LAN 보안에 대한 설명으로 옳지 않은 것은?

① WPA2는 RC4 알고리즘을 암호화에 사용하고, 고정 암호키를 사용한다.
② WPA는 EAP 인증 프로토콜(802.1x)과 WPA-PSK를 사용한다.
③ WEP는 64비트 WEP 키가 수분 내 노출되어 보안이 매우 취약하다.
④ WPA-PSK는 WEP보다 훨씬 더 강화된 암호화 세션을 제공한다.

08 〈보기〉에서 설명하는 블루투스 보안 위협으로 가장 옳은 것은?

> **보기**
>
> 블루투스 장치는 장치 간 종류(전화통화, 키보드 입력, 마우스 입력 등) 식별을 위해 서비스 발견 프로토콜(SDP)을 보내고 받는다. 이 서비스 발견 프로토콜을 이용해 공격자는 공격이 가능한 블루투스 장치를 검색하고 모델을 확인할 수 있다.

① 블루프린팅
② 블루스나프
③ 블루버그
④ 블루재킹

09 〈보기〉의 (가)~(라)에 들어갈 용어를 바르게 연결한 것은?

> **보기**
>
> IEEE 802.11i 표준은 무선 랜 사용자 보호를 위해서 사용자 인증 방식, 키 교환 방식 및 향상된 무선구간 암호 알고리즘을 정의하고 있다. 무선구간에서 전송되는 데이터를 보호하기 위한 방법으로 (가) 의 취약성을 해결한 (나) 방식과 AES 암호 알고리즘을 사용하는 (다) 방식을 지원한다. (라) 방식은 암호키가 각 데이터프레임마다 변경되도록 만들고 메시지 무결성을 보장하기 위해 (라) 을 프레임에 포함시킴으로써 (가) 의 보안 취약성을 해결하였다.

	(가)	(나)	(다)	(라)
①	WEP	TKIP	CCMP	MIC
②	WAP	TKIP	CCMP	MAC
③	WEP	CCMP	TKIP	MAC
④	WAP	CCMP	TKIP	MIC

03 <정답> ①

㉠ 블루재킹(bluejacking): 블루투스를 이용해 스팸처럼 명함을 익명으로 퍼트리는 것이다. 다른 데이터의 이동이나 변조를 가하는 것이 아니며, 명함에는 주로 해커 메시지가 들어 있다.

㉡ 블루스나핑(Bluesnarfing): 블루투스의 취약점을 이용하여 장비의 임의 파일에 접근하는 공격기법으로, 공격자는 OPP(OBEX Push Profile) 프로토콜을 이용한다.

㉢ 블루버깅(Bluebugging): 블루투스 장비 간의 취약한 연결 관리를 악용한 공격이다. 공격 장치와 공격 대상 장치를 연결하여 공격 대상 장치에서 임의의 동작을 실행한다.

04 <정답> ②

나. WPA는 WEP 암호의 약점을 보완한 TKIP 암호화 방식을 사용한다.

05 <정답> ④

CCMP는 128bit의 대칭키를 사용하고, 48bit의 초기화 벡터를 사용한다. AES가 제공하는 여러 모드 중 CCMP는 Counter 모드 기반으로 CBC-MAC을 결합한 CCM 운영방식을 기반으로 한다.

06 <정답> ④

WPA는 TKIP 알고리즘을 사용한다. TKIP는 기본적으로 WEP와 같은 RC4 키 스트림 암호화 알고리즘을 사용한다. 보안 강화를 위해 MIC(또는 Michael)라는 8바이트의 메시지 무결성 코드를 추가했고, IV 생성에서 새로운 배열 규칙을 적용했다.

07 <정답> ①

WPA2는 2세대 WPA로서 TKIP을 대체하기 위해 AES에 기반을 둔 CCMP 암호화 방식을 사용하며, IEEE 802.11i 수정안을 포함한 보안기술이다.

08 <정답> ①

〈보기〉는 블루프린팅에 대한 설명이다. 각 블루투스 장치는 MAC 주소와 유사하게 6바이트의 고유 주소가 있는데, 앞의 3바이트는 제조사에 할당되고, 뒤의 3바이트는 블루투스 장치별로 할당된다. 또한 블루투스 디바이스는 각자 서비스 영역을 가지고 있는데 서비스 발견 프로토콜(SDP; Service Discovery Protocol)을 통하여 서비스의 내용을 확인할 수 있다.

09 <정답> ①

WEP 취약성을 보강하기 위한 TKIP, CCMP, MIC에 대한 정의이다. MIC(Message Integrity Check)은 WEP에서 무결성 보장을 위해 적용하였던 CRC32 알고리즘보다 안전하다고 알려져 있다.

01 네트워크 기능 및 관리 프로토콜

1 네트워크 관리기능

1. 네트워크 관리의 필요성

(1) 네트워크 환경이 대형화되고 복잡해짐에 따라 네트워크의 관리 또한 중요한 비중을 차지하게 되었다. 네트워크 속도의 저하로 인해 업무처리가 늦어진다면 이것은 이제 단순한 문제가 아니다.

(2) 또한 효율적으로 자원 사용을 극대화함과 동시에 서비스 품질의 측면에서 가용성과 신뢰성을 최상의 상태로 유지하고 응답시간을 단축시키는 등 네트워크의 원활한 동작을 위하여 네트워크 관리가 필요하다.

(3) 네트워크 관리에는 네트워크에 분산된 각종 자원을 분배·관리·분석·평가하는 기능이 포함된다.

2. 네트워크 5대 관리기능

네트워크 관리기능은 계정관리, 구성관리, 성능관리, 장애관리 및 보안관리 등 5개 분야로 나눌 수 있다.

〈 네트워크 5대 관리기능 〉

구분	내용
계정관리	개방시스템에서 일어나는 활동에 의해 소비되는 자원에 관한 모든 정보를 관리하는 것으로, 「인증기능」과 「과금기능」이 있음
구성관리	네트워크 구성원들 사이의 관계를 알려주는 상호 연결 및 네트워크의 정보를 제공하는 기능
성능관리	네트워크의 동작 및 효율성을 평가하는 기능
장애관리	비정상적인 동작을 발견하고 대처하는 기능
보안관리	관리 대상에 대한 보안 기능 제공

2 네트워크 관리 프로토콜

1. SNMP(Simple Network Management Protocol)

(1) 개념

① SNMP는 네트워크 모니터링의 목적으로 네트워크 관리에서 널리 사용된다.

② SNMP는 시스템이나 네트워크 매니저로 하여금 원격에서 네트워크 장비를 모니터링하고 환경 설정 등의 운영을 할 수 있게 해준다. 즉, 보통 호스트인 관리자는 보통 라우터나 서버인 에이전트의 집단을 제어하고 감시한다.

③ 프로토콜은 제조회사에 의해 만들어지고 LAN과 MAN과 같이 물리적으로 상이한 네트워크에 설치된 장치들을 감시할 수 있도록 응용 수준에서 설계되었다.

(2) 구성 요소: TCP/IP를 기반으로 하는 네트워크 관리는 네트워크 관리 스테이션과 호스트, 라우터 및 네트워크 구성요소에 설치된 에이전트라는 소프트웨어 간의 통신에 의해 이루어지며, 다음과 같은 3개의 구성요소를 가진다.

① MIB(Management Information Base): 네트워크 구성요소에 의해 유지되는 변수 값이다. 또한 개체의 수를 결정하고 이들을 SMI에 의해 정해진 규칙에 따라 이름을 붙이며 이름이 정해진 각 객체에 유형을 연결한다.

② SMI(Structure of Management Information)

ㄱ 객체에 이름을 붙이고 객체 유형을 정의하며 객체와 값을 부호화하는 방법을 나타내기 위한 일반적인 규칙을 정의한다.

ㄴ SMI는 공통된 정보표현 방식을 규정해서, 각종 장비 간에도 통신이 이루어질 수 있도록 한다. 그러나 객체와 유형과의 연결은 SMI가 책임지지 않는다.

③ SNMP: 관리자와 에이전트 사이에 교환되는 패킷의 형식을 정의하며 SNMP 패킷에서 객체(변수)의 상태(값)를 읽고 변경한다.

(3) 매니저와 에이전트

① 네트워크 관리는 매니저와 에이전트 간의 다음과 같은 간단한 상호작용에 의해 수행된다. 에이전트가 DB에 성능 정보를 저장하면 매니저는 DB에서 값을 읽어 간다. 매니저는 라우터로 하여금 특정한 동작을 행하도록 할 수 있다.

② 매니저와 에이전트 간의 관리정보 교환에는 크게 두 가지 방식이 사용된다. 에이전트로부터 주기적으로 정보를 수집할 때는 '폴링'이 사용되고, 에이전트에 '이벤트'가 발생(예 라우터 인터페이스 다운)하면 '트랩'을 통해 매니저에게 알린다.

(4) SNMP 원리: SNMP는 OSI 7계층의 애플리케이션 계층의 프로토콜이며 에이전트의 MIB에 저장되어 있는 변수 값을 조회하거나 변경하기 위해 사용된다. 매니저와 에이전트 간 통신은 메시지 교환에 의해 이루어지며 메시지는 다음과 같은 5가지 유형의 프로토콜 데이터 유닛(PDU)*이 있다. PDU 값은 0과 4 사이의 값을 갖는다. SNMP에서 사용되는 메시지 5가지 중 4가지는 단순히 요청과 응답이라는 프로토콜에 의해 교환되기 때문에 SNMP는 UDP를 사용한다. 매니저는 161번 포트(매니저 포트), 에이전트는 162번 포트(에이전트 포트)로 메시지를 전송한다.

- 0: GetRequest : 매니저가 하나 또는 그 이상의 특정 변수 값을 요청한다.
- 1: GetNextRequest : 매니저가 이미 요청한 변수 다음의 변수 값을 요청한다.
- 2: SetRequest : 매니저가 특정 변수 값의 변경을 요청한다.
- 3: GetResponse : 에이전트가 매니저에 해당 변수 값을 전송한다.
- 4: Trap : 에이전트의 특정 상황을 관리시스템에 알린다.

---

* 프로토콜 데이터 유닛(PDU; Protocol Data Unit)
프로토콜 데이터 유닛은 데이터 통신에서 상위 계층이 전달한 데이터에 붙이는 제어정보를 뜻한다. 정보를 추가한 계층에 따라 PDU를 지칭하는 이름과 포함하는 내용이 달라진다. 전송계층(4계층)의 PDU는 세그먼트, 네트워크 계층(3계층)의 PDU는 패킷으로 부른다.

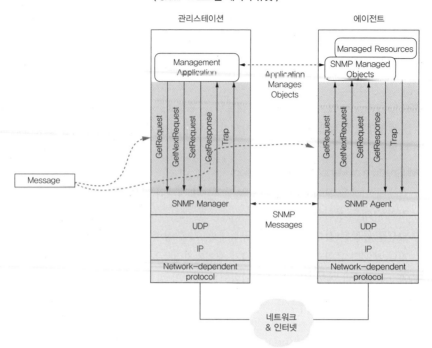

2. 원격접속 서비스

(1) TELNET

① 인터넷 응용계층 프로토콜 중 하나로 원격지의 컴퓨터를 자신의 컴퓨터처럼 파일 전송/생성, 디렉토리 생성 등을 자유롭게 할 수 있다. TELNET 서비스를 이용하려면 TELNET 서버에 계정*을 가지고 있어야 한다.

② TELNET 서버는 23번 포트를 사용한다. 또한 TELNET은 ID, PW를 포함한 모든 정보를 평문으로 전송하기 때문에 보안에 취약하다.

(2) Rlogin

① Remote login의 약자로 원격지 접속을 지원하는 프로토콜로서 인터넷 표준이 아니며 BSD(유닉스 계열의 운영체제) 계열 시스템 간의 원격 접속을 위해서 설계되었다.

② Rlogin 접속이 가능하려면 원격지 호스트에 .rhosts 파일 또는 /etc/hosts.equiv 파일에 먼저 자신의 호스트가 등록되어야만 한다.

③ Rlogin 서비스도 TELNET과 마찬가지로 전송데이터가 암호화가 안 된 평문으로 전송되어 MITM 공격(Man In The Middle Attack, 중간자 공격)에 취약하며 패스워드 입력 없이도 접속이 가능하다는 취약점이 있다.

---

* TELNET 서버 계정
  사용자가 원격 호스트의 응용프로그램이나 유틸리티에 접근하고자 할 때 원격 로그인을 수행하여야 한다. 이 경우 TELNET 클라이언트와 서버 프로그램이 사용된다.

(3) SSH(Secure SHell)

① 기능 및 용도

    ㉠ 시큐어 셸(SSH; Secure SHell)은 네트워크상의 다른 컴퓨터에 로그인하거나 원격 시스템에서 명령을 실행하고 다른 시스템으로 파일을 복사할 수 있도록 해 주는 응용 프로그램 또는 그 프로토콜을 가리킨다.

    ㉡ 기존의 rlogin, TELNET 등을 대체하기 위해 설계되었으며, 강력한 인증 방법 및 안전하지 못한 네트워크에서 안전하게 통신을 할 수 있는 기능을 제공한다. 기본적으로는 22번 포트를 사용하며 다음과 같은 구성요소(컴포넌트)를 갖는다.

② SSH 컴포넌트

    ㉠ SSH 전송 프로토콜(SSH-TRANS): TCP 통신방식은 신뢰성을 보장하기는 하나 기밀성과 무결성 등 전송데이터의 안전성을 보장하지 못한다. SSH-TRANS 프로토콜을 이용하면 TCP 상에 안전한 채널 생성이 가능하도록 해준다.

    ㉡ SSH 인증 프로토콜(SSH-AUTH): SSH는 RSA, DSA 등과 같은 공개키 암호 방식으로 인증을 수행한다. 간단히 설명하면, 공개키와 비밀키 모두 있어야 인증이 되는 방식으로, 비밀키는 각자가 안전하게 보관하며 공개키만 네트워크를 통해 전달한다.

    ㉢ SSH 연결 프로토콜(SSH-CONN): 여러 개의 논리 채널을 구성하여 통신 채널의 다중화를 실현한다.

    ㉣ SSH 응용 프로토콜(SSH-Application): 연결단계를 마치면 SSH는 몇 개의 응용 프로그램이 이 연결을 사용할 수 있도록 한다. 각 응용은 논리채널을 생성할 수 있고, 각 채널은 안전성을 보장받는다.

〈 SSH의 컴포턴트 〉

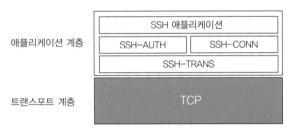

③ SSH 암호화 통신

    ㉠ SSH는 대칭키 암호와 공개키 암호를 조합한 하이브리드 암호화 기법을 사용하며 접속과 인증을 위해서는 RSA, DSA를 이용한다. 또한 전송자료 암호화를 위해서 Blowfish, DES, TDES(Tripple DES), RC4 및 IDEA, AES 등의 대칭키 암호를 사용한다.

    ㉡ 서버 인증

      • 서버에 SSH 접속이 가능하기 위해서는 SSH 데몬이 설치되어야 한다. 클라이언트가 서버에 처음 접속을 시도하면 서버로부터 서버 공개키를 전송받고 이를 .ssh/known_host 파일에 저장한다.

      • 클라이언트는 난수를 생성하고 생성 난수의 해시값을 계산, 이를 자신의 호스트에 저장해 놓는 한편 서버 공개키로 암호화하여 서버에 전송한다.

- 그러면 서버는 자신에게 도착한 암호 데이터를 자신의 비밀키로 복호화, 난수를 추출한다. 복호화된 난수의 해시 값을 구하고 이를 클라이언트에 다시 전송한다.
- 클라이언트는 서버로부터 받은 해시 값과 자신이 보관하고 있는 해시값을 비교하여 서버가 정상적인 서버인지 확인한다. 이 과정이 서버 인증이다.

〈 SSH의 서버 인증과정 〉

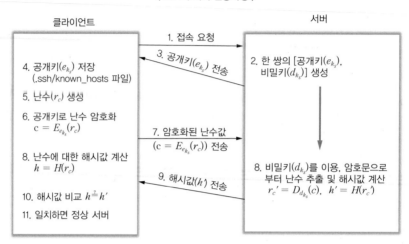

ⓒ 사용자 인증
- 서버 인증과 원리는 같지만, 서버와 클라이언트의 역할만 바뀐다. 사용자 인증은 클라이언트에서 한 쌍의 비대칭키(공개키, 비밀키)를 생성한다. 생성된 공개키는 서버에 보내며 서버는 이를 .ssh/authorized_keys 파일에 저장한다.
- 다음으로 서버는 난수를 생성하고 이에 대한 해시 값을 저장한다. 이후 서버는 생성난수를 클라이언트의 공개키로 암호화해 클라이언트에 보낸다. 그러면 클라이언트는 이를 자신의 비밀키로 복호화하여 이에 대한 해시값을 서버에 보낸다.
- 서버는 자신이 보관 중인 해시값과 클라이언트로부터 다시 받은 해시값을 비교해 정상 사용자인지 아닌지를 확인한다. 이 과정을 사용자 인증이라고 한다.

〈 SSH의 사용자 인증과정 〉

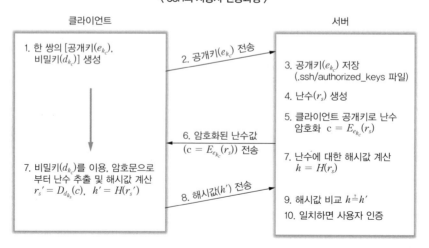

ⓔ 데이터 암호화
- 서버 인증과 사용자 인증이 끝나면, 비대칭키 암호화 방식을 통해 클라이언트와 서버는 대칭키(세션키)를 공유한다.
- 이후 통신되는 모든 데이터는 세션키를 통해서 암호화가 이루어지며 통신이 종료되면 세션키도 사용 종료된다.

02 네트워크 관리 도구

1 연결 테스트(ping)

1. 동작원리 및 활용

(1) **ping 명령의 동작원리**: 네트워크 상태를 확인하려는 원격 호스트를 향해 일정 크기의 패킷을 보낸 후 (ICMP echo request) 대상 호스트가 이에 대해 응답하는 메시지(ICMP echo reply)를 보내면 이를 수신, 분석하여 대상 호스트가 정상적으로 운영되고 있는지를 확인하는 진단 목적으로 사용한다.

(2) 라우터, 스위치, 서버, 컴퓨터에는 외부 통신용 NIC가 내장되어 있으며 IP주소를 할당해서 사용하고 있어 ping 명령으로 접속 여부 확인이 가능하다.

(3) ping 명령의 TTL 값은 대상 호스트가 어떤 OS를 사용하는지도 알 수가 있다. 유닉스 계열은 255, 윈도우98 이후의 윈도우 계열은 128부터 TTL 값이 하나씩 감소하므로 200번대이면 유닉스(리눅스)이고 100번대이면 윈도우 계열이라고 생각하면 된다.

(4) 그리고 도메인명을 사용하여 접속대상 시스템의 IP주소도 확인할 수 있다.

〈 ICMP Echo Request와 Echo Reply 패킷 〉

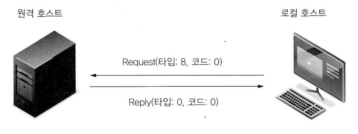

ICMP Request 메시지 형식   ICMP Reply 메시지 형식

2. 입력 문법 및 예문

문법		ping [−options] ip주소	host_name
옵션	−c count (리눅스) −n count (윈도우)	지정한 숫자만큼 ICMP 패킷을 송수신한다.
	−i wait	ICMP 패킷 송신 간의 대기시간이다(디폴트: 1초).
	−s packet size(리눅스) −l packet size (윈도우)	ICMP 송신패킷의 데이터 크기이다(디폴트: 56B).
예문	ping 192.168.111.11 ping www.domain.com −s 100 −c 20 //domain.com에 100B 크기로 20회 송·수신(리눅스) ping www.domain.com −l 100 −n 10 //domain.com에 100B 크기로 10회 송·수신(윈도우)	
설명	ping은 ICMP 패킷의 송신(Echo request)과 ICMP 패킷의 수신(Echo request)를 반복식으로 실행이며 [에1l] 키를 누르면 종료된다. ※ 윈도우에서의 ping의 반복회수의 값은 디폴트로 '4'로 되어 있다.	

3. 실행 결과 및 분석

〈 ICMP ping(192.168.111.11→192.168.111.128) 수행 결과 〉

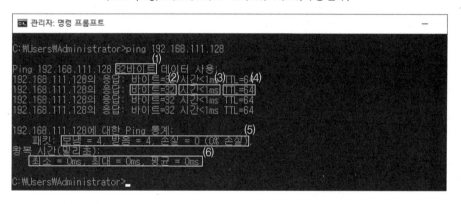

(1) ICMP 패킷의 길이를 나타낸다. 운영체제마다 패킷의 길이가 다르다. 윈도우 시스템은 32바이트의 ICMP Echo Request 패킷을 생성하여 보내며, 유닉스/리눅스는 대부분 56바이트(ICMP 헤더를 포함하면 64바이트)를 보낸다.

(2) 공격대상에서 보내온 ICMP Echo Reply 패킷의 크기이다. 공격자가 보낸 패킷과 동일한 크기의 패킷이 돌아온다.

(3) Echo Request 패킷을 보낸 후, Echo Reply 패킷을 받기까지의 경과시간이다.

(4) TTL(Time To Live) 값으로 패킷이 무한대로 돌아다니지 않도록 라우터 하나가 지날 때마다 1씩 줄어든다. 최초 TTL 값은 운영체제마다 다르다.

(5) Request 패킷의 수, Reply 패킷의 수, 손실된 패킷의 수를 나타낸다.

(6) Request 패킷을 보낸 후, Reply 패킷이 오기까지의 시간관련 정보를 알려준다. 다음 그림 〈ICMP Echo Request/Reply 패킷 내용〉은 로컬 호스트(192.168.111.11, client)에서 원격 호스트(192.168.111.128)로 ping 명령 실행과정을 원격 호스트에서 'tcpdump −t NIC 이름(예에서는 ens33 임) 명령'으로 캡처한 결과이다. ICMP의 Request/Reply 패킷 내용을 확인할 수 있다.

〈 ICMP Echo Request/Reply 패킷 내용 〉

```
ubuntu@Client: ~                                                    ✕
ubuntu@Client:~$ sudo tcpdump -i ens33
tcpdump: verbose output suppressed, use -v or -vv for full protocol decode
listening on ens33, link-type EN10MB (Ethernet), capture size 262144 bytes
12:17:39.776800 IP 192.168.111.11 > Client: ICMP echo request, id 1, seq 5, length 40
12:17:39.776832 IP Client > 192.168.111.11: ICMP echo reply, id 1, seq 5, length 40
12:17:39.778002 IP Client.62495 > gateway.domain: 25998+ PTR? 128.111.168.192.in-addr.arpa. (46)
12:17:39.785675 IP gateway.domain > Client.62495: 25998 NXDomain 0/1/0 (123)
12:17:39.786119 IP Client.41429 > gateway.domain: 54798+ PTR? 11.111.168.192.in-addr.arpa. (45)
12:17:39.791270 IP gateway.domain > Client.41429: 54798 NXDomain 0/1/0 (122)
12:17:39.791675 IP Client.49527 > gateway.domain: 25551+ PTR? 2.111.168.192.in-addr.arpa. (44)
12:17:39.796327 IP gateway.domain > Client.49527: 25551 NXDomain 0/1/0 (121)
12:17:40.794146 IP 192.168.111.11 > Client: ICMP echo request, id 1, seq 6, length 40
12:17:40.794170 IP Client > 192.168.111.11: ICMP echo reply, id 1, seq 6, length 40
12:17:41.809376 IP 192.168.111.11 > Client: ICMP echo request, id 1, seq 7, length 40
12:17:41.809399 IP Client > 192.168.111.11: ICMP echo reply, id 1, seq 7, length 40
12:17:42.825380 IP 192.168.111.11 > Client: ICMP echo request, id 1, seq 8, length 40
12:17:42.825402 IP Client > 192.168.111.11: ICMP echo reply, id 1, seq 8, length 40
12:17:44.450501 ARP, Request who-has Client (00:0c:29:54:70:b0 (oui Unknown)) tell 192.168.111.11, length 46
12:17:44.450533 ARP, Reply Client is-at 00:0c:29:54:70:b0 (oui Unknown), length 28
12:17:44.793473 ARP, Request who-has gateway tell Client, length 28
12:17:44.793636 ARP, Reply gateway is-at 00:50:56:ef:96:26 (oui Unknown), length 46
12:17:48.064095 ARP, Request who-has 192.168.111.100 tell Client, length 28
12:17:48.064398 IP Client.42897 > gateway.domain: 18902+ PTR? 100.111.168.192.in-addr.arpa. (46)
12:17:48.076376 IP gateway.domain > Client.42897: 18902 NXDomain 0/1/0 (123)
12:17:49.061581 ARP, Request who-has 192.168.111.100 tell Client, length 28
12:17:50.061640 ARP, Request who-has 192.168.111.100 tell Client, length 28
12:17:51.061358 ARP, Request who-has 192.168.111.100 tell Client, length 28
12:17:52.061391 ARP, Request who-has 192.168.111.100 tell Client, length 28
12:17:53.061352 ARP, Request who-has 192.168.111.100 tell Client, length 28
^Z
[3]+ 정지됨              sudo tcpdump -i ens33
```

> **더 알아보기**
>
> sudo tcpdump –i ens33
>
> 'tcpdump –i ens33'을 관리자 권한으로 수행하라는 것이다. ens33은 NIC(네트워크 인터페이스 카드로 보통 이더넷 카드
> 라고 함)를 나타낸다. 보통 리눅스에서 NIC를 eth0, eth1, …으로 표기하나 일부 리눅스(예 우분투)에서는 eth대신 ens를 사
> 용한다. 즉 ens33을 경유하는 모든 패킷을 옵션 *i*를 사용하여 실시간으로 화면으로 출력하라는 명령 구문이다.

2 경로추적(traceroute/tracert)

1. 기능 및 동작원리

(1) 인터넷은 접속하려는 상대방 호스트와 직접적으로 연결되어 있지 않고 중간 중간에 네트워크 장비를 거쳐 접속이 된다. traceroute(리눅스)/tracert(윈도우)는 최종 목적지 컴퓨터까지 중간에 거치는 라우터에 대한 경로 및 응답 속도를 표시해 준다.

(2) traceroute/tracert는 패킷의 TTL 값을 하나씩 증가시켜 보낸다. 제일 먼저 TTL 값이 '1'인 패킷은 제일 먼저 도착한 라우터에서 TTL 값이 감소하고 ICMP 메시지가 출발지로 보내진다. 이러한 방법으로 TTL 값을 하나씩 증가해 나가면서 목적지에 도달할 때까지 계속 패킷을 보낸다.

> **더 알아보기**
>
> traceroute와 tracert
> • 둘다 현재 위치에서 목적지 호스트까지의 경로추적을 한다는 점에서는 동일하다.
> • 하지만 traceroute는 유닉스/리눅스 환경에서 사용 가능한 명령어로 UDP 패킷을 이용하는 반면, tracert는 윈도우 운영환경에서 사용하는 명령어로 ICMP echo Request(타입 8, 코드 0)과 ICMP echo Reply(타입 8, 코드 0)를 이용한다.

2. traceroute/tracert의 활용

(1) traceroute 결과에서 응답 시간이 *로 표시되는 경우 방화벽 등의 접근 통제리스트(ACL)에 의해 UDP 패킷이 보안상의 이유로 패킷이 차단되었거나 실제 해당 구간에 문제가 발생한 경우로 볼 수 있다.

(2) 또한 traceroute/tracert는 전용회선 관리나 장애 복구 시에도 많이 활용된다. tracerouting을 이용한 도구로는 visual route, neotrace, MTR 등이 있다.

(3) traceroute를 통한 네트워크 트러블 해결방법: 1) 지정한 주소가 실제로 존재하는지 체크하고 없다면 패킷이 멈춘 곳을 알아낸다. 2) 수행속도가 느리면 어느 지점에서 시간이 장시간 소요되는지, 3) 패킷이 적당한 곳을 통해서 라우팅하고 있는지, 4) '*' 모양이 발생하는 장소가 있는지 확인한다.

3. 입력 문법 및 예문

문법		traceroute [—option] ip주소	host_name
옵션	m max_hop	최대 TTL 값을 지정(디폴트는 30)
	p port	UDP 포트를 지정(디폴트는 33434번)
	q n_queries	각 TTL마다 전달하는 탐색 패킷의 횟수(디폴트는 3)
	w wait_time	탐색 중 응답을 기다리는 시간(디폴트는 5초)
	I(아이)	UDP 대신에 ICMP echo request 메시지를 사용
	T	UDP 대신에 TCP syn 패킷을 이용(root 권한 필요)
예문		# traceroute 192.168.111.10 # traceroute —I 192.168.111.10 //UDP 대신 ICMP echo request 메시지 사용
설명		traceroute 실행시 5초 동안 응답결과가 없으면 * 기호로 표시된다(w의 디폴트 값은 5초임).

4. 실행 결과(Kali 리눅스)

(1) 무 옵션의 traceroute 명령 실행(**예** traceroute 220.68.224.34): UDP 프로토콜을 사용한다.

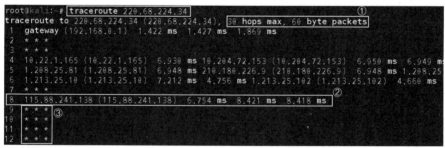

… (하략) …

① TTL의 디폴트 값은 30(hops max), 전송 패킷의 크기는 60바이트이다.

② 숫자 8은 현재 경유중인 라우터의 TTL 값으로 이 값이 30이 되면 패킷은 더 이상 진행하지 않고 멈춘다. 115.88.241.138은 현재 패킷이 경유하는 라우터의 IP주소를 나타내며 6.754/8.421/8.418ms는 호스트에서 발송된 패킷이 현재 통과 중인 라우터까지 소요된 왕복 시간(3회)을 나타낸다.

③ 탐색 패킷의 결과가 일정시간(디폴트 5초) 이내에 호스트에 도달하지 않으면 「* * *」기호로 표시된다.

(2) T 옵션에 의한 traceroute 명령 실행(예 traceroute –T 220.68.224.34): UDP 대신에 TCP syn 패킷을 사용한다. 옵션이 없을 때보다 경로 파악이 좀 더 세밀해졌다(「* * *」기호의 표시 횟수가 적어짐).

```
root@kali:~# traceroute -T 220.68.224.34
traceroute to 220.68.224.34 (220.68.224.34), 30 hops max, 60 byte packets
 1  gateway (192.168.0.1)  1.755 ms  1.740 ms  2.126 ms
 2  * * *
 3  10.18.232.33 (10.18.232.33)  7.224 ms  7.231 ms  7.231 ms
 4  10.204.72.153 (10.204.72.153)  7.295 ms 10.204.72.157 (10.204.72.157)  7.296 ms 10.22
 5  1.213.24.9 (1.213.24.9)  7.293 ms 1.208.25.85 (1.208.25.85)  7.292 ms 1.213.25.81 (1.
 6  1.213.25.102 (1.213.25.102)  9.355 ms  5.842 ms 1.213.25.10 (1.213.25.10)  5.821 ms
 7  * * *
 8  115.88.241.138 (115.88.241.138)  9.842 ms  9.846 ms  9.793 ms
 9  * * *
10  * * *
11  g (220.68.224.34)  4.176 ms  2.997 ms  3.609 ms
root@kali:~#
```

(3) I 옵션에 의한 traceroute 명령 실행(예 traceroute –I 220.68.224.34): UDP 대신에 ICMP echo request 메시지를 사용한다. T 옵션을 사용할 때보다 「* * *」기호의 표시 횟수가 적어짐을 알 수 있다 (4회 → 2회).

```
root@kali:~# traceroute -I 220.68.224.34
traceroute to 220.68.224.34 (220.68.224.34), 30 hops max, 60 byte packets
 1  gateway (192.168.0.1)  1.500 ms  1.615 ms  2.312 ms
 2  * * *
 3  10.18.232.33 (10.18.232.33)  3.464 ms  4.027 ms  5.441 ms
 4  10.22.1.165 (10.22.1.165)  3.713 ms  3.714 ms  3.714 ms
 5  1.213.25.85 (1.213.25.85)  3.704 ms  4.157 ms  4.160 ms
 6  1.213.25.102 (1.213.25.102)  5.426 ms  2.322 ms  2.786 ms
 7  * * *
 8  115.88.241.138 (115.88.241.138)  4.775 ms  4.772 ms  4.773 ms
 9  220.68.227.2 (220.68.227.2)  2.792 ms  2.796 ms  2.797 ms
10  220.68.224.228 (220.68.224.228)  2.702 ms  2.703 ms  2.525 ms
11  g (220.68.224.34)  2.229 ms  2.216 ms  2.124 ms
root@kali:~#
```

(4) **검토 결과**: traceroute 옵션으로 T와 I를 사용한 결과, (1)에서 *로 표시되었던 부분의 IP주소가 일부 확인되었다. 즉, traceroute의 옵션을 변경하여 라우터의 IP주소를 확인할 수 있으며 (3)의 목적지 호스트 앞에 있는 IP주소가 방화벽 주소일 가능성이 크다.

3 네트워크 인터페이스 진단(netstat, ss)

1. 기능 및 동작원리

(1) netstat 명령은 유닉스/리눅스 시스템의 TCP, UDP 등 전송제어 프로토콜, 다양한 네트워크 인터페이스(LAN 카드)에 대한 정보, 시스템의 라우팅 정보, 소켓 사용 정보 등 옵션에 따라 네트워크 정보를 제공한다.

(2) 즉, netstat는 네트워크의 문제를 찾아내고 성능 측정으로서 네트워크 상의 트래픽의 양을 결정하기 위해 사용된다.

(3) 리눅스에서 net-tools의 일부인 netstat를 iproute2의 일부인 ss가 netstat를 대체하고 있다. ss 사용법은 netstat와 동일하다(출력 결과가 약간 상이).

2. 입력 문법 및 예문

문법		netstat/ss [-option]
옵션	- r	라우팅 정보를 출력한다.
	- i	[interval] 네트워크 인터페이스 정보를 출력한다.
	- s	각 네트워크 프로토콜(IP,TCP,UDP,ICMP)에 대한 통계정보를 출력한다.
	- t	TCP로 연결된 포트를 보여준다.
	- u	UDP로 연결된 포트를 보여준다.
	- a	모든 소켓 정보를 출력한다.
	n	네트워크 주소를 수자로 나타낸다.
	- p	프로세서ID(pid)와 사용 중인 프로그램명을 출력한다.
예문	# netstat # netstat - an	// 모든 소켓 정보를 숫자로 나타낸다.

3. 실행결과 및 분석

(1) 라우팅 옵션(-r)

① netstat의 - r 옵션은 유닉스/리눅스 시스템의 포워딩 테이블을 출력해준다.

② 위 캡처 화면을 보면 외부로 나가는 모든 패킷은 자신의 네트워크 인터페이스(ens32)를 통해 IP주소
가 192.168.111.2인 게이트웨이를 거치도록 설정되어 있음을 알 수 있다. 또한 서브넷 마스크가
192.168.111.0인 패킷은 게이트웨이를 거치지 않고 자신의 NIC에서 직접 브로드캐스팅함을 알 수
있다(윈도우의 포워딩 테이블 내용 확인은 'route PRINT' 명령으로 가능하다.

(2) 네트워크 상태 점검

① netstat의 -a,n 옵션을 사용하여 유닉스/리눅스 시스템의 네트워크 연결 상태(열린 포트, 발신지 주
소 등)를 확인할 수 있다.

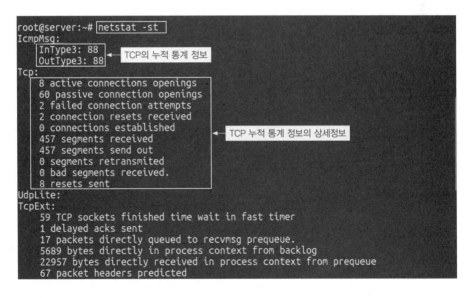

② 위 캡처 화면을 보면 192.168.0.43 주소를 가진 호스트는 mysql(3306번 포트 사용), ssh(22번 포트), telnet(23번 포트), ftp(21번 포트)를 서비스 중이며 192.168.0.42 주소의 호스트가 TELNET과 FTP로 접속하고 있음을 알 수 있다.

(3) 프로토콜 통계 정보(-s 옵션)

① netstat의 -s 옵션을 사용하여 유닉스/리눅스 시스템에서 실행 중인 TCP/IP 프로토콜의 세부 프로토콜에 대한 통계 정보를 출력해준다. 이러한 정보는 시스템이 부팅되어 현재까지 누적된 수치이다.

② 우분투, Kali 등의 리눅스 환경에서는 -s 옵션과 함께 -t(tcp), -u(udp) 옵션을 사용하면 특정 프로토콜에 대한 누적 통계 정보를 확인할 수 있다.

> [문법] tcp 통계정보: netstat -st, udp 통계정보: netstat -su

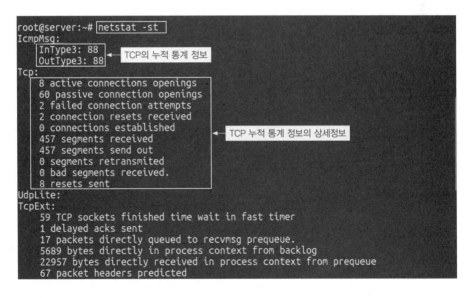

(4) 연결정보(옵션 미지정)

netstat 명령에서 옵션을 지정하지 않으면 유닉스/리눅스 시스템에 생성된 네트워크의 연결정보를 출력한다. 여기서 연결정보란 응용프로그램이 데이터를 송수신하기 위하여 상대 응용프로그램과 사용한 프로토콜과 소켓에 관한 정보이다.

```
root@server:~# netstat | more
Active Internet connections (w/o servers)
Proto Recv-Q Send-Q Local Address          Foreign Address        State
tcp6      0      0 192.168.111.100:http   192.168.111.128:43426   TIME_WAIT
tcp6      0      0 192.168.111.100:http   192.168.111.128:43428   TIME_WAIT
Active UNIX domain sockets (w/o servers)
Proto RefCnt Flags    Type     State      I-Node  Path
unix  2      [ ]      DGRAM               18157   /run/user/0/systemd/n
otify
unix  7      [ ]      DGRAM               10951   /run/systemd/journal/
socket
unix  2      [ ]      DGRAM               10988   /run/systemd/journal/
syslog
unix  14     [ ]      DGRAM               10991   /run/systemd/journal/
dev-log
unix  3      [ ]      DGRAM               10940   /run/systemd/notify
unix  3      [ ]      STREAM   CONNECTED  21492   /run/systemd/journal/
stdout
unix  3      [ ]      STREAM   CONNECTED  21035
unix  3      [ ]      STREAM   CONNECTED  21424
unix  3      [ ]      STREAM   CONNECTED  18721   @/tmp/dbus-fHH2itW7VU
unix  3      [ ]      STREAM   CONNECTED  63384
```

- Proto: 응용프로그램을 수행하기 위해 사용한 프로토콜의 종류이다.
- Recv-Q: 원격 응용프로그램으로 부터 수신하여 버퍼에 저장한 데이터의 크기이다.
- Send-Q: 원격 응용프로그램으로 전송하기 위하여 송신 버퍼에 저장한 데이터의 크기이다.
- Local Address: 연결에 사용한 로컬 호스트의 IP주소와 응용프로그램이 사용하는 포트이다.
- Foreign Address: 로컬 호스트와 연결된 원격 호스트의 IP주소와 응용프로그램의 포트이다.

4 포워딩 테이블 설정(route)

1. 포워딩 테이블 설정 방법

(1) 포워딩 테이블 설정 방법에는 RIP, OSPF와 같은 라우팅 프로토콜을 이용하는 동적 라우팅 방식과 네트워크 관리자가 패킷의 경로를 임의로 결정, 테이블을 수동으로 설정하는 정적 라우팅 방식이 있다(상세 내용은 'Chapter 02 라우팅' 참조).

(2) 즉, 정적 라우팅 방식에서는 네트워크 관리자가 route 명령을 사용하여 포워딩 테이블에 라우팅 경로를 추가하거나 삭제한다.

2. 입력 문법 및 예문(Linux)

문법		route add [−net|−host] destination [gw gateway][netmask mask][[dev] interface] route del [−net|−host] destination [gw gateway][netmask mask][[dev] interface]
옵션	add	라우팅 경로를 추가한다.
	del	라우팅 경로를 삭제한다.
	−net|−host	destination 값이 네트워크이면 net, 호스트이면 host를 지정한다.
	gw	게이트웨이의 IP주소를 gateway 자리에 지정한다.
	netmask	추가하는 라우팅 경로의 넷 마스크를 지정한다.
	dev	인터페이스 장치명을 interface 자리에 지정한다.
예문		# route add −net 203.144.7.0 netmask 255.255.255.0 gw 192.168.1.100 # route add default gw 192.168.1.100 # route del −net 203.144.7.0 netmask 255.255.255.0 gw 192.168.1.100

5 네트워크 패킷/로그 분석(tcpdump)

1. tcpdump 기능

(1) 네트워크 인터페이스를 거치는 패킷의 내용을 출력해주는 프로그램으로 네트워크 모니터링 및 패킷 분석을 위해 가장 많이 사용된다.

(2) 즉, 스니핑 도구의 일종으로 자신의 컴퓨터로 들어오는 모든 패킷의 내용을 캡처할 수 있으며, 공격자의 추적 및 공격 유형 분석을 위한 패킷 분석 시에 활용할 수 있는 도구이다.

(3) tcpdump는 패킷 수집을 위해 libpcap 라이브러리를 사용하고 유닉스/리눅스 및 윈도우 등 대부분의 플랫폼에서 사용할 수 있다. 참고로 유닉스 계열에서 tcpdump가 있다면 윈도우 계열에서는 windump라는 것이 있다.

2. 입력 문법 및 예문(tcpdump)

문법		tcpdump [옵션]
옵션	-A	패킷의 내용을 화면에 ASCII 코드로 보여준다.
	-c	주어진 수의 패킷을 받은 후 종료한다.
	-C	방금 받은 패킷을 저장파일로 만들기 전에 파일이 file_size보다 큰지 체크한다. 만일 크다면 현재 저장파일을 닫고 새로 하나를 연다.
	-D	패킷을 잡을 수 있는 네트워크 인터페이스 목록을 보여준다.
	-i	인터페이스를 정한다. 만일 정해지지 않았다면 tcpdump는 시스템 인터페이스 상에서 가장 낮은 숫자를 고른다.
예문	# tcpdump -i eth0 # tcpdump host 192.168.219.100 and port 80	

네트워크 관리 적중문제

01 네트워크 진단 프로그램에 대한 설명으로 가장 적절하지 않은 것은?

① traceroute: 지정한 호스트까지의 경로를 조사하는 프로그램

② nslookup: DNS 서버에 도메인 네임에 관한 질의를 하는 프로그램

③ metasploit: 네트워크 토폴로지를 매핑시키는 프로그램

④ tcpdump: 네트워크 패킷 캡처 프로그램

03 아래 내용은 Linux의 어떤 명령을 사용한 결과인가?

```
1  210.110.249.1 (210.110.249.1) 0.296 ms
   0.226 ms 0.211 ms
2  203.230.105.254 (203.230.105.254) 1.064 ms
   0.695 ms 0.742 ms
3  203.251.22.9 (203.251.22.9) 1.459 ms
   1.079 ms 1.181 ms
4  dj-r1-ge0.kornet.net (210.123.243.210) 1.037
   ms 0.980 ms 1.281 ms
5  211.196.155.149 (211.196.155.149) 4.076 ms
   4.081 ms 3.772 ms
```

① ping

② nslookup

③ traceroute

④ route

02 네트워크 관리 및 네트워크 장치와 그들의 동작을 감시, 총괄하는 프로토콜은?

① ICMP

② SNMP

③ SMTP

④ IGMP

04 다음 중 Ping 유틸리티와 관련이 없는 것은?

① ICMP 메시지를 이용한다.

② Echo Request 메시지를 보내고 해당 컴퓨터로부터 ICMP Echo Reply 메시지를 기다린다.

③ TCP/IP 구성 파라미터를 확인할 수 있다.

④ TCP/IP 연결성을 테스트할 수 있다.

05 IPv4 Class 중에서 멀티캐스트 용도로 사용되는 것은?

① B Class

② C Class

③ D Class

④ E Class

06 C Class의 네트워크 주소가 '168.10.0'이고 서브넷 마스크가 '255.255.255.240'일 때, 최대 사용 가능한 호스트 수는? (단, 네트워크 주소와 브로드캐스트 호스트는 제외한다)

① 10개

② 14개

③ 26개

④ 32개

01 `정답` ③

③ 메타스플로이트(metasploit): 모의해킹, 취약점진단 및 분석을 수행할 수 있는 도구이다. 버퍼 오버플로우, 패스워드 취약점, 웹 응용 취약점, 데이터베이스, 와이파이 취약점 등에 대한 약 300개 이상의 공격 모듈을 가지고 있는 오픈 소스 도구로서, 메타스플로이트를 이용하면 저렴한 비용으로 기업의 시스템에 대한 포괄적인 침투시험을 통해 취약성을 확인할 수 있다.

02 `정답` ②

② SNMP(Simple Network Management Protocol): 시스템이나 네트워크 매니저로 하여금 원격에서 네트워크 장비를 모니터링하고 환경 설정 등의 운영을 할 수 있게 해준다.

03 `정답` ③

호스트에서 원격지에 있는 호스트까지의 경로를 알아내기 위한 명령어로 traceroute가 있다. traceroute 명령 수행 시 경유지 라우터로부터 발신지 호스트로 응답하는 메시지의 형식은 〈TTL번호〉 〈패킷이 경유하는 라우터의 IP주소〉 〈왕복시간(3회)〉의 형식을 따른다. 문제지에 제시된 메시지는 이 형식을 따른다.

04 `정답` ③

ping은 호스트와 호스트 간 연결성 여부만 확인이 가능하므로 TCP 및 IP 프로토콜의 포맷을 확인할 수 없다.

05 `정답` ③

일반적으로 사용 가능한 IP주소는 A, B, C(Class)이다. D Class는 멀티캐스트에 사용되며, E Class는 연구용이다.

• D Class: 처음 네 비트의 값이 「1110」인 IP주소로 네트워크 주소와 호스트 주소의 개념이 없고 전체가 multicast용으로 사용된다.

06 `정답` ②

255.255.255.240을 16진수로 표시하면 FF FF FF F0이므로 사용 가능한 호스트의 IP주소 범위는 FF FF FF F0부터 FF FF FF FF까지 16개가 된다. 여기서 네트워크 주소인 FF FF FF F0와 브로드캐스트 주소인 FF FF FF FF의 2개 주소를 제외하면 실제 사용 가능한 IP주소는 FF FF FF F1~FF FF FF FE 범위의 14개이다.

CHAPTER 05

네트워크 기반 공격의 이해

01 네트워크 기반 위협

1 네트워크를 취약하게 만드는 요인들

1. 수많은 호스트들이 연결되어 있는 네트워크는 임의의 호스트에서 임의의 호스트로 공격할 수 있어 대규모 네트워크*에서는 더 많은 취약 지점이 존재한다.

2. 기본적으로 네트워크는 자원 공유를 가능하게 하므로 개별 컴퓨터에 비해 네트워크로 연결된 시스템들은 더 많은 수의 사용자가 접근할 수 있다.

3. 또한 잘못 설정된 네트워크는 비인가자들의 시스템 침입을 위한 주요 시작점이 될 수 있으며 네트워크 운영/제어 시스템은 단일 컴퓨터 시스템을 위한 운영체제보다 훨씬 복잡하며 이와 비례하여 취약요소도 증가할 수 있다.

4. 중앙 집중형 서버를 운영하는 경우, 만일 중앙 서버가 손상되면 파급 효과가 네트워크 전체로 확산될 수 있고, 해킹 등에 의해 데이터 조작, 중요정보의 탈취 시 어느 누구도 피해 규모를 예측할 수 없게 된다.

2 네트워크 위협 유형

네트워크에 대한 보안 위협은 크게 사람에 의해 발생하는 '인적 위협', 사이버 공격에 의한 '기술적 위협', 정보자산이 파괴되는 '물리적 위협'으로 구분된다.

1. 인적 위협

(1) 정보유출의 대부분을 차지하고 있는 인적 위협은 의도적인 위협과 우발적인 위협으로 나뉜다.

① 의도적인 위협이란 기밀정보를 빼내는 '무단반출'이나 정보를 훔쳐보는 것으로, 소셜 엔지니어링**이 이에 해당된다.

---

* 대규모 네트워크
  네트워크 규모가 커지면 커질수록 각 호스트들은 웜·바이러스, 스파이웨어, 트로이목마 등에 의해 주요 정보의 유출 가능성이 증대되며 분산서비스 공격(DDoS)을 위한 에이전트 또는 해킹 경유지로 활용될 수 있다.

** 소셜 엔지니어링(Social Engineering)
  소셜 엔지니어링 공격은 기술적인 방법이 아니라 사람 간의 신뢰를 기반으로 사람을 속여 비밀 정보를 획득하거나, 보안을 무력화시키는 공격 기법이다. 기업이 엄청난 투자를 통해 구축해 놓은 보안체계를 아주 적은 비용으로 무력화시킬 수 있다.

② 우발적 위협이란 메일을 잘못 보내거나 USB 메모리를 분실하여 보안사고가 발생하는 것 등을 말할 수 있는데, 원인으로는 직원들의 낮은 보안의식과 조직 내 보안 규정이 제대로 이행되지 않아 발생할 수 있다.

2. 기술적 위협

네트워크에 대한 지식을 가진 사람에 의한 위협으로 수동적 공격과 능동적 공격으로 나뉜다.

(1) **수동적 공격**: 스니핑(sniffing), 도청(eavesdropping) 등과 같은 방법으로 전송로 상의 정보를 무단 취득하는 행위로 직접적인 피해는 없으나 탐지가 어렵다. 전송 보안대책 및 데이터 암호화 등의 방법으로 방어할 수 있다.

(2) **능동적 공격**: 시스템의 취약점을 적극적으로 이용, 정보를 위·변조하는 등의 방법으로 목적을 달성한다. 여기에는 Brute-Force 방법에 의한 암호해독, 자신의 IP/MAC 주소를 속이는 스푸핑 공격, 재생/재전송(Replay) 공격, 서비스 거부공격(DoS; SYN Flooding, Ping of Death 등), 분산서비스 거부공격(DDoS; Distributed DoS) 등의 기법이 사용된다.

※ 능동적 공격에 대한 방어대책: 패스워드 생성규칙 강화, SSH 사용, 타임 스탬프 부가, 전자서명, 암호화 체크섬, 사용자 인증 강화, 접근제한 등의 방법을 사용하여 방어할 수 있다.

3. 물리적 위협

정보 자산의 파괴 등으로 인해 발생하는 위협을 물리적 위협이라고 한다. 지진이나 화재, 수해, 질병으로 인한 팬더믹(pandemic) 등의 재해는 환경적 위협이라고 불리기도 한다. 이외 컴퓨터 파괴나 절도 등도 물리적 위협에 속한다.

02 네트워크 기반 보안위협 및 대책

1 서비스 거부공격(DoS; Denial of Service)

1. DoS 공격의 정의 및 유형

(1) DoS 공격은 시스템에 과도한 부하를 일으켜 정보 시스템의 정상적인 작동을 방해하는 것으로 공격자가 단일 컴퓨터를 통해 공격하는 경우를 말한다. DoS와 유사한 DDoS(Distributed DoS, 분산 서비스 거부)는 공격자가 물리적으로 분산된 다수의 컴퓨터(좀비 PC)를 이용하여 공격하는 형태를 취한다.

(2) DoS 공격은 공격 형태에 따라 「자원 고갈형」, 「취약점 공격형」으로 구분할 수 있다.

2. 자원 고갈 공격형

이 공격은 네트워크의 대역폭이나 CPU 등 시스템이 가지고 있는 자원을 고갈시켜 정상 작동을 하지 못하도록 하는 공격으로 SYN flooding attack, SMURF attack 등이 있다.

(1) TCP SYN flooding attack

① 기본 원리

㉠ 네트워크에서 서비스를 제공하는 시스템에 걸려 있는 사용자 수 제한을 이용한 공격으로, 존재하

지 않는 클라이언트가 서버별로 한정된 접속 가능 공간에 접속한 것처럼 속여 다른 사용자가 서비스를 제공받지 못하게 한다.

ⓛ 클라이언트가 웹 서버에 접속 시 TCP 연결을 위해 3-way 핸드셰이크 과정을 거치는데 이 과정에서 다량의 SYN 패킷을 서버에 보낸다. 그 결과 서버의 가용 동시 접속자 수를 모두 SYN received 상태로 만들어 놓음으로써 정상 접속을 방해하는 공격기법이다.

〈 TCP SYN flooding 공격시 3-way 핸드셰이킹 〉

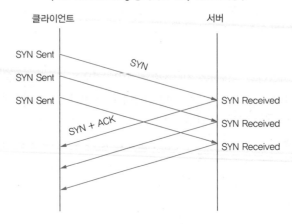

② SYN flooding 공격은 리눅스에서 다음의 명령으로 실행할 수 있다.

hping3 --icmp --rand-source --flood 〈공격대상 IP주소 또는 URL〉 -p 80 -S
(공격대상 IP의 80번 포트에 소스 IP를 바꿔가면서 다량의 SYN 패킷(-S)을 보냄)

③ 보안 대책

㉠ 방화벽이나 침입탐지시스템(IDS)을 이용하여 단시간에 동일 형태의 패킷이 다량으로 들어오면 해당 IP주소 대역의 접속을 차단시킨다.

ⓛ 서버에서 클라이언트로 보내는 SYN+ACK 패킷에 암호화 기술을 이용해서 인증 정보가 담긴 순서번호를 생성하여 클라이언트에 보내는 SYN 쿠키 기법을 이용한다.

㉢ 즉, 클라이언트로부터 SYN 패킷을 받더라도 'SYN_쿠키'만 보내놓고 세션을 닫아버린다. 따라서 세션을 열고 기다릴 필요가 없으므로 SYN flooding 공격이 통하지 않는다.

더 알아보기

SYN 쿠키 기법
1. SYN_쿠키의 3-way 핸드셰이크 과정

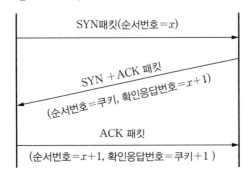

SYN패킷(순서번호=x)

SYN +ACK 패킷
(순서번호=쿠키, 확인응답번호=$x+1$)

ACK 패킷
(순서번호=$x+1$, 확인응답번호=쿠키+1)

- 클라이언트로부터 SYN 패킷을 받으면, 간단한 인증 정보가 담긴 'SYN_쿠키'를 TCP 세그먼트의 포맷의 순서번호 필드에 넣고 이를 클라이언트에 보낸 후 세션을 닫음

- 클라이언트가 'SYN_쿠키'가 포함된 값으로 ACK 패킷을 보내면 서버는 세션을 다시 열고 통신을 시작

(1) 클라이언트는 서버에게 TCP SYN 패킷을 보낸다.

(2) 서버는 다음과 같은 t, m, s 데이터를 이용하여 쿠키정보를 생성한다. 이 정보가 클라이언트에게 보낼 순서번호(32비트)이다.

① t: 64초마다 증가하는 카운터 값

② m(3비트): MSS(최대 세그먼트 크기) 값으로 서버의 SYN 큐 안에 들어가는 정보

③ s(24비트): 서버/클라이언트의 IP주소와 포트번호, t의 해시값으로 구성. 서버는 t mod 32(5비트), m을 인코딩한 값, s를 연접하여 쿠키정보를 생성한다. 이를 서버 시작 순서번호(ISN)로 하는 SYN+ACK 패킷을 클라이언트로 회신

(3) 클라이언트는 서버에 TCP ACK 패킷을 보낸다. 이 ACK 패킷의 확인응답번호 필드에는 ISN+1이 기록된다.

(4) ACK 패킷을 수신한 서버

① t값을 이용하여 대기시간이 초과되었는지 확인

② s값을 다시 계산하여 SYN 쿠키가 유효한 값인지 검증(클라이언트가 보낸 확인응답번호에서 1을 빼고 이를 서버가 보낸 SYN패킷과 비교)

③ 인코딩된 3비트 m값을 디코딩하여 SYN 큐 엔트리를 생성한다. 이후에는 일반 접속 절차가 진행된다.

2. SYN flooding attack 방지 원리

서버는 위와 같은 방법으로 연결 수립에 필요한 정보들을 쿠키(재사용하거나 위조할 수 없음)를 통해 보냄으로써 SYN Backlog 큐를 사용하지 않는다. 즉, Backlog 큐를 가득 채워 DoS 공격을 수행하는 flooding attack을 방지할 수 있다.

3. 단점

큐 없이 연결 과정을 확인해야 하므로 작업 부담이 있으며 연결 요청이 많으면 쿠키 값을 만들어 내고 쿠키 값을 검증하는 과정만으로 가용성이 떨어질 수 있다.

(2) 스머프 공격(SMURF attack)

① 기본 원리

㉠ 광범위한 효과로 DoS 공격 중에서 가장 피해가 크며, 가장 인기 있는 공격 형태 중 하나로서 IP위장(스푸핑)과 ICMP의 특징을 이용한 공격법이다.

㉡ 공격자가 목적지 IP주소를 255.255.255.255로 설정한 다량의 ICMP Echo 패킷을 보내면 라우터는 외부 네트워크로 나가는 것을 차단하여 내부 LAN에 연결된 호스트들에게만 브로드캐스트한다.

㉢ ICMP Request를 수신한 네트워크 내 호스트들은 위조된 시작 IP주소(타깃 호스트)로 ICMP Reply를 보낸다. 그러면 타깃 호스트는 수많은 ICMP Reply를 받게 되고, 그 결과 타깃 시스템을 과부하 상태로 만든다.

〈 브로드캐스팅에 의한 스머프 공격 〉

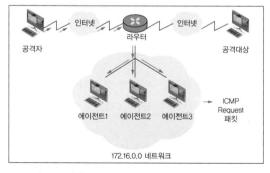

a) 공격자가 내부망 에이전트에게 브로드캐스팅

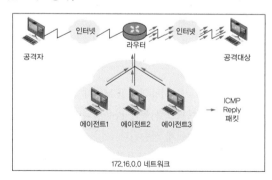

b) 에이전트에 의한 스머프 공격의 실행

② 스머프 공격은 다음의 명령으로 실행할 수 있다.

hping3 [공격대상 네트워크 주소(24bit)].255 -a [공격대상IP] --icmp —flood

(네트워크 주소가 24비트인 경우에 해당. 네트워크 주소의 크기가 변하면 그에 맞게 조정해야 함)

③ **보안 대책**

㉠ 중간 매개체로 악용되는 것을 막기 위해 라우터에서 다른 네트워크로부터 자신의 네트워크로 들어오는 IP directed 브로드캐스트 패킷을 막도록 설정한다.

㉡ 호스트는 IP 브로드캐스트 주소로 전송된 ICMP 패킷에 대해 응답하지 않도록 시스템을 설정할 수 있다.

㉢ 동일한 ICMP echo reply 패킷이 다량으로 발생한다면 해당 패킷들을 침입차단시스템을 통해 모두 차단시킨다.

3. OS 또는 서버 프로그램의 취약점을 이용한 공격

(1) Land attack

① **개요**

㉠ 패킷을 전송할 때 출발지 IP주소와 목적지 IP주소를 똑같이 만들어서 공격대상에게 보낸다(조작된 IP주소는 공격대상의 IP주소여야 함).

㉡ 이러한 패킷을 공격대상에게 보내면 공격자가 처음 보낸 SYN 패킷의 출발지 주소값을 참조하여 그 응답 패킷의 목적지 주소를 SYN 패킷의 출발지 주소로 설정하여 보내게 된다. 즉, 보내고자 하는 SYN 패킷의 목적지 주소가 자신의 주소이므로 그 패킷은 나가지 않고 자신에게 다시 돌아온다.

㉢ 이러한 과정이 반복됨으로써 SYN flooding처럼 사용자 수를 증가시키며 CPU에게도 부하를 주게 된다.

② **명령어 구문(⑩ 리눅스)**: Land attack 수행하기

hping3 192.168.111.100 -a 192.168.111.100 —icmp —flood

③ **보안 대책**

㉠ 주로 운영체제의 패치 관리를 통해서 마련하거나 방화벽 또는 네트워크 보안솔루션의 보안정책 설정을 통해서 방지할 수 있다.

㉡ 공격자가 보낸 TCP 헤더를 분석하여 출발지/목적지 주소가 동일하면 방화벽 등 보안솔루션에서 차단하도록 설정한다.

(2) Ping of Death attack

① **개요**

㉠ ping을 이용하여 ICMP 패킷의 크기를 정상보다 아주 크게 만들고, 이렇게 크게 만들어진 패킷은 네트워크를 통해 라우팅되어 공격 네트워크에 도달하는 동안 아주 작은 조각으로 분할되어 공격대상에게 전송된다.

㉡ 공격 대상은 조각화된 패킷을 모두 처리해야 하므로 정상적인 ping보다 부하가 훨씬 많이 걸리므로 버퍼 오버플로우가 발생하여 시스템이 제대로 동작하지 않을 수 있다.

② 명령어 구문(리눅스)

hping3 --icmp --rand-source 〈공격대상 IP〉 주소 - d 65536 --flood

(--rand-source: 공격 IP주소를 계속 바꿈, --flood: 패킷 전송속도를 빠르게 한다)

③ 보안 대책

ㄱ 반복적으로 들어오는 일정 수 이상의 ICMP 패킷을 무시하도록 방화벽 기능을 설정한다.

ㄴ 보통의 ICMP 패킷은 분할하지 않으므로 패킷 중 분할이 일어난 패킷을 공격으로 의심하여 탐지하는 방식을 사용한다.

ㄷ 가장 일반적으로 할 수 있는 대책은 패치(보안 업데이트)를 하는 것이다.

(3) Teardrop attack

① 개요

ㄱ 애플리케이션 계층에서 생성된 메시지는 프레임이라는 데이터그램의 형태로 링크 계층을 통해 목적지 호스트로 전송된다. 네트워크 링크는 링크별로 MTU(Maximum Transmission Unit)가 존재하며 링크별로 MTU가 상이하여 단편화(fragmentation)가 발생한다. 즉, 송신측 호스트에서 출발한 데이터그램은 다양한 링크를 거치면서 단편화되고 최종 목적지에서 재조립된다(그림 〈데이터그램의 단편화와 재결합, 단편화된 패킷구조〉 참조).

ㄴ 그림 〈데이터그램의 단편화와 재결합, 단편화된 패킷구조〉는 4,000바이트 크기의 데이터그램이 MTU가 1,500바이트인 라우터를 통과하기 위해 3개의 단편으로 분리된 후, 최종 목적지에서 재결합한다.

〈 데이터그램의 단편화와 재결합(좌), 단편화된 패킷구조(우) 〉

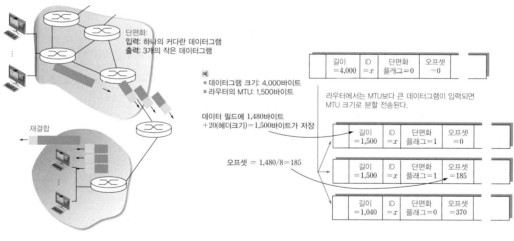

a) 단편화와 재결합   b) 단편화된 패킷구조

ㄷ Teardrop attack은 이러한 재조립 과정에서 오프셋(offset) 값을 더하게 되어 있는데 이 오프셋 값을 단편화 간에 중복되도록 고의적으로 수정하거나 정상적인 오프셋 값보다 더 큰 값을 더해 그 범위를 넘어서는 오버플로우를 일으켜 시스템의 기능을 마비시키는 DoS 공격기법의 하나이다.

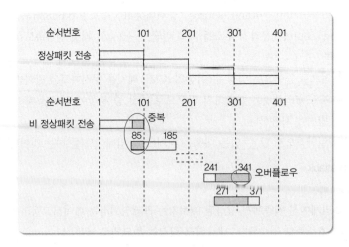

〈 Teardrop attack 시 패킷의 배치 〉

② 보안 대책

　　㉠ Teardrop attack은 침입탐지시스템이나 방화벽을 우회할 수 있고 Boink와 같은 다양한 변종을 가지는 공격방법으로 완전한 차단에는 어려움이 있다.

　　㉡ 근본적인 해결책은 공격받는 시스템의 운영체계가 취약점을 갖지 않도록 패치하는 것이 가장 좋은 방법이며, 과부하가 걸리거나 반복되는 패킷은 무시하고 버리도록 처리한다.

(4) 패킷번호조작 단편화 공격(Inconsistent Fragmentation Attack)

① Bonk : 처음 패킷을 1번으로 보낸 후 두 번째와 세 번째 패킷의 순서번호도 모두 1번으로 조작해서 보내는 DoS 공격이다. 즉, 패킷을 단편화하여 전송할 때, 패킷번호를 조작하여 공격대상자의 시스템 부하를 증가시킨다.

② Boink : 처음 패킷을 1번으로 보낸 후 두 번째 패킷은 101번, 세 번째 패킷은 201번 등으로 정상적으로 보내다가 중간에서 비정상적인 상태로 보내는 공격기술이다. 예를 들어 1 → 101 → 201 → 2002 → 100 → 2002와 같이 보낸다.

③ 보안대책 : SYN flooding이나 Ping of Death 공격의 대응책과 같다.

2 분산 서비스 거부(DDoS; Distributed Denial of Service) 공격

1. 분산 서비스 거부(DDoS) 공격에 대한 이해

(1) 개요

① DDoS 공격이란 DoS 공격의 발전된 형태로, 공격자가 한 지점에서 DoS 공격을 수행하는 형태를 넘어 다수의 공격 지점에서 동시에 한 지점을 공격하는 서비스 거부 공격이다. 또한, 공격자의 위치와 구체적인 근원지를 파악하는 일이 어려워 대응이 어려운 공격 중의 하나다.

② 특성상 대부분의 DDoS 공격은 자동화된 툴을 이용하며 공격 범위가 방대하여 최종 공격 대상 외에도 공격을 증폭시키는 중간자가 필요하다. 각 툴마다 명칭과 구조가 약간씩 다르지만 DDoS 공격이 이루어지기 위한 기본 구성은 유사하다.

(2) 구성 요소

구분	내용
공격자(Attacker)	공격을 주도하는 해커의 컴퓨터이다.
마스터(Master)	공격자에게 직접 명령을 받는 시스템으로 여러 대의 에이전트를 관리한다.
핸들러(Handler) 프로그램	마스터 시스템 역할을 수행하는 프로그램이다.
에이전트(Agent)	공격 대상에 직접 공격을 가하는 시스템이다.
데몬(Daemon) 프로그램	에이전트 시스템 역할을 수행하는 프로그램이다.

(3) DDoS 공격 순서

① 많은 사람이 사용하며 대역폭이 넓고 관리자가 모든 시스템을 세세하게 관리할 수 없는 곳의 계정을 획득한 후, 스니핑이나 버퍼 오버플로우 등의 공격으로 설치 권한이나 루트 권한을 획득한다.

② 잠재적인 공격 대상을 파악하기 위해 네트워크 블록별로 스캐닝을 실시한 후, 원격지에서 버퍼 오버플로우를 일으킬 수 있는 취약한 서비스를 제공하는 서버를 파악한다.

③ 취약한 시스템 목록을 확인한 후 실제 공격을 위한 '익스플로잇(Exploit)'을 작성한다.

④ 권한을 획득한 시스템에 침투하여 '익스플로잇'을 컴파일하여 설치한다.

⑤ 설치한 '익스플로잇'으로 공격을 시작한다.

〈 DDoS 공격 구성도 〉

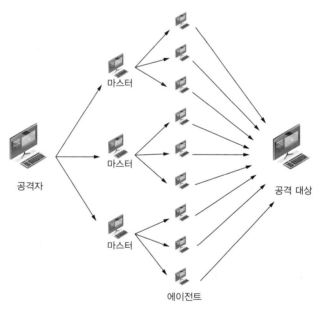

2. 사례를 통해 살펴 본 DDoS 공격 툴

(1) Trinoo(트리누)

① 1999년 6월 말부터 7월 사이에 퍼지기 시작한 것으로, 미네소타 대학사고의 주범이다(원래 이름은 Trin00). 솔라리스 2.x 시스템에서 처음 발견되었으며, 최소 227개 시스템이 공격에 사용된 것으로 알려져 있다.

② UDP를 기본으로 공격을 시행하며 'statd, cmsd, ttdbserverd' 데몬이 주된 공격 대상이다.

(2) TFN(Tribed Flood Network) 공격

① 믹스터(Mixter)가 개발한 TFN은 Trinoo보다 약간 발전된 형태의 DDoS 공격 툴이다. Trinoo와 마차가지로 statd, cmsd, ttdb 데몬의 취약점을 공격하며 하나 혹은 여러 개의 목표 시스템에 대해 서비스 거부 공격을 수행한다.

② TFN은 UDP Flood 공격뿐만 아니라 TCP SYN food 공격, ICMP echo 요청 공격, ICMP 브로드캐스트 공격(smurf 공격)으로 DDoS를 수행한다.

③ 한편 TFN은 TCP, UDP 연결 없이 DDoS 공격을 감행하며 마스터의 공격 명령도 ICMP Echo Request 패킷으로 데몬으로 전달되므로 공격을 인지하는 일이 쉽지는 않으나 공격자 시스템과 마스터 간은 평문 소통하고 있어 스니핑 또는 세션 하이재킹 등에 의해 공격자가 노출될 가능성이 있다.

(3) TFN 2K 공격

① TFN 2K는 TFN의 발전된 형태로서 이 역시 믹스터(Mixter)가 개발하였다. TFN과의 가장 큰 차이점은 모든 명령은 암호화하여 전송된다는 점이다.

② 주요 특징

　　㉠ 클라이언트와 마스터 간 통신은 특정 포트를 사용하지 않고 임의 포트를 사용하며, 모든 명령은 CAST-256으로 암호화하여 보낸다.

　　㉡ DDoS 실행은 TCP SYN flooding, UDP flooding, ICMP flooding, Smurf 공격을 사용하며 지정된 TCP 포트에 백도어를 실행할 수 있다.

　　㉢ 헤더의 크기는 항상 비정상인 "0"바이트로 세팅되어 있다. 정상적인 패킷이라면 절대로 0일 수 없다.

(4) Stacheldraht(슈타첼드라트)

① 슈타첼드라트는 독일어로 '철조망'이라는 뜻이다. 이 툴은 1999.10월에 처음 출현한 것으로 알려져 있으며, TFN 기반 위에 공격자와 마스터, 에이전트, 데몬 간의 통신에 암호화 기능이 추가되었다.

② Stacheldraht의 각 마스터가 제어할 수 있는 데몬의 개수는 기본적으로 1,000개이며 마스터에 에이전트가 자동으로 갱신되는 특징을 가지고 있다.

3. 분산 반사 서비스 거부(DRDoS) 공격

(1) DDoS보다 한층 발전된 서비스 거부 공격 기술로 분산 반사 서비스 거부(DRDoS; Distributed Reflection Denial of Service attack)라는 공격 기술이 존재한다. 이 기술의 근간은 IP를 속이는 IP 스푸핑(spoofing)으로, 인터넷 프로토콜(Internet Protocol)의 약점과 서버들의 응답성을 악용한 공격이다.

(2) DRDoS의 공격 방식

① IP 헤더에 들어가는 송신자 IP주소를 피해자의 IP로 조작하여, 정상적인 서비스를 하는 서버들에게 서비스를 요청한다.

② 그렇게 하면 일반적으로 서버들은 패킷의 송신자 IP를 보고 그 IP로 응답을 하는데, 이로 인해 서비스를 요구하지도 않은 피해자에게 이에 대한 모든 응답이 되돌아가게 된다.

③ 이를 고속으로 반복하여 피해자에게 대량의 트래픽을 유발, DDoS 공격의 형태로 만든 것이 바로 DRDoS이다.

(3) 여기서 IP가 위조된 패킷을 받아 피해자에게 의도치 않게 공격을 가하게 되는 서버들을 '반사체 (Reflector)' 또는 '반사 서버(Reflection Server)'라고 하며, 인터넷상에 연결되어 외부의 요청에 대한 응답을 하는 어떠한 컴퓨터라도 반사체로 악용될 가능성이 있다.

4. DRDoS와 TCP의 관계

(1) 일반적인 DRDoS는 TCP 기반 유형인데 이는 최초로 구현되었던 유형이 TCP의 ACK 응답을 악용하는 형태였기 때문이다.

(2) DRDoS는 TCP의 특성을 악용한 게 아니라 위에서 언급했던 것처럼 네트워크에 연결된 시스템의 응답성 그 자체를 악용한 것이고, TCP는 그냥 최초로 악용당한 프로토콜 중 하나일 뿐이다.

3 네트워크 스캐닝

1. 시스템 공격·침투를 위한 준비

〈 시스템에 침투하는 일반적인 해킹과정 〉

(1) 인터넷을 통해 원격지 시스템에 침투하는 일반적인 해킹과정은 위의 그림에서 보는 바와 같이 제일 먼저 공격 대상을 선정하고 최종적으로 시스템 침입 후 빠져 나올 때까지 5단계를 거친다.

(2) 이와 같은 5단계의 과정 중 가장 많은 시간과 노력이 들어가는 단계가 '정보수집' 단계로, 풋 프린팅 → 스캐닝 → 목록화의 3단계를 거친다.
① 풋 프린팅: 공격 대상의 정보를 모으는 방법 중 하나이다. 여기서 말하는 풋 프린팅이란 기술적인 것이 아닌 사회공학이라고 하는 공격기법을 말한다.
② 스캐닝: 핑(ping), 포트 스캔(port scan) 등의 자동화 도구를 이용하여 공격 대상의 운영체제, IP주소, 열린 포트 등을 알아내어 보다 세부적인 정보를 수집하는 과정을 말한다.
③ 목록화: 풋 프린팅 및 스캐닝 방법을 통하여 수집된 정보를 토대로 포워딩 테이블, SNMP 정보 등 좀 더 실용적인 정보를 수집하여 시스템 취약점 분석 및 공격방법 결정을 위한 정보를 작성하는 과정을 말한다.

2. 풋 프린팅(Foot-printing)

(1) **개념**: 공격자가 공격 전에 공격 대상에 대한 다양한 정보를 수집하기 위해 널리 사용되는 방법 중 하나로 다음과 같은 정보를 수집한다.
① 침투하고자 하는 시스템의 사용자 이름, 전화번호, IP주소
② 패스워드를 찾기 위한 시스템 사용자의 계정 정보
③ 목표 시스템의 우회 침투를 위한 협력사/계열사의 기초 정보

(2) 공격자는 공격 대상이 스스로 공개한 여러 정보와 시스템 침투에 필요한 정보를 수집한다. 주의해야 할 점은 공격 대상 사이트를 직접 접속하는 것보다 유틸리티로 웹 사이트를 다운로드한 뒤 검색하는 것이 좋다.

3. 스캔 공격의 분류

(1) 개요

① 스캔은 서비스를 제공하는 서버의 작동 여부와 서버가 제공하는 서비스를 확인하기 위한 작업이다. TCP 기반의 프로토콜은 기본적으로 Request를 보내면 Response를 전달해 준다.

② 스캔은 이러한 원리를 기반으로 풋 프린팅과 달리 실제 공격방법을 결정하거나 공격에 활용할 수 있는 네트워크 구조, 시스템이 제공하는 서비스 등 시스템 침투를 위한 기초 정보를 수집한다.

③ 방화벽과 침입탐지시스템(IDS)을 우회하기 위해 발전해온 스캔은 다양하다. 지금부터 알아본다.

(2) 포트 스캔의 분류
: 포트 스캔(port scan)은 운영 중인 서버에서 열려 있는 TCP/UDP 포트를 검색하는 것을 의미하며, Sweep Scan, Open Scan, Half-Open Scan, Stealth Scan 등으로 분류할 수 있다.

① Sweep Scan: 해당 네트워크를 돌면서 네트워크에 연결되어 있는 호스트와 열려진 포트를 찾는 것을 의미한다.

② Open Scan: 시스템에서 제공하는 서비스를 확인하기 위해 사용된다.

③ Half-Open Scan: TCP 3-way 핸드셰이크 중 처음 SYN 패킷만을 받은 후 검사를 완료하는 방식이다.

④ Stealth Scan: 세션을 완전히 성립하지 않고 대상 시스템의 포트 활성화 여부를 알아내기 때문에 상대 방에 어떠한 로그도 남기지 않는다. 따라서 시스템 관리자는 어떤 공격자가 자신의 시스템을 스캔하였는지 조차도 확인할 수 없다. TCP 헤더를 조작하여 특수한 패킷을 만든 후 상대 시스템에 보낸다.

〈 포트 스캔의 종류 〉

4. 스캔 공격의 세부내용

(1) Sweep 스캔

① Sweep은 특정 네트워크에 대하여 그 네트워크에 속해 있는 시스템의 작동 유무를 판단할 수 있는 기법으로, 목표 대상 기관에서 사용하거나 소유하고 있는 IP주소와 네트워크 범위를 알아낼 수 있다.

② Sweep는 Request에 대한 Response를 수행하는 클라이언트/서버 구조를 기반으로 하고 있으며, 연결 여부는 해당 Request를 보내 돌아오는 Response를 보고 판단한다.

③ Sweep Scan에는 ICMP Sweep, TCP Sweep, UDP Sweep이 있다.

(2) Open 스캔

① 완전한 연결을 하는 스캔으로서 어떤 특정 포트가 열려 있다면 그 포트가 제공하는 서비스를 예측할 수 있다. Open 스캔 결과의 신뢰성은 매우 높지만 정상적인 3-way 핸드셰이크를 모두 수행하기 때문에 타깃 호스트에 로그가 남으며 탐지되기도 쉽다.

② 전송 프로토콜에 따라 TCP Open 스캔과 UDP Open 스캔으로 나뉘며, 둘 다 스캔하려고 하는 목적 포트로 연결을 시도한 후 그 응답 형태를 보고 포트의 활성화 여부를 판단한다.

ⓐ TCP Open 스캔: 연결성의 정도에 따라 Full, Half 스캔으로 나눠진다.

- TCP Full Open 스캔(TCP Connection 스캔): TCP 3-way 핸드셰이크를 이용해 완전한 연결을 한다. 확실한 결과를 얻을 수 있지만 당연히 로그 기록이 남게 된다.

〈 TCP Open 스캔 〉

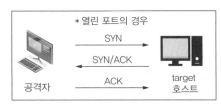 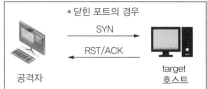

- TCP Half Open 스캔(TCP SYN 스캔)
  - TCP Full 스캔의 단점을 보완하기 위해 나온 기법으로 공격자는 SYN 플래그를 보내 SYN/ACK가 오는 것을 확인해 포트가 열려 있는 것만 확인한 후 정상적인 ACK가 아닌 RST를 보내 연결을 끊어버린다.
  - 정상적인 연결이 아니므로 타깃 호스트에 로그는 남지 않게 된다.
  - 하지만 이런 스텔스 기법은 완전한 것이 아니고 라우터나 IDS 등에 의해 쉽게 발견될 수 있다. 공격자의 SYN 세그먼트 전송기록도 남게 되므로 공격사실을 완전히 숨길 수는 없다.

〈 TCP Half Open 스캔 〉

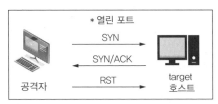 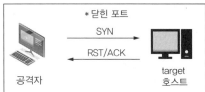

ⓑ UDP 스캔

- 스캔하고자 하는 포트를 대상으로 UDP 연결을 시도할 때 포트가 닫힌 경우 공격 대상으로부터 ICMP Port Unreachable 에러 메시지가 수신되면 해당 포트의 비활성화를 의미하며, 응답이 없다면 해당 포트의 활성화를 의미한다.

- 하지만 UDP 패킷은 네트워크를 통해 전송 도중 라우터나 방화벽 등에 의해 손실될 수 있기 때문에 UDP를 이용한 포트 스캔은 신뢰하기 어렵다.

(3) 스텔스(Stealth) 스캔

① 세션을 완전히 성립하지 않고 공격대상 시스템의 활성화 여부를 알아내기 때문에 공격대상 시스템에 로그가 남지 않는다. 스텔스 스캔은 이처럼 단순히 로그를 남기지 않는 것만이 아니라 공격 대상을 속이고 자신의 위치를 숨기는 스캔 모두를 총칭한다.

② 스텔스 스캔의 대표적인 경우로 앞에서 설명한 TCP Half Open 스캔이 있다. 스텔스 스캔의 다른 형태로 다음과 같은 방법이 사용된다.

　㉠ TCP 플래그 필드를 이용한 TCP FIN 스캔: TCP FIN(Finish) 스캔은 TCP 헤더 내 플래그 필드의 FIN 비트를 '1'로 설정하여 공격 대상 시스템에 보내면 포트가 열린 경우에는 응답이 없고 포트가 닫힌 경우에만 RST 패킷이 되돌아온다(그림 〈TCP FIN, NULL, XMAS 스캔〉 참조).

　㉡ TCP 플래그 필드를 이용한 TCP NULL, XMAS 스캔

　　• NULL과 XMAS 패킷을 보내는 방법으로도 스텔스 스캔을 실현할 수 있다.

　　• NULL은 플래그 값을 설정하지 않고 패킷을 보내는 것을 말하며 XMAS는 TCP세그먼트의 플래그 6비트 중 URG, PSH, FIN의 비트를 '1'로 설정하여 보내는 패킷을 말한다.

더 알아보기

XMAS 스캔의 유래

6비트로 구성된 플래그 필드의 URG, PSH, FIN 비트를 '1'로 놓으면 플래그 필드가 ON-OFF-ON-OFF-OFF-ON으로 되는데 이것이 크리스마스 트리의 불빛과 닮았다 하여 XMAS 스캔이라고 부른다.

　　• 이 방법도 FIN 스캔과 동일하게 RST 패킷의 도착여부에 의해 대상 시스템의 연결 여부를 판단한다(그림 〈TCP FIN, NULL, XMAS 스캔〉 참조).

〈 TCP FIN, NULL, XMAS 스캔 〉

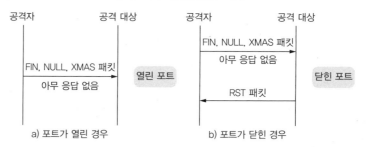

　㉢ TCP ACK 스캔

　　• 이 방법은 TCP 플래그 필드의 ACK 비트를 '1'로 설정한 ACK 패킷을 보낸다. ACK 패킷을 받은 공격 대상 호스트는 RST 패킷을 보내고 공격자는 RST 패킷의 TTL 값과 윈도우 크기를 분석한다.

　　• 포트가 열린 경우에는 TTL 값이 64 이하인 RST 패킷이 돌아오고 윈도우 값도 0이 아닌 임의의 값을 가진 RST 패킷이 돌아온다. 포트가 닫힌 경우에는 TTL 값이 운영체제에 따라 일정하게 큰 값과 윈도우 크기가 '0'인 RST 패킷이 돌아온다.

    ㉮ TCP 단편화 스캔
- 단편화 스캔은 크기가 20바이트인 TCP 헤더를 두 개의 패킷으로 나누어 보내는 방법으로 첫 번째 패킷에는 출발지와 목적지 IP를, 두 번째 패킷에는 스캔하고자 하는 포트번호가 있는 부분을 보낸다.
- 이러한 방법으로 방화벽을 통과하여 시스템에 접근할 수 있다. 하지만 이 방법도 방화벽을 통과할 수는 있지만 IDS를 완전히 통과할 수는 없다.

    ㉯ Decoy 스캔: Decoy는 유인한다는 의미로 스캔을 당하는 대상 호스트에서 스캐너 주소를 식별하기 어렵도록 실제 스캐너 주소 외에 다양한 위조된 주소로 스캔하는 방법을 말한다.

5. 대표적인 스캔 도구(nmap)

(1) 개요

 ① nmap은 모든 운영체제에서 사용할 수 있으며 운영체제의 종류 및 사용 서비스에 대한 정보, FTP 서버의 취약점을 이용한 bounce 공격을 수행할 수 있는 스캔 도구이다. 사용 명령어 형식은 다음과 같다.

> nmap[호스트 발견 옵션] [스캐닝 유형 옵션] [포트 지정과 순서 옵션] [서비스와 버전 검출 옵션] [OS 검출 옵션] [타이밍 및 퍼포먼스 옵션] [방화벽·IDS 회피와 스푸핑 옵션] [출력 옵션] [타겟 지정]

 ② 또한 프로그램 소스를 공개하여 많은 사용자들이 직접적으로 소스를 업그레이드하고 기능을 추가할 수 있는 확장성을 가지고 있다. 최근에는 GUI 형태(zenmap)로 지원하고 있어 많이 사용되고 있다.

 ③ nmap은 포트 스캐닝을 하기 전에 호스트 발견을 위한 동작을 선행한다. 즉, 접속 불가 호스트에 대해서는 스캐닝을 하지 않는다.

 ④ 어떠한 옵션도 지정하지 않으면 nmap은 80번 포트에 「TCP ACK 패킷」과 「ICMP echo request」 쿼리를 타깃에 전송하고 응답을 기다린다.

(2) nmap으로 확인 가능한 포트 상태는 다음과 같은 4가지의 경우이다. 포트스캐닝의 최대 목적은 open 상태의 포트번호를 발견하는 것이다.

〈 nmap 포트 스캔상태 및 내용 〉

구분	내용
open	TCP 연결 및 UDP 패킷을 active하게 허용
closed	접속 가능하기는 하나 listen하고 있는 애플리케이션은 아님
filtered	포트가 열려 있는지 아닌지 판별 불가
unfiltered	접근은 가능하나 포트가 열려 있는지 아닌지 판별 불가

(3) 주요 스캐닝 옵션

옵션	비고
– sL	리스트 스캐닝을 한다.
– sP	Ping 스캐너을 한다.
– PS [port list]	TCP SYN ping을 실행한다.
– PA [port list]	TCP ACK Ping을 실행한다.
– PU [port list]	TCP UDP Ping을 실행한다.
– sU	UDP 스캐닝을 실행한다.
– sN	TCP Null 스캔을 실행, TCP의 FIN, PSH, URG 플래그를 모두 OFF시킨다.
– sF	TCP FIN 스캔을 실행, TCP의 FIN 비트만을 ON시킨다.
– sX	Xmas 스캔을 실행, TCP의 FIN, PSH, URG 비트를 ON시킨다.
– sA	TCP ACK 스캐닝을 실행한다
– f	스캔할 때 방화벽을 통과할 수 있도록 패킷을 조각낸다.
– O	시스템 운영체제를 추정한다.

(4) nmap을 이용한 네트워크 스캐닝: 윈도우 10에 가상머신 VMware를 설치하면 윈도우는 2개의 IP를 가지게 된다. 하나는 외부 접속용이고 하나는 내부 사설망 IP이다. 내부망과 외부망(Wi-Fi)은 NAT로 연결되어 있다(호스트별 IP는 그림 〈네트워크 구성도(예)〉 참조).

[확인] 네트워크 보안 실습을 위해서는 내부망 구축이 필요하며 'Part 04 시스템보안'에서의 경험을 바탕으로 새로운 망 구축은 어렵지 않을 것이라고 본다.

[내용] 여기서는 호스트 C에서 내부망 IP 대역을 다음과 같은 nmap의 두 가지 방법으로 스캔하고 결과를 비교해본다. 먼저 –sP 옵션으로 스캐닝하고 두 번째는 아무런 옵션 없이 (5. 대표적인 스캔도구(nmap) (1) 개요의 ④) 스캔해 본다. 스캔결과를 비교해보고 포트 상태가 표 〈nmap 포트 스캔상태 및 내용〉처럼 나타나는지 확인해 본다.

1) nmap – sP 192.168.111.0–255

2) nmap 192.168.111.0–255

※ 이외에도 다양한 옵션을 사용하여, 스캐닝 실습(자율)

〈 네트워크 구성도(예) 〉

[결과]

1) 아래 그림을 보면 −sP(Ping) 옵션을 사용하는 경우가 옵션이 없는 경우보다 약 100배 정도 빠르게 스캔함을 알 수 있다. 이는 옵션이 없는 경우, 모든 IP에 대해 포트 스캔을 병행하였기 때문이다.

2) 따라서 공격 대상 네트워크를 스캔하려면 먼저 −sP 옵션으로 연결상태를 확인하고 추가 옵션으로 스캔하는 것이 바람직함을 이 예에서 알 수 있다.

3) 또한 네트워크에 연결된 호스트들의 포트상태(open, filtered, closed 등)도 확인할 수 있다.

4) 독자 여러분들도 노트북에 가상환경의 전산망을 구축하고 스머프, 스푸핑, SYN flooding, Ping of Death 및 스텔스 스캔 등 다양한 실습을 통해 실력 향상에 도움이 되었으면 한다.

〈 nmap에 의한 네트워크 스캔 결과 〉

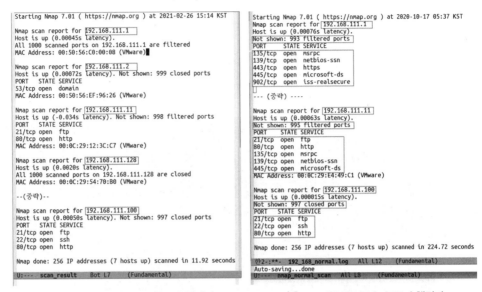

a) 「nmap−sp 192.168.111.0−255」 수행결과　　　　b) 「nmap 192.168.111.0−255」 수행결과

6. 운영체제 탐지(OS Fingerprinting)

공격대상 시스템이 사용하는 운영체제(OS)를 탐지하는 방법으로 배너그래빙을 이용하는 방법, TCP 연결 설정의 시작 시퀀스 번호(ISN)번호를 확인하는 방법, TTL의 기본값 확인 및 nmap의 −O 옵션을 사용하는 방법이 있다.

(1) ping의 TTL 값으로 OS 확인

① 운영체제별로 TTL 초기값이 상이하다. 유닉스 계열은 256(유닉스 OS별로 약간씩은 차이가 있음)부터, 윈도우 계열은 128부터, 리눅스는 64부터 시작되므로 이를 이용하면 OS 추측이 가능하다. 예를 들면 TTL 값이 48이라면 64 이하이므로 OS가 리눅스임을 알 수 있다.

② 그림 〈TTL 값으로 OS 확인〉은 앞의 그림 〈네트워크 구성도(예)〉의 Kali1(192.168.0.42)에서 Real 컴퓨터 Windows10(192.168.0.8)에 ping 명령을 수행한 캡처 화면으로 라우터를 거치지 않으므로 TTL 값이 128이다. 즉, 역으로 TTL 값이 128이므로 공격대상 호스트의 OS가 윈도우이며 중간에 라우터를 거치지 않고 직접 연결되어 있다고 추측할 수 있다.

```
root@kali:~# ping 192.168.0.8
PING 192.168.0.8 (192.168.0.8) 56(84) bytes of data.
64 bytes from 192.168.0.8: icmp_seq=1 ttl=128 time=0.203 ms
64 bytes from 192.168.0.8: icmp_seq=2 ttl=128 time=0.252 ms
64 bytes from 192.168.0.8: icmp_seq=3 ttl=128 time=2.51 ms
64 bytes from 192.168.0.8: icmp_seq=4 ttl=128 time=0.251 ms
^Z
[8]+  Stopped                 ping 192.168.0.8
root@kali:~#
```

(2) **스캔도구 nmap을 이용한 OS 확인**: nmap의 −O 옵션을 사용하면 OS를 탐지할 수 있다. 그림 〈nmap의 −O 옵션으로 OS 확인〉은 앞의 그림 〈네트워크 구성도(예)〉의 호스트 D(리눅스 클라이언트)에서 호스트 C(리눅스 서버)로 'nmap −O 192.168.111.100' 명령을 실행한 결과이다. 이로써 호스트 C의 운영체제가 리눅스임을 알 수 있다.

〈 nmap의 −O 옵션으로 OS 확인 〉

```
ubuntu@Client:~$ sudo nmap -O 192.168.111.100

Starting Nmap 7.01 ( https://nmap.org ) at 2021-02-26 18:36 KST
Nmap scan report for 192.168.111.100
Host is up (0.00034s latency).
Not shown: 997 filtered ports
PORT     STATE  SERVICE
23/tcp   closed telnet
80/tcp   open   http
443/tcp  closed https
MAC Address: 00:0C:29:95:09:E3 (VMware)
Device type: general purpose
Running: Linux 3.X
OS CPE: cpe:/o:linux:linux_kernel:3
OS details: Linux 3.10 - 3.19
Network Distance: 1 hop
```

(3) **배너그래빙으로 OS 확인**: 상대 시스템의 운영체제를 확인하는 방법으로 배너그래빙(banner grabbing)을 이용하는 방법이 있다. 배너는 텔넷(Telnet)처럼 원격 시스템에 로그인하면 화면에 출력되는 안내문과 비슷한 것으로 이러한 안내문을 통하여 정보를 확인하는 것을 배너그래빙이라 한다.

① Telnet에 배너그래빙 하기: 그림 〈텔넷 배너그래빙〉은 앞의 그림 〈네트워크 구성도(예)〉의 호스트 D에서 Kali2로 'telnet 192.168.0.43' 명령*을 실행한 결과이다. ID를 입력하지 않았음에도 대상 시스템의 운영체제가 Kali임을 알 수 있다.

〈 텔넷 배너그래빙 〉

```
ubuntu@Client:~$ telnet 192.168.0.43
Trying 192.168.0.43...
Connected to 192.168.0.43.
Escape character is '^]'.
Kali GNU/Linux Rolling
kali login:
Login timed out after 60 seconds.
Connection closed by foreign host.
```

---

* Telnet 명령

리눅스 호스트에 Telnet 접속이 가능하기 위해서는 대상 시스템에 Telnet 데몬이 실행되어 있어야 한다. 데몬 실행은 터미널창에서 'service xinetd restart' 명령 수행으로 가능하다. 다음 대상시스템에 Telnet 접속을 하기 위해서는 'Telnet(ip)' 명령을 입력하고 질문에 따라 ID 및 패스워드를 차례로 입력하면 된다.

② FTP에 배너그래빙 하기

　㉠ 먼저 앞의 그림 〈네트워크 구성도(예)〉의 호스트 D에서 Kali2(192.168.0.43)로 FTP(21번 포트)에 대한 텔넷을 시도해 보자. FTP 포트(21번)에 대한 텔넷 접속은 다음과 같이 텔넷 명령 다음에 IP주소, 접속하고자 하는 포트 번호를 입력한다.

```
telnet 192.168.219.106 21
```

　㉡ 접속결과인 아래 그림 〈FTP 포트에 대한 텔넷 접속〉을 보면 FTP 데몬이 3.0.3임을 알 수 있다. 그림 〈FTP 포트 접속(정상)〉은 다시 정상적으로 FTP접속*을 한 화면으로 〈FTP 포트에 대한 텔넷 접속〉과 거의 같음을 알 수 있다.

〈 FTP 포트에 대한 텔넷 접속 〉

```
ubuntu@Client:~$ telnet 192.168.0.43 21
Trying 192.168.0.43...
Connected to 192.168.0.43.
Escape character is '^]'.
220 (vsFTPd 3.0.3)
```

〈 FTP 포트 접속(정상) 〉

```
ubuntu@Client:~$ ftp 192.168.0.43
Connected to 192.168.0.43.
220 (vsFTPd 3.0.3)
Name (192.168.0.43:ubuntu):
```

PART 05

(4) 배너그래빙으로 서비스 데몬의 정상작동 여부 확인

　① 앞의 그림 〈네트워크 구성도(예)〉의 호스트 D에서 윈도우 웹서버(IIS)가 설치된 호스트 A의 웹 서비스 데몬이 정상 작동하는지를 확인하기 위해 아래와 같이 텔넷 배너그래빙을 시도해 본다.

```
telnet 192.168.111.11 80
GET /iisstart.htm
```

---

*　FTP 접속
　리눅스 호스트에 FTP 접속하기 위해서는 Telnet과 마찬가지로 대상 시스템에 먼저 FTP 데몬이 실행되어야 한다. FTP 데몬 실행은 터미널창에서 'service vsftpd restart' 명령 수행으로 가능하다.

```
ubuntu@Client:~$ telnet 192.168.111.11 80
Trying 192.168.111.11...
Connected to 192.168.111.11.
Escape character is '^]'.
GET /iisstart.htm
<!DOCTYPE html PUBLIC "-//W3C//DTD XHTML 1.0 Strict//EN" "http://www.w3.org/TR/x
html1/DTD/xhtml1-strict.dtd">
<html xmlns="http://www.w3.org/1999/xhtml">
<head>
<meta http-equiv="Content-Type" content="text/html; charset=iso-8859-1" />
<title>IIS Windows Server</title>
<style type="text/css">
<!--
body {
        color:#000000;
        background-color:#0072C6;
        margin:0;
}

#container {
        margin-left:auto;
        margin-right:auto;
        text-align:center;
        }

a img {
```

그림 〈Telnet 그래빙으로 윈도우 웹서버 동작코드 확인〉을 보면 IIS 서버 접속 시 최초 시작하는 iisstart.htm 페이지의 내용이 정상 출력됨을 알 수 있다.

> **더 알아보기**
>
> **iisstart.htm 파일이란**
>
> IIS 웹 서버 구축시 윈도우 서버 C:\inetpub\wwwroot에 저장되는 파일로 IIS 서버 접속시 최초 수행되는 파일이다. 이러한 파일를 기본문서라고 하며, 이와 같은 기본문서에는 default.htm, default.asp, index.htm, index.html, iisstart.htm이 있다. 기본 문서가 여러 개 있을 때 우선 순위는 default.htm이 가장 높으며, 다음은 default.asp, index.htm, index.html, iisstart.htm의 순이다.

7. 목록화

(1) 풋 프린팅, 스캐닝 작업을 통해 얻은 정보는 공격 대상의 구성이나 실행 중인 서비스 정도만 파악할 수 있다. 따라서 수집한 자료를 바탕으로 실제 공격에 사용할 수 있도록 목록화해야 한다.

(2) 이와 같은 목록화에는 공유자원 목록화, 사용자 및 그룹의 목록화, 응용프로그램의 목록화로 구분할 수 있다.

4 스니핑 공격

스니핑이란 네트워크상에서 자신이 아닌 다른 상대방의 패킷 교환을 엿듣는 것을 의미한다. 간단히 말하면 도청과 엿듣기가 스니핑이다. TCP 프로토콜을 이용하는 통신에서는 통신 매체를 통과하는 패킷이 평문 상태로 전송되므로 이 패킷을 도청하여 메시지의 내용을 볼 수 있다.

또한 전화선이나 비차폐연선(UTP; Unshieled Twisted-Pair cable)을 태핑(tapping)하여 얻어진 전기신호를 분석하여 정보를 얻거나 전자기기가 방출하는 전자파를 템페스트(TEMPEST) 장비*를 이용하여 분석하는 일도 스니핑이다.

---

* 템페스트(TEMPEST) 장비

일종의 컴퓨터 모니터 도청으로 모니터에서 발산하는 전자기파를 안테나로 탐지해 증폭한 뒤 다른 모니터에 그대로 재생하는 장비이다. 즉 템페스트 란 컴퓨터나 주변기기에서 나오는 미약한 전자파에서 정보를 훔쳐내는 기술이다.

1. 스니핑의 원리

(1) **스니핑의 원리(프러미스큐어 모드, promiscuous mode):** 스니핑을 하려면 네트워크 인터페이스 카드(NIC, 랜 카드)를 스니핑이 가능한 모드로 변경해야 하며, 이를 프로미스큐어 모드라고 한다.

① 시스템의 NIC을 프러미스큐어 모드로 동작시키면 다른 이들의 패킷을 버리지 않고 받아볼 수 있으며, 이때 스니핑 도구를 통해 해당 패킷을 저장하고 분석하는 것이 가능하다.

※ 정상적인 랜 카드는 자신에게 들어오는 모든 패킷 중에서 자신의 MAC 주소와 IP주소가 일치하면 패킷을 분석하여 운영체제에 해당 패킷을 넘겨주고 다르면 버린다.

② 리눅스나 유닉스 등의 운영체제에서는 랜 카드에 대한 모드 설정이 가능하며, 윈도우에서는 스니핑을 위한 드라이버를 따로 설치해야 한다.

(2) **랜 카드를 프로미스큐어 모드로 변경**

```
ifconfig eth0 promisc
```

위 명령으로 일반 모드에서 프로미스큐어 모드로 변경이 가능하다. 리눅스 종류(예 Ubuntu 16.04, CentOS 7)에 따라서는 eth0가 아닌 ens32 또는 ens33로 잡히기도 한다. 또한 이더넷 카드가 2개 있으면 eth0, eth1이 된다.

〈 프로미스큐 모드 설정 및 확인(좌: Kali, 우: 우분투) 〉

```
root@kali:~# ifconfig eth0 promisc
root@kali:~# ifconfig
eth0: flags=4419<UP,BROADCAST,RUNNING,PROMISC,MULTICAST>  mtu 1500
        inet 192.168.0.43  netmask 255.255.255.0  broadcast 192.168.0.255
        inet6 fe80::a00:27ff:fed3:c67d  prefixlen 64  scopeid 0x20<link>
        ether 08:00:27:d3:c6:7d  txqueuelen 1000  (Ethernet)
        RX packets 3348  bytes 247927 (242.1 KiB)
        RX errors 0  dropped 0  overruns 0  frame 0
        TX packets 3569  bytes 242803 (237.1 KiB)
```

```
ubuntu@Client:~$ sudo ifconfig ens33 promisc
[sudo] password for ubuntu:
ubuntu@Client:~$ sudo ifconfig
ens33     Link encap:Ethernet  HWaddr 00:0c:29:54:70:b0
          inet addr:192.168.111.128  Bcast:192.168.111.255  Mask:255.255.255.0
          inet6 addr: fe80::df7:be88:3314:5ee3/64 Scope:Link
          UP BROADCAST RUNNING PROMISC MULTICAST  MTU:1500  Metric:1
          RX packets:249342 errors:13 dropped:0 overruns:0 frame:0
          TX packets:38653 errors:0 dropped:0 overruns:0 carrier:0
          collisions:0 txqueuelen:1000
          RX bytes:96178819 (96.1 MB)  TX bytes:2796264 (2.7 MB)
```

2. 스위칭 환경에서의 스니핑

(1) **스위칭과 스니핑:** 1계층 장비인 허브는 랜에 들어오는 모든 신호를 복사해서 허브에 연결된 모두 디바이스에 뿌려주기 때문에 이곳에 스니핑 도구를 설치하면 쉽게 스니핑할 수 있다. 하지만 스위치 장비는 2계층 장비로 호스트의 MAC 주소를 확인하여 해당 장비에 패킷을 전달하므로 자신에게 향하지 않은 패킷 외에는 받아볼 수 없어 스니핑을 할 수 없다. 따라서 스위치 장비에 스니퍼 도구를 설치하여 스니핑을 하기 위해서는 다음과 같은 방법이 필요하다.

(2) **스위칭 환경에서 스니핑하기**

① ARP 리다이렉트와 ARP 스푸핑

ⓒ ARP 리다이렉트는 공격자가 자신을 라우터라고 속이는 것이다. ARP 리다이렉트는 위조된 ARP Reply 패킷을 보내 공격 대상의 MAC 주소 테이블을 바꿔서 패킷의 흐름을 변경하는 방식이다. 따라서 공격 전과 후의 MAC 주소 테이블을 확인할 필요가 있다.

ⓓ ARP 스푸핑이 호스트 대 호스트 공격인데 반해 ARP 리다이렉트는 랜의 모든 호스트 대 라우터라는 점 외에는 큰 차이가 없다. ARP 스푸핑처럼 공격자 자신은 원래 라우터의 MAC 주소를 알고 있어야 하며 받은 모든 패킷은 다시 라우터로 릴레이 해줘야 한다.

〈 ARP 리다이렉트 개념도 〉*

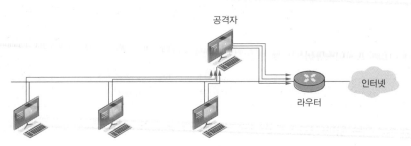

[ARP 리다이렉트 이해하기]
앞의 그림 〈네트워크 구성도(예)〉의 Kali1에서 공격 대상을 Windows10으로 가정한다. 즉, 라우터의 MAC 주소와 Kali1의 MAC 주소를 같게 하므로 Windows10에서 라우터로 나가는 모든 패킷을 Kali1에서도 볼 수 있도록 만드는 것이다.

[1단계] 공격 전 공격대상 시스템의 상태정보 확인
공격 전후의 Windows10의 MAC 주소 테이블의 변경 여부 파악을 위해 먼저 공격 전의 Windows10의 MAC 주소 테이블을 다음의 명령을 사용하여 확인한다.

arp -a

〈 ARP 공격 전 Windows10의 ARP 테이블 확인 결과〉

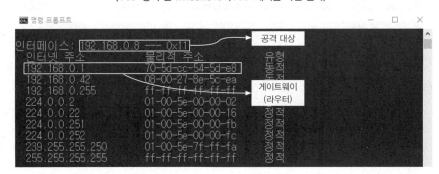

※ ARP 테이블을 보면 윈도우10(192.168.0.8)의 물리적 주소는 보이지 않는다. 즉, 자기 자신의 물리적 주소(MAC 주소)는 ipconfig /all로 확인 가능하다.

[2단계] 공격 실행 전 사전조치
공격 대상(Windows10)에서 패킷이 오게 되면 세션이 끊어지지 않게 패킷을 원래 목적지로 전달해야 하므로 패킷 릴레이 툴인 fragrouter*를 실행한다.

fragrouter -B1

---

* fragrouter
  스니핑을 보조해주는 툴로, 받은 패킷을 전달하는 역할을 한다. 스니핑을 하거나 세션을 가로챘을 때 공격 대상 호스트로부터 온 패킷을 정상적으로 전달하려면 패킷 릴레이가 반드시 필요하다. Kali에는 기본적으로 탑재되어 있다.

〈 fragrouter를 실행 〉

```
root@kali:~# fragrouter -B1
fragrouter: base-1: normal IP forwarding
192.168.0.8.53552 > 111.221.39.163.80: R 45067978:45067978(0) ack 181040107 win 0 (DF)
192.168.0.8.53557 > 52.159.49.199.443: F 65944577:65944577(0) ack 635760091 win 1022 (DF)
192.168.0.8.53559 > 52.159.49.199.443: S 2649820795:2649820795(0) win 65535 <mss 1460,nop,
wscale 8,nop,nop,sackOK> (DF)
192.168.0.8.53559 > 52.159.49.199.443: . ack 692742700 win 1024 (DF)
192.168.0.8.53559 > 52.159.49.199.443: P 2649820796:2649821060(264) ack 692742700 win 1024
```

* 'fragrouter −B1' 실행 시 처음에는 아무런 메시지가 나오지 않는다. 이후 공격 대상 시스템(윈도우10)에서 동작을 취하면(예 인터넷 접속 등) fragrouter −B1 화면에 메시지가 나온다.

[3단계] ARP 리다이렉트 공격 수행

공격 대상 Windows10(192.168.0.8)에게 자신(Kali1, 192.168.0.42)의 MAC 주소가 게이트웨이(192.168.0.1)의 MAC 주소임을 알리는 것이다(일종의 속임수).

$$
\text{arpspoof}^* \ \ \underset{\substack{\uparrow \\ \text{사용할 인터페이스} \\ \text{(Kali1의 이더넷 카드)}}}{-\text{i} \ \underline{\text{eth0}}} \ \ \underset{\substack{\uparrow \\ \text{공격 대상 IP} \\ \text{(Windows10)}}}{-\text{t} \ \underline{192.168.0.8}} \ \ \underset{\substack{\uparrow \\ \text{속일 IP} \\ \text{(GW)}}}{\underline{192.168.0.1}}
$$

〈 fragrouter 실행 〉

```
root@kali:~# arpspoof -i eth0 -t 192.168.0.8 192.168.0.1
8:0:27:8e:5c:ea c:54:15:9d:ab:f7 0806 42: arp reply 192.168.0.1 is-at 8:0:27:8e:5c:ea
8:0:27:8e:5c:ea c:54:15:9d:ab:f7 0806 42: arp reply 192.168.0.1 is-at 8:0:27:8e:5c:ea
8:0:27:8e:5c:ea c:54:15:9d:ab:f7 0806 42: arp reply 192.168.0.1 is-at 8:0:27:8e:5c:ea
8:0:27:8e:5c:ea c:54:15:9d:ab:f7 0806 42: arp reply 192.168.0.1 is-at 8:0:27:8e:5c:ea
8:0:27:8e:5c:ea c:54:15:9d:ab:f7 0806 42: arp reply 192.168.0.1 is-at 8:0:27:8e:5c:ea
8:0:27:8e:5c:ea c:54:15:9d:ab:f7 0806 42: arp reply 192.168.0.1 is-at 8:0:27:8e:5c:ea
```

[4단계] ARP 리다이렉트 공격 수행 결과 확인

arp −a

공격을 받은 Windows10의 ARP 테이블은 그림 〈ARP 공격 후 Window10의 ARP 테이블〉과 같다. 라우터(게이트웨이)의 MAC 주소가 공격자의 MAC 주소로 동일하게 인식되었음을 확인할 수 있다. 즉, 라우터(192.168.0.1)로 패킷을 보내든 Kali1(192.168.0.42)으로 보내든 패킷은 Kali1(192.168.0.42)으로 향하는 것이다.

〈ARP 공격 후 Window10의 ARP 테이블〉

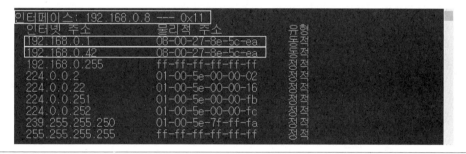

```
인터페이스: 192.168.0.8 --- 0x11
  인터넷 주소           물리적 주소              유형
  192.168.0.1         08-00-27-8e-5c-ea      동적
  192.168.0.42        08-00-27-8e-5c-ea      동적
  192.168.0.255       ff-ff-ff-ff-ff-ff      정적
  224.0.0.2           01-00-5e-00-00-02      정적
  224.0.0.22          01-00-5e-00-00-16      정적
  224.0.0.251         01-00-5e-00-00-fb      정적
  224.0.0.252         01-00-5e-00-00-fc      정적
  239.255.255.250     01-00-5e-7f-ff-fa      정적
  255.255.255.255     ff-ff-ff-ff-ff-ff      정적
```

② ICMP 리다이렉트 공격: 보통의 네트워크는 라우터나 게이트웨이가 하나이다. 하지만 하나의 라우터로 이를 감당할 수 없을 때는 라우터나 게이트웨이를 두 개 이상 운영해서 로드밸런싱(Load balancing)을 한다. 가장 간단하게는 포워딩 테이블에 라우팅 엔트리를 하나 더 넣어 주기도 하지만 다음과 같이 ICMP 리다이렉트를 사용하기도 한다(그림 〈ICMP 리다이렉트 공격〉의 a).

---

* arpspoof
ARP스푸핑 명령어로서, fragrouter와 마찬가지로 Kali에는 기본적으로 탑재되어 있다.

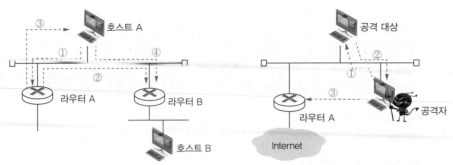

〈 ICMP 리다이렉트 공격 〉

a) ICMP 리다이렉트 개념도(로드밸런싱)　　　b) ICMP 리다이렉트 공격개념도

〈 ICMP를 이용한 로드밸런싱 〉

[1단계] 호스트 A가 원격의 호스트 B로 데이터를 보낼 때 패킷을 라우터 A로 보낸다.

[2단계] 라우터 A는 호스트 B로 가는 패킷을 수신한다. 포워딩 테이블을 검색하여 호스트 A에서 호스트 B로 가는 패킷은 라우터 B을 이용하는 것이 효율적이라고 판단하여 해당 패킷을 라우터 B로 보낸다.

[3단계] 라우터 A는 호스트 A에 리다이렉트 패킷을 보내 호스트 B로 보내는 패킷은 라우터 B로 가도록 한다.

[4단계] 호스트 A는 포워딩 테이블에 호스트 B에 대한 값을 추가하고 호스트 B로 보내는 패킷을 라우터 B로 전달한다.

더 알아보기

ARP 리다이렉트와 ICMP 리다이렉트의 차이점

ARP 스푸핑은 모든 트래픽에 대한 리다이렉트를 가능하게 하지만, ICMP 리다이렉트는 특정한 목적지 주소를 가진 패킷만을 리다이렉트하게 된다.

〈 ICMP를 이용한 공격 기법 〉

ICMP를 이용한 공격기법에는 2가지가 있다. 첫 번째는 로드밸런싱된 라우터 B에서 스니핑을 하는 것이고, 두 번째는 공격자가 공격 대상 호스트에 ICMP 리다이렉트 패킷을 송신하는 방법이 있다.

ICMP 리다이렉트 공격 순서는 다음과 같다(그림 〈ICMP 리다이렉트 공격〉의 b).

[1단계] 먼저 공격자는 호스트 A에 ICMP 리다이렉트 패킷을 송신한다.

```
icmp_redir gw_host targ_host dst_host dummy_host
```

- icmp_redir: 실행파일
  * gcc -o icmp_redir icmp_redir.c
  (소스파일 icmp_redir.c는 인터넷에서 다운받으면 됨)
- gw_host : 게이트웨이 주소
- targ_host: 공격 대상 주소
- dst_host : 공격 대상이 접속하는 주소
- dummy_host: 공격자 주소

[2단계] 호스트 A는 공격자를 라우터로 인식하고 데이터를 보낸다.

[3단계] 공격자는 자신에게 도착한 호스트 A의 전송데이터를 스니핑하고 라우터 A로 릴레이한다.

3. 스니핑 공격의 보안대책

스니핑 공격에 대한 대응책은 크게 능동대책 및 수동대책으로 나눌 수 있다. 능동 대응책에는 스니퍼가 네트워크에 존재하는가를 알아보는 방법, 즉 스니퍼 탐지가 있다. 수동 대응책에는 스니핑을 당하더라도 해당 내용이 노출되지 않도록 통신 내용을 암호화하는 방법이 있다.

(1) 능동적인 대책 – 스니퍼 탐지

① ping을 이용한 탐지: 의심이 가는 호스트에 ping을 보낼 때 네트워크에 존재하지 않는 MAC 주소를 위장하여 보낸다. 만약 ICMP Echo Reply를 받으면 해당 호스트가 스니핑을 하고 있는 것이다.

② ARP를 이용한 탐지: 위조된 ARP Request를 스니퍼임을 확인하고자 하는 시스템에 보낸다. 대상 시스템이 응답으로 ARP Response를 보내오면 프러미스큐어스 모드로 동작 중인 스니퍼라고 확인한다.

③ DNS를 이용한 탐지: 테스트 대상 네트워크로 Ping Sweep을 보내고 들어오는 Inverse-DNS lookup을 감시하여 스니퍼를 탐지한다.

④ 유인을 이용한 탐지: 가짜 계정과 패스워드를 뿌려 공격자가 이 가짜 정보로 접속을 시도하면, 접속을 시도하는 시스템을 탐지하여 스니퍼를 탐지한다.

⑤ ARP watch를 이용한 탐지: 초기에 MAC 주소와 IP주소의 매칭 값을 저장하고 ARP 트래픽을 모니터링하여 이를 변하게 하는 패킷이 탐지되면 관리자에게 메일로 알려준다. 대부분의 공격기법이 위조된 ARP를 사용하기 때문에 탐지가 가능하다.

⑥ 스캔 도구 'nmap'을 이용한 탐지: nmap —script=sniffer-detect [ip주소 또는 IP주소범위]

〈 nmap을 이용한 스니퍼 탐지 〉

```
root@kali:~# nmap --script=sniffer-detect 192.168.0.43

Starting Nmap 7.01 ( https://nmap.org ) at 2021-02-26 20:32 KST
Nmap scan report for 192.168.0.43
Host is up (0.00014s latency).
Not shown: 996 closed ports
PORT     STATE SERVICE
21/tcp   open  ftp
22/tcp   open  ssh
23/tcp   open  telnet
3306/tcp open  mysql
MAC Address: 08:00:27:D3:C6:7D (Oracle VirtualBox virtual NIC)

Host script results:
|_sniffer-detect: Likely in promiscuous mode (tests: "11111111")

Nmap done: 1 IP address (1 host up) scanned in 1.27 seconds
root@kali:~#
```

위 결과로부터 알 수 있는 것은 192.168.0.43의 네트워크 인터페이스카드(NIC)가 프로미스큐어 모드로 설정되어 있음을 알 수 있다. NIC가 이 모드로 설정되어 있으면 스니퍼가 설치되어 있다고 의심할 만하다.

(2) 수동적인 대책 – 암호화

① SSL(Secure Socket Layer): SSL을 사용하여 신뢰 통신기반 프로토콜인 TCP에 보안기능을 추가한다.

② PGP, PEM, S/MIME: 이메일을 전송할 때 사용하는 암호화 방법이다.

③ SSH(Secure Shell): 텔넷의 평문 전송 데이터를 암호화한다.

④ VPN(Virtual Private Network): 암호화된 트래픽을 제공한다.

5 스푸핑(spoofing) 공격

스푸핑은 '속여 먹이다'라는 뜻을 가진 spoof에서 파생된 IT용어로, 직접적으로 시스템에 침입을 시도하지 않고 피해자가 공격자의 악의적인 시도에 의한 잘못된 정보, 혹은 연결을 신뢰하게끔 만드는 일련의 기법들을 의미한다.

스푸핑 공격은 주로 사용자 간의 통신 트래픽을 중간에 몰래 가로채 수집하거나 조작하는 중간자 공격(Man In The Middle) 또는 서로 다른 많은 주소를 조작하여 대량의 트래픽을 특정 시스템에 한꺼번에 발생시키는 DoS 공격 등에 사용한다.

1. 스푸핑의 간단한 예

(1) 브로드 캐스트로 ping 보내기: fping을 이용해 192.168.0.1부터 192.168.0.255까지 ping을 보낼 때 다음과 같은 명령을 사용한다.

```
fping -a -g 192.168.0.1/24
```

〈 fping 실행 결과 〉

그림 〈fping 실행 결과〉는 앞의 그림 〈네트워크 구성도(예)〉의 Kali1에서 fping을 실행한 결과이다.

(2) MAC 주소 확인: 동일 네트워크에 연결된 시스템의 MAC 주소는 다음의 명령으로 확인할 수 있다.

```
arp -a
```

〈 arp 실행 결과 〉

그림 〈arp 실행 결과〉는 앞의 그림 〈네트워크 구성도(예)〉의 Kali1에서 arp 실행 결과로, Kali1과 동일한 링크 주소를 가진 게이트웨이, Windows10, Kali2의 MAC 주소를 확인할 수 있다.

2. 스푸핑의 종류

(1) ARP(Address Resolution Protocol) 스푸핑: ARP는 IP주소를 랜 카드의 물리적 주소(MAC 주소)로 변경하는 프로토콜로서 2계층의 노드 간 데이터 교환에는 MAC 주소가 필요하다. ARP의 동작원리는 호스트 A가 IP x.x.x.x에 대한 MAC 주소를 모를 때 2계층 브로드캐스트 주소*로 ARP Request를 전송하면 IP가 x.x.x.x인 노드는 ARP Reply에 자신의 IP주소와 함께 MAC 주소를 담아서 호스트 A로 보낸다.

① **공격원리**: 링크 계층의 스위칭 환경에서는 프로미스큐어 모드만으로는 스니핑할 수 없기 때문에 호스트의 주소 매칭 테이블에 위조된 MAC 주소가 설정되도록 하는 ARP 스푸핑 공격을 통해 스니핑한다. 공격원리는 다음과 같다.

ㄱ ARP 스푸핑 공격은 자신의 ARP Request 메시지 송신 여부와 관계없이 ARP Reply 메시지의 송신 측 인증 과정 없이 자신의 ARP 테이블을 갱신하는 취약점을 이용하는 것이다.

ㄴ 공격자가 특정 호스트의 MAC 주소를 자신의 MAC 주소로 위조한 ARP Reply 패킷을 만들어 희생자에게 지속적으로 전송하면 희생자의 ARP 캐시 테이블(Cache Table)에는 특정 호스트의 MAC 정보가 공격자의 MAC 정보로 변경된다.

ㄷ 공격자는 주기적으로 ARP 스푸핑 공격을 수행하여 ARP 캐시 테이블의 공격 정보를 계속 유지한다. 이와 같이 ARP 캐시 테이블의 내용을 몰래 변경하는 작업을 ARP 캐시 포이즈닝(ARP Cache Poisoning)이라 한다. 호스트는 ARP Reply에 담긴 MAC 주소를 캐시 테이블에 일정시간(리눅스 120초, 윈도우는 그 이상) 담아두기 때문에 스푸핑 패킷을 주기적으로 보내야 한다.

〈 ARP 스푸핑의 예 〉

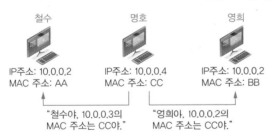

호스트 이름	IP주소	MAC 주소
철수	10.0.0.2	AA
영희	10.0.0.3	BB
명호	10.0.0.4	CC

② **보안 대책**

ㄱ ARP 캐시 테이블은 ARP reply 메시지와 관계없이 관리자가 아래와 같이 직접 정적(static)으로 작성함으로써 ARP 스푸핑 공격이 성립하지 않게 만드는 것이다. 즉, 정적 ARP 테이블 사용 시스템은 ARP reply를 무시한다.

```
arp -s 〈IP주소〉 〈MAC 주소〉
```

ㄴ 위와 같은 방법은 시스템 재부팅시 static 옵션이 사라진다. 따라서 리부팅할 때마다 자동으로 static으로 처리해 주기 위해서는 배치파일로 만들어 놓고 자동으로 수행되도록 설정해야 한다.

---

* 브로드캐스트 주소

특정 네트워크에 속하는 모든 호스트들이 듣게 되는 주소를 의미한다. 네트워크 주소와는 반대로 특정 네트워크의 맨 마지막 주소를 브로드캐스트 주소로 사용한다. 예를 들어, C클래스 하나로 특정 네트워크를 구성하였고, 네트워크 주소가 192.168.2.0이라면 브로드캐스트 주소는 192.168.2.255가 된다.

(2) IP 스푸핑

① 공격 원리: 공격자가 자신의 IP주소가 아닌 트러스트 관계를 가진 시스템의 IP주소로 위장하여 공격 대상 서버에 침입하여 정보를 가로채는 방식이다.

    ㉠ 트러스트는 로그인을 할 때 클라이언트의 정보를 서버에 미리 기록해 두고, 그에 합당한 클라이언트가 접근해 왔을 때 아이디와 패스워드 입력 없이 로그인을 허락해 주는 인증법이다.

    ㉡ 유닉스 계열에서는 주로 트러스트 인증법을 사용히고, 윈도우즈에서는 트러스트 대신 Active 디렉토리를 사용한다. 실제로 트러스트를 설정하려면 유닉스에서는 /etc/hosts.equiv(리눅스는 /etc/hosts.allow) 파일에 클라이언트의 IP와 접속 가능한 아이디를 등록해야 한다.

예 ❶ 200.200.200.200 root ❷ 201.202.203.204 +

- ❶은 200.200.200.200에서 root 계정이 로그인을 시도하면 패스워드 없이 로그인을 허락하라는 의미이다.
- ❷는 201.202.203.204에서는 어떤 계정이든 로그인을 허락하라는 것으로 +는 모든 계정을 의미한다.

    ㉢ 한편 트러스트 방법은 패스워드가 스니핑되는 위험성은 차단하지만 IP 스푸핑에는 매우 취약하므로 보안상 사용하지 않는 것이 바람직하다.

    ㉣ 이와 같은 트러스트에 대한 취약점이 알려지면서 SSO(Single Sign On)가 개발되었다. SSO의 대표적인 예로 커버로스(Kerberos)를 사용하는 윈도우의 액티브 디렉토리, SUN 마이크로시스템즈의 NIS+ 등이 있다.

② 공격 절차: 공격대상 호스트와 서버가 통신을 하고 있을 때, 공격자는 공격 대상에는 TCP SYN flooding과 같은 DoS 공격을 가하면서 서버와는 자신을 공격 대상으로 위장하여 통신을 하면서 해킹을 하는 것이다.

〈 스푸핑을 이용한 서버 접근 〉

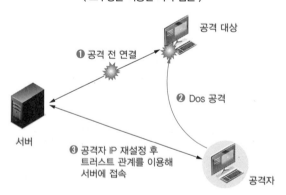

③ 대응 방안

  ㉠ 트러스트 관계를 이용한 IP 스푸핑에 대한 가장 좋은 보안대책은 트러스트를 사용하지 않는 것이다.

  ㉡ 그러나 부득이하게 트러스트를 사용하게 된다면 트러스트된 시스템의 MAC 주소를 static으로 지정해야 한다. 해커가 연결을 끊을 수는 있지만 잘못된 IP주소로 위장해 접근하더라도 MAC 주소까지 같을 수는 없기 때문에 세션을 빼앗기지는 않는다.

  ㉢ 또한 IP 스푸핑 공격은 기본적으로 IP 프로토콜이 출발지 IP주소에 대한 인증작업을 수행하지 않는데서 기인한다. 따라서 IP주소 인증 기능이 보완된 프로토콜(IPsec)을 사용하는 것이 근본적이 대응책이 된다.

(3) DNS 스푸핑

① 공격 원리: 사용자의 컴퓨터는 보통 컴퓨터가 사용하는 IP주소 대신 URL 주소를 사용한다. 컴퓨터는 사용자로부터 URL 주소를 입력 받으면 등록된 DNS 서버로 UDP 프로토콜을 이용하여 질의를 보낸다.

  ㉠ DNS 수프핑은 실제 DNS 서버보다 빨리 공격 대상에게 DNS Response 패킷을 보내 공격 대상이 잘못된 IP주소로 웹 접속을 하도록 유도하는 공격법으로, ARP 스푸핑보다 공격 응용범위가 넓다. DNS 수프핑을 통해 공격 대상자를 어떤 사이트로 몰래 유인하여 파밍, 중간자 공격 등 2차 공격을 가할 수 있기 때문이다.

  ㉡ DNS 스푸핑 공격은 때로는 웹 스푸핑과 유사한 의미로 해석된다.

② 공격 절차

〈 DNS 스푸핑 과정도 〉

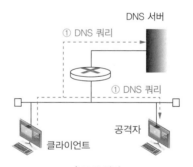

a) DNS 쿼리

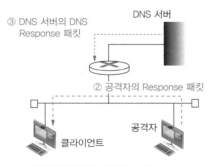

b) 공격자와 DNS 서버의 DNS Response

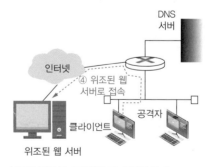

c) 공격 성공 후, 도착한 DNS 서버의 DNS Response

⊙ 클라이언트가 DNS 서버로 DNS 쿼리 패킷을 보내는 것을 확인한다. 스위칭 환경일 경우, 클라이언트가 DNS 쿼리 패킷을 보내면 받아야 하므로 ARP 스푸핑과 같은 선행 작업이 필요하다.

ⓛ DNS 서버가 올바른 DNS Response 패킷을 보내주기 전에 위조된 DNS Response 패킷을 클라이언트에게 보낸다.

ⓒ 클라이언트는 공격자가 보낸 DNS Response 패킷을 올바른 패킷으로 인식하고 웹에 접속한다.

③ 이처럼 DNS 스푸핑 공격은 '시간차 공격'이라고 말할 수 있다. 실제로 공격을 할 때는 DNS 쿼리 패킷을 기다리는 프로그램을 실행시켜서 위조해놓은 웹 서버에 대한 접근을 요구하는 DNS 패킷이 탐지되면 자동으로 위조된 DNS Response 패킷을 보내도록 한다.

④ DNS 스푸핑 방어 대책

ⓖ 윈도우나 유닉스(리눅스) 모두 URL에 대한 IP를 확인할 때, 처음부터 DNS 쿼리를 보내는 것은 아니다. 제일 먼저 시스템 메모리(캐시)의 정보를 확인하고 그 다음에 hosts 파일*에 등록된 정보를 확인한다.

ⓛ 즉, DNS 스푸핑을 막는 대응책은 중요 접속 서버의 URL에 대한 IP를 hosts 파일에 등록해 놓으면 된다. 하지만 모든 서버의 IP를 등록하는 것은 무리이므로 모든 서버에 대한 DNS 스푸핑을 막는 것은 어렵다.

(4) 이메일 스푸핑: 전자우편 스푸핑은 이메일 발송 시 보내는 공격자의 주소를 위조해서 보내는 공격기법으로, 사회공학 기법에 속한다. 주로 바이러스 감염 메일이나 스팸 메일을 보낼 때 악용되는 기술이다. 악성코드를 메일에 첨부하여 발송하는 방식(Mass Mailer)으로, 대표적인 사례로는 베이글 웜이 있다.

---

*   hosts 파일 저장 위치

윈도우: \Windows\System32\drivers\etc

유닉스/리눅스: /etc

01 다음 중 수동적 공격으로 가장 옳은 것은 무엇인가?

① 분산 서비스 거부(Distributed Denial of Service)

② 세션 하이재킹(Session Hijacking)

③ 스머프 공격(Smurf Attack)

④ 스니핑(Sniffing)

02 위조된 출발지 주소에서 과도한 양의 TCP SYN 패킷을 공격대상 시스템으로 전송하는 서비스 거부 공격에 대응하기 위한 방안의 하나인, SYN 쿠키 기법에 대한 설명으로 옳은 것은?

① SYN 패킷이 오면 세부 정보를 TCP 연결 테이블에 기록한다.

② 요청된 연결의 중요 정보를 암호화하고 이를 SYN—ACK패킷의 응답(acknowledgment) 번호로 하여 클라이언트에게 전송한다.

③ 클라이언트가 SYN 쿠키가 포함된 ACK 패킷을 보내오면 서버는 세션을 다시 열고 통신을 시작한다.

④ TCP 연결 테이블에서 연결이 완성되지 않은 엔트리를 삭제하는 데까지의 대기 시간을 결정한다.

∣ 정답 및 해설

01 〉정답〉 ④

수동적 공격은 스니핑(sniffing), 도청(eavesdrop) 등과 같은 방법으로 전송로 상의 정보를 무단 취득하는 행위로 직접적인 피해는 없으나 탐지가 어렵다.

02 〉정답〉 ③

SYN 쿠키 기법

• 서버는 클라이언트로부터 TCP 연결요청인 SYN 패킷을 받으면 간단한 인증정보가 담긴 SYN 쿠키를 TCP 세그먼트 포맷의 순서번호 필드에 넣고 패킷을 생성한다.

• 서버는 이 생성된 SYN 패킷에 플래그 필드의 ACK 비트를 '1'로 설정하고 이를 클라이언트에 보낸 후 세션을 닫는다.

• 이후 서버는 선택지 ③의 과정을 거친 후, 정상적인 경우 세션을 다시 시작한다.

03 네트워크 기반의 공격들과 이에 대한 보안 대책으로 가장 옳지 않은 것은 무엇인가?

① Land Attack – 패킷 필터링 도구를 이용하여 자신의 시스템 주소와 동일한 소스(Source) 주소를 가진 외부 패킷을 필터링한다.

② ARP Spoofing – ARP 테이블을 ARP reply 메시지에 따라 동적(Dynamic)으로 관리하여 작성한다.

③ DNS Spoofing – 중요한 사이트에 대해서는 IP 주소를 확인해 hosts 파일에 등록해 둔다.

④ TCP Connection Hijacking – TCP 연결설정 과정에서 시작 순서번호(Initial Sequence Number)를 임의의 번호로 할당한다.

05 FTP(File Transfer Protocol)의 보안 대책에 대한 설명으로 옳은 것을 모두 고른 것은?

> **보기**
> 가. Bounce Attack을 예방하기 위해 20번 포트를 통한 명령은 제한한다.
> 나. TFTP가 필요한 경우, Secret Mode로 운영한다.
> 다. /etc/passwd 파일에서 Anonymous FTP에 불필요한 항목을 제거한다.
> 라. /etc/ftpusers에 등록된 사용자만이 FTP에 접근할 수 있으므로 root와 같은 중요 계정은 등록하지 않는다.

① 가, 다   ② 나, 라

③ 나, 다   ④ 다, 라

04 네트워크 스캐닝(Scanning)과 관련한 설명으로 가장 옳지 않은 것은 무엇인가?

① 대표적인 스캔 도구로 NMAP(Network Mapper)이 있다.

② 스텔스(Stealth) 스캔의 종류로 플래그(Flag) 값을 모두 설정하여 전송하는 XMAS 스캔과 플래그(Flag) 값을 모두 설정하지 않고 전송하는 NULL 스캔 등이 있다.

③ 스캔하고자 하는 포트를 대상으로 UDP 연결을 시도할 때, 아무런 응답이 없다면 해당 포트의 비활성화를 의미한다.

④ TCP Full Open 스캔은 신뢰성은 높지만, 속도가 느리고 로그가 남는다.

06 다음에서 설명하는 네트워크 기반 공격 방법은?

> **보기**
> • TCP 헤더 정보를 보고 패킷을 걸러내는 방화벽을 우회하기 위한 공격 방법이다.
> • IP 단편 옵션을 이용하여 매우 작게 패킷을 나누어서 TCP 헤더 자체가 분리되도록 만든다.
> • 일부 패킷 필터는 첫 번째 단편만 검사하고 나머지 단편은 모두 통과시키기 때문에 이러한 공격 방법이 유효할 수 있다.

① Source Routing Attack

② Ping of Death

③ Trinoo

④ Tiny Fragment Attack

07 다음에서 설명하는 스캔방법은?

보기

공격자가 모든 플래그가 세트되지 않은 TCP 패킷을 보내고, 대상 호스트는 해당 포트가 닫혀 있을 경우 RST 패킷을 보내고, 열려 있을 경우 응답을 하지 않는다.

① TCP Half Open 스캔
② NULL 스캔
③ FIN 패킷을 이용한 스캔
④ 시간차를 이용한 스캔

08 다음 설명에 해당하는 DoS 공격을 옳게 짝지은 것은?

보기

ㄱ. 공격자가 공격 대상의 IP주소로 위장하여 중계 네트워크에 다량의 ICMP Echo Request 패킷을 전송하며, 중계네트워크에 있는 모든 호스트는 많은 양의 ICMP EchoReply 패킷을 공격 대상으로 전송하여 목표시스템을 다운시키는 공격
ㄴ. 공격자가 송신자 IP주소를 존재하지 않거나 다른 시스템의 IP주소로 위장하여 목적 시스템으로 SYN 패킷을 연속해서 보내는 공격
ㄷ. 송신자 IP주소와 수신자 IP주소, 송신자 포트와 수신자 포트가 동일하게 조작된 SYN 패킷을 공격 대상에 전송하는 공격

	ㄱ	ㄴ	ㄷ
①	Smurf Attack	Land Attack	SYN Flooding Attack
②	Smurf Attack	SYN Flooding Attack	Land Attack
③	SYN Flooding Attack	Smurf Attack	Land Attack
④	Land Attack	Smurf Attack	SYN Flooding Attack

03 정답 ②

② ARP 스푸핑 공격에 대한 대응은 동일 네트워크 내의 시스템들에 대한 ARP 캐시 테이블을 ARP reply 메시지와 관계없이 관리자가 직접 정적(static)으로 작성함으로써 ARP 스푸핑 공격이 성립하지 않게 만드는 것이다. 즉, 정적 ARP 테이블을 사용하는 시스템은 ARP reply 메시지를 무시한다.

04 정답 ③

③ UDP Scan은 ICMP Port Unreachable 에러 메시지가 수신되면 해당 포트의 비활성화를 의미하며, 아무런 응답이 없다면 해당 포트의 활성화를 의미한다.

05 정답 ①

나. TFTP가 필요한 경우, Secure Mode로 운영한다.
라. ftpusers 파일은 접속을 제한할 계정정보를 담고 있는 설정파일이다. 따라서 root 등 중요 계정을 ftpusers 파일에 명시하여 접속을 제한한다.

06 정답 ④

④ Tiny Fragment 공격은 IP 헤더보다 작은 fragment를 만들어서 침입차단시스템(방화벽)을 우회하여 내부 시스템에 침입하는 공격기법으로 DoS 공격 기법이 아닌 우회 공격 기법이다.

07 정답 ②

② Null 스캔은 플래그 값을 모두 설정하지 않고(off) 스캔하는 방법을 말한다. Null 스캔은 포트가 열려 있을 경우에는 응답이 없고, 닫혀 있는 경우에만 RST 패킷이 되돌아온다.

08 정답 ②

㉠ Smurf 공격: 공격자는 중계 네트워크에 있는 모든 호스트에 목적지가 공격 대상으로 설정된 ICMP Echo Request 신호를 보낸다. 그러면 Request 신호를 받은 모든 호스트들은 공격 대상에게 Response 신호를 보내고 이 과정에서 다량의 Response 신호를 받은 호스트는 다운될 수 있다.
㉡ TCP SYN flooding 공격: 공격자의 주소를 위장하면서 공격 대상에게 다량의 SYN 패킷을 보내는 것이다.
㉢ Land attack: 공격자가 공격 대상에게 송신측 주소와 수신측 주소를 동일하게 하여 패킷을 보내 시스템의 과부하를 일으키게 하여 시스템을 다운시키는 기법이다.

09 SQL 삽입 공격에 대한 설명으로 옳지 않은 것은?

① 사용자 요청이 웹 서버의 애플리케이션을 거쳐 데이터베이스에 전달되고 그 결과가 반환되는 구조에서 주로 발생한다.

② 공격이 성공하면 데이터베이스에 무단 접근하여 자료를 유출하거나 변조시키는 결과가 초래될 수 있다.

③ 사용자의 입력값으로 웹 사이트의 SQL 질의가 완성되는 약점을 이용한 것이다.

④ 자바 스크립트와 같은 CSS(Client Side Script) 기반 언어로 사용자 입력을 필터링하는 방법으로 공격에 대응하는 것이 바람직하다.

10 〈보기1〉의 용어와 〈보기2〉의 설명을 연결한 것으로 가장 적절한 것은?

> **보기1**
>
> (가) Footprinting
> (나) APT(Advanced Persistent Threat) 공격
> (다) Promiscuous 모드
> (라) Zero Day 공격

> **보기2**
>
> ㉠ 특정 기업 또는 기관의 시스템을 목표로 한 장기적이고 정교한 공격
> ㉡ 컴퓨터 소프트웨어의 취약점에 대한 패치가 나오지 않은 시점에 이루어지는 공격
> ㉢ 해킹하기 전에 공격 대상에 대한 정보를 모으는 사전 준비 작업
> ㉣ 스니핑을 위해 랜카드의 필터링 기능을 해제

	(가)	(나)	(다)	(라)
①	㉠	㉡	㉢	㉣
②	㉡	㉠	㉣	㉢
③	㉢	㉠	㉣	㉡
④	㉣	㉡	㉢	㉠

09 정답 ④

④ XSS 공격에 대한 대응책에 대한 설명이다. 일반적으로 자바 스크립트와 같은 CSS(Client Side Script) 기반의 언어는 웹 프락시를 통해 웹 브라우저에 전달되기 때문에 웹 프락시를 통해 전달되는 과정에서 변조될 가능성이 있다. 따라서 CSS 기반의 언어로 필터링할 경우 공격자가 필터링 로직만 파악하면 쉽게 필터링이 무력화된다. 즉, 필터링 로직은 ASP, JSP 등과 같은 SSS(Server Side Script)로 필터링을 수행해야 한다.

10 정답 ③

(가) 풋 프린팅(Footprinting): 해킹 시도 대상의 관련 정보를 수집하는 사전 작업이다.

(나) 지능형 지속 위협(APT; Advanced Persistent Threats): 다양한 IT 기술과 방식들을 이용해 조직적으로 특정 기업이나 조직 네트워크에 침투해 활동 거점을 마련한 뒤 정보를 외부로 빼돌리는 형태의 공격이다.

(다) 무차별 모드(Promiscuous Mode): 원래 NIC는 기본적으로 자기의 MAC 주소와 일치하거나, Broadcast 패킷만 받도록 설정되어 있다. 그런데, 스니퍼를 실행하게 되면 자신의 NIC는 아무거나 받아들이게 된다.

(라) 제로데이 공격(Zero-Day Attack): 해킹에 이용될 수 있는 시스템 취약점에 대한 보안패치가 발표되기 전에, 이 취약점을 악용해 악성코드를 유포하거나 해킹을 시도하는 것을 말한다. 보안패치가 나오기 전까지는 이를 근본적으로 막을 수 없다는 점에서 가장 우려되는 공격 형태이다.

CHAPTER 06

보안시스템의 이해

01 침입차단시스템(방화벽, Firewall)

방화벽은 원래 화재시 불길이 더 번지지 않게 하려고 설치하는 구조물이다. 화재가 일어나더라도 방화벽 덕분에 불길이 차단되어 화재가 확산되는 것을 지연시킬 수 있다. 네트워크에서 방화벽은 보안을 높이는 데 가장 일차적인 역할을 한다.

즉, 네트워크 보안을 높이는 데 필요한 기본적인 보안 솔루션으로, 신뢰하지 않는 외부의 무차별적인 공격으로부터 내부를 보호하는 개념이 불길을 막는 방화벽과 비슷하다고 생각할 수 있다. 방화벽은 집중화된 보안 정책을 실현하는 데 반드시 필요하다.

1 침입차단시스템(방화벽)의 기능

1. 방화벽의 기능

(1) 접근 제어(Access Control)

① 접근 제어는 침입차단시스템의 가장 기본적이고 중요한 기능이다. 통과시킬 접근과 차단할 접근을 관리자가 명시하면 침입차단 구현 방법에 따라 패킷 필터링(Packet Filtering) 방식과 프록시 (Proxy) 방식으로 나뉜다.

② 프록시 방식은 네트워크 서비스별로 프록시를 두고 해당 프록시에서 보안 규칙을 적용하도록 구성한 형태이다. 프록시는 관리자의 필요에 따라 사용자 인증 기능, 강력한 로깅 기능 등의 추가가 가능하다.

(2) 로깅(Logging)과 감사 추적(Audit Trail)

① 방화벽은 모든 트래픽에 대한 접속 정보 및 네트워크 사용에 따른 유용한 통계 정보를 기록하는 감사 및 로그 기능이 있어야 한다.

② 로깅을 통해 방화벽을 통과하는 패킷 및 연결 정보나 관리자의 설정 변경 정보를 저장하고 시스템 내에 저장된 로그를 이용하여 허용되지 않은 접속 시도, 연결 등 확인할 수 있는 감사추적 기능을 제공한다.

(3) 인증(Authentication)

① 방화벽에서 가능한 인증으로는 메시지 인증, 사용자 인증, 클라이언트 인증이 있다. 메시지 인증은 VPN 통신과 같은 전송 메시지에 대한 신뢰성을 보장한다.

② 사용자 인증은 패스워드와 같은 단순 인증부터 OTP(One Time Password)와 같은 높은 수준의 인증까지 가능하다. 마지막으로 클라이언트 인증은 모바일 사용자와 같이 특수한 접속을 요구하는 호스트 자체가 정당한 접속 호스트인지 확인하는 것이다.

(4) **데이터 암호화**: 방화벽에서 다른 방화벽까지 전송되는 데이터를 암호화하여 보내는 것으로 보통 VPN의 기능을 이용한다.

2. 방화벽의 한계

(1) 바이러스 등 악성 소프트웨어 코드 차단 불가
① 방화벽은 패킷의 IP수소와 포트 번호로 접근 제어를 하는 것이 보통으로, 패킷의 데이터 내용 자체는 검사하지 않기 때문에 악성 소프트웨어 코드를 차단하는 것이 불가하다.
② 방화벽은 높은 트래픽을 처리해야 하므로 데이터 내용까지 검사하면 오버헤드가 발생하고 데이터 전송속도에 큰 손실을 입힌다.

(2) 내부 공격 차단 불가
방화벽은 보통 외부 네트워크로부터 내부 네트워크를 보호하는 것이 주 목적으로 내·외부망 경계에 대한 보안 정책을 수행할 뿐 내부 공격자에게 보안 정책을 적용할 수 없다.

(3) 자신을 통하지 않은 통신에 대한 제어 불가
① 방화벽은 자신을 통과하지 않은 통신에 대해서는 제어할 수 없다. 사용자가 방화벽을 통과하는 통신 선로가 아닌 무선(3G, LTE 등)이나 우회 선로를 이용할 경우, 공격자는 방화벽을 우회하여 내부 네트워크로 접속할 수 있다.
② 또한 내부 사용자가 방화벽을 우회하여 외부로 허용되지 않은 접속을 시도할 수 있다.

(4) 새로운 형태의 공격 차단 불가
① 방화벽은 전혀 새로운 형태의 공격을 막을 수는 없다. 방화벽은 예측된 접속에 대한 규칙을 세우고 이에 대해서만 방어를 하므로 새로운 형태의 공격에는 능동적으로 대응할 수 없다.
② 실제로 많은 해킹 공격이 방화벽을 우회하거나 통과하여 공격을 실행한다. 따라서 방화벽이 보안의 완성은 절대 아니다.

2 침입차단시스템(방화벽)의 구조(구축형태)

방화벽을 어디에 놓을지, 네트워크의 구조는 어떤지에 따라 방화벽의 효율성과 기능이 달라진다. 방화벽이 설치되는 위치와 구조에 대한 명칭과 각각의 장단점과 효율성을 살펴본다.

1. 스크리닝 라우터

라우터를 이용해 각 인터페이스에 들어오고 나가는 패킷을 필터링하며 내부 서버로의 접근을 가려내는 역할을 하는 것으로, 네트워크 계층(3계층)과 전송 계층(4계층) 사이에서 실행되며 다음과 같은 특징을 가지고 있다.

(1) IP주소와 포트에 대한 접근 제어만 가능
연결에 대한 요청이 들어오면 IP, TCP/UDP의 헤더를 분석하여 송신지/목적지의 IP주소, 포트번호 및 제어필드를 분석하여 통과시킬지 차단시킬 것인지를 판별한다.

(2) 방화벽 설치가 용이(장점)
① 저렴한 가격으로 방화벽 기본역할 수행이 가능하고 규칙을 효과적으로 설정할 경우, 고속의 데이터 처리가 가능하며 방화벽으로 인한 불편함을 겪지 않는다.
② 고가의 방화벽 설치가 어려운 중소기업에 많이 이용된다.

(3) 세부적인 규칙 적용이 곤란(단점)
세부적인 규칙을 적용하기 어렵고, 많은 규칙을 적용하면 부하가 걸린다. 또한 실패한 접속에 대한 로깅을 지원하지 않고, 패킷 필터링 규칙 검증에 어려움이 있다.

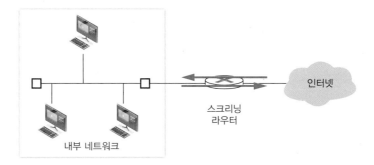

〈 스크리닝 라우터 〉

2. 단일 홈 게이트웨이(Single-Homed Gateway)

스크리닝 라우터와 비슷한 구조지만 좀 더 발전된 형태의 방화벽으로 단일 홈 게이트웨이가 있다. 일반적으로 이 구조를 베스천 호스트(Bastion Host)라고 부르기도 하며 다음과 같은 특징이 있다.

> **더 알아보기**
>
> **베스천 호스트란**
> - 베스천(Bastion)은 보루, 요새라는 뜻의 독일어로 중세 시대에 영주나 왕이 살고 있는 중요한 기지인 성을 둘러싸고 있는 방어막을 의미한다. 베스천 호스트는 내부 네트워크와 외부 네트워크 사이에 위치하는 게이트웨이이다.
> - 보안대책의 일환으로 사용되는 베스천 호스트는, 내부 네트워크를 겨냥한 공격에 대해 방어하도록 설계되었다. 네트워크의 복잡도와 구성에 따라 다르지만, 단일 베스천 호스트 그 자체로서 방어를 할 수도 있으며, 또는 다른 방호 계층과 함께 대형 보안 시스템의 일부가 되기도 한다.

(1) 단일 홈 게이트웨이는 접근제어, 프록시, 인증, 로깅 등 방화벽의 기본 기능을 수행하며 윈도우, NT, 유닉스 등과 같은 운영체제에 설치하여 운영되기 때문에 아래와 같은 선행 작업이 필요하다.

① 일반 사용자 계정을 모두 삭제한다.

② 방화벽 기능 외의 유틸리티와 파일은 모두 지운다.

③ 대용량의 모니터링과 로깅이 가능해야 한다.

④ IP 포워딩 및 소스 라우팅 기능을 삭제한다.

(2) 스크리닝 라우터보다 강력한 보안 정책을 실행할 수 있지만 방화벽이 손상되면 내부의 공격에 대해 무방비 상태가 되어버리고 2계층에서 우회를 통한 공격이 가능하게 되는 위험성도 안고 있다.

(3) 방화벽으로의 원격 로그인 정보가 노출되면 내부 네트워크를 보호할 수 없다.

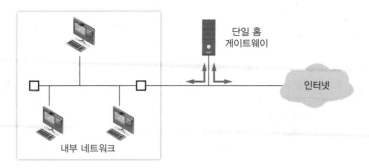

〈 단일 홈 게이트웨이 〉

단일 홈
게이트웨이

인터넷

내부 네트워크

3. 이중 홈 게이트웨이(Dual-Homed Gateway)

이중 홈 게이트웨이는 네트워크 카드를 둘 이상 갖춘 방화벽이다. 외부 네트워크와 내부 네트워크에 대한 네트워크 카드를 구분하여 운영한다. 그림 〈이중 홈 게이트웨이〉에서 볼 수 있듯이 내부에서 외부로 나가거나 외부에서 내부로 들어오는 트래픽은 이중 홈 게이트웨이를 거치므로 효율적으로 트래픽을 관리할 수 있다.

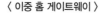

〈 이중 홈 게이트웨이 〉

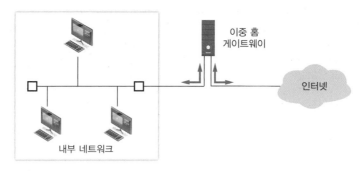

이중 홈
게이트웨이

인터넷

내부 네트워크

4. 스크린된 호스트 게이트웨이(Screened Host Gateway)

좀 더 발전된 형태의 방화벽으로 스크린된 호스트 게이트웨이가 있다. 이때 Screened의 의미는 '숨겨진'이라는 의미이다. 스크린된 호스트 게이트웨이는 라우터와 방화벽을 구분하여 운영하는데 스크리닝 라우터와 단일 홈 게이트웨이의 조합이라 생각할 수 있다. 주요 특징은 다음과 같다.

(1) 스크리닝 라우터에서 패킷 필터링을 하여 1차 방어를 한다.

(2) 단일 홈 게이트웨이는 베스천 호스트로 프록시와 같은 서비스를 통해 2차 방어를 한다.

(3) 베스천 호스트는 스크린 라우터를 거치지 않은 모든 접속을 거부하며 스크린 라우터도 베스천 호스트를 거치지 않은 모든 접속을 거부한다.

(4) 스크리닝 라우터는 이중 홈 게이트웨이와 함께 사용할 수도 있다(그림 〈스크린된 호스트 게이트웨이(우)〉).

(5) 스크리닝 라우터에서 3계층과 4계층에 대한 접근제어, 베스천 호스트에서 응용계층에 대한 접근제어까지 담당하므로 공격하기가 어렵다.

〈 스크린된 호스트 게이트웨이 〉

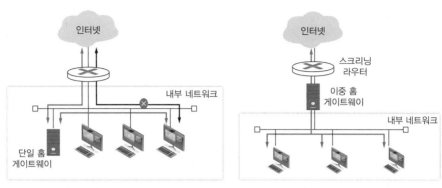

a) 단일 홈 게이트웨이   b) 이중 홈 게이트웨이

이상을 종합해 보면 스크린된 호스트 게이트웨이는 2단계로 방어를 실행하므로 안전하며 가장 많이 이용하는 구조로 융통성이 좋다. 하지만 해커가 스크리닝 라우터를 해킹하면 베스천 호스트를 거치지 않고 내부 네트워크에 직접 접근할 수 있다는 약점도 가지고 있다.

5. 스크린된 서브넷 게이트웨이(Screened Subnet Gateway)

마지막으로 스크린된 서브넷 게이트웨이가 있다. 이것은 외부 네트워크와 내부 네트워크 사이에 완충지대를 두는 것이다. 완충지대의 네트워크를 서브넷이라 부르며 DMZ가 위치한다. 방화벽도 서브넷에 위치하는데 프록시가 주로 설치된다. 주요 특징은 다음과 같다.

(1) 다른 방화벽의 장점을 모두 갖추고 있으며 융통성이 뛰어나면서도 안전하다.

(2) 다른 방화벽보다 설치와 관리가 어렵고, 서비스 속도가 느리며 비용이 비싸다.

(3) 스크린된 서브넷 게이트웨이 역시 이중 홈 게이트웨이(그림 〈스크린된 서브넷 게이트웨이〉의 b) 적용이 가능하며, 이 경우 단일 홈 게이트웨이를 사용하는 것보다 속도가 빠르고 강력한 보안정책 수행이 가능하다.

〈 스크린된 서브넷 게이트웨이 〉

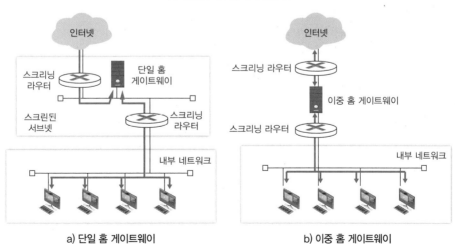

a) 단일 홈 게이트웨이   b) 이중 홈 게이트웨이

3 방화벽의 역할

방화벽의 기본적인 기능이자 역할은 패킷의 출발지와 목적지의 IP와 포트번호를 보고 패킷을 필터링하는 것이다. 하지만 이외에도 NAT(Network Address Translation)나 프록시와 같은 역할도 함께 수행하는 경우가 많다.

1. 패킷 필터링

일반적으로 패킷 필터링 방화벽에서 사용되는 라우터는 일반적인 라우터에 패킷 필터링 기능을 구현한 것으로 스크리닝 라우터 혹은 패킷 필터링 라우터라고 불린다. 패킷 필터링 시스템은 발신지 주소와 목적지 주소, 그리고 사용하고 있는 세션과 애플리케이션 프로토콜에 기반하여 데이터의 흐름을 제어한다.

(1) 패킷 필터링 방법: 패킷 필터링 방법은 패킷의 IP주소와 포트번호, 트래픽 방향(인 바운드, 아웃 바운드) 및 서비스 종류에 대한 정보를 이용하여 설정된 보안규칙에 의해 내부 네트워크를 보호하는 방법이다.

① IP주소를 패킷 필터링: 가장 기본적이고 단순한 방법으로 패킷 내 IP주소에 의해 패킷의 흐름을 제한하는 방식이다. 이를 통해 미 인가된 발신지 주소를 가진 패킷을 차단할 수 있으며 외부의 호스트가 내부의 호스트와 통신하는 것을 허용할 수도 있다. 그러나 이 방법은 서비스와 무관하게 필터링을 수행하므로 보다 미세한 보안정책을 수행할 수 없다.

② 서비스를 이용한 필터링: 이 방법은 패킷 내의 서비스 포트번호를 이용하여 필터링을 시행하는 방법으로 IP주소 필터링보다 더 복잡하며 미세한 보안 정책을 수행할 수 있다.

(2) 패킷 필터링의 장·단점

① 장점

ㄱ 단순성: 내·외부 네트워크의 경계지점에서 패킷을 조사하여 허용과 차단을 결정하므로 동작방식이 매우 간단하여 구현하기가 쉽다.

ㄴ 고속 처리: 단지 3계층(네트워크)과 4계층(트랜스포트)의 헤더 정보만을 모니터링하여 필터링하므로 고속으로 처리가 가능하다.

② 단점

ㄱ 응용 서비스별로 정교한 제어가 불가능하며 로그/감사기능이 부족하고 IP주소를 이용한 스푸핑 공격이나 스택 안의 문제점을 이용하는 공격에 취약하다. 또한 패킷 단편화 공격을 탐지할 수 없다.

ㄴ 또한 접근제어 결정에 참여하는 변수의 개수가 적어 방화벽 구성을 잘못하게 되면 보안에 허점이 발생한다.

(3) 패킷 필터링 규칙의 작성 예: 여기서는 그림 〈패킷 필터링 규칙을 설정하기 위한 환경〉과 같이 내부망-스크린된 서브 게이트웨이-외부망으로 구성된 네트워크 환경에서 패킷 필터링 규칙을 작성해 보기로 한다. 허용하지 않은 서비스에 대한 거부를 적용하려면 다음과 같은 과정이 필요하다.

① 허용할 서비스를 확인한다.

② 서비스가 이루어지는 형태를 확인하고, 어떤 규칙을 허용할지 구체적으로 결정한다.

③ 실제로 방화벽에 적용을 한 뒤, 적용된 규칙을 검사한다.

〈 패킷 필터링 규칙을 설정하기 위한 환경 〉

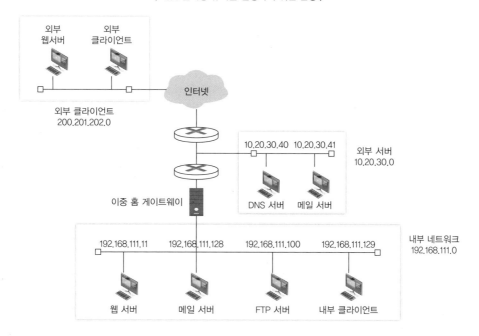

방화벽은 내부 인터페이스와 외부 인터페이스가 따로 존재하는 이중 홈 게이트웨이로, 내부 네트워크는 192.168.111.0/24이다. 내부 네트워크는 웹 서버와 메일서버, FTP 서버가 있다. 이제 단계별로 필터링 규칙을 적용해 보자.

[1단계] 내부 클라이언트가 외부의 웹 서버로 접근하기 위한 규칙을 정한다.

〈 패킷 필터링 규칙 1 〉

No	From	서비스(포트)	To	Allow
1	Internal	80	External	Allow
2	Any	Any	Any	Deny

· 규칙 1: 내부망에서 외부로 나가는 패킷 중 80번 포트를 목적지로 하는 패킷은 허용한다.
· 규칙 2: 방화벽은 기본적으로 내부망과 외부망의 접속은 차단되어 있다.

[2단계] 내부의 웹 서버(192.168.111.11)와 FTP 서버(192.168.111.100)로 접근하기 위한 규칙을 정한다.

〈 패킷 필터링 규칙 2 〉

No	From	서비스(포트)	To	Allow
1	Internal	80	External	Allow
2	Any	80	192.168.111.11	Allow
3	Any	21	192.168.111.100	Allow
4	Any	Any	Any	Deny

- 규칙 2: 내부 및 외부에서 모두 웹 서버(192.168.111.11) 접근을 허용한다.
- 규칙 3: FTP 서버(192.168.111.100)에도 동일한 접근을 허용한다.

[3단계] 내부의 메일 서버(192.168.111.128)로 접근하기 위한 규칙을 정한다.
내부 클라이언트가 외부로 메일을 보낼 때는 내부 메일 서버가 이를 저장하였다가 외부 메일 서버(10.20.30.41)로 보내고, 외부 메일 서버는 외부 클라이언트에게 보낸다.

〈 패킷 필터링 규칙 3 〉

No	From	서비스(포트)	To	Allow
1	Internal	80	External	Allow
2	Any	80	192.168.111.11	Allow
3	Any	21	192.168.111.100	Allow
4	192.168.111.128	25	10.20.30.41	Allow
5	192.168.111.128	110	10.20.30.41	Deny
6	192.168.111.128	143	10.20.30.41	Allow
7	10.20.30.41	25	192.168.111.128	Allow
8	10.20.30.41	110	192.168.111.128	Deny
9	10.20.30.41	143	192.168.111.128	Allow
10	External	25	Internal	Deny
11	Any	Any	Any	Deny

- 규칙 4: 내부 메일서버(192.168.111.128)에서 외부 메일서버(10.20.30.41)로 가는 SMTP 패킷을 허용한다.
- 규칙 5: 내부 메일서버에서 외부 메일서버로의 POP3을 접근을 금지한다.
- 규칙 6: 내부 메일서버에서 외부 메일서버로의 IMAP을 접근을 허용한다.
- 규칙 7~9: 외부 메일서버에서 내부 메일서버로의 접근 규칙을 동일하게 적용한다.
- 규칙 10: 외부에서 내부 메일서버로 메일을 보내지 못하도록 설정한다. 이를 허용 시에는 스팸메일이 마구 들어 온다.

[4단계] 마지막으로 DNS 서버(10.20.30.40) 접근에 대한 규칙을 추가한다.

〈 패킷 필터링 규칙 4 〉

No	From	서비스(포트)	To	Allow
1	Internal	80	External	Allow
2	Any	80	192.168.111.11	Allow
3	Any	21	192.168.111.100	Allow
4	192.168.111.128	25	10.20.30.41	Allow
5	192.168.111.128	110	10.20.30.41	Deny
6	192.168.111.128	143	10.20.30.41	Allow
7	10.20.30.41	25	192.168.111.128	Allow
8	10.20.30.41	110	192.168.111.128	Deny
9	10.20.30.41	143	192.168.111.128	Allow
10	External	25	Internal	Deny
11	Internal	53	10.20.30.40	Allow
12	Any	Any	Any	Deny

• 규칙 11: 내부에서 외부로의 DNS 접근을 허용한다.

> **더 알아보기**
>
> 메일 접근 프로토콜(SMTP, IMAP, POP3)
> • SMTP(Simple Mail Transfer Protocol, 25번 포트): 메일 서버 간 사용하는 통신 프로토콜이다. 메일 클라이언트에서 메일 서버로 데이터 전송 시에도 사용된다.
> • POP3(110번 포트), IMAP(143번포트): 메일 서버에서 자신의 계정에 도착한 메일을 가져올 때 사용한다. POP3를 사용하면 서버에서 원본 메일이 지워지고 다운받은 PC에 저장된다. 반면 IMAP은 가져와도 그대로 메일 서버에 저장된다.

2. NAT(Network Address Translation)

(1) NAT에 대한 이해

① NAT는 사용 가능한 공인 주소의 수가 실제 인터넷에 연결되는 시스템의 수에 비해 많이 부족한 문제를 해결하기 위해 개발된 기술이다.

② 내부망에 연결된 호스트들은 사설 IP주소를 소유하고 있다가 외부 인터넷에 연결할 때에는 라우팅이 가능한 공인 IP주소를 할당받아서 접속하며, NAT는 패킷 필터링과 상태 유지 방화벽을 통해 제2의 보안체제를 제공한다.

③ 따라서 NAT는 공인 주소를 효과적으로 쓰고, 네트워크 구조를 노출하지 않는 보안상의 이점도 제공한다.

(2) 주소 변환

① NAT 라우터를 통해 나가는 모든 패킷은 근원지 주소를 범용 NAT 주소로 변환한다. NAT 라우터를 통과하여 들어오는 모든 패킷은 목적지 주소를 적절한 사설 주소로 변환한다.

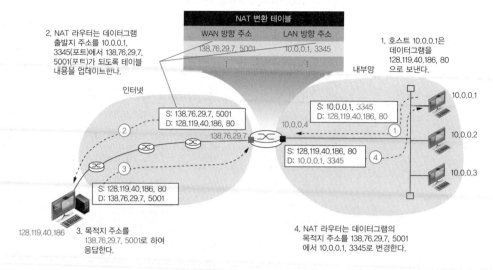

〈 주소 변환 과정도 〉

2. NAT 라우터는 데이터그램 출발지 주소를 10.0.0.1, 3345(포트)에서 138.76.29.7, 5001(포트)가 되도록 테이블 내용을 업데이트한다.

NAT 변환 테이블	
WAN 방향 주소	LAN 방향 주소
138.76.29.7, 5001	10.0.0.1, 3345

1. 호스트 10.0.0.1은 데이터그램을 128.119.40.186, 80 으로 보낸다.

인터넷

S: 138.76.29.7, 5001
D: 128.119.40.186, 80

138.76.29.7

10.0.0.4

S: 10.0.0.1, 3345
D: 128.119.40.186, 80

내부망

10.0.0.1

10.0.0.2

S: 128.119.40.186, 80
D: 10.0.0.1, 3345

10.0.0.3

S: 128.119.40.186, 80
D: 138.76.29.7, 5001

128.119.40.186

3. 목적지 주소를 138.76.29.7, 5001로 하여 응답한다.

4. NAT 라우터는 데이터그램의 목적지 주소를 138.76.29.7, 5001 에서 10.0.0.1, 3345로 변경한다.

② 그림 〈주소 변환 과정도〉를 보면 최초 소스 IP주소가 10.0.0.1(포트 3345)에서 NAT를 거치면서 138.36.29.7(포트 5001)로 변환되며, 변환되는 정보는 NAT 변환 테이블(포워딩 테이블)에 저장된다. 이 정보는 데이터 수신 시 NAT에서 내부 호스트로 찾아갈 수 있도록 도와준다.

③ 여기서 NAT 내부 호스트로 찾아가는 주소에 포트번호가 사용되고 있다. 즉, 포트번호의 원래 채택 목적을 위반하였으므로 NAT에서는 서버를 운영할 수 없다.

(3) Static NAT와 Dynamic NAT

① NAT에서 외부로 나가는 공인 IP주소가 하나인 경우를 Static NAT이라 한다. 이 경우의 문제점으로 외부 호스트에 하나의 사설 네트워크 호스트만 접속할 수 있다.

② 이와 같은 문제점을 해소하기 위해 NAT 라우터는 범용 주소 풀을 사용할 수 있는데, 이러한 NAT 운영방식을 Dynamic NAT라 한다.

3. 프록시에 대한 이해

원래 프록시는 캐시의 목적으로 사용하였다. 즉, 자주 접속하는 사이트의 메시지를 프록시 서버에 저장하였다가 나중에 재접속을 요구하면 오리지널 서버에 접속하지 않고 프록시 서버에 저장된 메시지를 클라이언트에 넘겨준다. 이러한 프록시 기능으로 인해 오리지널 서버에 접속하지 않더라도 메시지를 얻을 수 있으므로 네트워크의 과부하를 방지할 수 있다.

(1) 프록시 방화벽: 프록시(Proxy) 방화벽은 중개인의 개념으로, 네트워크에 진입하는 혹은 나가는 패킷을 응용프로그램 수준까지 검토하여 악의적인 정보가 있는지 검사하고, 이상이 없다면 그 패킷을 목적지 시스템까지 전달하는 역할을 하는 방화벽이다. 주로 베스천 호스트 형태의 방화벽에 설치되어 운영되며 다음과 같은 특징이 있다.

① 방화벽의 한 구성요소로 동작하면서 패킷 필터링에 대한 보조적인 도구 또는 독립적으로 운영된다.

② 응용계층의 데이터 등 패킷 안의 내용까지 검사하므로 패킷 필터링보다 나은 보안을 제공한다.

(2) 프록시의 종류

① Circuit Level 프록시와 Application Level 프록시가 있다. 이 중 Circuit Level 프록시는 OSI 7계층에서 5계층에서 7계층 사이에서 접근제어를 실시하는 방화벽을 지칭한다. 애플리케이션 프록시와는

달리 각 서비스별로 프록시가 존재하는 것이 아니고 어느 서비스 프로토콜로 이용할 수 있는 일반적인 대표 프록시를 이용한다. 즉, 프로토콜 분석이 불가하여 바이러스 등의 악성 코드를 잡아낼 수 없다.

② HTTP, FTP 등의 프로토콜은 하나의 서비스에 대한 프록시가 개별적으로 존재한다. 이를 이용하면 전송 데이터 내용을 검사할 수 있어 응용 레벨의 필터링 규칙을 추가할 수 있다.

02 침입탐지시스템(IDS; Intrusion Detection System)

침입탐지시스템은 시스템과 네트워크 자원으로부터 비정상적인 사용, 오용, 남용 등에 대한 정보를 실시간으로 수집, 분석하여 침입 및 침입시도의 징후를 찾아내고 보고하는 시스템이다.

1 침입탐지 시스템 실행 및 기능

IDS의 실행은 최초 '데이터 수집'으로부터 최종 '보고 및 대응'까지 다음과 같은 4단계를 거친다.

1. 데이터 수집단계

호스트 기반 IDS와 네트워크 기반 IDS로부터 감사 데이터(audit data)를 수집한다.

2. 데이터 필터링과 축약단계

수집한 감사 데이터를 침입 판정이 가능하도록 의미 있는 정보로 전환시킨다.

3. 침입 분석 및 탐지 단계

데이터를 분석하여 침입 여부를 판단하는 침입탐지시스템의 핵심단계이다.

4. 보고 및 대응단계

시스템 침입 여부가 침입으로 판정되면 이에 대한 대응을 자동으로 취하거나 보안관리자에게 침입 사실을 통보한다.

2 침입탐지시스템의 분류

IDS는 주로 어떤 데이터 소스를 사용해 분석했느냐에 따라 호스트 기반의 침입탐지시스템(HIDS)과 네트워크 기반의 침입탐지시스템(NIDS)으로 구분된다.

1. 호스트 기반 침입탐지시스템(HIDS, Host-based IDS)

(1) 호스트로부터 생성되고 수집된 감사 자료를 침입 여부 판정에 사용하며 호스트를 탐지영역으로 한다. 주로 운영체제에 부가적으로 설치 · 운용되며 사용자 계정별로 어떤 접근, 작업을 했는지 기록을 남기고 추적한다.

(2) **단점**: 전체 네트워크에 대한 침입 탐지가 곤란하고 운영체제의 취약점이 HIDS를 손상시킬 수 있으며, 다른 IDS에 비해 많은 비용이 요구된다.

2. 네트워크 기반 침입탐지시스템(NIDS; Network Intrusion Detection System)

네트워크의 패킷 데이터를 수집하여 침입 여부를 판정한다. 침입탐지시스템이 설치된 네트워크 영역 전체를 탐지 대상으로 하며 다음과 같은 특징이 있다.

(1) NIDS는 네트워크에서 하나의 독립된 시스템으로 운용되며 TCP Dump도 NIDS가 될 수 있다.

(2) 감사와 로깅을 할 때 네트워크 자원이 손실되거나 데이터가 변조되지 않으며, IP주소를 소유하지 않아 해커의 직접적인 공격에 대한 방어가 가능하다.

(3) 반면, 공격당한 시스템에 대한 결과를 알 수 없고, 암호화된 내용을 검사할 수 없다. 스위칭 환경에서 NIDS를 설치하려면 부가 장비가 필요하고, 1Gbps 이상의 고속 네트워크에서는 정상적으로 작동하지 않을 수도 있다.

3 탐지기법

1. 규칙 기반 침입탐지(오용 침입탐지, Misuse Detection)

시스템 로그, 네트워크 및 비정상적인 행위 패턴 등의 특징을 비교하여 탐지하는 방법으로 시그니처 (Signature) 기반 또는 지식(Knowledge) 기반 침입탐지라고도 한다. 특정 바이러스나 악성코드 등 특정 패킷이 네트워크를 지나갈 때 미리 제작하여 입력된 탐지 패턴이 발견되면 알려준다. 탐지 패턴은 일종의 시그니처이며 '스노트 룰(Snort Rule)*'이라고도 불린다.

더 알아보기

탐지 패턴의 종류

- 문자열 방식: 문자열 기반의 탐지기법으로 오탐 확률이 높다. **예** yahoo 사이트 접속 제한을 위해 yahoo를 탐지 패턴으로 하면 yahoo라는 문자열이 삽입되어 있는 모든 파일에서 탐지가 된다.
- HEX code 방식: 문자열 탐지 패턴이라는 점에서는 동일하지만 Hex code라는 16진수로 나타내는 인코딩 방식을 탐색 패턴으로 한다. 유해 사이트 차단을 위해 주로 사용된다.
- PCRE 방식: 탐지 패턴이 약간만 달라도 탐지하지 못하는 단점을 보완하여 다수의 변형 공격 탐지를 가능하게 한다.
  예 대출 → 대^출, 대리운전 → 대리☎운전

---

(1) 주요 특징: 규칙 기반의 침입탐지 기법은 오판 확률이 낮고 비교적 효율적이지만, 알려진 공격 외에는 탐지할 수 없으며 패턴을 약간만 변형하여도 탐지가 곤란하다. 또한 많은 데이터를 분석하는 데에도 부적합하며, 공격을 실시한 순서에 관한 정보를 얻기가 힘들다는 어려움이 있다.

(2) 종류

① **전문가 시스템**: 침입 또는 오용의 패턴을 실시간으로 입력되는 감사정보와 비교하여 침입을 탐지하는 방법으로 'if~then~' 추론 모델**을 사용한다. 즉, if문에 해당하는 패턴이 들어오면 then 이하에 기술된 규칙을 수행한다.

---

* 스노트 룰
　TCP Dump를 기반으로 하는 '스노트 룰'은 IDS에 기본으로 탑재되며 다양한 운영체제에서 실행 가능하다.
** if~then~ 추론 모델
　전문가 시스템은 인공지능의 초기(1970~80년대) 시절, 인공지능이 많은 기대와는 달리 성과가 미미하자, 의료·화학·광물 탐사 등의 특정분야에 'if~then~'이라는 추론 모델을 이용하여 최적의 해를 도출하기 위해 처음으로 도입되었다.

② **상태전이 모델**: 공격 패턴에 따라 시스템의 상태 변화를 상태 전이도로 표현하고, 실시간으로 발생하는 사건에 대해 시스템의 상태 변화를 추적하여 침입 상태로 전이하는지를 감시하는 방법이다.

③ **패턴 매칭**: 알려진 공격 패턴을 시나리오 형태로 DB에 저장한 후, 발생하는 사건들의 패턴을 DB의 시나리오와 비교하여 판단하는 방법이다.

2. 통계적 변형 탐지(비정상 침입탐지, Anomaly Detection)

Behavior 또는 Statistical Detection이라고도 하며 정상·평균적인 상태를 기준으로 급격한 변화가 생기거나 확률이 낮은 일이 발생하면 침입탐지로 인식한다. 오용 탐지방법보다 DB 관리가 용이하고 Zero-Day-Attack과 같은 알려지지 않은 공격도 탐지가 가능하며 시스템 운영상 문제점도 발견할 수 있다. 통계적 변형 탐지 방법에는 통계분석, 예측 가능한 패턴 생성 방법 및 신경망 모델 등이 있다.

(1) 통계분석 방법: 과거의 통계자료를 바탕으로 현재 프로세스의 행위를 관찰하여 프로파일을 작성한다. 작성된 프로파일을 통해 비정상 정도를 측정하여 침입을 탐지하는 방식으로, 비교적 정확한 탐지가 가능하다.

(2) 예측 가능한 패턴 생성 방법

① 이미 발생된 이벤트들을 바탕으로 다음 이벤트를 예측하여 침입을 탐지하는 방식이다. 룰에 따라 이벤트들이 순차적으로 발생했다고 가정하면 그 후에 발생할 수 있는 이벤트의 종류와 발생 확률을 예측할 수 있다.

② Time-based rule을 사용하여 각각의 이벤트에 시간을 부여할 수 있으며, 이벤트의 순서가 올바른 경우에도 시간의 간격에 따라 주어진 이벤트들이 정상적인지 아닌지를 탐지할 수 있다.

(3) 신경망 모델: 사용자의 행동이나 명령을 학습시켜 다음 행동이나 명령을 예측한다. 신경망은 통계적인 방법과 같이 자료의 특성에 의존할 필요가 없으며 노이즈가 많은 데이터도 잘 탐지할 수 있지만, 신경망의 토폴로지와 각각의 구성요소 사이에 주어지는 가중치를 여러 번 학습시킨 후에야 결정할 수 있다.

PART 05

4 침입탐지시스템의 위치 및 관리

침입탐지시스템은 방화벽처럼 네트워크 내부와 외부의 경계에 존재하는 것이 아니라 목적에 따라 여러 곳에 설치할 수 있다. 즉, 네트워크의 어느 부분에나 설치할 수 있다. 그림 〈NIDS 위치〉와 같은 네트워크 구성도에서 설치 위치에 따른 장단점을 살펴보고 어떤 구조가 효율적인지 알아본다.

〈 NIDS 위치 〉

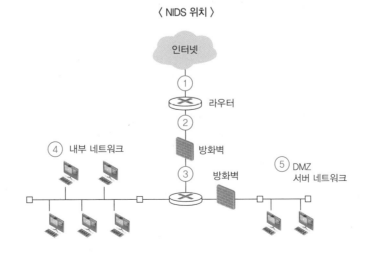

1. 설치 위치별 특징 비교

위치	특징
❶	모든 공격에 대한 탐지가 가능하다. 너무 많은 공격 탐지로 치명적 공격에는 대처가 곤란할 수 있다.
❷	라우터의 패킷 필터링을 거친 후 탐지한다. ❶의 경우보다 좀 더 적은 수의 공격 탐지로 강력한 의지가 있는 공격자 탐지가 가능하다.
❸	방화벽 뒤에서 탐지한다. 외부 침입에 대한 탐지와 내부에서 외부로 나가는 공격도 탐지가 가능하다. IDS가 한 대라면 이곳에 설치해야 한다.
❹	내부 클라이언트를 신뢰할 수 없을 때, 내부 네트워크 해킹을 감시할 때 설치한다. * FBI 통계자료에 따르면 해킹에 의한 손실 중 75%가 내부 공격자에 의해 발생한다.
❺	DMZ 내에 설치하는 것으로, 고도의 능력을 가진 공격자에 의해 데이터 손실이나 서비스 중단을 방지하기 위해 설치한다. 이를 위해 별도의 IDS를 설치한다.

2. 설치 우선순위

침입차단시스템의 설치 우선순위는 ❸ → ❺ → ❹ → ❷ → ❶이며 네트워크의 설치목적에 따라 중간에 NIDS를 선택적으로 설치할 수 있다. HIDS의 경우는 특별한 위치는 없으며, 보통 중요한 시스템에 설치한다.

3. 침입탐지 시스템 관리

설치한 IDS를 모두 개별적으로 관리하지는 않는다. 정책에 따라 시스템을 통합하여 관리하거나 부분적으로 분할하여 운영한다. 중앙 집중화된 관리가 어려울 경우, 외부 시스템에 관리를 위임할 수도 있다.

(1) 중앙 집중화에 의한 IDS 관리

① 주로 네트워크에 설치된 모든 로그와 데이터가 DMZ 내에 위치한 관리시스템으로 통합된다. 관리시스템은 보통 DMZ에 위치하며 각 IDS와는 별도의 선으로 통신한다.

② 중앙 집중화된 IDS 관리 방식은 보안이 아주 중요하며, 보안팀을 별도로 운영하는 네트워크에 적합하다.

(2) 외부 시스템에 IDS 위임 관리: 설비 및 전문 인력의 부재로 IDS를 설치한 곳에서 중앙 집중화된 관리가 어려울 경우 외부 침입 탐지 전문가에게 위임하는 형태를 취하는데, 보안관제 서비스가 대표적인 케이스이다.

침입방지시스템은 침입차단시스템(IDS)에 방화벽의 차단 기능을 부가한 시스템으로, 인터넷 웜, 멀웨어, 해킹 등 외부로부터의 침입을 방지하고 유해 트래픽을 차단하며 네트워크와 호스트를 보호하는 차세대 능동형 보안 솔루션이다.

〈 IPS의 동작원리 〉

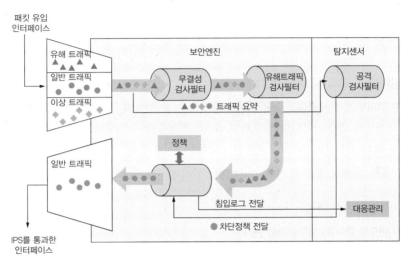

1 IPS 필요성

1. 방화벽은 대부분 IP나 포트 차단을 통해 네트워크 공격을 차단할 수 있지만 응용 프로그램 수준의 공격과 새로운 패턴의 공격에 대한 적응력이 부족하여 실시간 대응이 어려우며, 침입탐지시스템은 실시간 탐지는 가능하나 그에 대한 대응책을 제시해 주지는 못하고 있다.

2. 이러한 한계점은 예전에는 큰 문제가 되지 않았지만 지금은 Zero-Day 공격 등으로 취약점이 발표된 후 몇 시간만에 이를 이용하는 웜·바이러스 등이 출현하면서 기존의 방화벽이나 IDS만으로 방어할 수가 없게 되었다.

3. 따라서 이에 대한 해결책으로 실시간 탐지 및 대응이 가능한 보안 솔루션이 필요하게 되었다.

2 IPS 기능 및 주요 특징

1. IDS의 기능을 갖춘 IPS 모듈이 패킷 하나하나를 검사해 그 패턴을 분석한 후, 정상적인 패킷이 아닌 경우 방화벽 기능을 갖춘 모듈로 하여금 해당 트래픽을 차단하게 하는 것이 IPS의 기본 원리이다.

2. 일반적으로 방화벽 다음에 설치하며 네트워크의 변형이 불필요하기 때문에 다른 보안 솔루션보다 설치하기 간편하다. 최근에는 방화벽 없이 IPS만 설치*하기도 한다.

3. IPS는 단순한 네트워크단에서 탐지를 제공할 수 없는 각종 서버를 위해 알려지지 않은 공격까지도 방어할 수 있는 실시간 침입방지시스템으로, OS 차원에서 실시간 방어와 탐지 기능을 제공하고 있다.

04 터널링과 VPN

1 가상사설망(VPN; Virtual Private Network)

가상사설망은 인터넷에서 구축되는 논리적인 전용망으로 둘 이상의 사설 네트워크를 안전하게 연결하기 위하여 가상의 터널을 만들고(터널링) 암호화된 데이터를 전송할 수 있도록 구성된 네트워크이다. 즉, 공중망을 경유하여 데이터가 전송되더라도 외부인으로부터 안전하게 보호되도록 주소 및 라우터 체계의 비공개, 데이터 암호화, 사용자 인증 및 사용자 접근제어 등의 기능을 제공한다.

1. 가상사설망(VPN)의 등장 배경

(1) 인터넷을 기반으로 한 기업 업무환경의 변화

① 소규모 지역에서 문서만을 전달하던 업무처리가 본사와 다수의 지사 관계, 또한 지사는 국내 지사와 국외 지사로 확장되었으며 이들을 하나로 묶기 위한 전용선 구축의 필요성이 제기되었다.

② 이러한 전용선을 구축하는 방법으로 기존 개념으로 전용선을 구축하는 것은 많은 소요시간과 경제적 부담, 전용선이 구성되었다 하더라도 네트워크 운영에 필요한 새로운 기술 도입 등 기업의 입장에서는 상당한 부담이 될 수 있다.

(2) 보안서비스를 제공하지 않는 공중 네트워크: 인터넷의 TCP 프로토콜은 신뢰성을 보장할 뿐으로 공중 네트워크를 통해 기업 내 비밀문서 등 중요 문서의 전달은 안전성을 보장할 수 없다. 이와 같은 이유로 공중망을 통해 저 비용의 안전한 데이터 전송방식의 필요성이 제기되었으며, 그 결과 VPN이 탄생하게 되었다.

2. VPN 구현 기술

(1) 터널링: 인터넷을 private하고 안전하게 사용하는 기술로, 캡슐화와 유사한 개념이다. 캡슐화는 라우터를 지날 때마다 패킷 프레임이 $1 \to 2 \to 3 \to 2 \to 1$계층으로 캡슐화가 풀어지고 다시 캡슐화되는 과정을 반복하지만, 터널링은 이러한 과정 없이 그대로 통과시키는 기술이다.

① 즉, VPN 내의 두 호스트 간에 가상 경로를 설정해 주어 사용자에게 투명한 통신서비스를 제공한다.

② 인터넷과 같이 안전하지 못한 네트워크 환경에서 전용선과 같은 강력한 보안기능을 제공한다.

---

* IPS 설치

최근에는 높은 성능을 내기 위해 HW로 구현된 ASIC 형태(어플라이선스라고 부름)의 IPS도 출현하고 있어 방화벽 성능이 상대적으로 부족할 경우 IPS를 방화벽 앞단에 설치할 수도 있다.

(2) 암호화 및 인증

　① 네트워크를 통해 전달되는 IP 패킷은 스푸핑, 세션 하이재킹, 도청 및 스니핑을 통해 정보가 유출될 수 있는데 정보의 기밀성을 제공하기 위해 VPN에서는 대칭키 암호(DES, RC5, SEED, AES 등)를 사용한다.

　② 전송 데이터의 암호화에 사용되는 세션키(암호화 키)는 RSA 및 ElGamal과 같은 공개키 암호의 키 교환방식을 통해 공유한다.

　③ 메시지 인증은 MAC 또는 해시함수를 이용하여 수행되며, 사용자 인증은 VPN 접속 요구시 요구 주체(사용자 또는 시스템)의 신원을 확인하는 프로세스인데 보안서버로부터 인증을 받아야 접속이 허가된다.

3. VPN의 분류

(1) 인트라넷(Intranet) VPN: 인트라넷 VPN은 가장 단순한 형태의 VPN으로서 기업 내부의 부서를 LAN을 통해 연결하고, 넓게는 지사까지 연결한다. 가장 단순한 형태의 VPN이다.

〈 인트라넷 VPN의 구성(예) 〉

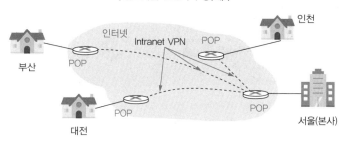

(2) 엑스트라넷(Extranet) VPN: 두 번째 형태는 확장된 의미의 VPN으로서 인트라넷의 확장된 형태인 엑스트라넷 VPN이다. 이 형태에서도 그림 〈엑스트라넷 VPN의 구축(예)〉에서 보는 바와 같이 자사의 직원뿐만 아니라 고객사, 협력업체까지 하나의 망으로 구성하는 형태이다.

〈 엑스트라넷 VPN의 구축(예) 〉

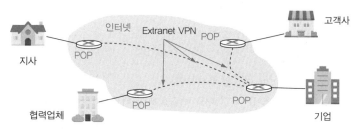

(3) 원격 액세스(Remote Access) VPN: 세 번째 형태는 그림 〈원격 액세스 VPN(예)〉에서 보는 바와 같은 원격 액세스 VPN으로서 원격지 간 이동 사용자의 연결을 지원하는 경우에 해당된다.

① 재택근무자나 원격근무자는 저속의 모뎀이나 무선 등으로 PSTN, ISDN, xDSL* 등을 통해 ISP의 NAS(Network Access Service)에 접속한다.

② NAS는 사용자 접속 인증 절차와 터널링에 관련한 기능을 수행한다. 또한 NAS에는 VPN 기능을 위한 기능이 추가되어야 한다. 이 형태에서는 회선의 신뢰성과 QoS(Quality of Service)기 중요한 요소가 된다. 상대적으로 구축 비용은 적게 소요되나 일정하지 않은 위치에서 접속해 오기 때문에 인증 및 정보의 보안이 중요한 문제로 작용한다.

〈 원격 액세스 VPN(예) 〉

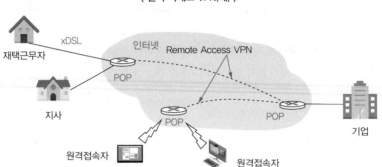

4. VPN의 구성

(1) 터널링: 송신자와 수신자 사이의 전송로에 외부로부터의 침입을 막기 위해 일종의 파이프를 구성하는 것으로, 이러한 파이프는 터널링을 지원하는 프로토콜에 의해 구현된다.

① 터널링되는 데이터를 페이로드라고 부르며, 터널링 구간에서 페이로드는 그저 전송되는 데이터로 취급하여 그 내용은 변경되지 않는다.

② 터널링을 지원하는 프로토콜은 계층별로 상이하다. 2계층의 터널링 지원 프로토콜로는 PPTP, L2TP, L2F가 있으며, 3계층에서는 IPsec이 사용된다. 2/3계층 모두를 지원하는 프로토콜로는 MPLS가 있다.

(2) 계층별 터널링 프로토콜

① 데이터 링크 계층(2계층)

㉠ PPTP(Point-to-Point 터널링 프로토콜)

- PPTP는 PPP 패킷을 IP 패킷 내로 캡슐화하여 터널링하는 프로토콜이다. Microsoft(MS)사 주도로 개발된 PPTP는 과거 대부분의 MS 판매 SW에 기본 탑재되어 있었으나 지금은 IPsec으로 대체되었다.

- 터널링 과정은 먼저 두 단말 간에 PPP 연결이 이루어진 상태에서 TCP에 의해 제어용 세션(포트 1723)이 만들어지고, 이후 데이터들이 PPP에 의해 IP 캡슐화되어 전송된다(제어 및 데이터는 각각 TCP, IP에 실림).

---

* xDSL

전화선이나 TP선 기반의 가입자망으로 고속의 데이터통신을 위해 개발된 기술이다. HDSL, ADSL, VDSL 등이 있는데, 이들은 고속화된 변조기법을 이용한다. xDSL은 이 모든 DSL 기술을 총칭한 말이다. xDSL에서는 전체 전송 대역폭 중 음성신호를 전송하기 위한 영역과 데이터 전송을 위한 영역을 구분하여, 음성과 데이터를 동시에 사용할 수도 있도록 해준다. 이때 Splitter를 통해 음성과 데이터를 구분하여 전송하게 된다.

- 모바일 사용자가 서버에 접속하기 용이한 서버-클라이언트 구조를 사용하며, PPP 연결을 확장하고 보호한다.
- PPTP의 보안 취약요인으로 자체 제작한 암호(MPPE-128)와 인증 프로토콜(MS-CHAP_v1/v2)을 사용하고 있어 안전성을 보증할 수 없다. 따라서 보안이 중요한 경우, PPTP 사용은 권장되지 않는다.

  ※ CHAP: Challenge Handshake Authentication Protocol

ⓛ L2F(Layer 2 포워딩 프로토콜)

- 시스코(Cisco Systems)社가 제안한 프로토콜로서 NAS 측에서 터널링과 인증을 모두 책임지는 NAS 개시(initiated) VPN이다. 따라서 클라이언트는 접속을 위해 별도의 소프트웨어를 설치할 필요가 없다.

더 알아보기

NAS(Network Attached Storage)
네트워크 결합 스토리지로 쉽게 말하면 LAN으로 연결하는 하드디스크이다. 즉, 컴퓨터에 직접 연결하지 않고 네트워크를 통해 데이터를 주고받는 저장장치이다. 클라우드 서비스와 유사하나, 개인이 용도에 따라 맞춤형으로 구축할 수 있다.

- 하부구조로 IP, ATM, 프레임 릴레이를 지원하며 전송계층 프로토콜로 TCP가 아닌 UDP를 사용한다.
- ISP의 NAS에서 목적지 게이트웨이까지 터널링을 하며, 대규모 네트워크에 적합하다.
- PPTP가 하나의 터널에 하나의 연결만 지원하는 반면에, L2F는 하나의 터널에 여러 개의 연결을 지원하여 다자간 통신이 가능하다.
- 전송계층 프로토콜로 UDP(User Datagram Protocol)를 사용한다.

ⓒ L2TP(Layer 2 터널링 프로토콜): L2TP는 PPTP와 시스코社의 L2F 프로토콜을 통합해 만든 프로토콜로, IETF의 산업표준으로 제정되어 있다.

② 네트워크 계층(3계층)

㉠ IPsec(Internet Protocol Security): 인터넷상에서 IP 패킷을 안전하게 전송하는 표준화된 3계층 터널링 프로토콜이다. 네트워크 계층의 보안을 위해 IETF에 의해 제안되었으며 VPN 구현에 널리 쓰이고 있다.

㉡ AH(Authentication Header)와 ESP(Encapsulation Security Payload) 프로토콜을 통해 데이터 무결성, 송신자 인증 및 기밀성을 제공한다.

- AH 프로토콜: 출발지 인증과 데이터 무결성을 제공하지만 기밀성은 제공하지 않는다.
- ESP 프로토콜: 출발지 인증, 데이터 무결성 및 기밀성을 제공한다. 기밀성이 종종 VPN이나 다른 IPsec 응용들에 필수적이므로 ESP 프로토콜이 AH 프로토콜보다 훨씬 널리 사용된다.

〈 AH와 ESP 프로토콜의 패킷 형태 〉

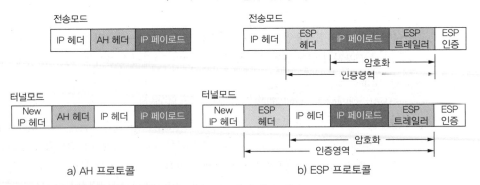

a) AH 프로토콜　　　　　　　　　　　　　b) ESP 프로토콜

ⓒ IPsec은 전송모드 및 터널모드의 2가지 형태로 운영이 가능하다.

- 전송모드: IP 패킷 전체가 아닌 페이로드만을 보호하며 IP 헤더로 캡슐화하여 전송한다.
- 터널모드: IP 패킷 전체를 암호화(ESP 모드)하여 전송한다.

〈 IPsec의 전송모드 및 터널모드 〉

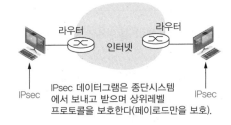

IPsec 데이터그램은 종단시스템에서 보내고 받으며 상위레벨 프로토콜을 보호한다(페이로드만을 보호).

a) 전송모드

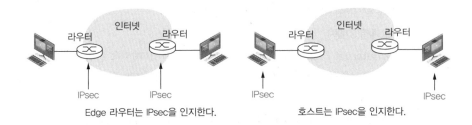

Edge 라우터는 IPsec을 인지한다.　　　호스트는 IPsec을 인지한다.

b) 터널모드

③ 응용계층(5계층)과 전송계층(4계층) 사이

　ⓐ SSL(Secure Socket Layer) VPN: 일반 사용자가 쉽게 사용할 수 있는 보안 프로토콜로 TCP 프로토콜에 시큐리티 기능을 제공한다.

　ⓑ 주요 특징

- IPsec VPN에 비해 설치 및 관리가 편리하고 비용 절감도 가능하다.
- 클라이언트와 서버 사이의 완전한 통신 채널 관리를 담당한다.
- 데이터의 암호화와 인증 과정을 통해 보안을 강화한 상태에서 TCP 프로토콜과 결합하므로써 송수신 과정의 데이터 신뢰성 및 안전성을 보장한다.
- PKI의 공개키 암호를 이용하여 웹 사이트의 안전한 데이터 통신을 가능하게 한다.

(3) 인증

① 데이터 인증: 주로 MD5, SHA-1, SHA-2, SHA-3 등과 같은 해시 알고리즘을 이용하고 있다.

② 사용자 인증: Peer-Peer 모델과 서버-클라이언트 모델의 두 가지로 나뉜다. Peer-Peer 모델에서는 패스워드에 기반한 PAP과 챌린지 방식의 CHAP 방식이 사용되며, 서버-클라이언트 모델에서는 RADIUS 서버(Chapter 03의 무선랜 인증기술 참조)를 이용하는 방식과 TACACS(Terminal Access Controller Access Control System) 방식이 이용된다.

  ㉠ PAP(Password Authentication Protocol, 패스워드 인증 프로토콜): PPP 연결시 사용하는 인증 프로토콜로, 연결을 원하는 사용자 계정과 패스워드를 목적지 호스트로 보내면 목적지 호스트는 이를 인증하여 연결을 허용하는 2-way 핸드셰이크로 구성된다.

  ㉡ CHAP(Challenge-핸드셰이크 인증 프로토콜): PAP 인증과정의 보안 강화를 위해 3-way 핸드셰이크를 통해 사용자의 ID를 확인한다. 즉, LCP(Link Control Protocol)가 완료되면 Authenticator는 Peer에게 Challenge 메시지를 보내고 이에 대한 Client의 응답 내용을 검증하여 인증 여부를 결정한다.

  ㉢ TACACS: 인증에 필요한 사용자 ID, 암호, PIN 번호 및 암호키 정보를 인증 서버에 데이터베이스 형태로 관리하며, 클라이언트로부터 인증 요청 시 DB 정보와 비교하여 인증 여부를 판단한다.

2 IPsec(IP Security) 프로토콜

1. 개요

(1) 기본 개념

① 일반적으로 IPv4는 패킷을 보호하기 위한 시큐리티 필드가 없다. 그래서 누군가 스니핑(도청)을 한다면 헤더는 물론 내부 데이터도 쉽게 확인할 수 있는 위험이 있다. 이러한 문제를 보완하기 위해 IPsec 프로토콜을 이용해 패킷을 암호화하고 인증을 실시하여 데이터의 기밀성과 무결성을 보장할 수 있다.

② IPsec은 네트워크 계층의 보안 프로토콜로서, 호스트와 호스트 간, 호스트와 보안 게이트 간, 보안 게이트와 보안 게이트 간의 경로를 보호하기 위한 프로토콜이다.

③ IPsec은 네트워크 계층의 보안을 위하여 AH 프로토콜과 ESP 프로토콜을 사용하여 보안 연계 서비스를 제공하며, 네트워크 계층 보호를 위해 널리 사용되고 있는 표준이다.

④ IPsec 보안영역은 인증, 기밀성 그리고 키 관리이다.

(2) IPsec의 보안서비스

① 접근제어(Access control): 보안정책(Security Policy)을 통한 송수신 패킷에 대한 허용, 폐기, 보호 등이 있다.

② 비 연결형 무결성(Connectionless integrity): 메시지 인증코드(MAC)를 통해 각 IP 패킷별로 순서에 상관없이 메시지가 위·변조되지 않음을 보장해준다.

③ 데이터 발신지 인증(Data origin authentication): MAC 정보를 통해 수신한 IP 패킷이 올바른 발신지로부터 온 것임을 보장해준다.

④ 재전송의 방지(Anti-Replay): 송신측에서 IP 패킷별로 순서번호(sequence number)를 전송하고 보안 연관(SA; Security Association)에 순서번호를 유지하고 이를 검증함으로써 재전송 공격(Replay Attack) 방지 서비스를 제공한다.

⑤ 기밀성(Confidentiality, 암호화): ESP 프로토콜에 의해 암호화를 지원한다. AH 프로토콜은 암호화를 지원하지 않는다.

⑥ 제한된 트래픽 흐름의 기밀성(Limited traffic flow confidantiality): ESP/터널모드의 경우 New IP 헤더를 통해 원본 IP 헤더는 암호화되어 있기 때문에 터널/보안 게이트와 종단 노드 구간의 트래픽 흐름의 기밀성은 보장된다.

〈 AH와 ESP 보안서비스 비교 〉

내용	AH	ESP
접근제어	○	○
비 연결형 무결성	○	○
데이터 발신지 인증	○	○
재전송 방지	○(선택)	○(선택)
비밀성(기밀성)	-	○
제한적 트래픽 흐름의 비밀성(기밀성)	-	○

> **더 알아보기**
>
> **IPsec의 보안 연관(SA; Security Association)이란?**
>
> • IPsec 프로토콜은 IPsec 데이터그램을 전송하기 전에 출발지 개체와 목적지 개체 간 네트워크 계층에서 논리적 연결을 설립한다. 이 논리적 연결을 보안 연관(SA; Security Association)이라고 한다.
> • SA는 단방향 연결이어서 출발지로부터 목적지 방향으로만 데이터가 흐를 수 있다. 두 개체가 서로에게 안전한 데이터그램을 전송하기 위해서는 두 개의 SA(두 개의 논리적 연결)가 양방향으로 하나씩 설립되어야 한다. 본부와 n개의 지사 간에 양방향 IPsec 통신을 하기 위해서는 $2n$개의 SA가 필요하다.
> • IPsec 개체는 모든 SA에 대한 상세정보를 그 개체의 OS 커널에 있는 SAD(Security Association Database)라는 데이터 구조에 저장한다.

2. AH(Authentication Header, 인증헤더) 프로토콜

(1) AH 보안서비스

① 무결성을 보장하기 위한 프로토콜이며, IP 패킷이 전송 중에 변조되지 않았음을 보장하는 서비스를 제공한다(무결성, 인증, 재전송 공격에 대한 보호).

② AH는 메시지 인증을 제공하는 확장헤더이다. AH는 기존 시스템과의 호환성 때문에 IPsec(버전 3)에 포함되어 있지만 ESP 모드가 인증 및 암호화 기능을 제공하고 있기 때문에 AH의 사용은 권고되지 않는다.

(2) AH 데이터 형식

〈 AH 프로토콜 헤더 포맷 〉

← -------- 32bits -------- →		
Next 헤더	페이로드 길이	예약
보안 파라미터 인덱스(SPI; Security Parameter Index)		
순서번호(Sequence Number)		
인증데이터(다이제스트, 가변길이)		

① Next 헤더: AH 헤더 다음에 오는 페이로드의 유형을 나타낸다[ICMP, TCP, UDP, OSPF(최단 경로 라우팅 프로토콜) 등].

② 페이로드 길이: AH 헤더의 길이를 나타낸다.

③ 보안 파라미터 인덱스(SPI): 데이터그램의 SA(Security Association)를 식별하기 위한 식별자이다.

④ 순서번호(Sequence Number): 동일한 SPI를 이용하여 보내진 패킷의 일련번호를 나타낸다.

⑤ 인증데이터(Authentication Data): IP패킷에 대한 무결성을 조사하기 위한 ICV(Integrity Check Value)가 저장된다. 이 필드의 크기는 IPv4에서는 32비트, IPv6에서는 64비트가 사용된다.

(3) 운영모드

① 전송모드(transport mode)

  ㉠ 단지 호스트와 호스트 간의 메시지 무결성을 제공하는 방법으로, 상위 계층의 데이터(TCP 및 응용계층의 데이터)에 대하여 인증데이터를 생성한다.

  ㉡ 메시지의 무결성을 입증하기 위해 단지 IP 데이터그램이 가지고 있는 메시지만으로 MAC 알고리즘을 이용하여 AH를 생성한다. 생성된 AH는 IP 헤더와 상위 계층의 데이터 사이에 위치한다.

〈 전송모드에서의 인증데이터 삽입방법(IPv4) 〉

② 터널모드(tunnel mode)

  ㉠ 호스트와 호스트, 라우터와 라우터, 호스트와 라우터 간의 전송 경로를 보호하는 모드로서, 네트워크 계층의 헤더를 포함한 모든 데이터에 대하여 인증 데이터를 생성한다.

  ㉡ 새로 생성된 IP 헤더에는 보안 구간을 통하여 전달되는 목적지의 호스트 또는 보안 게이트웨이의 주소가 삽입된다.

〈 터널모드에서의 인증데이터 삽입방법(IPv4) 〉

3. ESP(Encapsulating Security Payload) 프로토콜

(1) ESP 보안서비스

① IP ESP(보안 페이로드 캡슐화) 프로토콜은 IP 데이터그램에 암호화 기능을 부가한 것으로 인증과 암호화를 선택적으로 적용할 수 있다.

② 기본적인 보안서비스로는 1) 기밀성, 2) 재전송 공격 방지 서비스, 3) 제한된 트래픽 흐름의 기밀성을 제공한다.

③ 인증서비스를 사용하는 경우에는 1) 전달된 메시지가 중도에 위/변조되지 않았음을 증명하는 무결성과 2) 전달된 메시지가 발신지로부터 온 메시지임을 증명하는 인증서비스를 제공한다.

(2) ESP 헤더 데이터 형식

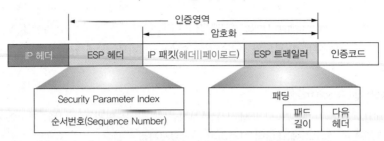

〈 ESP 프로토콜 헤더 포맷 〉

① 보안 매개변수 인덱스(SPI; Security Parameter Index): 해당 데이터그램에 적용되는 보안 연관(SA) 식별자를 의미한다.
② 순서번호(Sequence Number): 32비트로 구성된 순차적으로 증가하는 카운터 값으로 재전송 공격을 방지하기 위해 사용된다. 보안 연계 프로토콜에 의한 프로토콜 설정단계에서 초기치 0으로 설정된다.
③ IP 패킷: 가변길이 데이터로서 기밀성을 위해 암호화되어 저장된다.
④ 패딩: 32비트 단위의 경계를 맞추기 위해 덧붙이는 데이터를 말한다.
⑤ 다음 헤더(Next Header): 8비트로 구성되며, 다음 확장 헤더에 대한 주소를 의미한다.
⑥ 인증코드(Authentication Code): 인증 알고리즘을 통하여 생성된 무결성 체크코드(ICV; Integrity Check Value)로서, 32비트의 배수로 구성된다.

(3) 암호데이터 생성 방법

① 전송모드
   ㉠ IPv4의 전송모드에서는 TCP와 애플리케이션 계층의 데이터에 ESP 트레일러 부분을 삽입한 후, 이를 암호화하고 ESP 헤더를 첨부한다.
   ㉡ ESP 헤더에서 ESP 트레일러까지의 모든 부분에 대해 인증 알고리즘을 이용하여 인증 데이터를 생성한 후 마지막에 ESP Auth 필드에 저장하여 ESP 패킷을 생성한다.

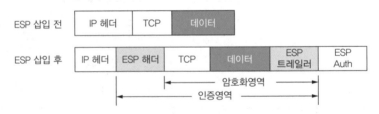

〈 전송모드에서의 ESP 데이터 삽입방법(IPv4) 〉

② 터널모드(tunnel mode)
   ㉠ 호스트와 호스트, 라우터와 라우터, 호스트와 라우터 간의 전송경로를 보호하는 모드로서, 네트워크 계층의 헤더를 포함한 모든 데이터에 대하여 암호화 데이터 및 인증 데이터를 생성한다.
   ㉡ IPv4의 터널모드에서는 원래의 IP 데이터그램 전체에 ESP 트레일러 부분을 삽입한 후, 이를 암호화하고 ESP 헤더를 첨부한다. ESP 헤더에서 ESP 트레일러까지의 모든 부분에 대해 인증 데이터를 생성한 후 마지막에 ESP Auth 필드에 저장하여 ESP 패킷을 생성한다.

〈 터널모드에서의 ESP 데이터 삽입방법(IPv4) 〉

ESP 삽입 전	IP 헤더	TCP	데이터			
ESP 삽입 후	New IP 헤더	ESP 헤더	오리지널 IP 헤더	데이터	ESP 트레일러	ESP Auth

4. IPsec을 이용한 VPN 통신(예)

〈 R1에서 R2로의 보안 연관(SA; Security Association) 〉

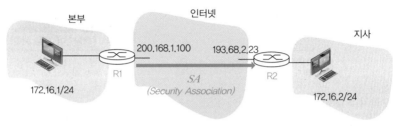

호스트는 일반적인 IP패킷 전송
(IPsec은 미 구현)

(1) 개요(상황)

① 본부와 지사의 호스트가 인터넷에 접속하기 위해서는 제일 먼저 게이트웨이 라우터인 R1과 R2를 경유해야만 한다.

② 본부 및 지사의 호스트에는 IPsec 기능이 구현되어 있지 않아 IPsec 통신은 R1과 R2 사이에 이루어지며, 이들 간에는 ESP 프로토콜의 터널모드로 시큐리티 통신이 이루어진다고 가정한다.

③ 본부에서 지사로 VPN을 활용하여 데이터를 전송하려면 먼저 본부 → 지사 방향의 SA가 본사 라우터 R1과 지사 라우터 R2에 각각 사전 설치되어 있어야 한다. SA는 단방향이어서 지사 → 본부로 데이터를 전송하려면 또 하나의 SA가 필요하다.

(2) 라우터 R1에 저장되는 SA의 상태 정보는 다음과 같다.

① SA 식별자: SPI(32비트)

② SA 시작점의 인터페이스(200.168.1.100)와 최종점의 인터페이스(193.68.2.23)

③ 사용 암호(e.g., TDES with CBC)

④ 암호화 키

⑤ 무결성 검사 프로그램(e.g., HMAC with MD5)

⑥ 인증용 키

(3) 전송과정

[1단계] 본사의 오리지널 패킷이 R1에 도착하면 R1은 R2로 보낼 IPsec 데이터그램 생성을 시작한다. 데이터그램 헤더에는 목적지/발신지 주소가 SA의 최종점/시작점의 인터페이스 주소(193.68.2.3/200.168.1.100)로 기록된다.

[2단계] 오리지널 패킷은 SA의 암호화 키를 사용, TDES CBC모드로 암호화되고 ESP 헤더가 붙여져 IPsec 데이터그램으로 변환되어 R2로 보내진다.

[3단계] IPsec 데이터그램이 R2에 도착하면 SA의 인덱스(SPI) 일련번호로부터 암호화 키를 알아낸다.

이를 이용하여 오리지널 패킷을 복호화하고, ESP Auth의 MAC 정보로부터 오리지널 패킷의 변조 여부를 확인한다.

[4단계] 무결성 검사 및 출발지 인증을 거친 후 이상이 없으면 오리지널 패킷에 기록되어 있는 원래의 IP를 확인하고 이를 목적지이 지사의 호스트로 보낸다.

(4) IPsec 데이터그램(ESP 패킷, 터널모드)

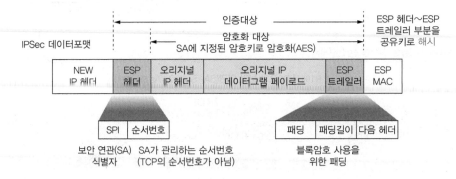

[1단계] 오리지널 IPv4 데이터그램의 뒤에 'ESP 트레일러'를 덧붙인다.

[2단계] SA에 지정된 알고리즘과 암호화 키를 이용하여 위의 결과를 암호화한다.

[3단계] 암호화된 결과의 앞에 'ESP 헤더' 필드를 덧붙인다.

[4단계] SA가 지정한 알고리즘과 키를 이용하여 'ESP 헤더~ESP 트레일러' 부분에 대한 '인증 MAC'을 생성한다.

[5단계] 인증 MAC을 ESP 트레일러 뒤에 붙여 페이로드를 만든다.

[6단계] 'ESP 헤더~ESP MAC'을 대상으로 완전히 다른 '새로운 IP 헤더'를 만들어 위의 페이로드 앞에 붙인다.

(5) IPsec 데이터그램의 IPv4 패킷 헤더: 앞의 예(4. IPsec을 이용한 VPN 통신)에서 '새로운 IP 헤더'의 소스 IP와 목적지 IP 필드에는 라우터 R1/R2 주소가 들어가며, '상위 계층 프로토콜(upper layer)' 필드에는 IPsec을 나타내는 50번이 들어간다. 상위 계층 프로토콜의 의미는 수신 패킷의 상위 계층을 의미한다.

〈 IPsec의 새로운 IP 헤더 내용 〉

버전	헤더 길이	서비스 타입	데이터그램 길이 (바이트)		
인식자 (16비트, identifier)			플래그	단편화 오프셋 (fragment offset)	
time to live	상위계층 프로토콜	헤더 체크섬			
출발지 IP주소(32비트)					
목적지 IP주소(32비트)					
옵션 (0 to 40bytes)					
데이터 (가변길이, 일반적으로 TCP 또는 UDP 세그먼트가 들어감)					

버전	헤더 길이	서비스 타입	데이터그램 길이 (바이트)		
인식자 (16비트, identifier)			플래그	단편화 오프셋 (fragment offset)	
time to live	50	헤더 체크섬			
200.168.1.100					
193.68.2.23					
옵션 (0 to 40bytes)					
데이터 (가변길이, 일반적으로 TCP 또는 UDP 세그먼트가 들어감)					

5. 인터넷 키 교환

(1) IKE(Internet Key Exchange)의 개요

① 인터넷 키 교환 프로토콜로 ISAKMP 프로토콜과 IKE 프로토콜이 있다.

　㉠ ISAKMP: 두 키 교환개체 간의 SA를 생성, 수정 및 삭제하기 위한 절차 및 패킷 구조를 정의하는 범용 프로토콜이다.

　㉡ IKE: IPSec의 SA를 생성, 수정 및 삭제하기 위한 절차 및 패킷 구조를 정의한 프로토콜이다.

② 역사적으로 IKE 표준은 오클리(Oakley) 키 결정 프로토콜과 SKEME(Secure Key Exchange MEchanism for internet)의 영향을 받아서 부분적으로 수용하고 있다. 이런 이유로 초창기에 IKE 프로토콜은 ISAKMP/오클리(Oakley) 프로토콜로 불렸다.

　㉠ Oakley: 디피–헬만 키 교환 방법의 장점을 유지하며 취약성을 개선한 키 생성 프로토콜이다.

　　※ 디피–헬만 방식의 취약성: 송 · 수신자의 신분정보를 제공하지 않으며, 중간자 공격을 받기 쉽다.

　㉡ SKEME: 또 다른 키 교환 프로토콜로 개체 인증을 위해 공개키 암호화를 사용한다.

　㉢ 인터넷 보안 연계 키 관리프로토콜인 ISAKMP(Internet Security Association and Key Management Protocol)는 IKE에서 정의된 교환을 실제로 실행하도록 설계된 프로토콜로, 미 국가 보안국(NSA)이 만들었다.

③ 요약하면 IKE는 오클리 및 SKEME 키 교환기술을 ISAKMP 프레임워크 내에서 구현한 합성 프로토콜로 내 · 외부의 보안 연계를 설정하기 위해 설계된 프로토콜이다.

〈 IKE(Internet Key Exchange)의 구성요소 〉

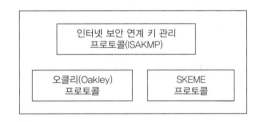

(2) IPsec과 IKE 프로토콜

: VPN이 수백/천 개의 IPsec 라우터와 호스트로 이루어진 큰 VPN에서는 SA를 생성하는 자동화된 방법이 필요하다. IPsec의 SA 세션키를 생성하기 위해 IKE 프로토콜은 다음과 같은 두 단계를 거친다(RFC 5996에 명세).

① 첫 번째는 메시지를 교환하는 단계로 Diffie–Hellman 알고리즘을 이용하여 IKE SA의 암호화와 인증을 위한 키가 설립된다.

② 두 번째 단계에서는 양측이 각 방향으로 하나씩 SA를 설립한다. 이 단계에서는 IPsec SA 키들을 만들기 위한 주 비밀키가 만들어지며, 이를 이용하여 두 개의 SA에 대한 암호화 및 인증 세션키가 양측 SA에 각각 생성된다.

01 IPsec의 ESP(Encapsulating Security Payload)에 대한 설명으로 옳지 않은 것은?

① 인증 기능을 포함한다.

② ESP는 암호화를 통해 기밀성을 제공한다.

③ 전송 모드의 ESP는 IP 헤더를 보호하지 않으며, 전송계층으로부터 전달된 정보만을 보호한다.

④ 터널 모드의 ESP는 Authentication Data를 생성하기 위해 해시 함수와 공개키를 사용한다.

02 IPSec에 대한 설명으로 옳지 않은 것은?

① 전송(transport) 모드에서는 전송 계층에서 온 데이터만을 보호하고 IP 헤더는 보호하지 않는다.

② 인증 헤더(Authentication Header) 프로토콜은 발신지 호스트를 인증하고 IP 패킷으로 전달되는 페이로드의 무결성을 보장하기 위해 설계되었다.

③ 보안상 안전한 채널을 만들기 위한 보안 연관(Security Association)은 양방향으로 통신하는 호스트 쌍에 하나만 존재한다.

④ 일반적으로 호스트는 보안 연관 매개변수들을 보안 연관 데이터베이스에 저장하여 사용한다.

03 방화벽(Firewall)에 대한 다음 설명 중 옳지 않은 것은 모두 몇 개인가?

> 보기

가. 패킷 필터링(Packet Filtering) 방화벽은 패킷을 조사하여 허용 여부를 결정하면 되므로 동작 방식이 간단하여 구현하기 쉽다.

나. 스테이트풀 패킷 검사(Stateful Packet Inspection) 방화벽은 종단-대-종단 TCP 연결을 허용하지 않고, 두 개의 TCP 연결을 설정한다.

다. 회로 레벨 프록시(Circuit Level Proxy) 방화벽은 TCP 순서번호를 추적하므로 순서번호를 이용한 세션 하이재킹과 같은 공격을 막을 수 있다.

라. 애플리케이션 게이트웨이(Application Gateway) 방화벽은 프록시 서버를 통해 외부 네트워크와의 직접적인 연결을 피할 수 있다.

① 1개   ② 2개

③ 3개   ④ 4개

04 침입탐지시스템(IDS)에 대한 설명으로 가장 옳은 것은 무엇인가?

① 침입 경로를 찾을 수 있도록 탐지대상으로부터 생성되는 로그를 제공한다.

② Host-IDS는 운영체제에 독립적이다.

③ 오용 침입탐지 기법은 오탐률(False Positive)이 높다.

④ '침입분석 및 탐지 → 데이터 수집 → 데이터 가공 및 축약 → 보고 및 대응'의 단계로 실행된다.

05 가상사설망(VPN)에 대한 설명으로 가장 옳지 않은 것은 무엇인가?

① 공중 네트워크를 이용하여 사설 네트워크와 같은 효과를 제공한다.

② VPN에 사용되는 터널링(Tunneling)은 터미널이 형성되는 양 호스트 사이에 전송되는 패킷을 추가 헤더값으로 인캡슐화하는 기술이다.

③ L2F(Layer2 Forwarding)는 PPTP(Point-to-Point Tunneling Protocol)와 L2TP(Layer2 Tunneling Protocol)를 결합한 방식이다.

④ VPN은 데이터 암호화, 접근제어 등의 보안 서비스를 제공한다.

01 정답 ④

④ 터널 모드의 ESP는 Authentication Data를 생성하기 위해 해시 함수와 대칭키를 사용한다. MAC을 생성하기 위해 해시함수와 대칭키가 필요하다. 즉, ESP 헤더~ESP 트레일러 부분을 공유키(대칭키)로 해시하여 ESP MAC 정보를 만든다.

02 정답 ③

SA는 송신자 측과 수신자 측의 트래픽 보안서비스를 제공하기 위해 상호 협상에 의해 생성되며 애플리케이션마다 독립적으로 생성·관리된다. 그리고 SA가 단방향이기 때문에 양단 간의 통신이 필요한 경우 각 방향에 대해 하나씩 모두 2개의 SA를 정의해야 한다.

03 정답 ②

나. 회로(회선) 레벨 프록시 방화벽에 대한 설명이다. 종단-대-종단 TCP 연결을 허용하진 않지만 자신과 내부 호스트 사용자 사이, 자신과 외부 호스트 TCP사용자 사이의 두 개의 TCP연결을 설정한다.

다. 스테이트풀 패킷 검사에 대한 설명이다. 패킷 필터링 기술을 사용하여 패킷 정보를 검토하고 클라이언트-서버 모델을 유지하면서 TCP 연결에 관한 정보를 기록한다. TCP 순서번호를 추적하여 순서에 위배되는 패킷들은 모두 차단한다.

04 정답 ①

② Host-IDS는 운영체제에 종속적이다.

③ 오용 침입탐지 기법은 오탐률(False Positive)이 낮다.

④ '데이터 수집 → 데이터 가공 및 축약 → 침입분석 및 탐지 → 보고 및 대응'의 단계로 실행된다.

05 정답 ③

③ L2TP는 시스코사에서 개발한 L2F와 MS사에서 개발한 PPTP를 결합한 방식이다.

PART
05

06 다음에서 설명하는 시스템으로 가장 옳은 것은 무엇인가?

> **보기**
> - 서로 다른 보안장비에서 발생한 로그를 하나의 화면에서 모니터링 할 수 있는 통합 관리 시스템
> - 보안 정책 통합 관리와 적용을 통한 보안 운영 관리의 일관성 제공

① NAC(Network Access Control)
② PMS(Patch Management System)
③ BCM(Business Continuity Management)
④ ESM(Enterprise Security Management)

07 방화벽 구축 시 내부 네트워크의 구조를 외부에 노출하지 않는 방법으로 적절한 것은?

① Network Address Translation
② System Active Request
③ Timestamp Request
④ Fragmentation Offset

08 다음에서 설명하는 스캔방법은?

> **보기**
> 공격자가 모든 플래그가 세트되지 않은 TCP 패킷을 보내고, 대상 호스트는 해당 포트가 닫혀 있을 경우 RST 패킷을 보내고, 열려 있을 경우 응답을 하지 않는다.

① TCP Half Open 스캔
② NULL 스캔
③ FIN 패킷을 이용한 스캔
④ 시간차를 이용한 스캔

09 IPsec의 캡슐화 보안 페이로드(ESP) 헤더에서 암호화되는 필드가 아닌 것은?

① SPI(Security Parameter Index)
② Payload Data
③ Padding
④ Next Header

10 괄호 안에 들어갈 용어를 바르게 연결한 것은?

보기

IPSec의 (㉠)는 발신지 인증과 데이터 무결성 그리고 데이터 기밀성을 제공한다. 두 호스트 사이의 논리적 관계인 SA(Security Association)를 생성하기 위하여 (㉡) 프로토콜을 사용하여 보안상 안전한 채널을 확보한다.

	㉠	㉡
①	AH	OSPF
②	AH	IKE
③	ESP	IKE
④	ESP	OSPF

정답 및 해설

06 정답 ④

④ ESM(Enterprise Security Management)은 기업과 기관의 보안 정책을 반영하여 다양한 보안 시스템을 관제·운영·관리함으로써 조직의 보안 목적을 효율적으로 실현하는 시스템이다.

07 정답 ①

① 네트워크 주소 변환(NAT): 사용 가능한 공인 주소의 수가 실제 인터넷에 연결되는 시스템의 수에 비해 많이 부족한 문제를 해결하기 위해 개발된 기술로서, 내부망에 연결된 호스트들은 사설 IP 주소를 소유하고 있다가 외부 인터넷에 연결할 때에는 라우팅이 가능한 공인 IP 주소를 할당받아서 접속한다. 외부에서 내부 네트워크로 직접적인 접근이 불가능하게 되므로 네트워크 보안효과를 가져올 수 있다.

08 정답 ②

② Null 스캔: 플래그 값을 모두 설정하지 않고(Off) 스캔하는 방법을 말한다. Null 스캔은 포트가 열려 있을 경우에는 응답이 없고, 닫혀 있을 경우에만 RST 패킷이 되돌아온다.

09 정답 ①

① ESP Header가 포함된 SPI는 인증 영역에는 포함되지만, 암호화 영역에는 포함되지 않는다.

10 정답 ③

- IPsec의 AH 프로토콜은 출발지 인증과 데이터 무결성을, ESP 프로토콜은 출발지 인증, 데이터 무결성 및 기밀성을 제공한다.
- IKE: SA를 생성, 수정 및 삭제하기 위한 절차 및 패킷 구조를 정의한 프로토콜이다.
- OSPF: 동적 라우팅 프로토콜로서, 규모가 크고 복잡한 TCP/IP 네트워크에서 RIP의 단점을 개선하였다. OSPF 이외의 동적 라우팅 프로토콜로는 RIP, BGP 등이 있다.

PART

06

애플리케이션 보안

CHAPTER 01

웹 보안(Web Security)

웹 보안은 전 세계적으로 확산된 랜섬웨어로 인해 다시 주목 받고 있다. 왜냐하면 웹은 HTTP 서비스를 위해 00번 포트를 열어야 하기 때문에 방화벽으로 보호하기 어렵다. 따라서 항상 해커의 타깃이 되어 잦은 해킹 사고가 발생한다.

해커들은 웹 취약점을 이용해 웹 서버에 침입하고 악성코드를 업로드하여 시스템을 제어하며 해커가 웹 서비스를 수정 또는 중지하고 웹 서비스에서 수집한 개인 정보를 탈취한다. 또한 웹 사이트에 접근하는 개인용 PC에 악성코드를 감염시키고 DDoS 공격 도구로 사용하거나, 시스템 관리자 계정을 탈취하여 내부 서버에 침투하여 기밀 정보를 훔치기도 한다.

즉, 정보가 주요 자산이 된 지금, 더 이상 물리적 공간에 대한 보안과 네트워크 보안만으로는 그 주요 자산을 지켜낼 수 없다. 웹이 우리 생활의 많은 부분을 차기하고 있고 그 안에 개인과 기업자산에 영향을 줄 수 있는 직접적인 정보들이 담겨 있기 때문에 웹 위협에 대해 정확하게 인지하고 대응하는 것은 너무나 당연한 일이다. 웹 보안이 선택이 아닌 필수인 시대가 온 것이다.

01 월드 와이드 웹과 HTTP

1 웹 트래픽 보안 방법

웹 보안을 실현하는 방법은 크게 3가지로 분류할 수 있다.

첫째, 3계층인 네트워크 계층에서 IPsec을 사용하는 것이다. 이 경우, 종단 사용자의 애플리케이션에 투명성을 제공하고 범용 해결책을 제시한다는 장점이 있다.

둘째, 4계층 전송계층의 TCP 바로 위에서 보안을 구현하는 것이다. 이 방법의 가장 좋은 예는 5계층에서 작성한 메시지가 소켓에 담겨 4계층으로 내려오는데, 소켓 내용을 보호해주는 SSL(Secure Socket Layer)과 그 후속 인터넷 표준인 TLS(Transport Layer Security)를 사용하는 것이다.

셋째, 5계층에서 서비스 중인 각 프로토콜 자체에서 보안기능을 실현하는 방법이다.

〈 TCP/IP 스택에서 보안기능의 위치 〉

애플리케이션 계층 (5계층)		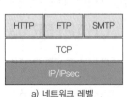	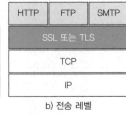
트랜스포트 계층 (4계층)			
네트워크 계층 (3계층)	a) 네트워크 레벨	b) 전송 레벨	c) 응용 레벨

2 하이퍼텍스트 전송 프로토콜(HTTP; HyterText Transfer Protocol)

HTTP는 하이퍼텍스트*를 빠르게 교환하기 위한 프로토콜의 일종으로 TCP를 전송 프로토콜로 사용한다. 사용 포트는 서버측은 80번을 사용하고 클라이언트는 임시 포트 번호를 사용한다. HTTP 클라이언트는 먼저 서버와 TCP 연결을 시작하며 일단 연결이 이루어지면 브라우저와 서버 프로세스는 그들의 소켓 인터페이스를 통해 TCP로 접속한다.

클라이언트 측에서 보면 소켓 인터페이스는 클라이언트 프로세스와 TCP 연결 사이에서 출입구 역할을 한다. 클라이언트는 HTTP 요청 메시지를 소켓 인터페이스로 보내고 소켓 인터페이스로부터 응답을 받는다. 마찬가지로 서버는 소켓으로부터 요청 메시지를 받고 응답 메시지를 소켓으로 보낸다.

서버가 클라이언트에 요청 파일을 보낼 때 서버는 클라이언트에 어떠한 상태 정보도 저장하지 않는다. 이 때문에 HTTP를 비상태 프로토콜(stateless protocol)이라고 한다.

〈 HTTP의 요청(Request) – 응답(Response) 관계 〉

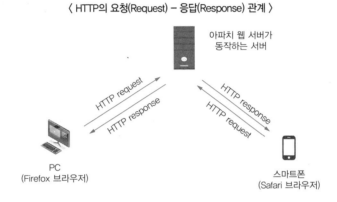

1. 비지속 연결과 지속 연결

클라이언트-서버 상호 작용이 TCP 상에서 발생할 때 애플리케이션 개발자는 중요한 결정을 할 필요가 있다. '각 요구-응답 쌍이 분리된 TCP 연결을 통해 보내져야 하는가?' 아니면 '같은 TCP 연결상으로 보내져야 하는가?' 전자 방식의 애플리케이션을 비지속 연결(non-persistent connection)이라 하고, 후자의 경우를 지속 연결(persistent connection)이라고 한다.

HTTP 버전 1.0은 비지속 연결을 사용하고 버전 1.1은 지속 연결을 기본값으로 하는데 이는 사용자에 의해 변경될 수 있다.

---

*   하이퍼텍스트
    컴퓨터나 다른 전자기기로 한 문서를 읽다가 다른 문서로 순식간에 이동해 읽을 수 있는 비선형적 구조이다. 문서 하나의 내용을 처음부터 끝까지 읽을 때는 불편하지만, 정보를 검색하고 습득하는 데 이상적인 구조이다. 하이퍼텍스트의 등장은 검색엔진과 함께 새로운 정보 습득 방식을 우리에게 제공했다고 해도 과언이 아니다.

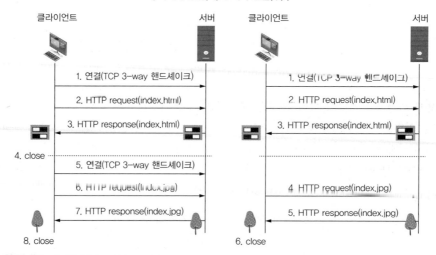

〈 비지속 연결(좌)과 지속 연결(우) 〉

(1) 비지속 연결: 비지속 연결에서는 각 요구/응답에 대해 하나의 TCP 연결이 만들어진다. 동작은 아래와 같다.

> 클라이언트가 TCP 연결을 열고 요청을 보낸다. → 서버는 응답을 보내고 연결을 닫는다. → 클라이언트는 end-of-file 표시가 나타날 때까지 데이터를 읽고 그 후 연결을 닫는다.

비지속 연결은 서버에 큰 오버헤드를 부과하게 되는데, 그 이유는 서버가 연결을 열 때마다 다른 버퍼들을 필요로 하기 때문이다.

더 알아보기

비지속 연결 HTTP의 예

연결하고자 하는 웹 페이지에 기본 HTML 파일과 10개의 JPEG 이미지로 구성되어 있다고 가정하고 이 10개의 JPEG 이미지를 받고자 한다. 전체 연결 과정을 알아보고 이 과정에서 몇 번의 TCP 연결이 이루어지는지 살펴보기로 한다. 기본 HTML 파일의 URL은 다음과 같다고 가정한다.

> www.someSchool.edu/someDepartment/home.index

[1단계] HTTP 클라이언트는 80번 포트를 통해 www.someSchool.edu 서버로 TCP 연결을 시도한다. TCP 연결과 관련하여 클라이언트와 서버에 각각 소켓이 있게 된다.

[2단계] HTTP 클라이언트는 1단계에서 설정된 TCP 연결 소켓을 통해 서버로 HTTP 연결 요청을 보낸다. 이 연결 요청은 someDepartment/home.index 경로 이름을 포함한다.

[3단계] HTTP 서버는 1단계에서 설정된 TCP 연결 소켓을 통해 요청 메시지를 받는다. 저장 장치로부터 someDepartment/home.index 객체를 추출한다. HTTP 응답 메시지에 그 객체를 캡슐화한다. 그리고 응답 메시지를 소켓을 통해 클라이언트로 보낸다.

[4단계] HTTP 서버는 TCP에게 TCP 연결을 끊으라고 한다(그러나 실제로는 클라이언트가 응답 메시지를 올바로 받기까지 끊지 않음).

[5단계] HTTP 클라이언트가 응답 메시지를 받으면 연결은 중단된다. 메시지는 캡슐화된 객체가 HTML 파일인 것을 나타낸다. 클라이언트는 응답 메시지로부터 객체를 추출하고 HTML 파일을 조사하며 JPEG 객체에 대한 참조를 찾는다.

[6단계] 이 이후에 참조되는 각 JPEG에 대하여 처음 4단계를 반복한다.

이 예제에서는 사용자가 웹 페이지를 요청할 때 11번의 TCP 연결이 만들어진다. 기본 모드에서 대부분의 브라우저는 5~10개의 TCP 연결을 동시에 설정하고 각 연결은 하나의 요청/응답 처리를 담당한다. 사용자가 원하면 최대 동시 연결 회수를 1로 할 수 있으며 이 경우 10개의 연결이 순차 설정된다.

(2) **지속 연결**: 비지속 연결은 매번 파일을 요청할 때마다 TCP 연결을 요청해야 해야 하기 때문에 많은 부하가 걸릴 것이다. 따라서 맨처음 파일 요청을 위한 TCP 연결이 세팅된 후부터는 또다시 TCP 연결은 하지 않고 처음에 연결된 TCP 연결을 이용하여 나머지 파일에 대해서 클라이언트와 서버가 요청/응답을 하는 것이 바로 지속 연결 HTTP이다. 즉, 다음과 같이 요약할 수 있다.

- 지속 연결에서 서버는 응답을 전송한 후에 차후의 요청을 위해 연결을 열어 놓은 상태를 유지한다. 서버는 클라이언트로부터 요청을 받거나 타임아웃이 되면 연결을 닫을 수 있다.
- HTTP 1.1 버전부터 Connection 헤더에 Keep-Alive 옵션이 추가되었다. 이는 TCP 연결 상태를 웹 서버 설정에 따라 일정시간 지속시키는 옵션으로 한 번의 연결 이후에 요청/응답을 반복할 수 있다.

2. HTTP Request 메시지

HTTP Request 메시지는 요청라인(request line), 헤더라인(header line) 및 바디(body)의 3부분으로 구성된다. HTTP 요청 메시지의 첫 줄은 요청라인이라 부르고 이하 줄들은 헤더라인이라고 부른다. 요청라인은 3개 필드, 즉 메소드(method) 필드, URL 필드와 HTTP 버전 필드를 갖는다.

〈 HTTP Request 메시지 구조 〉

메소드 (method)	빈칸	URL		빈칸	버전	CR	LF	요청라인 (request line)
헤더 필드이름	빈칸		값			CR	LF	
			·					헤더라인 (header lines)
			·					
			·					
헤더 필드이름	빈칸		값			CR	LF	
CR	LF							공백라인 (blank line)
엔티티 바디(entity body)								바디(body)

CR: Carriage Return
LF: Line Feed

(1) **요청라인(method 필드)**: method 필드는 GET, POST, HEAD, PUT 및 DELETE 등 여러 가지 다른 값을 가질 수 있다.

① GET 방식
  ㉠ GET 방식은 브라우저가 URL필드로 식별되는 객체를 요청할 때 사용되며 HTTP 메시지의 대부분은 GET 방식을 사용한다.
  ㉡ GET 방식에서는 각 이름과 값은 '&'로 결합하며 글자 수는 255자로 제한된다. 또한 GET 방식은 데이터가 주소 입력란에 표시되기 때문에 최소한의 보안도 유지되지 않는 매우 취약한 방식이다.

간혹 ID나 패스워드가 인수로 저장되어 전달되는 경우도 발생한다. 아래 화면은 브라우저가 /index.html 객체를 요청하고 있으며 HTTP1.1 버전을 구현하고 있다.

② POST 방식

　　㉠ POST 방식은 HTTP의 헤더영역이 아닌 바디(body)영역에 소켓을 이용하여 데이터를 전송하므로 GET 방식에서와 같은 위 그림의 「?id=jk&name=kim」과 같은 부분은 존재하지 않는다.

　　㉡ 게시판 등에서 파일 업로드는 POST 방식으로만 할 수 있는데 GET 방식과는 달리 보내려는 데이터가 URL을 통해서 노출되지 않기 때문에 최소한의 보안성은 갖추고 있다.

〈 HTTP Request 메시지(예시) 〉

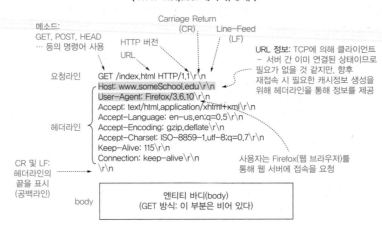

〈 HTTP 메소드 〉

지시자	설명
GET	GET 요청 방식은 URL이 가진 정보를 검색하기 위해 서버 측에 요청하는 형태이다.
POST	HTTP의 Request 바디 영역에 저장하여 데이터를 전송한다.
HEAD	HEAD 요청 방식은 GET과 유사한 방식이나 웹 서버에서 헤더정보 이외에는 어떤 데이터도 보내지 않는다. 웹 서버의 다운 여부 점검(Health Check)이나 웹 서버정보(버전 등)를 얻기 위해 사용한다.
PUT	메시지에 포함되어 있는 데이터를 지정한 URI(Uniform Resource Identifier) 장소에 지정된 이름으로 저장된다.
DELETE	URI에 지정되어 있는 자원을 서버에서 지울 수 있게 한다.
TRACE	요구 메시지의 최종 수신처까지 루프백 검사용으로 사용된다.
OPTIONS	자원에 대한 요구-응답 관계에서 관련된 선택 사항에 대한 정보를 요청할 때 사용된다.
CONNECT	웹 서버에 프락시 기능을 요청할 때 사용된다.

(2) 헤더라인: 헤더라인은 클라이언트의 특별한 형태로 보내지는 문서를 요청할 수 있다. 각 헤더라인은 헤더이름, 콜론, 스페이스, 헤더값을 갖는다. 주요 헤더 정보는 다음과 같다.

> - host: 요청의 대상이 되는 서버의 도메인명/호스트 명과 포트 정보
> - User-Agent: 요청 클라이언트 애플리케이션/OS 정보
> - Referer: 현재 요청 URL 정보를 담고 있는 이전 문서의 URL 정보

앞의 〈HTTP Request 메시지(예시)〉에서 「Host: www.someSchool.edu」는 객체(/index.html)가 존재하는 호스트를 명시하고 있다. 이 정보는 TCP 연결이 맺어 있기 때문에 불필요하다고 생각할 수 있다. 그러나 이 정보는 웹 프록시 캐시에서 필요로 한다.

또 헤더라인의 「Connection: keep-alive」는 브라우저와 서버 간 연결은 지속 연결 상태이며 「User-Agent: Firefox」는 클라이언트가 사용하는 웹브라우저 「Accept-Language: en-us」는 사용자가 객체의 영어 버전을 원하고 있음을 나타낸다.

(3) 공백라인(blank line): 헤더의 끝을 의미하는 개행이다. 헤더의 변수가 가변이기 때문에 빈 라인을 통해 그 끝을 식별한다.

(4) 바디(body): 메소드가 PUT이나 POST일 때 보낼 주석이나 웹 사이트에 게시될 파일을 담고 있다. GET 방식에서는 요청 데이터가 없기 때문에 메시지 바디는 비어있다.

3. HTTP Response 메시지

Response 메시지는 상태라인(status line), 헤더라인(header lines) 및 바디(body)의 3부분으로 구성된다.

〈 HTTP Response 메시지 구조 〉

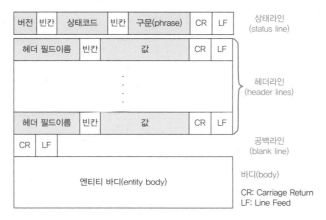

〈 HTTP Response 메시지(예) 〉

(1) 상태라인: 응답라인의 첫 줄은 상태라인(status line)이라고 부른다. 상태라인의 첫 필드는 HTTP 프로토콜 버전을 나타낸다. 두 번째 필드는 요청의 상태를 정의하고 이는 세 자리 숫자로 구성된다.

앞의 〈HTTP Response 메시지(예)〉의 상태라인을 보면 「HTTP/1.1 200 OK」로 HTTP 버전은 1.1, 상태코드는 200, phrase(연관문장)는 OK로 클라이언트의 요청이 제대로 수행되었음을 나타내고 있다.

① 주요 상태코드

상태코드	함축적 의미	내용
200번대	성공	클라이언트의 요청이 성공적으로 수신되어 처리되었음을 의미한다.
300번대	리다이렉션	클라이언트의 요구사항을 처리하려면 다른 곳에 있는 자원이 필요하다는 것을 의미한다.
400번대	클라이언트측 에러	클라이언트가 서버에 보내는 요구 메시지를 완전히 처리하지 못한 경우처럼 클라이언트 측에서 오류가 발생한 것을 의미한다.
500번대	서버측 에러	서버 자체에서 생긴 오류 상황이나 클라이언트의 요구 사항을 제대로 처리할 수 없을 때 발생한다.

② 세부 상태표

상태코드	연관문장	상태코드	연관문장
100	Continue	404	Not Found
101	Switching Protocole	405	Method Not Allowed
200	OK	406	Not Acceptable
201	Created	407	Proxy Authentication Required
202	Accepted	408	Request Time-out
203	Non-Authorized Information	409	Conflict
204	No Content	410	Gone
205	Reset Content	411	Length Required
206	Partial Content	412	Precondition Failed
300	Multiple Choices	413	Request Entity Too Large
301	Moved Permanently	414	Request URI Too Large
302	Moved Temporarily	415	Unsupported Media Type
303	See Other	500	Internal Server Error
304	Not Modified	501	Not Implemented
305	Use Proxy	502	Bad Gateway
400	Bad Request	503	Service Unavailable
401	Unauthorized	504	Gateway Time-out
402	Payment Required	505	HTTP Version not Supported
403	Forbidden		

③ 상태코드 설명

상태코드	연관문장	내용
200	OK	클라이언트의 요청을 성공적으로 수행
201	Created	클라이언트의 PUT 요청을 성공적으로 수행
301	Moved Permanently	브라우저의 요청을 다른 URL로 항시 전달
302	Moved Temporarily	브라우저의 요청을 임시 URL로 바꾸고 Location 헤더에 임시로 변경한 URL의 정보를 적음(클라이언트가 다음에 같은 요청을 하면 기존 URL로 돌아감)
304	Not Modified	브라우저가 서버에 요청한 자료에 대해 서버는 클라이언트 내에 복사된 캐시를 사용하면 된다는 것을 의미
400	Bad Request	클라이언트가 서버에 잘못된 요청을 했다는 것을 나타냄
401	Unauthorized	서버가 클라이언트의 요청에 대해 HTTP 인증 확인을 요구
403	Forbidden	클라이언트의 요청에 대해 접근을 차단
404	Forbidden	클라이언트가 서버에 요청한 자료가 존재하지 않음
405	Method Not Allowed	클라이언트가 요청에 이용한 메소드는 해당 URL에 지원이 불가능
413	Request Entity Too Large	클라이언트가 요청한 바디가 서버에서 처리하기에는 너무 큼
500	Internal Server Error	서버가 클라이언트의 요청을 실행할 수 없을 때 500 상태 코드가 발생(SQL 인젝션 취약점이 존재하는지 확인할 때 유용)

(2) **응답 헤더라인**: 〈HTTP Response 메시지(예)〉를 보고 서버에 사용된 헤더라인들을 살펴보자.

> • Date: HTTP 응답이 서버에 의해 생성되고 보낸 날짜와 시간을 나타낸다.
> • Server: 메시지가 아파치 웹 서버에 의해 만들어졌음을 나타낸다.
> • Last-Modified: 객체가 생성되거나 마지막으로 수정된 시간과 날짜를 나타낸다.
> • Content-Length: 송신되는 객체의 바이트 수를 나타낸다.
> • Connection: 지속 연결을 의미한다.
> • Content-Type: 개체 몸체 내부의 객체가 HTML 텍스트인 것을 나타낸다. 객체 타입은 파일 확장자로 나타내는 것이 아니라 공식적으로 Content-Type 헤더로 나타낸다.

(3) **공백라인(blank line)**: 헤더의 끝을 의미하는 개행이다. 헤더의 변수가 가변이기 때문에 빈 라인을 통해 그 끝을 식별한다.

(4) **바디(body)**: 서버에서 클라이언트로 전송되는 문서를 포함한다. 응답이 오류 메시지가 아니면 바디가 존재한다.

SSL/TLS는 신뢰 기반의 통신 프로토콜인 TCP 기반의 애플리케이션에 대한 종단 간(End-to-end) 보안서비스를 제공하기 위해 만들어진 전송계층과 응용계층 사이에 존재하는 보안 프로토콜이다.

SSL(Secure Socket Layer)은 원래 넷스케이프사에 의해 개발되었으나 TCP 보안에 대한 기본 아이디어는 넷스케이프의 작업 이전으로 거슬러 올라간다. SSL은 모든 인기 있는 웹브라우저와 웹서버에서 지원되고 Gmail과 모든 인터넷 상거래 사이트에서 필수적으로 사용되고 있다.

SSL 버전3의 약간 변형된 버전인 TLS(Transport Layer Security)는 IETF에 의해 표준화(RFC 2246)되었다. SSL/TLS는 다음과 같은 주요 특징이 있다.

> • SSL/TLS에서는 대칭키 암호, 공개키 암호, 일방향 해시함수, 메시지 인증코드, 의사 난수생성기, 전자서명을 조합해서 안전한 통신을 수행한다. 또한 SSL/TLS는 암호 스위트를 변경해서 보다 강력한 알고리즘을 사용할 수 있다.
> • 즉, SSL/TLS는 특정 암호기술에 의존하지 않는다. 어느 대칭키 암호가 약하다고 판명되면 그 대칭키 암호를 사용하지 않는 암호 스위트를 선택하면 된다.

1 SSL의 이해

SSL은 핸드셰이크, 키 유도, 데이터 전송의 3단계로 이루어진다. 우리는 먼저 SSL과 인터넷 계층 프로토콜 간의 관계를 살펴보고 Record 프로토콜 등 SSL에서 사용 중인 여러 프로토콜과 실제 SSL 통신이 이루어지는 과정을 살펴보기로 한다.

1. SSL과 TCP와의 관계

SSL은 신뢰 통신 기반의 TCP에 기밀성, 데이터 무결성, 서버 인증과 클라이언트 인증 기능을 제공함으로써 TCP에 없었던 시큐리티 기능을 부가하였다. 예를 들면 SSL은 종종 HTTP상에서 행해지는 거래에 보안 기능을 제공하기 위해 사용된다.

그러므로 SSL은 TCP를 보호하기 때문에 TCP상에서 일어나는 어떠한 응용에도 사용될 수 있다. SSL은 소켓을 사용하는 간단한 API를 제공하는데 이는 TCP의 API와 유사하다. SSL은 응용계층에 존재하나 개발자의 입장에서 보면 보안서비스로 강화된 TCP 서비스를 제공한다.

한편, HTTPs는 소켓 통신에서 일반 텍스트를 이용하는 대신에, SSL이나 TLS 프로토콜을 통해 세션 데이터를 암호화한다. 따라서 데이터의 적절한 보호를 보장한다. HTTPs의 기본 TCP/IP 포트는 443이다 (HTTPs=HTTP+SSL).

〈 TCP-SSL-애플리케이션 간의 관계 〉

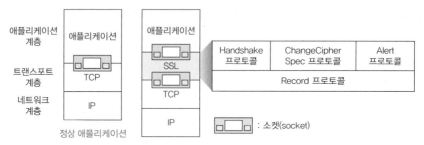

(1) **Handshake 프로토콜**: 클라이언트와 서버가 SSL 통신을 하기 전 수행되며 Record 프로토콜에 대한 보안 매개변수를 제공한다. 즉, 암호 알고리즘을 결정하고 키를 교환하여 비밀키를 공유하고 서버 및 클라이언트 인증을 수행한다.

(2) **ChangeCipherSpec 프로토콜**: Handshake 과정에서 설정된 보류상태(pendng state)를 현 상태(current state)로 바꿔준다(1바이트 단일 메시지).

(3) **Alert 프로토콜**: 비정상 조건을 알리는 데 사용된다.

(4) **Record 프로토콜**: Handshake 이후 전송되는 모든 데이터에 대해 MAC을 계산하고 암호화하여 전송한다. Record 프로토콜에서 오는 메시지는 보통 TCP인 전송계층의 페이로드이다.
① (송신 시) 메시지(5계층) → 플래그먼트화 → 압축/MAC → 암호화 → 4계층
② (수신 시) 암호문(4계층) → 복호화 → 압축 해동/MAC → 재조립 → 5계층

2. SSL/TLS 보안서비스

(1) **기밀성 서비스**: DES, RC4, AES와 같은 대칭키 암호화 알고리즘을 사용하고, 이때 사용되는 비밀키는 Handshake Protocol을 통해 생성된다.

(2) **클라이언트와 서버 상호 인증**: 인증에는 RSA와 같은 비대칭키 암호 알고리즘, DSS와 같은 전자서명 알고리즘과 X.509 공개키 인증서가 사용된다.

(3) **메시지 무결성 서비스**: 해시 알고리즘을 사용해서 메시지 인증코드를 만들어 메시지에 포함시키기 때문에 신뢰성 있는 통신이 가능하다.

3. 암호 스위트(Cipher Suite)

SSL/TLS는 암호기술의 틀짜기를 제공한다. 즉, SSL/TLS에서 사용하는 대칭키 암호, 공개키 암호, 전자서명, 일방향 해시함수 등은 사용하고 있던 암호 기술에 결함이 발견되었을 때 부품과 같이 교체할 수 있다. 암호 스위트(Cipher Suite)는 일반적으로 다음과 같은 구조를 가지고 있다.

〈 암호 스위트의 일반적 구조 〉

(1) **프로토콜(Protocol)**: SSL3.0*, TLS1.0, TLS1.1, TLS1.2와 같이 암호화 통신에 사용할 프로토콜을 명시하는 부분이다.

(2) **키 교환(Key Exchange)**: WITH 앞쪽 부분이 보통 키 교환과 인증을 담당하는 부분이다. 키 교환 알고리즘은 RSA, DH, DHE, ECDH, ECDHE를 제공한다.

---

* SSL3.0
일반적으로 SSL3.0은 취약점으로 인하여 브라우저에서 지원을 중단하고 있는 추세이다. SSL3.0 이후는 TLS 1.0/TLS 1.1/TLS 1.3 등과 같이 TLS라는 이름으로 버전업되어 나오고 있다.

> - RSA: RSA 암호를 이용한 키 교환 방식
> - DH: 디피 헬만(Diffie Hellman) 방식
> - DHE: ephemeral을 지원하는 디피 헬만 방식(PFS; Perfect Foward Secrecy 지원)
>   ※ ephemeral: 특정 시점의 암호화 통신이 끝나면 사용하던 세션키를 파기하고 새로운 세션키를 조합하여 사용
> - ECDH: Elliptic Curve Diffie Hellman
> - ECDHE: Elliptic Curve 및 ephemeral을 지원하는 디피 헬만(Diffie Hellman) 방식(PFS 지원), DHE에 타원곡선을 적용한 형태

(3) 인증(Authentication)

① 인증에는 DSA, DSS, ECDSA, ANON(Anonymous Signature) 등이 있다. 인증서를 만들 때 인증서 서명 요청(CSR; Certificate Signing Request)을 작성하여 상위 인증기관(CA)에 요청하게 되는데, 이때 선택한 알고리즘이 선택되게 된다. 만약 인증서 생성 시 사용한 CSR에 RSA 알고리즘을 넣어서 제출했다면 암호 스위트(cipher suite)는 다음과 같이 선택될 수 있다.

> - RSA: 키 교환 및 인증을 모두 RSA 알고리즘을 이용
> - DH-RSA: 키 교환은 디피 헬만(Diffie Hellman), 인증은 RSA
> - ECDHE-RSA: 키 교환은 ECDHE, 인증은 RSA

② 위 예시의 첫 번째 항과 같이 키 교환과 인증을 모두 RSA로 사용할 때는 키 교환과 인증을 다음의 예와 같이 RSA 하나로 생략하여 표현한다.

　예 TLS_RSA_WITH_DES_CBC_SHA256(WITH 앞단의 키 교환, 인증의 두 부분을 RSA로 단일 표기)

(4) 암호화(Encryption)
실제 데이터를 암호화하는 부분은 WITH 뒷쪽에 표현된 암호 스위트 값을 이용하여 처리한다. 공개키 알고리즘을 이용하여 대칭키를 만들어 공유한 이후 실 데이터 암호화를 진행하게 되는데, 이때 사용되는 알고리즘에는 TDES(Triple DES), AES-128 같은 것들이 있다.

(5) 블록 암호 운영 모드(Block Cipher Operation Mode)
평문 데이터를 AES-128과 같은 암호로 암호화할 때 실제 데이터를 일률적으로 암호화하는 것이 아니라 여러 운영모드(ECB, OFB, CFB, CTR, CBC, GCM, CCM) 중 하나를 선택하여 암·복호화한다. 이 중 GCM(Galois/Counter Mode)과 CCM(Counter with CBC-MAC) 모드는 암호문을 만들 때 인증코드도 같이 생성된다. 운영방식별 특징 등 상세 내용은 'Part 02 암호에 대한 이해'에 기술되어 있다.

(6) 메시지 인증(Message Authentication)
블록 단위로 암호화된 메시지들이 상대방이 암호화한 것이 맞는지 확인하기 위하여 무결성을 검증한다. 이때 사용되는 것이 메시지 인증코드(MAC; Message Authentication Code)이며 입력 변수로 키를 사용한다. 해시함수(SHA256, SHA384, MD5, SHA3 등)에 키 데이터를 입력하여 생산한 메시지 인증코드는 HMAC이다.

4. SSL과 TLS의 차이점

(1) SSL(Secure Sockets Layer)
보안 소켓 계층이라는 뜻으로 인터넷을 통해 전달되는 정보 보안의 안전한 거래를 허용하기 위해 Netscape 사에서 개발한 인터넷 통신 규약 프로토콜이다.

(2) TLS(Transport Layer Security)
SSL3.0을 기초로 해서 IETF가 만든 프로토콜이다. 1999년 RFC2246으로 발표된 TLS1.0은 SSL3.1에 해당한다. 2006년에는 TLS1.1이 RFC4346으로 발효되었다.

※ SSL과 TLS의 관계(SSL의 발전과정): SSL1.0＞SSL2.0＞SSL3.0＞TLS1.0(RFC2246, 1999)＞TLS1.1(RFC4346, 2006.4.)＞TLS1.2(RFC5246, 2008.8.)＞TLS1.3(2018.8.)

(3) TLS1.0에는 대칭 암호알고리즘으로 AES가 추가되었다. 2008.8월 공개된 TLS1.2에서는 SHA1 사용 금지 및 SHA2를 사용하도록 변경되었으며, 데이터 인증을 위한 암호 운영방식으로 GCM과 CCM모드를 사용하도록 하였다. 또한 HMAC-SHA256이 추가되고 IDEA와 DES가 삭제되었으며, 의사 난수 함수(PRF; Pseudo Random Function)로 SHA-256을 이용하도록 하였다. 한편, TLS1.0/1.1이 장기 사용됨에 따라 성능을 개선하고 오래된 암호화 기술을 폐기토록 한 TLS1.3이 나왔지만 벤더들이 호환 지원을 머뭇거리는 상황에서 IETF는 TLS1.3을 인터넷 산업표준으로 승인하였다. 그 결과 대부분의 브라우저 벤더들은 이 두 버전을 2020년 중반기까지만 지원하기로 결정하였다.

5. 핸드셰이크 프로토콜

〈 TCP 연결로 시작한 almost-SSL의 핸드셰이크 〉

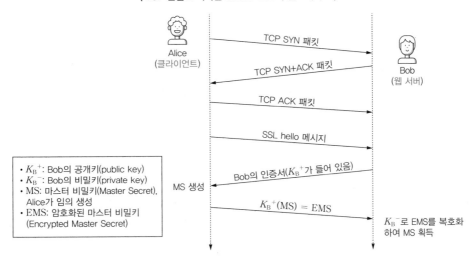

핸드셰이크 단계에서 Alice는 a) Bob과 TCP 연결을 완료하고 b) 그 Bob이 진짜 Bob인지를 확인한다. c) SSL 세션에 필요한 모든 대칭키들을 생성하기 위해 Alice와 Bob이 사용할 '마스터 비밀키(MS; Master Secret)'를 Bob에게 암호화하여 전송한다. 연결과정은 다음과 같다.

(1) 일단 TCP 연결이 완료되면, Alice는 Bob에게 hello 메시지를 보낸다.

(2) Bob은 자기의 공개키를 담은 인증서로 응답한다. 인증서는 CA에 의해 인증받기 때문에 Alice는 인증서 내의 공개키가 Bob의 것이라는 것을 믿을 수 있다.

(3) 다음으로 Alice는 마스터 비밀키(MS)를 생성하고 이를 Bob의 공개키로 암호화하여 EMS(Encrypted Master Secret)를 만든다. 이 EMS가 Bob에게 전송되고 Bob은 이를 자신의 비밀키로 복호화하여 MS를 얻는다. 이러한 핸드셰이크 과정을 통해 공유한 MS를 이용하여 SSL 통신에 사용할 4개의 키를 유도한다.

6. 키 유도

Alice와 Bob은 공유한 마스터 비밀키(MS)로부터 다음과 같은 4개의 키를 생성한다. 이것은 단순히 MS를 4개로 분리하여도 되지만, 실제 SSL 통신에서는 좀 더 복잡한 방법을 사용한다.

> - E_B: Bob이 Alice에게 보내는 데이터에 대한 세션 암호화 키
> - M_B: Bob이 Alice에게 보내는 네이터에 대한 세션 MAC 키
> - E_A: Alice가 Bob에 보내는 데이터에 대한 세션 암호화 키
> - M_A: Alice가 Bob에 보내는 데이터에 대한 세션 MAC 키

7. 데이터 전송

Alice와 Bob이 네 개의 세션키(E_B, M_B, E_A, M_A)를 공유하고 있기 때문에 이제부터 그들은 SSL Record 프로토콜과 TCP 연결을 통해 서로에게 안전한 데이터를 보낼 수 있다.

(1) SSL Record 프로토콜: 먼저 Bob이 작성한 메시지를 Alice에게 보내는 과정은 다음과 같다.

① 무결성 검사는 전체 데이터가 아닌 레코드(record) 단위로 행한다. Bob의 응용계층에서 내려온 메시지를 레코드 단위로 분리하고 레코드 단위로 무결성 검사를 위한 MAC 정보를 Bob의 세션 MAC 키인 M_B로 생성하고 레코드 후단에 덧붙인다.

$$\text{MAC} = \text{H}_{M_B}(m_i),\ m_i: i\text{번째 레코드 데이터}$$
$$m_i \| \text{MAC}$$

② Bob은 레코드에 MAC 정보를 연접한 '레코드∥MAC' 데이터를 E_B로 암호화하여 TCP로 보낸다.

$$\text{Enc}_{E_B}(m_i \| \text{MAC}),\ \text{Enc: 암호화 알고리즘}$$

③ Bob은 중간에 누군가가 TCP 세그먼트를 바꿔치기 하거나 삽입/교체 등의 공격에 대비하여 레코드에 순서번호를 붙이고 Bob의 세션 MAC 키인 M_B를 추가하여 MAC 값을 생산한다. 그리고 레코드 데이터(m_i)와 MAC 값을 연접하고 이를 키 E_B로 암호화하여 TCP로 보내면 중간자 공격을 방지할 수 있다.

$$\text{Enc}_{E_B}(m_i \| \text{MAC}),\ \text{MAC} = \text{H}_{M_B}(\text{레코드 순서번호} \| m_i \| M_B)$$

여기서 Bob은 순서번호를 레코드에 붙이는 것이 아니라 MAC을 계산할 때 입력 정보에 포함시킨다. 즉, MAC 값은 데이터와 MAC 키(M_B) 그리고 현재 순서번호를 합친 결과의 '해시값'이다.

④ Alice는 Bob의 순서 번호를 추적해서 자신이 MAC 값을 계산할 때 적절한 순서번호를 포함시킴으로써 레코드 데이터의 무결성을 확인할 수 있다.

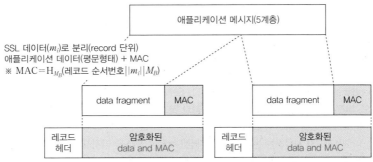

〈 Record 프로토콜 〉

애플리케이션 메시지(5계층)

SSL 데이터(m_i)로 분리(record 단위)
애플리케이션 데이터(평문형태) + MAC
※ $MAC = H_{M_B}$(레코드 순서번호$||m_i||M_B$)

| data fragment | MAC | | data fragment | MAC |

| 레코드 헤더 | 암호화된 data and MAC | | 레코드 헤더 | 암호화된 data and MAC |

$Enc_{M_B}(m_i||M_B)$

- 레코드헤더: 콘텐츠 타입, 버전, 길이의 세 필드로 구성
  ※ 콘텐츠 타입은 메시지인지 애플리케이션 메시지인지를 표시
- MAC 정보: 순서번호와 MAC 키(M_N)를 포함하여 해시한 값
- (SSL) 각 data fragment 크기: 2^{14}바이트(~16Kbytes)

즉, 레코드 프로토콜을 정리하면 전송할 응용 메시지를 다룰 수 있는 크기의 블록으로 잘라내어 단편화한다. 옵션으로 데이터를 압축하고 MAC을 적용한 후 암호화를 하고, 헤더를 추가한다. 그리고 그 결과를 TCP 단편(fragment)으로 전송한다. 수신된 데이터는 복호화하여 MAC 값을 확인하고 압축을 풀며, 그리고 재조립하여 상위 계층 사용자에게 전달한다.

(2) Cipher Change 프로토콜

① 의의: SSL 프로토콜 중 가장 단순하며 핸드셰이크 프로토콜에서 협의된 암호 알고리즘, 키 교환 알고리즘, MAC 암호화, HASH 알고리즘이 사용될 것을 클라이언트와 웹 서버에 공지한다.

② 또한 이 프로토콜은 한 바이트로 구성되고 값 1을 갖는 한 개의 메시지로 구성된다.

(3) Alert 프로토콜

① Alert 프로토콜은 일반적으로 핸드셰이크 수행 중 또는 애플리케이션 교환 시에 전송하지 않는다. 하지만 이 메시지는 핸드셰이크가 완료된 시점부터 세션이 닫히기 전까지는 언제든 보내질 수 있다.

② Fatal Error 신호를 보내기 위해 이 메시지를 사용하는 경우, 해당 세션은 즉각 종료된다. 만약 Alert 레벨이 Fatal이 아닌 Warning 수준으로 설정한 경우, 상대방에 의해 세션을 종료할지 말지 선택하게 할 수 있다.

8. SSL 핸드셰이크

(1) 주요 특징

① SSL은 Alice와 Bob에게 특정 대칭키 알고리즘이나 공개키 알고리즘, 또는 특정 MAC을 사용하도록 강제하지 않는다.

② SSL은 처음 핸드셰이크 과정에서 사용할 암호화 알고리즘에 합의하도록 한다.

③ 세션키(E_B, M_B, E_A, M_A) 생성을 위해 Alice와 Bob은 서로 논스(Nonce, 1회용 난수)를 주고받는다.

(2) 동작 과정

[1단계] ClientHello: 클라이언트와 서버 간에 TCP 연결이 맺어진 클라이언트는 서버에 논스(Nonce)와 함께 자신이 지원하는 암호 알고리즘 목록(cipher suite list, 암호스위트 리스트), 세션 식별자(처음에는 empty), 클라이언트의 SSL 버전 및 클라이언트가 지원하는 압축 알고리슴 리스트를 서버에 보낸나.

[2단계] ServerHello: 서버는 ClientHellow 메시지에 대한 응답으로 ServerHello 메시지를 보낸다. 실패할 경우에는 Handshake Failure Alert 메시지를 보낸다. ServerHello 메시지는 세션 식별자, 선택한 압축 방법, 서버 SSL 버전, 서버가 선택한 암호 스위트(대칭키 알고리즘, 공개키 알고리즘, MAC 알고리즘) 및 서버가 생성한 논스(Nonce)를 클라이언트에 전달한다.

※ 1 · 2단계에서 사용하는 논스는 '연결 재생(Replay) 공격'을 방지하기 위해 사용된다. 레코드 순서번호는 세그먼트 재생 공격 방지는 가능하나 '연속 재생 공격'은 막을 수 없다.

[3단계] 서버 Certificate: 서버의 인증이 필요한 경우, 서버의 인증서를 클라이언트에게 보낸다. 이 인증서에는 2난계에서 선택한 암호 스위트의 키 교환 알고리즘에 맞는 타입이어야 한다.

[4단계] 서버 HelloDone: 서버가 보낼 메시지를 다 보냈음을 알려주는 메시지이다. 클라이언트는 ServerHelloDone 메시지가 도착할 때까지 기다린다.

[5단계] ClientKeyExchange

① 클라이언트는 서버의 공개키를 알아낸 후, 세션키를 생성하기 위해 임의의 비밀 정보인 48바이트 크기의 PMS(Pre-Master Secret)를 생성한다. 이 PMS를 서버의 공개키로 암호화하여 서버에 보낸다.

② 클라이언트와 서버는 SSL에 지정된 동일한 키 유도 함수를 사용하여 PMS와 논스로부터 마스터 비밀키(MS; Master Secret)를 계산한다.

③ 이후 마스터 비밀키는 두 개의 암호화 키와 MAC 키를 생성하기 위하여 분할된다. 선택된 암호화 키가 CBC를 이용한다면 연결의 양측을 위해 하나씩, 총 2개의 초기화 벡터(IV)를 마스터 키로부터 얻는다. 이후부터 클라이언트와 서버 간 모든 메시지는 암호화되고 MAC을 이용하여 인증된다.

[6단계] ChangeCipherSpec: 이 메시지는 핸드셰이크 프로토콜에 포함되는 것은 아니다. 이 메시지 이후에 전송되는 메시지는 새롭게 협상된 알고리즘과 키를 이용할 것임을 나타낸다.

[7단계] Finished

① 이 메시지는 ChangeCipherSpec 메시지 이후에 전송되며 협상된 알고리즘과 키가 처음으로 적용된다. 상대편은 이 메시지를 통해서 협상한 결과를 확인한다.

② 서버는 ChangeCipherSpec 메시지와 Finished 메시지를 클라이언트에게 보내고, TLS 핸드셰이크 프로토콜 수행을 마치게 된다. 이후 애플리케이션 데이터가 전송되기 시작한다.

더 알아보기

SSL 핸드셰이크 훼손 방지대책

[상황] 트루디라는 강력한 공격자가 서버와 클라이언트 간 암호 알고리즘과 키에 대한 합의가 이루어지지 않은 상태인 1 · 2단계에 개입하여 암호 알고리즘 목록에서 강한 암호를 삭제시키고 약한 암호를 선택하도록 목록을 변형하였다고 가정한다.

[대책]

• 7단계에서 클라이언트는 주고받은 모든 핸드셰이크를 연결한 후, 이에 대한 MAC 값을 서버에 전송한다. 서버는 이 MAC 값을 자신이 만든 MAC 값과 비교하고 만일 일치하지 않는다면 핸드셰이크 연결을 종료할 수 있다.

• 마찬가지로 서버도 자신이 생성한 핸드셰이크 메시지의 MAC 값을 클라이언트에 전송하면 클라이언트는 불일치 검사를 수행하여 일치하지 않는다면 연결을 종료할 수 있다.

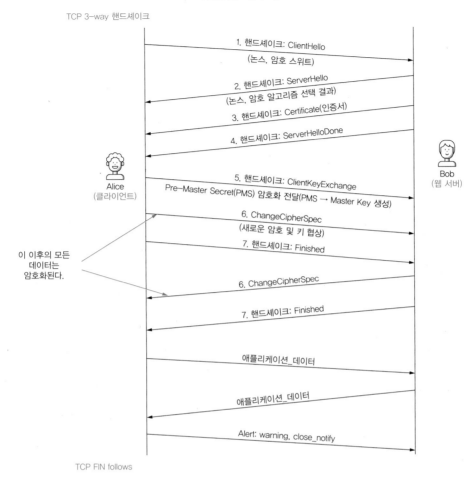

〈 SSL 핸드셰이크 〉

TCP 3-way 핸드셰이크

1. 핸드셰이크: ClientHello
(논스, 암호 스위트)

2. 핸드셰이크: ServerHello
(논스, 암호 알고리즘 선택 결과)

3. 핸드셰이크: Certificate(인증서)

4. 핸드셰이크: ServerHelloDone

Alice
(클라이언트)

Bob
(웹 서버)

5. 핸드셰이크: ClientKeyExchange
Pre-Master Secret(PMS) 암호화 전달(PMS → Master Key 생성)

6. ChangeCipherSpec
(새로운 암호 및 키 협상)

7. 핸드셰이크: Finished

이 이후의 모든
데이터는
암호화된다.

6. ChangeCipherSpec

7. 핸드셰이크: Finished

애플리케이션_데이터

애플리케이션_데이터

Alert: warning, close_notify

TCP FIN follows

2 SSL/TLS 공격

1. HeartBleed 취약점

2014.4월 구글의 Neel Mehta는 널리 사용되고 있는 OpenSSL 라이브러리의 하트비트(Heart Beat)*의 취약점이 발견되었다.

(1) SSL 연결 시 매번 재협상하지 않기 위해 상호 간 연결을 확인하고자 지속적으로 신호를 교환하며 (Heart Beat), 클라이언트가 PayLoad 내용과 PayLoad길이를 보내면 서버는 응답 메시지를 전송한다.

(2) 이 과정에서 서버가 클라이언트의 요청 PayLoad 내용의 길이를 검증하지 않는 취약점이 존재하며 이를 통하면 서버의 시스템 메모리 정보 유출이 가능하다.

(3) 즉, 공격자는 짧은 PayLoad 내용을 최대 PayLoad길이(64KB)로 조작하여 SSL서버로 전송한다.
예 Heart Beat: | 'AB' | 64KB | (최대값)

---

* 하트비트(Heart Beat)
내가 살아있다는 것을 나타내거나, 다른 것이 살아있는지 점검하는 메시지로 보통 이중화나 클러스터링으로 구성되어 있는 장비에서 사용된다. 장비 A, B가 이중화 구성이 되어 있다면 장비 A는 장비 B가 살아 있는지 주기적으로 점검한다. 이때 사용하는 것이 하트비트이다.

그러면 취약한 버전의 SSL서버는 요청된 하트비트의 최대 PayLoad(64KB)만큼 자신의 시스템 메모리에서 데이터를 추출하여 응답 메세지를 생성 후 공격자에게 전송하게 된다.

(4) 이로 인해 서버 측 SSL/TLS의 서버 개인키, 대칭키, 쿠키 및 계정정보 등의 유출을 배제할 수 없기 때문에 침투전에 대한 보안 조치가 완료되면 인증서를 재발급하고 비밀번호 재설정 등을 요구해야 한다.

2. SSL3.0의 취약점과 POODLE 공격

2014년 10월 Google의 보안 전문가들(Bodo Moller 외 2명)은 SSL3.0의 설계상의 취약점과 이를 활용한 공격법 'POODLE*'에 대한 상세 보고서를 공개하였다.

(1) POODLE: TLS 연결 설정과정에서 하위 버전인 SSL3.0으로 연결 수립을 유도한 뒤, 패딩 오라클 공격**을 통해 암호화된 통신내용을 추출하는 공격 기법이다.

(2) 'POODLE' 공격의 첫 단계는 공격대상의 TLS 연결 버전을 취약점이 존재하는 SSL3.0으로 수립하도록 유도한 다음 중간자 공격(MITM)을 통해 암호화되어 송·수신되는 쿠키정보 또는 데이터를 추출하는 공격이 가능하다.

* SSL/TLS는 서버와 클라이언트 중에 어느 한쪽이 최신 버전에 해당하지 않으면 이전 버전의 프로토콜로 연결을 시도한다.

(3) SSL3.0은 설계된 지 20년 이상 되었고 그동안 많은 종류의 취약점이 발견되어 더 이상 안전하지 않으며 대부분의 브라우저 벤더들도 SSL3.0의 후속 버전인 TLS1.0/1.1을 2020년 중반까지만 지원하기로 한 상태이지만 여전히 많은 분야의 브라우저(Client)와 사이트(Server)에서 SSL3.0을 지원하고 있다.

(4) 'POODLE' 공격에 대한 대응책은 SSL3.0을 사용하지 않는 것이다.

3. FREAK 공격과 암호수출 규제

2015.2월 프랑스 국립 연구소(INRIA) 및 MS사는 SSL을 통해 강제로 취약한 RSA로 다운 그레이드 시킬 수 있는 취약점을 발견하였다.

(1) FREAK는 'Factoring attack on RSA-EXPORT Keys(수출용 RSA 키의 소인수 분해 공격)'의 약자로서 공격자는 SSL 연결 시 보안이 취약한 '수출 등급'의 RSA 알고리즘을 사용하도록 유도한 후 중간자 공격(MITM; Man-In-The-Middle attack)을 통해 RSA 키를 알아내는 공격법이다.

(2) RSA_EXPORT는 512비트의 암호화 키를 사용하는 수출 등급의 RSA 암호 알고리즘으로서 현재 RSA 암호의 안전성 기준으로는 2,048비트이다.

4. 완전 순방향 비밀성(PFS; Perfect Forward Secrecy)

웹 사이트를 접속할 때 암호화된 연결을 위해서 HTTPs 프로토콜을 사용한다. 하지만 단순히 HTTPs를 사용한다고 모두 같은 방식으로 이뤄지는 것이 아니라 서버는 인증서와 함께 브라우저가 보낸 암호방식 중에 하나를 선택해서 응답하게 된다. 이러한 암호화 방식을 Cipher Suites라고 하며 PFS는 이 방식 중에 하나라고 볼 수 있다.

---

*   POODLE
Padding Oracle On Downgraded Legacy Encryption

**   패딩 오라클 공격
알고리즘 자체 취약성이 아니라 컴퓨터 동작 시간, 온도, 소리, 전자적 노이즈, 전력 사용량 등 부가적인 현상을 공격 도구로 활용하는 사이드 채널 공격의 일종이다.

(1) SSL/TLS 통신의 서버 개인키 노출 시 문제점

① 서버 공개키와 개인키를 이용하여 키 교환을 수행할 경우 공격자는 중간자 공격을 통해 트래픽을 가로채고 서버 개인키를 이용해 세션키/비밀키 및 송수신 데이터를 복호화할 수 있다.

② 희생자는 유출된 서버 인증서를 폐기해도 유출된 서버 개인키로 보호되는 이전 트래픽 정보를 공격자가 보관하고 있다면 이들 모두 복호화되는 문제점이 있다.

③ 이러한 문제점을 해결하기 위해 등장한 암호학적 성질을 순방향 비밀성 또는 완전 순방향 비밀성이라 한다.

(2) 완전 순방향 비밀성(PFS)

① 서버 개인키가 노출되어도 이전 트래픽 정보의 기밀성은 그대로 유지되는 암호학적 성질을 말한다.

② 좀 더 구체적으로 정의해보면, 클라이언트 서버 간에 키 교환에 사용되는 서버 개인키가 노출되어도 이전 트래픽의 세션키/비밀키 기밀성은 그대로 유지되어 통신 내용을 알 수 없는 암호학적 성질을 말한다.

---

03 웹(Web) 보안위협 및 대응책

1 웹 서비스 공격의 개요

TCP/IP 통신 프로토콜을 이용하는 인터넷 서비스 중 가장 대표적인 것이 웹 서비스이다. 웹 서비스는 주로 HTTP 프로토콜에 의해 구현되고 있으며 보안상의 문제가 일어날 정도로 복잡한 프로토콜은 아니다. 그러므로 프로토콜 자체가 공격 대상이 되는 경우는 거의 없다.

웹 서비스에 대한 공격 유형은 크게 웹 사용자 클라이언트에 대한 공격과 웹 서버의 취약점을 이용한 웹 서버 공격으로 나뉘며, 최신 해킹 경향에 따라 끊임없이 새로운 공격 기법이 발견된다. 그러므로 항상 최신 보안 경향에 관심을 가지고 3년마다 발표되는 OWASP(국제 웹 보안 표준기구, The Open Web Application Security Project) TOP 10에 대해 이해하고 있어야 한다.

〈 OWASP TOP 10 〉

순위	2013년	2017년	2020년
A1	인젝션 취약점	인젝션 취약점	인젝션 취약점
A2	인증 및 세션관리 취약점	취약한 인증	취약한 인증
A3	XSS	민감정보 노출	민감정보 노출
A4	취약한 직접 객체 참조	XML 외부 개체(XXE)-신규	XML 외부 개체(XXE)
A5	보안설정 오류	취약한 접근 통제	취약한 접근 통제
A6	민감한 데이터 노출	보안설정 오류	보안설정 오류
A7	기능 수준의 접근 통제 누락	XSS	XSS
A8	CSRF	안전하지 않은 역 직렬화	안전하지 않은 역 직렬화
A9	알려진 취약점이 있는 컴포넌트 사용	알려진 취약점이 있는 컴포넌트 사용	알려진 취약점이 있는 컴포넌트 사용
A10	검증되지 않은 리다이렉트 및 포워드	불충분한 로깅 및 모니터링	불충분한 로깅 및 모니터링

1. SQL 인젝션(Injection)* 공격

SQL Injection 공격은 웹 사이트에서 많이 사용되는 게시판이나 방명록, 검색 기능과 같이 DB와 연동하여 사용하는 웹 응용프로그램을 대상으로 하는 공격 기법이다. 웹 주소장이나 또는 사용사 ID/패스워드 입력란에 특수 문사 입력 시, 패스워드 없이도 로그인이 가능한 공격 기법으로 SQL 구문의 취약점을 이용한다.

(1) SQL Injection 공격의 원리: SQL Injection 공격이 가능한 이유는 사용자가 입력한 값이 아무런 필터링 없이 그대로 데이터베이스의 쿼리문으로 들어감으로 발생한다. 즉, 입력값에 대한 검증 미비가 원인이다.

〈 키보드로부터 ID/패스워드 입력 시 처리하는 코드(예시) 〉

```
public boolean login(WebSession s, String userId, String password)
{
    // System.out.println("Logging in to lesson");
    boolean authenticated = false;
    try
    {
        String query = "SELECT * FROM employee WHERE userid = " + userId + " and
        password = '" + password + "'";
        // System.out.println("Query:" + query);
        try
        {
            Statement answer_statement = WebSession.getConnection(s) .createStatement(
            ResultSet.TYPE_SCROLL_INSENSITIVE, ResultSet.CONCUR_READ_ONLY);
            ResultSet answer_results = answer_statement.executeQuery(query);
```

① ID와 패스워드 입력 시 핵심코드의 실행과정

ㄱ 위 그림을 보면 사용자가 입력한 ID와 패스워드는 userid와 password 변수 값으로 저장된다.

ㄴ 이러한 userID와 password 변수값을 포함하여 SELECT 문장이 만들어지며 완성된 SELECT 문장은 executeQuery 함수를 통해 실행된다.

② 공격 원리

ㄱ 공격자가 아이디 및 패스워드로 「admin」과 「or"="」을 입력하면 아래와 같은 쿼리문이 생성된다.

SELECT * FROM employee WHERE userid='admin' and password="or"="

여기서 「password="or"="」의 구문을 살펴보자. 여기서 「"」은 아무것도 없다는 null을 나타낸다. 「password="or"="」의 의미는 password가 null 또는 「"="」을 만족하느냐를 체크한다. 패스워드 입력란에 「or"="」을 입력하였으므로 null은 아니다. 따라서 이 조건을 만족시키지 못한다. 그러나 두 번째 조건인 「"="」을 만족시키기 때문에 해당 쿼리문의 전체 결과값은 참이 되어 패스워드를 모르는 상태에서 로그인이 가능하다.

ㄴ 패스워드로 「or'1'='1」, 「or'2'='2」, 「or'3'='3」, 「or'a'='a」와 같이 변형을 하여 입력하여도 동일한 논리에 의해 로그인이 가능한 것이 SQL Injection 공격의 원리이다.

---

* SQL(Structured Query Language)
관계형 데이터베이스(RDBMS)의 데이터를 관리하기 위해 설계된 프로그래밍 언어로, 대다수 상용 데이터베이스 프로그램은 SQL을 표준 언어로 사용한다.

(2) SQL Injection 공격의 종류

① 논리적 에러를 이용하는 SQL Injection

　ⓐ 논리적 에러를 발생시킬 수 있는 패턴을 이용한 인증 우회 기법으로 쿼리문의 조건을 임의로 조작하여 인증을 우회하는 기법이다.

　ⓑ 쿼리문의 조건(WHERE절)이 항상 참이 되도록 쿼리문을 조작한다.

　　예 SELECT * FROM user WHERE user_id='$id' AND user_pw='$pw'

② Union SQL Injection

　ⓐ 2개 이상의 쿼리를 사용한다는 점을 이용해 공격자가 원래의 요청에 1개의 추가 쿼리를 삽입하여 정보를 획득하는 기법이다.

　ⓑ Union은 두 개 이상의 SELECT문을 결합하고자 할 때 사용하며, 이때 주의할 점은 각각의 SELECT문의 필드 개수가 같아야 하고 필드 타입은 호환이 가능한 형태이어야 한다.

　예를 들어 member 테이블과 admin 테이블에 저장되어 있는 ID와 패스워드를 UNION을 활용하여 검색하고자 할 때는 다음과 같이 입력하면 된다.

> SELECT user_id, user_pw FROM member UNION SELECT id, pw FROM admin;

③ Error-Based SQL Injection

　ⓐ 의도적으로 DB 쿼리에 대한 에러값을 유발시킨다. 공격자가 원하는 에러 메시지가 출력되도록 유도하며 이를 기반으로 한 단계씩 점진적으로 DB 정보를 획득할 수 있는 방법이다.

　ⓑ 에러 메시지를 기반으로 하기 때문에 결과값을 눈으로 확인할 수 있다. 이 공격은 주로 MSSQL 기반 위에서 동작하며 Oracle이나 MySQL의 에러 기반 인젝션은 많이 알려져 있지 않다.

④ 블라인드 SQL injection

　ⓐ 에러 메시지 정보가 아무런 도움이 되지 않거나 아예 에러 메시지를 보여주지 않을 때 사용한다.

　ⓑ 에러 기반의 SQL injection을 막았을 때 DB 정보가 모두 블라인드 처리되기 때문에 쿼리를 입력하여 얻을 수 있는 것은 참(1)과 거짓(0) 뿐이다. 이 참과 거짓을 이용하여 DB 내부 정보를 알아내는 공격 기법이다. 이외에도 네트워크 응답 시간 지연을 통해 정보를 알아내는 방법(시간지연 공격)도 있다.

블라인드 SQL injection으로 MySQL 버전 알아보기

1. MySQL 버전 확인: mysql>select @@version;

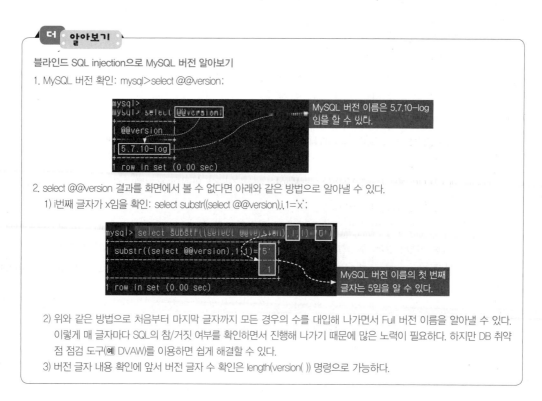

2. select @@version 결과를 화면에서 볼 수 없다면 아래와 같은 방법으로 알아낼 수 있다.

1) i번째 글자가 x임을 확인: select substr((select @@version),i,1='x';

   MySQL 버전 이름의 첫 번째 글자는 5임을 알 수 있다.

2) 위와 같은 방법으로 처음부터 마지막 글자까지 모든 경우의 수를 대입해 나가면서 Full 버전 이름을 알아낼 수 있다. 이렇게 매 글자마다 SQL의 참/거짓 여부를 확인하면서 진행해 나가기 때문에 많은 노력이 필요하다. 하지만 DB 취약점 점검 도구(예) DVAW)를 이용하면 쉽게 해결할 수 있다.

3) 버전 글자 내용 확인에 앞서 버전 글자 수 확인은 length(version( )) 명령으로 가능하다.

(3) SQL Injection 공격 대응방안: SQL Injecton 공격을 막으려면 데이터베이스 입력에서 부적당한 부분을 제거하면 된다. 웹 애플리케이션 데이터베이스에 대한 입력은 일단 신뢰할 수 없다고 간주하고 이에 따라 처리해야 한다. 실무적으로 참고할 만한 자료를 찾는다면 OWASP SQL Injecton 처리 가이드를 보면 된다. 점점 완성도가 좋아지고 있다.

2. XSS(Cross-Site Scripting) 공격

XSS 공격은 SQL Injection과 함께 가장 기초적인 취약점 공격 방법의 일종으로 웹 애플리케이션 사용자를 공격하는 기법 중 최고이다. 공격자는 미리 웹 서버의 전자게시판 등에 악성 스크립트가 숨겨진 파일을 업로드하여 놓는다. 나중에 사용자가 이를 클릭하면 악성 스크립트가 개인의 브라우저에서 실행되면서 공격자가 의도한 행위가 실행된다.

〈 취약한 웹 서비스를 이용한 XSS 공격 개요도 〉

취약한 웹 서버

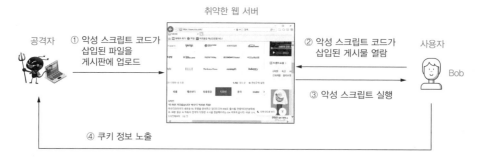

공격자 ① 악성 스크립트 코드가 삽입된 파일을 게시판에 업로드

② 악성 스크립트 코드가 삽입된 게시물 열람 사용자 Bob

③ 악성 스크립트 실행

④ 쿠키 정보 노출

XSS의 또 다른 형태로 특정인에게 이메일을 발송하는 경우에도 가능하다. 메일의 본문에 XSS 공격 코드를 입력한 후, 이를 특정인에게 보내 메일을 이용하는 사람의 세션 정보를 담고 있는 쿠키값을 공격 서버에 전송하도록 하는 것이다.

〈 메일 서비스를 이용한 XSS 공격 개요도 〉

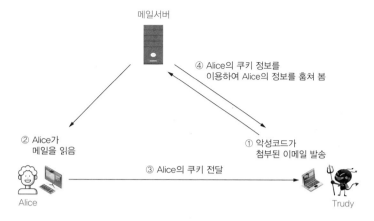

(1) XSS 공격의 종류 및 방법

① Stored XSS: 가장 일반적인 XSS 공격 유형으로 사용자가 글을 저장하는 부분에 정상적인 평문이 아닌 스트립트 코드를 입력한다. 다른 사용자가 게시물을 열람하면 공격자가 입력해둔 악성 스크립트가 실행되어 사용자의 쿠키 정보가 유출되거나 악성 스크립트가 기획한 공격에 속수무책으로 당하게 된다.

② Refleted XSS

 ㉠ Reflected XSS 공격이란 스크립트를 반사하기 때문에 얻어진 이름이다. 먼저 공격자는 어느 한 사용자에게 이메일 등으로 피싱을 시도한다. 이 이메일에는 세션 쿠키와 같은 정보들을 빼갈 수 있는 스크립트를 심어둔다.

 ㉡ 이 상황에서 사용자가 이 링크를 클릭하게 되면 스크립트 코드가 삽입된 요청이 전송되고 이때 웹 서버는 다시 이 스크립트를 웹 브라우저에 반사시키고 이 코드가 실행되면서 해커가 세션쿠키를 얻어 사용자 권한으로 접근이 가능하게 된다.

〈 Reflected XSS 공격 과정 〉

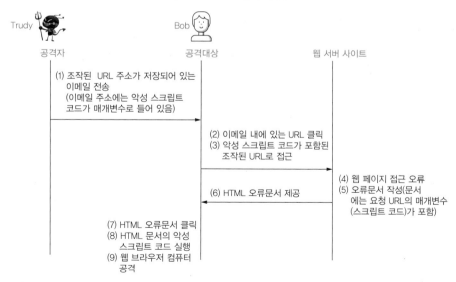

> [1단계] 공격자는 공격 대상자에게 조작된 URL을 전송한다.
>
> [2단계] 공격 대상자가 이를 클릭하여 웹 서버로 접근하면 웹 서버는 이를 실행할 수 없고 에러 메시지는 공격 대상자에게 반사(Reflect)한다. 이러한 이유로 이 공격을 Reflected XSS라고 부른다.
>
> [3단계] 공격 대상자에게 반사된 악성 스크립트 코드가 실행되어 공격하는 과정은 Stored XSS 공격의 경우와 동일하다. 이 공격의 특징으로는 서버 사이트에 악성 스크립트 코드를 남기지 않아도 되는 장점이 있다.

③ DOM*-based XSS(문서 객체 모델-기반 XSS)

ㄱ DOM-based XSS는 피해자의 브라우저에서 DOM 환경을 수정하여 클라이언트 측 코드가 예상하지 못한 방식으로 공격 구문이 실행되는 XSS 공격법이다. 즉, 페이지 자체(HTTP 응답)는 변경되지 않지만, 페이지에 포함된 클라이언트 측 코드는 DOM 환경에서 발생한 변조로 인해 공격 구문이 실행된다.

ㄴ Stored/Reflected XSS 공격법인 경우 서버 측 결함으로 인해 응답 페이지에 악성 스크립트 구문이 포함되어 브라우저로 전달되지만, DOM Based XSS 공격은 서버와 관계없이 브라우저에서 발생한다.

(2) XSS 방어 대책

① 이스케이프 텍스트 사용 및 검증 위치

ㄱ 기본적인 방어 대책으로는 외부 입력값에 스크립트가 삽입되지 못하도록 사용자 입력 문자열을 이스케이프 처리된 텍스트로 변환하는 것이다. 이스케이프 처리된 텍스트란 「&, ', ", 〈, 〉, /」 등과 같이 코드로 작성될 수 있는 기호들이 &amp, &#x27, &quot, &lt, &gt, &#x2F와 같이 변형된 문자열이다.

ㄴ 또한 사용자 입력 값에 대한 검증은 반드시 서버단에서 해야 된다. 클라이언트에서 검증을 하게 되면 웹 프록시 등을 통해 우회 접근이 가능하므로 서버단에서 추가 검증이 필요하다.

② 이스케이프 텍스트 사용 예제

ㄱ 파라미터(name)에 〈script〉alert(document.cookie);〈/script〉와 같은 스크립트 코드가 그대로 사용되면 공격자에게 피해자의 쿠키 정보가 그대로 전송될 수 있다.

ㄴ 따라서 문자변환 함수나 replaceAll() 메소드를 사용하여 외부 입력 문자열에서 「&, ', ", 〈, 〉, /」와 같은 문자열을 「&amp, &#x27, &quot, &lt, &gt, &#x2F」 등으로 다음과 같은 구문을 사용하면 name에 악성코드가 포함되더라도 스크립트가 실행되지 않는다.

---

* DOM

웹 페이지에 대한 프로그래밍 인터페이스이다. 기본적으로 여러 프로그램들이 페이지의 콘텐츠 및 구조, 그리고 스타일을 읽고 조작할 수 있는 API를 제공한다. DOM은 원본 HTML 문서의 객체 기반 표현 방식이며 DOM의 개체 구조는 트리 노드(하나의 부모 줄기가 여러 개의 자식 나뭇가지, 나뭇잎들을 가질 수 있는 나무와 같은 구조)로 표현된다.

안전한 코드의 예(자바)

```
<%
String name = request.getParameter("name");
if(name != null)
{
    name = name.replaceAll("&", "&amp")
    name = name.replaceAll("'", "&#x27")
    name = name.replaceAll(""", "&quot")
    name = name.replaceAll("<", "&lt")
    name = name.replaceAll(">", "&gt")
    name = name.replaceAll("/", "&#x2F")
}
else {return;}
%>
```

3. 크로스 사이트 요청 변조(CSRF; Cross-Site Request Forgery) 공격

XSS의 공격으로 Stored XSS와 Reflected XSS 외에 2001년에 처음 발표된 CSRF 공격이 있다. 이 공격법은 특정 사용자를 대상으로 하지 않고 불특정한 다수를 대상으로 로그인된 사용자가 자신의 의지와는 무관하게 공격자가 의도한 행위(수정, 삭제, 등록, 송금 등)를 하게 만드는 공격을 말한다.

XSS을 이용한 공격이 사용자가 특정 웹 사이트를 신뢰하는 점을 노린 것이라면, CSRF는 특정 웹 사이트가 사용자의 웹 브라우저를 신뢰하는 상태를 노린 것이다. 일단 사용자가 웹 사이트에 로그인한 상태에서 CSRF 공격 코드가 삽입된 페이지를 열면, 공격 대상이 되는 웹 사이트는 위조된 공격 명령이 믿을 수 있는 사용자로부터 발송된 것으로 판단하게 되어 공격에 노출된다.

〈 CSRF 공격 과정 〉

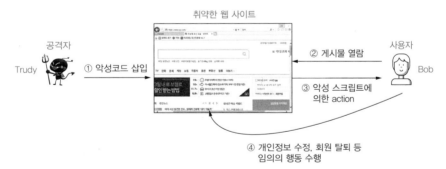

(1) **CSRF 공격을 하기 위한 사전 조건**: CSRF는 해커가 사용자의 컴퓨터를 감염시키거나 페이스북 서버를 해킹해서 이뤄지는 공격은 아니다. 그래서 CSRF 공격이 이뤄지려면 다음 조건이 만족되어야 한다.

① 위조 요청을 전송하는 서비스(페이스북)에 희생자가 로그인 상태로 있어야만 한다.

② 또한 희생자는 해커가 만든 피싱 사이트에 접속해 있어야 한다. 피싱 사이트가 아니더라도 해커가 XSS 공격을 성공한 정상 사이트를 통해 CSRF 공격을 수행할 수도 있다.

(2) 공격과정: CSRF는 사용자가 인증한 세션이 특정 공격을 수행하여도 계속 유지되어 정상적인 Request 와 비정상적인 Request를 구분하지 못하는 점을 이용하여 공격을 수행하는 것으로, 다음과 같은 과정을 거친다.

① 먼저 공격자는 취약한 웹 서버에 CSRF 코드를 삽입한다.

② 아무것도 모르는 사용자가 해당 사이트를 방문하면 악성 스크립트가 동작힌디.

③ 이 악성코드는 사용자로 하여금 개인정보 수정이나 회원 탈퇴 등 원치 않는 임의의 행동을 수행하도록 만든다.

(3) 보안대책

① 입력화면 폼(Form) 작성 시 GET 방식보단 POST 방식을 사용하고, 토큰을 이용하여 공격자의 직접적인 URL 사용이 동작되기 않도록 처리한다. 다음 그림은 토큰 방식을 사용한 안전한 코드의 작성 예이다.

② CSRF가 성립하려면 수정·삭제·등록하는 action에서 사용자를 구분하는 파라미터값이 존재하지 않아야 한다. 특정한 사용자를 구분하는 인수가 있으면 하나의 사용자에게만 적용되거나 인증과정을 통해 이 공격을 막을 수 있다.

〈 토큰방식을 사용한 CSRF 공격에 안전한 코드 작성 〉

```
// 입력화면이 요청되었을 때, 임의의 토큰을 생성한 후 세션에 저장한다.
session.setAttribute("SESSION_CSRF_TOKEN", UUID.randomUUID().toString());

// 입력화면에 임의의 토큰을 HIDDEN 필드항목의 값으로 설정해 서버로 전달되도록 한다.
<input type="hidden" name="param_csrf_token" value="${SESSION_CSRF_TOKEN}"/>

// 요청 파라미터와 세션에 저장된 토큰을 비교해서 일치하는 경우에만 요청을 처리한다.
String pToken = request.getParameter("param_csrf_token");
String sToken = (String)session.getAttribute("SESSION_CSRF_TOKEN");

if (pToken != null && pToken.equals(sToken) {
 // 일치하는 토큰이 존재하는 경우 -> 정상 처리
 ......

} else {
 // 토큰이 없거나 값이 일치하지 않는 경우 -> 오류 메시지 출력
 ......

}
```

4. 직접 객체 참조

직접 객체 참조란 파일, 디렉토리, 데이터베이스 키와 같은 내부적으로 처리되는 오브젝트가 노출되는 경우 파일 다운로드 취약점 등을 이용하여 시스템 파일에 접근하는 취약점 등을 의미한다. 접근통제에 의한 확인이나 다른 보호가 없다면, 공격자는 이 참조를 권한 없는 데이터에 접근하기 위해 조작할 수 있다.

또한 후술하는 파일 다운로드 취약점, 리버스 텔넷(리버스 셸, Riverse Shell) 및 디렉토리 리스트도 직접 객체 참조의 범주에 포함시킬 수 있다.

(1) 공격방법: 공격자는 시스템 사용권한을 획득한 자이며 파라미터값 변조를 통해 허가되지 않은 객체에 대한 접근을 한다.

(2) 대응방안

① 사용자 혹은 세션당 간접 객체 참조를 사용한다. 이를 통해 공격자가 허가되지 않은 자원을 직접적으로 공격 목표로 삼는 것을 방지할 수 있다.

② 신뢰할 수 없는 소스로부터 직접 객체 참조가 사용되면, 각각의 사용에 대해 요청한 객체가 사용자에게 접근이 허용되었는지 확인하기 위해서 반드시 접근통제 확인을 포함해야 한다.

5. 파일 다운로드 취약점

파일 다운로드 취약점은 다운로드 파일의 디렉토리에서 「../」와 같은 경로 변경 명령어 사용 금지 등 보안 조치를 하지 않아 다운로드 대상 파일이 위치한 디렉토리를 벗어나 다른 경로에 있는 파일까지 접근 가능한 취약점을 말한다.

(1) 접근 과정 및 파일 다운로드

① 파일 시스템에서 「.」는 현재 디렉토리를 의미하고 「..」는 상위 디렉토리를 의미한다. 즉, 파일 다운로드 취약점이 있으면 'cd ../../' 등의 명령을 사용하여 웹 서버 루트 디렉토리까지 접근이 가능하다.

예 취약성 디렉토리를 이용한 파일 다운로드 방법

다음 그림과 같은 디렉토리 구조에서 current 디렉토리를 'upload'라고 가정한다. current 디렉토리에서 상위 디렉토리에 있는 list.jsp에 접근하려면 'cd ../' 명령으로 커서를 이동시킨 후 ls 명령으로 파일 이름을 확인하고 필요한 파일(list.jsp)을 다운로드하면 된다. 공격자가 URL 창에서 Filename 변수에 '../list.jsp'라고 입력하여도 된다.

〈 임의의 디렉토리 파일 다운로드 〉

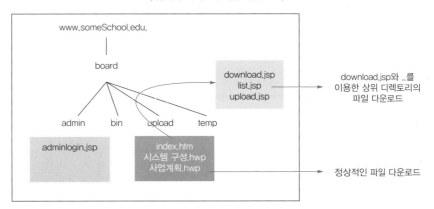

② 유닉스/리눅스 시스템의 /etc/passwd와 같이 사용자 계정과 관련된 중요 파일은 다음과 같은 형태로 시도할 수 있다.

http://www.someschool.edu/board/download.jsp?filename=/etc/passwd

(2) 파일 다운로드 취약점을 이용한 사이버 공격 유형

① 클라이언트에서 서버 측으로 임의의 파일을 보낼 수 있다는 것은 웹 서버가 가질 수 있는 치명적인 취약점이다. 왜냐하면 공격자는 웹 서버에 악의적인 파일을 전송하고, 원격지에서 내부 침투 공격을 수행할 수 있기 때문이다.

② 웹 해킹의 최종 목표는 리버스 텔넷과 같이 웹 서버의 통제권을 얻기 위해 공격자 입장에서는 반드시 성공해야 하는 공격이며, 국내에서 발생한 대규모 온라인 개인정보 유출사건은 대부분 이런 형태로 나타났다.

③ 대부분 게시판에서 이러한 공격 형태가 나타난다. 게시판에 첨부 파일로 업로드하는 악성 코드는 대부분 웹셸*이다.

(3) 대응 방안

① 파일 다운로드 경로에 '../' 문자가 포함되어 있을 경우 경고 메세지를 띄우도록 스크립트를 제작한다.

② 웹 애플리케이션에 포함된 파일 확장자를 서버에서 사용하는 언어의 확장자(서버사이드 스크립트)로 변경하면 클라이언트 측에서 내용 열람 및 다운로드가 되지 않는다.

③ 파일 나운로드 웹 애플리케이션을 담당하는 서버와 웹 서버를 물리적으로 분리시키는 방법이 있다.

6. 리버스 텔넷(리버스 셸, Reverse Shell)

(1) 리버스 텔넷과 방화벽

① 일반적으로 웹 서버는 방화벽 내부에 존재하고 웹 서버는 80번 포트를 이용한 웹 서비스만 제공하면 되기 때문에 웹 서버의 텔넷이 열려 있어도 방화벽으로 인해 공격자가 외부에서 접근할 수 없다.

〈 외부로부터 차단된 텔넷 접속 〉

② 보통 방화벽은 외부에서 내부로 들어오는 패킷을 필요한 포트 외에는 전부 차단한다. 하지만 내부에서 외부로 나가는 데이터에는 별도의 필터링을 수행하지 않는 경우가 많다. 리버스 텔넷은 이런 허점을 이용하는 것이다.

〈 내부에서 외부로 허용된 텔넷 접속 〉

(2) 리버스 텔넷 공격이 가능한 이유: 서버에서 나가는 서비스가 무엇인지 정확히 모르기 때문에 전부 막아 놓는다면 클라이언트와 통신이 되지 않는다. 이것을 악용하여 서버에서 클라이언트로 공격해 공격권을 갖는 것을 리버스 텔넷이라고 한다.

---

* 웹셸(Web Shell)

　　업로드 취약점을 통하여 시스템에 명령을 내릴 수 있는 코드를 말한다. 웹셸은 간단한 서버 스크립트(jsp, php, asp, …)로 만드는 방법이 널리 사용되며 이 스크립트들은 웹 서버의 취약점을 통해 업로드된다. 웹셸 설치 시 해커들은 보안 시스템을 피하여 별도의 인증 없이 시스템에 쉽게 접속 할 수 있다.

(3) 대응 방안

① 파일 업로드를 막아야 한다. .asp뿐만 아니라 리버스 텔넷 툴 같은 것이 실행되지 못하도록 .exe나 .com과 같은 실행파일도 업로드하지 못하게 해야 한다.

② 외부에서 내부로의 접속뿐만 아니라 내부에서 외부로의 불필요한 접속도 방화벽으로 막는 것이 좋다.

③ 파일 다운로드 요청 시, 요청 파일명에 대한 검증작업을 수행해야 하며 다운로드 받은 소스코드나 실행 파일은 무결성 검사를 실행해야 한다.

7. 보안설정 취약점

(1) 디렉토리 리스팅

① 디렉토리 리스팅이란 디렉토리 요청 시 기본문서*가 존재하지 않을 때 디렉토리 내 모든 파일 목록을 보여주는 기능이다.

② 디렉토리 검색 기능이 활성화되어 있는 경우 외부에서 디렉토리 내의 모든 파일에 대한 접근이 가능하여 웹 서버 구조 노출뿐만 아니라 백업 파일이나 소스 파일 등 공개되어서는 안 되는 중요 파일 노출이 가능하다.

③ 윈도우 웹 서버(IIS; Internet Information Service/Server)는 설정을 통해 디렉토리 검색 기능을 활성화할 수 있는데 보안을 위해서는 이 기능을 비활성화**해야 한다.

〈 윈도우 웹 서버(IIS)의 디렉토리 검색 기능 활성화/비활성화 〉

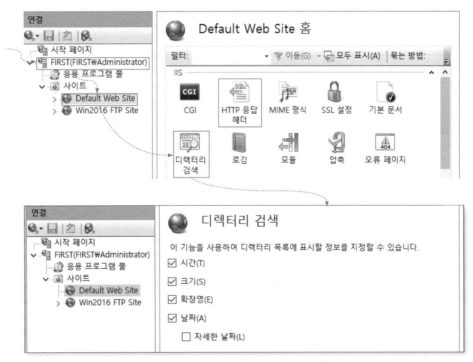

---

* 기본문서
  기본문서란 윈도우 웹 서버 접속 시, 처음으로 수행되는 파일로 Default.htm, Default.asp, index.htm, index.html, iistart.html 등 5개 파일이며 같은 기본문서라도 우선순위가 있다.

* 비활성화 방법
  [서버관리자 → 도구 → IIS관리자 → 서버명 → Default Web Site → 디렉토리 검색]으로 이동한 후 '디렉토리 검색'을 더블클릭 후, 우측 창에서 '사용 안 함'을 선택

PART 06

(2) 백업 및 임시 파일 존재

① 개발 과정에서 생긴 백업 파일은 웹상에 쉽게 노출될 수 있으며 .bak, .org, .old, .zip, .log 등 사용자 임의의 파일명을 사용하게 된다. 이러한 파일명은 웹 서버 설정에서 php, asp, jsp 등 해당 스크립트를 해석하도록 설정이 되어 있지 않은 경우가 많아 웹상에서 소스가 그대로 노출될 수 있다.

② 이럴 경우, 공격자의 입장에서는 백업 파일을 발견하면 웹 애플리케이션의 내부 로직 및 데이터베이스 접속 정보 등 중요한 정보를 획득할 수 있다.

③ 흔히 login.asp 파일이 웹 서버의 편집 프로그램에 의해 자동으로 생성되는 login.asp.bak과 같은 형태로 남는 경우를 말한다.

(3) 주석관리 미흡

① 일반적으로 프로그램의 주석은 개발자만 볼 수 있으나 웹 애플리케이션은 웹 프락시를 통해 이용자도 볼 수 있다.

② 주석에는 개발 과정이나 웹 애플리케이션의 관리 목적으로 주요 로직에 대한 설명, 디렉토리 구조, 텍스트 소스 정보 등의 여러 가지 정보가 기록될 수 있으니 개발 시 주석에 기록되는 정보를 주의해야 한다.

3 웹의 취약점 보완

1. 특수 문자 필터링

웹 취약점은 다양하지만 대부분 몇 가지 보완을 통해 막을 수 있다. 가장 대표적인 것이 특수 문자 필터링이다. 웹 해킹의 가장 기본적인 형태 중 하나가 인수 조작인데 인수 조작은 예외적인 실행을 유발시키기 위해 일반적으로 특수 문자를 포함하게 되어 있다.

〈 필터링 대상 주요 특수 문자 〉

특수 문자	주요 관련 공격	특수문자	주요 관련 공격
〈	XSS	=	SQL 삽입 공격
〉	XSS	;	SQL 삽입 공격
&	XSS	*	SQL 삽입 공격
"	XSS	.	SQL 삽입 공격
?	XSS	..	SQL 삽입 공격
'	XSS, SQL 삽입 공격	/	XSS, SQL 삽입 공격
—	SQL 삽입 공격		

(1) **특수 문자 필터링을 통한 웹의 취약점 보완**: 앞에서 XSS 공격을 살펴봤다. XSS의 취약점 발생 원인으로는 사용자가 입력하는 값(예) title, 메시지 내용)을 필터링 없이 DB의 쿼리문에 입력하는 데 있다. 따라서 웹 애플리케이션의 파일을 업로드하는 부분에서 파일명이나 확장자에 대한 필터링 기능이 있는지를 살펴보아야 한다. getRawParameter 대신에 getParameter를 사용하여 필터링 기능을 강화해야 한다. 또한 아이디와 패스워드를 넣는 부분에 문자열을 받지 못하도록 ASP 코드를 다음과 같이 수정할 수 있다.

```
if check_id="y" then
            Response.Cookies("user_id")=id
            Response.Cookies("user_id").Expires = date() + 365
end if

id = replace(id,"'","''")
password = replace(password,"'","''")
if instr(id,"'") or instr(password,"'")Then
%>

<script language=javascript>
alert("입력할 수 없는 문자입니다.\n\n");
history.back();
</script>
```

(2) **특수 문자 필터링을 통한 XSS 공격 방지**: XSS 공격은 다음과 같은 함수를 이용해서 본문에 포함되는 주요 특수문자를 제거할 수 있다.

```
function RemoveBad(InStr){
    InStr = InStr.replace(/\</g,"");
    InStr = InStr.replace(/\>/g,"");
    InStr = InStr.replace(/\&/g,"");
    InStr = InStr.replace(/\"/g,"");
    InStr = InStr.replace(/\?/g,"");
    InStr = InStr.replace(/\'/g,"");
    InStr = InStr.replace(/\//g,"");
    return InStr;
}
```

2. 서버 측 통제작용

파일 업로드 취약점이나 특수문자 필터링을 수행할 때 주의할 점은 자바 스크립트와 같은 클라이언트 측 스크립트(CSS; Client Side Script) 기반의 언어로 필터링을 하면 안 된다는 것이다. CSS 기반의 언어는 웹 프록시를 통해 웹 브라우저에 전달되기 때문에 웹 프록시를 통해 전달되는 과정에서 변조될 가능성이 있다.

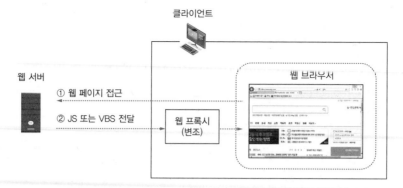

〈 사용자의 입력을 필터링한 후 SQL Injection 공격 실패 〉

CSS 기반의 언어로 필터링할 경우, 공격자가 필터링 로직만 파악하면 쉽게 필터링이 무력화된다. 즉, 필터링 로직은 ASP, JSP와 같은 서버측 스크립트(SSS; Server Side Script)로 필터링을 수행하여야 한다.

3. 지속적 세션 관리

URL 접근 제한 실패를 막기 위해서는 기본적으로 모든 웹 페이지에 세션에 관한 인증을 수행해야 한다. 모든 웹 페이지에 대해 일관성 있는 인증 로직을 적용하려면 기업 단위에서 또는 웹 사이트 단위에서 세션 인증 로직을 표준화하고, 모든 웹 페이지를 개발할 때, 해당 표준을 준수하도록 해야 한다.

4 웹 방화벽

웹 방화벽(WAF; Web Application Firewall)이란 일반적인 네트워크 방화벽(Firewall)과는 달리 웹 애플리케이션 보안에 특화되어 개발된 솔루션으로 SQL 인젝션, XSS 등과 같은 웹 공격을 탐지하고 차단하는 것이다. 또한 웹 방화벽은 직접적인 웹 공격 대응 이외에도, 정보유출 방지 솔루션, 부정 로그인 방지 솔루션, 웹 사이트 위·변조 방지 솔루션 등으로 활용이 가능하다.

1. 주요 특징

웹 방화벽은 HTTP의 Request/Response 메시지 내용을 분석, Positive 정책과 Negative 정책을 혼용하여 탐지 기능을 수행하게 된다.

(1) URL 단위의 탐지 기능

① 서비스를 제공할 URL을 Positive 정책으로 설정하면, 등록된 URL 외의 다른 URL을 사용자가 요청할 경우 탐지하여 요청거부 메시지를 보낸다.

② 악의적인 사용자가 정상적인 URL 외의 다른 URL 접근을 원천적으로 봉쇄할 수 있으며 Request Method(GET, POST, OPTION)까지도 Positive 정책에 설정할 수 있다. 특정 URL에서만 사용하는 Cookie/Hidden 필드나 Parameter 값들을 설정하여 보다 정교한 탐지 기능의 제공이 가능하다.

③ Negative 정책에서는 정상적인 URL에서 악의적인 공격 패턴(XSS, SQL Injection 등)을 검출해 내는 문자열 비교 정책을 추가할 수 있다.

(2) 파일 업로드 제어기능과 파일 검사기능 지원

① 사용자들이 웹 서버로 업로드하는 파일에 대해 파일의 종류 및 업로드 파일의 내용을 검사하여 악의적인 공격 형태의 파일들은 업로드가 차단된다.

② 웹 서버의 에러 또는 오류 정보를 차단하여, 악의적인 사용자가 웹 서버에 대한 정보를 알 수 없게 하며 요즘은 주요 정보를 차단하는 데 더 많이 이용되고 있다.

③ 사용자의 주민번호, 핸드폰번호, 집 주소, E-mail 주소, 카드번호 등의 개인 정보들이 다른 사용자들에게 노출되는 것을 방지할 수 있게 한다.

2. 기존 방화벽과의 차이

구분	웹 방화벽	기존 방화벽
목적	유해 HTTP의 차단	유해 포트의 차단
동작 계층	애플리케이션 계층	네트워크 계층
동작 방식	규칙+애플리케이션 로직	일련의 규칙에 의해 동작

01 다음 웹 서비스 공격 기법에 대한 설명으로 바르게 짝지어진 것은?

> **보기**
>
> (가) 공격자가 게시판에 악성 스크립트를 저장하여 피해자가 해당 글을 읽을 경우 악성 스크립트가 실행되도록 하는 공격 기법
> (나) 공격자가 입력 폼 및 URL 입력란에 SQL문을 삽입하여 정보를 열람하거나 조작하는 공격 기법
> (다) 공격자가 의도한 웹사이트 사용행위를 사용자 자신의 의도와는 무관하게 특정 웹사이트에 요청하게 만드는 공격 기법

	(가)	(나)	(다)
①	XSS	SQL Injection	XXE
②	XSS	SQL Injection	CSRF
③	XXE	SQL Injection	CSRF
④	XXE	CSRF	XSS

02 SQL 삽입 공격에 대한 설명으로 옳지 않은 것은?

① 사용자 요청이 웹 서버의 애플리케이션을 거쳐 데이터베이스에 전달되고 그 결과가 반환되는 구조에서 주로 발생한다.

② 공격이 성공하면 데이터베이스에 무단 접근하여 자료를 유출하거나 변조시키는 결과가 초래될 수 있다.

③ 사용자의 입력값으로 웹 사이트의 SQL 질의가 완성되는 약점을 이용한 것이다.

④ 자바 스크립트와 같은 CSS(Client Side Script) 기반 언어로, 사용자 입력을 필터링하는 방법으로 공격에 대응하는 것이 바람직하다.

03 웹 보안을 위한 TLS 프로토콜의 핸드셰이크 과정에서 클라이언트와 서버가 Cipher Suite로 TLS_RSA_WITH_AES_128_CBC_SHA256을 채택하였다. 다음 설명 중 가장 적절하지 않은 것은?

① RSA 알고리즘을 이용하여 상호 인증을 수행한다.

② 레코드 프로토콜에서 데이터를 암호화할 때, 128비트 키 AES 알고리즘을 CBC 모드로 사용한다.

③ 사용 중인 AES 알고리즘은 암호명세변경(ChangeCipherSpec) 프로토콜을 통해 변경할 수 있다.

④ 레코드 프로토콜에서 메시지 인증값은 해시함수 SHA256을 CBC-MAC 방식으로 사용하여 만든다.

04 웹 사이트와 브라우저에 대한 공격 유형에 관한 설명 중 ㉠과㉡에 들어갈 용어로 가장 적절하게 연결된 것은?

> **보기**
>
> • (㉠) 공격법의 한 예로는 URL에 인자 형태로 악성 스크립트를 포함시킨 메일을 사용자에게 보낸 후, 사용자가 URL을 클릭하면 서버로부터 반송된 오류 메시지에 포함된 악성 스크립트가 실행되는 방법이 있다.
> • (㉡) 공격법의 한 예로는 로그인 상태인 사용자의 세션 쿠키와 다른 인증정보를 취약한 웹 애플리케이션에 자동으로 포함시키고, 공격자가 의도한 HTTP 요청을 사용자가 보낸 것처럼 자동으로 보내는 방법이 있다.

	㉠	㉡
①	Reflected XSS	CSRF
②	SQL Injection	Reflected XSS
③	CSRF	SQL Injection
④	Reflected XSS	S-HTTP

05 패스워드를 이용해서 원격 사용자를 인증하는 경우, 호스트는 비표(Nonce)라는 일회성 임의 숫자 r을 생성하고 이와 함께 두 함수 h()와 f()를 사용자에게 제시한다. 사용자는 이에 대한 응답으로 f(r', h(P'))를 반환한다. 호스트는 r'=r, h(P')=h(사용자 패스워드)의 여부를 판단하여 인증을 완료한다. 이때 r을 사용하는 것은 어떤 공격에 대비하기 위한 것인가?

① 전사 공격(Brute-Force Attack)
② 트래픽 스니핑 공격(Traffic Sniffing Attack)
③ 패스워드 사전 공격(Password Dictionary Attack)
④ 재전송 공격(Replay Attack)

01 　　　　　　　　　　　　　　　　정답 ②

(가) XSS(Cross-Site-Scripting), (나) SQL Injection, (다) CSRF(크로스 사이트 요청 변조) 공격에 대한 설명이다.

• XXE
　– OWASP(국제웹보안표준기구)가 2020년 발표한 웹에 관한 10대 취약요소 중 4번째로 언급된 위험요소이다.
　– XML 외부개체(XML External Entities)의 준말로, XML 문서 내에서 동적으로 외부 URL의 리소스를 포함시킬 수 있는 외부 개체를 사용할 때 발생한다.
　– XML의 취약점 데이터를 가져오거나 서버에서 원격 실행을 요청, 내부 시스템 탐지, 서비스 거부공격 수행 등에 사용될 가능성이 있다.

02 　　　　　　　　　　　　　　　　정답 ④

④ 자바스크립트 및 비주얼 베이직 스크립트와 같은 CSS (Client Side Script) 기반 언어로 웹 서버를 구축하면 서버는 클라이언트 측의 요청에 의해 해당 스크립트가 웹 프록시를 통해 클라이언트의 웹 브라우저로 전달된다.

03 　　　　　　　　　　　　　　　　정답 ④

④ CBC는 블록암호 운영방식이다. SHA-256은 해시함수이므로 SHA-256을 블록암호 운영방식으로는 사용할 수 없다.

• 문제에 제시된 내용은 키 교환 및 인증 알고리즘으로 RSA를 사용하고, 대칭키 암호화 알고리즘으로는 AES, 암호키 길이는 128비트, HMAC용 해시 알고리즘으로는 SHA-256을 사용하는 cipher suite이다.

04 　　　　　　　　　　　　　　　　정답 ①

㉠ Reflected XSS 공격이란 스크립트를 반사하기 때문에 얻어진 이름이다. 먼저 공격자는 어느 한 사용자에게 이메일 등으로 피싱을 시도한다. 이 이메일에는 세션 쿠키와 같은 정보들을 빼갈 수 있는 스크립트를 심어둔다.
㉡ 웹 애플리케이션에서 정상적인 경로를 통한 요청과 비정상적인 경로를 통한 요청을 서버가 구분하지 못하는 경우를 악용하는 CSRF 공격에 대한 설명이다.

05 　　　　　　　　　　　　　　　　정답 ④

④ 재전송 공격을 막을 수 있는 방법에는 순서번호, 타임스탬프, 비표(Nonce), 시도응답 방법 등이 있다.

PART
06

06 HTTP 버전 1.1에 대한 설명으로 옳지 않은 것은?

① TCP를 전송 프로토콜로 사용한다.

② 요청 메시지의 첫 줄인 요청라인에는 메소드, URL, HTTP 버전 필드가 포함된다.

③ 요청과 그에 대한 응답이 같은 연결로 보내지는 지속 연결(Persistent Cnnection)을 기본으로 하며, 분리된 별도의 연결을 이용하는 비지속 연결(Non-persistent Connection)도 지원한다.

④ HTTP 서버가 클라이언트에 대한 정보를 유지하는 상태(Stateful) 프로토콜이다.

07 취약한 웹 사이트에 로그인한 사용자가 자신의 의지와는 무관하게 공격자가 의도한 행위(수정, 삭제, 등록 등)를 일으키도록 위조된 HTTP 요청을 웹 응용 프로그램에 전송하는 공격은?

① DoS 공격

② 취약한 인증 및 세션 공격

③ SQL 삽입 공격

④ CSRF 공격

08 SSL 프로토콜에 대한 설명으로 옳지 않은 것은?

① 서버와 클라이언트 간 양방향 통신에 동일한 암호화키를 사용한다.

② 웹 서비스 이외에 다른 응용 프로그램에도 적용할 수 있다.

③ 단편화, 압축, MAC 추가, 암호화, SSL 레코드 헤더 추가의 과정으로 이루어진다.

④ 암호화 기능을 사용하면 주고받는 데이터가 인터넷상에서 도청되는 위험성을 줄일 수 있다.

09 SSL(Secure Socket Layer) 프로토콜에 대한 설명으로 옳지 않은 것은?

① Change Cipher Spec: Handshake 프로토콜에 의해 협상된 암호규격과 암호키를 이용하여 추후의 레코드 계층의 메시지를 보호할 것을 지시한다.

② Handshake: 서버와 클라이언트 간 상호인증 기능을 수행하고, 암호화 알고리즘과 이에 따른 키 교환 시 사용된다.

③ Alert: 내부적 및 외부적 보안 연관을 생성하기 위해 설계된 프로토콜이며, Peer가 IP 패킷을 송신할 필요가 있을 때, 트래픽의 유형에 해당하는 SA가 있는지를 알아보기 위해 보안 정책 데이터베이스를 조회한다.

④ Record: 상위계층으로부터 수신하는 메시지를 전달하며 메시지는 단편화되거나 선택적으로 압축된다.

10 네트워크 보안 프로토콜에 대한 설명 중 가장 적절하지 않은 것은?

① EAP(Extensible Authentication Protocol)는 다양한 인증 방법을 지원하는 네트워크 접근 제어 프로토콜이다.

② IPsec은 AH(Authentication Header)를 통해 인증, 무결성, 기밀성을 제공한다.

③ TLS(Transport Layer Security)는 최근 버전1.3으로 표준화되었으며, 핸드셰이크(Handshake) 과정을 통해 암호화에 필요한 알고리즘 및 관련 매개변수를 교환한다.

④ DNSSEC(DNS Security)은 DNS 데이터 인증과 무결성을 보장하지만, DNS 서버에 대한 DoS(Denial of Service) 공격은 막지 못한다.

06   정답 ④

④ 클라이언트의 요청에 의해 서버가 클라이언트에 요청 파일을 보낼 때 서버는 클라이언트에 어떠한 상태 정보도 저장하지 않는다. 이 때문에 HTTP를 'Stateless Protocol'이라고 한다.

07   정답 ④

④ 2001년에 처음 발표된 CSRF 공격법은 특정 사용자를 대상으로 하지 않고 불특정한 다수를 대상으로 로그인된 사용자가 자신의 의지와는 무관하게 공격자가 의도한 행위(수정, 삭제, 등록, 송금 등)를 하게 만드는 공격을 말한다.

08   정답 ①

① SSL 통신에서 서버에서 클라이언트로 향하는 데이터 보호용 키와 클라이언트에서 서버로 향하는 데이터 보호를 위해 사용하는 키는 다르다. 따라서 동일한 암호화 키를 사용한다는 말은 옳지 않다.

• SSL의 키 운용체계: 최초 PMS(Pre Master Secret) 키로부터 MS(Master Secret) 키가 만들어지며 MS 키로부터 2종의 암호화 키와 인증용 키(MAC 키)가 생성(총 4개)된다.

09   정답 ③

③ IKE 프로토콜에 대한 설명이다. Alert 프로토콜은 SSL 통신을 하는 도중 클라이언트와 웹 서버 중 누군가의 에러나 세션의 종료, 비정상적인 동작이 발생할 시에 사용되는 프로토콜이다.

PART
06

10   정답 ②

② AH는 인증, 무결성을 제공하지만 기밀성은 제공하지 않는다. 기밀성은 ESP를 통해 제공된다.

③ TLS는 SSL의 후속 버전이므로 기본적으로 SSL의 핸드셰이크 과정을 동일하게 수행한다.

CHAPTER 02

파일 프로토콜과 이메일 보안

01 파일 프로토콜

파일 프로토콜은 크게 파일전송 프로토콜과 자원 공유 프로토콜로 구별할 수 있다. 파일전송 프로토콜에는 FTP
와 TFTP가 있다. FTP는 트랜스포트 계층 프로토콜인 TCP상에서 동작하며 TFTP는 UDP상에서 동작한다.
또한 자원 공유 프로토콜에는 NFS(Network File System)와 Samba가 있다. NFS는 대용량 프로그램이나
데이터들을 하나의 서버에 저장하여 놓고 이를 여러 클라이언트들이 마운트하여 사용한다. 즉, 클라이언트마
다 동일한 프로그램을 설치할 필요가 없고 관리 면에서도 매우 편리하다. 이외 자원 공유 프로토콜에 Samba
가 있다. Samba는 리눅스에서 윈도우 시스템에게 파일 시스템이나 프린터를 공유할 수 있도록 해주는 프로
그램이다.

1 파일 전송 프로토콜(FTP; File Transfer Protocol)

FTP는 TCP/IP 프로토콜상에서 서버와 클라이언트 사이의 파일 전송을 하기 위한 프로토콜로 트랜스포트
계층의 윗 레벨인 응용계층에서 동작한다. 역사는 오래 되었지만 지금도 인터넷에서 자주 사용된다.

보통 응용계층의 애플리케이션들이 1개의 연결을 설정하는 데 반해, FTP는 두 개의 연결을 설정한다. 하
나의 연결(20번 포트)은 데이터 전송을 위하여 사용되고, 또 다른 하나(21번 포트)는 명령과 응답 등의 제
어 정보를 위하여 사용된다.

최초의 FTP 클라이언트 애플리케이션들은 운영체제가 그래픽 사용자 인터페이스를 갖추기 이전에 개발된
명령 줄 프로그램이었으며, 현재에도 대부분의 운영체제에 기본적으로 포함되어 있다. 그 뒤로 수많은
FTP 클라이언트 및 오토메이션 유틸리티들이 데스크톱, 서버, 모바일 장치, 하드웨어용으로 개발되고 있
으며, FTP는 웹 페이지 편집기와 같은 생산성 응용 프로그램들에 통합되고 있다.

1. FTP 로그인 순서와 인증

일반적으로 사용하는 FTP 인증 방식은 단순한 ID/패스워드 방식으로 상당히 초보적이다. 다음 그림 〈FTP
연결과정〉은 클라이언트에서 FTP 서버로 연결하는 과정으로 가상 머신에서 실현한 결과이다. 두 호스트는
둘다 리눅스(Kali) 운영체제로, FTP 서버로 동작하기 위해서는 서버측은 FTP 데몬이 먼저 기동되어 있어
야만 한다. 이는 'service vsftpd restart' 명령으로 가능하다.

〈 FTP 연결과정 〉

FTP 서버　　　　　　　　　　　　　　　　클라이언트

FTP 접속(ID/패스워드)

IP: 192.168.0.51　　　　　　　　　　　　ftp 192.168.0.51

ftp 192.168.0.51

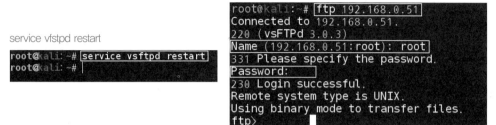

service vfstpd restart

```
root@kali:~# service vsftpd restart
root@kali:~#
```

```
root@kali:~# ftp 192.168.0.51
Connected to 192.168.0.51.
220 (vsFTPd 3.0.3)
Name (192.168.0.51:root): root
331 Please specify the password.
Password:
230 Login successful.
Remote system type is UNIX.
Using binary mode to transfer files.
ftp>
```

2. FTP 연결

HTTP와는 달리 연결의 종류는 아래와 같이 '제어(명령) 채널'과 '데이터 채널'의 2가지가 있다.

(1) 제어(명령) 채널: 먼저 제어 포트인 서버 21번 포트로 사용자 인증, 명령을 위한 연결이 만들어지고, 여기를 통해 클라이언트의 명령이 전달된다.

(2) 데이터 채널: 실제 파일 전송은 필요할 때 새로운 연결이 만들어지며 능동 모드와 수동 모드로 구분된다. 능동 모드에서는 서버 20번 포트를 통해 서비스가 이루어지며, 수동 모드에서는 서버 측 포트는 1,024번 이상을 사용한다.

① **FTP 능동(Active) 모드(일반 연결)**: 서버는 20번 포트를 통해 클라이언트가 지정한 지점으로 데이터 연결을 만든다. 클라이언트가 지정하는 포트는 주로 1023보다 큰 번호가 매겨진 포트이다. 클라이언트가 방화벽, NAT' 등을 사용하는 환경일 때에 잘 동작하지 않을 수 있는데, 이때는 수동 모드를 이용하면 된다.

〈 FTP 능동 모드 〉

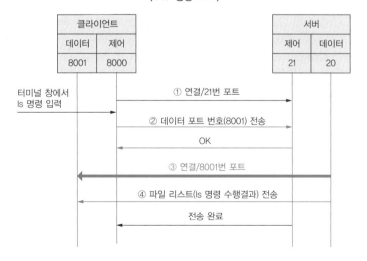

클라이언트		서버	
데이터	제어	제어	데이터
8001	8000	21	20

터미널 창에서
ls 명령 입력

① 연결/21번 포트

② 데이터 포트 번호(8001) 전송

OK

③ 연결/8001번 포트

④ 파일 리스트(ls 명령 수행결과) 전송

전송 완료

② FTP 수동(Passive) 모드(수동 연결): 클라이언트는 서버에 FTP 접속을 하려고, 1024번 이상의 포트를 골라서 접속요청을 하며 데이터 채널을 해당 포트에 +1을 더한 포트를 사용한다. 예를 들어 클라이언트가 1080번 포트를 사용하여 서버에 FTP 접속 요청을 하면 서버는 21번 포트와 클라이언트 1080번과 연결을 수락한다. 다음, 서버 측 1024번 이상의 빈 포트와 클라이언트의 1081번 포트 간 데이터 채널이 형성되며 이 번설을 통해 클라이언트가 데이터를 요청하고 클라이언트가 서버에서 데이터를 가져온다.

〈 FTP 수동 모드 〉

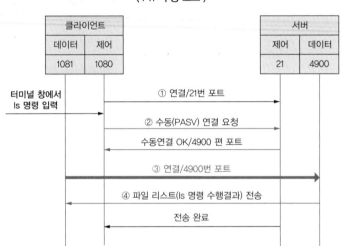

※ [서버] → [클라이언트 쪽 방화벽(필터링: 대부분 80port만 허용)] → [클라이언트]
보안 측면을 고려한다면 서버 측 입장에서는 수동 모드를 사용하지 않도록 하는 것이 바람직하다. 서버에서 클라이언트로 접속할 때는 위험이 적지만 클라이언트가 서버로 직접 접속할 때의 위험도는 상당히 커지기 때문이다.

2 익명(Anonymous) FTP

1. 익명 FTP란?

인터넷에 연결된 많은 FTP 서버들은 사용자 계정이 없어도 자체적으로 구축한 데이터 자원의 접근을 어느 정도 자유롭게 허가하는 일명 익명 FTP 서버 접근 권한을 제공하고 있다. 계정을 갖고 있지 않은 사용자가 '익명 FTP'에 접속하여 사용하려면 사용자 이름은 Anonymous, 패스워드는 Guest 또는 자신의 이메일 주소를 사용한다. 이때 입력하는 패스워드는 실제 패스워드가 아니라 누가 접속하고 있는지 서버가 로그에 기록하는 데 쓰일 뿐이다. 패스워드를 넣지 않거나 어떤 내용을 넣더라도 로그인하는 데 문제가 없지만, 대개 자신의 이메일 주소를 쳐 넣는 것이 통신상의 예의로 되어 있다.

2. 익명 FTP 취약점

FTP를 설치하게 되면 Default로 익명 FTP가 실행된다. 하지만 보안 절차를 거치지 않고 익명으로 사용하는 사용자에게 FTP 서버 접근을 허용하는 경우 여러 가지 보안상 문제점이 발생한다.

(1) 익명 FTP 서버로 사용자들이 데이터를 업로드할 수 있는 기능을 제공하는 경우 악의를 가진 사용자가 문제가 있는 소프트웨어를 업로드하면 심각한 문제를 유발할 수도 있다.

(2) 익명 FTP 서버에 침입자가 침입하여 루트 권한을 획득할 경우 서버에 있는 모든 자료들을 수정할 수 있기 때문에 서버가 신뢰하는 자료를 가지고 있다고 보기 어렵다.

※ 수백 GB의 자료를 가지고 있던 서버가 침입을 당했을 경우 저장 자료들은 믿을 수가 없기 때문에 처음부터 다시 자료들을 미러링해와야 하므로 안정된 FTP 서비스 제공이 어려워지게 된다.

3 간단한 파일 전송 프로토콜(TFTP; Trivial File Transfer Protocol)

TFTP는 FTP와 마찬가지로 파일을 전송하기 위한 프로토콜이지만, FTP보다 더 단순한 방식으로 파일을 전송한다. 따라서 데이터 전송 과정에서 데이터가 손실될 수 있는 등 불안정하다는 단점이 있지만 FTP처럼 복잡한 프로토콜을 사용하지 않기 때문에 구현이 간단하다.

〈 FTP와 TFTP의 비교 〉

구분	FTP	TFTP
프로토콜	TCP 기반 위에서 동작하는 연결지향 프로토콜	UDP 기반 위에서 동작하는 비연결형 프로토콜
신뢰성	전송데이터의 신뢰성을 보장	전송데이터의 신뢰성을 보장하지 못함
데이터 표현	제한 없음	ASCII, 바이너리
서비스	파일을 받고, 보내고, 삭제하는 등 다양한 명령을 구비	파일을 보내고 받는 기능만 지원
인증기능	인증기능 있음	인증기능 없음(삭제와 같은 기능을 지원하지 않음)
전달 속도	TFTP보다 상대적으로 느리며, 큰 용량의 파일 전송에 유용	보안에 대한 옵션이 없어서 TFTP보다 상대적으로 빠르며, 작은 용량의 파일 전송에 유용(LAN 환경에 적합)
기타	슬라이딩 윈도우를 통해 흐름제어를 수행	• 흐름제어와 오류제어 기능 없음 • 라우터가 설정파일과 ISO 이미지를 받아올 때 사용 • 데이터는 512B 블록단위로 전송

4 파일 서버(File Server)

파일 서버는 네트워크에 연결된 컴퓨터로, 주로 LAN으로, 컴퓨터 네트워킹의 클라이언트-서버 모델의 일부로 여러 컴퓨터의 중앙 집중식 데이터 저장소로 사용되며 대부분의 사무실 환경에서는 별도로 파일 서비스를 위한 컴퓨터가 존재한다.

1. 파일 서버의 분류

파일 서버를 접근 방식에 의해 분류하면 다음과 같이 인터넷 파일 서버와 LAN상의 파일 서버로 분류할 수 있다.

(1) 인터넷 파일 서버: 주로 FTP 또는 HTTP를 통해서 접근할 수 있다.

(2) LAN 상의 파일 서버: SMB/CIFS 프로토콜(윈도우 및 유닉스 계열) 또는 NFS 프로토콜(유닉스 계열 시스템)에 의해 접근하는 것이 일반적이다.

(3) 윈도우-윈도우 간 파일 서버 구축은 CIFS(Common Internet File System)를 사용해서 클라이언트와 스토리지를 공유*한다.

(4) 리눅스-리눅스 간은 CIFS가 아닌 NFS(Network File System)를 사용하며 리눅스-윈도우 간은 삼바(Samba)를 이용한다.

2. 파일 전송 프로토콜

(1) SMB(Server Message Block)

① 윈도우 시스템이 다른 시스템의 디스크나 프린터와 같은 자원을 공유할 수 있도록 MS社와 인텔이 공동으로 개발하였으며 Samba의 핵심이 되는 프로토콜이다.

② TCP/IP 기반 하의 NetBIOS 프로토콜을 사용하며 NFS, NIS, lpd와 같은 유닉스의 분산 인증구조와 유사하다.

(2) CIFS(Common Internet File System)

① CIFS는 SMB로도 잘 알려져 있는 네트워크 프로토콜로, LAN 환경에서 윈도우와 유닉스 환경을 동시에 지원 가능할 뿐 아니라 기업의 인트라넷**이나 인터넷을 통해 파일을 공유하는 표준이라고 할 수 있다.

② CIFS는 이전의 폐쇄적인 SMB 프로토콜과는 달리 여러 유닉스 업체들이 참여하여 작성하였다.

(3) 삼바(Samba)

① 삼바는 SMB 프로토콜을 사용하여 유닉스/리눅스 계열 시스템과 윈도우 시스템 간의 파일 및 프린터 자원을 공유할 수 있는 기능을 제공한다.

② MS-DOS 클라이언트가 SUN 마이크로 시스템의 자원을 공유할 목적으로 최초 개발되었다.

③ 윈도우 플랫폼과 상호작용하는 SMB 프로토콜의 중요성 때문에 삼바는 마이크로소프트 OS가 아닌 데서도 호환되는 가장 유명한 SMB 서버-클라이언트 프로토콜의 구현 모델이 되었다. 또한 삼바 버전 2.2 이상에서는 CIFS 규약을 잘 준수하여 안정성이 상당히 향상되었다.

---

* 공유
   마우스 오른쪽 → 속성 → 공유로 해당 폴더를 공유하고, 다른 PC에서 네트워크 드라이브 연결로 상대방 PC의 스토리지를 원격 접속한다.

** 인트라넷
   'Part 05 네트워크 보안-Chapter 06 보안시스템의 이해-〈04〉 터널링과 VPN' 참조

④ 최신 버전은 http://www.samba.org에서 구할 수 있으며, 리눅스의 경우에는 최초 설치 과정에서 삼바 설치를 기본적으로 제공한다.

(4) NFS(Network File System)

① TCP/IP를 사용하여 네트워크상에서 파일시스템을 운영할 수 있도록 해주는 프로토콜로서, 다른 호스트에 있는 파일 시스템의 일부를 자신의 디렉토리인 것처럼 마운트하여 사용할 수 있다. 즉, 데이터의 보안과 무결성을 보장하면서 인증된 네트워크 사용자가 공유된 네트워크 파일을 자신의 저장장치에 있는 것처럼 사용할 수 있도록 해준다.

② 여러 명이 함께 사용하는 대용량 프로그램이나 데이터를 하나의 호스트에 저장해 놓고 NFS로 연결하여 사용한다.

③ 삼바가 무료 개방 정책을 이용해서 널리 보급된 상황과 정반대로 NFS는 300개가 넘는 회사에서 라이선스 계약을 체결함으로써 업계 표준 규약으로 자리잡았다.

5 FTP 보안위협 및 대책

FTP의 보안 위협요소로는 제일 먼저 거론되는 것이 FTP 설치 시 디폴트로 생성되는 익명 FTP 운영상의 취약점과 운영과정에서 발생하는 사용자 인증정보에 대한 보안대책이 없다는 것이다. 그 다음 취약요인으로 프로토콜 자제의 특성을 이용한 바운스 공격이 있다.

1. FTP 설치 · 운영상 취약 요인에 대한 대응책

(1) SSL 프로토콜 사용: FTP 운영계층과 전송계층 사이에 보안 통신이 가능하도록 SSL 통신 계층을 추가한다. 이러한 경우의 FTP를 SSL-FTP라 한다.

(2) SFTP(Secure File Transfer Protocol): SFTP는 SSH에서 SSH 클라이언트와 SSH 서버 사이에 보안 연결이 성립되었을 때 사용하는 응용 프로그램으로 전송 시 모든 정보를 암호화한다. 다시 말하면 SFTP는 SSH 응용 요소의 일부이다. SFTP 프로그램은 FTP처럼 동작할 수 있는 양방향 프로그램이며 SSH 클라이언트와 SSH 서버 사이에서 파일을 전송하기 위해 인터페이스 명령 세트를 사용한다.

(3) TFTP 보안

① TFTP는 69/udp 포트를 사용하고 인증절차가 없기 때문에 접근제어가 제대로 안 되어 있으면 임의로 디렉토리 및 파일에 접근이 가능하다.

② 따라서 TFTP 서비스가 필요하지 않을 경우 비활성화로 설정하며, TFTP가 필요하다면 secure mode로 운영한다. 즉, chroot 기능을 이용하여 지정한 디렉토리 밖으로는 접근이 불가능하게 조치한다.

③ TFTP 서버 근처에 있는 라우터에 보안을 구현하여, 특정 호스트만 서버에 접근하도록 통제한다.

2. Baunce Attack

(1) FTP 프로토콜 구조의 허점을 이용한 공격 방법이다. 제어채널과 데이터 채널을 다르게 사용하고 데이터 채널을 생성할 때 목적지를 확인하지 않는 FTP 설계의 구조적 취약점을 이용하는 공격이다.

(2) FTP는 서버/클라이언트 구조로 이루어져 있으며 두 호스트 간의 통신을 위해 2개의 포트를 사용한다. 능동모드에서 FTP 서버에 파일을 요청하면 클라이언트에서 파일을 받을 IP와 포트를 지정해서 서버에 전달한다.

(3) 이때 IP와 포트를 요청한 클라이언트가 자신이 아닌 임의의 주소로 위장할 수 있는데 이러한 FTP 설계의 취약점을 이용한 공격방법이다.

(4) 주로 익명 FTP 서버를 이용, PORT 명령을 조작하여 공격대상 네트워크를 스캔하고 FTP 서버로 하여금 공격자가 원하는 지점으로 데이터를 전송하게 만든다.

(5) 바운스 공격에 대한 대응책으로는 FTP에 대한 원래 규약은 인정하되 다른 서비스가 20번 포트를 거절하도록 한다. 즉, 제어 채널의 20번 포트 사용을 금지하도록 하는 것은 물론, 익명 FTP 시비의 경우 임시적으로 ./incoming에 악의적 익명 사용자가 파일을 업로드할 수 없도록 보안 설정하여 놓는다.

3. 익명 FTP 보안 대책

(1) Anonymous FTP 서비스만 제공하는 호스트를 구축한다. FTP 이외의 다른 서비스를 제공하는 호스트를 구축할 경우, 호스트의 보안을 설정하는 데 많은 문제점을 야기할 수 있다. 또한 이렇게 설치한 FTP 서버에는 일반 사용자 계정을 두지 않도록 한다.

(2) 사용자 계정에 대한 최소한의 정보만 유지한다. FTP 서버 구축 시 ftp/etc 디렉토리에 passwd와 group 파일이 자동 생성된다. 이 파일을 통해 사용자와 그룹의 정보가 유출될 수 있기 때문에 보안 수준을 높이고 싶다면 이 파일을 만들지 않는 방법이 추천되고 있다.

(3) FTP 서비스 관련 디렉토리/파일에 대한 권한은 최소로 설정한다.

① 익명 사용자가 로그인했을 때 루트가 되는 디렉토리는 ftp이다. ftp 디렉토리의 소유주는 반드시 루트가 되어야 하며 접근 권한은 모든 사용자들한테 읽기 및 실행 권한만을 부여(555)한다.

② ftp/bin 디렉토리는 FTP 서비스 실행 파일들이 저장되어 있는 장소이다. 이곳의 보안 강화를 위해 ftp/bin 디렉토리 소유주는 root로 하고 기타 사용자들에게는 실행 권한(111, noread, nowrite, execute)만을 부여한다.

③ ftp/incoming과 같이 누구나 파일 업로드가 가능한 디렉터리는 소유주는 root, 퍼미션은 777로 한다. 보안 강화를 위해 이곳 디렉토리만을 위한 별도의 파일 시스템을 만들 수도 있다.

(4) 정기 점검: 정기적으로 ftpd 데몬에 의해서 만들어지는 로그 파일을 분석함으로써 불필요한 접근이나 명령어의 시도가 있었는지를 감시한다.

이메일(전자우편)은 네트워크, 그중에서도 인터넷을 이용한 메시지 송수신 규약으로, '이메일'이라는 표현은 1990년대에나 통용되기 시작했다. 전자 우편(electronic mail)이라는 용어는 팩스같이 전자기기를 통한 문서의 교환 방법에 구분 없이 사용되었기 때문에 이메일의 발명 시점을 정확히 집어서 말하긴 힘들다.

이메일이 지나온 과정을 살펴보면 1969년 ARPANET이 만들어지면서 메시지 전송 시도가 있었으며, 1971년에는 @ 문자를 사용하는 메일이 처음으로 보내졌다. 메일 규격 표준화 시도는 1973년 RFC 561로부터 시작되었으며 현재와 같은 이메일 전송 규약인 SMTP가 처음 등장한 것은 1982년(RFC821)이다.

국내에선 인터넷이 대중화되기 이전, '전자메일'이라는 이름으로 비슷한 게 있었지만 이 시절에는 같은 서비스 가입자끼리만 데이터를 주고받을 수 있었다. 이후 인터넷이 대중화되자 이들 PC통신 서비스도 인터넷 이메일의 편지함을 자사의 전자메일과 연동시키는 방법으로 인터넷에서도 이메일을 주고받을 수 있도록 했다.

1 이메일 메시지 송 · 수신 과정

이메일 전송은 먼저 메일을 보내고자 하는 가입자(아래 그림의 Alice)가 Gmail, Nate 등과 같은 UA(User Agent)를 이용하여 Bob에게 보낼 메시지를 작성하고 보내기 버튼을 누르면 SMTP에 의해 메일 서버 1로 보내진다.

메일 서버 1에 도착한 메시지는 SMTP 프로토콜에 의해 메일 서버 2로 전송된다. 나중에 Bob은 자신에게 도착한 이메일이 있음을 확인하고 메시지를 가져온다. 이때 사용되는 프로토콜이 POP3 또는 IMAP이다.

〈 이메일 메시지 송 · 수신 과정도 〉

2 이메일 프로토콜

1. 전자우편 구조

(1) 전자우편 서버 관리자(Administrator) 시스템

① Alice가 가입한 사이트의 전자우편 서버 관리자 시스템에는 인터넷으로 하나씩 이메일을 보낼 수 있는 큐잉 시스템이 있다.

② Bob이 가입한 사이트의 전자우편 서버 관리자 시스템에는 서버에 연결되어 있는 모든 사용자를 위한 메일 박스(Mailbox)가 만들어져 있다. 이 메일 박스는 수신자에 의해 검색될 때까지 메시지를 저장하고 있다.

(2) Alice가 Bob에게 메시지를 보내고자 할 때

① Alice는 UA 프로그램을 호출하여 메시지를 작성하고 자신의 사이트에 있는 전자우편 서버로 메시지를 전달하기 위해 MTA라는 프로그램을 이용한다(Alice: MTA 클라이언트 → 메일 서버 1: MTA 서버).

② 메일 서버 1은 메일 서버 2로 Alice가 작성한 이메일을 전송한다(메일 서버 1: MTA 클라이언트 → 메일 서버 2: MTA 서버).

> **더 알아보기**
>
> **MTA(Message Transfer Agent, 메시지 전송 에이전트)**
> - 사용자 에이전트(UA)가 메일 서버로 메일 메세지를 보내거나, 메일 서버 간에 메일을 송수신하는 역할을 하는 에이전트로 서버/클라이언트 구조이다.
> - 관련 프로토콜: SMTP 등
> - S/W구현 예: sendmail, qmail, MS 익스체인저 등

〈 일반적인 이메일 전송 시나리오 〉

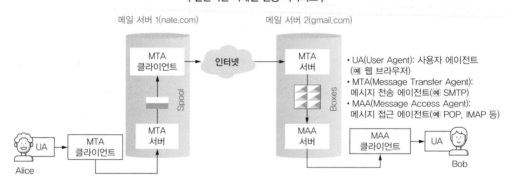

(3) Bob이 Alice가 보낸 메시지를 검색하고자 할 때:
Bob은 MAA(Message Access Agent)라는 프로그램을 호출한다. MAA도 역시 Bob의 컴퓨터에 설치된 클라이언트와 전자우편 서버에 설치된 서버기능을 갖는 클라이언트/서버 프로그램으로 구성되어 있다.

> **더 알아보기**
>
> **MAA(Message Access Agent, 메시지 접근 에이전트)**
> - 메일 서버에 접근하여 사용자 메일박스로부터 메일 메시지를 가져오는 에이전트로 서버/클라이언트 구조이다.
> - 관련 프로토콜: POP, IMAP 등

2. SMTP(Simple Mail Transfer Protocol)

SMTP는 거의 모든 이메일 소프트웨어들이 사용하는 프로토콜로, 인터넷에서 MTA 클라이언트와 MTA 서버를 규정하는 공식적인 프로토콜이다. SMTP는 송신자와 송신자의 메일 서버 사이, 그리고 두 메일 서버 사이에서 두 번 사용된다.

메일 서버는 SMTP 서버를 말한다. 유닉스에서 SMTP 서버 소프트웨어는 Sendmail이며, Microsoft는 Microsoft Exchange, 노벨(Novell)은 GroupWise가 SMTP 서버이다.

(1) 주요 특징

① 인터넷에서 이메일을 보내기 위해 이용되는 프로토콜로, 사용하는 포트번호는 25번이며 클라이언트-서버 간 통신, 서버-서버 간 통신을 모두 담당한다.

② SMTP는 텍스트 기반의 프로토콜로서 요구/응답 메시지뿐만 아니라 모든 문자가 7bit ASCII 코드로 되어 있어야 한다. 따라서 8bit 이상의 코드를 사용하는 언어나 첨부파일, 바이너리는 MIME(마임) 이라고 불리는 방식을 통해 7bit로 변환되어 전달된다.

③ SMTP는 기밀성을 제공하지 않으므로 전송 메시지 보호를 위해서는 별도로 메시지 본문을 암호화해야 한다.

(2) SMTP 프로토콜: SMTP는 응용계층 프로토콜로 실제 통신시는 HTTP와 마찬가지로 전송계층 프로토콜인 TCP 연결이 이루어진 후에 통신한다.

〈 SMTP 연결과 세션의 수립/종료 〉

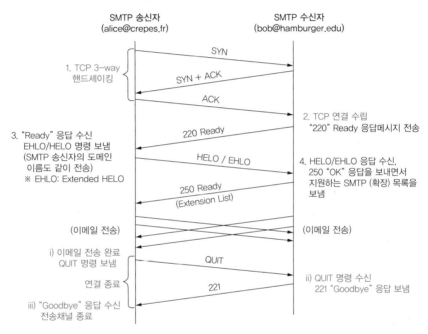

〈 연결 수립과정 〉

[1단계] SMTP 송신자(alice@crepes.fr)는 SMTP 수신자(bob@hamburger.edu)로 연결을 수립함으로써 메일 전송 과정을 시작한다. 이때 송신측 SMTP 서버(crepes.fr)는 클라이언트 역할을 하기 때문에 임시 포트번호를 사용한다.

[1단계] 수신측 서버(hamburger.edu)는 연결을 받아들인 후, 명령을 받을 준비가 되었다는 것으로 클라이언트에게 응답코드 '220'번을 보낸다(서비스 가능 응답). 응답코드에는 서버 컴퓨터(hamburger.edu)의 완전한 도메인 이름과 사용하는 SMTP 소프트웨어 버전 정보 등이 포함되어 있다.

[3단계] SMTP 송신자는 이에 대한 응답으로 HELO 또는 EHLO(Extended HELO) 명령을 보내 인사를 한다. 이때 SMTP 송신자의 도메인 이름을 같이 보낸다.

[4단계] SMTP 수신자는 HELO/EHLO에 대한 응답으로 '250'번을 보내 인사를 잘 받았음을 알려준다.

[5단계] SMTP 송신자는 SMTP 수신자에게 메시지를 전송하겠다는 사실을 알려주고 메시지 작성자의 이메일 주소 (alice@crepes.fr)를 알려준다.

[6단계] SMTP 수신자는 메시지를 받는 사람의 이메일 주소 목록을 보내고 수신자에게 이메일 메시지를 전송한다. 이메일 메시지는 RFC822 규칙을 따른다(메시지 수신에 대한 즉각 응답으로 SMTP 수신자는 송신자에게 '354'번을 보냄).

〈 연결 종료 〉

[7단계] 보내는 장비가 작업을 모두 완료하였으면 SMTP 수신자는 QUIT 명령을 보내 세션을 종료한다.

[8단계] QUIT 명령을 받은 SMTP 수신자는 응답코드 '221(Closing Transmission Channel)'번을 보낸다[특별한 경우, 서버에 종료 명령이 내려질 경우, SMTP 서버는 모든 SMTP 응답에 응답 코드 '421(Service not available, closing transmission channel)'을 보냄].

(3) **SMTP 프로토콜에 의한 송·수신 코드 및 메시지**: 아래 코드 및 메시지는 앞의 그림 〈SMTP 연결과 세션의 수립/종료〉의 Alice가 Bob에게 이메일로 음식을 주문하는 내용이다. SMTP 프로토콜을 이해하는 데 도움이 될 수 있다고 본다. 여기서 S는 서버(Bob), C는 클라이언트(Alice)이며 TCP 연결이 성립된 이후, Alice가 Bob에게 송신한 이메일 구조 및 내용은 다음과 같다. 하단에 나오는 ' . '은 메시지의 끝을 나타낸다.

```
S: 220 hamburger.edu
C: HELO crepes.fr
S: 250 Hello crepes.fr, pleased to meet you
C: MAIL FROM: 〈alice@crepes.fr〉
S: 250 alice@crepes.fr... Sender ok
C: RCPT TO: 〈bob@hamburger.edu〉
C: DATA
S: 354 Enter mail, end with "."on a line by itself
C: Do you like ketchup?
C: How about pickles?
C: .
S: 250 Message accepted for delivery
C: QUIT
S: 221 hamburger.edu closing connection
```

3. 메시지 액세스 에이전트(MAA; Message Access Agent)

MAA는 사용자가 메일 서버에 있는 편지함에서 전자우편을 내려받을 필요가 있을 때 클라이언트에서 시작한다. 대표적인 프로토콜로는 POP과 IMAP이 있다.

(1) POP3(Post Office Protocol 버전 3)

① POP3를 이용하는 경우, 클라이언트는 TCP 포트 110번으로 서버에 연결한다. 서버에 도착한 자신의 이메일을 다운로드하기 위해서는 먼저 사용자 이름(USER 명령)과 비밀번호(PASS 명령)를 보낸다(클라이언트 POP3 SW는 수신자 컴퓨터에 설치되고 서버 POP3 SW는 메일 서버에 설치됨).

② POP3에 의한 다운로드는 헤더와 본문(첨부파일 포함)을 모두 내려 받으며, 다운로드 후에는 사서함에 있는 이메일 내용은 삭제된다. 따라서 별도 설정 없이 로컬 PC에서 메일을 삭제한 경우 서버에서 해당 메일을 확인할 수 없다는 단점이 있다.

③ 대표적인 POP3 클라이언트로는 MS 아웃룩과 Eudora 이메일 등이 있다.

(2) IMAP4(Internet Mail Access Protocol 버전 4)

① POP3와는 다르게 메일을 서버상의 메일함에 둔 상태에서 읽으며 자신의 PC에서 메일 서버에 직접 접속하지 않고 클라이언트 측에 설치된 메일리더(아웃룩, 아웃룩 익스프레스)를 통해 동기화된 메일을 원격 관리할 수 있도록 해준다.

② 접속한 메일 서버의 사용 환경을 동기화시키고 메일 전체를 다운로드하는 것이 아니라 메일 헤더만 읽어 들여서 읽기 위해 지정한 메일만 불러들여 보여준다.

③ 기존의 POP3의 문제점인 메일 번호를 개선하여 UID를 추가하였는데 메일을 삭제한 후 추가하여도 유니크한 번호는 바뀌지 않는다. 이와 같은 이유로 서버 상에 메일을 둘 수가 있어서 메일을 읽었는지 등의 설정을 할 수 있다.

④ IMAP4(RFC 1730)도 POP3와 마찬가지로 TCP 기반 위에서 동작하며, TCP 143번 포트에서 IMAP4 클라이언트의 연결 요청을 대기하고 있다.

⑤ 주요 특징

  ㉠ IETF에서 사용자는 전자우편을 내려받기 전에 헤더를 검사할 수 있으며 특정 문자열로 내용을 검색할 수 있다.

  ㉡ 사용자는 전자우편을 부분적으로 내려받을 수 있다.

  ㉢ 사용자는 메일 서버에서 편지함을 생성/삭제하거나 이름을 변경할 수 있다.

  ㉣ 사용자는 전자우편 저장을 위해 폴더 내에 편지함들을 체계적으로 생성할 수 있다.

3 이메일 콘텐츠 보안을 위한 보안기술

1. PEM(Privacy Enhanced Mail)

1987년 IETF가 발표한 포괄적인 표준(RFC1421~1424)으로 X.509 인증서와 중앙 집중형 인증기관(CA) 등 완전한 PKI가 갖추어져 있을 것을 전세로 만들어진 이메일 보안기술이다. 주요 특징은 다음과 같다.

(1) 기존 전자우편 프로토콜을 이용하여 암호화된 정보, 전자서명, 암호화 방법 등의 내용을 본문에 텍스트 형식으로 전송한다(기밀성/무결성/인증/부인봉쇄 기능을 제공).

(2) 하위 프로토콜, 운영체제, 호스트와는 독립적으로 동작한다. 따라서 별도의 변경 없이 기존의 전자우편 시스템에 도입할 수 있다.

(3) 반면, 이론 중심적이고 시스템이 방대하며 구현이 복잡하여 많이 사용되고 있지는 않다.

(4) 후술하는 PGP(Pretty Good Privacy)에 비해 보안성이 좋지만 사용이 어렵다.

2. PGP(Pretty Good Privacy)

1991년 필 짐머만에 의해 개발된 오픈소스로, 나중에 RFC3156으로 표준화되었으며, 오늘날 이메일 보안 프로토콜의 표준으로 사용되고 있다. 주요 특징은 다음과 같다.

(1) PGP는 인증기관(CA)을 두지 않는 대신, 개인 대 개인의 신뢰로서 거미줄처럼 확장하는 Web of Trust 방식을 이용한다. 이는 PGP의 가장 독창적인 특징이다.

(2) MIME 객체에 암호화와 전자서명을 추가하여 시큐리티를 강화하였는데 기밀성과 메시지 인증, 사용자 인증 및 송신 부인 방지 등을 제공한다.

(3) 이메일 송신자의 신원 확인을 위해 DSS, RSA 암호 알고리즘을 사용(전자서명)하며 이메일의 기밀성 확보를 위해 대칭 블록암호(CAST, IDEA, TDES)를 사용한다.

(4) 무결성 검증은 해시함수 MD5가 사용되며, 세션키(대칭키) 공유를 위해서는 RSA, ElGamal의 키 전송 알고리즘, Diffie-Hellman의 키 교환 알고리즘을 이용한다.

(5) **PGP 보안서비스**: PGP는 인증, 기밀성, 압축, 전자우편 호환성 및 단편화의 5가지 서비스로 구성된다.

기능	알고리즘	설명
기밀성 (메시지 암호화)	TDES, IDEA, CAST, RSA	• 송신자가 생성한 일회용 세션키로 TDES, IDEA, CAST로 메시지를 암호화 • 세션키는 RSA 암호 알고리즘을 이용하여 공유
인증 (전자서명)	RSA, DSS, SHA-1, MD5,	• 해시 알고리즘을 이용하여 메시지 다이제스트를 생성 • 메시지 다이제스트는 송신자의 private key로 암호화하여 메시지에 첨부
압축	ZIP	ZIP으로 메시지를 압축
전자우편 호환성	Radix-64 변환	Radix-64 변환을 통해 ASCII 부호로 변환
분할/재결합	–	최대 메시지 사이즈 제한으로 데이터를 단편화시키고 최종 단계에서 재결합

(6) PGP 동작과정

① 기호 설명

기호	설명	기호	설명
K_S	세션키	DC	대칭키 복호화
K_{R_a}	사용자 A의 개인키	H	해시 함수
K_{U_a}	사용자 A의 공개키	‖	연접
EP	공개키 암호화	Z	ZIP 압축
DP	공개키 복호화	Z^{-1}	ZIP 압축 풀기
EC	대칭키 암호화	R64	Radix-64 ASCII 형식으로 변환

② 기밀성: PGP가 제공하는 서비스로 기밀성(Confidentiality)이 있다. 이것은 전송하거나 파일로 저장할 메시지를 암호화함으로써 기밀성을 유지하는 것으로, 사용하는 대칭키 암호로는 CAST-128, IDEA, TDES가 있다. 운영모드는 64비트 CFB 모드를 사용한다.

〈 PGP 암호화/복호화 과정(기밀성) 〉

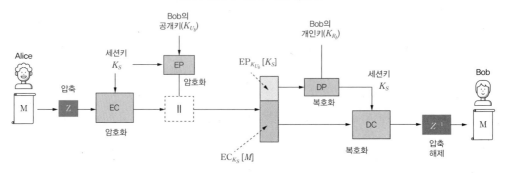

〈 동작 순서 〉

[1단계] 송신자는 메시지를 생성하고 메시지를 압축한다.

[2단계] 세션키를 이용해 압축된 메시지를 암호화한다.

[3단계] 수신자의 공개키를 이용해 세션키를 암호화한다.

[4단계] 2단계와 3단계를 결합하여 수신자에게 전송한다.

[5단계] 수신자는 암호화된 키 부분과 암호화된 메시지 부분을 분리한다.

[6단계] 수신자는 자신의 개인키를 이용해 암호화된 세션키를 복호화한다.

[7단계] 세션키를 이용해 암호화된 메시지를 복호화한다.

[8단계] 메시지의 ZIP 압축을 풀어 메시지를 얻는다.

③ 인증(전자서명 서비스): SHA-1과 RSA를 병행하여 사용하면 효과적인 전자서명 구조를 만들 수 있다. RSA 대신에 DSS/SHA-1을 이용하여 전자서명을 생성할 수도 있다.

〈 PGP 인증과정(전자서명) 〉

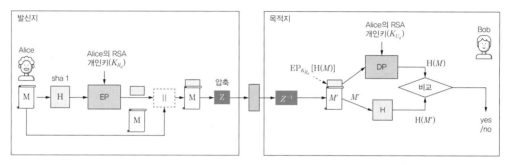

〈 동작 순서 〉

[1단계] 송신자는 메시지를 생성한다.

[2단계] 해시함수를 사용하여 메시지에 대한 해시값을 생성한 후, 해시값을 송신자의 개인키로 하여 RSA로 암호화한다(전자서명).

[3단계] 2단계에서 암호화된 값을 메시지에 연접하고 ZIP 압축을 한 후, 수신자에게 전송한다.

[4단계] 수신자는 메시지를 받으면 압축을 풀고, 전자서명 부분을 분리하여 송신자의 공개키로 복호한다.

[5단계] 해시함수를 통해 메시지 부분의 해시값을 얻는다.

[6단계] 4단계와 5단계를 비교하여 동일하면 메시지가 인증된다.

④ 기밀성과 인증: 먼저 평문에 대한 서명을 생성해서 메시지에 첨부한다. 그 다음 평문 메시지와 서명을 대칭키 암호 알고리즘을 이용해서 암호화하고 세션키는 RSA(혹은 ElGamal)로 암호화한다.

기밀성과 인증의 두 가지 서비스가 모두 필요하면 송신자는 우선 메시지를 자신의 개인키로 서명하고 그다음 세션키로 메시지를 암호화한다. 그리고 세션키를 수신자의 공개키로 암호화한다.

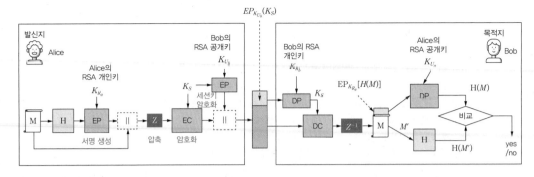

〈 PGP에 의한 전자서명 작성과 암호화 과정 〉

[1단계] 송신자는 메시지를 생성한다.

[2단계] 해시함수를 통해 메시지의 해시값을 생성한 후, 해시값을 송신자의 개인키를 이용하여 RSA로 암호화한다 (전자서명).

[3단계] 2단계에서 암호화된 값을 메시지에 연접하고 ZIP 압축을 한다.

[4단계] 세션키를 이용해 압축된 메시지를 암호화한다.

[5단계] 수신자의 공개키를 이용해 세션키를 암호화한다.

[6단계] 4단계와 5단계의 메시지를 연접하여 수신자에게 전송한다.

[7단계] 수신자는 메시지를 받으면 암호화된 키 부분과 메시지 부분을 분리한다.

[8단계] 수신자는 자신의 개인키를 이용해 암호화된 세션키를 복호하여 메시지를 복호한다.

[9단계] 메시지의 ZIP 압축을 푼다.

[10단계] 전자서명 부분을 분리하여 송신자의 공개키로 복호한다.

[11단계] 해시함수를 통해 메시지 부분에 대한 해시값을 얻는다.

[12단계] 10단계와 11단계를 비교하여 동일하면 메시지가 인증된다.

⑤ 압축: 기본적으로 PGP는 서명을 생성하고 압축을 한 다음 암호화를 한다. 서명이 압축보다 먼저 생성되는 이유는 다음과 같다.

  ㉠ 전자메일 전송과 파일 저장에 있어서 저장 공간을 줄일 수 있다는 장점이 있다.

  ㉡ 압축된 문서에 서명한다면 장래에 확인을 위해 메시지의 압축 버전을 저장해야 하는 불편함이 초래된다. 즉, 이와 같은 불편함 해소를 위해서라도 서명이 압축보다 먼저 이루어져야 한다.

⑥ 단편화와 압축

  ㉠ PGP는 전송 데이터를 일정한 크기로 생성하기 위해 Radix-64로 변환한 후에 메시지의 단편화 (Fragmentation)를 허용한다. 따라서 세션키 부분과 서명 부분은 첫 번째 단편의 앞부분에 오직 한번만 나타난다.

  ㉡ Radix-64 형식은 이메일 등에서 자주 사용되는 Base64 인코딩에 데이터 오류 검출을 행하는 체크섬을 부가한 것이다. Radix-64 변환을 하면 데이터 크기가 약 33% 정도 커지지만 압축 알고리즘 사용으로 약 66% 줄어든다.

3. S/MIME (Secure MIME)

(1) 의의: S/MIME은 응용계층에서 보안을 제공하는 가장 대표적인 시스템으로 MIME 객체에 암호화와 전자서명 기능을 추가한 프로토콜을 말하는 것으로 다음과 같은 특징이 있다.

① 기존 전자우편 보안 시스템의 문제점인 PEM 구현의 복잡성, PGP의 낮은 보안성과 기존 시스템과의 통합이 용이하지 않다는 점을 보완하기 위해 IETF의 작업 그룹에서 RSADSI(RSA Data Security Incorporation)의 기술을 기반으로 개발된 전자우편 보안 시스템이다.

② S/MIME이 제공하는 보안서비스에는 메시지에 대한 기밀성, 무결성, 사용자 인증, 전송 사실 부인 방지가 포함된다.

(2) S/MIME이 제공하는 보안서비스

① S/MIME은 전자서명을 위해 디지털서명표준(DSS)을 사용하고 세션키를 암호화하기 위해 Diffie-Hellman 알고리즘을 사용한다. 또한 전자서명과 세션키 암호화 모두를 위해 사용할 수 있는 알고리즘으로 RSA를 사용한다.

② 전자서명을 생성하기 위한 해시함수로는 SHA-1과 MD5를 요구하고 메시지 암호화에는 TDES(Triple DES)와 AES가 사용된다.

〈 S/MIME 서비스 〉

기능	일반적 알고리즘	내용
디지털서명	RSA/SHA-256	• SHA-256으로 메시지 해시코드를 작성한다. • 메시지 다이제스트를 송신자 개인키로 RSA로 암호화하고 메시지에 포함시킨다.
메시지 암호화	TDES/AES-128 with CBC	• 송신자가 생성한 일회용 세션키를 이용해 메시지를 CBC 모드의 TDES와 AES-128로 암호화한다. • 세션키를 수신자의 공개키로 암호화하여 보낸다.
압축	제한 없음	데이터를 압축하여 저장하거나 전송한다.
이메일 호환성	Radix-64 변환	암호화된 메시지를 Base64(Radix-64)로 변환하여 ASCII 스트림으로 만든다.

01 전자서명의 특성에 대한 설명 중 가장 옳지 않은 것은 무엇인가?

① 위조 불가(Unforgeable): 합법적인 서명자 이외의 다른 사람이 전자 문서에 대한 전자서명을 생성할 수 없어야 한다.

② 변경 불가(Unalterable): 서명한 문서의 내용을 변경할 수 없어야 한다.

③ 재사용 불가(Not Reusable): 전자 문서의 서명은 다른 전자 문서의 서명으로 사용할 수 없어야 한다.

④ 부인 방지(Non-Repudiation): 누구든지 전자서명의 서명자를 검증할 수 있어야 한다.

02 FTP(File Transfer Protocol)의 보안 대책에 대한 설명으로 옳은 것을 모두 고른 것은?

> **보기**
>
> 가. Bounce Attack을 예방하기 위해 20번 포트를 통한 명령은 제한한다.
> 나. TFTP가 필요한 경우, Secret Mode로 운영한다.
> 다. /etc/passwd 파일에서 Anonymous FTP에 불필요한 항목을 제거한다.
> 라. /etc/ftpusers에 등록된 사용자만이 FTP에 접근할 수 있으므로 root와 같은 중요 계정은 등록하지 않는다.

① 가, 다   ② 나, 라
③ 나, 다   ④ 다, 라

03 전자우편 보안에 사용되는 기술들에 대한 설명으로 가장 옳지 않은 것은 무엇인가?

① PGP(Pretty Good Privacy)는 전사우편 메시지의 인증과 기밀성 제공을 위해 개발된 전자우편 보안의 표준안이다.

② S/MIME이 제공하는 보안 서비스에는 기밀성, 무결성, 송신 사실 부인 방지, 사용자 인증 등이 있다.

③ S/MIME은 X.509 버전 3 규정을 준수하여 공개키 인증서를 사용한다.

④ PEM(Privacy Enhanced Mail)은 분산화된 키인증 방식을 통해 관리가 용이하여 대중적으로 사용되고 있다.

04 이메일 보안 S/MIME에 대한 설명 중 가장 적절한 것은?

① 동봉된 데이터(Enveloped Data)는 암호화된 내용과 서명자의 공개키로 구성된다.

② 서명된 데이터(Signed Data)는 메시지 다이제스트 값을 서명자의 공개키로 암호화한 후, 그 값을 Base64로 부호화한다.

③ 명문-서명 데이터(Clear-signed Data)는 내용과 내용에 대한 전자서명으로 구성되며, 전자서명만 Base64로 부호화한다.

④ 서명되고 동봉된 데이터(Signed and Enveloped Data)에서 서명만 되거나 암호화된 개체는 중첩될 수 없다.

05 이메일 보안의 사실상의 표준으로 사용되고 있는 PGP(Pretty Good Privacy)에 대한 설명으로 가장 옳은 것은?

① RSA, DSA 등의 알고리즘을 사용한 디지털 서명을 통해 보낸 사람에 대한 인증과 부인 방지 기능을 제공한다.

② AES, IDEA 등의 대칭키 암호화 알고리즘을 사용하여 이메일의 내용이 외부에 노출되는 것을 방지하는 기밀성은 제공하나, 이메일의 내용이 전송 중에 변경되지 않았다는 무결성은 보장하지 못한다.

③ PGP는 송신자의 대용량 이메일을 작은 메시지로 분할하지 않고 수신자에게 전송한다.

④ PGP는 이메일의 내용만 암호화하고, 첨부되는 문서는 암호화하지 못하여 다른 기법을 추가로 사용해야 한다.

01 정답 ④

④ 서명자 인증에 대한 설명이다.

- 서명자 인증(User Authentication): 전자서명의 서명자를 누구든지 검증할 수 있어야 한다.
- 부인 방지(Non-Repudiation): 서명자는 서명행위 이후에 서명한 사실을 부인할 수 없어야 한다.

02 정답 ①

나. TFTP가 필요한 경우, Secure Mode로 운영한다.

라. ftpusers 파일은 접속을 제한할 계정정보를 담고 있는 설정파일이다. 따라서 root 등 중요 계정을 ftpusers 파일에 명시하여 접속을 제한한다.

03 정답 ④

④ PEM(Privacy Enhanced Mail): 1987년 IETF가 발표한 포괄적인 인터넷 표준으로 X.509 인증서와 중앙 집중형 인증기관(CA) 등 완전한 PKI가 갖추어져 있을 것을 전제로 만들어진 이메일 보안기술이다.

04 정답 ③

① 동봉된 데이터에는 암호화된 세션키와 수신자 정보(RecipientInfo)가 있다. 수신자 정보에는 수신자의 공개키 인증서 식별자, 세션키 암호화에 사용된 알고리즘 식별자가 들어 있다.

② 서명된 데이터는 서명자의 개인키로 암호화해서 디지털 서명을 생성한다. 그리고 base64를 이용해 내용과 서명을 부호화한다.

④ 서명되고 동봉된 데이터는 서명만 되거나 암호화된 개체가 중첩될 수 있다. 그래서 암호화된 데이터는 서명될 수 있고 서명된 데이터나 명문-서명 데이터는 암호화될 수 있다.

05 정답 ①

② PGP는 기밀성, 인증, 무결성에 부인 방지 기능까지 지원한다.

③ 전자메일은 보통 최대 메시지 길이에 제한이 있다(50,000 byte). 따라서 PGP에서도 50,000byte 이상의 메시지를 단편화하여 전송한다.

④ PGP는 첨부파일까지 암호화할 수 있다.

PART
06

06 S/MIME에 대한 설명으로 가장 옳지 않은 것은?

① 보안 기능을 제공하는 전자 우편 시스템이며 X.509 인증서를 지원한다.

② 메시지 기밀성, 메시지 무결성, 부인 방지 서비스 능을 제공한다.

③ DSA 알고리즘을 사용하여 봉인된 데이터(Enveloped Data)를 생성한다.

④ 순수한 서명 데이터(Clear-Signed Data)에는 내용에 대한 전자서명이 들어 있다.

06 정답 ③

③ 송신자가 생성한 일회용 세션키를 이용해 메시지를 CBC 모드와 AES-128, TDES로 암호화한다. 세션키를 수신자의 곰개키로 암호화하여 보낸다.

CHAPTER 03

DHCP와 DNS 보안

한 기관이 인터넷 통신을 하기 위해서는 ISP로부터 IP주소 블록을 획득하여 기관 내부의 호스트와 라우터 인터페이스에 IP주소를 할당한다. 시스템 관리자는 라우터 안에 IP주소를 할당하는데 종종 네트워크 관리도구를 사용해서 원격으로 수행하기도 한다.

호스트에 IP주소를 수동으로 설정하는 것도 가능하지만 일반적으로 동적으로 할당해주는 DHCP(Dynamic Host Configuration Protocol)를 더 많이 사용한다. 이와 같은 IP의 자동설정 기능 때문에 DHCP를 'plug-and-play 프로토콜' 또는 'zero-configuration 프로토콜'이라고도 부른다.

> **더 알아보기**
>
> ISP(Internet Service Provider)란
> ISP는 '인터넷 서비스 공급자'를 말하며 다음과 같은 3가지 종류가 있다.
> - 인터넷 통신망을 보유하여 인터넷 회선과 IP 할당까지 담당하는 회사
> - 인터넷 통신망을 보유하고 있지만 회선만 임대하고 IP 할당은 하지 않는, 회선 임대료만으로 수익을 내는 회사
> - 자체적으로 보유한 통신망은 없지만 다른 회사의 통신망을 임대받고, 말 그대로 인터넷 서비스만 하는 회사
>
> 우리나라의 인터넷 서비스 제공 사업자들로는 KT, SK 텔레콤, LG유플러스, 드림라인, 세종 텔레콤, KREN, 딜라이브 등 21개 업체가 있다.

호스트를 식별하는 방법으로 IP주소 말고 호스트 네임(예 www.google.com)으로 식별하는 방법이 있다. 일반적으로 사람은 호스트 네임 식별자를 좋아하지만 라우터는 고정 길이의 계층 구조를 갖는 IP주소를 좋아한다. 이러한 선호 차이를 절충하기 위해, 호스트 네임을 IP주소로 변환해주는 디렉토리 서비스가 필요하다.

이것이 DNS(Domain Name System)의 주요 임무이다. 즉, DNS는 응용계층 프로토콜들인 HTTP, SMTP, FTP 등에서 사용자가 제공한 호스트 네임을 IP주소로 변환하기 위해 주로 사용된다.

01 호스트 설정 프로토콜

한 기관의 네트워크에 속해 있는 컴퓨터가 인터넷을 통해 다른 망과 통신하기 위해서는 디폴트 라우터의 주소를 알아야 한다. 주소 대신에 이름을 사용하여 통신하기 위해서는 네임 서버의 주소도 알아야 한다. 일반적으로 아래와 같은 4개의 주소가 필요하다.

- 컴퓨터의 IP주소
- 컴퓨터의 해당 서브넷 마스크
- 라우터의 IP주소
- 네임 서버의 IP주소

〈 ipconfig /all 수행결과 〉

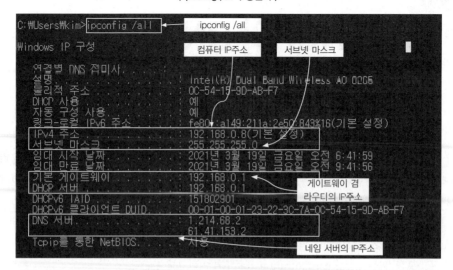

위의 그림은 윈도우 명령어창(cmd)에서 'ipconfig /all' 명령을 수행한 결과이다. 여기서 주목해야 할 점으로 DHCP 서버 주소와 기본 게이트웨이 주소가 같음을 알 수 있는데, 이는 가정에서 무선 공유기를 사용하여 인터넷 접속 시 무선 공유기가 게이트웨이 겸 라우터이면서 DHCP 서버의 역할도 수행하고 있음을 알 수 있다. 호스트에 설정된 IP주소와 물리적 주소(MAC) 간의 관계를 파악한다. IP주소를 설정해주는 프로토콜로는 다음과 같은 ARP, RARP, BOOTP 및 DHCP 등이 있다.

1 ARP(Address Resolution Protocol)

1. 개요

네트워크 환경에서 임의의 호스트가 다른 호스트에게 데이터를 전송하려면 수신 호스트의 IP주소뿐 아니라, MAC 주소도 알아야 한다. 수신 호스트의 IP주소(또는 도메인 이름)는 보통 응용 프로그램의 사용자가 프로그램을 실행하는 과정에서 직접 입력하므로, IP주소로부터 수신 호스트의 MAC 주소를 얻는 방법이 필요하다.

2. ARP를 이용한 MAC 주소 획득 과정

수신 호스트의 IP주소를 매개변수로 하여 ARP를 통해 수신 호스트의 MAC 주소를 얻어야 한다. 예를 들어, 송신 호스트 A가 수신 호스트 B의 MAC 주소를 얻는 과정은 다음과 같다.

(1) 호스트 A는 B의 IP주소가 명기된 ARP Request 패킷을 동일 서브넷에 있는 모든 호스트들에게 브로드캐스트(목적지 MAC 주소: all "1"로 설정)한다.

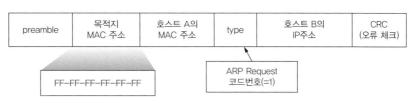

〈 ARP Request 패킷 포맷 〉

(2) 모든 호스트들이 ARP Request 패킷을 수신하지만 관계없는 호스트들은 이를 무시하고, 호스트 B만 브로드캐스팅 되는 IP주소가 자신과 일치함을 인지한다.

(3) 호스트 B는 ARP reply 패킷을 이용해 자신의 MAC 주소를 호스트 A에게 회신한다(유니캐스팅).

② RARP(Reverse Address Resolution Protocol)

1. 개요

디스크가 없는 시스템이나 X 윈도우 터미널에서는 자신의 LAN 카드 정보를 읽어 MAC 주소를 얻을 수는 있지만, 파일 시스템이 없으므로 IP주소를 보관할 방법이 없다. 이러한 단점을 극복하기 위해 개발된 프로토콜이 RARP로서 ARP와는 반대로 MAC 주소를 이용해 IP주소를 제공해준다.

2. RARP를 이용한 IP주소 획득 과정

파일 시스템이 없는 시스템의 경우 자신의 MAC 주소와 IP주소의 매핑값을 보관하는 서버 호스트로부터 아래와 같은 과정을 거쳐 IP주소를 얻어 와야 한다.

(1) IP주소를 얻고자 하는 호스트는 MAC 주소를 매개변수로 하여 패킷을 브로드캐스팅한다. 보통 네트워크에는 RARP 기능을 전담으로 수행하는 서버가 존재하여야 한다.

(2) 따라서 모든 호스트가 RARP 변환 요청을 받아도 해당 정보를 보관하고 있는 RARP 서버만 응답을 수행한다.

(3) 파일 시스템이 존재하지 않는 시스템에서는 이와 같은 기능을 통해 자신의 IP주소를 얻은 다음, 정해진 호스트로부터 자신의 부트 이미지를 다운로드한다.

(4) 인터넷 초기에는 RARP이라는 프로토콜이 부팅된 컴퓨터에 IP주소를 제공하기 위해 만들어졌으나 오늘날에는 거의 사용되지 않고 있다. 그 이유로는 첫째, RARP의 브로드캐스팅을 위해 ARP 서버가 존재해야 하며, 둘째, 인터넷 통신을 위해서는 컴퓨터가 앞에서 언급한 4가지 IP가 필요한 데 반해 RARP는 그중 오로지 IP주소만을 제공하기 때문이다.

3 BOOTP(Bootstrap Protocol)

BOOTP는 TCP/IP 기반에서 자동 부팅과 RARP의 두 가지 약점을 극복하기 위해 만들어진 클라이언트/서버 프로토콜이며, 사용자의 도움 없이도 운영체제의 자동 부팅이 가능하도록 해준다.

BOOTP는 클라이언트/서버 프로그램이므로 BOOTP 서버가 인터넷상의 어디에나 있을 수 있으며 IP주소를 포함하여 위에서 언급한 4개의 IP주소 정보를 제공하기 위해 RARP에 관한 모든 제약을 제거하였다. 또한 BOOTP는 좀더 진보된 네트워크 관리 프로토콜인 DHCP의 태동에 지대한 기여를 하였다.

4 DHCP(Dynamic Host Configuration Protocol)

1. 실생활에서 DHCP 필요성

DHCP는 호스트가 빈번하게 접속하고 떠나는 가정 인터넷 접속 네트워크, 기업 네트워크, 무선 LAN에서 폭넓게 사용된다. 예를 들어 학생이 랩톱을 기숙사에서 도서관으로, 또 강의실로 이동한다고 생각해보자. 각 건물에서 새로운 인터넷에 접속할 것이며, 또 각 건물마다 새로운 IP주소가 필요할 것이다. 많은 사용자가 이동하고 주소들이 제한된 시간 동안에만 필요할 경우, DHCP는 더할 나위 없이 적합하다.

다시 말하면, 시스템 관리자가 각 위치의 랩톱을 재구성한다는 것은 상상할 수 없고 수동으로 랩톱을 구성할 수 있는 전문지식을 가진 학생들도 별로 없으므로 DHCP의 플러그 앤 플레이의 가치는 확실하다.

〈 DHCP 클라이언트/서버 시니리오 〉

■ 서브넷 2에 새롭게 도착한 DHCP 호스트(예 노트북)는 네트워크 내의 주소가 필요

2. DHCP 동작 절차

그림 〈DHCP 클라이언트/서버 상호 작용〉의 네트워크 구성도를 보면 DHCP 서버(223.1.2/24에 연결)와 3개의 서브넷(223.1.1/24, 223.1.2/24, 223.1.3/24), 그리고 이들 서브넷을 연결해주는 라우터로 구성되어 있다.

DHCP에 의한 IP주소 설정과정은 1) DHCP 서버 발견, 2) DHCP 서버 제공, 3) DHCP 요청, 4) DHCP ACK의 4단계로 구성된다. 이와 같은 네트워크 환경에서 서브넷 2에 새로운 호스트가 도착할 경우, 프로토콜 DHCP에 의해 새로운 호스트에 IP주소가 부여되는 과정을 살펴보자.

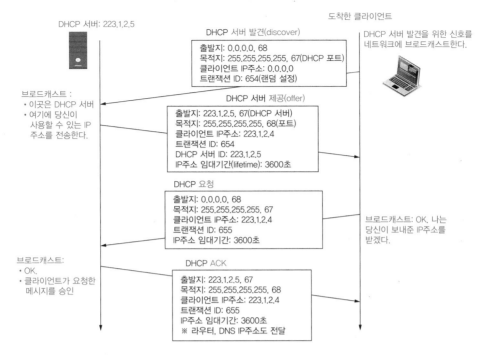

〈 DHCP 클라이언트/서버 상호 작용 〉

(1) **DHCP 서버 발견(DHCP server discovery):** 먼저 새롭게 도착한 호스트는 전원을 켜고 부팅을 하면서 상호 동작될 DHCP를 발견한다. 이것은 DHCP 발견 메시지(DHCP discover message)를 사용하여 수행되며 클라이언트는 포트 67번으로 UDP 패킷을 보낸다. UDP 패킷은 IP 데이터그램으로 캡슐화된다. DHCP 발견 메시지의 목적지 IP주소를 255.255.255.255, 출발지 IP주소는 0.0.0.0, 트랜잭션 ID를 임의 설정(예 654)한다. DHCP 클라이언트는 링크 계층으로 IP 데이터그램을 보내며 이 프레임은 서브넷에 연결된 모든 호스트에 브로드캐스팅된다.

(2) **DHCP 서버 제공(DHCP server offer):** DHCP 발견 메시지를 받은 DHCP 서버는 DHCP 제공 메시지(offer message)로 클라이언트에 응답한다. 이때에도 수신 IP주소는 255.255.255.255로 설정하고, 서브넷의 모든 호스트에 브로드캐스트한다. 서브넷에는 여러 DHCP 서버가 존재하기 때문에 클라이언트는 DHCP 제공 메시지로부터 가장 최적의 DHCP 서버를 선택한다. 각각의 서버 제공 메시지는 수신된 발견 메시지의 트랜잭션 ID, 클라이언트에 제공된 IP주소, 네트워크 마스크 그리고 IP주소 임대 기간을 포함한다.

(3) **DHCP 요청(DHCP request):** 새롭게 도착한 클라이언트는 하나 또는 그 이상의 서버 제공자 중에서 선택할 것이고 선택된 제공자에게 파라미터 설정으로 되돌아오는 DHCP 요청 메시지로 응답한다.

(4) **DHCP ACK:** 마지막으로 DHCP 요청된 메시지에 대해 DHCP ACK 메시지로 응답한다. 클라이언트가 DHCP ACK 메시지를 받으면 상호 동작은 종료되고 클라이언트는 DHCP 할당 IP주소를 일정기간 동안 사용할 수 있다.

DHCP Starvation 공격

DHCP를 대상으로 하는 공격으로 IP주소를 고갈시켜 서비스를 불가능하게 만든다. 공격과정은 아래와 같다.

[1단계] 다수의 클라이언트를 이용하여(또는 조작된 MAC를 통하여) DHCP 발견 메시지를 보낸다.

[2단계] DHCP 제공 메시지가 오면 DHCP 요청 메시지를 보내고, DHCP ACK까지 받이 실실적으로 IP를 할당받는다.

[3단계] 서버는 가지고 있는 IP가 소진되어 더 이상 서비스를 할 수 없다.

[4단계] 해당 서버로부터 IP주소를 받아야 하는 정상적인 클라이언트가 IP주소를 할당받을 수 없다.

02 DNS(Domain Name System)

호스트를 식별하는 방법에는 호스트 네임과 IP주소를 사용하는 2가지가 있다. 호스트 네임으로 상대방 호스트를 찾아가기 위해서는 호스트 네임을 IP주소로 변환해주는 디렉토리 서비스가 필요하다. 이것이 인터넷 DNS의 주요 임무이다. DNS는 첫째, DNS 서버들의 계층 구조로 구현된 분산 데이터베이스이고 둘째, 호스트가 분산 데이터베이스로 질의하도록 허락하는 애플리케이션 계층 프로토콜이다.

1 DNS 동작원리

1. 동작과정

사용자의 호스트에서 실행되는 어떤 애플리케이션(웹 브라우저나 메일 리더)이 호스트 이름을 IP주소로 변환시키려 한다고 할 때 다음과 같은 과정을 거친다.

(1) 해당 애플리케이션은 변환될 호스트 이름을 명시하여 DNS측의 클라이언트를 호출한다.

(2) 사용자 호스트의 DNS는 네트워크에 질의를 보낸다. 모든 DNS 질의와 응답은 포트 53의 UDP 데이터그램으로 보내진다.

(3) 수 msec에서 수 초의 지연 후에 사용자 호스트의 DNS는 요청한 매핑에 해당하는 DNS 응답 메시지를 받으며, 이 매핑은 호출한 애플리케이션으로 전달된다. 즉, 애플리케이션의 관점에서 DNS는 간단하고 직접적인 변환 서비스를 제공하는 블랙박스인 셈이다.

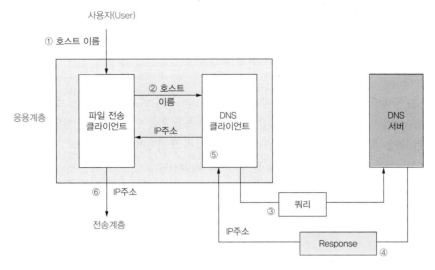

〈 DNS 동작과정 〉

2. 단일 인터넷 네임 서버의 문제점 및 DNS의 필요성

(1) 문제점 : DNS의 간단한 설계로 모든 매핑을 포함하는 하나의 인터넷 네임 서버를 생각할 수 있다. 이러한 중앙 집중 방식에서, 클라이언트는 모든 질의를 단일 네임 서버로 보내고 DNS 서버는 질의 클라이언트에 직접 응답한다. 이 방식은 간단하여 매력적이지만 다음과 같은 문제점을 지니고 있다.

① **서버의 고장**: 네임 서버가 고장나면 전체 인터넷이 작동하지 않는다.

② **트래픽양**: 단일 DNS 서버가 모든 DNS 질의를 처리해야 하는 부담이 있다.

③ **먼 거리의 중앙 집중 데이터베이스**: 네임 서버에 접속하는 데 장거리 여행을 해야 하는 부담이 있으며, 이로 인해 트랙픽양이 증대된다.

④ **단일 서버 유지관리에 대한 부담**: 단일 네임 서버는 모든 인터넷 호스트에 대한 레코드를 유지해야 한다. 일반적으로 인터넷이 작은 규모일 경우에는 호스트 파일을 사용하여 모든 매핑을 수행할 수 있다. 그러나 오늘날에 와서 단 하나의 호스트 파일을 가지고 모든 주소를 이름과 관계 맺거나 그 반대를 수행하는 것은 불가능하다.

(2) 필요성: 인터넷이 작은 규모일 경우에는 'hosts' 파일을 사용하여 호스트 이름과 IP주소를 매핑할 수 있다. 단일 DNS 서버에 있는 중앙 집중 데이터베이스는 확장성이 전혀 없다. 따라서 DNS는 분산되도록 설계되었으며, DNS는 분산 데이터베이스가 인터넷에서 어떻게 구현될 수 있는가에 대한 훌륭한 사례이다.

2 도메인 네임 스페이스(Domain Name Space)

DNS는 거대한 분산 데이터베이스 시스템이며 도메인 네임 공간, 네임 서버, 해석기(Resolver)로 구성되어 있다.

1. 도메인 네임

도메인 또는 도메인 네임은 식별하기 어려운 IP주소를 기억하기 쉽게 만들어주는 네트워크 호스트 네임(예 example.com)을 의미한다. 도메인 네임은 최하위 레이블을 왼쪽에 위치시키고 상위로 이동하면서 점으로 구분한 레이블을 표기한다. 최상위 호스트 네임은 최상위 도메인이라고 부르며 ' . '으로 구분된 호스트가 얼마나 붙었는지에 따라 2차 도메인, 3차 도메인 등으로 불린다.

예를 들어 krnic.co.kr이라는 도메인이 있다면 kr은 최상위 도메인(또는 1차 도메인), co는 2차 도메인, krnic은 3차 도메인이다.

〈 레이블과 도메인 〉

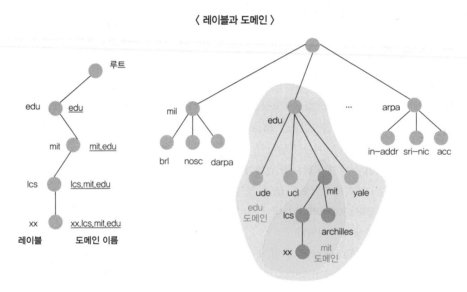

2. 도메인 네임 공간(Domain Name Space)

도메인 네임 공간은 DNS가 저장 관리하는 계층적 데이터베이스이다. 최상위에 루트가 존재하고 그 아래로 모든 호스트가 트리 구조로 이어져 있다. 도메인 네임 공간의 호스트는 크기가 최대 63바이트인 레이블을 네임으로 갖는다. 도메인 네임은 점으로 구분한 레이블의 연속이라고 할 수 있다. 루트 호스트는 크기가 0인 널 레이블을 가지므로 네임이 없다.

(1) 존(Zone): 임의의 네임 서버가 관리하는 영역을 존이라고 한다. 도메인과 유사하지만 다른 영역이라고 할 수 있다. 특정 네임 서버가 자신의 하위에 위치한 도메인을 전적으로 관리하면 존과 도메인이 동일하지만 하부에 새로운 도메인이 추가되면 두 영역이 일치하지 않는다. 서버는 존 파일이라는 데이터베이스를 가지며 그 도메인 내의 모든 정보를 여기에 보관한다. 그러나 서버가 도메인을 서브 도메인으로 나누고 일부를 다른 서버에 권한 이양하게 되면 도메인과 존은 서로 다른 의미가 된다.

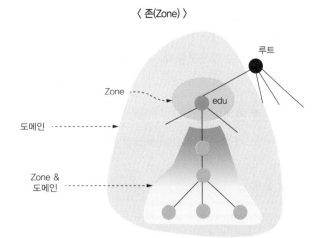

〈 존(Zone) 〉

(2) 존 파일: 존 파일에는 개별 도메인에 대한 DNS 정보가 저장되어 있다. 즉, 도메인 네임 및 그와 연관된 부속 도메인, IP주소, 메일 서버 정보가 포함된다. 존 파일은 주소 레코드, CNAME, 메일 레코드로 구성되며, DNS 테이블이라고도 한다.

3 DNS의 계층 구조

1. 분산계층 데이터베이스

확장성 문제를 다루기 위해 DNS는 많은 서버를 이용하고 이들을 계층 구조로 구성하며 전 세계에 분산시킨다.

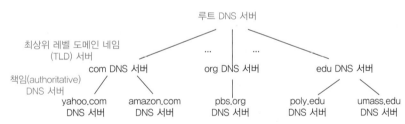

〈 DNS 서버 계층구조의 일부 〉

(1) 루트 DNS 서버: 인터넷에는 400개 이상의 루트 DNS 서버(A부터 M까지 분류됨)가 있는데 대부분 북미 지역에 위치한다. 이 루트 서버들은 13개의 다른 기관에서 관리된다.

(2) 최상위 레벨 도메인(TLD; Top Level DNS) 서버: .com, .net, .org, .edu와 같은 상위 레벨 도메인과 kr, uk, fr, ca, jp와 같은 모든 국가의 상위 레벨에 대한 TLD 서버가 있다. TLD 서버들은 책임(authoritative) DNS 서버들에 IP주소를 제공한다. 각 TLD 서버들의 관리/운영은 별도의 ISP 업체가 지정되어 있는데 .com은 '베리사인 글로벌 레지스트리 서비스社'가, .edu는 '에듀코드社'가 담당하고 있다.

(3) 책임(authoritative) DNS 서버: 대부분의 대학과 큰 기업들은 자신의 기본 authoritative DNS 서버와 보조 authoritative DNS 서버를 가지고 있는데, 이러한 책임 서버를 운영하고 있는 기관들은 호스트 네임을 IP주소로 매핑하는 공개적인 DNS 레코드를 제공해야 한다. 각 기관의 책임 서버들은 이 DNS 레코드를 갖고 있다.

PART
06

(4) 로컬(local) DNS 서버: 루트, TLD, 책임 DNS 서버들은 그림 〈DNS 서버 계층구조의 일부〉처럼 모두 DNS들의 계층구조를 갖는다. 로컬 DNS 서버는 서버들의 엄격한 계층 구조에 속하지는 않지만 DNS 구조의 중심에 있다. 호스트가 ISP에 연결될 때, 그 ISP는 로컬 DNS를 통해 IP주소를 호스트에게 제공한다.

2. 루트, TLD, 책임 서버들의 상호 관계

예를 들어, 어떤 DNS 클라이언트가 www.amazon.com의 IP주소를 획득하는 과정을 통해 이들 서버들의 관계를 알아보기로 하자.

(1) 먼저 클라이언트는 루트 서버 중 하나에 접속한다.

(2) 루트 서버는 최상위 레벨 도메인인 'com'을 갖는 TLD 서버 IP주소를 클라이언트에 보낸다.

(3) 클라이언트가 이 TLD 서버 중 .com을 담당하는 TLD 서버에 접속하면 서버는 amazon.com을 가진 책임 서버의 IP주소를 클라이언트에 보낸다.

(4) 클라이언트는 amazon.com의 책임 서버 중에서 하나로 접속한다. 그러면 서버는 호스트 네임 www.amazon.com의 IP주소를 클라이언트에 보낸다.

4 DNS 동작방식

호스트 cis.poly.edu가 gaia.cs.umass.edu의 IP주소를 원한다고 설정하고 DNS 동작방식을 알아보기로 하자. cis.poly.edu에 대한 로컬 DNS 서버는 dns.poly.edu이고 gaia.cs.umass.edu에 대한 책임 DNS 서버는 dns.umass.edu라고 가정한다.

1. 리졸버(Resolver, 해석기)

(1) 호스트 cis.poly.edu는 해석기라고 불리는 DNS 클라이언트를 호출한다.

(2) 해석기는 DNS 클라이언트를 통해 로컬 DNS 서버인 dns.poly.edu에게 질의 메시지(gaia.cs.umass.edu에 대한 IP주소 요청)를 보낸다.

(3) 만약 서버가 이에 대한 정보를 가지고 있으면 해석기에 응답을 줄 수 있으나 그렇지 않다면 루트 DNS 서버 또는 다른 서버에 질의 메시지를 보내는 방법을 통하여 매핑 결과를 기다린다.

(4) 해석기가 매핑 결과를 수신한 후 제대로 온 것인지 아니면 오류가 난 것인지를 알아보기 위해 응답을 해석한 다음, 최종적으로 그 결과를 요청한 프로세스에 전달한다.

2. DNS 동작 과정

로컬 DNS 서버가 DNS 클라이언트를 통해 요청받은 해석기의 질의 내용에 대해 즉답을 줄 수 없으면 다음과 같은 재귀적 또는 반복적 질의 과정을 거친다. 간단한 예로 cse.poly.edu가 gaia.cs.umass.edu의 IP주소를 원하며 cse.poly.edu의 로컬 DNS 서버는 dns.poly.edu, gaia.cs.umass.edu의 책임 DNS 서버는 dns.umass.edu라고 가정한다.

(1) 도메인으로부터 IP주소 획득 과정

  ① 호스트 cse.poly.edu가 먼저 자신의 로컬 DNS 서버에게 DNS 질의 메시지(gaia.cs.umass.edu의 IP주소 문의)를 보낸다.

② 로컬 DNS 서버(dns.poly.edu)는 질의 메시지(gaia.cs.umass.edu)를 루트 DNS 서버에 전달한다. 이에 대해 루트 DNS 서버는 edu에 대한 책임을 가진 TLD 서버의 IP주소를 로컬 DNS 서버에게 보낸다.

③ 로컬 DNS 서버는 edu를 관리하는 TLD 서버에 질의 메시지를 보낸다. TLD 서버는 매사추세츠 대학교의 책임 DNS 서버의 IP주소를 알려준다.

④ 마지막으로 로컬 DNS 서버(dns.poly.edu)는 dns.umass.edu로 질의 메시지(gaia.cs.umass.edu의 IP주소)를 직접 보낸다. 이에 대한 응답으로 매사추세츠 대학교의 책임 DNS 서버(dns.umass.edu)는 로컬 DNS 서버에 gaia.cs.umass.edu에 대한 IP주소를 전송한다.

⑤ 로컬 DNS 서버는 최초 문의한 호스트에 gaia.cs.umass.edu에 대한 IP주소를 전달한다.

※ 위 예에서는 하나의 호스트 네임 매핑을 얻기 위해 총 8번의 DNS 메시지가 보내졌다. 이러한 질의 내용을 줄이기 위해 'DNS 캐싱' 방법이 사용된다.

(2) 재귀적(recursive) 질의 반복적(iterated) 질의

① 호스트 cis.poly.edu로부터 로컬 DNS 서버로 보내는 질의는 자신을 대신하여 필요한 매핑을 얻도록 dns.poly.edu에게 요구하므로 재귀적이다.

② 다른 세 가지 루트인 DNS 서버, TLD 서버 및 책임 DNS 서버와의 질의응답은 모두 로컬 DNS 서버(dns.poly.edu)와 일대일로 수행하므로 이를 반복적 질의라고 한다. 이론상 DNS 질의는 반복적이고 재귀적일 수 있다.

〈 DNS 서버의 재귀적 질의(좌) 및 반복적 질의(우) 〉

5 DNS 변환과정

1. 1순위: 캐싱

DNS는 접속지연 속도를 감소시키고 네트워크의 DNS 메시지 수를 줄이기 위해 캐싱을 사용한다. 캐싱의 아이디어는 간단하다. 로컬 DNS 서버가 응답을 받을 때마다 응답 정보를 로컬 DNS 서버에 저장할 수 있다. 예를 들어 apricot.poly.edu가 cnn.com에 대한 질의를 dns.poly.edu에게 질의했다고 가정해보자. 또한 몇 시간 후에 poly의 다른 호스트 kiwi.poly.edu가 dns.poly.edu에게 같은 호스트 네임을 질의한다고 가정한다. 캐싱으로 인해 로컬 DNS 서버는 두 번째로 질의한 호스트에게 다른 DNS 서버로의 질의 없이 즉시 cnn.com의 IP주소를 보낼 수 있다.

또한 로컬 DNS 서버는 TLD 서버의 IP주소를 저장할 수 있다. 그러므로 로컬 DNS 서버는 질의 사슬에서 루트 DNS 서버를 우회할 수 있으며 이러한 현상은 자주 일어난다.

2. 2순위: hosts 파일 참조

(1) hosts 파일의 이해: hosts 파일은 도메인/호스트명과 IP주소 매핑을 저장하고 있는 파일로서 네임 서버에 먼저 참조되는 파일이다. hosts 파일은 윈도우의 경우 \windows\system32\drivers\etc에, 유닉스/리눅스의 경우는 /etc 디렉토리 아래에 저장되어 있다. 둘 다 파일명은 hosts로 동일하다. 파밍 등의 공격을 통해 파밍 사이트로 접속하도록 'hosts' 파일을 변조하는 사례가 자주 보고되고 있어 관리상의 주의가 필요하다.

- hosts 파일 구조:

IP주소	도메인 이름(또는 임의의 이름)

〈 호스트 파일 (윈도우: 좌, 리눅스: 우) 〉

(2) IIS 웹 서버 접속을 통한 리눅스 hosts 파일의 이해

① Part 05 〈4. 대표적인 스캔 도구–네트워크 구성도〉와 같은 내부망에서 리눅스 서버(192.168.111.33)의 /etc/hosts 파일에 웹 서버 IP주소(192.168.111.10)의 도메인 네임(First)을 부여 한 후, 리눅스에서 그 도메인 명으로 접속해 본다.

〈 /etc/hosts 파일 수정 접속 결과 〉

② 앞의 그림 〈/etc/hosts 파일 수정 접속 결과〉의 결과의 좌측 화면을 보면, /etc/hosts 파일에 192.168.111.10 First' 문장이 추가되었다. First는 도메인 네임이고 192.168.111.10은 First에 대한 IP주소이다.

③ 우측 화면은 동일 내부망에 있는 리눅스에서 'First'라는 도메인명으로 웹 서버에 접속(http://first)한 결과 화면이다. hosts 파일이 제대로 작동되고 있음을 알 수 있다[반대의 경우(웹 서버 → 리눅스 서버)도 동일 결과 도출].

3. 3순위: DNS 서버 이용

호스트는 리졸버(DNS 클라이언트)를 통해 로컬 DNS 서버에 문의하는 방식이다. 로컬 DNS 서버는 루트 DNS 서버, TLD 서버 및 책임(authoritative) 서버와 질의/응답 메시지를 재귀적/반복적 방법으로 주고받으며 IP주소를 알아낸다.

6 DNS 질의 유틸리티

DNS 질의 유형에는 순방향 질의와 역방향 질의가 있다. 순방향 질의는 도메인명을 통해서 IP주소를 알아내는 질의를 말하며 역방향 질의는 IP주소로부터 도메인명을 알아내는 질의를 말한다.

1. nslookup 유틸리티

nslookup(name server lookup)은 가장 널리 사용되는 DNS 진단 유틸리티로 윈도우 및 유닉스/리눅스에 표준으로 탑재되어 있다. nslookup 명령어는 DNS 서버에 질의 메시지를 전송하면 DNS 서버로부터 응답을 화면에 표시하는 간단한 구조로 구성되어 있다. 명령을 실행하려면 다음 명령을 입력하면 된다.

---

nslookup 〈호스트〉 [〈서버〉]

- 호스트: 일반 변환의 경우 도메인 이름이며, 역방향의 경우에는 IP주소이다.
- 서버: 이 인자는 선택적이다. 생략할 경우, nslookup 프로그램은 명령이 실행된 호스트의 기본 네임 서버를 사용한다.

〈 인터넷 서비스 업체별 DNS 서버 주소 〉

업체별	DNS 서버 주소
SKT	210.220.163.82 / 219.250.36.130
KT	168.126.63.1 / 168.126.63.2
LG	164.124.107.9 / 203.248.242.2 / 61.41.153.2 / 1.214.68.2
구글	8.8.8.8 / 8.8.4.4

(1) 순방향 질의 예: ○○대학교 홈페이지에 대한 IP주소 질의를 SKT DNS 서버를 활용하여 실시하였다.

〈 nslookup 실행결과(순방향 질의) 〉

(2) 역방향 질의 예: 타깃 IP주소를 202.30.54.68로 정하고 nslookup에 의한 역방향 질의를 아래와 같은 순서로 실시한다.

① nslookup 명령어에서 질의 타입을 ptr로 설정한다(set q=ptr).

② 타깃 IP주소 「202.30.54.68」을 좌우로 역전(「68.54.30.202」)시키고 역전된 IP주소에 「.in-addr. arpa」문자열을 부가하여 도메인명을 검색한다.

③ 검색결과: 202.30.54.68의 도메인 네임은 'www.hnu.kr'임을 알 수 있다.

〈 nslookup 실행결과(역방향 질의) 〉

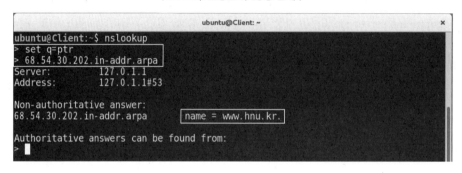

2. dig(domain information groper) 유틸리티

dig 명령은 DNS 네임 서버 구성과 도메인 설정이 완료된 후, 일반 사용자의 입장에서 설정한 도메인 네임에 대한 DNS 질의응답이 정상적으로 이루어지는지를 확인 점검하는 경우에 사용된다.

(1) dig는 nslookup 대신 사용할 수 있는 대안으로서 가장 단순한 형태이다. 실행되었을 때에도 후술하는 host 명령보다 훨씬 많은 정보를 제공한다.

(2) dig 명령의 기본 문법은 nslookup이나 host의 문법과는 다르다. 기본 네임 서버 이외의 네임 서버를 사용하려면 서버 이름 앞에 @를 붙여야 된다. 사용 명령은 아래와 같다.

---
dig [@server] [name] [query type]
- @server: 사용할 네임 서버를 지정하다. 생략하면 해당 시스템에 설정된 기본 네임 서버를 이용한다.
- query type(질의 유형): 이것을 생략하면 기본적으로 A 유형 질의(도메인의 IP주소 질의)를 수행한다.

유형은 DNS 레코드(set type 명령으로 출력되는 DNS 정보) 타입을 의미하는 것으로, 이에는 A, NS, CNAME, SOA 등이 있다.

〈 DNS 레코드 타입(일부) 〉

타입	값	의미
A	1	호스트 IP주소(IPv4)
NS	2	영역에 대한 권한(Authority)을 갖는 이름 서버(DNS 서버)
CNAME	5	호스트의 별명에 대응하는 도메인의 정식명, 로드 밸런싱 효과
SOA	6	영역 내의 권한 기점(권한 개시 정보), 존의 시작 정보
PTR	12	IP주소의 방향용 포인터(IP주소 → 도메인 주소로 변환)
HINFO	13	호스트에 관한 추가 정보(CPU와 OS 타입)
MINFO	14	메일링 리스트를 담당하는 메일 박스
MX	15	메일 서버(Mail Exchange), 메일 서버의 도메인 주소
SIG	24	암호 서명(Security 서명)
KEY	25	암호 키(Security Key)
GPOS	27	지리적 위치
AAAA	28	호스트의 IP주소(IPv6), 질의 받은 주소를 IPv6로 변환하여 응답
Any/all	255	모든 레코드 선택

(3) dig 유틸리티를 이용한 도메인 정보 획득

〈 dig 유틸리티를 이용한 메일 서버 도메인 정보 획득 〉

```
ubuntu@Client:~$

ubuntu@Client:~$ dig @210.220.163.82 hansei.ac.kr MX

; <<>> DiG 9.10.3-P4-Ubuntu <<>> @210.220.163.82 hansei.ac.kr MX
; (1 server found)
;; global options: +cmd
;; Got answer:
;; ->>HEADER<<- opcode: QUERY, status: NOERROR, id: 45815
;; flags: qr rd ra; QUERY: 1, ANSWER: 6, AUTHORITY: 0, ADDITIONAL: 1

;; OPT PSEUDOSECTION:
; EDNS: version: 0, flags:; udp: 4096
;; QUESTION SECTION:
;hansei.ac.kr.                  IN      MX

;; ANSWER SECTION:
hansei.ac.kr.           86400   IN      MX      5 alt1.aspmx.l.google.com.
hansei.ac.kr.           86400   IN      MX      5 alt2.aspmx.l.google.com.
hansei.ac.kr.           86400   IN      MX      1 aspmx.l.google.com.
hansei.ac.kr.           86400   IN      MX      8 alt4.aspmx.l.google.com.
hansei.ac.kr.           86400   IN      MX      10 hmail.hansei.ac.kr.
hansei.ac.kr.           86400   IN      MX      8 alt3.aspmx.l.google.com.

;; Query time: 10 msec
;; SERVER: 210.220.163.82#53(210.220.163.82)
;; WHEN: Fri Mar 19 09:11:38 KST 2021
;; MSG SIZE  rcvd: 181

ubuntu@Client:~$
```

위의 이미지 〈dig 유틸리티를 이용한 메일 서버 도메인 정보 획득〉은 국내 ○○대학교 메일 서버의 도메인 정보 획득을 위해 dig 명령을 수행한 결과이다. dig 질의 수행에 사용한 네임 서버는 SKT 네임 서버(210.220.163.82)를 사용하였으며 질의 옵션은 MX(표 〈DNS 레코드 타입(일부)〉 참조)를 주었다.

수행 결과를 보면 ○○대에서는 5개의 메일 서버 도메인을 운영 중에 있음을 확인할 수 있다. 'ping alt3.aspmx.l.google.com' 명령으로 확인이 가능하다.

3. host 유틸리티

host란 DNS 서버에서 도메인명으로부터 IP주소를 획득하는 과정에서 질의하는 명령이이다. nslookup 및 dig 명령어와 같이 DNS에 관한 각종 조사 및 디버그에 사용할 수 있다. 이 유틸리티는 비 대화형 nslookup과 동일한 방법으로 실행된다.

host [옵션] 〈호스트〉/〈서버〉

〈 host 명령 형식 및 여러 옵션들 〉

(1) **도메인에 대한 IP주소 확인이 가능**: 인수 없이 host 명령어만으로 도메인명으로부터 IP주소를 검색할 수 있다.

　　예 도메인 www.google.com에 대한 IP주소 확인: host www.google.com

〈 도메인에 대한 IP주소 확인 〉

```
ubuntu@Client: ~                                              ×
ubuntu@Client:~$ host www.google.com
www.google.com has address 172.217.31.228
www.google.com has IPv6 address 2404:6800:4005:806::2004
ubuntu@Client:~$
```

(2) **DNS 서버의 자원 레코드를 검색 가능**: host 명령어에 −t 옵션과 any를 지정하면 DNS 서버의 전체 레코드 내용을 취득할 수 있다. 이 정보는 또한 사이버 공격 시 타깃이 되기도 한다. −v 옵션을 병행 사용하여 좀 더 자세한 정보 질의를 할 수 있다.

　① 해당 DNS 서버에 대한 자원 레코드 전체 정보를 취득할 수 있다.

　　　예 구글 DNS 서버에 대한 자원 레코드 내용: host −v −t any google.com

〈 host 명령(옵션: -t any)으로 전체 레코드 내용 확인 〉

```
                                    ubuntu@Client: ~
ubuntu@Client:~$ host -v -t any google.com
Trying "google.com"
;; ->>HEADER<<- opcode: QUERY, status: NOERROR, id: 53283
;; flags: qr rd ra; QUERY: 1, ANSWER: 6, AUTHORITY: 0, ADDITIONAL: 0

;; QUESTION SECTION:
;google.com.                    IN      ANY

;; ANSWER SECTION:
google.com.             5       IN      AAAA    2404:6800:4005:810::200e
google.com.             5       IN      A       172.217.163.238
google.com.             5       IN      NS      ns4.google.com.
google.com.             5       IN      NS      ns2.google.com.
google.com.             5       IN      NS      ns1.google.com.
google.com.             5       IN      NS      ns3.google.com.

Received 144 bytes from 127.0.1.1#53 in 10 ms
ubuntu@Client:~$
```

② -t 옵션 뒤에 DNS 레코드 타입을 명시하여 질의하면 DNS 레코드의 해당 타입(앞의 표 〈DNS 레코드 타입(일부)〉 참조)에 대한 응답을 얻을 수 있다.

host -v -t 〈DNS 레코드〉 host [〈서버〉]

예 구글의 메일 서버 확인: host -v -t mx google.com

〈 host 명령(옵션: -t mx)으로 구글의 메일 서버 확인 〉

```
                                    ubuntu@Client: ~
ubuntu@Client:~$ host -t mx google.com
google.com mail is handled by 30 alt2.aspmx.l.google.com.
google.com mail is handled by 20 alt1.aspmx.l.google.com.
google.com mail is handled by 40 alt3.aspmx.l.google.com.
google.com mail is handled by 10 aspmx.l.google.com.
google.com mail is handled by 50 alt4.aspmx.l.google.com.
ubuntu@Client:~$
```

예 구글의 네임 서버 확인: host -v -t ns google.com 210.220.163.82

〈 host 명령(옵션: -t ns)으로 구글의 네임 서버 확인 〉

```
                                    ubuntu@Client: ~
ubuntu@Client:~$ host -t ns google.com 210.220.163.82
Using domain server:
Name: 210.220.163.82
Address: 210.220.163.82#53
Aliases:

google.com name server ns3.google.com.
google.com name server ns2.google.com.
google.com name server ns1.google.com.
google.com name server ns4.google.com.
ubuntu@Client:~$
```

4. whois 명령어

whois 서버를 통해서 해당 도메인의 등록정보(서버 주소, 등록 담당자 정보, 네임 서버의 호스트명 등) 및 네트워크 할당 정보 등을 조회하기 위한 명령어이다. whois 서비스를 이용하면 도메인/IP주소가 어느 서버의 관리하에 있는지를 알 수 있으며 네임 서버 정보도 알 수 있다. whois 정보는 다양한 사이버 공격에 필요한 기초 정보로 활용되기도 한다. 또한 사이버 공격자가 whois DB를 참조하여도 대상자는 이를 알 수 없으며 저지할 수도 없다. 사용 명령어는 아래와 같다.

```
whois 도메인명/IP주소
```

03 DNS 보안

1 DNS 부안위협

DNS는 TCP/IP 네트워크에서 사용되는 네임 서비스의 구조이다. 숫자로 표시되는 인터넷 주소를 우리가 이해하기 쉬운 문자 형태로 사용할 수 있도록 주소체계를 관리하는 서비스를 말한다. 이는 인터넷 하부망에서 가장 중요한 시스템이다. 웹 접속이나 이메일과 같은 응용은 DNS의 적절한 동작에 크게 의존한다. DNS는 아래와 같은 여러 방법으로 공격받을 수 있다.

1. 공격자는 사용자가 접속하는 사이트의 이름이나 성질을 살피기 위해 DNS 서버의 응답을 읽어볼 수 있다. 이러한 공격을 방지하려면 DNS 메시지의 비밀성이 보장되어야 한다.

2. 공격자는 DNS 서버의 응답을 중간에서 읽은 후, 이를 변경하거나 완전히 새로운 위조 응답을 만들어 공격자가 사용자를 접속시키기 원하는 사이트로 가도록 할 수 있다. 이러한 공격 유형은 메시지 송신자 인증 및 메시지의 무결성을 통해 막을 수 있다.

3. 공격자는 DNS 서버가 붕괴되거나 압박받도록 flooding 공격을 할 수도 있다. 이러한 공격은 서비스 거부 공격에 대한 방화벽을 사용하여 막을 수 있다.

2 DNS 공격 및 대응

사용자의 컴퓨터는 보통 컴퓨터가 사용하는 IP주소 대신 사람들이 쓰기 편한 문자로 구성되어 있는 URL 주소를 사용한다. 하지만 컴퓨터는 URL 주소를 바로 인식할 수 없기 때문에, 사용자로부터 URL 주소를 입력받으면 등록된 도메인 네임 시스템의 주소로 UDP 프로토콜을 이용하여 질의를 보낸다.

공격 방법에 따라 아래와 같이 크게 '스니핑 기반의 DNS 스푸핑'과 'DNS 캐시 포이즈닝' 공격으로 나눌 수 있다.

1. 스니핑 기반의 DNS 스푸핑(Spoofing)

(1) 공격 방법

① DNS 스푸핑은 희생자(공격대상)에게 전달되는 DNS 응답(IP주소)을 조작하거나 캐시 정보를 조작하여 실제 IP주소가 아닌 가짜 IP주소를 응답하게 하여 DNS 서버를 속이는 공격이다.

② 공격자는 공격 대상이 DNS 서버에 도메인 이름에 대한 IP주소를 물어볼 때 DNS 질의 패킷을 탐지한다. 실제 DNS 서버보다 빨리 공격 대상에게 DNS 응답(Response) 패킷을 보내 공격 대상이 잘못된 IP주소로 이름 해석을 하도록 하여 잘못된 웹 접속을 유도한다.

③ 조작된 응답 이후에 도착하는 정상 응답은 먼저 수신한 응답을 신뢰하는 특성으로 인해 폐기된다.

④ 스니핑을 이용한 스푸핑 공격은 공격 타이밍이 중요한 역할을 하며, 일반적으로 동일 네트워크에서 공격한다. 따라서 상대적으로 원거리에 있는 DNS 서버보다 응답 속도가 빠르다.

(2) 대응 방법

① 스니핑을 이용한 DNS 스푸핑 공격은 기본적으로 스니핑을 이용하기 때문에 이를 탐지 및 차단하도록 한다.

② 중요한 사이트의 IP주소에 대해서는 DNS 침입보다 우선 순위가 높은 hosts 파일에 등록하여 관리하도록 한다.

2. DNS 캐시 포이즈닝(Cache Poisoning)

어떤 DNS 서버가 상위 DNS 서버에 빈번하게 반복적 질의를 요청하여 부하가 발생하는 것을 막기 위해 캐시를 사용하고 이를 TTL 동안 자신의 DNS 서버에 저장하여 놓는다. 이러한 캐시 정보를 조작하는 공격을 'DNS 캐시 포이즈닝' 공격이라 한다.

(1) 공격 방법

① 공격자는 공격대상 DNS 서버에 조작할 도메인 질의를 다수 보낸다.

② 공격자는 공격대상 DNS 서버가 반복적 질의를 수행하는 동안 다수의 조작된 DNS 응답을 보낸다. 그 이유는 공격대상 DNS 서버가 반복적 질의 시 사용하는 트랜잭션 ID와 출발지 포트를 모르기 때문에 랜덤한 트랜잭션 ID와 목적지 포트를 다수 생성하면서 응답한다.

③ 공격자의 조작된 응답 중 정상 응답보다 먼저 일치하는 응답이 있으면 조작된 주소 정보가 공격 대상 DNS 서버의 캐시에 저장되고 이를 질의하는 사용자는 조작된 주소의 사이트로 접속하게 된다.

(2) 대응 방법

① 네임 서버의 소프트웨어를 최신 버전 상태로 유지하며 알려진 취약점에 의한 공격이 발생하지 않도록 한다.

② 도메인 관리용 DNS 서버는 재귀적 질의를 허용하지 않도록 사용하고 제한된 사용자가 사용하는 재귀칙 DNS 서버라면 해당 사용자로 제한하여 허용한다.

③ DNSSEC 기술을 활용한다. DNSSEC은 DNS를 보호하기 위해 IETF가 만들어 메시지 송신자 인증과 전자서명이라는 보안서비스를 사용하여 메시지 무결성을 제공한다.

더 알아보기

DNSSEC 기술
- DNSSEC은 기존 DNS 레코드에 암호화된 서명을 추가함으로써 안전한 DNS를 만든다. 이러한 디지털 서명은 DNS 이름 서버에 A, AAAA, MX, CNAME 등의 공통 레코드와 함께 저장된다.
- 관련 서명을 점검함으로써 요청한 DNS 레코드가 권위 있는 이름 서버에서 온 것인지 메시지 가로채기(Man-in-the-middle) 공격에 의해 가짜 레코드가 추가되지 않고 중간에 수정되지 않은 채로 온 것인지 확인할 수 있다.

01 네트워크에 연결된 노드가 사용할 IP주소를 자동으로 할당해주는 프로토콜은?

① DHCP(Dynamic Host Configuration Protocol)
② ICMP(Internet Control Message Protocol)
③ ARP(Address Resolution Protocol)
④ IGMP(Internet Group Management Protocol

02 ARP에 대한 설명으로 옳지 않은 것은?

① 호스트와 라우터는 IP주소와 MAC 주소의 매핑 정보를 캐시 테이블에 가지고 있다.
② 캐시 테이블 정보를 공격자 호스트의 MAC 주소로 업데이트하게 하는 ARP 스푸핑 공격을 통해 스니핑이 발생할 수 있다.
③ 한 호스트의 캐시 테이블은 서브넷상의 모든 호스트와 라우터에 대한 엔트리를 가지고 있어야 한다.
④ ARP의 요청은 브로드캐스트 되고, 응답은 유니캐스트 된다.

정답 및 해설

01
정답 ①

① DHCP: IP를 필요로 하는 컴퓨터에게 자동으로 IP주소를 할당해서 사용할 수 있도록 해주고, 사용하지 않으면 반환받아 다른 컴퓨터가 사용할 수 있도록 해준다.
② ICMP: TCP/IP에서 IP 패킷을 처리할 때 발생되는 문제를 알려주는 프로토콜이다. 해당 호스트가 없거나, 해당 포트에 대기 중에 서버 프로그램이 없는 등의 에러 상황이 발생할 경우 IP헤더에 기록되어 있는 출발지 호스트로 이러한 에러에 대한 상황을 보내주는 역할을 수행하게 된다.
③ ARP: 네트워크 환경에서 임의의 호스트가 다른 호스트에 데이터를 전송하려면 수신 호스트의 IP주소뿐 아니라, MAC 주소도 알아야 한다. ARP는 수신 호스트의 IP주소(또는 도메인 이름)로부터 수신 호스트의 MAC 주소를 얻는 프로토콜이다.
④ IGMP: 인터넷 그룹 관리 프로토콜로, 호스트 컴퓨터와 인접 라우터가 멀티캐스트 그룹 멤버십을 구성하는 데 사용하는 통신 프로토콜이다.

02
정답 ③

• ARP는 IP주소에 대응되는 MAC 주소를 구할 때 사용되는 프로토콜이다.
• ARP는 IP주소를 물리적 네트워크 주소로 대응시키기 위해 사용되는 프로토콜이다. 사용자는 IP주소를 이용하여 인터넷과 연결하지만 이더넷상에서는 이더넷 주소를 이용하게 된다. 이를 위하여 IP주소를 이더넷 주소로 변환시켜 주어야 하는데 이와 같이 IP주소를 물리적 주소로 변환시키는 프로토콜을 주소 결정 프로토콜(ARP)이라 한다.
• IP주소와 MAC 주소의 대응관계를 저장한 테이블이 ARP 캐시 테이블이다. 따라서 캐시 테이블은 서브넷상의 모든 호스트와 라우터에 대한 엔트리를 가지고 있을 수가 없으며 필요시 서브넷상의 호스트들에 브로드캐스트하여 MAC 주소를 알아낼 수 있다.

데이터베이스 보안

01 데이터베이스 보안 요구사항

1 데이터베이스 보안

정보조직에서 가장 중요한 정보자산 가치를 갖는 것이 바로 데이터베이스(이하 DB)이다. 실제로 정보보호의 가장 근본적인 보호 대상이 바로 DB에 수록된 중요 정보 자산이라 할 것이다.

1. DB 접근

DB는 데이터베이스 관리시스템(DBMS; Data Base Management System, 이하 DBMS)에 의해 관리되며 인증과정을 거쳐 로그인한 후 SQL이라는 질의어를 통해서만 해당 정보에 정상적으로 접근할 수 있다.

2. DB 보안의 목적

(1) DB에 저장되어 있는 데이터에 대한 인가되지 않은 접근, 의도적인 데이터의 변경이나 파괴 및 데이터의 일관성을 저해하는 우발적인 사고 등으로부터 데이터 혹은 DB를 보호하는 것이다.

(2) 즉, DB에 저장되어 있는 데이터를 생명주기 동안 기밀성(Confidentiality), 무결성(Integrity) 및 가용성(Availability)을 확보하는 것이다.

3. DB 보안의 범위 설정

DB 보안을 구축하기 전 명확한 범위 설정 및 세분화로 정밀한 보안 구축이 가능하도록 해야 하며, 문제 발생 시 책임 소재를 분명히 하는 것이 필요하다.

(1) DB 서버로의 접속은 '외부 애플리케이션 → 네트워크 → 웹 애플리케이션 서버(WAS) → DB 서버 → DB 객체'의 접근 과정을 거치므로 일반적으로 애플리케이션, 네트워크, WAS와 관련된 요소는 DB 보안 범위에서 제외한다.

(2) 애플리케이션, 네트워크, WAS와 관련된 요소라 할지라도 DB와 연관이 있는 SQL을 포함하는 프로그램 모듈, DB 내의 기능이나 패키지 호출 부분은 DB보안 전문가의 책임하에 관리하도록 한다(WAS 서버와 DB 서버 간 연결 및 외부와 연결되는 네트워크 부분은 DB 보안영역에서 제외).

PART 06

〈 DB 보안영역 〉

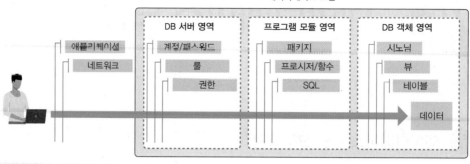

2 데이터베이스 위협요소

1. 일반적 위협

(1) 사용자가 우연히 혹은 의도적으로 데이터에 접근함으로써 발생될 수 있는 정보의 부적절한 유출, 부정한 데이터 처리와 수정으로부터 야기되는 데이터의 무결성 손상이 있다. 의도적인 공격방법의 예로 SQL 인젝션 공격 및 악성코드 전파 공격 등이 있다.

(2) 또한, 사용자가 데이터에 접근하거나 DB 자원을 사용하지 못하도록 하는 서비스 거부 공격이 있다.

2. 주요 위협

(1) 애그리게이션(Aggregation, 집성)

① 의의 : 개별적인 여러 소스로부터 민감하지 않은 정보를 수집/조합하여 민감한 정보를 생성해 내거나 낮은 보안등급의 정보 조각을 조합하여 높은 등급의 정보를 알아내는 행위를 말한다.

② 최근 데이터 마이닝에 대한 관심이 애그리게이션에 대한 관심을 일으키고 있다.

(2) 추론(Inference) 공격 : 비 인가자인 일반 사용자가 보안으로 분류되지 않은 정보에 정당하게 접근하여 기밀정보를 유추하는 행위를 말하며, 대응책으로는 Polyinstantiation(다중 인스턴스/사례), Partition, Cell suppression(특정 셀을 숨김)이 있으며 가짜 정보를 삽입하는 noise 및 perturbation 기법이 있다.

> **더 알아보기**
>
> Polyinstantiation
> - 인가등급에 따라 보안과 무결성 법칙을 만족하는 다중 튜플을 생성한다. 즉, 같은 이름의 데이터가 여러 개 존재하게 하여 보안 수준을 갖지 않은 엔티티(Entity)에게 거짓 정보(Cover Story)를 제공하여 추론공격을 방지한다.
> - 낮은 등급자가 레코드 입력 시 높은 등급자가 존재하고 있다는 것을 입력오류를 통해 확인하는 것을 방지할 수 있다.

보안 요구사항	내용
부적절한 접근 방지	인가된 사용자만의 접근을 허락하고 모든 접근 요청은 DBMS가 검사한다.
추론 방지	사용자가 통계적인 데이터 값으로부터 개별적인 데이터 항목에 대한 정보를 추적하지 못하도록 해야 한다.
무결성 보장	데이터베이스 내에 있는 자료값들이 정확하도록 보장하는 관리 작업을 말한다. 보안 시스템을 통하여 DBMS의 무결성 서브 시스템의 지원을 받아 제어한다.
감사기능	DB의 모든 접근에 대한 감사 기록을 생성한다. DB 접근에 대한 분석 및 추론에 의해 비밀 데이터가 노출되었는지를 판단할 근거가 생기기 때문이다.
사용자 인증	별도의 엄격한 사용자 인증 방식이 필요하다.
기밀성 보장	중요 데이터에 대한 기밀성을 보호하고 인가된 사용자에 대해서만 접근을 허용해야 한다.
제한(Confinement)	시스템 프로그램 간의 바람직하지 못한 정보 전송을 방지하여야만 한다. 이러한 정보 전송은 은닉채널을 통해서 발생한다.

02 데이터베이스 보안 통제

1 DBMS 보안통제

1. SQL 기반의 접근통제(GRANT/REVOKE 접근 통제)

(1) 일반적으로 데이터베이스 관리자(DBA)가 최고 권한(읽기, 쓰기, 삭제 등 모든 권한)을 가지고 특정 사용자에게 권한을 부여하거나 회수할 때 접근 권한 명령을 사용한다.

(2) SQL은 GRANT와 REVOKE라는 접근 권한 관리 명령어를 제공한다. SQL 버전마다 약간의 차이는 있지만 GRANT는 다음과 같은 구문을 사용한다.

> GRANT [권한] ON [객체] TO [사용자] [with GRANT option]

예 GRANT ALL PRIVILEGES ON *.* TO 'usr'@'192.168.219.123';

위 예는 'IP주소 「192.168.219.123」으로부터 오는 접속자 중에서 ID가 usr인 사용자에게는 모든 권한을 부여한다.'라는 의미이다.

(3) REVOKE 명령은 다음과 같다.

> REVOKE [권한] ON [객체] FROM [사용자]

DBA는 GRANT 명령을 사용하여 사용자별로 DB 접근 권한을 상이하게 부여할 수 있다. 어떤 회사가 shop, employees라는 두 개의 DB를 운영하다고 가정한다. DBA는 CEO에게는 모든 DB에 읽기 권한만 부여하고, 일반 직원에게는 DB별로 접근 권한을 차등 적용하여 운영할 수 있게 할 수 있다. 즉, 일반 직원들에게는 shop DB의 모든 테이블에 대해서 읽기(Select), 쓰기(Write), 갱신(Update) 및 삭제(Delete) 권한을 부여하고 employees DB의 테이블에는 읽기(Select) 권한만을 부여하여 employees DB에 대한 보안강화 정책을 실시할 수 있다.

2. 뷰(View) 기반의 접근통제

〈 뷰를 사용한 직원 테이블에 대한 접근제어 〉

(1) 뷰는 모든 DB에 공통적으로 제공되는 기능으로, 하나 이상의 기본 테이블(위의 그림의 직원 테이블)로부터 만들어지는 가상 테이블이다.

(2) 기본적으로 하나의 테이블은 여러 개의 열(column)과 행(row)으로 구성된다. 각 열의 첫 번째 행은 그 열의 성격을 나타낸다. 그림 〈뷰를 사용한 직원 테이블에 대한 접근제어〉를 보면 2, 4번째 열이 각각 주소와 연봉으로 되어 있어 보안 강화를 위해 이런 민감한 열을 제외시키고 별도의 테이블을 구성할 수 있는데, 이것이 '뷰 테이블'이다.

(3) 뷰는 일반적으로 읽기 전용으로 많이 사용된다. 또한 데이터의 논리적 독립성을 제공하며 자료에 대한 접근제어로 보안을 제공한다.

① 뷰 테이블(V_usertbl)의 작성: 뷰 테이블은 먼저 테이블이 이미 생성되어 있어야 한다. 먼저 테이블 생성구문부터 살펴보기로 한다.

㉠ 아래의 테이블 작성 구문(예시)은 이미 생성되어 있는 DB(예 shopDB) 내에 테이블(이름: usertbl)을 만드는 구문이다. DB 신규 생성은 'CREATE DATABASE 'DB명(예 CREATE DATABASE shopDB)' 명령을 사용한다(아래 예에서 PRIMARY KEY 부분은 생략 가능).

```
create table 'shopDB'. 'usertbl'(
                'userID' CHAR(8) NOT NULL,
                'addr' CHAR(8) .
                'phone' CHAR(8) NOT NULL,
                'salary' CHAR(10) NOT NULL,
                PRIMARY KEY('userID'));
```

㉡ 프라이머리키(PRIMARY KEY): 하나의 DB는 여러 개의 테이블로 구성되어 있다. 또한 하나의 테이블에 존재하는 많은 행의 데이터를 구분할 수 있는 식별자가 필요한데 이것이 프라이머리키이다. 따라서 프라이머리키는 중복되어서도 안 되며 비어서도 안 된다. 보통 사용자 ID가 프라이머리키로 설정된다.

② 사용자 테이블로부터 뷰 테이블(테이블명, 예 v_usertbl)의 작성(v_usertbl ← usertbl)

```
CREATE OR REPLACE VIEW v_usertbl
AS
                SELECT userID, phone FROM usertbl;
```

※ 위 예에서는 userID, addr, phone, salary의 4개 열로 구성된 usertbl로부터 userID 및 phone열로만 구성되는 뷰 테이블이 작성 예이다.

③ 작성된 뷰 테이블(v_usertbl)의 확인

```
DESCRIBE v_usertbl;
```

2 DB 접근통제

DB 접근통제는 사용자가 DBMS에 로그인하거나 SQL을 수행하려고 할 때 미리 정의된 보안규칙에 따라 권한 여부를 판단하여 통제하는 방법이다. DB 접근통제는 DB에 접근하는 네트워크 패킷을 분석하는 기술로 게이트웨이 방식, 스니핑(미러링) 방식 그리고 DB 서버 내에 설치하는 에이전트 방식이 있다.

DB 접근통제는 하나의 단일 방식으로 구성하기도 하지만 각 방식의 장점을 취하고 단점을 보완하기 위하여 여러 가지 방식을 혼합한 하이브리드 방식을 많이 사용한다. 각 방식별 주요 내용 및 특징은 다음과 같다.

1. 에이전트 방식

(1) **주요 내용**: DB 서버 자체에 접근제어 및 로깅 기능을 포함하는 에이전트를 이식하는 방법으로, DB에 직접 접근하는 전용 클라이언트를 포함해 모든 접근 루트를 제어할 수 있는 가장 강력한 보안 대책이다.

(2) **특징**: 에이전트 방식은 로그가 각 에이전트에 생성/저장되므로 수십 개의 에이전트를 설치한 경우에는 로그를 통합하고 규칙을 중앙에서 분배하는 기능이 필요하다. DB 서버에 트래픽을 발생시켜 서버의 성능 저하가 우려되는 단점도 있다.

2. 게이트웨이(GW) 방식

(1) **주요 내용**: DBMS에 접속하기 위한 통로를 별도로 설치한 후, DB 사용자가 해당 통로를 통해서만 접근하도록 하는 방식으로, 게이트웨이를 거치도록 하는 기술에 따라 프록시 게이트웨이 방식과 인라인 게이트웨이 방식으로 구분한다.

(2) **특징**: 프록시 게이트웨이는 별도의 서버(안정성을 위해 이중화 구성 필요)를 설치한 후 독립적인 IP 및 포트를 부여하고 DB 로그인 시 해당 IP 및 포트로 로그인하도록 한다.

3. 스니핑 방식

(1) **주요 내용**: 스니핑 DB 사용자와 DBMS 서버 간에 주고받는 패킷을 복사하여 DB 접근제어 서버에 전달하는 방식으로, 네트워크에 부하 없이 시스템 구축이 용이하다(서버와 클라이언트 사이에 어떠한 에이전트의 설치나 설정 변경이 필요 없음).

(2) **특징**: 게이트웨이 방식은 권한 없는 SQL에 대하여 개개의 SQL 단위로 즉각적인 통제가 가능하지만, 스니핑 방식은 개개의 SQL 단위로 통제할 수 없고 로깅만 가능하다.

4. 하이브리드 방식

(1) **주요 내용**: DB 접근제어는 각 방식의 단점을 보완하기 위해 각각의 방식을 혼합하는 하이브리드 방식을 많이 사용한다.

(2) **특징**: 일반적인 하이브리드 구성방식은 '에이전트+스니핑', '게이트웨이+스니핑', '게이트웨이+에이전트+스니핑' 등이 있다.

❸ DB 암호화

DB 데이터를 암호화할 수 있는 방식은 일반적으로 칼럼(Column) 암호화 방식과 블록 암호화 방식으로 나눌 수 있다. 칼럼 암호화 방식은 암·복호화 위치에 따라 Plug-in, API 및 혼합 방식인 Hybrid 방식이 있고, 블록 암호화 방식은 TDE(Transparent Data Encryption), 파일 암호화 방식이 있다.

1. Plug-in 방식

(1) DB 서버에 설치하는 방식으로 적용성이 뛰어나지만 암·복호화 시 DB 서버의 CPU를 사용하기 때문에 부하가 발생할 수 있다. 암·복호화 모듈을 DB 서버 내에 설치하고 이곳에서 암·복호화를 수행하는 구조로, 암호화 칼럼 사이즈 증가, 성능 이슈 등이 있는 경우 일부 응용프로그램을 수정하여 적용이 가능하다.

(2) 이 방식은 트랜잭션 처리량이 많지 않은, 성능에 대한 민감성이 낮은 시스템에 저렴한 비용으로 구축할 수 있다.

2. API 방식

이 방식은 암·복호 모듈을 애플리케이션 서버 내에 설치하고 이곳에서 암·복호를 수행하는 구조로 응용프로그램의 수정을 동반한다. 따라서 API 방식의 DB 암호화의 경우, 시스템 개발 중인 장비 등 응용프로그램의 수정이 가능한 경우에 적용하면 효과적이다.

3. Hybrid 방식

(1) Plug-in 방식의 단점인 배치 업무의 성능 저하를 보완하려는 구성으로서 제품에 따라 조금씩 다른 형태가 있을 수 있으나 API 방식을 이용하여 Plug-in 방식의 성능을 보완하는 구성이다.

(2) 암·복호화 모듈을 DB 서버와 애플리케이션 서버에 설치하며, 필요에 따라 일부 SQL은 API 방식을 이용하고 나머지 대부분은 DB 내의 Plug-in 방식을 이용하여 수행한다.

4. TDE 방식

(1) DBMS에 내장 또는 옵션으로 제공되는 암호화 기능을 이용하는 방식으로써 DBMS 종류 및 버전에 따라 지원이 가능하다.

(2) 해당 DBMS의 커널 레벨에서 처리되므로 응용프로그램에 대한 수정이 없고, 인덱스의 경우 DBMS 자체 인덱스 기능과 연동이 가능하다. 즉, DB 내부에서 암·복호화 처리를 하는 방식이다.

5. 파일 암호화 방식

(1) 파일 암호화 방식은 OS 상의 개체인 파일을 통째로 암호화하는 방식으로, DBMS 및 OS에 대한 의존도가 높고 DB 파일 등을 암호화한다.

(2) 이 방법으로 구성하면 DBMS 자체 인덱스 기능과 연동이 가능하며, 모든 DBMS에 적용이 가능하나 일부 OS의 경우 해당 암호화를 적용할 수 있는지 사전 확인이 필요하다.

01 데이터베이스 보안 통제에 대한 설명 중 가장 옳지 않은 것은 무엇인가?

① 흐름통제: 접근 가능한 객체 간의 정보 흐름을 통제하는 것으로 낮은 보안 등급에서 높은 보안 등급으로 정보 흐름 발생 시 기밀성이 위반되지 않도록 통제하는 것이다.

② 추론통제: 간접적인 데이터 노출로부터 데이터를 보호하는 것으로 비밀 정보의 은폐, 데이터 위장 등의 방법으로 통제할 수 있다.

③ 접근통제: 인증된 사용자에게 허가된 범위 내에서만 접근을 허용하여 내부의 정보에 대한 접근을 통제하는 것이다.

④ 뷰(View): 기본 테이블로부터 유도되어 만들어지는 가상 테이블로 데이터의 논리적 독립성을 제공한다.

02 다음과 같은 사례를 방지하기 위한 데이터베이스 보안통제로 가장 적절한 것은?

> 보기
>
> 낮은 비밀 취급 등급자가 레코드 입력 시 오류를 통하여 자신보다 높은 비밀 취급 등급자가 있다는 사실을 알게 되는 사례

① 접근 통제　　　　② 추론 통제

③ 흐름 통제　　　　④ 무결성 통제

정답 및 해설

01　　　　　　　　　　　　　　　　　　정답 ①

① 흐름통제는 임의의 객체에 포함되어 있는 정보가 명시적으로 혹은 암시적으로 보다 낮은 보호 수준의 객체로 이동하는 것을 검사하여 접근 가능한 객체 간의 정보흐름을 조정하는 것이다.

02　　　　　　　　　　　　　　　　　　정답 ②

〈보기〉는 추론 공격의 한 예로, 이와 같은 형태의 공격에는 Polyinstantitation(다중 인스턴스화, 다중 사례화)로 대처 가능하다.

PART 06

CHAPTER 05

침해사고 대응(디지털 포렌식)

01 침해사고 대응

1 침해사고 대응조직(CERT; Computer Emergency Response Team)

CERT는 해킹과 바이러스에 대항하는 보안기술을 개발하고 서비스하는 컴퓨터 응급 대응센터로서 침해사고 발생 시 침해사고에 대한 분석과 대응조치를 수행한다. CERT와 유사한 기구로 「정보통신기반 보호법」에 근거하여 설립된 민간 주도의 정보공유 분석센터(ISAC)가 있는데 국내에는 금융/통신 ISAC이 설립·운영 중이다.

> **더 알아보기**
>
> ISAC의 주요 임무
> - 사이버테러에 대한 정보 수집
> - 침해사고 발생시 수집 정보를 분석하고 이를 바탕으로 최적의 대응방안을 수립
> - DB화한 정보를 효과적으로 공격 탐지/대응/예방할 수 있도록 회원사에게 신속 배포
> - 침해사고 발생시 KISA 사이버침해사고 대응본부나 경찰청 사이버테러 대응센터 등과의 연계를 통한 정보의 공유

2 사고 대응 7단계

1. 사고 전 준비

침해사고 발생 전 침해사고 대응팀과 조직적인 대응을 준비하는 단계로서 효율적인 사고 대응을 위한 전략과 대처 방안을 개발하며, 전문가 조직을 구성하고 시스템/네트워크 관리자와 긴밀한 협조 관계를 구성한다.

2. 사고 탐지

사고 탐지는 정보보호시스템(IPS/IDS 등) 및 네트워크 장비에 의한 이상 징후를 탐지하는 단계로서 IDS, 관리자, 보안관제에 의해 침해사고를 식별한다. 사고 탐지의 예로는 생성하지 않은 계정 발견, 사용하지 않는 계정 및 Default 계정의 로그인 시도, 서비스 미 제공시간 동안의 시스템 활동, 출처 불명의 파일 또는 프로그램 발견, 알 수 없는 권한 상승, 로그 및 파일 삭제, 시스템 성능 저하, IDS로부터 탐지된 원격 접속 등이 있다.

3. 초기 대응

초기 조사를 수행하는 단계로, 사고 정황에 대한 세부사항을 기록하고 침해사고 대응팀을 소집/네트워크와 시스템 정보를 수집하고 침해사고 관련 부서(기관)에 침해사고 발생 여부를 통지한다.

4. 대응 전략 체계화

대응 전략 수립 단계로, 3단계에서 확인한 정보를 이용하여 공격 환경, 대응 능력 등을 고려해 대응 전략을 수립한다. 대응 방법에 따라 조직의 업무에 영향이 미칠 수 있으므로 해당 부분을 고려해야 하며, 상위 관리자가 승인해야 한다.

5. 사고 조사

호스트 기반/네트워크 기반/기타 기반 증거로 나누어 조사를 실시한다. 데이터 수집의 단계로, 공격 시작부터 종료까지 어떤 공격이 이루어졌는지를 조사하고 피해 확산 및 사고재발 방안을 결정한다.

6. 보고서 작성

2~5단계까지의 데이터를 취합하여 보고서를 작성하는 단계로, 수집한 데이터를 분석하여 육하원칙(왜, 언제, 어디서, 누가, 무엇을, 어떻게)에 따라 보고서를 작성한다.

7. 복구 및 해결 과정

공격 이후 유사 공격을 예방하기 위한 보안 정책의 수립, 절차 변경을 진행한다. 침해사고 재발 방지를 위한 조치를 하며 대책을 수립한다.

〈 침해사고 대응 7단계 〉

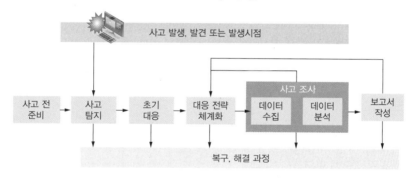

02 디지털 포렌식(Digital Forensics)

포렌식(Forensic)이라는 단어는 고대 로마시대의 포럼(Forum)과 공공(Public)이라는 라틴어에서 유래했으며 범죄 수사와 관련한 모든 기술을 의미한다. 이러한 포렌식 분야 중 하나인 디지털 포렌식은 범죄 수사를 위해 디지털 장비의 분석 등을 통하여 증거를 수집하는 행위를 통칭하는 용어이다.

해킹과 디지털 포렌식은 비슷해 보이지만 디지털 포렌식은 합법적으로 디지털 기기에 저장된 증거를 추출하거나 발견된 증거를 분석하는 작업이다. 디지털 포렌식 작업을 하려면 당연히 영장을 받거나 동의를 받은 경우에만 가능하다.

> **더 알아보기**
>
> **로카르의 교환 법칙(Locard's Exchange Principle)**
> 20세기 프랑스의 범죄학자 에드몽 로카르(1877~1966)가 만든 법칙으로, 아무리 범죄자가 치밀하게 계획하고 행동하여도 지문 하나나 범죄자의 머리카락, 비듬 같은 유전자 정보를 모르고 남길 수도 있다는 것이다. 즉, 미세증거의 중요성과 모든 접촉은 흔적을 남긴다고 주장했다. 이를 컴퓨터 포렌식에 맞게 재구성하면, 범죄시 범죄현장에서 머리카락, 지문을 모르고 남기듯 범죄자가 컴퓨터 범죄현장에서 로그와 파일을 남긴다는 의미로 해석할 수 있다.

1 디지털 포렌식의 5대 원칙

범죄 현장에서 확보한 자료들이 법정에서 증거로서의 효력을 갖기 위해서는 그 증거를 발견(Discovery)하고, 기록(Recording)하고, 획득(Collection)하고, 보관(Preservation)하는 절차가 적절해야 한다. 이를 위해 다음과 같은 5가지 원칙을 준수해야 한다.

1. 정당성의 원칙

획득한 증거 자료가 적법한 절차를 준수해야 하며, 위법한 방법으로 수집된 증거*는 법적 효력을 상실한다.

2. 재현의 원칙

(1) 증거는 어떤 절차를 통해 정제되는 과정을 거칠 수 있다. 예를 들어 시스템에서 삭제된 파일이나 손상된 파일을 복구하는 과정 등이다.

(2) 법정에서 증거를 제출하려면 피해 직전과 같은 조건에서 현장 검증을 실시하거나, 재판이나 법정의 검증과정에서도 동일한 결과가 나와야 한다.

3. 신속성의 원칙

휘발성 증거의 수집 여부는 신속한 조치에 의해 결정되므로 모든 과정은 지체 없이 진행되어야 한다.

4. 절차 연속성의 원칙(연계 보관성의 원칙)

(1) **의의**: 증거물 획득/이송/분석/보관/법정 제출의 각 단계에서 담당자 및 책임자를 명확히 해야 하는 등 일련의 과정이 명확해야 하며 추적이 가능해야 한다. 이를 절차 연속성 또는 연계 보관성(Chain of Custody)이라 한다.

(2) 수집된 저장매체가 이동단계에서 물리적 손상이 발생하였다면, 이동 담당자는 이를 확인하고 해당 내용을 정확히 인수인계하여 이후 단계에서 적절한 조치가 취해지도록 해야 한다.

5. 무결성의 원칙

(1) 수집한 증거가 위/변조되지 않았음을 증명할 수 있어야 한다. 일반적으로 수집 당시의 데이터에 대한 해시값과 법정 제출 시점에서의 데이터 해시값이 같다면 해시함수의 특성에 따라 무결성이 입증된다.

(2) 하드 디스크 같은 경우에는 해시값을 구해 각 단계마다 그 값을 확인하여 무결성을 입증할 수 있다.

---

* 위법수집증거의 배제 법칙(형사소송법 제308조의2)
적법한 절차에 따르지 아니하고 수집한 증거는 증거로 할 수 없다.

2 디지털 포렌식 수행 절차

1. 사전 준비 단계

증거 수집 단계에서 사용해야 할 도구나 장비 등을 숙지하고 증거 수집 단계를 뒷받침하기 위한 물리적 준비를 하는 단계이다.

2. 증거 수집 단계

증거를 획득한 사람, 증거 획득 감독, 증거 획득 인증의 역할을 하는 사람들이 각각 있어야 하며, 그 사람들이 참관한 상태에서 정보를 수집해야 한다. 사전 준비 단계에서 준비해 둔 도구를 이용하여 압수할 목록을 미리 정하고 증거 압수를 수행해야 한다. 이때 적법 절차를 거쳐서 분석해야 하고, 위법 절차를 거치게 되면 증거로서의 효력을 가지지 못하게 된다.

3. 증거 이송 단계

(1) 해당 증거의 무결성을 보존하기 위해서 절차 연속성의 원칙(CoC)을 준수해야 한다.

(2) 이송팀은 증거물을 이송하기 전에 증거 수집 단계에서 작성한 증거물 목록과 인수받은 증거품과 대조를 해보고 누락된 증거물이 있는지 확인해야 한다.

4. 조사 분석 단계

(1) 증거 수집 단계에서 수집한 정보나 디스크, 메모리 이미지를 분석하는 단계로, 각 증거물의 무결성을 위해서 증거물 복제를 실시하며, 증거물의 복사가 완료되면 해당 복제한 증거물을 바탕으로 이미징 작업을 수행한다.

(2) 조사 및 분석에는 디스크 브라우징(Disk Broswing), 데이터 뷰잉(Data Viewing) 및 파일 복구(File Recovering) 기술이 사용된다.

5. 정밀 검토 단계

포렌식을 수행한 자가 정확하게 분석을 수행하여 정보를 추출하였는가를 검토하는 단계이다.

6. 결과 문서화 단계

(1) 얻은 정보와 이에 대한 객관적인 설명, 해당 문서를 읽는 사람은 이 분야를 모르는 사람일 수도 있으니 몇 가지의 간략한 부연 설명을 기술하는 단계로서 다음과 같은 항목이 기본적으로 포함되어 있어야 한다.

(2) ① 사건 번호 및 보고서 번호, ② 증거 수집과 보고서 작성일시, ③ 수사관/분석관/보고서 작성자의 신분과 서명, ④ 조사 및 분석에 사용된 장비와 환경, ⑤ 증거 처리 절차에 대한 각각의 개략적 설명, ⑥ 첨부자료, ⑦ 증거물에서 나온 증거 데이터의 분석 설명 및 결과, ⑧ 결론이 기본적으로 포함되어 있어야 한다.

PART
06

사전 준비 →	증거 수집 →	포장 및 이송 →	조사 분석 →	정밀 검토 →	보고서 작성
• 도구 준비 • 도구 검증 • 분석 교육 • 언구 개발	• 수집 대상 파악 • 압수 대상 선정 • 증거 목록 작성 • 디지털 증거 수집 • 관련자 면담 • 문서화 • 저장매체 이미징 • 저장매체 복제	• 증거물 포장 • 증거물 이송 • 증거물 보관	• 데이터 이미징 • 데이터 복제 • 데이터 추출 • 데이터 분류 • 데이터 검색 • 데이터 분석	• 분석 과정 검토 • 분석 결과 검증	• 용어 설명 • 객관적 설명 • 결과 정리

3 디지털 포렌식 기술의 종류 및 도구

1. 디지털 포렌식 기술의 종류

세부기술	설명
디스크 포렌식	물리적 저장장치인 하드디스크, CD 등 보조기억장치에서 삭제된 데이터를 찾아내어 증거를 수집하고 분석하는 기술이다.
시스템 포렌식	운영체제, 응용 프로그램 및 프로세스 등을 분석하여 증거를 확보하는 기술이다.
네트워크 포렌식	네트워크에서 오고가는 패킷을 수집한 후 이를 저장·분석하는 장비를 통해 법적 증거자료를 확보하는 기술이다.
모바일 포렌식	모바일 포렌식은 스마트폰의 등장 이후 급격하게 성장한 분야로, 스마트폰의 운영체제(Android, iOS)에 따라 분석방법이 다르다. 휴대폰, PDA, 전자수첩, 휴대용 메모리카드, USB 등 휴대용 전자기기에서 필요한 정보를 입수하여 분석하는 기술이다.
DB 포렌식	DB로부터 데이터를 추출 분석하여 증거를 수집하는 기술이다.
암호 포렌식 기술	문서나 시스템에서 암호를 찾아내어 암호 문서를 복호화하는 기술이다.
인터넷 포렌식 기술	웹, FTP, USENET 등 인터넷 응용 프로토콜을 사용하는 분야에서 증거를 수집하는 기술이다.

2. 디지털 포렌식 도구

(1) **EnCase**: Guidance Software社에서 개발(1998)한 다용도 포렌식 도구로서, 전 세계에서 가장 많이 사용하고 있는 대표적인 도구이다. 디지털 증거 수집, 검증, 보고, 완전 삭제 등 다양한 기능을 제공한다.

(2) **FTK(Forensic Tool Kit)**: Access Data社에서 개발한 도구로 무료로 제공되고 있으며 디지털 증거 수집, 검증, 검색, 보고, 완전 삭제 등 다양한 기능을 제공한다.

(3) **평가**

① 디지털 포렌식 도구로는 위에서 열거한 EnCase, FTK 등과 같은 종합분석 도구가 있지만 이들 제품이 모든 요구를 충족시켜 주는 것은 아니다.

② 파일시스템에 의한 파일 분류 기능, 해시 분석, 검색, 미리보기 등의 기능은 위 제품이 우수할지 모르나 레지스트리, 프리패치, 인터넷 사용 흔적 등과 같은 기능은 지원하기는 하지만 분석하는 데 큰 도움이 되지는 못하므로 이러한 기능들은 다른 도구를 통해 보완해야 한다.

③ EnCase가 NIST의 CFTT(Computer Forensic Tool Testing)를 받은 도구이고 법률적으로 인정되기 때문에 일반적으로는 EnCase를 많이 이용하고 있다.

침해사고 대응(디지털 포렌식) 적중문제

01 디지털 포렌식의 기본 원칙 중 '무결성의 원칙'에 대한 설명으로 옳은 것은 무엇인가?

① 증거자료는 같은 환경에서 같은 결과가 나오도록 재현이 가능해야 한다.

② 컴퓨터 내부의 정보 획득은 신속하게 이루어져야 한다.

③ 증거가 획득되고 이송, 보관, 분석, 법정 제출 등의 과정이 명확해야 한다.

④ 획득된 정보는 위·변조되지 않았음을 입증할 수 있어야 한다.

02 디지털 포렌식에 대한 설명에서 ㉠, ㉡에 들어갈 용어는?

> **보기**
>
> (㉠) 공간은 물리적으로 파일에 할당된 공간이지만 논리적으로 사용할 수 없는 낭비 공간이기 때문에, 공격자가 의도적으로 정보를 은닉할 가능성이 있다. 또한, 이전에 저장되었던 데이터가 남아 있을 가능성이 있어 파일 복구와 삭제된 파일의 파편 조사에 활용할 수 있다. 이때, 디지털 포렌식의 파일 (㉡) 과정을 통해 디스크 내 비구조화된 데이터 스트림을 식별하고 의미 있는 내용을 추출할 수 있다.

	㉠	㉡
①	실린더(Cylinder)	역어셈블링(Disassembling)
②	MBR(Master Boot Record)	리버싱(Reversing)
③	클러스터(Cluster)	역컴파일(Decompiling)
④	슬랙(Slack)	카빙(Carving)

정답 및 해설

01 **정답** ④

① 재현의 원칙, ② 신속성의 원칙, ③ 연계보관성의 원칙에 대한 설명이다.

02 **정답** ④

㉠ 슬랙(Slack): 저장매체의 물리적인 구조와 논리적인 구조의 차이로 발생하는 낭비 공간으로, 물리적으로 할당된 공간이지만 논리적으로는 사용할 수 없는 공간을 말한다. RAM, 드라이브, 파일시스템, 볼륨 등에 나타난다.

㉡ 카빙(Carving): 저장 매체의 비할당 영역으로부터 파일을 복구하는 기법으로, 저장 매체의 공간 할당에 따라 연속적인 카빙(Continuous Carving) 기법과 비연속인 카빙(Fragment Recovery Carving) 기법으로 나눌 수 있다.

03 〈보기〉에서 설명하는 포렌식(Forensic)의 기본 원칙에 해당하는 것으로 가장 옳은 것은?

> **보기**
>
> 증거는 획득하고 난 뒤 '이송 · 분석 · 보관 · 법정 제출'이라는 일련의 과정이 명확해야 하며, 이러한 과정에 대한 추적이 가능해야 한다. 이를 만족하려면 증거를 전달하고 전달받는 데 관여한 담당자와 책임자를 명시해야 한다.

① 정당성의 원칙
② 재현의 원칙
③ 연계보관성의 원칙
④ 무결성의 원칙

04 〈보기〉에서 디지털 포렌식 절차를 순서대로 바르게 나열한 것은?

> **보기**
>
> ㄱ. 보고서 작성
> ㄴ. 사전 준비
> ㄷ. 포장 및 이송
> ㄹ. 증거 수집
> ㅁ. 조사 분석

① ㄴ → ㄹ → ㅁ → ㄷ → ㄱ
② ㄴ → ㅁ → ㄹ → ㄷ → ㄱ
③ ㄴ → ㄹ → ㄷ → ㅁ → ㄱ
④ ㄴ → ㅁ → ㄷ → ㄹ → ㄱ

정답 및 해설

03 정답 ③

① 정당성의 원칙: 모든 증거는 적법한 절차를 거쳐서 획득하여야 한다.
② 재현의 원칙: 증거를 복구하는 과정에서 똑같은 환경에서 같은 결과가 나오도록 재현할 수 있어야 한다.
④ 무결성의 원칙: 증거가 위 · 변조되어서는 안 된다.

04 정답 ③

디지털 포렌식 절차: 사전 준비(ㄴ) → 증거 수집(ㄹ) → 포장 및 이송(ㄷ) → 조사 분석(ㅁ) → 정밀 검토 → 보고서 작성(ㄱ)

I wish you the best of luck!

시대면접은 win 시대로 www.sdedu.co.kr/winsidaero

PART

07

정보보호 관리 및 법규

CHAPTER 01

정보보호 거버넌스와 관리체계 수립

01 정보보호 거버넌스

1 거버넌스란?

정보보호 거버넌스를 알아보기 전에 거버넌스란 무엇인가부터 알아보기로 하자. 유엔 아시아 · 태평양 경제사회위원회(UN ESCAP) 홈페이지를 보면 "의사 결정 과정이자 결정된 사항이 이행되는(혹은 이행되지 않는) 과정이다."라고 정의되어 있다. 즉, 한 사람 또는 한 기관의 '명령(order)'이 아니라, 여러 관계자들 간의 소통 과정으로써 의사 결정이 이루어지는 체계, 그것이 바로 거버넌스이다.

2 정보보호 거버넌스란?

국제표준인 ISO/IEC 27014는 정보보호 거버넌스를 "의사결정 권한과 책임의 할당, 비즈니스와 전략적 연계, 관련법과 규정의 준수를 위한 프로세스 및 실행체계"라고 정의하고 있다.

기업의 입장에서 보면 정보보안 거버넌스는 정보의 무결성, 서비스의 연속성 및 정보자산의 보호를 위한 것으로, 기업 거버넌스의 부분집합으로서 전략적 방향을 제시해야 하며 IT 거버넌스 프레임워크와 연계되어야 한다. 즉, 정보보안 거버넌스*는 정보보안에 대한 의사결정 권한을 공유하고 정보보안에 대한 투자성과를 모니터링하기 위한 회사의 전반적인 프로세스를 의미한다.

1. 등장 배경

(1) 해킹 등 인터넷을 통한 사이버 공격으로 기업의 중요자료 유출이 빈번해짐에 따라 정보보호 분야 투자가 기업의 이익과 부합할 수 있다는 인식이 전반적으로 확산되고 있다.

(2) 정보기술이 기업의 핵심 자산 및 운영요소로 자리 잡으면서 정보기술 및 정보보호 투자에 대한 이사회 및 경영진의 요구가 증대되고 있다. 이와 같은 이유로 회사의 정보자산이 제대로 관리되고 있는지, 회사의 위험이 적절한 수준으로 관리되고 있는지 감독할 수 있는 메커니즘이 필요하게 되었다.

---

* 정보보안 거버넌스 3대 요소
  정보의 무결성, 서비스의 연속성, 정보자산의 보호

2. 정보보호 거버넌스 목표(ABC로 표현)

(1) **책임성(Accountability)**: 정보보호 활동의 성과에 대해 누가 책임지는가? – 기업 거버넌스 '책임성'과 연계

(2) **비니지스 연계성(Business Alignment)**: 정보보호 활동이 기업의 비지니스 목표 달성에 기여하는가? – 기업 거버넌스 '효과성'과 연계

(3) **준거성(Compliance)**: 정보보호 활동이 원칙과 기준(법, 제도, 기업 내부의 규정) 등에 의해 수행되는가? – 기업 거버넌스 '투명성'과 연계

3. IT 거버넌스와 정보보호 거버넌스

(1) IT 거버넌스에 포함되어 있는 정보보안 거버넌스는 기업의 정보보안 전략을 정보보안 자원(기밀성, 무결성, 가용성)에 전략적으로 연계하는 것이다.

(2) IT 거버넌스 프레임워크와 연계되어야 한다. 그리고 이사회와 경영진에서는 정보보호 거버넌스를 구현하는 데 책임을 져야 한다.

〈 IT · 정보보호 거버넌스에 대한 이사회와 경영진의 역할 〉

이사회의 역할	경영진의 역할
• 보안정책 절차에 대한 방향을 설정 • 보안활동을 위한 자원을 제공 • 책임할당을 지원 • 우선순위 결정 • 위험관리 문화를 조성 • 내 · 외부 감사를 통한 보증 활동 • 보안 프로그램의 효과성을 감독	• 비즈니스를 고려하여 보안정책을 개발 • 주기적인 검토 및 테스트 • 위협과 책임성을 식별 • 보안인프라 구축을 수행 • 보안인식 교육을 실시 • 책임/역할 정의와 이에 대한 의사 소통을 진행 • 침해사고 모니터링을 시행

4. 정보보안 거버넌스 구현의 어려움

(1) **조직 구성의 어려움**: 최고 보안책임자(CSO; Chief Security Officer)를 CTO(Chief Technology Officer)나 CIO(Chief Information Officer) 밑에 두는 것이 효율적인지, 동등하게 두는 것이 효율적인지 결정하기가 어렵다. 또한 정보보안 조직을 중앙 집중으로 체계화하는 것이 나을지 각 IT 부서에 보안 담당자를 두고 연방 체제로 조직하는 것이 나을지 결정하기 어렵다.

(2) **성과 측정의 어려움**: 정보보안의 성격상 투자 성과를 측정하기 어렵다. 보안에는 상당한 비용이 들어가지만 사고가 일어나지 않는 한 성과를 측정할 자료가 부족하다.

(3) **조직의 무관심**: 보안에 무관심한 경영진과 조직 구성원은 효율적인 보안 거버넌스를 구성하는 데 장애물이다.

5. 정보보호 거버넌스 구현 요건

정보보안 거버넌스는 구현하기 어려운 요인이 많지만 근본적인 보안 수준을 높이고 보안관련 투자의 효율성을 높이기 위해서는 필수적이다. 효율적이고 효과적인 정보보안 거버넌스는 다음 5가지를 통해 구현될 수 있다.

PART 07

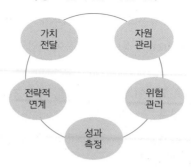

〈 정보보안 거버넌스 구현요건 〉

(1) 전략적 연계: 회사의 사업 전략(비전), 비즈니스 전략, IT 목표 및 정보보안 전략이 서로 연계되어야 하며, 최상위 정보보안 운영위원회의 역할과 책임을 명시하고 정보보안 보고체계의 합리화를 수행해야 한다.

(2) 위험관리: 위협, 위험, 취약점에 대한 정확한 이해를 바탕으로 잠재적 위험은 줄이고, 수용 가능한 위험 수준으로 낮추며, 위험의 잠재적 결과에 대한 이해와 이에 기반한 위험을 수용해야 한다.

(3) 자원관리: 기업 입장에서는 지출이기 때문에 반드시 보안 실무와 프로세스를 문서화하며 인프라 자원의 효율적인 활용과 정의를 위한 보안 아키텍처를 개발해야 한다. 또한 정책과 절차에 따른 정보보안 아웃소싱을 수행하고, 아웃소싱 정보보안 서비스의 통제와 책임을 명시 및 승인하며, 기업 정보보안 아키텍처와 전사적 아키텍처를 연계시켜야 한다.

(4) 성과관리: 목표 달성을 위해 정보보안 프로세스를 평가하고 모니터링해야 하며 보고를 진행해야 한다. 또한 비즈니스 측면도 고려하여 평가해야 한다.

(5) 가치전달: 정보보안 투자를 최적화하기 위해 기업의 구성원에게 정보보안의 중요성과 가치를 교육시켜야 한다. 또한 관련 국제표준을 기반으로 정보보안 관리 체계를 갖추어 운영하고 자본의 통제 및 투자에 관한 프로세스와 정보보안을 통합해야 한다.

02 IT 보안 프레임 워크

1 IT 보안관리

시스템이 잘 구성되어 있으면 시스템이 역량에 맞도록 적절한 업무를 분류하기 때문에 개개인이 모두 뛰어날 필요가 없다. 보안에서 이러한 시스템 역할을 하는 것이 보안 프레임 워크이다. 보안의 대표적인 프레임 워크는 ISO 27001로서 1998년 영국에서 수립된 BS7799-2를 기초로 하여 2005.10.15 ISO/IEC 27001로 국제표준이 되었다. ISO 27001은 ISO 27000 시리즈의 하나로, ISO 27000은 수많은 국내·외 표준을 통합하였다.

구분	내용
ISO/IEC 27000 (Overview & Vocabulary)	ISMS 수립 및 인증에 관한 원칙과 용어를 규정하는 표준
ISO/IEC 27001 (ISMS requirements std.)	ISMS를 수립, 구현, 운영, 모니터링, 검토, 유지 및 개선하기 위한 요구 사항을 규정
ISO/IEC 27002 (code of practice for ISM)	ISMS를 수립, 구현 및 유지하기 위해 공통적으로 적용할 수 있는 실무적인 지침 및 일반적인 원칙
ISO/IEC 27003 (ISMS Implementation Guide)	보안범위 및 자산의 정의, 정책 시행, 모니터링과 검토, 지속적인 개선 등 ISMS 구현을 위한 프로젝트 수행 시 참고할 만한 구체적인 구현 권고사항을 규정한 규격으로, 문서 구조를 프로젝트 관리 프로세스에 맞춰 작성
ISO/IEC 27004 (ISM Measurement)	ISMS에 구현된 정보보안 통제의 유효성을 측정하기 위한 프로그램과 프로세스를 규정한 규격으로 무엇을, 어떻게, 언제 측정할 것인지를 제시하여 정보보안의 수준을 파악하고 지속적으로 개선시키기 위한 문서
ISO/IEC 27005 (ISM Risk Management)	위험관리 과정을 환경설정, 위험평가, 위험처리, 위험수용, 위험소통, 위험 모니터링 및 검토 등 6개의 프로세스로 구분하고, 각 프로세스별 활동을 구분하여 기술한 문서
ISO/IEC 27006 (Certification or Registration Process)	ISMS 인증기관을 인정하기 위한 요구사항을 명시한 표준으로서 인증기관 및 심사인의 자격요건 등을 기술

1. IT 보안관리의 기능

IT 보안관리란 컴퓨터, 네트워크, 데이터를 비롯한 조직 자산에 대한 무단 액세스를 방지하는 사이버 보안 전략으로, 적절한 수준의 기밀성, 무결성, 가용성, 책임 추적성, 인증 및 신뢰성을 유지하기 위해 사용하는 프로세스를 말한다. IT 보안관리의 기능에는 다음과 같은 것이 포함된다.

(1) 조직의 IT 보안의 목적, 전략 및 방침을 결정하기

(2) IT 보안 요구사항을 결정하기

(3) IT 자산에 대한 보안 위협을 식별하고 분석하기

(4) 적절한 대책을 명시하기

2. IT 보안관리의 프로세스

아래와 같은 「계획 → 실행 → 점검 → 처리」 사이클을 통한 지속적인 IT 보안관리 프로세스의 성질은 ISO 27001의 핵심으로 구체적으로는 ISO 27005에 있는 보안 위험 관리 프로세스를 적용한다.

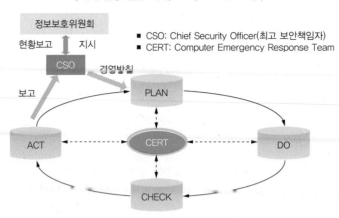

〈 계획–실행–점검–처리(PDCA) 프로세스 모델 〉

- CSO: Chief Security Officer(최고 보안책임자)
- CERT: Computer Emergency Response Team

(1) 계획(Plan): 보안 정책, 위협 분석, 목적 프로세스 및 절차를 수립한다.

(2) 실행(Do): 위험처리 계획을 이행한다.

(3) 점검(Check): 위험처리 계획을 모니터링하고 유지 보수하며, 내부 감사를 수행한다.

(4) 처리(Act): 사건, 검토 또는 인지된 변화에 대응하여 정보보안 위험 관리를 유지 보수하고 개선한다.

2 ISO 27001

ISO 27001은 국제표준화기구(ISO) 및 국제전자기술위원회(IEC)가 2005년에 처음 발표한 정보보호 표준이다. ISO 27001은 전 세계에서 인정받는 표준기반 보안 접근 방식이며 조직의 정보보안 관리시스템(ISMS; Information Security Management System, ISO 27001:2013)이 갖추어야 할 요건을 제시한다.

어떤 조직이 ISO 27001 인증을 획득하였다고 하면 ISO 27001에서 제시한 프레임워크에 따라 ISMS를 구현하고 유지하여 중요한 정보 자산을 안전하게 관리해 나가는 체계를 갖추었다는 것을 의미한다. 하지만 ISO 27001 인증을 획득하였다고 해도 이것이 보안 수준의 향상과 항상 직결되는 것은 아니다.

1. ISMS 단계별 수행 내용

ISO 27001은 체계적인 Process Approach로 PDCA 모델, 즉 Plan(계획) → Do(수행) → Check(점검) → Act(조치)와 같이 순환·반복하는 모델을 적용한다. 각 단계별 수행내용은 아래와 같다.

(1) Plan: ISMS 수립 단계로, 조직이 가진 위험 관리, 정보보안 목적 달성을 위한 전반적인 정책을 수립한다.
  ① 프로세스를 위한 입력과 출력을 규정한다.
  ② 프로세스별로 범위를 정의하고, 고객의 요구사항을 규정한다.
  ③ 프로세스 책임자 및 프로세스 간의 상호작용을 규정한다.
  ④ 프로세스 네트워크의 전반적인 흐름과 구성도를 전개한다.
  ⑤ 모니터링 분석을 위한 방법과 자료 수집을 위한 방법을 지정·규정한다.

(2) Do: ISMS 구현과 운영단계로, 수립된 정책을 현재 업무에 적용한다.
  ① 각 프로세스를 위한 자원을 분배하고 의사소통 경로를 수집한다.
  ② 대내외에 정보를 제공, 피드백을 수용하고 자료 수집 및 기록을 유지한다.

(3) Check: ISMS 모니터링/검토 단계로, 실제 정책이 얼마나 잘 적용 및 운영되는지를 확인한다.

① 프로세스의 측정과 이행이 정확한지 모니터링한다.

② 수집된 정량적·정성적 정보를 분석하고, 분석결과를 평가한다.

(4) Act: ISMS 관리와 개선 단계로, 제대로 운영되지 않는 경우에 원인을 분석하고 개선한다.

① 시정 및 예방 조치를 실행한다.

② 그 유효성과 이행 여부를 검증한다.

2. ISO 27001의 평가 항목

2013.9월 개정된 ISO 27001:2013은 1) 조직의 상황, 2) 리더십, 3) 기획, 4) 지원, 5) 운영, 6) 성과 평가, 7) 개선 등 7개의 관리과정으로 구성되어 있으며, 정보보호 통제 요구사항은 14개 영역, 114개 통제항목으로 구성되어 있다.

〈 ISO 27001:2013 정보보호 통제영역 〉

분야	항목
A.5 보안정책(Information Security Policies)	2
A.6 정보보호조직(Organization of Information Security)	7
A.7 인적자원보안(Human Resource Security)	6
A.8 자산관리(Asset Management)	10
A.9 접근통제(Access Control)	14
A.10 암호화(Cryptography)	2
A.11 물리적·환경적 보안(Physical & Environmental Security)	15
A.12 운영보안(Operations Security)	14
A.13 통신보안(Communications Security)	7
A.14 정보시스템 개발 및 유지·보수(System Acquisition, Development & Maintenance)	13
A.15 공급자 관계(Supplier Relationships)	5
A.16 정보보안 사고관리(Information Security Incident Management)	7
A.17 정보보호 측면 업무 연속성 관리(Information Security Aspects of Business Continuity Management)	4
A.18 컴플라이언스(Compliance)	8

조직이 보안성 향상이라는 목표를 이루려면 보안 업무를 수행할 수 있는 자리가 마련되어야 하고 그에 맞는 역할과 책임이 주어져야 한다. 보안조직에 권한과 책임이 적절히 부여되면 조직의 보안 수준을 높일 수 있다.

보안조식은 기업(회사)의 규모, 시스템 환경, 기업의 조지 및 관리구조, IT 예산과 밀접한 관계가 있다. 보안조지의 유형은 크게 경영진 직속의 별도 조직으로 운영하는 경우와 조직 내 일부 부서에서 운영하는 형태로 분류할 수 있다. 보안 프레임워크는 보안조직이 경영진의 의사를 충분히 반영하여 회사의 보안 수준을 끌어올려야 할 것을 요구받고 있다. 따라서 보안 프레임워크 구현이라는 차원에서는 별도의 조직으로 운영하는 것이 바람직하다.

1. 조직 내 일부 부서에서 운영

(1) 보안인력이 시스템 운영팀에 귀속된 경우

① 가장 보안에 소극적인 형태이다. 보안 인력은 방화벽이나 시스템에 대한 보안패치, PC 보안에 한정된 업무만을 수행한다.

② 이러한 형태의 보안조직은 관리적인 측면에서 보안을 고려할 수 없을 뿐만 아니라 IT 운영팀 내부에서도 직급이 낮은 경우가 많아 보안정책을 조직 전반에 걸쳐 운영할만한 힘이 없다.

(2) 보안인력이 IT 기획팀에 귀속된 경우

① 시스템 운영팀의 하위 조직에 속한 경우보다는 더 많은 통제력을 발휘할 수 있다.

② 하지만 보안의 관점을 IT 운영의 전체 사업에 대한 시각으로 바라보고 있으므로 보안 프레임워크를 전사적 차원에서 적용하는 것이 어렵다.

2. 보안인력을 CEO 또는 CSO 직속의 별도 조직으로 운영

조직에서 보안팀의 위치는 감사팀과 유사하며 모든 부서의 보안사항에 대한 감사가 가능하다. 즉, 가장 바람직한 보안 프레임워크를 구현할 수 있는 조직으로 아래와 같은 역할을 수행한다.

(1) 정보보안 업무를 기획하고 각종 통제사항을 관리한다.

(2) 모니터링, 위협 분석 등을 통하여 평시 정보보안 관리를 이행한다.

(3) 조직 임직원에 대한 정보보안 교육을 시행한다.

(4) 긴급 상황에 대처하기 위한 비상 계획의 수립과 운영을 지원한다.

〈 보안인력이 경영진 직속인 경우 〉

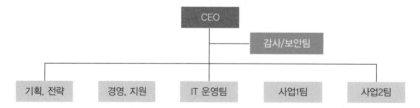

1 정보보안 정책

어떤 조직의 정보보안을 위해 문서화는 매우 중요하다. 조직(회사)의 보안이 올바른 방법으로 운영되려면 보안 정책과 절차가 문서화되어야 한다. 작성된 정책과 절차는 조직의 비즈니스적인 목표 또는 운영 목표에 부합해야 하며, 법규나 규정에 어긋남이 없어야 한다. 정보보안 정책(Information Security Policy)은 조직 안에서 정보보안이 어떤 종류의 역할을 수행하는지 규정하기 위해 최고 경영진(또는 위원회)에 의해 마련된 일반적인 선언이다.

1. 정보보안 정책의 구분

정보보안 정책은 목적과 방향에 따라 다음의 세 가지로 구분하기도 한다.

(1) 규칙으로서 지켜져야 할 정책(Regulatory)

(2) 하려는 일에 부합하는 정책이 없을 때 참고하거나 지키도록 권유하는 정책(Advisory)

(3) 어떠한 정보나 사실을 알리는 데 목적이 있는 정책(Informative)

2. 정보보안 정책의 역할과 책임

(1) 보안 정책은 모든 임직원의 역할과 책임, 업무 분장이 명확하여야 한다. 즉, 책임 할당과 책임 추적성을 제공하고 기업의 비밀 및 지적재산권을 보호하며 기업의 자원 낭비를 방지하게 한다.

(2) 임직원의 가치판단 기준이 되고 경영진의 목표를 직원들이 공유할 수 있도록 해준다.

2 정보보안 정책의 구현

1. 정보보안 정책을 구현하기 위한 요건

(1) 정보보안 정책은 주로 정보보안 관리자(Security Officer)가 개발하며 모든 임직원이 이해 가능한 수준으로 작성되어야 한다.

(2) 정책은 포괄적(Broad), 일반적(General), 개괄적(Overview)으로 기술되어야 한다.

(3) 정책은 문서화되어야 하고, 임직원에 대한 교육을 충분히 행한 상태여야 법적 보호를 받는다.

PART 07

2. 정보보안 정책을 구현하기 위한 요소

〈 보안정책-표준-기준/지침-절차의 관계도 〉

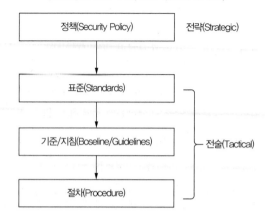

(1) 정책(Security Policy): 보안 정책상 가장 상위 문서로, 조직에서 보호할 정보 자산을 정의하고 정보보안을 실현하기 위한 기본 목표와 방향성을 설정한다.

(2) 표준(Standards)

① 표준은 정책의 이념을 구현하기 위해 정책의 요구사항을 정의한 것으로, 정책에서 도출된 상세화된 문서이다. 주로 중간관리자가 정책에 근거하여 작성한다.

② 강제적인 규정으로 특정한 기술, 응용프로그램 그리고 절차가 조직 전체에 걸쳐서 통일적인 방식으로 구현되는 것을 보장하는 수단을 제공한다. 정책보다 빈번히 검토되고 갱신된다.

(3) 기준(Baseline)

① 조직에서 지켜야 할 가장 기본적인 보안 수준을 기록하는 문서로, 필요한 최소 보안 수준을 정의한다.

② 시스템 유형마다 필요한 설정과 제공되는 보안 수준을 지시하는 고유한 기준이 정의될 수 있다.

(4) 지침(Guidelines)

① 사용자, IT 직원, 운영 직원 그리고 특정한 표준이 적용되지 않는 사람들에 대한 권장 행동과 운영적 안내서이다.

② 하고자 하는 일에 부합하는 표준이 없을 때 참고하는 문서로, 표준이 강제적 규칙인데 반해 지침은 예측할 수 없는 상황에서 유연성을 제공하는 일반적인 접근이다.

(5) 절차(Procedure): 가장 하위 문서로, 각 절차의 세부 내용을 매뉴얼 수준으로 담고 있다. 특정한 목표를 성취하기 위해 수행되는 단계적인 작업을 자세하게 설명한다. 이러한 단계들은 사용자, IT 직원, 운영 직원, 보안 직원 그리고 특정한 작업을 수행하는 사람들에게 적용될 수 있다.

※ 절차서의 예: 전산실 운영 절차서, 시스템 보안 절차서, 네트워크/보안시스템 정보보안 절차서, 침해 사고 및 장애 대응 절차서, 정보보안 교육훈련 절차서 등

01 정보보호 위험관리에 대한 설명으로 옳지 않은 것은?

① 자산은 조직이 보호해야 할 대상으로 정보, 하드웨어, 소프트웨어, 시설 등이 해당한다.

② 위험은 자산에 손실이 발생할 가능성과 관련되어 있으나 이로 인한 부정적인 영향을 미칠 가능성과는 무관하다.

③ 취약점은 자산이 잠재적으로 가진 약점을 의미한다.

④ 정보보호 대책은 위협에 대응하여 자산을 보호하기 위한 관리적, 기술적, 물리적 대책을 의미한다.

02 ISO/IEC 27001:2013 보안관리 항목을 PDCA 모델에 적용할 때, 점검(check)에 해당하는 항목은?

① 성과평가(performance evaluation)

② 개선(improvement)

③ 운영(operation)

④ 지원(support)

03 다음 중 ISO 27001:2013의 통제 항목에 해당하지 않는 것은 무엇인가?

① 정보보호 조직(Organization of Information Security)

② 운영 보안(Operations Security)

③ 공급자 관계(Supplier Relationship)

④ 모니터링과 검토(Monitoring and Review)

정답 및 해설

01 ▶정답 ②

위험(Risk)이란 외부의 위협이 내부의 취약성을 이용하여 보유한 각종 자산에 피해를 입힐 수 있는 잠재적인 가능성을 말한다. 위험의 유형과 규모를 확인하기 위해서는 위험에 관련된 모든 요소들과 그들이 어떻게 위험의 규모에 영향을 미치는지를 분석하여야 한다.

02 ▶정답 ①

① 성과평가(Performance Evaluation)는 모니터링 과정으로 4단계 중 점검 단계에 해당한다.

PDCA 모델

• 계획(Plan): 보안 정책, 목적 프로세스 및 절차의 수립

• 실행(Do): 위험 처리 계획의 이행

• 점검(Check): 위험 처리 계획을 모니터링하고 유지 보수

• 처리(Act): 사건, 검토 또는 인지된 변화에 대응하여 정보 보안 위험 관리를 유지 보수하고 개선

03 ▶정답 ④

④ 모니터링과 검토는 ISO 27001:2013 정보보호 통제 항목에 포함되지 않는다.

PART 07

01 정보보호 위험

1 위험(Risk)

위험이란 원하지 않는 사건이 발생하여 손실 또는 부정적인 영향을 미칠 가능성을 말한다. 위협의 유형과 규모를 확인하기 위해서는 위험에 관련된 모든 요소들과 그들이 어떻게 위험의 규모에 영향을 미치는지를 분석해야 한다.

원하지 않는 사건의 발생 원인이 되는 것이 위협이며, 위협이 자산의 특정 속성에 영향을 미침으로써 자산에 대한 손실이 발생한다. 이에 따라 위험은 자산과 위협, 취약점의 함수 즉, 위험=f(자산, 위협, 취약점)의 함수로 정의할 수 있다. 또한 위험은 손실을 미치는 사건이 발생할 가능성과 그때 발생하는 손실의 정도의 곱으로 평가될 수 있다(위험=발생가능성×손실의 정도).

2 위험의 구성요소

위험을 구성하는 요소로는 함수관계로 정의되는 자산, 위협, 취약점, 그리고 취약점에 영향을 미치는 요소인 정보보호 대책으로 구성된다.

〈 자산, 취약점, 정보보호 대책, 위협과의 관계 〉

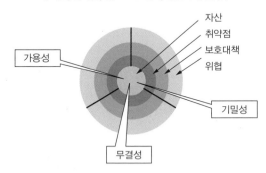

1. **위험의 구성요소**

   (1) **자산(Assets):** 위험 관리를 수행하는 가장 큰 목적은 자산을 보호하기 위함이다. 자산은 조직이 사용하고 있는 네트워크 및 시스템을 구성하고 있는 모든 요소(유형 및 무형)를 포함한다.

(2) **위협(Threats)**: 자산이 가진 고유의 취약점을 이용하여 자산에 직접적인 피해를 줄 수 있는 요소로서, 자산이 가진 취약점을 통해서만 자산에 피해를 줄 수 있다.

(3) **취약점(Vulnerability)**: 자산이 보유하고 있는 약점으로, 위협에 의해서 이용된다. 취약점은 존재 자체만으로는 자산에 어떠한 영향이나 피해를 주지 못한다.

(4) **정보보호대책(Countermeasure)**: 위협에 대응하여 자산을 보호하기 위한 관리적, 물리적, 기술적 대책으로 정의된다. 이러한 대책에는 방화벽, 침입탐지시스템 등의 제품뿐만 아니라 절차, 정책, 교육 등의 모든 통제들이 포함된다.

2. 위험 구성요소들 간의 관계

(1) **위협-취약점-자산-가치**: 위협은 취약점을 공격하여 이용하게 되며 취약점은 자산을 노출시킨다. 또한 자산은 가치를 보유하는데, 이러한 위협, 취약점, 자산, 가치는 모두 위험을 증가시킨다.

(2) **위험-보안 요구사항-정보보안 대책**: 위험을 파악함으로써 보안 요구사항을 파악할 수 있고 보안 요구사항을 만족시키는 정보보안 대책을 선정하여 구현함으로써 위협을 방어할 수 있다. 정보보안 대책은 위협을 방어함으로써 위험을 감소시킨다.

02 위험 관리(Risk Management) 및 위험 분석(Risk Analysis)

1 위험 관리

'위험 관리'는 조직의 정보 자산에 대한 위험을 수용할 수 있는 수준으로 유지하기 위하여 정보 자산에 대한 위험을 분석하고 이러한 위험으로부터 정보 자산을 보호하기 위해 비용 대비 효과적인 보호대책을 마련하는 일련의 과정이다. 위험 관리 과정은 첫째, 전략과 계획을 수립하고, 둘째, 위험을 구성하는 요소들을 식별/분석하고, 셋째, 이러한 분석에 기초하여 위험을 평가하며, 넷째, 필요한 정보보안 정책을 선정하고 이행 계획을 수립하는 세부 과정으로 이루어진다. 즉, 정보보안 관리의 핵심은 위험 관리이며 위험 관리의 핵심은 위험 분석/평가로, 위험 수준을 관리하는 것은 정보보안 대책을 관리하는 것 이상의 의미가 있다.

1. 위험 관리 절차

(1) **위험 분석 범위 선정**: 업무, 조직, 자산 및 기술적 특성에 따라 관리체계 범위에 근거한 위험 분석 범위를 선정한다.

(2) **위험 분석 방법 정의**

① 효율적 분석 수행을 위하여 계량화 여부에 따른 정량적 혹은 정성적 방법을 선택한다. 정량적 방법은 손실 및 위험의 크기를 금액으로 나타내며, 정성적 방법은 손실이나 위험을 개략적인 크기로 비교한다.

② 접근 방법에 따라 기준선 접근법(Baseline Approach), 상세위험 분석법(Detailed Risk Analysis), 복합 접근법(Combined Approach)등을 선택한다.

(3) 자산 식별 및 평가: 조직의 업무와 연관된 정보, 정보시스템을 포함하는 정보 자산을 식별하고, 해당 자산의 기밀성, 무결성, 가용성이 상실되었을 때의 결과가 조직에 미칠 수 있는 영향을 고려하여 가치를 평가한다.

(4) 위협 분석: 자산에 대한 위협의 식별 및 발생 가능성 정도를 인터뷰 또는 실사를 통하여 측정한다.

(5) 취약점 분석: 식별된 위협에 대하여 자산이 어느 정도 취약한가를 인터뷰 또는 실사를 통하여 측정한다.

(6) 위험 평가(위험도 산정): 식별된 자산, 위협 및 취약점을 기준으로 위험도를 산출하고 기존의 보호대책을 파악하며 식별된 자산별 위협, 취약점 및 위험도를 정리하여 위험을 평가한다.

(7) 정보보안 대책의 선정: 위험 평가 결과를 토대로 해당 위험도를 수용 가능한 위험수준(DoA; Degree of Assurance)까지 낮추기 위한 보안대책을 선정한다.

2. 전체 위험(Total Risk)과 잔여 위험(Resident Risk)

(1) 기업들이 정보보안 대책을 마련하는 이유는 그들의 전체적인 위험을 수용할 수 있는 수준으로 감소시키기 위해서이다. 100% 안전한 시스템이나 환경은 존재하지 않으며, 이는 남겨진 위험이 남아 있음을 의미한다. 이를 잔여 위험이라 부른다.

(2) 전체 위험과 잔여 위험간의 상관관계: 전체 위험(Total Risk)과 잔여 위험(Resident Risk), 그리고 기업이 수용하려는 위협의 유형에는 다음과 같은 관계가 존재한다.
  ① 전체 위험＝위협×취약점×자산
  ② 잔여 위험＝(위협×취약점×자산)×통제 격차(Controls Gap)
  ③ 잔여 위험＝전체 위험－대책

2 위험 분석

위험 관리에서 가장 중요한 핵심 과정으로 자산, 위협, 취약성, 기존 보호대책 등을 분석하여 위험의 종류와 규모를 결정하며, 정보시스템과 조직의 위험을 측정하고, 위험의 허용 여부를 판단하는 근거를 마련하는 과정이다.

1. 위험 분석 방법

(1) 기준선 접근법(Baseline Approach): 위험 분석을 수행하지 않고 모든 시스템에 대하여 표준화된 대책을 체크리스트 형태*로 제공한다. 특히, 보안관리를 수행하기 어려운 소규모 조직이나 대규모 조직에서 중요하지 않은 일반 자산에 대하여 사용하는 접근법이다.

(2) 상세 위험 분석법(Detailed Risk Analysis): 자산 분석, 위협 분석, 취약성 분석의 각 단계를 수행하여 위험을 분석하는 것을 말한다. 조직의 자산 및 보안 요구 사항을 구체적으로 분석하여 가장 적절한 대책을 수립할 수 있는 방법이다.

(3) 복합 접근법(Combined Approach): 고위험 영역은 상세 위험 분석법을 적용하고 나머지는 기준선 접근법을 이용한다. 비용과 자원을 효과적으로 이용할 수 있는 반면, 고위험 영역의 식별이 잘못되었을 경우 불필요한 비용 낭비가 발생하는 단점도 있다.

---

* 체크리스트 형태
  모든 시스템에 대하여 체크리스트에 있는 보안대책의 구현 여부를 보고 없는 것을 구현토록 하는 방식을 택한다. BS7799(또는 ISO 17799)를 사용한 갭(Gap) 분석이 이러한 예가 될 수 있다.

(4) **비정형화된 접근법(Informal Approach)**: 조직 IT 자산에 대한 위험을 분석하기 위해 정형화된 위험 평가 프로세스를 사용하는 대신 위험을 분석하는 개인의 지식과 전문성을 활용하여 실용적인 위험 분석을 실시한다. 이 접근은 중·소규모의 조직에서 일반적으로 추진되는데 이런 조직에서는 IT 시스템이 조직의 업무 목표를 달성하는데 필수적이지 않아 위험 분석에 따르는 추가 비용이 정당화되기 어렵다.

2. 정량적 분석과 정성적 분석

(1) **정량적 분석**: 손실이나 위험의 크기를 숫자 또는 금액으로 나타낸다. 정량적 분석 방법에는 과거자료 분석법, 수학공식 접근법 및 확률 분포법 등이 있다.

① **과거자료 분석법**: 과거자료를 통하여 위험 발생 가능성을 예측하는 방법이다. 이는 과거에 대한 자료가 많으면 많을수록 분석의 정확도가 높아지는 반면, 과거의 사건이 미래에는 발생이 줄어들 수 있는 환경에 대해서는 적용이 어려운 단점이 있다.

② **수학공식 접근법**: 과거자료 분석법이 어려울 경우 사용되는 방법이며, 위협 발생빈도를 계산하는 식을 이용하여 위험을 계량화하는 방법이다. 기대손실을 추정하는 자료의 양이 적다는 것이 단점이다.

③ **확률 분포법**: 미지의 사건을 확률적 편차를 이용하여 최저/보통/최고 위험 평가로 예측하여 추정하는 방법이다. 추정하는 것이라 정확도가 높지는 않다.

(2) **정성적 분석**

① **델파이법**: 전문가 집단의 의견과 판단을 추출하고 종합하기 위하여 동일한 전문가 집단에 설문조사를 실시하여 의견을 정리하는 방법이다. 단시간에 도출할 수 있기 때문에 시간과 비용이 절약되지만 전문가의 추정이라 정확도가 낮다는 평가도 있다.

② **시나리오법**: 어떠한 사실도 기대대로 발생하지 않는다는 조건하에서 특정 시나리오를 통하여 발생 가능한 위협의 결과를 우선순위로 도출해 내는 방법이다. 적은 정보를 가지고 전반적인 가능성을 추론할 수 있지만 발생 가능성의 이론적 추측에 불과하여 정확도가 낮다.

③ **순위결정법**: 비교우위 순위 결정표에 위험 항목들의 서술적 순위를 결정하는 방식이다. 위험의 추정 정확도가 낮다는 단점이 있다.

(3) **정성적·정량적 위험분석 방법 비교**

구분	정량적 위험분석	정성적 위험분석
장점	• 객관적인 평가기준이 적용된다. • 정보의 가치가 논리적으로 평가되고 화폐로 표현되어 설득력이 있다. • 위험 관리 성능평가가 용이하다. • 위험 평가 결과가 금전적 가치, 백분율 등으로 표현되어 이해하기 쉽다.	• 계산에 대한 노력이 적게 든다. • 정보자산에 대해 평가할 필요가 없다. • 비용/이익을 평가할 필요가 없다.
단점	• 계산이 복잡하여 분석하는데 비용이 많이 든다. • 수작업의 어려움으로 자동화 도구를 사용할 시 신뢰도가 벤더에 의존한다.	• 위험 평가 과정과 측정기준이 주관적이다. • 측정 결과를 화폐 단위로 표현하기가 어렵다. • 위험 관리 성능을 추적할 수 없다.

정보보호 위험관리 적중문제

01 다음 설명에 해당하는 위험 분석 및 평가 방법을 옳게 짝 지은 것은?

보기

ㄱ. 전문가 집단의 토론을 통해 정보시스템의 취약성과 위협요소를 추정하여 평가하기 때문에 시간과 비용을 절약할 수 있지만, 정확도가 낮다.

ㄴ. 이미 발생한 사건이 앞으로 발생한다는 가정하에 수집된 자료를 통해 위험 발생 가능성을 예측하며, 자료가 많을수록 분석의 정확도가 높아진다.

ㄷ. 어떤 사건도 기대하는 대로 발생하지 않는다는 사실에 근거하여 일정 조건에서 위험에 대해 발생 가능한 결과들을 예측하며, 적은 정보를 가지고 전반적인 가능성을 추론할 수 있다.

	ㄱ	ㄴ	ㄷ
①	순위 결정법	과거자료 분석법	기준선 접근법
②	순위 결정법	점수법	기준선 접근법
③	델파이법	과거자료 분석법	시나리오법
④	델파이법	점수법	시나리오법

02 위험이 존재하는 프로세스나 사업을 수행하지 않고 포기하는 정보보호의 위험처리 전략으로 가장 옳은 것은 무엇인가?

① 위험 회피
② 위험 감소
③ 위험 전가
④ 위험 수용

정답 및 해설

01 정답 ③

③ 정성적 위험분석 및 평가 방법 중 델파이법과 시나리오법, 정량적 위험분석 및 평가 방법 중 과거자료 분석법에 대한 설명이다.

02 정답 ①

위험 처리 전략은 위험 회피, 위험 전가(전이), 위험 감소, 위험 수용으로 구분할 수 있다.

① 위험 회피: 위험이 존재하는 프로세스나 사업을 수행하지 않고 포기하여 위험 자체를 제거한다. 즉, 서비스에 지장을 주지 않는 선에서 설계변경 등 다른 대안을 선택하여 해당 위험이 실현되지 않도록 하는 것이다.

② 위험 감소: 결정된 사항에 대해서는 수립된 보호 대책에 따라 통제사항을 구현한다.

③ 위험 전가: 조직의 자산에 대한 위험, 위험 등을 제3자에게 전가하는 방식으로, 자산에 대한 보험을 들어 손실에 대비할 수 있으며 위험 부담이 큰 일에 대해 아웃소싱을 통해 책임 계약을 체결할 수 있다.

④ 위험 수용: 현재의 위험을 받아들이고 잠재적 손실 비용을 감수하는 것을 말한다.

재해 대응 및 복구 계획

1 비즈니스 연속성 계획(BCP; Business Continuity Plan)

BCP는 화재나 홍수와 같은 자연재해 및 긴급 사태가 발생한 상황에서 조직이 따라야 할 절차와 지시사항 등을 규정한 문서이다. 또한 BCP는 데이터 백업과 같은 단순 복구뿐만 아니라 고객 서비스의 지속성 보장, 핵심 업무 기능을 지속하는 환경을 조성해 기업 가치를 극대화하는 것을 목표로 하고 있다. BCP 개발을 위해서는 비즈니스 영향분석(BIA; Business Impact Analysis)이 선행되어야 하며 다음과 같은 5단계를 거친다.

1. BCP의 단계별 내용

(1) **프로젝트 계획**: 목표 및 범위를 설정한다.

(2) **사업 영향 분석(BIA)**: 복구시간 목표(RTO), 복구시점 목표(RPO), 복구 우선순위를 결정한다.

(3) **복구 전략 선정**: 전략별 비용을 분석하고 전략을 도출한다.

(4) **비즈니스 연속성 계획 개발**: 비즈니스 연속성 계획 조직 구성 및 조직별 계획을 수립한다.

(5) **유지보수**: 교육 및 모의훈련을 실시한다.

2. BCP 개발 시 고려해야 할 위협요소

(1) **사람의 실수**: 생산성 손실을 방지하기 위해서는 가장 발생할 가능성이 큰 사람의 실수 유형을 예측하고 이를 신속히 해결하기 위한 절차를 마련해야 한다.

(2) **데이터 손상**: 데이터 손상의 형태는 다양하다. 광범위한 경우도 있고 한 구역에 국한되는 경우도 있다. 견고한 데이터 백업 및 복구 계획을 선제적으로 가동하면 데이터 손상을 사전에 방지할 수 있다.

(3) **스토리지 장애**: 대부분 의도치 않은 사람의 부주의함으로 스토리지 장애가 발생할 수 있다.

예1: 어느 직원이 한 무더기의 디스크 드라이브를 벽에 기대 쌓다가 전원 스위치를 건드려 장애가 발생

예2: 소음을 줄이기 위해 바닥에 설치한 카펫이 정전기를 일으켜 장비 회로가 단락

(4) **정전 또는 네트워크 장애**: 정전은 시스템 다운 타입의 원인 중 최상위권에 속한다. 또한 네트워크 스위치 하나의 손실이 대규모 네트워크 가동 중단으로 이어질 수 있다.

(5) **자연재해**: 비즈니스 연속성을 위협하는 일반적인 재해 유형에는 속하지 않지만, 지진 등과 같은 자연재해에 대한 복구 전략을 미리 수립해 두어야 한다.

2 재난 복구 계획(DRP; Disaster Recovery Plan)

재해 발생 시 정해진 업무 복구 순서에 따라 정보시스템을 체계적으로 복구하도록 수립한 절차를 규정한 문서다. 이 문서는 1) 재해복구 프로세스, 2) 재해복구 테스트, 3) 재해복구 절차를 포함한다.

1. BCP

심각한 장애나 재해로 인해 사업 활동이나 프로세스가 중단되는 것에 대응하기 위해 명확하고 상세히 기술된 계획으로 핵심 기능을 영위하기 위한 예방적 개념이 강하다.

2. DRP

심각한 장애나 재해로 인해 핵심 정보시스템과 데이터가 중단되는 것에 대해 명확하고 상세히 기술된 계획을 개발하는 것에 초점을 준다. 즉, BCP가 예방적 개념이 강한데 반해 DBP는 복구적 개념이 강하다.

> **더 알아보기**
>
> **BCM(Business Continuity Management)**
> BCP와 유사한 개념으로 BCM이 있다. BCM은 상황에 대한 예방, 대비, 대응, 복구 등 전 단계에 대한 역량 확보와 운영에 대한 관리체계로 '업무 연속성 관리'라고 부르며 다음과 같은 특징이 있다.
> - BCM은 업무 중단으로 발생할 수 있는 재무, 평판 및 기타 중대한 위험을 최소화하는 것을 목적으로 하는 총체적인 접근 방법이다.
> - BLP와 DRP가 계획의 개발에 중점을 두는 반면에 BCM은 BCM과 DRP를 관리하는 전체적인 관리 프로세스이다.
> - 평상시에는 업무 중단 발생을 예방하고 업무 중단 발생 시에는 핵심 업무부분을 유지/복구하는 활동을 의미한다.

3 사업 영향 분석(BIA; Business Impact Analysis)

각종 재난·재해로부터 정보시스템 중단을 가정하여 시간 흐름에 따른 영향도를 조사한 후 복구 우선순위를 정의하고, 업무를 재개하기 위해 필요한 최소 자원을 도출하는 평가·분석 업무의 연속성 계획(BLP)의 핵심 절차다. 업무 중단이 사업에 미치는 영향에 대해 정성적/정량적 분석·평가를 실시한다. 이때 BIA는 발생 가능한 모든 재해를 고려하고 잠재적인 손실을 추정하며 재난을 분류하여 우선순위를 부여하고 실행 가능한 대안을 개발해야 한다.

1. BIA 절차

(1) 제품 및 서비스 공급을 지원하는 활동을 식별한다.

(2) 각 활동의 중단 이후 시간의 경과에 따라 발생하는 영향을 평가한다.

(3) 재해 경감 활동관리체계의 목표로 설정된 제품 및 서비스의 최소 업무연속성 목표(MBCO; Minimum Business Continuity Objective)를 결정한다.

(4) 기능별로 분류 도표와 중요도 수준, 우선순위를 결정한다.

(5) 서비스 별 업무 중단시 회사가 허용할 수 있는 최대 허용 중단기간(MTPD; Maximum Tolerable Period of Disruption)을 산정한다.

(6) 기능이 반드시 복구되어야 하는 시간(복구 목표시간, RTO; Recovery Time Object)을 결정하고 가능한 대안을 개발해야 한다.

2. 위험 분석

(1) 위험 관리는 데이터를 손상하거나 노출시킬 수 있는 요소를 데이터 가치와 대책비용 관점에서 식별하고 평가하여, 위험을 관리하거나 감소시키기 위한 비용 효과적인 관리 프로세스이다.

(2) 위험 분석은 위험을 식별하고 위협의 영향을 계량화/정량화하여, 보안 예산 산정에 도움을 주는 과정이다.

4 복구 전략

BIA 단계에서 식별된 위협에 대응하기 위해 구현되어야 하는 가장 효율적이고 비용 효과적인 복구 메커니즘을 구축하는 것으로 1) 2차 사이트 구축, 2) 복수 배열의 독립된 디스크(RAID) 운영 및 3) 데이터를 백업 운영하는 방안이 있다.

1. 2차 사이트 구축

(1) 미러 사이트(Mirror Site): 주 센터와 동일한 수준의 정보를 마치 거울처럼 그대로 복사하여 동일한 정보를 제공하는 서비스를 말하는 것으로 다음과 같은 특징을 가지고 있다.

① 동일한 내용을 여러 지역에 분산하여 서비스함으로써 재해 발생시 복구까지의 소요시간(RTO)은 이론적으로 '0'이다.

② 초기 투자 및 유지 보수에 높은 비용이 소요된다.

③ 데이터의 업데이트 빈도가 높지 않은 시스템(예 웹 애플리케이션 서비스)에 적용 가능하다.

(2) 핫(Hot) 사이트: 시스템 장애를 대비하여 전기, 통신설비, 공조시설 등과 서버, 스위치, 네트워크 장비 등의 하드웨어 및 데이터와 프로그램 등의 소프트웨어를 미리 설치해둔 백업 사이트를 뜻하며 다음과 같은 특징이 있다.

① 원본 사이트의 데이터와 프로그램에 대해 약간의 시차를 두고 백업한다.

② 시스템 장애 시 1~4시간 안에 빠르게 복구할 수 있으며, DB·응용프로그램 등 데이터의 갱신 빈도가 높은 시스템에 주로 사용된다.

③ 소요 비용은 백업시스템처럼 초기 투자 및 유지보수에 높은 비용이 들어간다.

(3) 웜(Warm) 사이트: 시스템 장애를 대비하여 전기/통신설비, 공조시설 등과 서버, 스위치, 네트워크 장비 등 하드웨어의 일부를 미리 마련한 백업사이트를 말하며 다음과 같은 특징이 있다.

① 데이터와 프로그램 등의 소프트웨어는 미리 설치되어 있지 않다.

② 콜드 사이트보다는 구축비용이 더 들지만 핫 사이트보다는 구축비용이 저렴한 핫 사이트와 콜드 사이트의 중간 정도에 해당하는 일종의 절충안이다.

③ 시스템 장애 시 복구에 며칠에서 1주일 정도의 시간이 걸릴 수 있다.

(4) 콜드(Cold) 사이트: 핫 사이트와 동일한 복구 공간 및 인프라 지원을 제공하지만, 중요성이 높은 정보기술 자원만 부분적으로 보유하는 방식으로 다음과 같은 특징이 있다.

① 실시간 미러링을 수행하지 않으며 데이터의 백업 주기가 핫 사이트보다 길다.

② 백업 사이트 가운데 가장 값이 저렴한 사이트를 가리킨다. 원래 위치로부터 데이터와 정보의 백업된 복사본을 보유하지도 않으며 이에 대한 하드웨어가 구축되어 있지도 않다.

2. 복수 배열의 독립된 디스크(RAID) 운영

RAID(Redundant Array of Independent Disks 혹은 Redundant Array of Inexpensive Disks)는 여러 개의 하드 디스크에 일부 중복된 데이터를 나눠서 저장하는 기술로서 디스크 어레이(Disk Array)라고도 한다.

(1) 데이터를 나누는 다양한 방법이 존재하며 이 방법들을 레벨이라 하는데, 레벨에 따라 저장장치의 신뢰도를 높이거나 전체적인 성능을 향상시키는 등의 다양한 목적을 만족시킬 수 있다.

(2) 최초 제안 당시에는 다섯 가지 레벨이 존재했는데, 이후에 중첩 레벨을 비롯한 여러 가지 다른 레벨들이 추가되었다.

(3) RAID는 여러 개의 디스크를 하나로 묶어 하나의 논리적 디스크로 작동하게 하는데, 하드웨어적인 방법과 소프트웨어적인 방법이 있다.

① 하드웨어적인 방법: 운영체제에 있는 디스크가 하나의 디스크처럼 보이게 한다.

② 소프트웨어적인 방법: 주로 운영체제 안에서 구현되며, 사용자에게 디스크를 하나의 디스크처럼 보이게 한다.

3. 데이터 백업

(1) 데이터 백업의 유형

① 전체 백업(Full Backup)

ㄱ 파일 전체를 백업하는 방식이다. 전체 백업은 아래에 열거된 증가분 백업이나 변경분 백업에 비해 처리 시간이 많이 소요된다.

ㄴ 데이터 전체가 백업되기 때문에 최종 백업된 매체 하나만 있으면 데이터 전체를 완전하게 복구할 수 있다.

ㄷ 수행하는 데 시간이 걸리고 스토리지 공간도 많이 필요하므로 차등 백업이나 증가분 백업과 함께 사용하는 것이 일반적이다.

② 증분 백업(Increment Backup): 증분 백업은 마지막 백업 작업 이후 변경된 데이터를 복사한다. 조직은 일반적으로 파일에 수정된 타임 스탬프를 사용하고 이를 마지막 백업의 타임 스탬프와 비교한다. 주요 특징은 다음과 같다.

ㄱ 가장 최근에 변경된 사항을 저장하면서 원하는 만큼 자주 실행할 수 있다.

ㄴ 증분 백업은 전체 백업보다 적은 양의 데이터를 복사하므로 복사 시간이 전체 백업보다 단축되고 백업을 저장하는데 더 적은 미디어가 소요된다.

③ 변경분 백업(Differential Backup): 전체 백업이 수행된 이후에 변경된 파일만 백업한다. 가장 최근의 변경분 백업에서 백업되었던 파일들이 다시 백업되기 때문에 증분 백업에 비해 처리 시간이 많이 소요된다. 그러나 전체 백업 매체와 최종 변경분 매체 세트만 있으면 데이터를 완전 복구할 수 있다.

(2) 데이터 백업 유형별 비교

① 증분 백업과 변경분 백업은 전체 백업보다 과정이 더 복잡하지만 리소스와 시간이 적게 소요된다.

② 변경분 백업은 증분 백업보다 백업 단계에서 더 많은 시간이 소요되지만 복구 시에는 적은 시간이 소요된다.

③ 증분 백업은 올바른 순서로 각각의 증분 배열을 모두 복구해야 한다. 하지만 변경분 백업의 복구 수행과정은 2단계로 이루어진다.

〈 데이터 백업 방법 〉

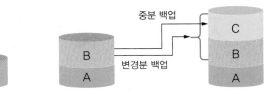

〈 데이터 백업 유형에 따른 특징 〉

유형	1	2	3	논리디스크	백업시간	전체복구시간
완전 백업	A	A+B	A+B+C	1	느림	빠름
변경분 백업	A	B	B+C	2	보통	보통
증분 백업	A	B	C	계속 증가	빠름	느림

재해 대응 및 복구 계획 적중문제

CHAPTER 03

01 업무연속성(BCP)에 대한 설명으로 옳지 않은 것은?

① 업무연속성은 장애에 대한 예방을 통한 중단 없는 서비스 체계와 재난 발생 후에 경영 유지·복구 방법을 명시해야 한다.

② 재해복구시스템의 백업센터 중 미러 사이트(Mirror Site)는 백업센터 중 가장 짧은 시간 안에 시스템을 복구한다.

③ 콜드 사이트(Cold Site)는 주전산센터의 장비와 동일한 장비를 구비한 백업 사이트이다.

④ 재난복구서비스인 웜 사이트(Warm Site)는 구축 및 유지비용이 콜드 사이트(Cold Site)에 비해서 높다.

정답 및 해설

01 정답 ③

③ 주전산센터의 장비와 동일한 장비를 구비한 백업 사이트는 미러사이트 또는 핫 사이트이다. 콜드 사이트는 데이터만 원격지에 보관하고 이의 서비스를 위한 정보자원은 확보하지 않거나 장소 등 최소한으로만 확보하고 있다가 재해 시에 데이터를 근간으로 필요한 정보자원을 조달하여 정보시스템의 복구를 개시하는 방식이다.

CHAPTER 04

정보보호 인증제도

01 정보보호시스템 평가방법 및 기준

1 정보보호시스템 평가기준의 발전과정

1. 1980년대

1980년 초, 미국이 세계 최초로 정보보호시스템 평가기준인 TCSEC을 개발(미 국방성 산하 연구기관 중심)한 이래 약 10여년간 각국은 IT 기술의 진화에 발맞추고 정보보호시스템 평가기준 주도권을 확보하기 위해 TCSEC을 기반으로 각국의 실정에 맞는 평가기준을 개발하였다. TCSEC은 1985년 미국의 표준으로 채택되었으며 세계 최초의 보안시스템 평가기준*이 되었다.

2. 1990년대

(1) 미국의 TCSEC 개발 이후 유럽은 이 분야 주도권 확보를 위해 프랑스, 독일, 네덜란드 및 영국이 참여하여 공동으로 TCSEC 기반의 공동평가 기준을 마련하였으며, 1991년 EC(유럽연합)를 통해 ITSEC(버전 1.2)을 발표하였다.

(2) 캐나다는 1993년 초에 ITSEC과 TCSEC을 조합하여 CTCPEC(Canadian Trusted Computer Product Evaluation Criteria)을 발표하였다.

(3) 또한 미국도 유럽의 ITSEC 평가 개념을 조합하여 두 번째 접근법으로서 FC(Federal Criteria)** 초안을 1993년 초에 발표하였다.

(4) 이후 각국의 평가 기준을 통합하여 국제 표준화를 목표로 하는 CC(Common Criteria) 프로젝트가 1993년 시작되었으며 1996.1월에 CC(ver1.0), 1997.10월에 ver2.0, 1999.8월에는 ISO 16408이 완성되었다.

(5) 1998.10월에 미국, 캐나다, 프랑스, 독일 및 영국의 정보조직들이 CC 기반 평가를 위한 상호인증협정(CCRA; Common Criteria Recognition Arrangement)에 서명하여 정보보호시스템에 대한 국제 평가기준이 탄생되었다.

---

* 각국의 보안시스템 평가기준
  독일 ZSIEC('89), 영국 DTIEC('89), 프랑스 Blue-White-Red Book, 캐나다 CPCPEC('91) 등이 있다.
** FC(Federal Criteria)
  미 국립기술표준국(NIST)과 NSA가 공동 개발하였으나 시행은 되지 않았다.

구분	TCSEC	ITSEC	CC
표준화 추진	국방성(DoD) 내 NCSC(National Cyber Security Center)	영국/프랑스/독일/네덜란드	국제표준기구(ISO/IEC)
허용범위	미국내 보안표준	유럽	세계 공통의 평가기준
등급	A1, B1, B2, B3, C1, C2(6등급), D: 부적합	E6~E1(6등급) E0: 부적합	EAL7~EAL1(7등급) EAL0: 부적합

2 TCSEC

TCSEC 평가 기준은 미국의 정보보호시스템 평가 표준으로 채택되었고 세계 최초의 보안 시스템 평가 기준으로 다른 평가 기준의 모체가 되었다. 이는 Rainbow Series라는 미 국방부 문서 중 하나로, 책 표지 색상이 노란색이기 때문에 Orange Book이라는 이름이 붙여졌다. 참조모니터(Reference Monitor), 보안커널 등의 개념을 도입하였고, 효과적인 정보보호시스템 평가기준 개발과 이러한 기준에 맞게 개발한 제품들을 평가하는데 초점을 두고 있다.

1. TCSEC의 보증 수준과 범주

(1) TCSEC 평가 요구사항: 다음과 같은 보안정책, 책임성, 보증, 문서화로 구성된다.

① **보안정책:** 기본적인 보안 요구사항으로 임의적 접근제어(DAC), 강제적 접근제어(MAC), 레이블, 레이블된 정보의 유출, 사람이 읽을 수 있는 출력 형태로 레이블, 장치 레이블 등이 있다.

② **책임성:** 시스템이 DAC과 MAC을 지원하기 위한 기능으로 식별 및 인증, 감사 및 신뢰성 있는 경로 기능 등을 제공한다.

③ **보증:** 시스템의 보안기능이 올바르게 작동하는가를 검사하여 시스템의 신뢰성을 제공하는 요구사항으로 시스템 구조, 시스템의 무결성, 시스템 시험, 설계 명세서 및 검증, 형상관리, 비밀 채널의 분석 등이 있다.

④ **문서화:** 매우 어렵고 시간이 많이 걸리는 작업이지만, 평가를 위해 꼭 필요한 작업이며, 문서에는 사용자를 위한 보안 지침서, 관리자를 위한 보안 특성 지침서, 시험문서, 설계문서 등이 있다.

(2) TCSEC의 단계별 보안수준: TCSEC은 표 〈TCSEC 등급별 평가기준〉과 같이 크게 D, C, B, A의 4등급으로 분류할 수 있으며, 세부적으로는 D, C1, C2, B1, B2, B3, A1의 등급으로 나눌 수 있다.

등급	설명
D	최소한의 보호(Minimal)
C1	임의적 정보보호(Discretionary)
C2	통제된 접근보호(Controlled Access)
B1	레이블된 정보보호(Labeled Security)
B2	계층 구조화된 정보보호(Structured)
B3	보안영역(Security Domain)
A1	검증된 보호(Verified Design)

① A 등급: 가장 높은 보안 등급을 나타낸다. 현실적으로 A등급을 받은 시스템은 없으므로 사실상 이상적인 시스템이다.

② D 등급: 보안 설정이 이루어지지 않은 단계로 보안에 대한 요구사항이 없는 최소한의 보안 등급을 의미한다.

③ C1/C2/B1 등급: 상업적으로 사용되는 많은 운영체제에서 요구하는 보안 특성을 기술하고 있다.

    ㉠ C1: 일반적인 로그인 과정이 존재하는 시스템이다. 사용자 간 침범이 차단되어 있고 모든 사용자가 자신이 생성한 파일에 권한을 설정할 수 있으며 특정 파일에 대해서만 접근 가능하다. 초기의 유닉스 시스템이 해당된다.

    ㉡ C2: 각 계정별 로그인이 가능하며 그룹 아이디로 통제가 가능한 시스템이다. 보안 감사가 가능하며 특정 사용자의 접근 거부가 가능하다. 윈도우 운영체제와 현재 사용되는 대부분의 유닉스 시스템이 이에 해당된다.

    ㉢ B1: 시스템 내의 보안 정책을 적용할 수 있고 각 데이터의 보안 레벨 설정이 가능하다. 시스템 파일이나 시스템의 권한 설정이 가능하다.

④ B2 등급: 운영체제의 설계 단계에서부터 보안 요구사항을 반영하게 된다. 시스템에 정형화된 보안 정책이 존재하며 B1 등급의 기능을 모두 포함한다. 일부 유닉스 시스템은 B2 인증에 성공했고, 방화벽이나 침입 탐지 시스템과 같은 보안 솔루션은 주로 B2 인증을 목표로 개발한다.

⑤ B3/A1 등급: TCB(Trusted Computing Base)에 대한 정형적인 검증을 요구한다.

    ㉠ B3: 운영체제에서 보안에 불필요한 부분을 모두 제거하여 모듈에 따른 분석 및 테스트가 가능하다. 시스템 파일과 디렉토리 접근 방식을 지정하고 위험 동작을 하는 사용자 활동에는 백업까지 자동으로 이루어진다. 현재 이 등급을 받은 시스템은 극히 일부다.

    ㉡ A1: 수학적으로 완벽한 시스템이다. 현재 이 등급을 받은 시스템은 없으며 사실상 이상적인 시스템이다.

⑥ TCSEC의 등급체계는 높은 등급으로 갈수록 보안기능 요구사항과 보안보증 요구사항이 체계적으로 증가한다. TCSEC은 1985년 미국 표준으로 채택되었지만 2000.12월에 국제공통평가기준(CC)으로 대체되었다.

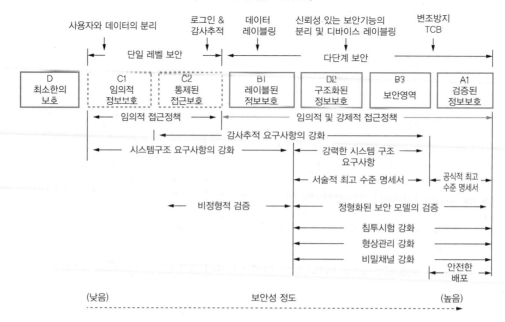

〈 TCSEC의 단계별 보안수준 〉

2. TCSEC의 문제점

오렌지북은 정부와 군사용 컴퓨터 시스템의 요구사항과 기대사항을 주로 다룬다. 많은 사람들이 오렌지 북의 여러 결정에 대해 지적해 오고 있으며, 특히 정부기관이 아닌 상업적인 영역에서의 시스템에 적용 시 더욱 그러하다. 제기된 문제점은 다음과 같다.

(1) 오렌지북은 운영체제와 기밀성에만 중점을 두어 평가하기 때문에 네트워킹, 데이터베이스 등과 같은 논점들은 주목하지 않는다.

(2) 가장 많은 문제가 발생하는 부분은 인가받지 않은 부분에 의한 정보의 훼손이 아니라 인가받은 내부자에 의한 보안사고인데 이에 대한 대책이 부족하다.

(3) 오렌지북은정부기관 분류와 잘 동작하며 민간 상업 부문용의 보호 분류와는 동작하지 않는다. 위와 같은 오렌지북의 문제점을 해결하기 위해 나온 레드북(Red Book)은 네트워크의 구성 요소와 관련된 보안 이슈를 다루고 있지만 기밀성과 무결성만 다루고 가용성은 취급하지 않는다.

3 ITSEC(Information Technology Security Evaluation Criteria)

1. ITSEC 개관

TCSEC 발표 이후, 영국, 독일, 프랑스 및 네덜란드가 자국의 정보보호 시스템 평가기준을 제정하고 시행하였다. 이렇게 국가별로 상이한 정보보호제품 평가기준을 동일하게 적용하기 위하여 1991년에 ITSEC 버전 1.2를 제정하였다.

2. TCSEC과 ITSEC 비교

(1) TCSEC은 기능성과 보증성을 분리하여 평가하는 반면, ITSEC은 기능성과 보증성을 묶어서 평가한다.

(2) TCSEC은 획일적인 등급 구조를 갖는 반면, ITSEC은 사용자의 필요에 따라 다양한 종류의 평가등급을 융통성 있게 정의하여 사용할 수 있도록 하였다.

   ① ITSEC은 보안 요구를 기능과 보증이라는 측면으로 분류하고, 보안기능은 TCSEC이나 독일의 ZSIEC에서 정의한 보안기능을 사용하도록 하며 제품에 대한 평가는 보증 부분만 가지고 평가한다.

   ② ITSEC의 보증평가 등급은 최하위 E0부터 최상위 E6까지 7단계이다. 이중 E0는 부적절한 보증으로 TCSEC의 D에 해당된다.

(3) TCSEC은 독립형(stand-alone) 시스템을 다루는 반면 ITSEC은 네트워크 시스템을 다룬다.

(4) TCSEC은 기밀성만 강조하는 반면에 ITSEC은 무결성, 가용성, 기밀성을 포괄하는 표준안이다.

4 공통평가기준(CC; Common Criteria)

현재 널리 사용되는 CC는 각 나라 및 지역별로 서로 다른 평가기준을 운용함으로써 발생하는 중복평가 문제를 해소하고, 기술적으로 보다 진보된 범 세계 공통의 보안 평가기준을 지향하여 미국, 캐나다와 유럽 4개국의 공동작업에 의해 1999.6월 국제표준(ISO/IEC 15408: Evaluation criteria for information technology security)으로 만들어졌다.

1. 주요 특징

(1) CC에서는 EAL(Evaluation Assurance Level)1~EAL7까지 보증등급은 있으나, TCSEC과는 달리 보안기능에 대한 등급은 없다.

(2) ITSEC과 같이 개발자가 제품이 사용될 환경을 고려하여 보안기능을 설정하도록 되어 있고, 제품에 대한 평가는 보증부분만 가지고 수행하며 평가등급은 최하위 EAL1부터 최상위 EAL7까지 7단계로 이루어진다.

(3) CC는 평가기관에서 제품에 대한 보호프로파일(PP; Protection Profile)이나 보안목표 명세서(ST; Security Target)를 평가할 때, PP에 포함된 보안목적, 보안기능 요구사항, 보안보증 요구사항 그 자체를 평가하지는 않고 PP와 ST간의 일치성을 평가한다.

(4) 따라서 보안보증 등급인 EAL 등급이 높다고 해서 보안기능이 강화된 것이라고 할 수 없다.

(5) 현재 국내에서는 CC 인증을 크게 국제용 CC 인증과 국내용 CC 인증으로 구분하고 있다. 국내용, 국제용 모두 CC를 평가기준으로 하는 것은 동일하지만, 국제용에서는 CCRA 수준의 제품 평가를 수행하고 국내용에서는 평가 제출물을 간소화하여 제품 기능과 취약성을 집중적으로 평가한다.

2. CC의 등급별 보안 수준

등급	목적	설명
EAL1	기능 시험	보안 행동을 이해하기 위한 기능/인터페이스 명세서나 설명서를 통해 보안기능을 분석하여 기초적인 보증을 제공한다.
EAL2	구조 시험	개발자의 시험, 취약점 분석, 더 상세한 TOE 명세서에 기초한 독립적인 시험을 요구한다.
EAL3	방법론적 시험과 점검	EAL2보다 더 완전한 범위의 보안기능을 시험한다. TOE가 개발과정에서 변경되지 않도록 하는 메커니즘 또는 절차를 요구한다.
EAL4	방법론적 설계, 시험과 검토	EAL3보다 더 많은 설계, 설명, TOE가 개발과정에서 변경되지 않도록 하는 개선된 메커니즘 또는 절차를 요구한다.
EAL5	준 정형적인 설계 및 시험	준 정형화된 설계 설명, 완전한 구현, 더 구조화된 구조, 비밀채널 분석, TOE가 개발과정에서 변경되지 않도록 하는 개선된 메커니즘 또는 절차를 요구한다.
EAL6	준 정형적인 설계 검증 및 시험	EAL5보다 더 포괄적인 분석, 구조화된 구현의 표현, 더 체계적인 구조, 더 포괄적이고 독립적인 취약점 분석, 체계적인 비밀채널 식별, 개선된 형상관리와 개발환경 통제를 요구한다.
EAL7	정형적인 설계 검증 및 시험	정형화된 표현, 정형화된 일치성 입증, 포괄적 시험을 이용한 포괄적인 분석을 요구한다.

〈 CC, TCSEC, ITSEC의 평가기준 비교 〉

	CC		TCSEC(미국)		ITSEC(유럽)
EAL0	부적절한 보증	D	최소한의 보호	E0	부적절한 보증
EAL1	기능 시험	C1	임의적 보호	E1	비정형적 기본 설계
EAL2	구조 시험	C2	통제된 접근 보호	E2	비정형적 기본 설계
EAL3	방법론적 시험과 점검	B1	규정된 보호	E3	소스코드와 하드웨어 도면 제공
EAL4	방법론적 설계, 시험, 검토	B2	구조적 보호	E4	준정형적 기능 명세서, 기본 설계, 상세 설계
EAL5	준정형적 설계 및 시험	B3	보안 영역	E5	보안 요소 상호관계
EAL6	준정형적 검증된 설계 및 시험	A1	검증된 설계	E6	정형적 기능 명세서, 상세 설계
EAL7	정형적 검증				

3. CC 구성요소

CC에서는 평가대상(TOE)의 보안요구를 표현하는 수단으로 패키지, EAL, 보호프로파일(PP), 보안목표명세서(ST)와 같은 보안 구조들을 사용하고 있다. 이들을 CC 구성요소라 하며 각 요소별 기본개념은 다음과 같다.

(1) 평가대상(TOE; Target Of Evaluation): CC의 평가대상이 되는 소프트웨어, 하드웨어, 펌웨어로 구성된 집합을 의미한다. 제품의 일부분 또는 조합일 수도 있고, 특정한 경계를 갖는 네트워크도 평가대상이 될 수 있다. 평가대상의 예로 IPS, IDS, 방화벽, 무선 랜 인증시스템, 웹 응용프로그램용 방화벽 등이 있다.

(2) 패키지(package): 부분적인 보안목표를 만족시키기 위한 컴포넌트(component)*들의 집합으로 재사용이 가능하다. 하나의 패키지는 규모가 더 큰 패키지나 보호프로파일(PP), 보안목표명세서(ST)를 구성하는데 이용할 수 있다.

(3) EAL(Evaluation Assurance Level): 보증요구에 관련된 컴포넌트들의 집합으로 구성된 패키지의 일종이다. 각 EAL은 자체적으로 온전한 보증 컴포넌트들의 집합이며 CC의 체계화된 보증 등급을 형성한다.

(4) 보호프로파일(PP; Protection Profile)

① 어떤 제품군이 보안 기능을 제공할 때 반드시 고려해야할 특이 사항들, 특히 보안기능 요구사항에 중점을 둔 문서로서 동시에 보안기능 구현을 보증할 수 있는 방법도 명시하고 있다.

② PP는 특정 제품에 종속되어 있지 않으며 제품을 개발할 때 참고하는 문서로 ST 작성의 기초 자료가 된다. 즉, PP는 제품 구현과 관계없이 독립적이고 '재사용'이 가능하며 사용자, 개발자, 기타 사람들이 PP를 개발할 수 있다.

③ 새로 만들어진 보호프로파일은 실질적으로 보안 요구를 만족하는지가 검증되면 재사용이 가능하도록 보호프로파일 저장소(repository)에 등록·관리된다.

(5) 보안목표명세서(ST; Security Target)

① ST는 특정한 제품이 제공하는 보안 기능을 서술하는 문서로서 업체 또는 개발자가 제공한다. CC인증의 기초가 되는 문서이면서, 특정한 제품을 설명하는 문서이기 때문에 구현 종속적이고 재사용이 불가능하다.

② ST가 PP를 수용해서 작성되었다면, PP에서 요구하는 보안기능 요구사항을 모두 반영하되 제품에 맞게 변형하여야 한다. 즉, 같은 부류의 제품이라 할지라도 ST는 하나의 제품에 대하여 개별적으로 정의된다.

③ 보안기능 요구사항은 더 추가될 수도 있으며, PP에서 요구하는 보안기능 요구 사항 중 일부가 제외된다면 이론적 근거가 있어야 된다. PP가 '엄격한 준수'를 요구한다면, 보안기능 요구사항은 모두 반영해야 한다.

---

* 컴포넌트(component)

보호프로파일, 보안목표명세서에 포함될 수 있는 보안 요구사항의 가장 작은 선택 단위로서 엘리먼트(element: 컴포넌트를 구성하는 분할할 수 없는 보안 요구사항의 최소 단위)의 모음이다.

PP와 ST

CC는 PP 혹은 ST라는 별도의 산출물을 통해 개별 정보보호시스템의 평가를 수행한다. ISO/IEC PDTR(Proposed Draft Technical Report)15446은 공식적인 표준 문서는 아니지만 PP. ST의 작성을 위한 가이드라인을 제시하고 있는 아주 유용한 문서이다.

〈 PP와 ST의 비교 〉

구분	보호 프로파일(PP)	보안 목표명세서(ST)
개념	동일한 제품이나 시스템에 적용할 수 있는 보안기능 요구사항 및 보증 요구사항을 정의한다.	특정 제품이나 시스템에 적용할 수 있는 일반적인 보안기능 요구사항 및 보증 요구사항을 정의한다.
독립성	구현에 독립적이다.	구현에 종속적이다.
적용성	여러 제품/시스템에 동일한 PP를 적용할 수 있다.	하나의 제품/시스템에 하나의 ST로 작성된다.
관계성	PP는 ST를 수용할 수 없다.	ST는 PP를 수용할 수 있다.
완전성	불완전한 오퍼레이션 기능이다.	모든 오퍼레이션은 완전해야 한다.
표현방법	'What I want?'를 표현한다.	'What I have?'를 표현한다.

4. CC 표준 규격 문서

개발자는 600페이지에 달하는 CC 표준 규격 문서를 처음부터 끝까지 읽는 것에 관심이 없으며 또한 권고되지도 않는다. CC 표준 규격 문서는 주로 ST가 쓰일 때 한번 참조문서로서 사용된다. CC 문서는 3개의 Part로 구성되며 각 파트는 ISO/IEC 15408과 맵핑된다. 만일 개발자가 ST를 작성한다면 CC의 모든 부분에 대해 이해하고 있어야 한다.

(1) Part1(개요와 일반적 모델): CC의 소개 부분이다. 이 부분은 IT 보안 평가의 일반적인 개념과 원칙을 정의하고 일반적인 평가모델을 소개한다. 또한 Part1의 appendix C는 ST 작성을 위한 필수적인 요구사항을 정의하고 있다.

(2) Part2(보안기능 요구사항): Part2는 평가목표물(TOE; Target of Evaluation)을 위한 표준화된 보안기능 요구사항을 기술하고 있다. 또한 표준화 방법으로서 보안기능 컴포넌트 세트를 포함하고 있다. Part 2는 보안기능 요구사항을 기능 컴포넌트, 패밀리 및 클래스의 세트로 분류하고 있다.

(3) Part3(보안보증 요구사항): Part3는 TOE를 위한 보증 요구사항을 표현하는 표준화 방법으로서 '보증 컴포넌트, 패밀리 및 클래스'의 3세트를 포함하고 있다. 또한 EAL의 정의와 보안보증 요구사항을 소개할 뿐만 아니라 ST 평가를 위한 개발자와 평가팀의 요구사항을 기술하고 있다. 따라서 개발자는 Part3을 이해하여야만 한다.

〈 CC의 Part와 사용자 그룹과의 관계 〉

구분	고객	개발자	평가자
Part1	배경 정보와 참고 목적을 위해 사용하며 PP를 위한 가이드 구조로 활용한다.	요구사항 개발과 TOE를 위한 보안규격을 공식화하기 위한 배경정보와 참고를 위해 사용한다.	배경정보와 참고 목적을 위해 사용하며 PP와 ST를 위한 가이드 구조로 활용한다.
Part2	보안기능을 위한 요구사항 진술을 공식화할 때 가이드와 참고를 위해 사용한다.	요구사항 개발과 TOE를 위한 보안규격을 공식화하기 위한 배경정보와 참고를 위해 사용한다.	TOE가 주장하는 기능이 있는지 여부를 결정할 때 평가기준의 필수 진술로서 사용한다.

Part3	보증의 요구레벨을 결정할 때 가이드를 위해 사용한다.	보증 요구사항의 진술 해석과 TOE를 위한 보증 접근법을 결정할 때 참고를 위해 사용한다.	TOE의 보증을 결정할 때와 PP와 ST를 평가할 때 평가기준의 필수 진술로서 사용한다.

5 정보보호시스템 평가관련 표준화 현황

1. 국제상호 인정협정(CCRA; Common Criteria Recognition Arrangement)

(1) CCRA는 CC기반의 국제상호 인정협정으로 정보보호 제품의 안전성을 회원국 간에 상호인정하여, 평가받은 정보보호 제품의 활용을 증진시키는 국제협약이다.

(2) 1998년 미국, 영국, 캐나다 등 5개국이 평가, 인증한 정보보호 제품을 회원국 상호 간에 인정하기로 한 CCMRA협정이 모태이고, 2000.5월 미국, 영국, 프랑스 등 13개국 정부기관이 참여하여 '국제상호 인정협정(CCRA)'에 서명함으로써 공식 출범하였다.

(3) 회원국 형태는 인증서 발행국(CAP; Certificate Authorizing Participants)과 수용국(CCP; Certificate Consuming Participants)으로 구분할 수 있으며 우리나라는 2006.5월 가입하여 인증서 발행국의 지위를 획득하였다.

2. 국내 동향

(1) 국내 표준화와 관련하여 산업통상자원부 국가기술표준원(KATS; Korean Agency for Technology and Standards)이 한국산업규격(KS)의 제·개정, 폐지와 관련하여 ISO 한국 대표기관으로 활동하고 있으며 한국정보통신 기술협회(TTA)가 정보통신단체 표준관련 업무를 수행하고 있다.

(2) 정보보호 제품 평가는 국제 공통평가기준(CC)을 준용하고 있으며, CCRA의 인증서 발행국으로서 국내 CC평가는 한국인터넷진흥원(KISA) 등 6개 기관*이 담당하고 있으며, 인증기관은 국가보안기술연구소 내 IT보안인증사무국이 수행하고 있다.

02 정보보호관리체계(BS7799)

1. BS7799의 의의

BS7799는 정보보호관리체계(ISMS)에 대한 요구사항을 규정하기 위해 영국표준협회(BSI)가 1998년 제정하여 영국, 아이슬란드, 아일랜드, 호주, 뉴질랜드, 브라질, 네덜란드, 노르웨이, 스웨덴, 핀란드 등에서 국가표준으로 사용되고 있으며, 1999.10월 ISO 표준으로 채택되어 ISO/IEC 17799가 되었다.

2. BS7799의 구성

BS7799는 두 부분으로 구성되어 있다. 1995.2월 BS7799 Part1이 발간되었고, EDS Ltd, HSBC, KPMG 등 30여개의 기업들이 참여하여 1998.2월 BS7799 Part2가 발간되었다. 1999년 Part1, 2가 개정되었고,

---

* 6개 평가기관
   한국인터넷진흥원(KISA), 한국시스템보증(KOSYAS), 한국아이피평가원(KSEL), 한국정보통신기술협회(TTA), 한국정보보안기술원(KOIST) 및 한국기계전기전자시험연구원(KTC)

2000.12월 BS7799 Part1이 ISO 17799로 지정되었다.

(1) Part1 : code of practice for information security management

① Part1은 기업 내 정보보호관리에 있어 실질적으로 도움을 줄 수 있는 지침으로 다양한 통제목록을 설명한다. Part1에서는 10개의 관리통제 영역(Clause)과 36개 통제 목적(Objective), 127개의 통제 항목(Control)으로 나눈다. 10개 영역은 다음과 같다.

> - 보안정책(Information Security Policy)
> - 보안조직(Security Organization)
> - 자산분류와 통제(Asset Classification and Control)
> - 인적보안(Personnel Security)
> - 물리적 및 환경적 보안(Physical and Environment Security)
> - 네트워크 및 전산관리(Communication and Operations Management)
> - 시스템 접근통제(Access Control)
> - 시스템 개발 및 유지보수(Systems Development and Maintenance)
> - 업무 지속성 계획(Business Contiuity)
> - 준거성(Compliance)

② Part1은 정보보호 업무를 수행하는 기업의 환경에 따라 선택할 수 있는 내용이 달라질 수 있으므로 BS7799 심사 및 인증을 위한 목적으로는 사용하지 못하도록 규정되어 있다. 심사원들의 참조 문서로 사용된다.

(2) Part2 : Specification for Information Security Management Systems

① Part2는 정보보호관리시스템(ISMS)에 대한 규격서로 Part1에서 분류된 통제영역/목표/항목에 대해 ISMS를 수립, 구현, 유지하기 위한 프로세스를 설명한다. 인증심사는 이 Part2 규격서를 토대로 수행된다.

② BS7799의 Part2 규격서에는 조직은 문서화된 ISMS를 구축하고 유지 관리하여야 한다고 명시하고 있다.

03 정보보호 및 개인정보보호 관리체계(ISMS-P)

1. ISMS-P(Personal information & Information Security Management System)의 의의

ISMS-P는 기존 '개인정보보호 관리체계 인증(PIMS; Personal Information Management System)'과 '정보보호 관리체계 인증(ISMS)'으로 개별 운영되던 인증체계를 하나로 통합한 '통합 인증제도'로 2018.11.7.부터 시행되었다.

2. 수행근거 및 주요 내용

(1) ISMS-P 수행의 법적근거는 '정보통신망법 제47조(정보보호 관리체계의 인증), 제47조의2(정보보호 관리체계 인증기관 및 정보보호 관리체계 심사기관의 지정취소 등)' 및 '개인정보보호법 제32조의2(개인정보 보호인증)'이다.

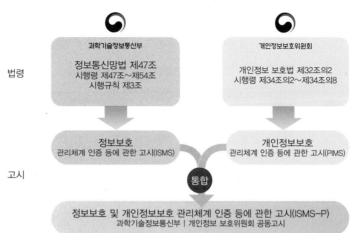

〈 ISMS-P 법적근거 〉

(2) ISMS-P 인증: '1. 관리체계 수립 및 운영(16개)', '2. 보호대책 요구사항(64개)', '3. 개인정보 처리단계별 요구사항(22개)' 등 3개 Part 102개 항목으로 구성되어 있다.

① 기업들은 '1. 관리체계 수립 및 운영' 및 '2. 보호대책 요구사항'을 합친 80개 항목으로 '정보보호 관리체계(ISMS) 인증'을 받을 수 있다.

② '3. 개인정보 관련 인증항목' 5개 분야 22개를 추가하면 '정보보호 및 개인정보 관리체계(ISMS-P)' 인증도 받을 수 있다.

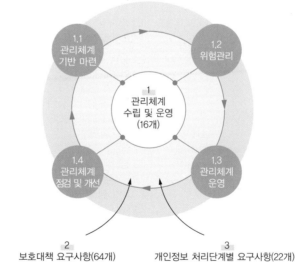

〈 ISMS-P 인증기준 〉

2 보호대책 요구사항(64개)		3 개인정보 처리단계별 요구사항(22개)
2.1 정책, 조직, 자산관리	2.7 암호화 적용	3.1 개인정보 수집 시 보호조치
2.2 인적보안	2.8 정보시스템 도입 및 개발보안	3.2 개인정보 보유 및 이용 시 보호조치
2.3 외부자보안	2.9 시스템 및 서비스 운영관리	3.3 개인정보 제공 시 보호조치
2.4 물리보안	2.10 시스템 및 서비스 보안관리	3.4 개인정보 파기 시 보호조치
2.5 인증 및 권한관리	2.11 사고 예방 및 대응	3.5 정보주체 권리보호
2.6 접근통제	2.12 재해복구	

3. 인증 Part별 내용

(1) 관리체계 수립 및 운영: 관리체계의 메인프레임으로서 정보보호 및 개인정보 보호대책을 운영하는 동안 Plan, Do, Check, Act의 사이클에 따라 지속적이고 반복적으로 수행되어야 한다.

〈 ISMS-P 관리체계 수립 및 운영(총괄) 〉

분야	항목
관리체계 기반마련(6)	경영진의 참여, 최고책임자의 지정, 조직구성, 범위설정, 정책수립, 자원할당
위협관리(4)	정보자산 식별, 현황 및 흐름분석, 위험평가, 보호대책 선정
관리체계 운영(3)	보호대책 구현, 보호대책 공유, 운영현황 관리
관리체계 점검 및 개선(3)	법적 요구사항 준수 검토, 관리체계 점검, 관리체계 개선

(2) 보호대책 요구사항

① 총 12개 분야 64개 인증기준으로 정책, 조직, 자산, 교육 등 관리적 부문과 개발, 접근통제, 운영 · 보안관리 등 물리적 · 기술적 부문의 보호대책에 관한 사항으로 구성되어 있다.

② 보호대책 요구사항에 따라 「관리대책 수립 및 운영」 과정에서 수행한 위험평가 결과와 조직의 서비스 및 정보시스템 특성 등을 반영하여 체계적으로 보호대책을 수립 · 시행하여야 한다.

〈 ISMS와 ISMS-P의 인증분야별 인증항목 개수 〉

인증		구분	인증기준 분야별 개수
ISMS-P (102개)	ISMS (80개)	1. 관리체계 수립 및 운영(16개)	1.1 관리체계 기반마련(6) 1.2 위험관리(4) 1.3 관리체계 운영(3) 1.4 관리체계 점검 및 개선(3)
		2. 보호대책 요구 사항(64개)	2.1 정책, 조직, 자산관리(3) 2.2 인적보안(6) 2.3 외부자 보안(4) 2.4 물리보안(7) 2.5 인증 및 권한 관리(6) 2.6 접근 통제(7) 2.7 암호화 적용(2) 2.8 정보시스템 도입 및 개발 보안(6) 2.9 시스템 및 서비스 운영관리(7) 2.10 시스템 및 서비스 보안관리(9) 2.11 사고 예방 및 대응(5) 2.12 재해복구(2)
	–	3. 개인정보 처리 단계별 요구사항 (22개)	3.1 개인정보 수집 시 보호조치(7) 3.2 개인정보 보유 및 이용 시 보호조치(5) 3.3 개인정보제공 시 보호조치(4) 3.4 개인정보 파기 시 보호조치(3) 3.5 정보주체 권리보호(3)

(3) 개인정보 처리 단계별 요구사항

　① 개인정보 생명주기에 따른 보호조치 사항으로 5개 분야 22개 인증기준으로 구성되어 있다.

　② 이 영역은 대부분 법적 요구사항과 직접적으로 연관되어 있으므로 개인정보 흐름 분석을 바탕으로 조직이 적용받는 법규 및 세부사항을 명확히 파악하여 이를 준수할 수 있도록 하여야 한다.

〈 ISMS-P 개인정보 처리 단계별 요구사항(총괄) 〉

분야	항목
개인정보 수집 시 보호조치(7)	개인정보 수집 제한, 개인정보의 수집 동의, 주민번호 처리 제한, 민감정보 및 고유식별정보의 처리 제한, 간접수집 보호조치, 영상정보처리기기 설치·운영, 홍보 및 마케팅 목적 활용 시 조치
개인정보 보유 및 이용 시 보호조치(5)	개인정보 현황관리, 개인정보 품질보장, 개인정보 표시제한 및 이용시 보호조치, 이용자 단말기 접근 보호, 개인정보 목적 외 이용 및 제공
개인정보 제공 시 보호조치(4)	개인정보 제3자 제공업무, 위탁에 따른 정보주체 고지, 영업의 양수 등에 따른 개인정보의 이전, 개인정보의 국외 이전
개인정보 파기 시 보호조치(3)	개인정보의 파기관리, 목적 달성 후 보유시 조치, 휴면이용자 관리
정보주체 권리보호(3)	개인정보처리방침 공개, 정보주체 권리보장, 이용내역 통지

04　기타 인증제도 및 정보보호 활동

1 유럽 개인정보보호법(GDPR; General Data Protection Regulation)

　GDPR은 유럽연합의 개인정보보호법으로 EU 거주자의 개인정보보호를 강화하고 역내에서 개인정보의 자유로운 이동을 보장하는 것을 목적으로 한다.

1. 법적 효력

　(1) GDPR은 지침(Directive)과 달리 'Regulation'이라는 법 형식으로 제정되어 법적 구속력을 가지며, 모든 유럽연합 회원국 내에 직접적으로 적용된다(제99조).

　(2) 기존 1995 '개인정보보호지침(Data Protection Directive)'에서는 회원국 간 개인정보보호 법제가 서로 달라 규제에 어려움이 있었으나, GDPR 제정을 통하여 통일된 개인정보보호 규제가 가능하게 되었다.

2. GDPR 적용 대상

　(1) GDPR은 유럽 기업들뿐만 아니라, EU를 무대로 활동하고 있는 해외 기업 및 금융기관들에 대해서도 적용된다.

　(2) 예를 들면 EU 내에 자회사/지사 등 사업장이 있는 경우는 물론이고 EU 내에 사업장이 있지 않더라도 EU 내에 있는 개인(정보주체)의 개인정보를 처리하는 경우 등에 적용된다.

3. GDPR 시행에 따른 주요 변화

(1) 개인정보 정의의 확립: 기존 Directive에 명시되지 않았으나 판례, 유권해석, 개별법 차원에서 인정된 다음과 같은 데이터를 개인정보에 포함시켰다.

　① 개인 식별이 가능한 경우의 IP주소, 쿠키(cookie) ID, RFID(무선인식) 태그 등은 개인정보(온라인 식별자)에 포함된다(전문 제30항).

　② 위치정보는 개인정보의 한 유형으로 소개된다(제4조 제1항).

　③ 민감한 성격의 개인정보를 '특별한 유형의 개인정보'(이하 '민감정보')라고 정의하면서, 유전정보와 생체 인식정보를 포함한다(제9조 제1항).

(2) 아동 개인정보 동의 원칙의 확립

　① 만 16세 미만의 아동에게 직접 정보사회서비스를 제공할 때 부모 등 친권을 보유하는 자의 동의를 받아야 한다.

　② 다만 각 회원국은 개별 법률을 통하여 친권자 동의를 요하는 아동의 연령 기준을 만 13세까지 낮추어 규정할 수 있다.

(3) One-stop-shop 메커니즘의 도입

　① 컨트롤러와 프로세서는 여러 국가에 흩어져 있는 정보주체의 개인정보 처리에 대하여 하나의 감독기구(선임 감독기구)를 대상으로 대응이 가능하다.

　② 각 감독기구는 GDPR 위반이 한 회원국의 사업장에만 관련이 있거나 해당 회원국의 정보주체에 중대한 영향을 미치는 경우 선임 감독기구에 관련 사항을 통지해야 하며, 내용을 통지받은 선임 감독기구는 해당 감독기구가 자체적으로 사안을 처리할 것인지 선임 감독기구에서 해당 사안을 처리할 것인지 결정해야 한다. 이때 선임 감독기구가 해당 사안을 처리하는 경우 이 역시 One-stop-shop 메커니즘이 작동한 것으로 본다.

(4) DPO(Data Protection Officer) 의무 지정: 다음에 해당하는 경우 DPO를 의무로 지정해야 하며, DPO는 조직이 개인정보보호 의무를 준수하도록 도움을 줄 수 있다.

　① 정부부처 또는 관련기관이 개인정보를 처리하는 경우(법원은 예외)

　② 컨트롤러나 프로세서의 핵심 활동이 다음에 해당하는 경우

　　㉠ 정보주체에 대한 대규모의 정기적이고 체계적인 모니터링에 해당하는 활동

　　㉡ 민감정보나 범죄경력 및 범죄행위에 대한 대규모 처리인 활동

(5) 제재 규정의 강화: 각각의 개인정보 처리에 따라 제재 규정을 적용하며, '사업체 그룹' 매출을 바탕으로 과징금을 부과한다.

　① GDPR 규정의 일반적 위반의 경우 직전 회계연도의 전 세계 매출액 2% 또는 1천만 유로 중 더 큰 금액

　② GDPR 규정의 심각한 위반의 경우 직전 회계연도의 전 세계 매출액 4% 또는 2천만 유로 중 더 큰 금액

2 경제협력개발기구(OECD) 정보보호 가이드라인

OECD 정보보호 가이드라인은 OECD 주도 하에 작성되고 회원국과 비회원국이 채택하고 있는 정보보호 원칙이다. OECD 산하 디지털 경제위원회(CDEP; Committee on Digital Economy Policy)는 정보보호 작업반(WPSPDE)*을 설치하여 디지털 환경의 경제·사회적 번영을 증진시키는 방안을 개발하고 있으며, 정보보호 가이드라인 개정작업 또한 같은 맥락에서 끊임없이 진행되고 있다.

1. 일반사항

(1) OECD는 2002년 처음으로 정보보호 가이드라인 9개 원칙을 작성하였으며 이후 2014년에 1차 개정하였다.

(2) 9가지 보안원칙은 크게 정책수준의 보안원칙(인식, 책임, 대응, 윤리, 민주주의)과 운영수준의 보안원칙(위험평가, 보안설계와 이행, 보안관리, 재평가)으로 나눌 수 있으나 이들은 상호 보완적이므로 전체적으로 해석되어야 한다.

2. 9가지 보안 원칙

(1) **인식(Awareness)**: 참여자들은 정보보호의 필요성과 정보보호 제고를 위해 각각의 역할을 인식하고 있어야 한다.

(2) **책임(Responsibility)**: 정책은 이해당사자의 역할을 고려하여 디지털보안 위험관리에 대한 책임을 적절하게 분배해야 한다.

(3) **대응(Response)**: 참여자들은 보안사고를 방지, 탐지, 대응하는데 시기적절하게 협력하여 행동하여야 한다.

(4) **윤리(Ethics)**: 정책은 타인의 합법적인 이해관계를 존중하고 민주주의 사회의 기본 가치들과 양립해야 한다.

(5) **민주성(Democracy)**: 정보보호는 통신의 자유, 개인정보의 보호 등 민주주의 가치와 조화를 이룬다.

(6) **위험평가(Risk Assesment)**: 이해당사자들이 위험에 대한 올바른 판단을 내릴 수 있도록 지원할 필요가 있다.

(7) **보안설계와 이행(Security Design and Implementation)**: 참여자들은 정보통신제품, 서비스, 시스템 등의 설계와 이행에 정보보호를 핵심요소로 고려한다.

(8) **보안관리(Security Management)**: 참여자들은 정보보호 관리에 대해 포괄적인 접근방식을 채택해야 한다.

(9) **재평가(Reassessment)**: 참여자들은 변화하는 위험요소에 대응하기 위하여 정보보호 실태에 대해 지속적인 재평가와 보완을 해야 한다.

---

* 정보보호작업반(WPSPDE)
Working Party on Security and Privacy in the Digital Economy

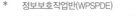

3 사이버 위기경보

사이버 공격에 대한 체계적인 대비 및 대응을 사전에 준비할 수 있도록 발령하는 경보이다. 사이버 공격의 수준에 따라 4단계로 발령한다. 평상시에는 초록을 유지하다가 관심(파랑) → 주의(노랑) → 경계(주황) → 심각(빨강) 순으로 발령된다.

〈 사이버 위기경보 5단계 〉

단계	표시	내용
심각	정상 관심 주의 경계 심각	• 국가적 차원에서 네트워크 및 정보시스템 사용 불가능 • 침해사고가 전국적으로 발생했거나 피해범위가 대규모인 사고발생 • 국가적 차원에서 공동 대처 필요
경계	정상 관심 주의 경계 심각	• 복수 ISP망, 기간 망의 장애 또는 마비 • 침해사고가 다수 기관에서 발생했거나 대규모 피해로 발전될 가능성 증가 • 다수 기관의 공조 대응 필요
주의	정상 관심 주의 경계 심각	• 일부 네트워크 및 정보시스템 장애 • 침해사고가 일부 기관에서 발생했거나 다수 기관으로 확산될 가능성 증가 • 국가 정보시스템 전반에 보안태세 강화 필요
관심	정상 관심 주의 경계 심각	• 웜 · 바이러스, 해킹기법 등에 의한 피해발생 가능성 증가 • 해외 사이버공격 피해가 확산되어 국내 유입 우려 • 사이버위협 징후 탐지활동 강화 필요
정상	정상 관심 주의 경계 심각	• 전 분야 정상적인 활동 • 위험도 낮음. 웜 · 바이러스 발생 • 위험도 낮은 해킹기법 · 보안취약점 발표

01 정보보호 시스템 평가 기준에 대한 설명으로 옳은 것은?

① ITSEC의 레인보우 시리즈에는 레드북으로 불리는 TNI(Trusted Network Interpretation)가 있다.

② ITSEC은 None부터 B2까지의 평가 등급으로 나눈다.

③ TCSEC의 EAL2 등급은 기능시험 결과를 의미한다.

④ TCSEC의 같은 등급에서는 뒤에 붙는 숫자가 클수록 보안 수준이 높다.

02 CC(Common Criteria) 인증 평가 단계를 순서대로 바르게 나열한 것은?

> **보기**
>
> 가. PP(Protection Profile) 평가
> 나. ST(Security Target) 평가
> 다. TOE(Target Of Evaluation) 평가

① 가 → 나 → 다

② 가 → 다 → 나

③ 나 → 가 → 다

④ 다 → 나 → 가

│ 정답 및 해설

01 정답 ④

① ITSEC이 아닌 TCSEC의 레인보우 시리즈에는 레드북으로 불리는 TNI(Trusted Network Interpretation)가 있다.

② ITSEC의 보증평가 등급은 최하위 E0부터 최상위 E6까지 7단계로 E0는 부적절한 보증으로 TCSEC의 D에 해당된다.

③ EAL은 CC의 평가등급 체계로 최하위 EAL0(부적절한 보증)부터 최상위 EAL7(정형적 접근)까지 8단계로 되어있다.

02 정답 ①

CC의 평가과정은 PP Evaluation, ST Evaluation, TOE Evaluation의 3단계로 수행된다. PP(보호 프로파일) valuation은 PP의 완전성, 일치성 그리고 기술성을 평가하며, ST(보안목표명세서) Evaluation은 ST가 PP의 요구사항을 충족하는지에 대하여 평가하고, TOE(평가목표시스템) Evaluation은 TOE가 ST의 요구사항을 충족하는지에 대하여 평가한다.

03 다음에서 설명하는 사이버 위기 경보의 단계로 가장 옳은 것은 무엇인가?

> **보기**
> • 침해사고가 다수 기관에서 발생했거나 대규모 피해로 발전될 가능성 증가
> • 복수 정보통신서비스제공자(ISP)망/기간 망의 장애 또는 마비

① 관심   ② 주의
③ 경계   ④ 심각

04 보안등급 평가기준인 TCSEC에 대한 설명으로 가장 옳지 않은 것은?

① 보안 요구조건을 명세화하고 평가기준을 정의하기 위한 ISO 표준이다.
② B3 보안단계에서는 운영체제에서 보안에 불필요한 부분을 모두 제거하고 모듈에 따른 분석 및 테스트가 가능하다.
③ C2 보안단계에서는 보안 감사가 가능하며 특정 사용자의 접근을 거부할 수 있다.
④ B1 보안단계에서는 시스템 내에 보안 정책을 적용할 수 있고, 각 데이터에 대해 보안 레벨 설정이 가능하다.

정답 및 해설

03   정답 ③

사이버 위기경보 중 경계 단계에 대한 설명이다.

04   정답 ①

① TCSEC는 국방성(DoD) 내 NCSC(National Cyter Security Center)에서 표준화를 추진한 미국 내 보안 표준이다.

CHAPTER 05

정보보호 관련법규 Ⅰ

01 개인정보보호법

「개인정보보호법」은 개인정보보호에 관한 일반법으로, 개인정보 유출, 오용, 남용으로부터 사생활의 비밀 등을 보호함으로써 국민의 권리와 이익을 증진하고 개인의 존엄과 가치를 구현하기 위하여 2011. 3. 제정, 2011. 9. 30.부터 시행되고 있다.

> 제1조(목적) 이 법은 개인정보의 처리 및 보호에 관한 사항을 정함으로써 개인의 자유와 권리를 보호하고, 나아가 개인의 존엄과 가치를 구현함을 목적으로 한다.

1 개인정보보호법 시행 '이전'

1. 적용대상

「개인정보보호법」 시행 이전에는 분야별 개별법이 있는 경우에 개인정보보호 의무가 적용되었다.

〈 개인정보보호 관련 분야별 주요 개별법 〉

분야	관련법
공공기관 대상	공공기관의 개인정보보호에 관한 법률(이하 공공기관 개인정보보호법)
신용정보 제공, 이용자 대상	신용정보의 이용 및 보호에 관한 법률(이하 신용정보법)
정보통신 서비스 제공자 대상	정보통신망 이용촉진 및 정보보호 등에 관한 법률(이하 정보통신망법)
여행사, 백화점 등 주요 사업대상자 대상	정보통신망법

※ 「공공기관의 개인정보보호에 관한 법률」은 「개인정보보호법」 시행 이후 폐지(2011.9.)되었다.

2. 정보통신망법의 개인정보 적용범위

정보통신서비스 제공자가 제공하는 정보통신서비스를 이용하는 이용자에 대한 개인정보로, 컴퓨터 등에 의해 처리되는 정보의 집합인 전자파일을 적용범위로 한다.

규제기관	방송통신위원회	행정안전부	법 적용 사각지대
적용대상	정보통신 서비스 제공자 • 온라인 사업자 • 통신사업자 등	주요 사업 대상자 • 여행사, 백화점 • 정유사, 학원 등	• 헌법기관 • 오프라인 사업자 • 비영리 단체(협회, 동창회 등) • 헌법기관 • 오프라인 사업자 • 비영리 단체(협회, 동창회 등)
적용범위	전자파일(고객정보)		• 임직원 정보 • 수기문서
적용법률	정보통신망법		없음

2 개인정보보호법 시행 '이후'

〈 개인정보보호법 제정 전/후 법률체계 〉

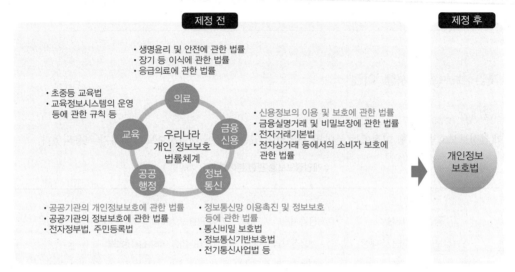

1. 적용대상

(1) '개인정보보호법' 이후에는 분야별 개별법에 따라 시행되던 개인정보보호 의무 적용대상을 공공 민간 부문의 모든 개인정보처리자로 확대 적용되었다.

(2) 기존 정보통신망법상의 주요 사업 대상자 외에 헌법기관, 오프라인 사업자, 비영리 단체 등이 신규로 포함되었다.

구분	제정 전	제정 후
적용대상	분야별 개별법이 있는 경우에 한해 개인정보보호 의무 적용 • 공공기관: 공공기관 개인정보보호법 • 정보통신 서비스 사업자: 정보통신망법 • 주요 사업대상자: 정보통신망법 • 신용정보 제공 이용자: 신용정보법	• 적용대상의 확대: 공공 · 민간부문의 모든 개인 정보처리자 • 국회 · 법원 · 헌법재판소 · 중앙선거관리위원회의 행정사무를 처리하는 기관 포함 • 오프라인 사업자, 협회, 동창회 등 비영리단체 포함
사각지대	헌법기관, 오프라인 사업자, 비영리 기관 등은 관련법 부재로 인한 법 적용의 사각지대에 있었음	없음
보호범위	전자파일(고객정보)	• 전자파일(컴퓨터 등에 의해 처리되는 정보) • 임직원 정보 • 수기문서

2. '개인정보보호법'과 '정보통신망법'과의 관계

규제기관	방송통신위원회	행정안전부
적용대상	정보통신 서비스 제공자	정보통신 서비스 제공자 외 개인정보 처리자
	• 온라인 사업자 • 통신사업자 등	• 국회, 법원, 헌법재판소, 중앙선거관리위원회 등 헌법기관 • 정부부처, 지자체, 공사, 공단, 학교 등 전체 국가 공공기관 • 주요 사업대상자 • 오프라인 사업자 • 사업자 협회, 동창회 등 비영리단체
적용범위	• 전자파일(고객정보) • 임직원 정보 제외	• 전자파일 • 임직원 정보 • 수기문서
적용법률	정보통신망법	개인정보보호법

> **더 알아보기**
>
> 개인정보보호법 적용을 받게 되는 (구)정보통신망법상 주요 사업대상자
>
> 여행업/호텔업, 항공운수사업, 학원 또는 교습소, 주택건설사업, 주택관리업자, 건설기계대여업, 부동산중개업자, 자동차매매업, 자동차 대여사업, 결혼중개업자, 의료업, 유류직업소개사업자, 석유 정제업, 비디오물 대여업, 서점(오프라인), 영화 상영관 설치/경영자

PART
07

3 구성 및 주요 특징

1. 구성

개인정보보호법은 본문 10장 76개조 및 부칙으로 구성되어 있다.

개인정보보호법

제1장 총칙
목적, 전이, 개인정보보호원칙, 다른 법률과의 관계 등

제2장 개인정보보호정책 수립 등
개인정보보호위원회, 기본계획/시행계획 수립, 개인정보보호 지침, 자율규제 촉진 등

제3장 개인정보의 처리
수집/이용/제공 등 처리기준, 민감정보/고유식별정보 제한, 영상 정보처리기기 제한 등

제4장 개인정보의 안전한 관리
안전조치 의무, 개인정보 파일 등록·공개, 개인정보 영향 평가, 유출 통지 제도 등

제5장 정보주체의 권리 보장
열람요구권, 정정/삭제요구권, 처리정지 요구권, 권리행사 방법 및 절차, 손해배상 책임 등

제6장 정보통신서비스제공자 등의 개인정보 처리 등 특례(2020. 2. 신설)
개인정보의 수집·이용 동의 등의 통지/유출통지·신고/보호조치 등에 대한 특례

제7장 개인정보 분쟁 조정위원회
분쟁조정위원회 설치, 구성, 분쟁조정의 산정방법/절차, 효력, 집단 분쟁 조정제도 등

제8장 개인정보 단체 소송
단체소송 대상, 소송허가 요건, 확정판결의 효력 등

제9장 보칙
적용 제외, 금지 행위, 침해사실 신고, 시정조치 등

제10장 벌칙
벌칙, 과태료 및 양벌 규정 등

2. 용어의 정의(제2조)

(1) 개인정보: 살아 있는 개인에 관한 정보로서 성명, 주민등록번호 및 영상 등을 통하여 개인을 알아볼 수 있는 정보를 말하며, 해당 정보만으로는 특정 개인을 알아볼 수 없더라도 다른 정보와 쉽게 결합하여 알아볼 수 있는 정보도 개인정보에 포함된다.

(2) 처리: 개인정보의 수집, 생성, 연계, 연동, 기록, 저장, 보유, 가공, 편집, 검색, 출력, 정정(訂正), 복구, 이용, 제공, 공개, 파기(破棄), 그 밖에 이와 유사한 행위를 말한다.

(3) 정보주체: 처리되는 정보에 의하여 알아볼 수 있는 사람으로서 그 정보의 주체가 되는 사람을 말한다.

(4) 개인정보파일: 개인정보를 쉽게 검색할 수 있도록 일정한 규칙에 따라 체계적으로 배열하거나 구성한 개인정보의 집합물(集合物)을 말한다.

(5) 개인정보 처리자: 업무를 목적으로 개인정보파일을 운용하기 위하여 스스로 또는 다른 사람을 통하여 개인정보를 처리하는 공공기관, 법인, 단체 및 개인 등을 말한다.

(6) 공공기관
① 국회, 법원, 헌법재판소, 중앙선거관리위원회의 행정사무를 처리하는 기관, 중앙행정기관(대통령 소속 기관과 국무총리 소속 기관을 포함한다) 및 그 소속 기관, 지방자치단체
② 그 밖의 국가기관 및 공공단체 중 대통령령으로 정하는 기관

(7) 영상정보처리기기: 일정한 공간에 지속적으로 설치되어 사람 또는 사물의 영상 등을 촬영하거나 이를 유·무선망을 통하여 전송하는 장치로서 대통령령으로 정하는 장치를 말한다.

3. 주요 특징

(1) 취급단계별 보호기준 마련

① 공공 및 민간 부문을 망라하는 개인정보 보호원칙 및 기준을 제시하였다.

② 개인정보 수집·이용 및 제공 시 정보주체의 동의를 획득하여야 한다.

③ 개인정보 수집·이용 및 제공을 제한한다.

④ 고유식별 정보의 처리를 제한한다.

⑤ 개인정보의 안전한 관리, 파기 원칙 등을 제시하였다.

(2) 고유 식별정보의 처리 제한

① 주민등록번호 등 법령에 의하여 개인을 고유하게 구별하기 위해 부여된 고유 식별정보는 원칙적으로 처리를 금지한다.

② 정보주체의 별도 동의를 획득하거나 법령의 근거가 있는 경우 등은 처리를 허용하되 암호화 등 안전 조치를 강화하여야 한다(제24조).

(3) 영상정보처리기기의 설치 제한: 누구든지 법령에 근거하는 경우를 제외하고는 공개된 장소에 영상정보처리기기를 설치·운영하여서는 아니 된다(제25조).

(4) 개인정보의 유출 사실 통지·신고 제도: 개인정보처리자는 개인정보 유출 사실을 인지하였을 때는 지체 없이 해당 정보 주체에게 관련 사실을 통지하여야 한다.

(5) 정보주체의 권리 보장: 개인정보처리자가 보유 중인 개인정보의 정확성 및 최신성을 담보하고 정보주체의 자기정보 결정권을 보다 강화하였다.

※ 정보주체의 권리(제35조~제39조): 개인정보 열람 요구권, 개인정보 정정·삭제 요구권, 개인정보 처리 정지 요구권, 권리행사의 대리 등 세부 방법·절차 규정

(6) 개인정보 분쟁조정위원회의 기능 강화 및 집단 분쟁조정제도의 도입

① 개인정보 분쟁조정위원회 기능을 강화하여 조정결정 효력을 민사상 화해에서 재판상 화해로 강화하였다.

② 정보주체의 피해가 같거나 비슷한 유형으로 다수에게 발생하는 경우, 집단분쟁 조정을 신청할 수 있도록 규정하였다(제40조).

4 주요 법률 내용 정리

1. 총칙

(1) 개인정보 보호원칙(제3조)

① 개인정보처리자는 개인정보의 처리 목적을 명확하게 하여야 하고 그 목적에 필요한 범위에서 최소한의 개인정보만을 적법하고 정당하게 수집하여야 한다(목적 명확화의 원칙, 수집제한의 원칙).

② 개인정보처리자는 개인정보의 처리 목적에 필요한 범위에서 적합하게 개인정보를 처리하여야 하며, 그 목적 외의 용도로 활용하여서는 아니 된다(이용제한의 원칙).

③ 개인정보처리자는 개인정보의 처리 목적에 필요한 범위에서 개인정보의 정확성, 완전성 및 최신성이 보장되도록 하여야 한다(정보 정확성의 원칙).

④ 개인정보처리자는 개인정보의 처리 방법 및 종류 등에 따라 정보주체의 권리가 침해받을 가능성과 그 위험 정도를 고려하여 개인정보를 안전하게 관리하여야 한다(안전성 확보의 원칙).

⑤ 개인정보처리자는 개인정보 처리방침 등 개인정보의 처리에 관한 사항을 공개하여야 하며, 열람청구권 등 정보주체의 권리를 보장하여야 한다(처리방침 공개의 원칙, 정보주체의 참여 원칙).

⑥ 개인정보처리자는 정보주체의 사생활 침해를 최소화하는 방법으로 개인정보를 처리하여야 한다(수집제한의 원칙).

⑦ 개인정보처리자는 개인정보를 익명 또는 가명으로 처리하여도 개인정보 수집목적을 달성할 수 있는 경우 익명처리가 가능한 경우에는 익명에 의하여, 익명처리로 목적을 달성할 수 없는 경우에는 가명에 의하여 처리될 수 있도록 하여야 한다(수집제한의 원칙).

⑧ 개인정보처리자는 이 법 및 관계 법령에서 규정하고 있는 책임과 의무를 준수하고 실천함으로써 정보주체의 신뢰를 얻기 위하여 노력하여야 한다(책임의 원칙).

더 알아보기

개인정보 보호원칙(제3조)과 OECD 개인정보 보호 8원칙과의 관계

• 목적 명확화의 원칙: ①	• 안전성 확보의 원칙: ④
• 수집제한의 원칙: ①, ⑥, ⑦	• 처리방침의 공개 원칙, 정보주체의 참여 원칙: ⑤
• 이용제한의 원칙: ②	• 책임의 원칙: ⑧
• 정보 정확성의 원칙: ③	

〈 OECD 개인정보 보호 8원칙 〉

구분	내용
수집제한의 원칙	개인정보의 수집은 합법적이고 공정한 절차에 의하여 가능한 한 정보주체에게 알리거나 동의를 얻은 후에 수집되어야 한다.
정보 정확성의 원칙	개인정보는 그 이용 목적에 부합하는 것이어야 하고, 이용 목적에 필요한 범위 내에서 정확하고 완전하며 최신의 상태로 유지해야 한다.
목적 명확화의 원칙	개인정보는 수집 시 목적이 명확해야 하며, 이를 이용할 경우에도 수집 목적의 실현 또는 수집 목적과 양립되어야 하고 목적이 변경될 때마다 명확히 해야 한다.
이용제한의 원칙	개인정보는 정보주체의 동의가 있는 경우나 법률의 규정에 의한 경우를 제외하고는 명확화된 목적 이외의 용도로 공개되거나 이용되어서는 안 된다
안전성 확보의 원칙	개인정보의 분실, 불법적인 접근, 훼손, 사용, 변조, 공개 등의 위험에 대비하여 합리적인 안전 보호장치를 마련해야 한다.
처리방침의 공개 원칙	개인정보의 처리와 정보처리장치의 설치, 활용 및 관련 정책은 일반에게 공개해야 한다.
정보주체의 참여 원칙	정보주체인 개인은 자신과 관련된 정보의 존재 확인, 열람 요구, 이의 제기 및 정정, 삭제, 보완 청구권을 가진다.
책임의 원칙	개인정보 관리자는 위에서 제시한 원칙들이 지켜지도록 필요한 제반조치를 취해야 한다.

---

(2) 정보주체의 권리(제4조)

제4조(정보주체의 권리) 정보주체는 자신의 개인정보 처리와 관련하여 다음 각 호의 권리를 가진다.
1. 개인정보의 처리에 관한 정보를 제공받을 권리
2. 개인정보의 처리에 관한 동의 여부, 동의 범위 등을 선택하고 결정할 권리
3. 개인정보의 처리 여부를 확인하고 개인정보에 대하여 열람(사본의 발급을 포함한다. 이하 같다)을 요구할 권리
4. 개인정보의 처리 정지, 정정·삭제 및 파기를 요구할 권리
5. 개인정보의 처리로 인하여 발생한 피해를 신속하고 공정한 절차에 따라 구제받을 권리

① 우리나라는 '개인정보 자기결정권' 또는 '개인정보 자기통제권'을 인정하고 있다.

② 개인정보 자기결정권은 자신에 관한 정보가 언제 누구에게 어느 범위까지 알려지고 또 이용되도록 할 것인지를 그 정보주체가 스스로 결정할 수 있는 권리이다. 즉, 정보주체가 개인정보의 공개와 이용에 관하여 스스로 결정할 권리를 말한다.

(3) 다른 법률과의 관계(제6조)

> 제6조(다른 법률과의 관계) 개인정보 보호에 관하여는 다른 법률에 특별한 규정이 있는 경우를 제외하고는 이 법에서 정하는 바에 따른다.

① 개인정보보호법은 개인정보보호에 관한 일반법적 성격을 가지므로 다른 법률에 특별한 규정이 없는한, 이 법을 준수하여야 하며 다른 법률에 특별한 규정이 있는 경우에는 그 법률의 규정이 우선하여 적용된다.

② 현재 「정보통신망법」, 「신용정보법」 등 다수의 개별법에서 개인정보의 처리 및 보호에 관한 규정을 두고 있다.

  ※ 「정보통신망법」 등 개별법을 적용받는 자라고 하여 이 법의 적용이 면제되는 것은 아니다. 개인정보를 처리하는 자는 누구든지 이 법의 규정을 적용받는다. 다만, 해당 개별법에 이법의 규정과 다른 특별한 규정이 있거나 이 법의 내용과 상충되는 경우에 한해 해당 법률의 규정이 우선 적용된다.

더 알아보기

개인정보보호법 시행에 따른 일부 법령 폐지 및 조항 삭제
- 폐지: 공공기관 개인정보보호법(2011. 9.)
- 삭제: 정보통신망법 제67조(주요사업대상자) 삭제 → 주요사업대상자는 「정보통신망법」 적용대상에서 「개인정보보호법」으로 변경

2. 개인정보 보호위원회

(1) 설치배경

① 개인정보 보호정책의 의사결정 독립성을 보장하기 위하여 국무총리 소속으로 보호위원회를 두고 있다. 독립적이고 전문적인 개인정보 감독기구의 설치는 개인정보보호제도의 운영에 있어서 가장 핵심적인 요소이자 안전장치이다.

② 서방 선진국들도 각기 형태와 기능은 다르지만 독립적인 개인정보 감독기구를 두고 있다.

③ 독립적인 감독기구가 강조되는 이유는 개인정보를 처리하는 기관이 대부분 정부기관이나 대기업이고 이들의 개인정보 처리 활동을 전문적으로 평가·견제할 수 있는 장치가 필요하기 때문이다.

(2) 개인정보 보호위원회(제7조)

① 구성: 상임위원 2명(위원장 1명, 부위원장 1명)을 포함한 9명의 위원으로 구성하도록 규정되어 있다.

② 위원장: 위원장(부위원장)은 국무총리의 제청으로 대통령이 임명 또는 위촉하며 위원장은 보호위원회를 대표하고 소관 사무를 총괄한다.

③ 위원: 위원장과 부위원장을 제외한 7명의 위원 중 2명은 위원장의 제청으로, 2명은 대통령이 소속되거나 소속되었던 정당의 교섭단체 추천으로, 3명은 그 외의 교섭단체 추천으로 대통령이 임명 또는 위촉한다.

④ 임기: 위원의 임기는 3년으로 하되, 한 차례만 연임할 수 있다.

⑤ 자격: 개인정보 보호 업무를 담당하는 3급 이상 공무원의 직에 있거나 있었던 사람, 판사·검사·변호사의 직에 10년 이상 있거나 있었던 사람, 개인정보 처리 공공기관 또는 단체에 3년 이상 임원으로 재직하였거나 이들 기관 또는 단체로부터 추천받은 사람으로서 개인정보 보호 업무를 3년 이상 담당하였던 사람, 개인정보 관련 분야에 전문지식이 있고 학교에서 부교수 이상으로 5년 이상 재직하고 있거나 재직하였던 사람으로 제한한다.

⑥ 회의 및 의결: 보호위원회 회의는 위원장이 필요하다고 인정하거나 재적위원 4분의1 이상의 요구가 있는 경우에 위원장이 소집하며 재적위원 과반수의 출석과 출석위원 과반수의 찬성으로 의결한다.

(3) 보호위원회의 심의·의결 사항(제7조의 9)

① 개인정보 침해요인 평가에 관한 사항

② 기본계획(제9조) 및 시행계획(제10조)에 관한 사항

③ 개인정보 보호와 관련된 정책, 제도 및 법령의 개선에 관한 사항

④ 개인정보의 처리에 관한 공공기관 간의 의견조정에 관한 사항

⑤ 개인정보 보호에 관한 법령의 해석·운용에 관한 사항

⑥ 소관 법령 및 보호위원회 규칙의 제정·개정 및 폐지에 관한 사항

⑦ 개인정보 보호와 관련하여 보호위원회의 위원장 또는 위원 2명 이상이 회의에 부치는 사항

⑧ 그 밖에 이 법 또는 다른 법령에 따라 보호위원회가 심의·의결하는 사항

3. 개인정보의 수집, 이용, 제공 등

(1) 개인정보의 수집·이용(제15조)

① 개인정보는 정보주체로부터 직접 수집하는 것이 원칙이나 필요한 경우에는 국가기관, 신용평가기관 등 제3자로부터 수집하거나 인터넷, 신문·잡지, 전화번호부, 인명록 등과 같은 공개된 소스로부터 수집할 수도 있다.

② 또한, 개인정보처리자가 직접 수집하지 않아도 업무처리 과정에서 자동적으로 개인정보가 생산되거나 생성된 경우도 적지 않다.

> 제15조(개인정보의 수집·이용)
> ① 개인정보처리자는 다음 각 호의 어느 하나에 해당하는 경우에는 개인정보를 수집할 수 있으며 그 수집 목적의 범위에서 이용할 수 있다.
>   1. 정보주체의 동의를 받은 경우
>   2. 법률에 특별한 규정이 있거나 법령상 의무를 준수하기 위하여 불가피한 경우
>   3. 공공기관이 법령 등에서 정하는 소관 업무의 수행을 위하여 불가피한 경우
>   4. 정보주체와의 계약의 체결 및 이행을 위하여 불가피하게 필요한 경우
>   5. 정보주체 또는 그 법정대리인이 의사표시를 할 수 없는 상태에 있거나 주소불명 등으로 사전 동의를 받을 수 없는 경우로서 명백히 정보주체 또는 제3자의 급박한 생명, 신체, 재산의 이익을 위하여 필요하다고 인정되는 경우
>   6. 개인정보처리자의 정당한 이익을 달성하기 위하여 필요한 경우로서 명백하게 정보주체의 권리보다 우선하는 경우. 이 경우 개인정보처리자의 정당한 이익과 상당한 관련이 있고 합리적인 범위를 초과하지 아니하는 경우에 한한다.
> ② 개인정보처리자는 제1항 제1호에 따른 동의를 받을 때에는 다음 각 호의 사항을 정보주체에게 알려야 한다. 다음 각 호의 어느 하나의 사항을 변경하는 경우에도 이를 알리고 동의를 받아야 한다.
>   1. 개인정보의 수집·이용 목적
>   2. 수집하려는 개인정보의 항목
>   3. 개인정보의 보유 및 이용 기간
>   4. 동의를 거부할 권리가 있다는 사실 및 동의 거부에 따른 불이익이 있는 경우에는 그 불이익의 내용

(2) 개인정보의 수집 제한(제16조)

① 제15조 제1항 각 호의 목적을 위해서 정보주체의 개인정보를 수집할 때에는 그 목적에 필요한 범위 내에서 최소한의 개인정보만을 수집하여야 한다.

② 그러나 현실적으로 정보주체의 동의를 받아 수집하는 경우에는 최소수집의 원칙이 적용될 여지가 없다. 다시 말해 최소수집의 원칙은 정보주체의 동의 없이 개인정보를 수집하는 경우에만 적용된다.

③ 개인정보를 필요 이상으로 수집·저장하고 있으면 해킹 등에 의하여 개인정보 유출 위험성이 있고 개인정보처리자에 의하여 남용될 우려가 있기 때문이다.

> 제16조(개인정보의 수집 제한)
> ① 개인정보처리자는 제15조 제1항 각 호의 어느 하나에 해당하여 개인정보를 수집하는 경우에는 그 목적에 필요한 최소한의 개인정보를 수집하여야 한다. 이 경우 최소한의 개인정보 수집이라는 입증책임은 개인정보처리자가 부담한다.
> ② 개인정보처리자는 정보주체의 동의를 받아 개인정보를 수집하는 경우 필요한 최소한의 정보 외의 개인정보 수집에는 동의하지 아니할 수 있다는 사실을 구체적으로 알리고 개인정보를 수집하여야 한다.
> ③ 개인정보처리자는 정보주체가 필요한 최소한의 정보 외의 개인정보 수집에 동의하지 아니한다는 이유로 정보주체에게 재화 또는 서비스의 제공을 거부하여서는 아니 된다.

(3) 개인정보의 제공(제17조)

① 개인정보의 제3자 제공이란 개인정보처리자 외의 제3자에게 개인정보의 지배·관리권이 이전되는 것을 의미한다.

② 즉 개인정보 수기문서를 전달하거나 데이터베이스 파일을 전달하는 경우뿐만 아니라, 데이터베이스 시스템에 대한 접속권한을 허용하여 열람·복사가 가능하게 하는 경우 등도 '제3자 제공'에 모두 포함된다.

제17조(개인정보의 제공)

① 개인정보처리자는 다음 각 호의 어느 하나에 해당되는 경우에는 정보주체의 개인정보를 제3자에게 제공할
수 있다.

  1. 정보주체의 동의를 받은 경우

  2. 제15조 제1항 제2호·제3호·제5호 및 제39조의3 제2항 제2호·제3호에 따라 개인정보를 수집한 목적
범위에서 개인정보를 제공하는 경우

② 개인정보처리자는 제1항 제1호에 따른 동의를 받을 때에는 다음 각 호의 사항을 정보주체에게 알려야 한다.
다음 각 호의 어느 하나의 사항을 변경하는 경우에도 이를 알리고 동의를 받아야 한다.

  1. 개인정보를 제공받는 자

  2. 개인정보를 제공받는 자의 개인정보 이용 목적

  3. 제공하는 개인정보의 항목

  4. 개인정보를 제공받는 자의 개인정보 보유 및 이용 기간

  5. 동의를 거부할 권리가 있다는 사실 및 동의 거부에 따른 불이익이 있는 경우에는 그 불이익의 내용

(4) 개인정보의 목적 외 이용·제공 제한(제18조)

① 개인정보처리자는 정보주체에게 이용·제공의 목적을 고지하고 동의를 받거나 개인정보보호법 또는 다른 법령에 의하여 이용·제공이 허용된 범위를 벗어나서 개인정보를 이용하거나 제공해서는 안 된다.

② 목적 외 이용·제공 금지 예외 사유

  ㉠ 정보주체의 별도의 동의가 있는 경우

  ㉡ 다른 법률에 특별한 규정이 있는 경우

  ㉢ 통계작성 및 학술연구 등의 목적을 위하여 필요한 경우

  ㉣ 개인정보를 목적 외의 용도로 이용하거나 이를 제3자에게 제공하지 아니하면 다른 법률에서 정하는 소관 업무를 수행할 수 없는 경우로서 보호위원회의 심의·의결을 거친 경우

  ㉤ 공공기관의 조약, 그 밖의 국제협정의 이행을 위하여 필요한 경우

  ㉥ 공공기관의 범죄 수사와 공소의 제기 및 유지에 필요한 경우

  ㉦ 법원의 재판업무 수행을 위하여 필요한 경우

  ㉧ 형(刑) 및 감호, 보호처분의 집행을 위하여 필요한 경우

③ 수집한 개인정보를 수집 목적의 범위를 벗어나 이용하기 위해 정보주체에게 동의를 받아야 할 시 고지사항

  ㉠ 개인정보를 제공받는 자

  ㉡ 개인정보의 이용 목적

  ㉢ 이용 또는 제공하는 개인정보의 항목

  ㉣ 개인정보의 보유 및 이용 기간

  ㉤ 동의를 거부할 권리가 있다는 사실 및 동의 거부에 따른 불이익이 있는 경우에는 그 불이익의 내용

(5) 개인정보의 파기(제21조)

① 개인정보를 수집했던 목적이 달성되어 보존 필요성이 없어졌는데도 이를 계속해서 보유할 경우 개인정보의 유출과 오용 가능성이 높아진다. 따라서 개인정보가 불필요하게 된 때에는 이를 파기시킴으로써 개인정보를 안전하게 보호하여야 한다.

② 개인정보처리자는 개인정보의 보유 기간이 경과하거나 개인정보의 처리 목적 달성, 해당 서비스의 폐지, 사업의 종료 등 그 개인정보가 불필요하게 되었을 때에는 정당한 사유가 없는 한 그로부터 5일 이내에 그 개인정보를 파기하여야 한다(표준지침 제10조 제1항).

③ 개인정보처리자가 개인정보를 파기할 때에는 복구 또는 재생되지 아니하도록 조치하여야 하며, 개인 정보를 파기하지 아니하고 보존하여야 하는 경우에는 해당 개인정보 또는 개인정보파일을 다른 개인 정보와 분리하여서 저장·관리하여야 한다.

4. 개인정보의 처리 제한

(1) 민감정보의 처리 제한(제23조)

① 개인정보는 개인의 사생활 더 나아가서는 개인의 생명·신체·재산상 안전에 중대한 영향을 미칠 수 있으므로 모두 신중하게 다루어야 하지만, 특히 사회적 차별을 야기하거나 현저히 인권을 침해할 우려가 있는 민감한 개인정보는 보다 엄격히 보호되어야 한다.

② 민감정보란 1) 사상·신념, 2) 노동조합·정당의 가입·탈퇴, 3) 정치적 견해, 4) 건강, 성생활 등에 관한 정보, 5) 그 밖에 정보주체의 사생활을 현저히 침해할 우려가 있는 개인정보로서 대통령령이 정하는 정보이다.

③ 개인정보처리자가 민감정보를 처리하는 경우에는 그 민감정보가 분실·도난·유출·위조·변조 또는 훼손되지 아니하도록 안전성 확보에 필요한 조치를 하여야 한다.

(2) 고유식별정보의 처리 제한(제24조)

① 고유식별정보의 정의

㉠ 고유식별정보란 법령에 따라 개인을 고유하게 구별하기 위하여 부여된 식별정보로서 대통령령으로 정한다(법 제24조).

㉡ 동법 시행령에서는 고유식별정보를 「주민등록법」에 따른 주민등록번호, 「여권법」에 따른 여권번호, 「도로교통법」에 따른 운전면허번호, 「출입국관리법」에 따른 외국인등록번호로 정하고 있다(제19조).

㉢ 따라서 기업의 사번, 학교의 학번, 법인이나 사업자에게 부여되는 법인등록번호, 사업자등록번호 등은 고유식별정보가 될 수 없다.

② 고유식별정보의 처리 제한: 고유식별정보는 원칙적으로 처리할 수 없다. 다만, 별도로 정보주체의 동의를 받은 경우와 법령에서 고유식별정보의 처리를 요구하거나 허용하고 있는 경우에는 고유식별정보를 처리할 수 있다.

> 제24조(고유식별정보의 처리 제한)
> ① 개인정보처리자는 다음 각 호의 경우를 제외하고는 법령에 따라 개인을 고유하게 구별하기 위하여 부여된 식별정보로서 대통령령으로 정하는 정보(이하 "고유식별정보"라 한다)를 처리할 수 없다.
> 　1. 정보주체에게 제15조 제2항 각 호 또는 제17조 제2항 각 호의 사항을 알리고 다른 개인정보의 처리에 대한 동의와 별도로 동의를 받은 경우
> 　2. 법령에서 구체적으로 고유식별정보의 처리를 요구하거나 허용하는 경우
> ③ 개인정보처리자가 제1항 각 호에 따라 고유식별정보를 처리하는 경우에는 그 고유식별정보가 분실·도난·유출·위조·변조 또는 훼손되지 아니하도록 대통령령으로 정하는 바에 따라 암호화 등 안전성 확보에 필요한 조치를 하여야 한다.
> ④ 보호위원회는 처리하는 개인정보의 종류·규모, 종업원 수 및 매출액 규모 등을 고려하여 대통령령으로 정하는 기준에 해당하는 개인정보처리자가 제3항에 따라 안전성 확보에 필요한 조치를 하였는지에 관하여 대통령령으로 정하는 바에 따라 정기적으로 조사하여야 한다. 〈개정 2020. 2. 4.〉
> ⑤ 보호위원회는 대통령령으로 정하는 전문기관으로 하여금 제4항에 따른 조사를 수행하게 할 수 있다.

(3) 주민등록번호 처리의 제한(제24조의2)

① 개인정보처리자는 다음 각 호의 어느 하나에 해당하는 경우를 제외하고는 주민등록번호를 처리할 수 없다. 〈개정 2020. 2. 4.〉

ㄱ. 법령 및 규칙에서 구체적으로 주민등록번호의 처리를 요구하거나 허용한 경우: 법률·대통령령·국회규칙/대법원/헌법재판소/중앙선거관리위원회/감사원 규칙 등

ㄴ. 정보주체 또는 제3자의 급박한 생명, 신체, 재산의 이익을 위하여 명백히 필요하다고 인정되는 경우

ㄷ. 주민등록번호 처리가 불가피한 경우로서 보호위원회가 고시로 정하는 경우

② 인터넷상 주민등록번호 대체 수단의 강구: 대통령령이 정하는 기준에 해당하는 개인정보처리자는 정보주체가 인터넷 홈페이지를 통하여 회원으로 가입할 경우 주민등록번호를 사용하지 아니하고도 회원으로 가입할 수 있는 방법을 제공해야 한다.

③ 주민등록번호 유출 시 과징금(제34조의2)

> **제34조의2(과징금의 부과 등)**
> ① 보호위원회는 개인정보처리자가 처리하는 주민등록번호가 분실·도난·유출·위조·변조 또는 훼손된 경우에는 5억원 이하의 과징금을 부과·징수할 수 있다. 다만, 주민등록번호가 분실·도난·유출·위조·변조 또는 훼손되지 아니하도록 개인정보처리자가 제24조 제3항에 따른 안전성 확보에 필요한 조치를 다한 경우에는 그러하지 아니하다. 〈개정 2020. 2. 4.〉
> ② 보호위원회는 제1항에 따른 과징금을 부과하는 경우에는 다음 각 호의 사항을 고려하여야 한다. 〈개정 2020. 2. 4.〉
>   1. 제24조 제3항에 따른 안전성 확보에 필요한 조치 이행 노력 정도
>   2. 분실·도난·유출·위조·변조 또는 훼손된 주민등록번호의 정도
>   3. 피해확산 방지를 위한 후속조치 이행 여부

(4) 영상정보처리기기의 설치·운영 제한(제25조)

① 영상정보처리기기의 정의

ㄱ. 개인정보보호법 제25조에 의하여 설치·운영이 금지 또는 제한되는 영상정보처리기기는 일정한 공간에 지속적으로 설치되어 사람 또는 사물의 영상 등을 촬영하거나 이를 유·무선망을 통하여 전송하는 장치에 한정한다(법 제2조 제7호).

ㄴ. 구체적으로 폐쇄회로 텔레비전(CCTV)과 네트워크 카메라가 이에 속한다(시행령 제3조).

② 영상정보처리기기를 설치하는 경우, 촬영 대상자의 개인정보 자기결정권 보장을 위해 출입구 등 잘 보이는 곳에 그 촬영사실을 알리는 안내판을 설치해야 하며 녹음을 해서는 안 된다.

③ 영상정보처리기기의 예외적 허용: 공개된 장소에 영상정보처리기기를 설치·운영하는 것은 원칙적으로 금지되나, 다른 법익의 보호를 위하여 필요한 경우에는 예외적으로 다음과 같은 5가지 경우에 설치·운영이 허용되고 있다(법 제25조).

> **제25조(영상정보처리기기의 설치·운영 제한)**
> ① 누구든지 다음 각 호의 경우를 제외하고는 공개된 장소에 영상정보처리기기를 설치·운영하여서는 아니 된다.
>   1. 법령에서 구체적으로 허용하고 있는 경우
>   2. 범죄의 예방 및 수사를 위하여 필요한 경우
>   3. 시설안전 및 화재 예방을 위하여 필요한 경우
>   4. 교통단속을 위하여 필요한 경우
>   5. 교통정보의 수집·분석 및 제공을 위하여 필요한 경우

④ 영상정보처리기기의 설치·운영에 관한 법률 조항(제25조)

> 제25조(영상정보처리기기의 설치·운영 제한)
> ② 누구든지 불특정 다수가 이용하는 목욕실, 화장실, 발한실(發汗室), 탈의실 등 개인의 사생활을 현저히 침해할 우려가 있는 장소의 내부를 볼 수 있도록 영상정보처리기기를 설치·운영하여서는 아니 된다. 다만, 교도소, 정신보건 시설 등 법령에 근거하여 사람을 구금하거나 보호하는 시설로서 대통령령으로 정하는 시설에 대하여는 그러하지 아니하다.
> ④ 제1항 각 호에 따라 영상정보처리기기를 설치·운영하는 자(이하 "영상정보처리기기운영자"라 한다)는 정보주체가 쉽게 인식할 수 있도록 다음 각 호의 사항이 포함된 안내판을 설치하는 등 필요한 조치를 하여야 한다. 다만, 「군사기지 및 군사시설 보호법」 제2조 제2호에 따른 군사시설, 「통합방위법」 제2조 제13호에 따른 국가중요시설, 그 밖에 대통령령으로 정하는 시설에 대하여는 그러하지 아니하다. 〈개정 2016. 3. 29.〉
> 1. 설치 목적 및 장소
> 2. 촬영 범위 및 시간
> 3. 관리책임자 성명 및 연락처
> 4. 그 밖에 대통령령으로 정하는 사항

(5) 업무위탁에 따른 개인정보의 처리 제한(제26조)

① 개인정보처리자가 제3자에게 개인정보의 처리 업무를 위탁 시에는 반드시 문서로 해야 하며 위탁계약서에 아래와 같은 개인정보보호에 대한 역할과 책임을 명시해야 한다.

　㉠ 위탁업무 수행 목적 외 개인정보의 처리 금지에 관한 사항

　㉡ 개인정보의 기술적·관리적 보호조치에 관한 사항

　㉢ 그 밖에 개인정보의 안전한 관리를 위하여 대통령령으로 정한 사항

② 수탁자가 위탁받은 업무와 관련하여 개인정보를 처리하는 과정에서 이 법을 위반하여 발생한 손해배상 책임에 대하여는 수탁자를 개인정보처리자의 소속 직원으로 보기 때문에 관리감독을 철저히 해야 한다.

③ 업무위탁과 개인정보의 제3자 제공의 차이: 업무위탁과 개인정보 제3자 제공 모두 개인정보가 다른 사람에게 이전하거나 다른 사람과 공동으로 이용하게 된다는 측면에서는 동일하지만 개인정보 이전의 목적이 전혀 다르고 이전된 개인정보에 대한 관리·감독 등 법률적 관계도 전혀 다르다.

〈 업무위탁과 개인정보의 제3자 제공의 차이 〉

구분	업무위탁	개인정보의 제3자 제공
이용 목적	위탁자의 이익을 위해 위탁자의 법률행위나 수행을 제3자(수탁자)에게 맡기는 것	개인정보를 제공받는 자(수탁자)의 영업 또는 이익을 위해 사용
예시	• 상품 배송, 설치 업무위탁 • 텔레마케팅 프로그램 개발 및 운영위탁 대리점을 통한 통신서비스 가입 등	사업제휴, 개인정보 판매, 패밀리 사이트 등 이용(개인정보 공유)
관리·감독 책임	위탁자	개인정보를 제공 받는 자(수탁자)
이전 방법	• 위탁사실 공개 • 위탁사실 고지(마케팅업무)	제공목적 등 고지 후 정보주체의 동의 획득 필요

(6) 영업양도 등에 따른 개인정보의 이전 제한(제27조)

    ① 영업양도, 합병 등으로 영업자산을 다른 사업자에게 이전할 때에는 기존 사업자가 가지고 있던 개인
정보DB 등에 관한 권리 · 의무도 포괄적으로 다른 사업자에게 승계된다.

    ② 그 결과 정보주체에게 일치 않는 결과가 초래될 수 있으므로 영업양도, 합병 등으로 인한 개인정보
의 이전 시에는 정보주체가 회원탈퇴, 동의철회 등의 권리를 행사할 수 있는 기회를 미리 부여하여
야 한다. 이때의 영업양도, 합병 등은 민간사업자를 대상으로 한다.

5. 개인정보의 안전한 관리

(1) 안전조치 의무(제29조): 개인정보처리자는 개인정보가 분실 · 도난 · 유출 · 위조 · 변조 또는 훼손되지 아
니하도록 내부 관리계획 수립, 접속기록 보관 등 대통령령으로 정하는 바에 따라 안전성 확보에 필요한
기술적 · 관리적 및 물리적 조치를 하여야 한다.

> 시행령 제30조(개인정보의 안전성 확보 조치)
> ① 개인정보처리자는 법 제29조에 따라 다음 각 호의 안전성 확보 조치를 하여야 한다.
>   1. 개인정보의 안전한 처리를 위한 내부 관리계획의 수립 · 시행
>   2. 개인정보에 대한 접근 통제 및 접근 권한의 제한 조치
>   3. 개인정보를 안전하게 저장 · 전송할 수 있는 암호화기술의 적용 또는 이에 상응하는 조치
>   4. 개인정보 침해사고 발생에 대응하기 위한 접속기록의 보관 및 위조 · 변조 방지를 위한 조치
>   5. 개인정보에 대한 보안프로그램의 설치 및 갱신
>   6. 개인정보의 안전한 보관을 위한 보관시설의 마련 또는 잠금장치의 설치 등 물리적 조치

(2) 개인정보 처리방침의 수립 및 공개(제30조)

    ① 개인정보 처리방침은 개인정보처리자가 개인정보 처리에 관한 자신의 내부 방침을 정해 공개한 자율
규제 장치의 일종이다.

    ② 이를 통해 개인정보처리자는 개인정보 처리에 관한 투명성을 높일 수 있고, 정보주체는 개인정보처
리자가 자신의 개인정보를 어떻게 처리하고 있는지를 비교 · 확인할 수 있게 된다.

> 제30조(개인정보 처리방침의 수립 및 공개)
> ① 개인정보처리자는 다음 각 호의 사항이 포함된 개인정보의 처리 방침을 정하여야 한다. 이 경우 공공기관은
>   제32조에 따라 등록대상이 되는 개인정보파일에 대하여 개인정보 처리방침을 정한다. 〈개정 2020. 2. 4.〉
>   1. 개인정보의 처리 목적
>   2. 개인정보의 처리 및 보유 기간
>   3. 개인정보의 제3자 제공에 관한 사항(해당되는 경우에만 정한다)
>   4. 개인정보처리의 위탁에 관한 사항(해당되는 경우에만 정한다)
>   5. 정보주체와 법정대리인의 권리 · 의무 및 그 행사방법에 관한 사항
>   6. 제31조에 따른 개인정보 보호책임자의 성명 또는 개인정보 보호업무 및 관련 고충사항을 처리하는 부서
>   의 명칭과 전화번호 등 연락처
>   7. 인터넷 접속정보파일 등 개인정보를 자동으로 수집하는 장치의 설치 · 운영 및 그 거부에 관한 사항(해당
>   하는 경우에만 정한다)
>   8. 그 밖에 개인정보의 처리에 관하여 대통령령으로 정한 사항
> ② 개인정보처리자가 개인정보 처리방침을 수립하거나 변경하는 경우에는 정보주체가 쉽게 확인할 수 있도록
>   대통령령으로 정하는 방법에 따라 공개하여야 한다.

(3) 개인정보 보호책임자의 지정(제31조)

① 개인정보 보호책임자도 개인정보 법규 준수, 유출 및 오남용 방지 등 개인정보처리자의 개인정보보호 활동을 촉진하기 위한 자주적 규제 장치의 하나라고 할 수 있다.

② 조직 내에서 개인정보 처리에 관한 업무를 총괄하여 책임질 임원 내지 부서장급의 책임자를 지정·운영함으로써 개인정보처리자의 내부 관리체계를 더욱 공고히 할 수 있다.

> 제31조(개인정보 보호책임자의 지정)
> ① 개인정보처리자는 개인정보의 처리에 관한 업무를 총괄해서 책임질 개인정보 보호책임자를 지정하여야 한다.
> ② 개인정보 보호책임자는 다음 각 호의 업무를 수행한다.
>   1. 개인정보 보호 계획의 수립 및 시행
>   2. 개인정보 처리 실태 및 관행의 정기적인 조사 및 개선
>   3. 개인정보 처리와 관련한 불만의 처리 및 피해 구제
>   4. 개인정보 유출 및 오용·남용 방지를 위한 내부통제시스템의 구축
>   5. 개인정보 보호 교육 계획의 수립 및 시행
>   6. 개인정보파일의 보호 및 관리·감독
>   7. 그 밖에 개인정보의 적절한 처리를 위하여 대통령령으로 정한 업무

(4) 개인정보파일의 등록 및 공개(제32조)

① 구 「공공기관 개인정보보호법」은 '개인정보파일 보유·변경시 사전협의제'를 규정하고 있었다. 즉 공공기관이 개인정보파일을 보유하고자 하는 경우에는 개인정보 파일의 명칭, 보유목적 등 일정한 사항을 행정안전부장관과 협의하도록 하고, 협의 사항은 연 1회 이상 관보 또는 인터넷 홈페이지에 게재하여 공고하도록 하고 있었다.

② 그러나 사전협의제도는 각급 공공기관의 행정부담이 가중되고 협의기준이 일정치 않은 등의 문제가 제기되어 왔다. 이러한 점을 개선하기 위하여, 「개인정보보호법」에서는 공공기관이 운영하는 개인정보파일이 일정 요건을 충족하고 있는 경우에는 의무적으로 이를 등록·공개하도록 하였다.

> 제32조(개인정보파일의 등록 및 공개)
> ① 공공기관의 장이 개인정보파일을 운용하는 경우에는 다음 각 호의 사항을 보호위원회에 등록하여야 한다. 등록한 사항이 변경된 경우에도 또한 같다. 〈개정 2020. 2. 4.〉
>   1. 개인정보파일의 명칭
>   2. 개인정보파일의 운영 근거 및 목적
>   3. 개인정보파일에 기록되는 개인정보의 항목
>   4. 개인정보의 처리방법
>   5. 개인정보의 보유기간
>   6. 개인정보를 통상적 또는 반복적으로 제공하는 경우에는 그 제공받는 자
>   7. 그 밖에 대통령령으로 정하는 사항

(5) 개인정보 보호 인증(제32조의2)

> **제32조의2(개인정보 보호 인증)**
> ① 보호위원회는 개인정보처리자의 개인정보처리 및 보호와 관련한 일련의 조치가 이 법에 부합하는지 등에 관하여 인증할 수 있다. 〈개정 2020. 2. 4.〉
> ② 제1항에 따른 인증의 유효기간은 3년으로 한다.
> ③ 보호위원회는 다음 각 호의 어느 하나에 해당하는 경우에는 대통령령으로 정하는 바에 따라 제1항에 따른 인증을 취소할 수 있다. 다만, 제1호에 해당하는 경우에는 취소하여야 한다. 〈개정 2020. 2. 4.〉
>   1. 거짓이나 그 밖의 부정한 방법으로 개인정보 보호 인증을 받은 경우
>   2. 제4항에 따른 사후관리를 거부 또는 방해한 경우
>   3. 제8항에 따른 인증기준에 미달하게 된 경우
>   4. 개인정보 보호 관련 법령을 위반하고 그 위반사유가 중대한 경우

(6) 개인정보 영향평가(제33조)

① '개인정보 영향평가(PIA; Privacy Impact Assessment)'란 개인정보 수집·활용이 수반되는 사업 추진 시 개인정보 오남용으로 인한 프라이버시 침해 위험이 잠재되어 있지 않는지를 조사·예측·검토하고 개선하는 제도이다.

② PIA 제도의 목적은 평가대상 시스템 활용에 따른 잠재적 위험을 평가하여 개인정보 침해에 따른 피해를 줄일 수 있는지를 미리 검토·반영하는 것이다.

③ 공공부문의 경우 전자정부 추진으로 개인정보를 대량으로 시스템화하여 상호 연동하는 등 개인정보 침해 우려가 높으므로 행정정보 공유 및 전자정부 추진사업의 신뢰성을 제고하기 위하여 영향평가를 의무화하고 있다.

> **제33조(개인정보 영향평가)**
> ① 공공기관의 장은 대통령령으로 정하는 기준에 해당하는 개인정보파일의 운용으로 인하여 정보주체의 개인정보 침해가 우려되는 경우에는 그 위험요인의 분석과 개선 사항 도출을 위한 평가(이하 "영향평가")를 하고 그 결과를 보호위원회에 제출하여야 한다. 이 경우 공공기관의 장은 영향평가를 보호위원회가 지정하는 기관(이하 "평가기관") 중에서 의뢰하여야 한다. 〈개정 2020. 2. 4.〉
> ② 영향평가를 하는 경우에는 다음 각 호의 사항을 고려하여야 한다.
>   1. 처리하는 개인정보의 수
>   2. 개인정보의 제3자 제공 여부
>   3. 정보주체의 권리를 해할 가능성 및 그 위험 정도
>   4. 그 밖에 대통령령으로 정한 사항
> ③ 보호위원회는 제1항에 따라 제출받은 영향평가 결과에 대하여 의견을 제시할 수 있다.
> ④ 공공기관의 장은 제1항에 따라 영향평가를 한 개인정보파일을 제32조 제1항에 따라 등록할 때에는 영향평가 결과를 함께 첨부하여야 한다.
> ⑤ 보호위원회는 영향평가의 활성화를 위하여 관계 전문가의 육성, 영향평가 기준의 개발·보급 등 필요한 조치를 마련하여야 한다. 〈개정 2020. 2. 4.〉
> ⑥ 제1항에 따른 평가기관의 지정기준 및 지정취소, 평가기준, 영향평가의 방법·절차 등에 관하여 필요한 사항은 대통령령으로 정한다.
> ⑦ 국회, 법원, 헌법재판소, 중앙선거관리위원회(그 소속 기관을 포함한다)의 영향평가에 관한 사항은 국회규칙, 대법원규칙, 헌법재판소규칙 및 중앙선거관리위원회규칙으로 정하는 바에 따른다.
> ⑧ 공공기관 외의 개인정보처리자는 개인정보파일 운용으로 인하여 정보주체의 개인정보 침해가 우려되는 경우에는 영향평가를 하기 위하여 적극 노력하여야 한다.

④ 개인정보 영향평가의 대상(시행령 제35조)

시행령 제35조(개인정보 영향평가의 대상) 법 제33조 제1항에서 "대통령령으로 정하는 기준에 해당하는 개인정보파일"이란 개인정보를 전자적으로 처리할 수 있는 개인정보파일로서 다음 각 호의 어느 하나에 해당하는 개인정보파일을 말한다.
1. 구축·운용 또는 변경하려는 개인정보파일로서 5만명 이상의 정보주체에 관한 민감정보 또는 고유식별정보의 처리가 수반되는 개인정보파일
2. 구축·운용하고 있는 개인정보파일을 해당 공공기관 내부 또는 외부에서 구축·운용하고 있는 다른 개인정보파일과 연계하려는 경우로서 연계 결과 50만명 이상의 정보주체에 관한 개인정보가 포함되는 개인정보파일
3. 구축·운용 또는 변경하려는 개인정보파일로서 100만명 이상의 정보주체에 관한 개인정보파일
4. 법 제33조 제1항에 따른 개인정보 영향평가(이하 "영향평가"라 한다)를 받은 후에 개인정보 검색체계 등 개인정보파일의 운용체계를 변경하려는 경우 그 개인정보파일. 이 경우 영향평가 대상은 변경된 부분으로 한정한다.

⑤ 영향평가의 평가영역은 1) 대상기관의 개인정보보호 관리체계, 2) 대상시스템의 개인정보보호 관리체계, 3) 개인정보처리 단계별 보호, 4) 대상시스템의 기술적 보호조치, 5) 특정 IT 기술 활용 시 개인정보보호의 5개 영역으로 구분되며 25개 세부 평가분야로 구성된다.

⑥ 개인정보 영향평가 결과의 활용

　㉠ 공공기관의 장이 개인정보 영향평가를 실시한 때에는 그 결과를 정보보호위원회에 제출하여야 한다.

　㉡ 이 경우 정보보호위원회는 제출받은 영향평가 결과에 대하여 해당 공공기관에 의견을 제시할 수 있다. 또한 공공기관의 장은 정보보호위원회에 개인정보파일을 등록할 때에는 개인정보 영향평가 결과도 함께 첨부하여야 한다.

(7) 개인정보 유출 통지 등(제34조)

① 개인정보가 유출되었음을 알게 되었을 때 통지 의무가 발생한다. '유출'이란 고의·과실 여부를 불문하고 개인정보처리자의 관리 범위를 벗어나 개인정보가 외부에 공개, 제공, 누출, 누설된 모든 상태를 말한다.

② 즉 '개인정보 유출'은 법령이나 개인정보처리자의 자유로운 의사에 의하지 않고, 개인정보처리자가 정보주체의 개인정보에 대한 통제 상실 또는 권한 없는 자의 접근을 허용하는 것을 의미한다.

③ 개인정보 유출 시 통지사항(제34조 제1항)

제34조(개인정보 유출 통지 등)
① 개인정보처리자는 개인정보가 유출되었음을 알게 되었을 때에는 지체 없이 해당 정보주체에게 다음 각 호의 사실을 알려야 한다.
1. 유출된 개인정보의 항목
2. 유출된 시점과 그 경위
3. 유출로 인하여 발생할 수 있는 피해를 최소화하기 위하여 정보주체가 할 수 있는 방법 등에 관한 정보
4. 개인정보처리자의 대응조치 및 피해 구제절차
5. 정보주체에게 피해가 발생한 경우 신고 등을 접수할 수 있는 담당부서 및 연락처

④ 통지 시기

　㉠ 개인정보처리자는 개인정보가 '유출되었음을 알게 되었을 때'에는 지체 없이 해당 정보주체에게 통지하여야 한다. 여기서 '지체 없이'란 5일 이내를 의미한다.

ⓛ 따라서 최초로 개인정보 유출사실을 발견한 때로부터 유출현황, 사건경위, 잠정원인 등을 파악하는데 소요되는 시간을 고려하여 5일 이내에 통지하여야 한다(표준지침 제26조 제1항).

> 표준지침 제26조(유출 통지시기 밑 항목)
> ① 개인정보처리자는 개인정보가 유출되었음을 알게 된 때에는 정당한 사유가 없는 한 5일 이내에 해당 정보주체에게 다음 각 호의 사항을 알려야 한다.
> [참고] 각 호의 내용은 법 제34조 제1항 각 호의 내용과 동일

⑤ 통지 방법(시행령 제40조)

　ⓐ 통지는 서면 등의 방법으로 하여야 한다. 즉 서면, 전자우편, 팩스, 전화, 문자전송 또는 이에 상당하는 방법을 이용한 개별적 통지 방법이면 된다.

　ⓑ 그러나 웹사이트 게재, 관보 고시 등과 같은 집단적인 공시만으로는 정보주체에게 유출 사실을 알린 것이라고 볼 수 없다.

⑥ 인터넷 홈페이지 게시

　ⓐ 1천명 이상의 정보주체에 관한 개인정보가 유출된 경우에는 서면 등의 방법과 함께 인터넷 홈페이지에 정보주체가 알아보기 쉽도록 법 제34조 제1항 각 호의 사항을 7일 이상 게재하여야 한다(시행령 제40조 제3항).

　ⓑ 다만, 인터넷 홈페이지를 운영하지 않는 개인정보처리자의 경우에는 서면 등의 방법과 함께 사업장등의 보기 쉬운 장소에 법 제34조 제1항 각 호의 사항을 게시하면 된다.

⑦ 개인정보 유출 신고의무: 일정 규모 이상의 대량 개인정보 유출이 발생한 경우에는 이를 단순히 정보주체에게 통지하는 것만으로는 부족하며, 이를 정부 및 관계 전문기관에 알림으로써 체계적 · 조직적 대응을 할 필요가 있다(제34조 제3항).

〈 개인정보 유출 및 신고 〉

구분	내용
신고기관	한국인터넷진흥원(근거: 시행령 제39조 제2항)
신고시기	5일 이내
신고내용	기관명, 통지여부, 유출된 규모, 유출시점 · 경위, 유출피해 최소화 대책 · 조치 및 결과, 정보주체가 할 수 있는 피해 최소화 방법 및 구제절차, 담당부서, 담당자 및 연락처 등
신고방법	• 전자우편, 팩스, 인터넷사이트를 통해 유출사고 신고 및 신고서 제출 • 시간적 여유가 없거나 특별한 사정이 있는 경우: 전화를 통하여 통지내용을 신고한 후, 유출 신고서를 제출할 수 있음

6. 정보주체의 권리보장

(1) 개인정보의 열람(제35조)

① 정보주체는 개인정보처리자가 자신에 관하여 어떤 정보를 보유하고 있고, 어떻게 활용하고 있으며, 개인정보처리자가 보유하는 개인정보는 정확한지 여부를 확인할 수 있어야 한다. 이와 같은 정보주체의 권리는 "개인정보자기통제권"의 핵심을 이룬다.

② 정보주체의 열람 요구

　　㉠ 정보주체는 개인정보처리자가 처리하는 자신의 개인정보에 대한 열람을 해당 개인정보처리자에게 요구할 수 있다(제35조 제1항). 열람에는 사본의 교부를 포함한다(제4조).

　　㉡ 정보주체가 자신의 개인정보에 대한 열람을 공공기관에 요구하고자 할 때에는 공공기관에 직접 열람을 요구하거나 보호위원회를 통하여 열람을 요구할 수 있다(제35조 제2항).

　　㉢ 정보주체가 직접 제공한 개인정보 이외에 제3자 또는 공개된 소스부터 수집한 개인정보, 개인정보처리자가 생산한 개인정보, 서비스제공 등의 과정에서 자동적으로 생성된 개인정보 등도 열람 요구의 대상이 된다.

③ 열람 요구의 방법 · 절차

　　㉠ 정보주체는 자신의 개인정보에 대한 열람을 요구하려면 다음 각 호의 사항 중 열람하려는 사항을 개인정보처리자에게 제출하여야 한다(시행령 제41조 제1항).

> 〈 열람요구 항목 〉
> 1. 개인정보의 항목 및 내용
> 2. 개인정보의 수집 · 이용의 목적
> 3. 개인정보 보유 및 이용 기간
> 4. 개인정보의 제3자 제공 현황
> 5. 개인정보 처리에 동의한 사실 및 내용

　　㉡ 정보주체가 보호위원회를 통하여 자신의 개인정보에 대한 열람을 요구하려는 경우에는 열람하려는 사항을 표시한 "개인정보 열람요구서"를 보호위원회에 제출해야 한다. 이 경우 보호위원회는 지체 없이 그 개인정보 열람요구서를 해당 공공기관에 이송해야 한다(시행령 제41조 제3항).

④ 열람 조치 등: 개인정보처리자는 정보주체로부터 개인정보 열람 요구를 받았을 때에는 받은 날부터 10일 이내에 정보주체에게 해당 개인정보를 열람할 수 있도록 조치하여야 한다.

⑤ 열람의 제한 및 거절: 개인정보처리자는 다음 각 호의 어느 하나에 해당하는 경우, 정보주체에게 그 사유를 알리고 열람을 제한하거나 거절할 수 있다(제35조 제4항).

(2) 개인정보의 정정 · 삭제(제36조)

① 허위 또는 부정확한 정보로부터 정보주체의 권리를 보호하기 위하여 잘못된 개인정보에 대한 정정 또는 삭제를 요구할 수 있는 권리를 정보주체에게 부여하고자 한 것이다.

② 그러나 정보의 일방적인 정정 · 삭제는 또 다른 문제를 낳을 수 있으므로 그 행사에는 일정한 제약이 따른다.

7. 개인정보 분쟁조정위원회

(1) 설치 및 구성(제40조)

① 분쟁조정위원회의 설치

　　㉠ 개인정보에 관한 분쟁의 조정을 위하여 개인정보 분쟁조정위원회를 두고 있다.

　　㉡ 조정은 분쟁을 법원의 판결에 의하지 않고 조정위원회의 권고에 의하여 양당사자가 서로 양보하여 합의로서 해결하는 자주적 분쟁해결 절차로써 당사자의 자율성이 최대한 보장된다.

　　㉢ 조정위원회는 권고만 하고 그 권고에 동의할 지 안 할지는 양 당사자의 자유이다. 하지만 당사자가 권고를 수락하여 조정이 성립되면 '재판상 화해'와 같은 효력, 즉 법원의 확정판결과 동일한 효력이 발생하게 된다.

PART
07

② 분쟁조정위원회의 구성

    ㉠ 분쟁조정위원회는 위원장 1명을 포함한 20명 이내의 위원으로 구성하며, 위원은 당연직 위원과 위촉 위원으로 구성한다.

    ㉡ 위원장은 위원 중에서 공무원이 아닌 사람으로 보호위원회 위원장이 위촉한다.

    ㉢ 위원장과 위촉위원의 임기는 2년으로 하되, 1차에 한하여 연임할 수 있다.

(2) 개인정보 분쟁조정부의 설치 · 운영(제40조 제6항)

① 분쟁조정위원회는 분쟁조정 업무를 효율적으로 수행하기 위하여 필요하면 조정사건의 분야별로 5명 이내의 위원으로 구성되는 조정부를 둘 수 있다.

② 이 경우 조정부가 분쟁조정위원회에서 위임받아 의결한 사항은 분쟁조정위원회에서 의결한 것으로 본다.

(3) 분쟁조정의 신청(제43조): 개인정보와 관련한 분쟁의 조정을 원하는 자는 누구든지 분쟁조정위원회에 분쟁조정을 신청할 수 있다. 정보주체뿐만 아니라 개인정보처리자도 분쟁조정을 신청할 수 있다.

제43조(조정의 신청 등)
① 개인정보와 관련한 분쟁의 조정을 원하는 자는 분쟁조정위원회에 분쟁조정을 신청할 수 있다.
② 분쟁조정위원회는 당사자 일방으로부터 분쟁조정 신청을 받았을 때에는 그 신청내용을 상대방에게 알려야 한다.
③ 공공기관이 제2항에 따른 분쟁조정의 통지를 받은 경우에는 특별한 사유가 없으면 분쟁조정에 응하여야 한다.

---

(4) 분쟁조정의 처리기간(제44조)

① 분쟁조정위원회는 분쟁조정 신청을 받은 날부터 60일 이내에 이를 심사하여 조정안을 작성하여야 한다. 다만, 부득이한 사정이 있는 경우에는 분쟁조정위원회의 의결로 처리기간을 연장할 수 있다.

② 분쟁조정위원회는 제1항 단서에 따라 처리기간을 연장한 경우에는 기간 연장의 사유와 그 밖의 기간 연장에 관한 사항을 신청인에게 알려야 한다.

(5) 분쟁의 조정(제47조)

① 조정안의 작성 및 제시(제1항, 제2항): 사실조사, 의견청취, 전문가자문 등이 끝나면 분쟁조정위원회는 1) 조사 대상 침해행위의 중지, 2) 원상회복, 손해배상, 그 밖에 필요한 구제조치, 3) 같거나 비슷한 침해의 재발을 방지하기 위하여 필요한 조치 중 어느 사항의 하나를 포함한 조정안을 작성하고 이를 지체 없이 각 당사자에게 제시하여야 한다.

② 조정안의 수락 및 거부(제3항): 분쟁당사자가 조정안을 제시받은 날부터 15일 이내에 수락 여부를 알리지 아니하면 조정안을 거부한 것으로 본다. 양 당사자 중 한 사람이라도 수락의 의사표시를 하지 않으면 조정안은 거부된 것으로 본다.

③ 분쟁조정 성립의 법적 효력(제4항)

    ㉠ 분쟁당사자가 조정안을 수락하여 분쟁조정이 성립되면 조정의 내용은 재판상 화해와 동일한 효력을 갖는다.

    ㉡ 재판상 화해의 효력은 확정판결과 같은 효력을 의미하므로 조정안 수락으로 분쟁은 최종적으로 종료되고 조정조서에 의하여 강제집행도 가능하다(민사소송법 제205조, 520조).

(6) 집단분쟁조정(제49조)

① 작게는 수천 건에서 많게는 수천만 건에 이르는 개인정보 유출 및 오남용 사건은 개별적인 분쟁조정 절차 보다는 하나의 분쟁조정절차에서 일괄적으로 해결하는 것이 편리하고 효율적이다.

② 집단분쟁조정의 의뢰자 및 신청자

  ㉠ 분쟁조정위원회에 '집단분쟁조정'을 의뢰하거나 신청할 수 있는 자는 1) 국가 및 지방자치단체, 2) 개인정보 보호단체 및 기관, 3) 정보주체, 4) 개인정보처리자이다(제1항).

  ㉡ 따라서 개인정보 보호업무를 수행하는 단체나 기관은 누구든지 집단분쟁조정을 의뢰할 수 있으며, 기업들이 설립한 개인정보 보호단체나 국가·지자체 등이 설립한 공공기관도 가능하다.

③ 집단분쟁조정 신청대상 및 신청요건: 집단분쟁조정의 신청대상이 되기 위해서는 정보주체의 피해 또는 권리침해가 다수의 정보주체에게 같거나 비슷한 유형으로 발생했어야 하며(제49조 제1항), 집단분쟁조정 신청요건을 모두 갖춘 사건이어야 한다(시행령 제52조).

> 〈집단분쟁조정 신청요건(시행령 제52조)〉
> 1. 피해 또는 권리침해를 입은 정보주체의 수가 다음 각 목의 정보주체를 제외하고 50명 이상일 것
>   가. 개인정보처리자와 분쟁해결이나 피해보상에 관한 합의가 이루어진 정보주체
>   나. 같은 사안으로 다른 법령에 따라 설치된 분쟁조정기구에서 분쟁조정 절차가 진행 중인 정보주체
>   다. 해당 개인정보 침해로 인한 피해에 대하여 법원에 소(訴)를 제기한 정보주체
> 2. 사건의 중요한 쟁점이 사실상 또는 법률상 공통될 것

8. 개인정보 단체소송

(1) 단체소송의 대상(제51조)

① 개인정보 단체소송을 제기하기 위해서는 불필요한 소송의 남발을 막기 위하여 반드시 개인정보 집단분쟁조정 절차를 거쳐야 한다.

② 개인정보처리자가 조정위원회의 집단분쟁조정을 거부하거나 집단분쟁조정의 결과를 수락하지 아니한 경우에만 법원에 '권리침해 행위의 금지·중지'를 요구하는 개인정보 단체소송을 제기할 수 있다.

③ 소제기 당시 권리침해 행위가 계속되고 있어야 하고 과거의 권리침해행위는 단체소송의 대상이 되지 못한다.

(2) 단체소송 자격(제51조): 개인정보 단체소송을 제기할 수 있는 자는 아래와 같은 '등록 소비자단체'와 '비영리민간단체'로 한정되어 있다.

> 〈등록 소비자단체〉
> 1. 「소비자기본법」 제29조에 따라 공정거래위원회에 등록한 소비자단체로서 다음 각 목의 요건을 모두 갖춘 단체
>   가. 정관에 따라 상시적으로 정보주체의 권익증진을 주된 목적으로 하는 단체일 것
>   나. 단체의 정회원수가 1천명 이상일 것
>   다. 「소비자기본법」 제29조에 따른 등록 후 3년이 경과하였을 것
> 〈비영리민간단체〉
> 2. 「비영리민간단체 지원법」 제2조에 따른 비영리민간단체로서 다음 각 목의 요건을 모두 갖춘 단체
>   가. 법률상 또는 사실상 동일한 침해를 입은 100명 이상의 정보주체로부터 단체소송의 제기를 요청받을 것
>   나. 정관에 개인정보 보호를 단체의 목적으로 명시한 후 최근 3년 이상 이를 위한 활동실적이 있을 것
>   다. 단체의 상시 구성원수가 5천명 이상일 것
>   라. 중앙행정기관에 등록되어 있을 것

5 개인정보의 안전성 확보

1. 개요

(1) 개인정보의 안전성 확보는 「개인정보의 안전성 확보조치 기준」(이하 안선성 소지 기준)에 근거하고 있다.

※ 관계 법령: 개인정보보호법 제23조(민감정보의 처리 제한), 제24조(고유식별정보의 처리 제한), 제29조(안전조치의무) 및 동법 시행령 제21조(고유식별정보의 안전성 확보 조치), 제30조(개인정보의 안전성 확보 조치)

(2) 개인정보의 안전성 확보조치 기준의 적용 대상은 '개인정보처리자'이다.

2. 용어의 정의

(1) 정보주체: 처리되는 정보에 의하여 알아볼 수 있는 사람으로서 그 정보의 주체가 되는 사람을 말한다.

(2) 개인정보파일: 개인정보를 쉽게 검색할 수 있도록 일정한 규칙에 따라 체계적으로 배열하거나 구성한 개인정보의 집합물을 말한다.

(3) 개인정보처리자: 업무를 목적으로 개인정보파일을 운용하기 위하여 스스로 또는 다른 사람을 통하여 개인정보를 처리하는 공공기관, 법인, 단체 및 개인 등을 말한다.

(4) 대기업: 「독점규제 및 공정거래에 관한 법률」 제14조에 따라 공정거래위원회가 지정한 기업집단을 말한다.

(5) 중견기업: 「중견기업 성장촉진 및 경쟁력 강화에 관한 특별법」 제2조에 해당하는 기업을 말한다.

(6) 중소기업: 「중소기업기본법」 제2조 및 동법 시행령 제3조에 해당하는 기업을 말한다.

(7) 소상공인: 「소상공인 보호 및 지원에 관한 법률」 제2조에 해당하는 자를 말한다.

(8) 개인정보 보호책임자: 개인정보처리자의 개인정보 처리에 관한 업무를 총괄해서 책임지는 자로서 영 제32조 제2항에 해당하는 자를 말한다.

(9) 개인정보취급자: 개인정보처리자의 지휘·감독을 받아 개인정보를 처리하는 업무를 담당하는 자로서 임직원, 파견근로자, 시간제근로자 등을 말한다.

(10) 개인정보처리시스템: 데이터베이스시스템 등 개인정보를 처리할 수 있도록 체계적으로 구성한 시스템을 말한다.

(11) 위험도 분석: 개인정보 유출에 영향을 미칠 수 있는 다양한 위험요소를 식별·평가하고 해당 위험요소를 적절하게 통제할 수 있는 방안 마련을 위해 종합적으로 분석하는 행위를 말한다.

(12) 접속기록: 개인정보취급자 등이 개인정보처리시스템에 접속하여 수행한 업무 내역에 대하여 개인정보취급자 등의 계정, 접속일시, 접속지 정보, 처리한 정보주체 정보, 수행업무 등을 전자적으로 기록한 것을 말한다.

(13) 관리용 단말기: 개인정보처리시스템의 관리, 운영, 개발, 보안 등의 목적으로 개인정보 처리시스템에 직접 접속하는 단말기를 말한다.

3. 주요내용

(1) 개인정보의 안전성 확보에 필요한 조치는 '개인정보처리자'가 한다(제1조).

(2) 개인정보처리자는 개인정보의 분실·도난·유출·위조·변조 또는 훼손되지 아니하도록 '내부 관리계획'을 수립·시행하여야 한다(제4조).

(3) 접근 권한의 관리(제5조)

> [안전성 조치 기준] 제5조(접근 권한의 관리)
> ① 개인정보처리자는 개인정보처리시스템에 대한 접근 권한을 업무 수행에 필요한 최소한의 범위로 업무 담당자에 따라 차등 부여하여야 한다.
> ② 개인정보처리자는 전보 또는 퇴직 등 인사이동이 발생하여 개인정보취급자가 변경되었을 경우 지체없이 개인정보처리시스템의 접근 권한을 변경 또는 말소하여야 한다.
> ③ 개인정보처리자는 제1항 및 제2항에 의한 권한 부여, 변경 또는 말소에 대한 내역을 기록하고, 그 기록을 최소 3년간 보관하여야 한다.
> ⑤ 개인정보처리자는 개인정보취급자 또는 정보주체가 안전한 비밀번호를 설정하여 이행할 수 있도록 비밀번호 작성규칙을 수립하여 적용하여야 한다.
> ⑥ 개인정보처리자는 권한 있는 개인정보취급자만이 개인정보처리시스템에 접근할 수 있도록 계정정보 또는 비밀번호를 일정 횟수 이상 잘못 입력한 경우 개인정보처리시스템에 대한 접근을 제한하는 등 필요한 기술적 조치를 하여야 한다.

(4) 접근 통제(제6조)

> [안전성 조치 기준] 제6조(접근 통제)
> ① 개인정보처리자는 정보통신망을 통한 불법적인 접근 및 침해사고 방지를 위해 다음 각 호의 기능을 포함한 조치를 하여야 한다.
> 1. 개인정보처리시스템에 대한 접속 권한을 IP(Internet Protocol) 주소 등으로 제한하여 인가받지 않은 접근을 제한
> 2. 개인정보처리시스템에 접속한 IP(Internet Protocol)주소 등을 분석하여 불법적인 개인정보 유출 시도 탐지 및 대응
> ④ 고유식별정보를 처리하는 개인정보처리자는 인터넷 홈페이지를 통해 고유식별정보가 유출·변조·훼손되지 않도록 연 1회 이상 취약점을 점검하고 필요한 보완 조치를 하여야 한다.

(5) 개인정보는 암호화하여 전송하거나 저장하여야 한다.

① 개인정보보호법에서 암호화 대상이 되는 개인정보는 고유식별번호(주민번호, 여권번호, 운전면허번호, 외국인등록번호), 비밀번호, 바이오정보이다.

※정보통신망법의 암호화 대상 개인정보: 주민등록번호, 비밀번호, 바이오정보

② 통신망을 통한 자료 전송 및 보조기억 매체를 통한 자료 전달 시, 암호화 대상이 되는 개인정보는 전량 암호화해야 한다.

③ 내부망 내 저장 및 자료 송·수신 시, 고유식별번호는 업무상 필요할 경우에는 암호화 대상에서 제외 가능하나(주민등록번호는 무조건 암호화) 비밀번호와 바이오정보는 반드시 암호화해야 한다.

④ 개인정보 중 '비밀번호'는 복호화가 되지 않도록 일방향 해시함수를 사용하여야 하다

〈 암호화 적용 기준 요약표 〉

구분	대상 개인 정보	암호화 기준
정보통신망을 통한 전송 및 자료 전달 시	모든 개인정보	전량 암호화 송수신 또는 암호화 전달
내부망 저장 시	비밀번호, 바이오정보	예외 없이 전량 암호화 • 비밀번호는 일방향 해시함수 사용 • 바이오정보는 인증기능이 있어야 함
	고유식별정보	업무상 필요한 경우에 암호화 대상에서 제외할 수 있음(주민번호는 일부 공공기관에는 예외조항이 있으나, 일반적으로 무조건 암호화) • 위험도 분석결과에 따라 암호화 적용 범위 결정 • 영향평가 대상 공공기관은 영양평가 결과에 따름
인터넷구간, DMZ	모든 개인정보	전량 암호화
업무용 컴퓨터, 모바일 기기에 저장 시		

[안전성 조치 기준] 제7조(개인정보의 암호화)

① 개인정보처리자는 고유식별정보, 비밀번호, 바이오정보를 정보통신망을 통하여 송신하거나 보조저장매체 등을 통하여 전달하는 경우에는 이를 암호화하여야 한다.

② 개인정보처리자는 비밀번호 및 바이오정보는 암호화하여 저장하여야 한다. 다만, 비밀번호를 저장하는 경우에는 복호화되지 아니하도록 일방향 암호화하여 저장하여야 한다.

③ 개인정보처리자는 인터넷 구간 및 인터넷 구간과 내부망의 중간 지점(DMZ)에 고유식별정보를 저장하는 경우에는 이를 암호화하여야 한다.

④ 개인정보처리자가 내부망에 고유식별정보를 저장하는 경우에는 다음 각 호의 기준에 따라 암호화의 적용여부 및 적용범위를 정하여 시행할 수 있다.

　1. 법 제33조에 따른 개인정보 영향평가의 대상이 되는 공공기관의 경우에는 해당 개인정보 영향평가의 결과

　2. 암호화 미적용시 위험도 분석에 따른 결과

⑤ 개인정보처리자는 제1항, 제2항, 제3항, 또는 제4항에 따라 개인정보를 암호화하는 경우 안전한 암호알고리즘으로 암호화하여 저장하여야 한다.

⑥ 개인정보처리자는 암호화된 개인정보를 안전하게 보관하기 위하여 안전한 암호 키 생성, 이용, 보관, 배포 및 파기 등에 관한 절차를 수립·시행하여야 한다.

⑦ 개인정보처리자는 업무용 컴퓨터 또는 모바일 기기에 고유식별정보를 저장하여 관리하는 경우 상용 암호화 소프트웨어 또는 안전한 암호화 알고리즘을 사용하여 암호화한 후 저장하여야 한다.

(6) 접속기록의 보관 및 점검: 개인정보처리시스템에 접속한 기록을 1년 이상 보관·관리하여야 한다.

> [안전성 조치 기준] 제8조(접속기록의 보관 및 점검)
> ① 개인정보처리자는 개인정보취급자가 개인정보처리시스템에 접속한 기록을 1년 이상 보관·관리하여야 한다. 다만, 5만 명 이상의 정보주체에 관하여 개인정보를 처리하거나, 고유식별정보 또는 민감정보를 처리하는 개인정보처리시스템의 경우에는 2년 이상 보관·관리하여야 한다.
> ② 개인정보처리자는 개인정보의 오·남용, 분실·도난·유출·위조·변조 또는 훼손 등에 대응하기 위하여 개인정보처리시스템의 접속기록 등을 월 5회 이상 점검하여야 한다.

(7) 악성프로그램 등 방지: 개인정보처리자는 악성프로그램 등을 방지·치료할 수 있는 백신 소프트웨어 등의 보안 프로그램을 설치·운영하여야 한다. 또한 보안 프로그램의 자동 업데이트 기능을 사용하거나, 일 1회 이상 업데이트를 실시하여 최신의 상태로 유지하여야 한다(제9조).

(8) 물리적 접근 방지: 개인정보처리자는 전산실, 자료보관실 등 개인정보를 보관하고 있는 물리적 보관 장소를 별도로 두고 있는 경우에는 이에 대한 출입통제 절차를 수립·운영하여야 한다(제11조).

(9) 개인정보의 파기: 개인정보처리자는 개인정보가 불필요하게 되었을 때는 불법 유출 및 오·남용 방지를 위해 파기해야 한다.

> [안전성 조치 기준] 제13조(개인정보의 파기)
> ① 개인정보처리자는 개인정보를 파기할 경우 다음 각 호 중 어느 하나의 조치를 하여야 한다.
>   1. 완전파괴(소각·파쇄 등)
>   2. 전용 소자장비를 이용하여 삭제
>   3. 데이터가 복원되지 않도록 초기화 또는 덮어쓰기 수행

02 　정보통신망 이용촉진 및 정보보호 등에 관한 법률

1 개요

1. 제정 목적(제1조)

정보통신망의 이용을 촉진하고 정보통신서비스를 이용하는 자를 보호함과 아울러 정보통신망을 건전하고 안전하게 이용할 수 있는 환경을 조성하기 위하여 제정되었다. 간단히 정보통신망법, 망법 등으로 줄여 부르기도 한다.

> 제1조(목적) 이 법은 정보통신망의 이용을 촉진하고 정보통신서비스를 이용하는 자의 개인정보를 보호함과 아울러 정보통신망을 건전하고 안전하게 이용할 수 있는 환경을 조성하여 국민생활의 향상과 공공복리의 증진에 이바지함을 목적으로 한다.

2. 연혁

(1) 1986. 5. 12. 제정된 「전산망 보급확장과 이용촉진에 관한 법률」이 그 시초이다. 이후 1999. 2. 전면 개정된 「정보통신망 이용 촉진등에 관한 법률」에서 개인정보의 제공 등에 대한 규정이 시설되었다.

(2) 2001. 1. 정보보호에 관한 규정을 포함하면서 현재의 법률 명칭으로 제정되었다.

3. 법률 구성 체계

(1) 총칙

(2) 정보통신망의 이용촉진(제2장)

(3) 전자문서중계자를 통한 전자문서의 활용(제3장) → 삭제(2015. 6. 22.)

(4) 정보통신서비스의 안전한 이용환경 조성(제4장) → 대부분 삭제(2020. 2. 4.)

   ※ 제22조의2(접근권한에 대한 동의), 제23조의 2(주민번호 사용제한), 제23조의 3(본인확인 기관의 지정), 제32조의5(국내대리인의 지정)는 미삭제

(5) 정보통신망에서의 이용자 보호 등(제5장)

(6) 정보통신망의 안정성 확보 등(제6장)

(7) 통신과금서비스(제7장)

(8) 국제협력(제8장)

4. 용어의 정의

> 제2조(정의)
>
> ① 이 법에서 사용하는 용어의 뜻은 다음과 같다.
>
>   1. "정보통신망"이란 「전기통신사업법」 제2조 제2호에 따른 전기통신설비를 이용하거나 전기통신설비와 컴퓨터 및 컴퓨터의 이용기술을 활용하여 정보를 수집 · 가공 · 저장 · 검색 · 송신 또는 수신하는 정보통신체제를 말한다.
>   2. "정보통신서비스"란 「전기통신사업법」 제2조 제6호에 따른 전기통신역무와 이를 이용하여 정보를 제공하거나 정보의 제공을 매개하는 것을 말한다.
>   3. 정보통신서비스 제공자란 「전기통신사업법」 제2조 제8호에 따른 전기통신사업자와 영리를 목적으로 전기통신사업자의 전기통신역무를 이용하여 정보를 제공하거나 정보의 제공을 매개하는 자를 말한다.
>   4. "이용자"란 정보통신서비스 제공자가 제공하는 정보통신서비스를 이용하는 자를 말한다.
>   5. "전자문서"란 컴퓨터 등 정보처리능력을 가진 장치에 의하여 전자적인 형태로 작성되어 송수신되거나 저장된 문서형식의 자료로서 표준화된 것을 말한다.
>   6. 개인정보란 생존하는 개인에 관한 정보로서 성명 · 주민등록번호 등에 의하여 특정한 개인을 알아볼 수 있는 부호 · 문자 · 음성 · 음향 및 영상 등의 정보(해당 정보만으로는 특정 개인을 알아볼 수 없어도 다른 정보와 쉽게 결합하여 알아볼 수 있는 경우에는 그 정보를 포함한다)를 말한다.
>   7. "침해사고"란 해킹, 컴퓨터바이러스, 논리폭탄, 메일폭탄, 서비스 거부 또는 고출력 전자기파 등의 방법으로 정보통신망 또는 이와 관련된 정보시스템을 공격하는 행위를 하여 발생한 사태를 말한다.

2 주요 법률 내용 정리

1. 총칙(제4조)

과학기술정보통신부장관 또는 방송통신위원회는 정보사회의 기반을 조성하기 위한 시책을 마련하여야 한다.

> 제4조(정보통신망 이용촉진 및 정보보호등에 관한 시책의 마련)
> ① 과학기술정보통신부장관 또는 방송통신위원회는 정보통신망의 이용촉진 및 안정적 관리 · 운영과 이용자 보호 등
> (이하 "정보통신망 이용촉진 및 정보보호등"이라 한다)을 통하여 정보사회의 기반을 조성하기 위한 시책을 마련하
> 여야 한다.

2. 정보통신서비스의 안전한 이용환경 조성(제4장)

정보통신서비스 제공자는 원칙적으로 이용자의 주민등록번호를 수집 · 이용할 수 없다.

> 제23조의2(주민등록번호의 사용 제한)
> ① 정보통신서비스 제공자는 다음 각 호의 어느 하나에 해당하는 경우를 제외하고는 이용자의 주민등록번호를 수
> 집 · 이용할 수 없다. 〈개정 2020. 2. 4.〉
> 　1. 제23조의3에 따라 본인확인기관으로 지정받은 경우
> 　2. 삭제 〈2020. 2. 4.〉
> 　3. 「전기통신사업법」 제38조 제1항에 따라 기간통신사업자로부터 이동통신서비스 등을 제공받아 재판매하는 전
> 　　기통신사업자가 제23조의3에 따라 본인확인기관으로 지정받은 이동통신사업자의 본인확인업무 수행과 관
> 　　련하여 이용자의 주민등록번호를 수집 · 이용하는 경우
> ② 제1항 제3호에 따라 주민등록번호를 수집 · 이용할 수 있는 경우에도 이용자의 주민등록번호를 사용하지 아니하
> 고 본인을 확인하는 방법(이하 "대체수단"이라 한다)을 제공하여야 한다.

3. 정보통신망의 안정성 확보(제6장)

(1) 정보통신서비스 제공자와 정보통신망 연결기기를 제조하거나 수입하는 자는 정보통신망의 안정성 및 신뢰성 확보를 위한 보호조치를 하여야 한다(제45조 제1항).

(2) 과학기술정보통신부장관은 관계 중앙행정기관의 장에게 소관 분야의 정보통신망 연결기기 등과 관련된 시험 · 검사 · 인증 등의 기준에 정보보호지침의 내용을 반영할 것을 요청할 수 있다(제45조 제4항).

> 제45조(정보통신망의 안정성 확보 등)
> ① 다음 각 호의 어느 하나에 해당하는 자는 정보통신서비스의 제공에 사용되는 정보통신망의 안정성 및 정보의
> 신뢰성을 확보하기 위한 보호조치를 하여야 한다. 〈개정 2020. 6. 9.〉
> 　1. 정보통신서비스 제공자
> 　2. 정보통신망에 연결되어 정보를 송 · 수신할 수 있는 기기 · 설비 · 장비 중 대통령령으로 정하는 기기 · 설
> 　　비 · 장비(이하 "정보통신망연결기기등"이라 한다)를 제조하거나 수입하는 자
> ④ 과학기술정보통신부장관은 관계 중앙행정기관의 장에게 소관 분야의 정보통신망연결기기등과 관련된 시험 · 검
> 　사 · 인증 등의 기준에 정보보호지침의 내용을 반영할 것을 요청할 수 있다. 〈신설 2020. 6. 9.〉

(3) 정보보호 사전점검(제45조의2)

　① 정보보호 사전점검이란 정보통신망의 구축 또는 정보통신서비스의 제공 이전에 계획 또는 설계 등의 과정에서 정보보호를 고려하여 필요한 조치를 취하거나 계획을 마련하는 것을 말한다.

② 사전점검은 대상자가 새로이 정보통신망을 구축하거나 정보통신서비스를 제공하고자 하는 때에는 그 계획 또는 설계 단계부터 실시한다.

> 제45조의2(정보보호 사전점검)
> ① 정보통신서비스 제공자는 새로이 정보통신망을 구축하거나 정보통신서비스를 제공하고자 하는 때에는 그 계획 또는 설계에 정보보호에 관한 사항을 고려하여야 한다.
> ② 과학기술정보통신부장관은 다음 각 호의 어느 하나에 해당하는 정보통신서비스 또는 전기통신사업을 시행하고자 하는 자에게 대통령령으로 정하는 정보보호 사전점검기준에 따라 보호조치를 하도록 권고할 수 있다.
>   1. 이 법 또는 다른 법령에 따라 과학기술정보통신부장관의 인가·허가를 받거나 등록·신고를 하도록 되어 있는 사업으로서 대통령령으로 정하는 정보통신서비스 또는 전기통신사업
>   2. 과학기술정보통신부장관이 사업비의 전부 또는 일부를 지원하는 사업으로서 대통령령으로 정하는 정보통신서비스 또는 전기통신사업
> ③ 제2항에 따른 정보보호 사전점검의 기준·방법·절차·수수료 등 필요한 사항은 대통령령으로 정한다.

(4) 정보보호 최고 책임자의 지정(제45조의3)

① 정보통신서비스 제공자는 정보통신시스템 등에 대한 보안 및 정보의 안전한 관리를 위하여 임원급의 정보보호 최고책임자를 지정하고 과학기술정보통신부장관에게 신고하여야 한다.

② 다만, 자산총액, 매출액 등이 대통령령으로 정하는 기준에 해당하는 정보통신 서비스 제공자의 경우에는 정보보호 최고 책임자를 지정하지 아니할 수 있다.

(5) 정보보호 관리체계의 인증(제47조)

① 과학기술정보통신부장관은 정보통신망의 안정성·신뢰성 확보를 위하여 관리적·기술적·물리적 보호조치를 포함한 종합적 관리체계를 수립·운영하고 있는 자에 대하여 기준에 적합한지에 관하여 인증을 할 수 있다.

② 이와 관련하여 과학기술정보통신부장관은 한국인터넷진흥원 또는 과학기술정보통신부장관이 지정한 기관으로 하여금 인증심사, 인증심사 결과의 심의, 인증서 발급·관리, 인증의 사후 관리 등을 하게 할 수 있다.

(6) 침해사고의 신고 등(제48조의3)

> 제48조의3(침해사고의 신고 등)
> ① 다음 각 호의 어느 하나에 해당하는 자는 침해사고가 발생하면 즉시 그 사실을 과학기술정보통신부장관이나 한국인터넷진흥원에 신고하여야 한다. 이 경우 「정보통신기반 보호법」 제13조 제1항에 따른 통지가 있으면 전단에 따른 신고를 한 것으로 본다.
>   1. 정보통신서비스 제공자
>   2. 집적정보통신시설 사업자
> ② 과학기술정보통신부장관이나 한국인터넷진흥원은 제1항에 따라 침해사고의 신고를 받거나 침해사고를 알게 되면 제48조의2 제1항 각 호에 따른 필요한 조치를 하여야 한다.

3 개인정보의 기술적·관리적 보호조치

1. 개요

(1) 개인정보의 기술적·관리적 보호조치는 「개인정보의 기술적·관리적 보호조치 기준」에 근거하고 있다.

※ 관계 법령: 기준은 개인정보 보호법 제29조(안전조치의무) 및 동법 시행령 제48조의2(개인정보의 안전성 확보 조치에 관한 특례) 제3항

(2) 이 기준의 적용 대상은 1) 정보통신서비스제공자, 2) 정보통신서비스 제공자로부터 이용자의 개인정보를 제공받는 자, 3) 개인정보의 취급 업무를 위탁받는 자, 4) 방송사업자, 5) 다른 법률에서 정보통신망법의 준용을 명시한 경우이다.

[보호조치 기준] 제1조(목적)
② 정보통신서비스 제공자등은 사업규모, 개인정보 보유 수 등을 고려하여 스스로의 환경에 맞는 개인정보 보호조치 기준을 수립하여 시행하여야 한다.

---

2. 용어의 정의

(1) **개인정보 보호책임자**: 이용자의 개인정보보호 업무를 총괄하거나 업무처리를 최종 결정하는 임직원을 말한다.

(2) **개인정보취급자**: 이용자의 개인정보를 수집, 보관, 처리, 이용, 제공, 관리 또는 파기 등의 업무를 하는 자를 말한다.

(3) **내부관리계획**: 함은 정보통신서비스 제공자등이 개인정보의 안전한 처리를 위하여 개인정보보호 조직의 구성, 개인정보취급자의 교육, 개인정보 보호조치 등을 규정한 계획을 말한다.

(4) **개인정보처리시스템**: 개인정보를 처리할 수 있도록 체계적으로 구성한 데이터베이스시스템을 말한다.

(5) **망분리**: 외부 인터넷망을 통한 불법적인 접근과 내부정보 유출을 차단하기 위해 업무망과 외부 인터넷망을 분리하는 망 차단조치를 말한다.

(6) **비밀번호**: 이용자 및 개인정보취급자 등이 시스템 또는 정보통신망에 접속할 때 식별자와 함께 입력하여 정당한 접속 권한을 가진 자라는 것을 식별할 수 있도록 시스템에 전달해야 하는 고유의 문자열로서 타인에게 공개되지 않는 정보를 말한다.

(7) **접속기록**: 이용자 또는 개인정보취급자 등이 개인정보처리시스템에 접속하여 수행한 업무 내역에 대하여 식별자, 접속일시, 접속지를 알 수 있는 정보, 수행업무 등 접속한 사실을 전자적으로 기록한 것을 말한다.

(8) **바이오정보**: 지문, 얼굴, 홍채, 정맥, 음성, 필적 등 개인을 식별할 수 있는 신체적 또는 행동적 특징에 관한 정보로서 그로부터 가공되거나 생성된 정보를 포함한다.

(9) **P2P(Peer to Peer)**: 정보통신망을 통해 서버의 도움 없이 개인과 개인이 직접 연결되어 파일을 공유하는 것을 말한다.

(10) **공유설정**: 컴퓨터 소유자의 파일을 타인이 조회 · 변경 · 복사 등을 할 수 있도록 설정하는 것을 말한다.

(11) **보안서버**: 정보통신망에서 송 · 수신하는 정보를 암호화하여 전송하는 웹서버를 말한다.

(12) **인증정보**: 개인정보처리시스템 또는 정보통신망을 관리하는 시스템 등이 요구한 식별자의 신원을 검증하는데 사용되는 정보를 말한다.

(13) **모바일 기기**: 스마트폰, 태블릿PC 등 무선망을 이용할 수 있는 휴대용 기기를 말한다.

(14) **보조저장매체**: 이동형 하드디스크(HDD), USB메모리, CD(Compact Disc) 등 자료를 저장할 수 있는 매체로서 개인정보처리시스템 또는 개인용 컴퓨터 등과 쉽게 분리 · 접속할 수 있는 저장매체를 말한다.

3. 주요내용

(1) 내부 관리계획의 수립 · 시행: 정보통신서비스 제공자 등은 취급하는 개인정보가 분실, 도난, 유출, 변조 또는 훼손되지 않도록 안정성을 확보하기 위하여 조직 내부의 개인정보 관리계획을 수립하고 모든 임직원 및 관련자들에게 알림으로써 이를 준수할 수 있도록 해야 한다(제3조).

> 제3조(내부관리계획의 수립 · 시행)
> ① 정보통신서비스 제공자등은 다음 각 호의 사항을 정하여 개인정보보호 조직을 구성 · 운영하여야 한다.
> 　　1. 개인정보 보호책임자의 자격요건 및 지정에 관한 사항
> 　　2. 개인정보 보호책임자와 개인정보취급자의 역할 및 책임에 관한 사항
> 　　3. 개인정보 내부관리계획의 수립 및 승인에 관한 사항
> 　　4. 개인정보의 기술적 · 관리적 보호조치 이행 여부의 내부 점검에 관한 사항
> 　　5. 개인정보 처리업무를 위탁하는 경우 수탁자에 대한 관리 및 감독에 관한 사항
> 　　6. 개인정보의 분실 · 도난 · 유출 · 위조 · 변조 · 훼손 등이 발생한 경우의 대응절차 및 방법에 관한 사항
> 　　7. 그 밖에 개인정보보호를 위해 필요한 사항
> ② 정보통신서비스 제공자등은 다음 각 호의 사항을 정하여 개인정보 보호책임자 및 개인정보취급자를 대상으로 사업규모, 개인정보 보유 수 등을 고려하여 필요한 교육을 정기적으로 실시하여야 한다.
> 　　1. 교육목적 및 대상
> 　　2. 교육 내용
> 　　3. 교육 일정 및 방법
> ③ 정보통신서비스 제공자등은 제1항 및 제2항에 대한 세부 계획, 제4조부터 제8조까지의 보호조치 이행을 위한 세부적인 추진방안을 포함한 내부관리계획을 수립 · 시행하여야 한다.

(2) 접근통제(제4조)

> 제4조(접근통제)
> ① 정보통신서비스 제공자등은 개인정보처리시스템에 대한 접근권한을 서비스 제공을 위하여 필요한 개인정보 보호책임자 또는 개인정보취급자에게만 부여한다.
> ② 정보통신서비스 제공자등은 전보 또는 퇴직 등 인사이동이 발생하여 개인정보취급자가 변경되었을 경우 지체 없이 개인정보처리시스템의 접근권한을 변경 또는 말소한다.
> ③ 정보통신서비스 제공자등은 제1항 및 제2항에 의한 권한 부여, 변경 또는 말소에 대한 내역을 기록하고, 그 기록을 최소 5년간 보관한다.
> ④ 정보통신서비스 제공자등은 개인정보취급자가 정보통신망을 통해 외부에서 개인정보처리시스템에 접속이 필요한 경우에는 안전한 인증 수단을 적용하여야 한다.

(3) 접속기록의 위 · 변조 방지(제5조)

> 제5조(접속기록의 위 · 변조방지)
> ① 정보통신서비스 제공자등은 개인정보취급자가 개인정보처리시스템에 접속한 기록을 월 1회 이상 정기적으로 확인 · 감독하여야 하며, 시스템 이상 유무의 확인 등을 위해 최소 1년 이상 접속기록을 보존 · 관리하여야 한다.
> ② 단, 제1항의 규정에도 불구하고 「전기통신사업법」 제5조의 규정에 따른 기간통신사업자의 경우에는 보존 · 관리해야할 최소 기간을 2년으로 한다.
> ③ 정보통신서비스 제공자등은 개인정보취급자의 접속기록이 위 · 변조되지 않도록 별도의 물리적인 저장 장치에 보관하여야 하며 정기적인 백업을 수행하여야 한다.

(4) 개인정보의 암호화(제6조)

제6조(개인정보의 암호화)

① 정보통신서비스 제공자등은 비밀번호는 복호화되지 아니하도록 일방향 암호화하여 저장한다.

② 정보통신서비스 제공자등은 다음 각 호의 정보에 대해서는 안전한 암호알고리듬으로 암호화하여 저장한다.

    1. 주민등록번호

    2. 여권번호

    3. 운전면허번호

    4. 외국인등록번호

    5. 신용카드번호

    6. 계좌번호

    7. 바이오정보

③ 정보통신서비스 제공자등은 정보통신망을 통해 이용자의 개인정보 및 인증정보를 송·수신할 때에는 안전한 보안서버 구축 등의 조치를 통해 이를 암호화해야 한다. 보안서버는 다음 각 호 중 하나의 기능을 갖추어야 한다.

    1. 웹서버에 SSL(Secure Socket Layer) 인증서를 설치하여 전송하는 정보를 암호화하여 송·수신하는 기능

    2. 웹서버에 암호화 응용프로그램을 설치하여 전송하는 정보를 암호화하여 송·수신하는 기능

④ 정보통신서비스 제공자등은 이용자의 개인정보를 컴퓨터, 모바일 기기 및 보조저장매체 등에 저장할 때에는 이를 암호화해야 한다.

01 「개인정보보호법」상 기본계획에 대한 조항의 일부이다. ㉠, ㉡에 들어갈 내용을 바르게 연결한 것은?

> **보기**
>
> 제9조(기본계획)
> ① 보호위원회는 개인정보의 보호와 정보주체의 권익 보장을 위하여 (㉠)년마다 개인정보 보호 기본계획(이하 "기본계획"이라 한다)을 관계 중앙행정기관의 장과 협의하여 수립한다.
> ② 기본계획에는 다음 각 호의 사항이 포함되어야 한다.
> 　1. 개인정보 보호의 기본목표와 추진방향
> 　2. 개인정보 보호와 관련된 제도 및 법령의 개선
> 　3. 개인정보 침해 방지를 위한 대책
> 　4. (㉡)
> 　5. 개인정보 보호 교육 · 홍보의 활성화
> 　6. 개인정보 보호를 위한 전문인력의 양성
> 　7. 그 밖에 개인정보 보호를 위하여 필요한 사항

	㉠	㉡
①	1	개인정보 보호 자율규제의 활성화
②	3	개인정보 보호 자율규제의 활성화
③	1	개인정보 활용 · 폐지를 위한 계획
④	3	개인정보 활용 · 폐지를 위한 계획

02 「정보통신망 이용촉진 및 정보보호 등에 관한 법률 시행령」 제19조(국내대리인 지정 대상자의 범위)에 명시된 자가 아닌 것은?

① 전년도(법인인 경우에는 전(前) 사업연도를 말한다) 매출액이 1,000억 원 이상인 자

② 정보통신서비스 부문 전년도(법인인 경우에는 전 사업연도를 말한다) 매출액이 100억 원 이상인 자

③ 전년도 말 기준 직전 3개월간 그 개인정보가 저장 · 관리되고 있는 이용자 수가 일일평균 100만 명 이상인 자

④ 이 법을 위반하여 개인정보 침해 사건 · 사고가 발생하였거나 발생할 가능성이 있는 경우로서 법 제64조제1항에 따라 방송통신위원회로부터 관계 물품 · 서류 등을 제출하도록 요구받은 자

03 「정보통신망 이용촉진 및 정보보호 등에 관한 법률」 제45조(정보통신망의 안정성 확보 등)에 정보보호 조치에 관한 지침에 포함되어야 할 보호조치로 명시되지 않은 것은?

① 정보의 불법 유출 · 위조 · 변조 · 삭제 등을 방지하기 위한 기술적 보호조치

② 사전 정보보호대책 마련 및 보안조치 설계 · 구현 등을 위한 기술적 보호조치

③ 정보통신망의 지속적인 이용이 가능한 상태를 확보하기 위한 기술적 · 물리적 보호조치

④ 정보통신망의 안정 및 정보보호를 위한 인력 · 조직 · 경비의 확보 및 관련 계획수립 등 관리적 보호조치

04 「개인정보보호법」상 공개된 장소에 영상정보처리기기를 설치·운영할 수 있는 경우가 아닌 것은?

① 범죄의 예방 및 수사를 위하여 필요한 경우

② 공공기관의 장이 허가한 경우

③ 교통정보의 수집·분석 및 제공을 위하여 필요한 경우

④ 시설안전 및 화재 예방을 위하여 필요한 경우

05 다음 법조문의 출처는?

제47조(정보보호 관리체계의 인증)
① 과학기술정보통신부장관은 정보통신망의 안정성·신뢰성 확보를 위하여 관리적·기술적·물리적 보호조치를 포함한 종합적 관리체계(이하 "정보보호 관리체계"라 한다)를 수립·운영하고 있는 자에 대하여 제4항에 따른 기준에 적합한지에 관하여 인증을 할 수 있다.

① 국가정보화 기본법

② 개인정보 보호법

③ 정보통신망 이용촉진 및 정보보호 등에 관한 법률

④ 정보통신산업진흥법

| 정답 및 해설

01 정답 ②

② 기본계획은 개인정보보호의 기본목표와 추진방향을 큰 틀에서 제시하고, 이를 달성하기 위한 법·제도의 개선방안, 개인정보 침해방지대책, 개인정보보호 자율규제의 활성화 방안, 개인정보 보호 교육·홍보방안, 전문인력 양성 및 기타 개인정보보호를 위하여 필요한 사항 등에 관한 중기적 관점의 계획을 포함하여야 한다.

02 정답 ①

① 전년도[법인인 경우에는 전(前) 사업연도를 말한다] 매출액이 1,000억 원이 아닌 1조 원 이상인 자가 해당한다.

03 정답 ②

② 정보보호지침에 사전 정보보호대책 마련 및 보안조치 설계·구현 등을 위한 기술적 보호조치는 없다.

04 정답 ②

제25조(영상정보처리기기의 설치·운영 제한)
① 누구든지 다음 각 호의 경우를 제외하고는 공개된 장소에 영상정보처리기기를 설치·운영하여서는 아니 된다.
　1. 법령에서 구체적으로 허용하고 있는 경우
　2. 범죄의 예방 및 수사를 위하여 필요한 경우
　3. 시설안전 및 화재 예방을 위하여 필요한 경우
　4. 교통단속을 위하여 필요한 경우
　5. 교통정보의 수집·분석 및 제공을 위하여 필요한 경우

05 정답 ③

「정보통신망 이용촉진 및 정보보호 등에 관한 법률」제47조에 근거하여 ISMS와 ISMS-P 인증제도를 시행한다.

06 「개인정보보호법」에서 사용하는 용어의 뜻으로 가장 옳지 않은 것은 무엇인가?

① 개인정보 - 살아있는 개인에 관한 정보로서 성명, 주민등록번호 및 영상 등을 통하여 개인을 알아볼 수 있는 정보(해당 정보만으로는 특정 개인을 알아볼 수 없더라도 다른 정보와 쉽게 결합하여 알아볼 수 있는 것을 포함한다)를 말한다.

② 정보주체 - 처리되는 정보에 의하여 알아볼 수 있는 사람으로서 그 정보의 주체가 되는 사람을 말한다.

③ 개인정보파일 - 개인정보를 쉽게 검색할 수 있도록 일정한 규칙에 따라 체계적으로 배열하거나 구성한 개인정보의 집합물을 말한다.

④ 개인정보처리자 - 개인정보취급자의 지휘·감독을 받아 개인정보를 처리하는 업무를 담당하는 자로서 임직원, 파견근로자, 시간제근로자 등을 말한다.

07 「개인정보보호법」 제25조 제1항 '누구든지 다음 각 호의 경우를 제외하고는 공개된 장소에 영상정보처리기기를 설치·운영하여서는 아니 된다.'의 각 호에 해당하지 않는 것은 모두 몇 개인가?

> **보기**
> 가. 법령에서 구체적으로 허용하고 있는 경우
> 나. 범죄의 예방 및 수사를 위하여 필요한 경우
> 다. 시설안전 및 화재 예방을 위하여 필요한 경우
> 라. 교통단속을 위하여 필요한 경우
> 마. 교통정보의 수집·분석 및 제공을 위하여 필요한 경우

① 0개   ② 1개
③ 2개   ④ 3개

08 「정보통신망 이용촉진 및 정보보호 등에 관한 법률」에 의한 형사처벌 대상이 아닌 것은 무엇인가?

① 이용자의 동의를 받지 아니하고 개인정보를 수집하는 프로그램을 이용자의 컴퓨터나 그 밖에 대통령령으로 정하는 정보처리장치에 설치한 정보통신서비스 제공자

② 정보통신망에 의하여 처리·보관 또는 전송되는 타인의 정보를 훼손하거나 타인의 비밀을 침해·도용 또는 누설한 자

③ 법정대리인의 동의를 받지 아니하거나 법정대리인이 동의하였는지를 확인하지 아니하고 만 14세 미만인 아동의 개인정보를 수집한 정보통신서비스 제공자

④ 정당한 접근권한 없이 또는 허용된 접근권한을 넘어 정보통신망에 침입한 자

09 다음 빈칸에 들어갈 대상으로 옳은 것은 무엇인가?

> **보기**
> 정보통신망 이용촉진 및 정보보호 등에 관한 법률」 제45조의3(정보보호 최고책임자의 지정 등)
> ① 정보통신서비스 제공자는 정보통신시스템 등에 대한 보안 및 보의 안전한 관리를 위하여 임원급의 정보보호 최고 책임자를 지정하고 ( )에게 신고하여야 한다. 다만, 자산총액, 매출액 등이 대통령령으로 정하는 기준에 해당하는 정보통신서비스 제공자의 경우에는 정보보호 최고책임자를 지정하지 아니할 수 있다.

① 과학기술정보통신부장관
② 행정안전부장관
③ 국가정보원장
④ 한국인터넷진흥원장

10 「개인정보보호법」에서 규정하는 개인정보보호
책임자의 업무로 가장 옳지 않은 것은?

① 개인정보 보호 계획의 수립 및 시행
② 개인정보 처리와 관련한 불만의 처리 및 피해 구제
③ 정보보호 취약점 분석·평가 및 개선
④ 처리 목적이 달성되거나 보유기간이 지난 개인정
보의 파기

11 「개인정보의 안전성 확보조치 기준」에 대한 설
명으로 가장 옳지 않은 것은?

① 개인정보취급자란 개인정보처리자의 지휘·감독
을 받아 개인정보를 처리하는 업무를 담당하는 자
로서 임직원, 파견근로자, 시간제근로자 등을 말
한다.
② 개인정보보호책임자는 접근권한 관리, 접속기록
보관 및 점검, 암호화 조치 등 내부 관리계획의 이
행 실태를 연1회 이상으로 점검·관리하여야 한다.
③ 개인정보처리자는 개인정보처리시스템에 대한 접
근 권한을 업무 수행에 필요한 최소한의 범위로
업무 담당자에 따라 차등 부여하여야 한다.
④ 개인정보처리자는 개인정보의 오·남용, 분실·
도난·유출·위조·변조 또는 훼손 등에 대응하
기 위하여 개인정보처리시스템의 접속기록 등을
연 1회 이상 점검하여야 한다.

06 　정답 ④

④ 개인정보처리자 - 개인정보취급자의 지휘·감독을 받아 개
인정보를 처리하는 업무를 담당하는 자로서 ~ → 개인정
보처리자는 개인정보취급자를 지휘·감독하며 ~

07 　정답 ①

p.331 04번 해설 참조

08 　정답 ①

① 정보통신서비스 제공자는 영리 목적의 광고성 정보가 보이
도록 하거나 개인정보를 수집하는 프로그램을 이용자의
컴퓨터나 정보처리장치에 설치하려면 이용자의 동의를 얻
어야 한다(정보통신망법 제50조의5). 이를 위반하여 이용
자의 동의를 받지 아니하고 프로그램을 설치한 자는 3천만
원 이하의 과태료가 부과된다(동법 제76조(과태료)).
②·③·④ 5년 이하의 징역 또는 5천만 원 이하의 벌금에 해당
한다.

09 　정답 ①

정보통신서비스 제공자는 임원급의 정보보호 최고책임자를
지정하고 과학기술정보통신부장관에게 신고하여야 한다.

10 　정답 ③

개인정보처리자는 개인정보의 처리에 관한 업무를 총괄해서
책임질 '개인정보 보호 책임자'를 지정하여야 하며(법 제31
조), 개인정보 보호 책임자의 주요 수행업무는 ① 개인정보
계획의 수립 및 시행, ② 개인정보 처리와 관련한 불만의 처리
및 구제 등이 있다. 또한 ④의 개인정보 파기는 개인정보처리
자가 수행하여야 하나, 이 과정에서 개인정보 보호 책임자는
개인정보 파기 시행 후 파기 결과를 확인하여야 한다(표준개
인정보보호지침 제10조). 따라서 가장 옳지 않은 것은 ③이다.

11 　정답 ④

개인정보의 안전성 확보는 「개인정보의 안전성 확보조치 기준」
에 근거하고 있다.
④ 연 1회 → 월 1회
①·② 동 기준 제2조(정의)에 기술
③ 동 기준 제5조(접근 권한의 관리)에 기술

PART
07

CHAPTER 06

정보보호 관련법규 II

01 정부통신기반보호법

1 개요

1. 제정 목적

정보화의 진전에 따라 주요 사회기반 시설의 정보통신시스템에 대한 의존도가 심화되면서 해킹 · 컴퓨터바이러스 등을 이용한 전자적 침해행위가 국가안보를 위협하는 새로운 요소로 대두됨에 따라 전자적 침해행위에 대비하여 주요 정보통신기반시설을 보호하기 위해 2001. 7. 정보통신기반보호법이 제정되었다.

> 제1조(목적) 이 법은 전자적 침해행위에 대비하여 주요정보통신기반시설의 보호에 관한 대책을 수립 · 시행함으로써 동 시설을 안정적으로 운용하도록 하여 국가의 안전과 국민생활의 안정을 보장하는 것을 목적으로 한다.

2. 법률 구성 체계

(1) 주요정보통신기반시설의 보호체계(제2장)

(2) 주요정보통신기반시설의 지정 및 취약점 분석(제3장)

(3) 주요정보통신기반시설의 보호 및 침해사고의 대응(제4장)

(4) 정보보호 전문업체의 지정등(제5장) → 삭제(2009. 5. 22.)

(5) 기술지원 및 민간협력 등(제6장)

〈 정보통신기반보호법의 주요 내용 〉

구분	주요 내용
[제2장] 주요정보통신기반시설의 보호체계	• 정보통신기반보호위원회(제3조) • 위원회의 기능(제4조) • 주요정보통신기반시설보호대책의 수립 등(제5조) • 주요정보통신기반시설보호대책 이행 여부의 확인(제5조의2) • 주요정보통신기반시설보호계획의 수립(제6조) • 주요정보통신기반시설의 보호지원(제7조)
[제3장] 주요정보통신기반시설의 지정 및 취약점 분석	• 주요정보통신기반시설의 지정(제8조) • 주요정보통신기반시설의 지정 권고(제8조의 2) • 취약점의 분석 · 평가(제9조)

[제4장] 주요정보통신기반시설의 보호 및 침해사고의 대응	• 보호지침(제10조) • 보호조치 명령(제11조) • 주요정보통신기반시설 침해행위 등의 금지(제12조) • 침해사고의 통지(제13조) • 복구조치(제14조) • 대책본부의 구성(제15조) • 정보공유 · 분석센터(제16조)

3. 용어의 정의

(1) 정보통신기반시설: 국가안전보장 · 행정 · 국방 · 치안 · 금융 · 통신 · 운송 · 에너지 등의 업무와 관련된 전자적 제어 · 관리시스템 및 「정보통신망 이용촉진 및 정보보호 등에 관한 법률」 제2조 제1항 제1호에 따른 정보통신망을 말한다.

(2) 전자적 침해행위: 다음의 방법으로 정보통신기반시설을 공격하는 행위를 말한다.

① 해킹, 컴퓨터바이러스, 논리 · 메일폭탄, 서비스거부 또는 고출력 전자기파 등의 방법

② 정상적인 보호 · 인증 절차를 우회하여 정보통신기반시설에 접근할 수 있도록 하는 프로그램이나 기술적 장치 등을 정보통신기반시설에 설치하는 방법

(3) 침해사고: 전자적 침해행위로 인하여 발생한 사태를 말한다.

2 주요 법률 내용 정리

1. 주요정보통신기반시설의 보호체계

(1) 정보통신기반보호위원회(제3조)

① 주요정보통신기반시설의 보호에 관한 사항을 심의하기 위하여 국무총리 소속하에 정보통신기반보호위원회를 둔다. 〈개정 2020. 6. 9.〉

② 위원회의 구성

㉠ 위원회의 위원은 위원장 1인을 포함한 25인 이내의 위원으로 구성

㉡ 위원회의 위원장은 국무조정실장이 되고, 위원회의 위원은 대통령령으로 정하는 중앙행정기관의 차관급 공무원과 위원장이 위촉하는 자

㉢ 위원회의 효율적인 운영을 위하여 위원회에 공공분야와 민간분야를 각각 담당하는 실무위원회를 둔다.

(2) 위원회의 기능(제4조): 주요정보통신기반시설 보호정책의 조정이나 제도 개선에 관한 사항과 그밖에 주요정보통신기반시설 보호와 관련된 주요 정책사항으로서 위원장이 회의에 부치는 사항을 심의한다.

(3) 주요정보통신기반시설보호대책의 수립 등(제5조)

① 주요정보통신기반시설을 관리하는 기관의 장은 취약점 분석 · 평가의 결과에 따라 소관 주요정보통신기반시설 및 관리 정보를 안전하게 보호하기 위한 예방, 백업, 복구 등 물리적 · 기술적 대책을 포함한 관리대책을 수립 · 시행하여야 한다.

② 관리기관의 장은 소관 주요정보통신기반시설의 보호업무를 담당하는 운영자를 정보보호책임자로 지정하여야 한다(동법 시행령 제9조).

> 제5조(주요정보통신기반시설보호대책의 수립 등)
> ① 주요정보통신기반시설을 관리하는 기관(이하 "관리기관"이라 한다)의 장은 제9조 제1항 또는 제2항에 따른 취약점 분석·평가의 결과에 따라 소관 주요정보통신기반시설 및 관리 정부를 안전하게 보호하기 위한 예방, 백업, 복구 등 물리적·기술적 대책을 포함한 관리대책(이하 "주요정보통신기반시설보호대책"이라 한다)을 수립·시행하여야 한다.
> ② 관리기관의 장은 제1항에 따라 주요정보통신기반시설보호대책을 수립한 때에는 이를 주요정보통신기반시설을 관할하는 중앙행정기관(이하 "관계중앙행정기관"이라 한다)의 장에게 제출하여야 한다. 다만, 관리기관의 장이 관계중앙행정기관의 장인 경우에는 그러하지 아니하다. 〈개정 2020. 6. 9.〉
> ③ 지방자치단체의 장이 관리·감독하는 관리기관의 주요정보통신기반시설보호대책은 지방자치단체의 장이 행정안전부장관에게 제출하여야 한다.
> ④ 관리기관의 장은 소관 주요정보통신기반시설의 보호에 관한 업무를 총괄하는 자(이하 "정보보호책임자"라 한다)를 지정하여야 한다. 다만, 관리기관의 장이 관계중앙행정기관의 장인 경우에는 그러하지 아니하다.

(4) 주요정보통신기반시설보호대책 이행 여부의 확인(제5조의2): 과학기술정보통신부장관과 국가정보원장은 관리기관에 대하여 주요정보통신기반시설보호대책의 이행 여부를 확인할 수 있다. 또한 필요한 경우 자료 제출을 요청할 수 있다

(5) 주요정보통신기반시설보호계획의 수립(제6조): 관계중앙행정기관의 장은 주요정보통신기반시설보호대책을 종합·조정하여 소관분야에 대한 주요정보통신기반시설에 관한 보호계획을 수립·시행하여야 한다.

(6) 주요정보통신기반시설의 보호지원(제7조)

> 제7조(주요정보통신기반시설의 보호지원)
> ① 관리기관의 장이 필요하다고 인정하거나 위원회의 위원장이 특정 관리기관의 주요정보통신기반시설보호대책의 미흡으로 국가안전보장이나 경제사회전반에 피해가 우려된다고 판단하여 그 보완을 명하는 경우 해당 관리기관의 장은 과학기술정보통신부장관과 국가정보원장 등 또는 필요한 경우 대통령령으로 정하는 전문기관의 장에게 다음 각 호의 업무에 대한 기술적 지원을 요청할 수 있다.
> 1. 주요정보통신기반시설보호대책의 수립
> 2. 주요정보통신기반시설의 침해사고 예방 및 복구
> 3. 제11조에 따른 보호조치 명령·권고의 이행
> ② 국가안전보장에 중대한 영향을 미치는 다음 각 호의 주요정보통신기반시설에 대한 관리기관의 장이 제1항에 따라 기술적 지원을 요청하는 경우 국가정보원장에게 우선적으로 그 지원을 요청하여야 한다. 다만, 국가안전보장에 현저하고 급박한 위험이 있고, 관리기관의 장이 요청할 때까지 기다릴 경우 그 피해를 회복할 수 없을 때에는 국가정보원장은 관계중앙행정기관의 장과 협의하여 그 지원을 할 수 있다.
> 1. 도로·철도·지하철·공항·항만 등 주요 교통시설
> 2. 전력, 가스, 석유 등 에너지·수자원 시설
> 3. 방송중계·국가지도통신망 시설
> 4. 원자력·국방과학·첨단방위산업관련 정부출연연구기관의 연구시설
> ③ 국가정보원장은 제1항 및 제2항에도 불구하고 금융 정보통신기반시설 등 개인정보가 저장된 모든 정보통신기반시설에 대하여 기술적 지원을 수행하여서는 아니된다.

2. 주요정보통신기반시설의 지정 및 취약점 분석(제3장)

(1) 주요정보통신기반시설의 지정(제8조)

① 중앙행정기관의 장은 소관분야의 정보통신기반시설중 다음 각호의 사항을 고려하여 전자적 침해행위로부터의 보호가 필요하다고 인정되는 정보통신기반시설을 주요정보통신기반시설로 지정할 수 있다.

㉠ 해당 정보통신기반시설을 관리하는 기관이 수행하는 업무의 국가사회적 중요성

　　㉡ 제1호에 따른 기관이 수행하는 업무의 정보통신기반시설에 대한 의존도

　　㉢ 다른 정보통신기반시설과의 상호연계성

　　㉣ 침해사고가 발생할 경우 국가안전보장과 경제사회에 미치는 피해규모 및 범위

　　㉤ 침해사고의 발생가능성 또는 그 복구의 용이성

② 중앙행정기관의 장은 제1항에 따른 지정 여부를 결정하기 위하여 필요한 자료의 제출을 해당 관리기관에 요구할 수 있다. 〈개정 2020. 6. 9.〉

③ 관계중앙행정기관의 장은 관리기관이 해당 업무를 폐지·정지 또는 변경하는 경우에는 직권 또는 해당 관리기관의 신청에 의하여 주요정보통신기반시설의 지정을 취소할 수 있다.

(2) 주요정보통신기반시설의 지정 권고(제8조의2)

① 과학기술정보통신부장관과 국가정보원장등은 특정한 정보통신기반시설을 주요정보통신기반시설로 지정할 필요가 있다고 판단되는 경우에는 중앙행정기관의 장에게 해당 정보통신기반시설을 주요정보통신기반시설로 지정하도록 권고할 수 있다. 이 경우 지정 권고를 받은 중앙행정기관의 장은 위원회의 심의를 거쳐 지정 여부를 결정하여야 한다.

② 과학기술정보통신부장관과 국가정보원장 등은 제1항에 따른 권고를 위하여 필요한 경우에는 중앙행정기관의 장에게 해당 정보통신기반시설에 관한 자료를 요청할 수 있다.

(3) 취약점의 분석·평가(제9조): 관리기관의 장은 대통령령으로 정하는 바에 따라 정기적으로 소관 주요정보통신기반시설의 취약점을 분석·평가하여야 한다.

> 제9조(취약점의 분석·평가)
> ① 관리기관의 장은 대통령령으로 정하는 바에 따라 정기적으로 소관 주요정보통신기반시설의 취약점을 분석·평가하여야 한다.
> ② 중앙행정기관의 장은 다음 각 호의 어느 하나에 해당하는 경우 해당 관리기관의 장에게 주요정보통신기반시설의 취약점을 분석·평가하도록 명령할 수 있다.
> 　　1. 새로운 형태의 전자적 침해행위로부터 주요정보통신기반시설을 보호하기 위하여 필요한 경우
> 　　2. 주요정보통신기반시설에 중대한 변화가 발생하여 별도의 취약점 분석·평가가 필요한 경우
> ③ 관리기관의 장은 제1항 또는 제2항에 따라 취약점을 분석·평가하고자 하는 경우에는 대통령령이 정하는 바에 따라 취약점을 분석·평가하는 전담반을 구성하여야 한다.
> ④ 관리기관의 장은 제1항 또는 제2항에 따라 취약점을 분석·평가하고자 하는 경우에는 다음 각호의 1에 해당하는 기관으로 하여금 소관 주요정보통신기반시설의 취약점을 분석·평가하게 할 수 있다. 다만, 이 경우 제3항에 따른 전담반을 구성하지 아니할 수 있다.
> 　　1.「정보통신망 이용촉진 및 정보보호 등에 관한 법률」제52조의 규정에 의한 한국인터넷진흥원
> 　　2. 제16조의 규정에 의한 정보공유·분석센터(대통령령이 정하는 기준을 충족하는 정보공유·분석센터에 한한다)
> 　　3.「정보보호산업의 진흥에 관한 법률」제23조에 따라 지정된 정보보호 전문서비스 기업
> 　　4.「정부출연연구기관 등의 설립·운영 및 육성에 관한 법률」제8조의 규정에 의한 한국전자통신연구원
> ⑤ 과학기술정보통신부장관은 관계중앙행정기관의 장 및 국가정보원장과 협의하여 제1항 및 제2항에 따른 취약점 분석·평가에 관한 기준을 정하고 이를 관계중앙행정기관의 장에게 통보하여야 한다.

3. 주요정보통신기반시설의 보호 및 침해사고의 대응(제4장)

(1) 보호지침(제10조)

① 관계중앙행정기관의 장은 소관분야의 주요정보통신기반시설에 대하여 보호지침을 제정하고 해당분야의 관리기관의 장에게 이를 지키도록 권고할 수 있다.

② 관계중앙행정기관의 장은 기술의 발전 등을 고려하여 제1항에 따른 보호지침을 주기적으로 수정 · 보완하여야 한다. 〈개정 2020. 6. 9.〉

(2) 주요정보통신기반시설 침해행위 등의 금지(제12조)

> 제12조(주요정보통신기반시설 침해행위 등의 금지) 누구든지 다음 각 호의 어느 하나에 해당하는 행위를 하여서는 아니된다. 〈개정 2020. 6. 9.〉
>
> 1. 접근권한을 가지지 아니하는 자가 주요정보통신기반시설에 접근하거나 접근권한을 가진 자가 그 권한을 초과하여 저장된 데이터를 조작 · 파괴 · 은닉 또는 유출하는 행위
> 2. 주요정보통신기반시설에 대하여 데이터를 파괴하거나 주요정보통신기반시설의 운영을 방해할 목적으로 컴퓨터바이러스 · 논리폭탄 등의 프로그램을 투입하는 행위
> 3. 주요정보통신기반시설의 운영을 방해할 목적으로 일시에 대량의 신호를 보내거나 부정한 명령을 처리하도록 하는 등의 방법으로 정보처리에 오류를 발생하게 하는 행위

(3) 침해사고의 통지(제13조)

① 관리기관의 장은 침해사고가 발생하여 소관 주요정보통신기반시설이 교란 · 마비 또는 파괴된 사실을 인지한 때에는 관계 행정기관, 수사기관 또는 인터넷진흥원에 그 사실을 통지하여야 한다. 이 경우 관계기관 등은 침해사고의 피해확산 방지와 신속한 대응을 위하여 필요한 조치를 취하여야 한다.

② 정부는 제1항에 따라 침해사고를 통지함으로써 피해확산의 방지에 기여한 관리기관에 예산의 범위 안에서 복구비 등 재정적 지원을 할 수 있다.

(4) 정보공유 · 분석센터(제16조): 민간주도의 ISAC 건립이 가능하다. 현재 우리나라는 금융권에서는 금융감독원 주도하에 금융 ISAC이 설립 · 운영 중이며 통신사업자를 중심으로 한 통신 ISAC이 있다.

> 제16조(정보공유 · 분석센터) ① 금융 · 통신 등 분야별 정보통신기반시설을 보호하기 위하여 다음 각호의 업무를 수행하고자 하는 자는 정보공유 · 분석센터를 구축 · 운영할 수 있다.
> 1. 취약점 및 침해요인과 그 대응방안에 관한 정보 제공
> 2. 침해사고가 발생하는 경우 실시간 경보 · 분석체계 운영

더 알아보기

정보공유 · 분석센터(ISAC; Information Sharing & Analysis Center)
정보공유분석센터는 해킹 및 사이버테러 등 전자적 침해행위에 관한 정보를 분석하고 침해사고 발생 시 대응요령 및 지침을 신속하게 배포, 참가기관 정보통신 기반시설에 대한 공격을 효과적으로 예방, 탐지 및 대응할 수 있는 시스템 및 조직을 말한다.

01 「클라우드컴퓨팅 발전 및 이용자 보호에 관한 법률」 제25조(침해사고 등의 통지 등), 제26조(이용자 보호 등을 위한 정보 공개), 제27조(이용자 정보의 보호)에 명시된 것으로 옳지 않은 것은?

① 클라우드컴퓨팅서비스 제공자는 이용자 정보가 유출된 때에는 즉시 그 사실을 과학기술정보통신부장관에게 알려야 한다.

② 이용자는 클라우드컴퓨팅서비스 제공자에게 이용자 정보가 저장되는 국가의 명칭을 알려 줄 것을 요구할 수 있다.

③ 클라우드컴퓨팅서비스 제공자는 법원의 제출명령이나 법관이 발부한 영장에 의하지 아니하고는 이용자의 동의 없이 이용자 정보를 제3자에게 제공하거나 서비스 제공 목적 외의 용도로 이용할 수 없다. 클라우드컴퓨팅서비스 제공자로부터 이용자 정보를 제공받은 제3자도 또한 같다.

④ 클라우드컴퓨팅서비스 제공자는 이용자와의 계약이 종료되었을 때에는 이용자에게 이용자 정보를 반환하여야 하고 클라우드컴퓨팅서비스 제공자가 보유하고 있는 이용자 정보를 파기할 수 있다.

정답 및 해설

01
정답 ④

④ 클라우드컴퓨팅서비스 제공자는 이용자와의 계약이 종료되었을 때에는 이용자에게 이용자 정보를 반환하여야 하고 클라우드컴퓨팅서비스 제공자가 보유하고 있는 이용자 정보를 파기하여야 한다(임의규정이 아니라 강행규정임).

PART
07

02 「정보통신기반보호법」에 관한 설명으로 가장 옳지 않은 것은 무엇인가?

① 전자적 침해행위라 함은 정보통신기반시설을 대상으로 해킹, 컴퓨터바이러스, 논리·메일폭탄, 서비스거부 또는 고출력 전자기파 등으로 정보통신기반시설을 공격하는 행위를 말한다.

② 정보통신기반보호위원회의 위원은 위원장 1인을 포함한 25인 이내의 위원으로 구성한다.

③ 정보통신기반보호위원회는 주요정보통신기반시설 보호와 관련된 제도의 개선에 관한 사항 등을 심의한다.

④ 관리기관의 장은 대통령령이 정하는 바에 따라 정기적으로 소관 주요정보통신기반시설의 취약점을 분석·평가할 수 있다.

03 다음은 「정보보호산업의 진흥에 관한 법률」상 정보보호산업의 활성화를 위한 구매수요정보의 제공에 관한 조항의 일부이다. ㉠, ㉡에 들어갈 용어를 바르게 연결한 것은?

> **보기**
>
> 전자정부법 제2조 제2호에 따른 행정기관 또는 공공기관의 장은 소관 기관·시설의 정보보호 수준을 강화하기 위하여 (㉠) 정보보호기술등에 대한 구매수요 정보를 (㉡)에게 제출하여야 한다.

	㉠	㉡
①	매년	과학기술정보통신부장관
②	매년	행정안전부장관
③	2년마다	과학기술정보통신부장관
④	2년마다	행정안전부장관

│ 정답 및 해설

02 ▶정답 ④

④ 관리기관의 장은 대통령령이 정하는 바에 따라 정기적으로 소관 주요정보통신기반시설의 취약점을 분석·평가하여야 한다(강행규정).

03 ▶정답 ①

① 행정기관 또는 공공기관의 장은 매년 정보보호기술등에 대한 구매수요 정보를 과학기술정보통신부장관에게 제출하여야 하고, 과학기술정보통신부장관은 제출된 구매수요정보를 정보보호기업에 제공할 수 있다.

참고문헌

PART 01 정보보호 개요

양대일, 「정보보안개론」, 한빛미디어(2018)

한국정보통신기술협회(TTA) 정보통신 용어사전 http://terms.tta.or.kr/main.do

PART 02 암호에 대한 이해

강주성 외 공저, 「현대암호학」, 경문사(2000)

양대일, 「정보보안개론」, 한빛미디어(2018)

박영수, 「역사 속에 숨겨진 코드 암호이야기」, 북로드(1999)

C.E. Shannon, *A Mathematical Theory of Communication*, Bell Sys. Tech. J(1948)

C.E. Shannon, *Communication theory of secrecy systems*, Bell Sys. Tech. J(1949)

Massey, James L, *Cryptography: Fundamentals and Applications, course notes*(1993)

FIPS, NIST, *"198: The Keyed-Hash Message Authentication Code(HMAC),"* National Institute of Standards and Technology, Federal Information Processing Standards(2002)

FIPS, NIST, *"113: Computer Data Authentication,"* National Institute of Standards and Technology, Federal Information Processing Standards(1985)

M. Bellare, J.Kilian, and P. Rogaway, *"The Security of the CBC code,"* Journal of Computer and Systems Sciences, vol.61(3)(2000)

MJ. Dworkin, *"SP 800-38D, Recommendation for block cipher modes of operation: Galois/Counter Mode(GCM) and GMAC,"* Technical Report, NIST, Gaithersburg, MD, United States(2007)

Morris Dworkin, *"Recommendation for Block Cipher Modes of Operation: The CMAC Mode for Authentication,"* NIST SP 800-38B(2005)

Morris Dworkin, *"Recommendation for Block Cipher Modes of Operation: The CCM Mode for Authentication and Confidentiality,"* COMPUTER SECURITY, NIST Special Publication 800-38C(2004)

R.C. Merkle, *One way hash functions and DES. In G. Brassard*, editor, Proc. CRYPTO 89

R.C. Merkle, *Secure communications over insecure channels, Communications of the ACM*(1978)

P.W. Shor, *Algorithms for quantum computation: discrete logarithms and factoring*, In Proceedings 35th annual IEEE symposium on foundations of computer science(1994)

https://link.springer.com/chapter/10.1007/0-387-34805-0_32

https://link.springer.com/chapter/10.1007/3-540-48184-2_14

https://security.googleblog.com/2017/02/announcing-first-sha1-collision.html

https://www.nist.gov/

PART 03 접근통제

박범근, "생체인식 기술 및 시장동향,"S&T Market Report vol.39, 연구성과 실용화 진흥원(2016.2)

이재광·김일준, 「실전으로 배우는 네트워크 해킹과 보안」, INFINITY BOOKS(2017)

B. Clifford Newman and Theodore Ts'o, *"Kerberos: An authentication service for computer networks,"* IEEE Communications Magazine(1994)

I.J. Kim and Tsutomu Matsumoto, *"Achieving higher success probability in time-memory tradeoff cryptanalysis without increasing memory size,"* TIEICE: IEICE Transactions on Communications/ Electronics /Information and Systems(1999)

P. Oschslin, *"Making a faster cryptanalytic time-memory trade off"*, In Advances in Cryptology- CRYPTO 2003

PART 04 시스템 보안

금융보안원·유진투자증권, "블록체인 기술의 이해와 국내외 활용현황", 한국인터넷진흥원(2018.6)

김학용, 「사물인터넷」, 홍릉과학출판사(2017)

민연아, "블록체인 네트워크의 통신비용 효율성을 고려한 PBTF 합의과정 연구,"Journal of KIIT, Vol.18, No.4(2020)

박준한·김유성·공수재, *"블록체인 구현 측면 정보보안 동향 및 시사점,"* 주간기술동향 1858호, 정보통신기술진흥센터(https://www.iitp.kr/)(2018.8)

보안연구부 보안기술팀, "2. 블록체인 및 비트코인 보안기술,"국내외 블록체인 활용 동향 및 보안 기술 보고서 (https://www.fsec.or.kr/), 금융보안원(2015)

안성원·유호석·김다혜, *"클라우드 보안의 핵심이슈와 대응책,"* SPRI 소프트웨어 정책연구소(https://spri.kr/) (2017.12.)

양대일, 「시스템 해킹과 보안_정보보안 개론과 실습」, 한빛아카데미(2018)

Dongyan Huang·Xiaoli Ma·Shengli Zhang, *"Performance Analysis of the Raft Consensus Algorithm for Private Blockchains,"* IEEE Transactions on Systems, Man and Cybernetics: Systems(2020)

PART 05 네트워크 보안

양대일, 「정보보안개론」, 한빛미디어(2018)

James F. Kurose, *Computer Networking(A TOP-DOWM approach)*, Pearson

KISA, 무선랜 보안안내서 제2010-12호, KISA(http://www.kisa.or.kr)

Nikita Borisov·Ian Goldberg·David Wagner, *"Intercepting Mobile Communications: The Insecurity of 802.11,"* MobiCom '01: Proceedings of the 7th annual international conference on Mobile computing and networking(2001)

Wakeman·J. Crowcroft·Z. Wing·D. Sirovica, *"Layering Considered Harmful,"*IEEE Network(Jun. 1992)

https://papers.mathyvanhoef.com/ccs2017.pdf

PART 06 애플리케이션 보안

김경곤, 「인터넷 해킹과 보안」, 한빛미디어(2017)

Dean · Tamara, *Network+ Guide to Networks*, Delmar(2010)

James F. Kurose, *Computer Networking(A TOP-DOWM approach)*, Pearson

Kozierok · M. Charles, *The TCP/IP Guide v3.0_A Comprehensive, Illustrated Internet Protocols Reference*, No Starch Press(2005)

T. Woo · R. Bindignavle · S. Su · S. Lam, *"SNP: An Interface for Secure Network Programming,"* Proc. 1994 Summer USENIX(Boston, MA, June 1994)

PART 07 정보보호 관리 및 법규

Common Criteria for Information Technology Security Criteria, Version 2.1(https://www.commoncriteriaportal.org/cc/)(1999)

ISO/IEC 13335-1:2004, ISO(2004)

ISO/IEC PDTR 15446, ISO(2000, 2017)

Kimberly S · Caplan · Douglas Stuart, *"Common Criteria Evaluations in the US: What a Developer Should Know,"* Computer Sciences Corporation(1999)

https://isms.kisa.or.kr/main/ispims/intro/

https://www.privacy.go.kr/pims/pimsStandard.do

https://www.unescap.org/sites/default/files/good-governance.pdf.

좋은 책을 만드는 길
독자님과 함께하겠습니다.

도서나 동영상에 궁금한 점, 아쉬운 점, 만족스러운 점이
있으시다면 어떤 의견이라도 말씀해 주세요.
SD에듀는 독자님의 의견을 모아 더 좋은 책으로 보답하겠습니다.

www.sdedu.co.kr

2023 ALL-IN-ONE 군무원 정보보호론

개정2판1쇄 발행	2023년 01월 10일 (인쇄 2022년 09월 29일)
초 판 발 행	2021년 05월 20일 (인쇄 2021년 04월 21일)
발 행 인	박영일
책 임 편 집	이해욱
저 자	김일준
편 집 진 행	강상희 · 신보용
표지디자인	조혜령
편집디자인	박지은 · 장성복
발 행 처	(주)시대고시기획
출 판 등 록	제 10-1521호
주 소	서울시 마포구 큰우물로 75 [도화동 538 성지 B/D] 9F
전 화	1600-3600
팩 스	02-701-8823
홈 페 이 지	www.sdedu.co.kr
I S B N	979-11-383-3352-8 (13350)
정 가	34,000원